AS GUERRAS DO LIVRO

FUNDAÇÃO EDITORA DA UNESP

Presidente do Conselho Curador
Mário Sérgio Vasconcelos

Diretor-Presidente
Jézio Hernani Bomfim Gutierre

Superintendente Administrativo e Financeiro
William de Souza Agostinho

Conselho Editorial Acadêmico
Danilo Rothberg
Luis Fernando Ayerbe
Marcelo Takeshi Yamashita
Maria Cristina Pereira Lima
Milton Terumitsu Sogabe
Newton La Scala Júnior
Pedro Angelo Pagni
Renata Junqueira de Souza
Sandra Aparecida Ferreira
Valéria dos Santos Guimarães

Editores-Adjuntos
Anderson Nobara
Leandro Rodrigues

John B. Thompson

AS GUERRAS DO LIVRO
A revolução digital no mundo editorial

Tradução
Fernando Santos

editora
unesp

Traduzido de *Book Wars: The Digital Revolution in Publishing*,
de John B. Thompson, 1ª edição
© 2021 John B. Thompson
Esta edição é publicada por acordo com a Polity Press Ltd., Cambridge

© 2021 Editora Unesp

Direitos de publicação reservados à:
Fundação Editora da Unesp (FEU)
Praça da Sé, 108
01001-900 – São Paulo – SP
Tel.: (0xx11) 3242-7171
Fax: (0xx11) 3242-7172
www.editoraunesp.com.br
www.livrariaunesp.com.br
atendimento.editora@unesp.br

Dados Internacionais de Catalogação na Publicação (CIP) de acordo com ISBD
Elaborado por Vagner Rodolfo da Silva – CRB-8/9410

T468g
Thompson, John B.
    As guerras do livro: a revolução digital no universo editorial / John B. Thompson; traduzido por Fernando Santos. – São Paulo: Editora Unesp, 2021.

    Tradução de: *Book Wars: The Digital Revolution in Publishing*
    Inclui bibliografia
    ISBN: 978-65-5711-054-6

    1. Editoração. 2. Livros. 3. História. I. Santos, Fernando. II. Título.

2021-2279   CDD 070.5
                                                                       CDU 070.4

Editora afiliada:

Asociación de Editoriales Universitarias
de América Latina y el Caribe

Associação Brasileira de
Editoras Universitárias

SUMÁRIO

PREFÁCIO 1

INTRODUÇÃO 11

Capítulo 1
O AVANÇO TITUBEANTE DO LIVRO DIGITAL 31
Origens e ascensão do livro digital / O padrão diferenciado das vendas de livros digitais: uma investigação por baixo da superfície / A explicação das variações / Forma vs *formato / Fora dos Estados Unidos*

Capítulo 2
A REINVENÇÃO DO LIVRO 83
A vida e a hora do curta-metragem digital / Uma experiência radical / Livros digitais como aplicativos / A reinvenção do livro-aplicativo / Falso despertar

Capítulo 3
AS GUERRAS PELOS FUNDOS DE CATÁLOGO 121
Salva de abertura / Vida nova aos grandes / Os limites da publicação exclusiva de livros digitais de fundo de catálogo

Capítulo 4
O PROBLEMA DO GOOGLE 143
As guerras dos motores de busca / O vaivém dos acordos / Qual o tamanho de um pequeno fragmento? / Para onde vai o Google Books?

Capítulo 5

A ASCENSÃO DA AMAZON 163

A ascensão da Amazon / O Departamento de Justiça entra em cena / O impasse com a Hachette / Poder de mercado / Uma trégua inquietante

Capítulo 6

LUTAS PELA VISIBILIDADE 197

Visibilidade no mundo físico / A transformação da visibilidade mediada / O triunfo do algoritmo / A comunicação com os leitores / A Suíça da literatura / Visibilidade por meio do desconto / Visibilidade em uma era digital

Capítulo 7

A EXPLOSÃO DA AUTOPUBLICAÇÃO 243

Das editoras de livros sob encomenda às editoras independentes / A autopublicação na era do livro digital / Um belo livro todo seu / A Amazon entra no campo da autopublicação / Um espectro de serviços editoriais / O continente oculto / Uma avaliação dos independentes / Universos paralelos, caminhos diversos

Capítulo 8

A PUBLICAÇÃO DE LIVROS POR MEIO DE FINANCIAMENTO COLETIVO..315

A ascensão do financiamento coletivo / Financiamento coletivo como publicação direta para o consumidor / Curadoria do leitor / A atração do convencional

Capítulo 9

BOOKFLIX..353

A aposta da Scribd / A ascensão e a queda da Oyster / O Kindle Unlimited entra em cena / A assinatura no ecossistema dos livros

Capítulo 10

A NOVA ORALIDADE 385

O desenvolvimento dos audiolivros / A ascensão da Audible / Os audiolivros viram rotina / A cadeia de suprimentos do audiolivro / A produção de audiolivros / A interpretação do texto / Os livros no complexo do audiovisual

AS GUERRAS DO LIVRO

CAPÍTULO 11
CONTAÇÃO DE HISTÓRIA NAS MÍDIAS SOCIAIS 433
A criação do YouTube de histórias / Compartilhamento gratuito de histórias / Das histórias aos estúdios / De histórias a livros

CAPÍTULO 12
VELHAS E NOVAS MÍDIAS 457
Disrupção digital nas indústrias criativas / O poder dos dados / Criação de conteúdo e colonização da cultura / Publicação na era digital / Levar os leitores a sério / Os livros na era digital

CONCLUSÃO
MUNDOS INSTÁVEIS 521

ANEXO 1
DADOS DE VENDAS DE UMA GRANDE EDITORA AMERICANA DE INTERESSE GERAL...533

ANEXO 2
NOTA SOBRE OS MÉTODOS DA PESQUISA.................................537

REFERÊNCIAS BIBLIOGRÁFICAS 547

ÍNDICE REMISSIVO...557

– PREFÁCIO –

Nas últimas décadas, passamos por uma revolução tecnológica tão radical e tão abrangente como nunca houve na longa história da espécie humana. Entre outras coisas, essa nova revolução está transformando o ambiente da informação e da comunicação e destruindo muitos setores que tiveram um papel decisivo na configuração desse ambiente, antes e durante a maior parte do século XX. Todas as indústrias tradicionais de mídia – jornais, rádio, televisão, música, cinema – foram lançadas num turbilhão de mudanças quando as antigas tecnologias analógicas foram trocadas por novas tecnologias baseadas na codificação digital e na transmissão de conteúdo simbólico. Muitas das organizações de mídia que foram atores fundamentais na era analógica se viram ameaçadas pela transição digital: suas receitas despencaram e sua posição, outrora predominante, se enfraqueceu, enquanto novos atores poderosos surgiram e começaram a reconfigurar os limites do nosso espaço informacional. Vivemos hoje num mundo que, no que se refere a formas e canais de informação e comunicação, é profundamente diferente do mundo que existiu há apenas meio século.

A indústria editorial do livro não é exceção – ela também foi atingida pelas turbulências provocadas pela revolução digital. E, de certo modo, existe mais em jogo aqui do que em outros setores da mídia: ela não é apenas a mais antiga das indústrias de mídia, também desempenhou um papel fundamental na configuração da cultura moderna, da revolução científica nos primórdios da Europa moderna à grande quantidade de obras literárias e formas de conhecimento que se tornaram hoje parte tão importante das nossas vidas e das nossas sociedades. O que acontece, então, quando a mais antiga das nossas indústrias de mídia se choca com a maior revolução tecnológica do nosso tempo? O que acontece quando uma indústria de mídia que tem estado presente há mais de quinhentos anos e está profundamente enraizada na nossa história e na nossa cultura se vê confrontada, e ameaçada, por um novo conjunto de tecnologias que são radicalmente diferentes das que sustentaram suas práticas e modelos de negócio durante séculos? Se você estivesse trabalhando na indústria editorial do livro durante a primeira década do século XXI, não precisaria olhar muito longe para encontrar motivos de se sentir ansioso acerca do futuro: a indústria da música estava em queda livre, o setor de jornais estava sofrendo um declínio acentuado de receita e algumas das grandes empresas de tecnologia estavam passando a se interessar seriamente pela digitalização de livros. Por que a indústria do livro não seria tragada pelo caos provocado pela revolução digital? Nenhum administrador pragmático ou analista imparcial veria com otimismo as possibilidades que a indústria editorial do livro tinha de sair ilesa do seu embate com a revolução digital.

Mas que forma, exatamente, a ruptura digital da indústria editorial do livro assumiria? O setor sofreria uma transformação indiscriminada como a indústria da música, na qual os formatos físicos se converteram em *downloads* digitais e as principais gravadoras, que tinham controlado a produção e a distribuição da música, sofreram uma queda drástica de receita? Os livros digitais iriam decolar e se tornariam o veículo preferido dos leitores, relegando o livro de papel à lata de lixo da história? As livrarias desapareceriam e as editoras seriam eliminadas, enquanto intermediárias, por uma revolução tecnológica que permitiria que os leitores e os escritores se comunicassem diretamente através da internet, livres dos controladores tradicionais da indústria editorial do livro? No início do terceiro milênio, todas essas possibilidades – além de outras – estavam sendo seriamente contempladas, tanto pelos altos executivos do setor como pelos inúmeros observadores e consultores que se dispunham a opinar sobre o futuro de uma indústria que parecia à beira da ruína.

Com o passar dos anos, esse choque extraordinário entre a mais antiga indústria de mídia e a formidável revolução tecnológica do nosso tempo foi aos poucos ganhando forma, produzindo resultados que poucos observadores tinham previsto. Não é que os observadores estivessem simplesmente errados – embora, em muitos casos, eles estivessem, e muito. É que o seu modo de analisar o que acontece quando tecnologias desorganizam setores tradicionais se baseava excessivamente na análise das próprias tecnologias e na crença – normalmente implícita e raramente examinada – de que as novas tecnologias, em virtude das suas características intrínsecas e vantajosas, acabariam prevalecendo. O que raramente estava presente nessas análises era a percepção real sobre como o desenvolvimento de novas tecnologias e sua adoção, ou não, conforme o caso, está sempre inserido em um conjunto de instituições, práticas e preferências sociais, e sempre faz parte de um processo social dinâmico no qual indivíduos e organizações buscam interesses e objetivos próprios, procurando melhorar suas posições e passar para trás os outros numa luta competitiva e, por vezes, implacável. Em suma, o que faltava à maioria dos observadores era uma verdadeira compreensão das forças que estavam moldando o espaço social específico, ou "campo", no interior do qual essas tecnologias estavam sendo desenvolvidas e exploradas. Eles se concentraram nas próprias tecnologias, como se elas fossem um *deus ex machina* que eliminaria tudo que encontrasse pela frente, sem levar em conta os processos sociais complexos em que essas tecnologias estavam inseridas e dos quais elas faziam parte. É claro que a abstração dos processos sociais facilitou muito a tarefa dos observadores: o mundo social é um espaço caótico e é muito mais fácil prever o futuro quando se ignora o caos do presente. Mas isso não torna as previsões mais precisas, e não se compreende melhor a mudança tecnológica desconsiderando os fatores sociais, econômicos e políticos que moldam os contextos dentro dos quais as tecnologias existem.

Este livro parte do pressuposto de que só podemos compreender o impacto da revolução digital numa indústria como a do livro – e, na verdade, em qualquer indústria, seja ou não de mídia – mergulhando no caos do mundo social e compreendendo como as tecnologias são desenvolvidas e exploradas, como são adotadas ou ignoradas por indivíduos e organizações que estão situados em determinados contextos, são guiados por determinadas preferências e perseguem determinados objetivos. As tecnologias nunca produzem efeitos *ex nihilo*, mas sempre em relação aos indivíduos e organizações que decidem investir tempo, energia e recursos nelas como uma forma de buscar seus interesses e objetivos (sejam eles quais forem). O caos do mundo social não é um desvio do caminho da tecnologia, mas é o próprio caminho, pois é a interação entre as possibilidades das novas tecnologias – isto é, o que essas tecnologias permitem ou tornam possível – e o caos do mundo social que determina o impacto que as novas tecnologias terão e até que ponto irão desorganizar, se é que o farão, instituições e práticas existentes.

Meu mergulho no universo caótico da indústria editorial teve início há duas décadas, quando comecei a estudar a estrutura e a transformação da moderna indústria editorial do livro. Passei cinco anos estudando o mundo editorial acadêmico nos Estados Unidos e no Reino Unido, seguidos por outros cinco anos de profunda imersão na indústria editorial anglo-americana de interesse geral, e escrevi dois livros sobre esses mundos, *Books in the Digital Age* [Os livros na era digital] (sobre a indústria editorial acadêmica) e *Mercadores de cultura* (sobre as publicações de interesse geral). Nos dois livros, dediquei bastante atenção ao impacto da revolução digital nesses setores muito diferentes da indústria editorial do livro – como era uma questão fundamental em ambos os setores dessa indústria a partir de meados da década de 1990 em diante, nenhum estudo sério da indústria editorial nessa época podia ignorá-la. Porém, compreender o impacto da revolução digital não era minha única nem mesmo principal preocupação nesses estudos iniciais: minha principal preocupação era compreender as características estruturais fundamentais desses setores – ou "campos", como os denominei – e analisar a dinâmica que moldou sua evolução ao longo do tempo. Quando a revolução digital começou a marcar presença no mundo editorial dos livros, ela o fez se baseando num conjunto de instituições, práticas e relações sociais que já existiam e que estavam estruturadas de determinadas maneiras – e, em alguns casos, desorganizando-as. As tecnologias digitais e as inovações permitiram que organizações tradicionais executassem antigas tarefas de novas maneiras e executassem algumas novas tarefas – aumentar a própria eficiência; atender melhor os autores, leitores e clientes; reembalar seu conteúdo; desenvolver novos produtos; e, de inúmeras formas, melhorar e fortalecer sua posição no campo. Mas também permitiram que novos atores ingressassem no campo e desafiassem as partes interessadas já existentes por meio da oferta de novos produtos e serviços. A proliferação de novos atores e possibilidades criou um misto de entusiasmo, alarme e temor no campo e gerou uma profusão de novas iniciativas, novos desdobramentos e conflitos, à medida que os novos concorrentes procuravam se estabelecer num campo até então controlado pelos atores tradicionais da indústria editorial. É claro que conflitos e mudanças na indústria editorial não eram novidade – o setor tinha passado por inúmeros períodos de turbulência e de mudanças drásticas no passado. Mas a turbulência gerada pelos desdobramentos da revolução digital na indústria editorial foi sem precedentes, tanto por suas características específicas como pela escala de desafios que ela apresentou. Subitamente, os próprios fundamentos de uma indústria com mais de quinhentos anos estavam sendo questionados como jamais tinham sido. A antiga indústria editorial do livro foi empurrada para a ribalta com o surgimento de conflitos agudos entre as editoras e os novos concorrentes, entre os quais novas e poderosas empresas de tecnologia que viam o mundo de um jeito muito diferente. Escaramuças se transformaram em batalhas, que ocorreram à vista do público e que, em alguns casos, terminaram nos tribunais. As guerras do livro tinham começado.

Como os livros fazem parte da cultura, as guerras do livro poderiam ser vistas como guerras culturais, mas elas não são o tipo de guerra cultural a que nos referimos normalmente ao utilizar essa expressão, que geralmente se refere a conflitos sociais e políticos baseados em valores e crenças divergentes e profundamente arraigados, como os que dizem respeito ao aborto, à ação afirmativa, à orientação sexual, à religião, à moral e à vida em família. Esses conflitos têm origem em valores e sistemas de valor aos quais muitas pessoas estão profundamente apegadas. Eles estão relacionados a identidades e também a interesses, às diferentes percepções de quem somos como indivíduos e coletividades e àquilo que é, e deve ser, importante para nós – daí a paixão com a qual essas guerras culturais têm sido travadas tantas vezes na esfera pública. As guerras do livro são um tipo muito diferente de conflito. Elas não despertam as mesmas paixões das guerras culturais; ninguém saiu às ruas nem queimou livros em sinal de protesto. Pelos padrões das guerras culturais, as guerras do livro são decididamente discretas. Na verdade, "guerras do livro" pode parecer uma expressão meio dramática para designar um estado de coisas que não envolve manifestações públicas de violência, nem manifestações ou gritos nas ruas. Porém, a ausência de manifestações públicas violentas não deve nos levar a pensar, de forma equivocada, que os conflitos não sejam reais ou não sejam muito importantes. Pelo contrário, os combates que irromperam nas últimas décadas no universo editorial habitualmente tranquilo são muito reais; eles têm sido travados com uma determinação e uma convicção que confirmam o fato de que, para os envolvidos, trata-se de combates importantes que afetam interesses vitais nos quais estão em jogo questões de princípio. Ao mesmo tempo, são sintomáticos da profunda transformação por que passa a indústria do livro, transformação essa que está desorganizando o campo, questionando formas consagradas de fazer as coisas e forçando atores tradicionais a entrar em conflito tanto com novos concorrentes como com antigos funcionários que descobriram novas oportunidades disponibilizadas pela mudança tecnológica e as aproveitaram, por vezes à custa de outros.

Meu objetivo neste livro é examinar o que realmente aconteceu quando a revolução digital tomou conta do universo da publicação de livros e o que continua acontecendo. Não surpreende que esta seja uma história complicada, com muitos atores e desdobramentos diferentes, à medida que as organizações tradicionais procuraram defender e avançar suas posições enquanto um grande número de novos atores procurou entrar no campo ou testar novas formas de criar e difundir o que passamos a considerar como "o livro". Uma vez que o mundo editorial do livro é, ele mesmo, extremamente complexo, compreendendo inúmeros mundos diferentes com seus próprios atores e práticas, não tentei ser abrangente: reduzi a complexidade e limitei o escopo, concentrando-me no universo editorial anglo-americano de interesse geral – o mesmo universo que foi o foco de *Mercadores de cultura*. Com "publicação de interesse geral" me refiro ao setor da indústria que publica livros, tanto de ficção como de não ficção, voltados para leitores não especializados e vendidos em livrarias como Barnes & Noble, Waterstones e outras lojas do varejo, entre as quais livrarias *on-line* como a Amazon. Com publicação de interesse geral "anglo-americana" me refiro à publicação de interesse geral no idioma inglês que está sediada nos Estados Unidos e no Reino Unido; além disso, por diversos motivos históricos, as indústrias editoriais sediadas nos Estados Unidos e no Reino Unido têm há muito um papel predominante no campo internacional da publicação de interesse geral em inglês. Para compreender o impacto da revolução digital em outros setores da indústria editorial, como a publicação acadêmica ou a publicação de obras de referência, ou em indústrias editoriais que operam em outros idiomas e em outros países, seria preciso realizar pesquisas diferentes, já que os processos e os atores não seriam os mesmos. Embora o meu foco seja o universo editorial anglo-americano de interesse geral, não me limitei aos atores tradicionais desse campo. Eles são importantes – quanto a isso não há dúvida. Mas um elemento fundamental da desorganização provocada pela revolução digital é que ela representa uma reviravolta que abre as portas para que outros atores penetrem no campo. Entre eles estão algumas das grandes empresas de tecnologia, que têm suas próprias pautas e suas próprias batalhas e que contam com um volume de recursos que faz até a maior das editoras tradicionais parecer pequena. Mas também existe entre eles um sem-número de pequenos atores e empreendedores situados na periferia do campo ou em espaços totalmente independentes, em alguns casos colidindo diretamente com o campo editorial e em outros casos sobrevivendo num universo paralelo que se liga apenas de maneira indireta, quando o faz, ao que podemos considerar o mundo do livro.

Enquanto alguns dos novos atores e suas iniciativas ganham terreno e se transformam em empresas de verdade, outros fracassam e desaparecem – a história da tecnologia está cheia de invenções que não dão certo. Porém, quando os historiadores escrevem a história das tecnologias e das empresas que as desenvolveram, eles tendem a se concentrar nas bem-sucedidas, nas tecnologias e organizações que, de certo modo ou sob um determinado aspecto, transformam o mundo. Lemos a história do fim para o começo através da lente das invenções e das empresas bem-sucedidas. Ficamos fascinados com os Googles, Apples, Facebooks e Amazons da vida – esses "unicórnios" excepcionais que se tornaram grandes tão depressa que assumiram um *status* quase mítico. O que fica de fora desse processo são todas as invenções, iniciativas e novas ideias que, à época, pareciam ser úteis, talvez até grandes ideias nas quais algumas pessoas acreditavam profundamente, mas que, por esse ou aquele motivo, não tiveram sucesso – todas aquelas histórias banais de grandes ideias que fracassaram. Talvez não fosse o momento certo, talvez tenha acabado o dinheiro, ou, afinal de contas, talvez não fosse uma ideia tão boa assim – seja qual for o motivo, a grande maioria das novas empresas fracassa. Mas a história das novas empresas que fracassaram é, muitas vezes, tão reveladora como a história daquelas que foram bem-sucedidas. Os fracassos e os começos ilusórios revelam muito acerca das condições de sucesso justamente porque ressaltam o que acontece quando essas condições, ou algumas delas, estão ausentes. E se a grande maioria das empresas termina em fracasso, então uma narrativa que se concentrasse apenas nos casos de sucesso seria, na melhor das hipóteses, extremamente parcial. Escrever a história das tecnologias concentrando-se apenas nos êxitos seria tão tendencioso como escrever a história das guerras do ponto de vista dos vitoriosos.

É claro que seria muito mais fácil escrever a história da revolução digital na indústria editorial se tivéssemos todas as vantagens do retrospecto, se pudéssemos nos transportar para o ano 2030, 2040 ou 2050, olhar retrospectivamente para a indústria editorial e nos perguntar como ela foi transformada pela revolução digital. Disporíamos de uma grande quantidade de dados históricos para examinar, e algumas das pessoas que vivenciaram a transformação ainda estariam disponíveis para falar sobre ela. É muito mais difícil escrever essa história quando se está no meio dela. O que se pode dizer a respeito de uma revolução que ainda é tão recente que mal começou a desorganizar as práticas tradicionais de uma indústria antiga e solidamente enraizada, quando, certamente, ainda existe tanta coisa para acontecer? Como é possível falar e escrever com algum grau de certeza a respeito de um mundo que ainda está sofrendo as dores da mudança, onde ainda reina tanta incerteza e onde todas as pessoas do setor ainda estão tentando entender o que está acontecendo ao seu redor? Em outras palavras, como se descreve uma revolução *in medias res*?

Não existe uma resposta simples a essa pergunta, e qualquer relato que fizermos estará cercado de restrições e qualificações. Mas pelo menos é mais fácil tentar fazer esse tipo de descrição da perspectiva vantajosa de 2020 do que teria sido fazê-lo em 2010, 2012 ou 2015. Como dispomos, em 2020, de mais de uma década de vendas significativas de livros digitais, os padrões tiveram mais tempo para se firmar e atingiram um nível de precisão que não tinham quando os livros digitais estavam apenas começando a decolar. Algumas das experiências iniciais e alguns dos projetos mais radicais de publicação digital foram experimentados e testados; alguns foram bem--sucedidos e muitos fracassaram, e tanto os êxitos como os fracassos nos revelarão algo a respeito do que é viável nessa área e do que não é. Além disso, transcorridos dez anos, o elemento de novidade perdeu um pouco de intensidade, e as circunstâncias iniciais que podem ter sido influenciadas pelo fascínio do novo podem ter dado lugar a padrões que refletem preferências e gostos mais duradouros. Todos esses são motivos (ainda que insignificantes) para pensar que, embora uma máquina do tempo tivesse facilitado bastante a nossa tarefa, talvez se possa dizer algo de útil a respeito de uma transformação que ainda está em andamento.

Não é apenas difícil discernir o que é mais importante quando se escreve acerca de um processo ainda em andamento; também é impossível oferecer uma descrição plenamente atualizada. O que procurei apresentar aqui não é tanto uma observação isolada no tempo, e sim um retrato dinâmico de um campo em movimento, enquanto os indivíduos e as organizações dentro desse campo tentam compreender e se adaptar às mudanças que estão ocorrendo ao seu redor – além de tirar partido delas. Para fazer isso de maneira adequada, é preciso se concentrar em alguns desses indivíduos e organizações e acompanhá-los enquanto procuram inventar um caminho em meio às incertezas, reconstruir as opções com as quais eles se depararam, as escolhas que fizeram e os acontecimentos que os afetaram em diferentes momentos. Mas só é possível acompanhá-los até agora: uma hora a história tem de ser interrompida e concluída. A história é congelada no ato de escrevê-la, e o relato que se oferece sempre irá se referir, necessariamente, a um tempo que precede o momento em que o relato é lido. Assim que se termina um texto, o mundo segue em frente e o retrato pintado fica ultrapassado: obsolescência instantânea é o destino que espera todo cronista do presente. Só nos resta aceitar esse destino e esperar que os leitores tenham um grande senso de oportunidade.

A maior parte das pesquisas em que este livro se baseia ocorreu entre 2013 e 2019. Nesse período, eu fiz mais de 180 entrevistas com altos executivos e outros funcionários de diversas organizações americanas e britânicas, principalmente em Nova York, Londres e Vale do Silício – das grandes editoras de interesse geral a um grande número de *startups*, organizações de autopublicação e empresas editoriais inovadoras. (Uma descrição detalhada dos meus métodos de pesquisa pode ser encontrada no Anexo 2.) Quando foi conveniente e relevante, também recorri a algumas das

280 entrevistas que eu tinha realizado anteriormente para *Mercadores de cultura*. Agradeço muito à Fundação Andrew W. Mellon, de Nova York, que financiou as pesquisas de 2013 a 2019 (Auxílio n. 11300709) e permitiu-me passar longos períodos realizando pesquisas de campo; sou grato ao Conselho de Pesquisas Econômicas e Sociais do Reino Unido, que financiou as pesquisas iniciais (RES-000-22-1292). Meu muito obrigado também às inúmeras organizações que me abriram as portas, me deram acesso aos seus funcionários e, em alguns casos, a seus dados; a maioria das fontes dos dados está identificada no texto, embora haja casos em que os dados foram fornecidos com a condição de que a fonte permanecesse anônima; nesses casos, honrei escrupulosamente o compromisso. Sou profundamente grato, acima de tudo, ao grande número de pessoas que dispuseram do seu tempo de maneira extremamente generosa, permitindo-me que as entrevistasse, em alguns casos mais de uma vez, ao longo de vários anos: eu simplesmente não poderia ter escrito este livro sem a ajuda delas. Embora só tenha citado diretamente uma proporção pequena dessas entrevistas, e apenas uma pequena parte das organizações que analisei seja usada como estudos de caso no livro, cada uma das entrevistas foi valiosa para que eu aprofundasse a minha compreensão de um mundo em movimento e dos inúmeros atores que estão, ou estavam, atuando nele. A maioria das pessoas que entrevistei permanece anônima, e muitas vezes usei pseudônimos ao me referir tanto a indivíduos como a empresas. Mas existem ocasiões em que utilizo os nomes verdadeiros dos entrevistados e de suas empresas, sempre com o seu consentimento, simplesmente porque suas histórias são tão inconfundíveis que seria impossível escrever sobre eles com algum nível de rigor e preservar seu anonimato. Quando uso o nome verdadeiro de uma pessoa, apresento o nome completo – nome e sobrenome – na primeira vez que ela aparece. Por outro lado, quando uso um pseudônimo, utilizo apenas um nome inventado – Tom, Sarah etc. – tanto na primeira ocorrência como nas seguintes. Quando uso um pseudônimo para uma empresa, ponho esse nome entre aspas na primeira vez que ele aparece – "Everest", "Olympic" etc. (Repito: essas convenções e os princípios em que elas se baseiam estão explicados na íntegra no Anexo 2.)

Nos casos em que reproduzi trechos de entrevistas com pessoas cujo nome verdadeiro aparece no texto, eu lhes escrevi posteriormente, enviando-lhes o texto que tinha escrito a respeito delas e/ou de sua organização e lhes dei a oportunidade de comentar o texto: muitas o fizeram, às vezes de forma muito detalhada, e levei em conta seus comentários na versão final do texto. Agradeço muito a elas pela disposição de ler os textos e me dar um retorno. Também sou muito grato a Michael Cader, Angus Phillips e Michael Schudson, que leram o texto na íntegra, e a Jane Friedman e Michele Cobb, que leram os capítulos relacionados às áreas de sua especialidade (autopublicação e audiolivros, respectivamente): eles fizeram muitos comentários e sugestões úteis e evitaram que eu cometesse inúmeros erros e omissões. Qualquer erro que porventura tenha passado é de minha inteira responsabilidade. Agradeço a Leigh Mueller pelo trabalho meticuloso de copidesque e aos inúmeros funcionários da Polity – entre os quais Neil de Cort, Rachel Moore, Evie Deavall, Julia Davies, Clare Ansell, Sue Pope, Sarah Dobson, Breffni O'Connor, Adrienn Jelinek, Clara Ross, Madeline Sharaga, Emma Longstaff, Lydia Davis e Lucas Jones – que pilotaram este livro durante o processo de publicação. Agradeço, finalmente, a Mirca e Alex, que demonstraram uma paciência e uma compreensão excepcionais ao longo dos anos em que este livro foi gestado, e que enfrentaram um inverno rigoroso em Nova York enquanto parte da pesquisa estava sendo feita: dedico este livro a eles, uma pequena recompensa pelos inúmeros sacrifícios que fizeram enquanto ele estava sendo escrito.

J. B. T.
Cambridge

– INTRODUÇÃO –

Andy Weir não conseguia acreditar na sua sorte. Ele sempre quis ser escritor, e começou a escrever *fanfiction* aos 9 anos. Mas, como era um jovem sensato, duvidava que conseguiria ganhar a vida escrevendo; então, estudou para ser engenheiro de *software* e se tornou programador. Como morador do Vale do Silício, isso acabou se mostrando uma decisão inteligente, e durante 25 anos ele teve uma carreira bem-sucedida de programador. Mas nunca desistiu do sonho de ser escritor, e continuou escrevendo histórias nas horas vagas. No final dos anos 1980, até chegou a escrever um livro e tentou publicá-lo, mas ninguém se interessou: "Era a clássica história do autor esforçado que não consegue despertar o interesse de ninguém – as editoras não estavam interessadas, nenhum agente queria me representar, não era mesmo para dar certo". Decidido, Andy continuou escrevendo nas horas vagas – como *hobby*. Com o crescimento da internet no final dos anos 1990 e início dos anos 2000, ele criou um *site* e começou a postar suas histórias *on-line*. Tinha uma lista de endereços na qual as pessoas podiam se cadastrar, e ele lhes mandava um e-mail sempre que postava uma nova história. Ao longo de um período de dez anos, construiu uma lista com cerca de 3 mil endereços de e-mail. Então começou a escrever ficção em série, postando um capítulo de cada vez no *site* e avisando os leitores. Uma dessas histórias abordava uma missão tripulada a Marte. Como engenheiro de *software*, Andy adorava resolver problemas, o que o fez imaginar: "Muito bem, e se algo der errado, como assegurar que a tripulação sobreviva? E se duas coisas derem errado, o que a gente faz? De repente, percebi que aquilo dava uma história". Ele passou a escrever à noite e nos fins de semana, sempre que tinha um tempo livre e sentia vontade, e quando terminava um capítulo o postava no *site*. Os leitores passaram a se envolver bastante com a história, chamando a sua atenção para alguns detalhes técnicos acerca das questões de física, química e matemática que uma missão tripulada a Marte implicava; ele retomava o texto e o corrigia. Esse envolvimento ativo com os leitores o estimulou. Capítulo após capítulo, foi se revelando a história de Mark Watney, o infeliz astronauta que tinha ficado inconsciente ao ser atingido por uma violenta tempestade de areia logo depois de chegar a Marte, e que descobrira, ao voltar a si, que o restante da tripulação o tinha dado por morto e partido às pressas, deixando-o sozinho para sobreviver para sempre num planeta distante, com suprimentos limitados de água e comida e sem poder se comunicar com a Terra.

Depois de postar o último capítulo de *Perdido em Marte* no *site*, Andy estava pronto para se dedicar a outro projeto quando começou a receber e-mails de alguns leitores que diziam: "Ei, gosto muito de *Perdido em Marte*, mas detesto ler num navegador. Você poderia fazer uma versão para leitor de livros digitais?". Andy, então, descobriu como fazer isso – algo não muito difícil para um engenheiro de *software* – e postou um arquivo ePub e um arquivo Mobi no *site*, para que as pessoas pudessem baixá-los gratuitamente. Ele então passou a receber e-mails de pessoas que diziam: "Obrigado, agradeço muito que você tenha subido formatos para leitores de livros digitais, mas não entendo muito de informática e não sei como baixar um arquivo da internet e transferi-lo para o meu leitor de livros digitais. Você não poderia simplesmente subi-lo no formato Kindle?". E mais uma vez Andy atendeu ao pedido – preencheu o formulário na Amazon, subiu o arquivo e, pronto, lá estava ele no *site* da Amazon, agora disponível como um livro digital Kindle. Andy queria que o livro fosse grátis, mas, como a Amazon exige que todo livro digital tenha preço, ele escolheu o preço mais baixo que a Amazon permitia: 99 centavos de dólar. Ele enviou um e-mail para os leitores dizendo: "Então, pessoal, vocês podem ler o livro gratuitamente no *site*, podem baixar a versão ePub ou Mobi (gratuita) do *site* ou podem pagar 1 dólar à Amazon para pôr o livro no Kindle". Para sua surpresa, mais gente comprou-o da Amazon do que o baixou gratuitamente. O livro digital escalou rapidamente a lista de mais vendidos da Amazon, chegando ao primeiro lugar na categoria de ficção científica e permanecendo ali por um bom tempo. Não tardou para que o livro estivesse vendendo cerca de trezentos exemplares por dia; porém, como nunca tinha publicado um livro antes, Andy não fazia ideia se isso era algo bom, ruim ou indiferente. Ele simplesmente estava satisfeito que o livro estivesse recebendo resenhas favoráveis dos clientes e continuasse ocupando o primeiro lugar em ficção científica no Kindle.

Então aconteceu algo que o pegou de surpresa. Certo dia ele recebeu um e-mail de um agente que dizia: "Acho que podemos fazer uma versão impressa do seu livro, e, se você não tem agente, gostaria de representá-lo".

AS GUERRAS DO LIVRO

Andy não acreditou no que leu. Alguns anos antes, ele tinha escrito para agentes de todo o país, implorando que o representassem, e ninguém lhe deu bola. Agora ele recebe um e-mail do nada de um agente que se oferecia para representá-lo, e ele nem precisou pedir. "Nossa!, eu pensei."

O que Andy não sabia na época é que, a 4.500 quilômetros dali, em Nova York, um editor de ficção científica da Crown, um selo da Random House, que costumava navegar de vez em quando por seus *sites* favoritos de ficção científica quando as coisas estavam meio devagar, tinha se deparado com várias referências a *Perdido em Marte* e decidido averiguar do que se tratava. Ao perceber que ele estava no primeiro lugar da lista de mais vendidos de ficção científica do Kindle e tinha um monte de resenhas favoráveis dos clientes, ele comprou um exemplar, mergulhou na leitura e gostou do que leu, embora não soubesse muito bem o que fazer com todos aqueles dados científicos. Ligou para um agente amigo seu e, durante a conversa, mencionou o livro, disse-lhe que o estava acompanhando na Amazon e sugeriu que ele desse uma olhada no livro e lhe dissesse o que achava. O agente seguiu a sugestão, adorou o livro ("fiquei de queixo caído" – os dados científicos atraíram seu lado *geeky*), entrou em contato com Andy e assinou um contrato com ele. Como ele era um agente acostumado a descobrir novos autores na internet, às vezes por meio da leitura de um artigo interessante na rede e entrando em contato com o autor, às vezes topando com um livro autopublicado na Amazon que parecia interessante, ele sabia como se deslocar nesse terreno. Por uma questão de cortesia com o editor que chamara a sua atenção para o livro, o agente voltou a entrar em contato com ele e lhe deu um curto período de exclusividade. O editor enviou o livro para alguns colegas na Crown para que dessem uma olhada durante o fim de semana; eles também gostaram, e na segunda-feira fizeram uma oferta generosa para segurar o livro e impedir que ele fosse oferecido para outras editoras. Andy ficou entusiasmado e o negócio foi feito. "Não pensei duas vezes", disse Andy; "era mais do que eu ganho atualmente por ano, e aquilo era apenas o adiantamento."

Por volta da mesma época, uma pequena produtora cinematográfica também tinha detectado *Perdido em Marte* na lista de mais vendidos do Kindle e entrado em contato com Andy, que, por sua vez, a pôs em contato com seu novo agente. Este contatou seu coagente da área de cinema e eles usaram o interesse da pequena produtora para despertar o interesse da Fox, que arrebatou os direitos do filme e anunciou que ele seria dirigido por Ridley Scott, com Matt Damon no papel principal. Com os direitos de publicação já vendidos para a Random House e um sucesso hollywoodiano em fase de produção, os *scouts** começaram a vender o seu peixe para as editoras estrangeiras. A máquina de boatos estava em marcha, e ela aumentou de intensidade rapidamente. Não tardou para que os direitos fossem vendidos para 31 países, e Andy recebeu um belo adiantamento antes mesmo da publicação do livro.

Para Andy, alheio a essas discussões, o interesse repentino em seu livro parecia um pouco irreal. Na semana em que os acordos com a Random House e a Fox foram fechados, ele estava trabalhando como sempre em seu cubículo de programador e teve de ir a uma sala de reuniões para atender uma ligação a respeito da negociação do filme. "Era como se, do nada, todos os seus sonhos fossem se realizar. Era tão inacreditável que eu, literalmente, não acreditava. Como não tinha realmente me encontrado com nenhuma daquelas pessoas, eram só e-mails e ligações telefônicas, lá no fundo eu ficava pensando: 'Pode ser apenas um golpe'." A ficha só caiu quando o contrato finalmente chegou e o endereço de devolução era Random House, 1745, Broadway, Nova York, NY, e depois chegou o cheque do adiantamento. "Pensei: 'Se isto for um golpe, então eles são muito incompetentes'."

Depois que o acordo com a Random House foi realizado, pediram que Andy retirasse a edição do Kindle, o que foi feito. O texto foi editado por alto e depois enviado a vários autores ilustres para que eles fizessem sinopses que seriam utilizadas no pré-lançamento – as respostas foram incríveis. Um grupo de autores famosos de ficção científica delirou com o recém-chegado. Tudo isso ajudou o editor a conseguir que as pessoas falassem do livro, gerando entusiasmo dentro da editora e estimulando os vendedores a defender o livro e pressionar sua venda quando se encontraram com os compradores das principais lojas de varejo – elementos fundamentais quando se tenta fazer um livro se destacar em meio aos milhares de títulos publicados toda semana. A edição de *Perdido em Marte* da Random House foi finalmente publicada em capa dura e em formato digital em fevereiro de 2014, indo direto para a lista de mais vendidos do *New York Times*, onde permaneceu durante seis semanas. Uma resenha entusiástica no *Wall Street Journal* descreveu-o como "absolutamente cativante... É um nível de ficção científica tecnológica que nem Arthur Clarke jamais alcançou". A edição em brochura foi lançada em outubro de 2014 e também entrou rapidamente na lista de mais vendidos do *New York Times*, alcançando o primeiro lugar e permanecendo na lista durante grande parte de 2015.

---

* Profissionais responsáveis, no caso, pela prospecção de editoras interessadas em adquirir direitos de tradução. (N. T.)

AS GUERRAS DO LIVRO

Havia algo de extraordinário e inédito no sucesso de Andy: através de uma série de metamorfoses, um texto que nasceu como um *blog* em um *site* pessoal acabou como um *best-seller* internacional e um filme de sucesso, transformando, assim, a vida e a carreira de alguém. Nada disso teria sido possível uma geração antes, e um talento como o de Andy poderia muito bem ter passado despercebido. Esse foi um dos muitos aspectos vantajosos da revolução digital na indústria editorial: graças à internet, surgiram novas formas de descobrir pessoas talentosas, e um escritor que estava dando duro sem ser muito notado podia ser catapultado subitamente para o estrelato internacional. Todo mundo ganha – o escritor, a editora e milhões de leitores no mundo inteiro. Porém, por mais admirável que fosse o sucesso de Andy, este era apenas um dos lados da história. As mesmas transformações que permitiram que Andy realizasse seu sonho de criança estavam destruindo uma indústria que tinha funcionado mais ou menos do mesmo jeito desde sempre. A indústria pela qual Andy gostou tanto de ser aceito tinha se transformado – algo que, em grande medida, ele ignorava – num campo de batalha no qual atores poderosos estavam alterando profundamente práticas tradicionais e contestando formas consagradas de fazer as coisas, tudo isso facilitado por uma revolução tecnológica mais profunda do que tudo que a indústria tinha experimentado durante os cinco séculos posteriores a Gutenberg. O sucesso extraordinário de *Perdido em Marte* – de *blog* a *best-seller* – é um exemplo perfeito do paradoxo da revolução digital na indústria editorial: novas oportunidades sem precedentes são disponibilizadas, tanto para os indivíduos como para as organizações, enquanto debaixo da superfície as placas tectônicas da indústria estão se deslocando. Compreender como esses dois movimentos podem acontecer simultaneamente, e por que eles assumem a forma que assumem, é a chave para compreender a revolução digital na indústria do livro.

A revolução digital começou a se fazer notar na indústria editorial na década de 1980. Nessa época, o universo editorial anglo-americano de interesse geral era controlado por três conjuntos de atores que tinham se tornado cada vez mais poderosos no período a partir dos anos 1960: as redes de varejo, os agentes literários e as corporações editoriais.[1] A ascensão das redes de varejo teve início nos Estados Unidos no final da década de 1960, com o surgimento da B. Dalton Booksellers e da Waldenbooks, duas redes

---

1 A ascensão desses três conjuntos de atores e o seu impacto no universo anglo-americano da publicação de interesse geral são analisados mais detalhadamente em Thompson, *Mercadores de cultura*.

de livrarias que criaram raízes nos shopping centers dos subúrbios, que estavam se tornando cada vez mais predominantes nessa época, à medida que a classe média trocava o centro das cidades pelos subúrbios em expansão. Ao longo das décadas de 1970 e 1980, essas livrarias de shopping foram superadas e, por fim, absorvidas pelas chamadas redes de megalivrarias, especialmente a Barnes & Noble e a Borders, que competiram ferozmente entre si ao longo das décadas de 1980 e 1990 enquanto espalhavam suas megalojas de um extremo a outro dos Estados Unidos. Ao contrário das livrarias de shopping, essas redes de megalivrarias erguiam suas lojas nos endereços mais caros da cidade, com uma grande área útil para maximizar a capacidade de estoque. As lojas foram projetadas para serem espaços comerciais atraentes que seriam acolhedores e relaxantes para as pessoas que não estavam acostumadas a entrar numa livraria tradicional – locais bem iluminados, simples e espaçosos, com sofás e cafés, áreas para relaxar e ler, e onde não era necessário deixar a bolsa na entrada e retirar na saída da loja. O mesmo ocorreu no Reino Unido com a ascensão da Dillons e da Waterstones, duas redes de varejo de livros que competiram entre si e com a WH Smith, a popular papelaria e revistaria generalista, nas décadas de 1980 e 1990, até que a Dillons acabou sendo absorvida pela Waterstones.

O resultado desses acontecimentos, e de outros do gênero (como o papel cada vez maior dos hipermercados e supermercados como lojas de varejo de livros), foi que, no final da década de 1980 e início da década de 1990, parte significativa dos livros publicados pelas editoras de interesse geral estava sendo vendida por meio das redes de varejo, que controlavam uma fatia grande e crescente do mercado. A fatia de mercado das redes de varejo deixou-as numa posição de força para negociar as condições com as editoras, já que a escala de seu envolvimento com um livro, e o fato de estarem ou não dispostas a colocá-lo nos expositores de frente de loja e a que custo, podia fazer uma grande diferença para a visibilidade e o sucesso de um título. Por outro lado, as livrarias independentes sofreram um forte declínio. Centenas foram obrigadas a entrar com pedido de falência durante a década de 1990, incapazes de concorrer com o catálogo variado e a política agressiva de descontos das grandes redes de varejo. Esse era o cenário do varejo de livros quando, em julho de 1995, uma pequena *start-up* da internet chamada Amazon iniciou suas atividades numa garagem de subúrbio em Seattle.

O segundo acontecimento fundamental que moldou o campo da publicação anglo-americana de interesse geral no final do século XX foi o poder cada vez maior dos agentes literários. É claro que os agentes literários não eram novidade – eles existiam desde o final do século XIX. Mas, durante a maior parte do primeiro século de sua existência, os agentes literários acreditavam que o seu papel era ser intermediários que reuniam autores e editoras, negociando acordos que ambas as partes considerariam justos e razoáveis. Essa visão que o agente literário tinha de si mesmo começou a mudar na década de 1970 e início da década de 1980, quando um novo tipo de agente – que eu chamo de superagente – começou a despontar no campo editorial. Ao contrário da maioria dos agentes, muitos dos quais tinham trabalhado em editoras, os novos superagentes estavam distantes do universo editorial e não se prendiam às práticas tradicionais dos agentes literários. Para eles, o agente tinha um papel mais legalista, não tanto de intermediário, mas de defensor dos interesses de seus clientes – os autores. Eles estavam dispostos a lutar, e muito, para maximizar os ganhos dos autores que representavam, não se importando em irritar as grandes editoras: para eles, não era papel do agente fazer o trabalho de relações públicas. Sabiam que era possível ganhar muito dinheiro no negócio de livros, especialmente com a enorme expansão da capacidade de venda que estava sendo criada pela ascensão das redes de varejo, e acreditavam que os autores deviam receber seu quinhão. Também sabiam que as editoras não iriam dar grandes adiantamentos nem oferecer melhores condições aos autores a menos que alguém estivesse disposto a lutar por eles.

O estilo mais agressivo e combativo dos superagentes não era compartilhado por todos os agentes – na verdade, alguns abominavam as práticas dos recém-chegados. Lentamente, porém, de maneira quase imperceptível, a cultura do agenciamento começou a mudar. O agenciamento passou a dizer respeito cada vez menos à realização de acordos que agradavam a todos, e cada vez mais à obtenção do melhor acordo possível para os autores, mesmo que isso significasse, ocasionalmente, se indispor com o diretor de uma editora ou um editor com quem se tinha um relacionamento longo e amistoso. Isso não significava que o valor do adiantamento tinha se tornado a única base para decidir a escolha da editora – sempre haveria outros elementos, como as características da editora, o relacionamento com o editor, o compromisso em termos de marketing etc. Mas o valor pago como adiantamento era cada vez mais importante. Ele não era apenas um meio de subsistência dos autores, muitos dos quais, se pudessem, gostariam de viver do que escreviam, mas também era considerado um sinal de compromisso por parte da editora: quanto maior o adiantamento, mais a editora estaria disposta a investir no livro em termos do tamanho da tiragem, do orçamento de marketing, do esforço de vendas e assim por diante. Num mercado em que os agentes controlavam o acesso aos novos conteúdos mais valorizados, o valor do adiantamento da editora se tornou um elemento cada vez mais importante para decidir quem iria adquirir os direitos de um livro. Os adiantamentos aumentaram, os leilões ficaram mais frequentes e, finalmente, só as editoras com acesso a recursos financeiros de vulto – e cada vez mais isso significava os recursos das grandes corporações – puderam competir pelas obras mais cobiçadas.

O terceiro acontecimento fundamental que configurou a indústria editorial anglo-americana de interesse geral foi o crescimento das corporações editoriais. A partir do início dos anos 1960, várias ondas de fusões e aquisições varreram a indústria editorial anglo-americana de interesse geral, e muitas editoras até então independentes – Simon & Schuster, Scribner, Harper, Random House, Alfred Knopf, Farrar, Straus & Giroux, Jonathan Cape, William Heinemann, Secker & Warburg, Weidenfeld & Nicolson, para citar apenas algumas – se transformaram em selos no interior de grandes corporações. Os motivos dessas fusões e aquisições eram complexos e variaram caso a caso, dependendo das condições das editoras que estavam sendo adquiridas e das estratégias das empresas compradoras; mas o resultado final foi que, no final da década de 1960, o cenário da indústria editorial anglo-americana de interesse geral tinha sido radicalmente redesenhado. Num campo em que outrora tinham existido dezenas de editoras independentes, cada uma refletindo os gostos e estilos peculiares de seus donos e editores, havia agora apenas cinco ou seis grandes corporações editoriais, cada uma agindo como uma organização guarda-chuva para diversos selos, e cada uma pertencendo, por sua vez, a um conglomerado multimídia maior que ficava por trás dela e à qual a corporação editorial prestava contas. A maioria desses conglomerados eram empresas grandes, diversificadas e multinacionais com interesses em diversos setores e países. Alguns, como os grupos alemães Bertelsmann e Holtzbrinck, permaneceram privados e de propriedade familiar, enquanto outros, como Pearson; NewsCorp; Viacom e Lagardère, eram empresas cotadas em bolsa. Na maioria dos casos, esses conglomerados adquiriram ativos de publicação de interesse geral tanto nos Estados Unidos como no Reino Unido, reunindo-os debaixo de um guarda-chuva corporativo que tinha o mesmo nome – Penguin, Random House (agora Penguin Random House, depois que elas se fundiram em 2013), Simon & Schuster, HarperCollins, Hachette ou Macmillan –, mesmo se, na prática, as operações nos Estados Unidos e no Reino Unido funcionassem basicamente de forma independente uma da outra e prestassem contas diretamente à empresa-mãe.

As grandes corporações editoriais se tornaram atores importantes no campo da indústria editorial anglo-americana de interesse geral, respondendo juntas por cerca de metade do total de vendas do varejo americano e britânico no início dos anos 2000. Num setor caracterizado por grandes redes de varejo e agentes poderosos, que controlavam o acesso aos clientes e ao conteúdo, respectivamente, ser grande tinha vantagens óbvias. A escala lhes deu poder nas negociações com as grandes redes de varejo, nas quais as condições de negócio podiam causar um grande impacto na lucratividade da editora. Ela também lhes deu acesso aos recursos volumosos dos grandes conglomerados, que fortaleceram muito seu poder de barganha diante da concorrência pelo conteúdo mais cobiçado, na qual, graças em parte ao poder crescente dos agentes, o valor do adiantamento era, com frequência, o elemento decisivo. Editoras menores e médias simplesmente não podiam competir com o peso financeiro exercido pelas novas corporações editoriais, e muitas acabaram se rendendo e se juntaram a um dos grupos.

Esses foram, em linhas gerais, os três acontecimentos que moldaram o setor editorial anglo-americano de interesse geral durante as últimas quatro décadas do século XX, mais ou menos de 1960 ao início dos anos 2000. É claro que houve muitos outros fatores importantes na configuração do setor, e muitas outras organizações que foram elementos ativos e relevantes no universo dos livros de interesse geral durante esse período: trata-se de um universo incrivelmente complexo, cheio de práticas misteriosas, cadeias de suprimentos extremamente ramificadas e um grande número de organizações que fazem uma miríade de coisas diferentes. Mas, se quisermos entender por que o universo editorial anglo-americano de interesse geral das décadas de 1980 e 1990 e início dos anos 2000 era tão diferente do universo editorial de interesse geral que existia na década de 1950 e antes, e se quisermos compreender as práticas mais importantes que se tornaram predominantes e incontestáveis no setor no início dos anos 2000 – entre as quais leilões de livros novos, altos adiantamentos de dar água na boca, mostradores de livros com pilhas enormes nas principais lojas de varejo, *best-sellers* numa escala e com uma frequência sem precedentes, descontos elevados e devoluções elevadas –, então os três acontecimentos resumidos anteriormente nos darão as chaves.

Foi no contexto de um setor estruturado dessa maneira que, do início da década de 1980 em diante, a revolução digital começou a se fazer notar. Inicialmente, era um assunto restrito, imperceptível para quem era de fora. Como muitos outros setores da indústria, o impacto inicial da revolução digital foi na área de logística, de administração da cadeia de suprimentos e de transformação gradual dos sistemas administrativos. Para uma indústria como a editorial, na qual milhares de novos produtos – isto é, livros – são publicados toda semana, cada um deles com um identificador numérico único (ISBN), o potencial para alcançar maior eficiência na administração da cadeia de suprimentos por meio do uso da tecnologia da informação (TI) era enorme. Grandes investimentos foram feitos ao longo das décadas de 1980 e 1990 para criar sistemas mais eficientes para administrar todos os aspectos da cadeia de suprimentos editorial, que iam da produção e dos direitos autorais aos pedidos, à administração do depósito, às vendas e ao desempenho. Sistemas aperfeiçoados de TI permitiram que as editoras administrassem o processo editorial de forma mais eficaz, que os atacadistas oferecessem um serviço muito melhor aos varejistas, e que os varejistas controlassem seus níveis de estoque e fizessem reposições diárias com base nos dados de pontos de venda informatizados. Nos bastidores, toda a cadeia de suprimentos do livro estava sendo silenciosa, mas radicalmente, transformada. Esses não eram os tipos de acontecimento que despertassem fortes emoções, mas seria difícil superestimar seu significado para as operações cotidianas da indústria editorial.

No entanto, a revolução digital na indústria editorial nunca ficaria restrita apenas à logística da administração da cadeia de suprimentos e ao aperfeiçoamento dos sistemas administrativos, por mais importantes que esses elementos fossem para a condução do negócio. Pois a revolução digital tinha a capacidade de ser muito mais disruptiva. Por quê? O que a revolução digital tinha que a tornava muito mais disruptiva – ameaçadora, na verdade – que as inúmeras inovações tecnológicas que tinham atingido a indústria editorial com frequência ao longo dos seus quinhentos anos de história?

O que a tornava inigualável era o fato de tornar possível uma forma completamente nova de lidar com o conteúdo que estava no centro da atividade editorial. Pois, em última análise, a indústria editorial, como outros setores das indústrias criativas e de mídia, tem a ver com conteúdo simbólico – isto é, com um tipo especial de informação que assume a forma de histórias ou outros gêneros de texto mais longos. O que a revolução digital tornou possível foi a transformação dessa informação, ou conteúdo simbólico – na verdade, *qualquer* informação ou conteúdo simbólico –, em sequências de dígitos (ou fluxos de *bits*) que podem ser processadas, armazenadas e transmitidas em forma de dados. Quando a informação assume a forma de dados digitalizados, ela pode ser facilmente manipulada, armazenada e transmitida por meio de diversos tipos de rede. Entramos, então, num novo mundo, muito diferente do mundo dos objetos físicos como carros, geladeiras e livros impressos. É um mundo de dados imateriais que podem ser submetidos a um conjunto inteiramente novo de processos e transmitidos por meio de redes que têm suas próprias características inconfundíveis. E, quanto mais essa indústria editorial é seduzida por esse novo mundo, mais ela se afasta do antigo mundo dos objetos físicos, que tinha sido o seu lar desde a época de Gutenberg. Em suma, o conteúdo simbólico do livro não está mais confinado ao objeto impresso em que ele estava tradicionalmente inserido.

Este é, basicamente, o motivo pelo qual a revolução digital tem consequências tão amplas para a indústria editorial e para outros setores das indústrias criativas e de mídia: a digitalização permite que o *conteúdo* simbólico seja transformado em dados e separado do *meio* ou substrato material em que ele estava inserido até então. Quanto a isso, a indústria editorial é muito diferente, digamos, da indústria automobilística: enquanto esta pode ser (e tem sido) transformada de diversas maneiras pelo emprego de tecnologias digitais, o carro, propriamente dito, sempre será um objeto físico com um motor, portas, janelas etc., mesmo que já não tenha um motorista. Não é o caso do livro. Durante mais de quinhentos anos, associamos o livro a um objeto físico feito de tinta, papel e cola, mas isso é uma contingência histórica, não uma característica indispensável do livro enquanto tal. O livro impresso é um meio material em que um tipo específico de conteúdo simbólico – uma história, por exemplo – pode ser concretizado ou inserido. Mas houve outras mídias no passado (como os tabletes de argila e o papiro), e poderia haver outras no futuro. E se o conteúdo pode ser codificado digitalmente, então a necessidade de inseri-lo num substrato material específico como o papel impresso, para gravá-lo, manipulá-lo e transmiti-lo, desaparece. O conteúdo existe virtualmente como um código, uma sequência específica de 0s e 1s.

Mas a revolução digital fez muito mais: ela transformou inteiramente o ambiente informacional e de comunicação das sociedades contemporâneas. Ao juntar tecnologia da informação, computadores e telecomunicações, a revolução digital permitiu que volumes cada vez maiores de informações digitalizadas fossem transmitidos com uma velocidade extraordinária, criando, assim, redes de comunicação e um fluxo de informação numa escala sem precedentes. A vida e o universo informativo das pessoas comuns estavam se transformando como nunca. Não tardaria para que elas passassem a carregar no bolso ou na bolsa um pequeno aparelho que funcionaria ao mesmo tempo como telefone, mapa e computador, permitindo que elas ficassem permanentemente conectadas com os outros, identificassem o lugar em que estavam e se orientassem e tivessem acesso a uma grande quantidade de informações tocando numa tela. Indústrias criativas tradicionais como a indústria editorial se viram mergulhadas num torvelinho de mudanças que afetaram profundamente seus negócios, mas sobre o qual elas tinham pouco ou nenhum controle. O processo estava sendo conduzido por outros – por grandes empresas de tecnologia sediadas principalmente na costa oeste dos Estados Unidos, longe dos centros tradicionais da indústria editorial anglo--americana de interesse geral. Apesar de essas empresas serem regidas por princípios diferentes e inspiradas por valores estranhos ao universo editorial tradicional, ainda assim suas atividades estavam criando um novo tipo de ambiente informacional ao qual o velho mundo da indústria editorial teria de se adaptar.

No entanto, a área da indústria editorial em que o impacto disruptivo da revolução digital foi sentido primeiro não foi a esfera do consumo: foi a da produção. Os métodos tradicionais da indústria editorial, por meio dos quais o original era recebido do autor, geralmente na forma de um texto datilografado, depois editado, copidescado e marcado para o linotipista, foram deixados de lado à medida que todo o processo editorial se transformou, aos poucos, num fluxo de trabalho digital. Na verdade, à medida que um número cada vez maior de autores passou a compor seus textos digitando no teclado de um computador em vez de usar papel e caneta ou máquina de escrever, o texto se tornou um arquivo digital a partir do momento da sua criação – nasceu digital, existindo apenas como uma sequência de 0s e 1s armazenada num disco na memória de um computador. As formas materiais da escrita estavam mudando,[2] e, daquele momento em diante, a transformação do texto que leva à criação do objeto que chamamos "livro" podia, pelo menos em princípio, ser feita inteiramente de forma digital: ele podia ser editado na tela, revisado e corrigido na tela, marcado para o compositor na tela, projetado e diagramado na tela. Do ponto de vista do processo de produção, o livro era reconstituído como um arquivo digital, um banco de dados. Para o gerente de produção de uma editora, o livro agora não passa disso: um arquivo de informações que foi manipulado, codificado e marcado de determinada maneira. A reconstituição do livro como um arquivo digital é uma parte crucial daquilo que chamo de "revolução oculta".[3] Quero dizer, com isso, que a revolução não se dá no *produto*, e sim no *processo*: mesmo que o produto pareça igual ao que sempre foi – um livro físico com tinta impres-

---

2 Sobre a história de como, a partir da década de 1960, os escritores passaram a utilizar cada vez mais tecnologias de processamento de texto, ver Kirschenbaum, *Track Changes*.
3 Ver Thompson, *Books in the Digital Age*, cap.15.

sa em papel –, o processo por meio do qual esse livro é produzido passou a ser completamente diferente.

Embora todas essas etapas do processo de produção pudessem, em princípio, ser feitas digitalmente, na prática não era tão fácil. Nem sempre a digitalização simplifica as coisas – pelo contrário, muitas vezes ela as torna mais complexas. O mundo digital, com a sua miríade de arquivos de tipos e formatos, linguagens de programação, *hardwares, softwares* e atualizações constantes, é, em muitos aspectos, mais complicado que o antigo universo analógico da impressão. Uma parte fundamental da história da indústria editorial a partir do início da década de 1980 foi a aplicação gradativa da revolução digital às diversas etapas da produção do livro. A composição foi uma das primeiras áreas a ser afetada. As velhas máquinas de linotipo, que foi o modo padrão de compor antes e durante a década de 1970, foram substituídas na década de 1980 por grandes máquinas centrais de composição da IBM, e, depois, na década de 1990, pela editoração eletrônica. O custo da composição despencou: enquanto na década de 1970 se pagava normalmente 10 dólares a página para compor um livro a partir do original, no ano 2000 o custo estava entre 4 e 5 dólares a página, apesar da diminuição do valor do dólar produzida por duas décadas de inflação. Embora a mudança tenha sido decisiva e drástica, foi um período confuso para quem atravessou as mudanças e teve de se adaptar às novas formas de fazer as coisas. O trabalho do linotipista foi redefinido e os limites de responsabilidade ficaram imprecisos. Algumas das tarefas realizadas anteriormente pelos linotipistas foram eliminadas e outras foram repassadas para a equipe interna de produção, que, de um momento para o outro, se viu na linha de frente da revolução digital na indústria editorial e foi obrigada a utilizar novas tecnologias e aprender novos programas, que mudavam constantemente.

Em meados da década de 1990, muitos aspectos técnicos da produção editorial, entre os quais a composição e a diagramação, tinham sido profundamente transformados pela aplicação das tecnologias digitais. O progresso foi mais irregular em outras áreas, como as de edição e impressão: aqui também havia aspectos do fluxo de trabalho que se tornaram cada vez mais de natureza digital, embora de forma mais complexa do que uma mudança unilateral do analógico para o digital. Embora muitos autores tivessem passado a compor textos em computadores e, portanto, a criar arquivos digitais, muitas vezes esses arquivos tinham tantos erros que a editora não conseguia utilizá-los. Frequentemente, era mais fácil e mais barato para a editora imprimir o texto, editá-lo e marcar a página impressa, em seguida enviar o original editado e marcado para um compositor na Ásia que reajustava o texto e acrescentava as marcações referentes ao *layout* da página. Portanto, embora em princípio as batidas do autor no teclado fossem o momento em que o fluxo de trabalho digital podia se iniciar, na prática – pelo menos nos livros de interesse geral – o fluxo de trabalho digital normalmente começava num momento posterior, quando o original editado e marcado era reajustado pelo compositor, que fornecia à editora um arquivo contendo outras funcionalidades.

Outra área em que a digitalização teve um grande impacto foi a impressão, embora, uma vez mais, de forma mais complexa do que uma simples mudança unilateral do analógico para o digital. Até o final da década de 1990, a maioria das editoras usava impressão *offset* tradicional em todos os seus livros. O *offset* tem muitas vantagens: alta qualidade de impressão, as ilustrações podem ser reproduzidas com um alto padrão e existem economias de escala significativas – quanto maior a tiragem, menor o custo unitário. Mas também existem desvantagens: sobretudo custos significativos de preparação, que inviabilizam a impressão de pequenas tiragens. Portanto, os títulos de fundo de catálogo que vendiam algumas centenas de cópias ou menos por ano geralmente eram considerados esgotados por várias editoras, e nas grandes editoras de interesse geral esse patamar era muito mais alto. Simplesmente não era lucrativo para elas manter esses livros no catálogo, ocupando espaço no depósito e sendo reimpressos em pequenas quantidades se e quando o estoque acabasse.

O advento da impressão digital mudou tudo isso. A tecnologia básica de impressão digital existia desde o final da década de 1970, mas foi só na década de 1990 que foi aperfeiçoada de modo a poder se tornar uma alternativa real às impressoras *offset* tradicionais. Quando a qualidade de impressão melhorou e os custos despencaram, diversos concorrentes novos entraram em cena, oferecendo uma série de serviços de impressão digital para as editoras. Passou a ser possível manter disponível um título de fundo de catálogo enviando-se o arquivo para uma gráfica digital que podia reimprimir pequenas tiragens – 10, 20, 100 ou 200 exemplares, muito menos do que teria sido possível utilizando os métodos tradicionais de *offset*. Os custos unitários eram maiores do que os da impressão *offset*, mas ainda administráveis pela editora, especialmente se ela estivesse disposta a aumentar o preço de venda. Era até possível pôr de cabeça para baixo o tradicional modelo de desempenho editorial: em vez de imprimir e guardar no depósito uma quantidade fixa de livros, esperando os pedidos chegarem, a editora podia entregar o arquivo para um fornecedor de impressão sob demanda como a Lightning Source, que manteria o arquivo em seu servidor e só imprimiria uma cópia do livro quando recebesse um pedido. Desse modo, a editora podia manter o livro sempre disponível sem precisar manter o estoque num depósito: o estoque físico foi substituído por um "depósito virtual".

No início dos anos 2000, muitas editoras do mundo de língua inglesa estavam usando alguma versão da impressão digital para os seus títulos de fundo de catálogo que vendiam menos, fosse a impressão digital de pequenas tiragens ou a verdadeira impressão sob demanda. As que atuavam nas áreas acadêmica e profissional foram as primeiras a tirar partido das novas oportunidades: muitos de seus livros eram obras especializadas que vendiam pequenas quantidades por preços altos, sendo, portanto, muito adequados para a impressão digital. Embora muitas editoras de interesse geral estivessem acostumadas a lidar com tiragens maiores, para as quais a impressão em *offset* é ideal, elas também acabaram percebendo – estimuladas, em alguns casos, pela teoria da cauda longa, apresentada pela primeira vez por Chris Anderson em 2004[4] – que alguns títulos mais antigos de fundo de catálogo continham um valor que podia ser capturado utilizando-se a tecnologia de impressão digital. As editoras – acadêmicas, profissionais e de interesse geral – começaram a garimpar seus fundos de catálogo, procurando títulos mais antigos de cujos direitos autorais elas ainda dispunham, escaneando-os, transformando-os em PDFs e relançando-os como livros impressos digitalmente. Títulos que estavam fora de catálogo havia muitos anos ganharam vida novamente. Graças à impressão digital, as editoras não precisavam mais deixar os livros fora de catálogo: elas podiam simplesmente reimprimi-los em pequenas quantidades ou pôr o arquivo num programa de impressão sob demanda, mantendo, assim, o título disponível para todo o sempre. Essa foi uma das primeiras grandes ironias da revolução digital: longe de acabar com o livro impresso, a revolução digital lhe deu uma nova vida, permitindo que ele vivesse muito além da idade com a qual teria morrido no mundo pré-digital. A partir de então, um grande número de livros jamais sairia de catálogo.

Esses avanços na tecnologia de impressão, junto com a grande redução de custos relacionada à digitalização da composição e da diagramação, também reduziram bastante as barreiras e abriram caminho para que novas *start-ups* penetrassem no setor editorial. Tinha ficado mais fácil do que nunca montar uma empresa editorial, compor e diagramar um livro usando um programa de editoração eletrônica num PC ou num Mac, e imprimir pequenas quantidades de exemplares – ou até mesmo um de cada vez – utilizando uma

---

4 Ver Anderson, *The Long Tail*.

impressora digital ou um serviço de impressão sob demanda. A revolução digital gerou uma proliferação de pequenas editoras. Ela também abriu caminho para a arrancada da autopublicação – um processo que, embora tendo começado de fato no final da década de 1990 e início dos anos 2000 com o surgimento de diversas empresas que utilizavam tecnologia de impressão sob demanda, assumiu um novo caráter por volta de 2010, quando uma avalanche de novos atores adentrou o campo da autopublicação.

Embora esses acontecimentos fossem impressionantes por si sós, eles representavam apenas as primeiras etapas de um processo de transformação que logo se mostraria muito mais desafiador para as estruturas e os atores existentes da indústria editorial anglo-americana de interesse geral. Com a ascensão da internet na década de 1990, a fusão das tecnologias da informação e da comunicação e o acesso crescente aos computadores pessoais e aos aparelhos móveis com conexão de internet de alta velocidade, tornou-se possível não apenas transformar as cadeias de suprimentos, os sistemas administrativos e os processos de produção, mas também revolucionar a maneira como os clientes – ou seja, os leitores – adquirem livros, a forma de adquiri-los e, na verdade, os modos pelos quais os leitores de livros se relacionam com quem os escreve. O livro tradicional impresso em papel e a indústria que se desenvolvera durante cerca de quinhentos anos para produzir esse objeto e distribuí-lo aos leitores através de uma rede de lojas de varejo constituíam, na verdade, um canal de comunicação que punha em contato um conjunto de indivíduos (os escritores) com outro conjunto de indivíduos (os leitores), através de um meio específico (o livro) e uma rede ramificada de organizações e intermediários (editoras, gráficas, atacadistas, varejistas, bibliotecas etc.) que tornava possível esse processo de comunicação. O grande desafio apresentado pela revolução digital às indústrias criativas como a editorial é que ela possibilitou a criação de canais de comunicação inteiramente novos entre os criadores e os consumidores, os quais iriam ignorar os intermediários que até então tinham permitido que esse processo acontecesse. Atores tradicionais podiam ser "desintermediados" – isto é, excluídos totalmente da cadeia de suprimentos.

Talvez a demonstração mais dramática do potencial disruptivo desse aspecto da revolução digital tenha sido a apresentada pela indústria musical. Durante décadas, a indústria musical, controlada por um número pequeno de grandes gravadoras, tinha se baseado num modelo econômico em que a música gravada era transferida para um meio físico, tradicionalmente o LP de vinil, e vendida através de uma rede de lojas de varejo. O primeiro impacto importante da revolução digital na indústria musical – o surgimento do CD na década de 1980 – não prejudicou muito esse modelo: pelo contrário, ele simplesmente substituiu um meio físico por outro, o que resultou num aumento das vendas, já que os consumidores substituíram seus LPs e fitas cassetes por CDs. Mas o desenvolvimento do formato MP3 em 1996 e o surgimento simultâneo, no final da década de 1990 e início dos anos 2000, do computador pessoal e da internet resultaram numa mudança súbita e dramática no modo como a música era adquirida, partilhada e consumida. Muito rapidamente, o universo da música gravada passou de um universo no qual os consumidores compravam álbuns em lojas físicas, compartilhando-os às vezes com os amigos, para um universo no qual era possível baixar, subir e compartilhar músicas *on-line*, em princípio com qualquer um que tivesse acesso à internet.

As consequências explosivas dessa transformação ficaram muito evidentes com o Napster, serviço de compartilhamento de arquivos *peer-to-peer* (P2P) que foi lançado em 1999. O *site* catalogava os arquivos musicais de milhões de usuários, o que permitia ver quem tinha o que, e depois permitia que se baixasse um arquivo de um PC remoto, ininterruptamente e sem envolver nenhuma forma de pagamento. O Napster cresceu de forma exponencial – no auge, chegou a ter 80 milhões de usuários registrados em todo o mundo. Quando as vendas de música começaram a diminuir, as gravadoras e a Recording Industry Association of America (RIAA – Associação Americana de Gravadoras) processaram o Napster por violação de direitos autorais, conseguindo fazer que ele encerrasse as atividades em 2001. Mas o gênio estava fora da garrafa, e a curta existência do Napster deixou claro para todos o enorme potencial disruptivo da distribuição *on-line*. Uma profusão de serviços de compartilhamento de arquivos P2P floresceram na esteira do desaparecimento do Napster, muitos deles usando o protocolo BigTorrent, que reúne *bits* de um arquivo provenientes de vários hospedeiros, em vez de baixar o arquivo de um único servidor, tornando muito mais difícil fechá-lo.

À parte o compartilhamento de arquivos P2P, os canais legais de distribuição de música *on-line* cresceram rapidamente no início dos anos 2000. A Apple, o mais importante deles, lançou em 2001 o *music player* iTunes, no mesmo ano em que apresentou o *player* MP3 iPod, e acrescentou em 2003 a loja de música iTunes. Agora os clientes podiam baixar músicas de maneira totalmente legal, por 99 centavos de dólar a faixa. Em 2008, a Apple tinha se tornado o principal varejista de música dos Estados Unidos, desbancando o Walmart, a Best Buy e a Target. No mesmo período, a venda de CDs nos Estados Unidos despencou de 938 milhões de unidade em 1999 para 296 milhões em 2009, menos de um terço do que tinha sido uma década antes.[5] A receita total com a venda de música gravada também despencou, passando de 14,6 bilhões de dólares em 1999 para 7,8 bilhões em 2009.[6] Como se pode ver na Figura 0.1, o colapso das vendas foi catastrófico.

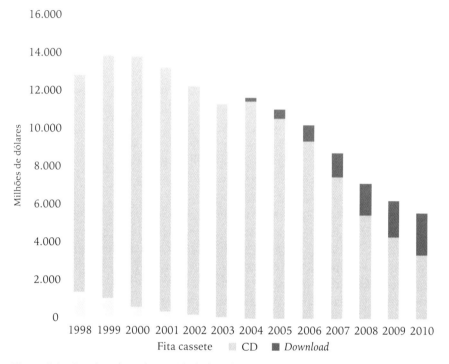

Figura 0.1 – Receitas (Estados Unidos) de música gravada por formato, 1998-2010
Obs.: As receitas se referem apenas a fitas cassetes, CDs e *downloads* (*singles* e álbuns).
Fonte: Associação Americana de Gravadoras (RIAA).

Os consumidores que ainda compravam música pagavam muito menos do que tinham pago no final da década de 1990, quando o CD era o formato absolutamente dominante. Em 1999, a venda de 938 milhões de CDs gerou uma receita de 12,8 bilhões de dólares, ou 13,66 dólares por CD; na época não havia venda de música por meio de *download*. Em 2009, a venda de CDs tinha caído para 296 milhões de unidades; essa venda ainda gerava uma receita de 14,58 dólares por CD, mas, como as unidades vendidas representavam

---

5 RIAA, Banco de Dados das Vendas nos Estados Unidos, disponível em: <www.riaa.com/u-s-sales-database>.
6 Ibid.

menos de um terço do que tinham sido uma década antes, a receita total gerada pela venda de CDs tinha caído para 4,3 bilhões de dólares. Por outro lado, os *downloads* de música tinham crescido consideravelmente desde 2004, e, em 2009, 1,124 bilhão de músicas isoladas e 74 milhões de álbuns foram baixados; no total, porém, esses *downloads* geraram apenas mais 1,9 bilhão de dólares, não compensando nem de longe a perda de 8,5 bilhões de dólares de receita com a venda de CDs.[7] Além do mais, enquanto muitas pessoas pagavam para baixar música através de canais legítimos como o iTunes, um número muito grande de pessoas, mas impossível de avaliar, baixava música sem pagar – de acordo com uma avaliação feita pelo rastreador de *downloads on-line* BigChampagne, o volume de *downloads* não autorizados ainda representava cerca de 90% do mercado de música em 2010.[8]

Muitos integrantes da indústria editorial acompanhavam com atenção as turbulências na indústria da música, e se perguntavam, angustiados, se aquele seria o futuro dos livros. Como ficaria a indústria editorial se a pirataria se alastrasse e a receita total dos livros caísse pela metade? Que tipos de modelo de receita substituiriam o modelo confiável no qual a indústria se baseara por mais de quinhentos anos, e quão sólidos eles seriam? Como a indústria editorial poderia se proteger do desenfreado compartilhamento de arquivos que se tornara corriqueiro no mundo da música? O que aconteceria às livrarias se um número crescente de livros fosse baixado em forma de arquivo, ou mesmo se eles fossem encomendados *on-line* em vez de comprados em livrarias físicas – como elas iriam sobreviver? E se elas desaparecessem, ou mesmo declinassem de forma significativa, como os leitores iriam descobrir novos títulos? Não era preciso ter muita imaginação para perceber que a indústria editorial poderia ser golpeada com a mesma violência pelo *tsunami* que varreu a indústria da música no final da década de 1990 e início dos anos 2000. Diante da janela das torres comerciais de Manhattan, os altos executivos poderiam muito bem estar se perguntando se a fruição daquela vista panorâmica estaria com os dias contados.

No entanto, durante os primeiros anos do novo milênio, os sinais do que realmente poderia acontecer na indústria editorial não eram, de modo algum, evidentes. No final da década de 1990 e início dos anos 2000, o que não faltava eram especulações a respeito da iminente revolução do livro

---

7 RIAA. Houve outras fontes de receita durante esse período, como vinil e videoclipes, e, a partir de 2005, *ringtones* (toques no celular sempre que alguém chama) e *ringbacks* (toques ou gravações ouvidos por quem liga para um celular), assinaturas etc., mas elas não alteram de maneira significativa o padrão geral de queda de receita.

8 Goldman, "Music's Lost Decade: Sales Cut in Half", *CNN Money*, 3 fev. 2010, disponível em: <https://money.cnn.com/2010/02/02/news/companies/napster_music_industry/>.

digital – um relatório muito citado da PricewaterhouseCoopers do ano 2000 previa uma explosão de gastos do consumidor com livros digitais, calculando que em 2004 esses gastos chegariam a 5,4 bilhões de dólares e representariam 17% do mercado. As expectativas também aumentaram com o sucesso surpreendente de uma das primeiras experiências com publicação digital de Stephen King. Em março de 2000, ele publicou eletronicamente o conto de 66 páginas *Montado na bala*, disponível apenas como um arquivo digital que podia ser baixado por 2,50 dólares; a resposta foi acachapante, resultando em cerca de 400 mil *downloads* nas primeiras 24 horas, e 600 mil nas duas primeiras semanas. Porém, não obstante o resultado favorável alcançado por Stephen King, as previsões feitas pela PricewaterhouseCoopers e por outros se mostraram exageradamente otimistas, pelo menos em termos da escala de tempo. As editoras que se envolveram efetivamente na experiência com livros digitais no início dos anos 2000 descobriram, invariavelmente, que os níveis de aceitação eram extremamente baixos, na verdade, desprezíveis: as vendas de livros digitais se contavam em dezenas, em alguns casos em centenas, mas nunca perto das centenas de milhares, sem falar nos milhões, de unidades que muitos esperavam. O que quer que estivesse acontecendo, não parecia ter muita semelhança com a súbita e dramática transformação da indústria da música – ou, pelo menos, ainda não.

A história da ascensão do livro digital se mostrou muito mais complicada do que a maioria dos observadores imaginara, e, à medida que essa história se desenrolava ao longo da primeira década do século XXI e adentrava a segunda década, inúmeras previsões, proferidas alguns anos antes com grande convicção, se mostraram profundamente equivocadas. Um número muito pequeno de pessoas previu corretamente o que de fato aconteceu, e, em cada etapa do desenrolar da história, os acontecimentos futuros se mostravam sempre indefinidos. A verdade é que ninguém sabia realmente o que iria acontecer, e durante anos todos que trabalhavam na indústria editorial viveram num estado de profunda incerteza, como se estivessem caminhando na direção de um precipício, mas nunca soubessem se chegariam à sua beira nem o que aconteceria se chegassem. Para alguns profissionais da indústria editorial e para muitos em sua periferia, os livros digitais eram uma nova tecnologia revolucionária que iria finalmente levar aquela indústria, com suas práticas obscuras e sistemas ineficientes, para o século XXI. Para outros, eles eram os arautos da destruição, o toque fúnebre de uma indústria que prosperara durante meio milênio e contribuíra mais para a cultura do que qualquer outra. Na prática, os livros digitais não eram nem uma coisa nem outra, e tanto seus defensores como seus críticos ficariam intrigados com seu estranho percurso.

– 1 –

O AVANÇO TITUBEANTE DO LIVRO DIGITAL

Qualquer tentativa de contar a história dos livros digitais pressupõe uma determinada compreensão do que é um livro digital. Como observamos anteriormente, a nossa compreensão do que constitui um livro foi moldada durante séculos pela forma específica que o livro assumiu desde Gutenberg – tinta impressa em folhas de papel que são reunidas (coladas, às vezes costuradas) ao longo de uma extremidade, de modo que possam ser lidas na sequência e folheadas uma página de cada vez, semelhante ao pergaminho tradicional, mas transformada pelo uso de tinta, papel e impressora. Essa forma põe alguns limites ao que pode ou não ser considerado livro. Por exemplo, seria difícil considerar um texto de vinte palavras como livro, já que simplesmente não haveria texto suficiente para preencher mais de uma página (a não ser que se tratasse de uma diagramação muito incomum, com uma ou duas palavras por página). Do mesmo modo, o texto não pode se estender indefinidamente, ou mesmo conter milhões de palavras, e ainda assim ser produzido como "um livro" em qualquer sentido genuíno do termo (embora ele pudesse ser produzido como uma série de livros). Em outras palavras, a reunião de conteúdo e forma no livro impresso tradicional apresenta alguns limites eventuais àquilo que pode ou não ser considerado livro. Porém, basta separar o conteúdo da forma e, subitamente, já não é tão evidente o que é exatamente um livro. Será que um texto com vinte palavras poderia ser um livro se não houvesse páginas para folhear e o texto contasse uma história do começo ao fim com admirável concisão? Com o propósito de reunir estatísticas sobre a produção de livros por país, a Organização das Nações Unidas para a Educação, a Ciência e a Cultura (Unesco) apresentou a célebre definição de livro como sendo "uma publicação não periódica com 49 páginas no mínimo, sem contar a capa e a contracapa, publicada no país e acessível ao público".[1] É compreensível que a Unesco quisesse apresentar um critério claro que lhe permitisse reunir estatísticas transnacionais numa base comparável; porém, como forma de conceitualização do livro trata-se, evidentemente, de um número arbitrário. Por que 49 páginas? Por que não 48, 45, 35, ou mesmo 10 – por que um texto de 45 páginas não seria considerado livro e um de 49 seria? Por outro lado, um texto de milhões de palavras seria um livro se não houvesse a necessidade de imprimir páginas e a forma não limitasse sua extensão? Uma vez que o conteúdo e a forma não estejam mais reunidos no livro de papel, fica menos evidente o que é um livro, e, consequentemente, o que diferencia – se é que algo o faz – um texto de um livro. Um livro digital é simplesmente um texto digital, ou é uma espécie de texto digital que possui algumas características peculiares – e, se assim for, quais são essas características?

São perguntas absolutamente legítimas, que atormentaram observadores, inovadores e acadêmicos desde os primórdios da revolução digital. Voltaremos a elas num capítulo posterior. Mas, por ora, adotarei uma postura mais pragmática e histórica: quando o termo "livro digital" e seus cognatos passaram a fazer parte do nosso vocabulário, quem utilizou esses termos? E os utilizou para se referir a quê?

ORIGENS E ASCENSÃO DO LIVRO DIGITAL

Os termos em inglês "electronic book", "e-book" e "ebook" entraram em circulação na década de 1980. O americano Andries van Dam, cientista de computação e especialista em computação gráfica, normalmente recebe os créditos por ter cunhado o termo "livro digital", embora pesquisas simi-

---

1 Unesco, "Recommendation Concerning the International Standardization of Statiscs Relating to Book Production and Periodicals", 19 nov. 1964, disponível em: <http://portal.unesco.org/en/ev.php-URL_ID=13068&URL_DO=DO_TOPIC&URL_SECTION=201.html>.

AS GUERRAS DO LIVRO

lares sobre as características de sistemas de documentação digital já fossem realizadas na década de 1960 por Theodore Nelson e Douglas Engelbart, entre outros.[2] A criação do primeiro livro digital de verdade normalmente é atribuída a um acontecimento fortuito ocorrido em julho de 1971. Michael Hart, um calouro da Universidade de Illinois, resolveu passar a noite no computador central Sigma V da Xerox, no Laboratório de Pesquisa de Materiais, em vez de ir para casa e voltar no dia seguinte.[3] A caminho do laboratório, ele parou numa mercearia para comprar alguma coisa para comer durante a noite. Ao empacotar suas coisas, pôs na sacola uma cópia da Declaração de Independência impressa numa imitação de pergaminho. Naquela noite, no laboratório, Michael recebeu por acaso uma conta do operador de computador com um volume de tempo de computador creditado praticamente ilimitado – no valor de 100 milhões de dólares. Ao tirar a comida da sacola, e pensando no que fazer com todo aquele tempo de computador, o falso pergaminho com a Declaração de Independência caiu no chão e lhe deu uma ideia: por que não digitar a Declaração de Independência e disponibilizá-la para o maior número possível de pessoas? Foi assim que começou o Projeto Gutenberg. O objetivo era encontrar livros e documentos que estivessem em domínio público e que pudessem ser de interesse geral, digitá-los no computador e disponibilizá-los na forma digital mais simples possível – ASCII básico –, para que pudessem ser facilmente compartilhados. O livro se transformaria num arquivo de texto contínuo em vez de um conjunto de páginas, utilizando-se letras maiúsculas quando aparecia no texto impresso uma palavra em itálico, negrito ou sublinhada. Depois de digitar a Declaração de Independência, Michael digitou a Declaração dos Direitos, e um voluntário digitou a Constituição americana, seguida pela Bíblia e por Shakespeare, uma peça de cada vez. E o processo seguiu assim, texto a texto; finalmente, em agosto de 1997, o Projeto Gutenberg tinha criado mil livros digitais, que abrangiam da Bíblia do Rei Jaime e *Aventuras de Alice no País das Maravilhas* a *A divina comédia*, este em italiano e os outros em inglês.

Embora o Projeto Gutenberg fosse, e continue sendo, um arquivo aberto de livros digitais que podem ser baixados gratuitamente, ao longo da década de 1990 várias editoras também começaram a explorar a possibilidade de disponibilizar alguns de seus livros em formato digital. A principal diferença

---

2 Yankelovich; Meyrowitz; Van Dam, "Reading and Writing the Electronic Book", *Computer*, v.18, n.10, p.15-30, out. 1985.
3 Ver Hart, "The History and Philosophy of Project Gutenberg", disponível em: <https://www.gutenberg.org/about/background/history_and_philosophy.html>; Lebert, *A Short History of eBooks*, p.5 ss, disponível em: <www.etudes-francaises.net/dossiers/ebookEN.pdf>.

entre iniciativas como a do Projeto Gutenberg e as primeiras incursões das editoras no universo emergente dos livros digitais era que as editoras estavam lidando, em sua maioria, com materiais sujeitos à lei de direitos autorais, e não com documentos em domínio público. Portanto, elas precisavam assegurar que tinham o direito de lançar seus títulos em formato digital antes de fazê-lo. Isso não era uma questão simples, pois, até 1994 mais ou menos, a maioria dos contratos das editoras não continha qualquer menção a livros digitais, formatos digitais ou edições digitais – esse simplesmente não era considerado um formato que as editoras pudessem querer explorar em algum momento. Portanto, não se incluiu nenhuma cláusula explícita relacionada a esse formato nos contratos que as editoras negociavam e assinavam com os autores e os agentes. Isso mudou por volta de 1994: desse momento em diante, muitas editoras acrescentaram aos seus contratos uma cláusula específica relacionada aos formatos digitais ou às edições digitais. Os termos específicos das cláusulas, as formas de dividir as receitas e o momento dessas mudanças contratuais variaram de uma editora para outra, e, mesmo na mesma editora, variaram ao longo do tempo – a Random House introduziu as primeiras alterações em seus contratos em 1994, outras fizeram o mesmo posteriormente. No entanto, em relação a todos os livros cujos contratos tinham sido assinados antes de 1994, as editoras que desejassem lançar suas edições digitais tinham de contatar autores, agentes e espólios e tentar negociar um adendo ao contrato original que lhes daria o direito explícito de lançar uma edição digital da obra. Mesmo quando os autores eram acessíveis, o processo era demorado e trabalhoso. Além disso, considerando-se as incertezas que cercavam a revolução digital e seu possível impacto na indústria editorial, em alguns casos também era um processo litigioso e cheio de conflitos, já que as diversas partes envolvidas tentavam utilizar todo o poder de que dispunham para negociar novas e melhores condições, num contexto em que as normas anteriores referentes às edições impressas não podiam ser consideradas, necessariamente, um guia confiável.

E ainda havia a questão nada trivial de como um livro lançado em formato digital seria lido na prática. É claro que os textos podiam ser lidos em computadores de mesa e *laptops*, e vários aplicativos especializados em leitura estavam disponíveis para esses aparelhos. Porém, faltava aos computadores de mesa e aos *laptops* a comodidade e a portabilidade que muitos leitores associavam ao livro impresso. Diversos aparelhos portáteis e do tamanho da mão, além de assistentes digitais pessoais (*palm-tops*) [Personal Digital Assistants – PDA], surgiram nas décadas de 1980 e 1990, e foram disponibilizados *softwares* para a leitura de livros digitais nesses aparelhos, mas as telas geralmente eram pequenas e de baixa resolução. Em 1998, os dois primeiros leitores de livros digitais especializados foram lançados no Vale do Silício: o Rocket eBook, um aparelho do tamanho de um livro de bolso que armazenava dez livros, pesava 450 gramas e custava 270 dólares, foi lançado pela Nuvomedia em Palo Alto; e o SoftBook, que armazenava 250 livros, pesava 1 quilo e meio e custava cerca de 600 dólares, foi lançado pela SoftBook Press em Menlo Park. Embora os aparelhos fossem inovadores e chamassem muito a atenção, eles venderam pouco (menos de 50 mil unidades na soma dos dois). Em 2000, tanto a Nuvomedia como a SoftBook foram adquiridas pela Gemstar, uma grande empresa de tecnologia que desenvolvia manuais de tecnologia de programação interativa para provedores de televisão a cabo e por satélite. O Rocket eBook e o SoftBook saíram de linha e foram substituídos, em novembro de 2000, por duas versões do novo Gemstar eBook, uma com tela em preto e branco e outra com tela colorida, produzidas pela RCA sob licença para a Gemstar. Porém, as vendas decepcionaram novamente, e em 2003 a Gemstar parou de vender leitores de livros digitais e livros digitais.

Vários outros aparelhos de leitura apareceram e desapareceram no final da década de 1990 e início dos anos 2000 – em quantidade suficiente para encher um pequeno museu de tecnologia do consumidor que não deu certo. Mas o primeiro salto tecnológico de verdade aconteceu em abril de 2004, quando a Sony lançou no Japão o Librié 1000-EP, primeiro aparelho de leitura a utilizar a tecnologia de tinta digital. Ao contrário das telas iluminadas por trás, a tinta digital utiliza a luz para simular a aparência da página impressa. A tela é preenchida com pequenas cápsulas contendo pigmentos carregados; quando a descarga elétrica aplicada a cada cápsula é ajustada, sua aparência se modifica, alterando assim a exposição e produzindo uma página de texto. A tela mantém essa exposição até a carga ser ajustada novamente e produzir uma nova página de texto. A tinta digital é muito mais suave para os olhos do que as telas iluminadas por trás, e é fácil de ler à luz do dia; ela também é muito econômica em termos de uso de bateria, já que a eletricidade só é utilizada quando se troca de página. O Sony Reader foi lançado nos Estados Unidos em outubro de 2006, sendo vendido por cerca de 350 dólares e tendo a capacidade de armazenar 160 livros; os livros digitais podiam ser adquiridos na própria biblioteca de livros digitais da Sony, cuja oferta chegava a 10 mil títulos.

Embora o Sony Reader tenha representado um grande avanço, o Kindle da Amazon, lançado um ano depois, em novembro de 2007, é que foi o verdadeiro divisor de águas. Assim como o Sony Reader, o Kindle utilizava a tecnologia de tinta digital em vez das telas iluminadas por trás; porém, ao contrário da Sony, a Amazon usava a conectividade 3G sem fio, grátis para o usuário, para que os leitores pudessem baixar livros digitais diretamente da Loja Kindle da Amazon. Agora os leitores podiam comprar livros digitais diretamente dos seus aparelhos de leitura, sem ter de usar o computador para entrar na internet, baixar o livro digital e depois transferi-lo para o aparelho de leitura por meio de um cabo USB. Comprar livros digitais tinha ficado fácil: bastava um clique. O primeiro Kindle foi lançado por 399 dólares, e era capaz de armazenar 200 livros, enquanto a Loja Kindle dizia ter 90 mil títulos em estoque, entre os quais a maioria dos livros da lista dos mais vendidos do *New York Times*. Quando foi lançado no dia 19 de novembro de 2007, o Kindle esgotou depois de cinco horas e meia, continuando indisponível durante cinco meses – embora o que isso signifca em número de vendas reais permaneça um mistério, porque a Amazon nunca revelou a quantidade de unidades produzidas. Em 2009, a Amazon lançou o Kindle 2, uma versão mais fina com memória interna muito maior e capaz de armazenar cerca de 1.500 livros, e reduziu o preço para menos de 300 dólares. (O desenvolvimento do Kindle é examinado mais detalhadamente no Capítulo 5.)

No final de 2009, a Amazon passou a enfrentar a concorrência da Barnes & Noble, que lançou seu próprio leitor de livros digitais, o Nook, em novembro de 2009. Embora tivesse entrado cedo no mercado de livros pela internet por meio da criação de uma livraria virtual, barnesandnoble.com, em 1997, dois anos depois do surgimento da Amazon, ela teve dificuldade para competir com a rival mais criativa e eficiente; o lançamento do Nook representou a tentativa da Barnes & Noble de marcar posição no emergente mercado de livros digitais e competir taco a taco com o Kindle. Assim como o Kindle, o Nook utilizava tecnologia de tinta digital e conectividade 3G sem fio, para permitir que os leitores comprassem livros digitais diretamente da loja da Barnes & Noble. O preço de venda do Nook era de 259 dólares – o mesmo preço ao qual a Amazon tinha reduzido o Kindle 2 em outubro de 2009. Um ano depois, a Barnes & Noble lançou o Nook Color, equipado com uma tela colorida sensível ao toque de 17,5 cm, e com o preço de 249 dólares. Embora tenha entrado relativamente tarde no mercado de leitores digitais, a Barnes & Noble tinha uma vantagem importante, que ela explorou ao máximo: a empresa possuía mais de setecentas lojas espalhadas pelos Estados Unidos, e reservou os principais espaços em muitas dessas lojas para expor, demonstrar e apresentar o Nook. E, assim como a Amazon, a Barnes & Noble já dispunha de uma grande e consolidada base de leitores que estavam acostumados a comprar livros em suas lojas.

Quando a Apple finalmente entrou no mercado de livros digitais, com o lançamento do primeiro iPad em abril de 2010, ela estava entrando num mercado no qual as duas maiores varejistas de livros dos Estados Unidos,

Amazon e Barnes & Noble, já tinham investimentos importantes. No entanto, o que a Apple fez foi integrar a experiência de leitura do livro digital ao ambiente de um tablet multiuso, superelegante e com tecnologia de ponta, que tinha uma tela de LCD de alta resolução sensível ao toque. Ao contrário do Kindle e do Nook, o iPad não era um aparelho de leitura com uma única função, mas oferecia aos usuários a opção de ler livros digitais baixando o aplicativo iBook da Loja de Aplicativos, que disponibiliza livros digitais e outros conteúdos que podem ser adquiridos na iBookstore da Apple. O iPad teve muito sucesso: 3 milhões de aparelhos foram vendidos nos primeiros oitenta dias, e quando o iPad 2 foi lançado, em março de 2011, mais de 15 milhões de iPads tinham sido vendidos em todo o mundo. Embora o iPad fosse muito mais caro que o Kindle e o Nook (os primeiros modelos custavam entre 499 e 829 dólares, dependendo da capacidade e das funcionalidades), ele era muito mais que um aparelho de leitura: com o iPad, os livros entraram em um novo universo, no qual a leitura era apenas uma das inúmeras coisas que se podia fazer com um computador pequeno e portátil, e no qual a possibilidade de criar novos tipos de conteúdo, que podiam ser lidos e consumidos de novas maneiras, excedia tudo que fora possível fazer no Kindle, no Nook e em outros aparelhos de leitura com uma única função.

O surgimento de uma nova geração de aparelhos de leitura que eram muito mais elegantes e fáceis de utilizar que os leitores de livros digitais do início dos anos 2000, junto com a promoção agressiva de livros digitais por parte de livreiros importantes com clientelas grandes e consolidadas, foram os fatores decisivos que sustentaram o aumento drástico das vendas de livros digitais de 2008 em diante. O padrão extraordinário de crescimento pode ser visto na Tabela 1.1 e na Figura 1.1, que mostram a venda total de livros digitais de interesse geral nos Estados Unidos entre 2008 e 2012.[4] No período até 2006, as vendas de livros digitais permaneceram muito baixas, e basicamente estáveis – provavelmente abaixo de 10 milhões de dólares. Era uma proporção minúscula, uma pequena fração de 1%, de um setor em que o total das vendas anuais era de aproximadamente 18 bilhões de dólares. As vendas de livros digitais cresceram um pouco em 2006 e 2007, graças em parte ao Sony Reader, mas no final de 2007 elas ainda estavam bem abaixo de 50 milhões de dólares. Porém, a partir de 2008, as vendas começaram a crescer consideravelmente, alcançando 69 milhões de dólares em 2008 – o primeiro ano completo do Kindle – e saltando para 188 milhões de dólares

---

4 Os dados da Association of American Publishers se baseiam em dados primários de cerca de 1.200 editoras a partir de 2011; os dados de 2008 a 2010 foram ajustados para levar em conta alterações participativas e definitórias.

em 2009, um aumento de quase 300% em um ano. Em 2012, as vendas de livros digitais tinham chegado a mais de 1,5 bilhão de dólares, um aumento de 22 vezes em apenas quatro anos.

Tabela 1.1 – Receita de livros digitais de interesse geral nos Estados Unidos, milhões de dólares, 2008-2012

2008	69,1
2009	187,9
2010	502,7
2011	1.095,1
2012	1.543,6

Fonte: Associação Americana de Editores.

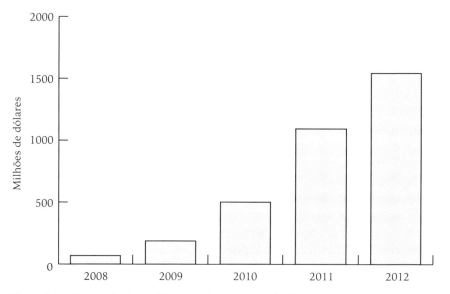

Figura 1.1 – Receita de livros digitais de interesse geral, 2008-2012
Fonte: Associação Americana de Editores.

Para as grandes editoras americanas de livros de interesse geral, a explosão na venda de livros digitais significava que uma proporção crescente da sua receita correspondia aos livros digitais em vez dos tradicionais livros impressos, tanto em capa dura como em brochura. Embora os números precisos variassem de uma editora para outra, o padrão geral de crescimento das vendas de livros digitais como percentual da receita geral durante o período de 2006 a 2012 está representado de forma aproximada na Figura 1.2.

Para várias grandes editoras americanas de interesse geral, os livros digitais responderam por cerca de 0,1% da receita geral em 2006, e 0,5% em 2007; em 2008, sua participação tinha crescido para cerca de 1%; em 2009, estava perto de 3%; em 2010, tinha aumentado para cerca de 8%; em 2011, estava perto de 17%; e em 2012, ficou entre 20% e 25%, dependendo da editora e da natureza do seu catálogo. Não era mais uma cifra desprezível – longe disso.

Tabela 1.2 – Vendas de livros digitais como percentual das receitas totais de grandes editoras americanas de livros de interesse geral, 2006-2012

2006	0,1
2007	0,5
2008	1,1
2009	2,9
2010	7,6
2011	17,3
2012	23,2

Fonte: Associação Americana de Editores.

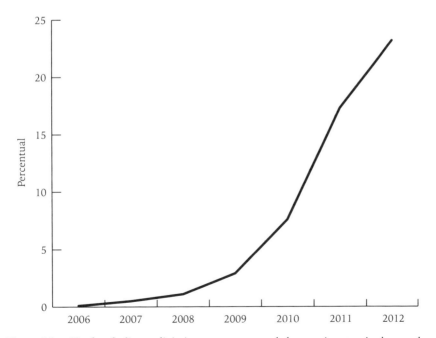

Figura 1.2 – Vendas de livros digitais como percentual das receitas totais de grandes editoras americanas de livros de interesse geral, 2006-2012
Fonte: Associação Americana de Editores.

O crescimento abrupto da venda de livros digitais nos quatro anos entre 2008 e 2012 surpreendeu e desestabilizou vários integrantes do setor: depois de vários anos em que a tão proclamada revolução do livro digital parecia um falso despertar, de repente ela se transformara numa realidade incontestável. Além disso, considerando-se a surpreendente taxa de crescimento, não se sabia aonde aquilo iria parar. Não é difícil compreender que um editor que observasse isso acontecer ao seu redor em 2010, 2011 e 2012, realmente se perguntaria o que iria acontecer com o seu setor. Talvez até entrasse em pânico. É quase certo que estaria se perguntando se a indústria editorial percorreria o mesmo caminho da indústria da música. Será que as vendas de livros digitais continuariam crescendo a essa taxa surpreendente e se tornariam 40% ou 50% do seu negócio, quem sabe até 80% ou 90%, num espaço de tempo de alguns anos? Será que os livros estavam indo na mesma direção dos CDs e LPs de vinil – despencando ladeira abaixo e com a perspectiva de serem superados pelos *downloads* digitais? Seria o começo do fim do livro físico? Eram essas as perguntas que estavam na cabeça da maioria das pessoas da indústria editorial à época – elas estavam profundamente preocupadas, e com razão.

Mas então aconteceu algo igualmente surpreendente: o crescimento se interrompeu bruscamente, se estabilizou em 2013 e 2014, e então começou a declinar. Ninguém à época esperava por isso – até mesmo os céticos menos influenciáveis se surpreenderam com a súbita reversão de expectativas. Em 2013, as vendas de livros digitais não continuaram sua subida meteórica, mas, na verdade, caíram ligeiramente – de 1,543 bilhão de dólares em 2012 para 1,510 bilhão em 2013, uma queda de 2,1%, como mostram a Tabela 1.3 e a Figura 1.3. Os livros digitais apresentaram um crescimento discreto em 2014, e então caíram de forma acentuada em 2015, chegando a 1,360 bilhão de dólares, um declínio de 15%, que foi seguido de um declínio semelhante no ano seguinte. A Figura 1.3 também mostra a taxa de crescimento de um ano para o outro. Ela mostra que a taxa de crescimento foi extremamente alta em 2009 e 2010, cerca de 170% por ano, mas que depois ela começou a declinar de forma acentuada, até alcançar uma cifra logo abaixo de zero em 2013. Depois de um pequeno aumento em 2014, a taxa de crescimento permaneceu negativa de 2015 a 2018.

Se olharmos então para os livros impressos e os livros digitais como percentuais do total de vendas (Tabela 1.4 e Figura 1.4), veremos que os livros digitais se estabilizam em 23%-24% em 2012, 2013 e 2014 e depois começam a declinar, caindo para cerca de 15% em 2017 e 2018. Por outro

Tabela 1.3 – Receita de livros digitais de interesse geral e taxa de crescimento das vendas de livros digitais, Estados Unidos, 2008-2018

	Receita (em milhões de dólares)	Taxa de crescimento (%)
2008	69,1	
2009	187,9	171,9
2010	502,7	167,5
2011	1.095,1	117,8
2012	1.543,6	41
2013	1.510,9	–2,1
2014	1.601,1	6
2015	1.360,5	–15
2016	1.157,7	–15
2017	1.054,3	–8,9
2018	1.016,1	–3,6

Fonte: Associação Americana de Editores.

Figura 1.3 – Receita de livros digitais de interesse geral e taxa de crescimento das vendas de livros digitais, Estados Unidos, 2008-2018
Fonte: Associação Americana de Editores.

lado, os livros impressos continuam a responder pela parte do leão das vendas, caindo para cerca de 75% do total de vendas em 2012, 2013 e 2014, mas depois se recuperando, subindo para um patamar entre 80% e 85% de 2015 a 2018.

Tabela 1.4 – Percentual de venda de livros impressos e digitais em relação ao total de vendas de livros de interesse geral nos Estados Unidos

	Livros impressos	Livros digitais
2008	98,9	1,1
2009	97,1	2,9
2010	92,4	7,6
2011	82,7	17,3
2012	76,8	23,2
2013	76,6	23,4
2014	75,9	24,1
2015	79,3	20,7
2016	83,2	16,8
2017	84,3	15,7
2018	85,3	14,7

Fonte: Associação Americana de Editores.

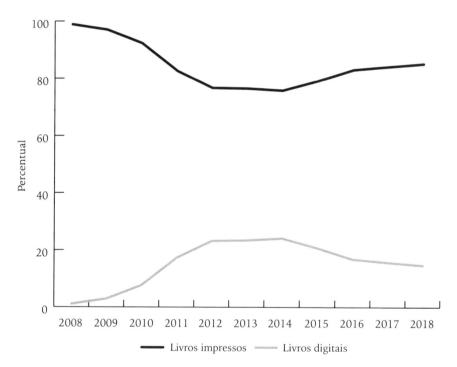

Figura 1.4 – Livros impressos e livros digitais como percentuais do total de vendas de livros de interesse geral nos Estados Unidos
Fonte: Associação Americana de Editores.

E se extrairmos então os percentuais de livros digitais e reformatarmos a escala vertical desse gráfico (Figura 1.5), veremos que o crescimento dos livros digitais durante o período apresenta o padrão da clássica curva tecnológica em S: a adoção é lenta no início, em seguida decola e cresce rapidamente quando existe algum tipo de divisor de águas, e então se estabiliza quando o mercado está saturado ou os limites de desempenho foram atingidos. Em alguns casos, a curva em S pode declinar depois desse momento quando a tecnologia deixa de ser aperfeiçoada, surgem tecnologias alternativas que roubam participação de mercado, a novidade perde o brilho ou a demanda diminui por outros motivos. No caso dos livros digitais, a decolagem ocorreu em 2008-2009, após a introdução do Kindle, e as vendas aumentaram de forma acentuada até 2012, quando se estabilizaram e depois recuaram.

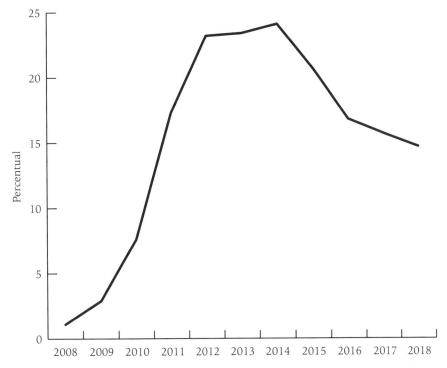

Figura 1.5 – Percentual de venda dos livros digitais em relação ao total de vendas de livros de interesse geral nos Estados Unidos
Fonte: Associação Americana de Editores.

É claro que isso não significa que as vendas de livros digitais da indústria editorial americana de interesse geral vão permanecer por volta de 15% no futuro, ou que vão continuar a declinar, ou que nunca passarão desse nível – simplesmente não sabemos o que o futuro nos reserva. Porém, com a vantagem da experiência, é possível perceber que o crescimento surpreendente que se seguiu à introdução do Kindle em novembro de 2007 teve vida curta e chegou ao fim subitamente em 2012. Embora não se possa prever o futuro, seria preciso ter muita audácia para, sabendo o que sabemos hoje, sugerir que as editoras de livros de interesse geral provavelmente conhecerão um ressurgimento acentuado das vendas de livros digitais no futuro próximo – embora os números possam variar de um ano para o outro, influenciados por diversos fatores, dadas as evidências existentes até o momento, um ressurgimento forte e sustentável parece improvável.

O PADRÃO DIFERENCIADO DAS VENDAS DE LIVROS DIGITAIS: UMA INVESTIGAÇÃO POR BAIXO DA SUPERFÍCIE

No entanto, os problemas são mais complicados do que parecem à primeira vista. Embora a curva em S transmita uma imagem nítida da tendência geral, ela é enganosa, porque junta todos os tipos diferentes de livro em um número médio. Não devemos supor que tipos diferentes de livro têm o mesmo desempenho – não têm. A escala em que os livros migraram do formato impresso para o digital tem variado enormemente de um tipo de livro para o outro. Percebemos isso ao examinar alguns dados de vendas de uma grande editora americana de interesse geral que eu chamarei de "Olympic". A Tabela 1.5 e as figuras 1.6a e 1.6b apresentam uma análise do percentual das vendas de livros digitais em relação ao total de vendas da Olympic entre 2006 e 2016. Todos os dados se baseiam em unidades e vendas líquidas – isto é, vendas descontadas as devoluções. Não se deve supor que esses dados sejam representativos da indústria como um todo, ou que as experiências de todas as editoras de interesse geral terão sido idênticas a esta – os dados de cada editora são únicos e refletem, até certo ponto, os títulos específicos que elas publicaram. Mas a Olympic é uma editora de interesse geral com um catálogo grande e variado, e o ocasional título verdadeiramente excepcional foi retirado dos dados para minimizar o efeito distorcivo provocado por um elemento estranho. Portanto, embora as experiências de cada editora sejam únicas, é improvável que os padrões de venda de outras editoras de interesse geral importantes se diferenciem radicalmente dos padrões experimentados pela Olympic.

Existe outra restrição importante a ser feita acerca desses dados: eles se referem somente ao período 2006-2016 e não podemos extrapolar, com base neles, para os padrões de venda de 2017 e dos anos seguintes, pois os padrões podem mudar posteriormente. Retomarei esse tema adiante. Mas, por ora, vamos nos concentrar no que realmente aconteceu na década decisiva entre 2006 e 2016.

Tabela 1.5 – Percentual de venda de livros digitais em relação ao total de vendas da Olympic, em unidades e em dólares

	Unidades de livros digitais	Livros digitais em dólares
2006	0,1	0,1
2007	0,1	0,1
2008	0,5	0,5
2009	1,9	2,6
2010	6,2	8,6
2011	16,4	19,5
2012	22,2	25,9
2013	20,7	23,8
2014	19,8	23,7
2015	19,7	22,6
2016	16,4	17,1

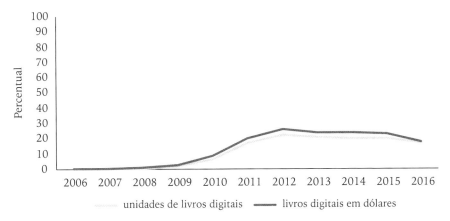

Figura 1.6a – Percentual de venda de livros digitais em relação ao total de vendas da Olympic, em unidades e em dólares

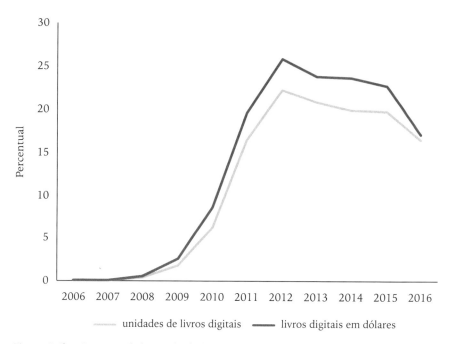

Figura 1.6b – Percentual de venda de livros digitais em relação ao total de vendas da Olympic, em unidades e em dólares

A Tabela 1.5 e a Figura 1.6a mostram o percentual de venda de todos os livros digitais em relação ao total de vendas da Olympic, tanto em unidades como em receita. Percebe-se que as vendas de livros digitais da Olympic foram insignificantes em 2006 e 2007, mas que começaram a crescer rapidamente a partir de 2008, alcançando o pico em 2012, quando as vendas de livros digitais responderam por pouco menos de 26% da receita total da Olympic. A partir desse momento, as vendas de livros digitais começaram a declinar enquanto proporção do total de vendas, caindo para menos de 23% em 2015 e depois para 17% em 2016. Como seria de esperar, o padrão é similar tanto em número de unidades como de receita. A estabilização das vendas de livros digitais é apresentada de forma mais nítida quando mudamos a escala do eixo y no gráfico, como na Figura 1.6b: também nesse caso percebemos que o padrão de vendas de livros digitais na Olympic apresenta a clássica curva tecnológica em forma de S.

No entanto, observar o percentual de vendas de todos os livros digitais em relação ao total de vendas nos dá uma visão muito parcial do que tem ocorrido, pois isso mascara as variações entre diferentes categorias de livros. No início dos anos 2000, antes de os livros digitais começarem a decolar, muitos observadores supunham que, quando a revolução do livro digital começasse, ela seria liderada principalmente por homens de negócios que queriam levar consigo livros de negócios em suas viagens de negócios para ler no aeroporto ou no avião: eles pensavam que seriam os livros de não ficção para adultos, e especialmente os livros de negócios e de "grandes ideias", que seriam a ponta de lança da revolução do livro digital. Será que tinham razão? Foi isso, realmente, que aconteceu?

A Tabela 1.6 e a Figura 1.7 dividem os livros digitais em três categorias abrangentes: ficção para adultos, não ficção para adultos e juvenil (que inclui todos os livros infantis e também os livros para jovens adultos). A figura mostra o percentual de vendas dos livros digitais em relação ao total de vendas da Olympic, tanto em termos de receita como de unidades, em cada uma dessas categorias abrangentes. (Tal como na Figura 1.6b, o eixo *y* foi ajustado para apresentar a curva em S.) Fica evidente, imediatamente, que a categoria na qual ocorreu a maior mudança não é a de não ficção para adultos, mas a de ficção para adultos: quanto à receita, o percentual de vendas de livros digitais de ficção para adultos em relação à receita total passou de 1,0% em 2008 para 43,4% em 2014, recuando para 37,4% em 2015 e depois se recuperando ligeiramente para 38,9% em 2016. Esses dados destoam completamente dos dados da não ficção para adultos, na qual o percentual de livros digitais em relação à receita total passou de 0,4% em 2008 para 16,6% em 2015, recuando para 13,2% em 2016 – e permanecendo bem abaixo de 20% ao longo de todo esse período. A categoria juvenil ficou ainda mais para trás: nesse caso, o percentual de vendas de livros digitais em relação à receita total passou de 0,1% em 2008 para 12,2% em 2014, recuando para 7,4% em 2015 e 6% em 2016.[5] Cada categoria abrangente apresenta uma

---

5 Na categoria juvenil e em algumas categorias de livros para adultos, como mistério e ficção científica, existe uma disparidade considerável entre os percentuais de receita e de unidades; nesses casos, as vendas em dólares de livros digitais respondem por um percentual maior do total de vendas do que as vendas em unidades. Isso pode parecer contraintuitivo, na medida em que os livros digitais geralmente têm um preço inferior ao dos livros impressos; portanto, seria de se esperar que, se algo acontecesse, os percentuais em dólares líquidos seriam inferiores aos percentuais em unidades líquidas. O que explica, então, essa discrepância aparentemente contraintuitiva? A explicação se encontra nos detalhes técnicos do acordo de ajuste imposto às editoras pelo Departamento de Justiça em consequência do processo sobre definição de preços (ver Capítulo 5). O acordo proibiu que as editoras em questão utilizassem o modelo de intermediação durante dois anos, mas

curva em S, mas a forma da curva é diferente em cada caso. A ficção para adultos chega a quase 45% antes de se estabilizar e começar a declinar. A não ficção para adultos se estabiliza por volta de 15%; no caso dos livros juvenis, o pico dos livros digitais é por volta de 12% e depois cai. Tanto a ficção para adultos como a juvenil apresentam um declínio acentuado em 2015, enquanto a não ficção para adultos continua a crescer moderadamente, até declinar em 2016.

Tabela 1.6 – Percentual de vendas de livros digitais em relação ao total de vendas por categoria abrangente na Olympic, em unidades e em dólares

	Ficção para adultos em unidades	Ficção para adultos em dólares	Não ficção para adultos em unidades	Não ficção para adultos em dólares	Juvenis em unidades	Juvenis em dólares
2006	0,2	0,1	0,1	0,1	0	0
2007	0,2	0,2	0,1	0,1	0	0
2008	0,9	1	0,4	0,4	0,1	0,1
2009	4	4,7	1,5	1,8	0,2	0,4
2010	12,6	14,3	4,4	4,9	0,9	1,4
2011	29,1	30,4	12,2	12,6	3,5	5,3
2012	37,2	38,2	15,9	15	5	8,4
2013	40,9	40,2	16	15,3	5,9	9,2
2014	42,6	43,4	16,6	15,8	7,5	12,2
2015	40,6	37,4	18,2	16,6	4	7,4
2016	35	38,9	16,4	13,2	6	6

---

permitiu que elas utilizassem um modelo de precificação – apelidado de "Intermediação Light" – que é semelhante à intermediação, mas que permite que o varejista dê descontos em alguns títulos, contanto que o valor total dos descontos não deixe o preço do livro abaixo do preço de catálogo da editora durante o período de um ano. Na prática, isso significava que os varejistas podiam dar desconto em títulos específicos; foi o que eles fizeram, em alguns casos de maneira exagerada: por exemplo, vendendo versões digitais de alguns títulos de sucesso a preços que chegavam a 2,99 dólares. Em diversos períodos de pico – temporadas de férias, lançamento de um novo filme etc. –, um varejista fazia uma promoção especial reduzindo os preços, e era seguido por outros varejistas. Isso era muito comum em determinadas categorias de livros, como juvenis, de mistério e de ficção científica. Milhões de livros digitais foram vendidos por um preço muito baixo; porém, de acordo com as cláusulas da Intermediação Light, a editora recebeu o preço cheio de catálogo. Portanto, a Intermediação Light tendeu a inflacionar os percentuais em dólar das vendas de livros digitais.

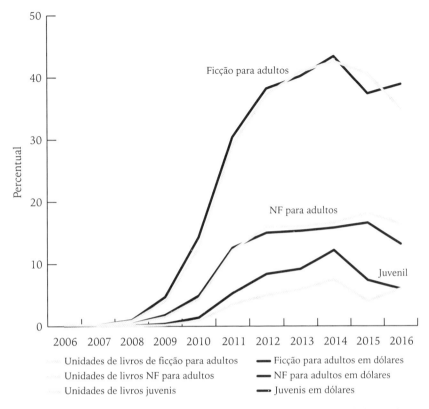

Figura 1.7 – Percentual de vendas de livros digitais em relação ao total de vendas por categoria abrangente na Olympic, em unidades e em dólares

No entanto, ainda estamos tratando de categorias muito abrangentes. Vamos detalhar mais um pouco e examinar os padrões das diferentes categorias de livros, utilizando um número selecionado de classificações padrão Bisac.[6] As figuras 1.8 e 1.9 desmembram por assunto o percentual de vendas dos livros digitais em relação ao total de vendas na Olympic (para consultar os dados em que se baseiam essas figuras, ver o Apêndice 1). A Figura 1.8 se refere a dólares líquidos e a Figura 1.9, a unidades líquidas. (O eixo *y* também foi ajustado para apresentar as curvas em S.) Esses gráficos apre-

---

6 Classificações Bisac, também conhecidas como codificações Bisac, são produzidas pelo Book Industry Study Group (Bisg) [Grupo de Estudo da Indústria do Livro], sendo utilizadas por várias empresas da cadeia de suprimentos do livro para classificar livros com base no assunto. A lista completa de classificações pode ser encontrada em: <www.bisg.org/bisac-subject-codes>.

sentam com clareza a enorme variação de aceitação dos livros digitais nas diferentes categorias de livros, além de ressaltar o quão incorreto é juntar todas essas categorias numa categoria única de "livro digital". É possível perceber neles a imensa variedade de trajetórias, com cada categoria de livro apresentando sua própria curva em S diferenciada. Cada curva em S cresce de uma maneira própria e única, e começa a se estabilizar em um momento e de uma forma que é específica daquela categoria. Em alguns casos, o crescimento atinge um platô e depois se estabiliza mais ou menos naquele nível; em outros, ele atinge um platô e então começa a declinar; em outros casos, ainda, os níveis de crescimento se estabilizam, declinam e depois crescem novamente; e há casos em que o crescimento nunca decola. Também é possível perceber uma grande movimentação para cima e para baixo – as linhas sobem de repente, quedas são seguidas por subidas e subidas são seguidas por quedas à medida em que os números de cada categoria oscilam de um ano para o outro. Isso não é nada surpreendente: os gráficos estão baseados em resultados de vendas de uma grande editora de interesse geral, que tem um número limitado de livros em uma única categoria e em um único ano. Portanto, o fato de um ou dois livros venderem bastante no formato digital (ou outras circunstâncias especiais, como a venda ou aquisição de um selo) pode produzir uma subida rápida ou uma queda naquela categoria. Os resultados de vendas de uma editora – mesmo uma grande editora como a Olympic – apresentam esse tipo de peculiaridade, e, portanto, não podemos considerar que eles representem a indústria como um todo. Porém, ao nos concentrarmos nos padrões e tendências abrangentes e não nas oscilações de um ano para o outro, podemos ter uma boa ideia do desempenho das diferentes categorias de livros ao longo do tempo.

Como os dados deixam claro, a categoria com melhor desempenho em termos de aceitação dos livros digitais não é, afinal de contas, a de livros de negócios, é a de ficção romântica – ela supera todas as outras categorias por uma margem considerável. Percebemos, nesse caso, o crescimento acentuado de 2008 a 2011, no momento em que os livros digitais respondiam por 44,2% de todas as vendas de livros de romance da Olympic. Embora as vendas de livros digitais tenham despencado no ano seguinte, elas voltaram a subir, respondendo por cerca de 55% de todas as vendas de livros de romance em 2013 e 2014. Em 2015 recuaram para 45%, mas se recuperaram em 2016, quando, mais uma vez, representaram cerca de 53% de todas as vendas de livros românticos da Olympic. De todas as categorias de livros publicadas pela Olympic, a de livros de romance é a única em que os livros digitais responderam pela proporção mais elevada das vendas globais – mais da

AS GUERRAS DO LIVRO

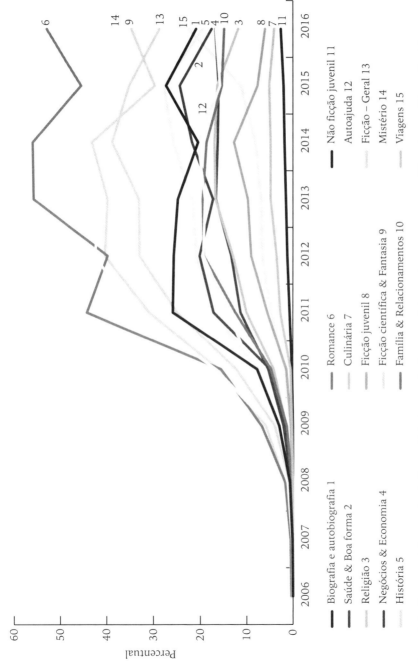

Figura 1.8 – Percentual das vendas de livros digitais em relação ao total de vendas por assunto na Olympic, em dólares líquidos

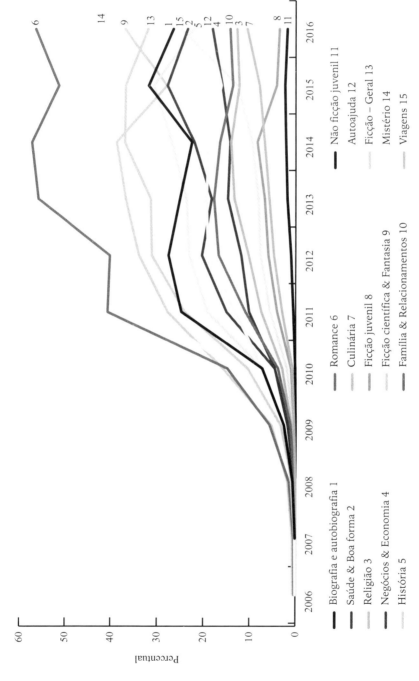

Figura 1.9 – Percentual das vendas de livros digitais em relação ao total de vendas por assunto na Olympic, em unidades líquidas

metade –, além de ser uma categoria em que as vendas de livros digitais continuam altas, a despeito do declínio em outras categorias.

No outro extremo da escala, a não ficção juvenil tem apresentado níveis muito baixos de aceitação do livro digital. A linha que corresponde a essa categoria é horizontal e dificilmente se eleva acima do piso do gráfico – os livros digitais foram responsáveis por apenas 2% da receita da Olympic na categoria de não ficção juvenil em 2015, subindo ligeiramente para 2,6% em 2016. Nesse caso, não vemos uma curva em S porque ainda não ocorreu uma decolagem perceptível em termos das vendas de livros digitais nessa categoria: em 2016, 97% da receita ainda era gerada por livros impressos.

Entre os livros de romance no topo e a não ficção juvenil na parte mais baixa existe um espaço e uma variedade enormes em termos da aceitação do livro digital – cada categoria deixa sua marca inconfundível. Porém, embora todas as trajetórias sejam únicas, em alguns grupos as linhas se juntam. Todas as quatro linhas de cima representam categorias da ficção, e as três primeiras são categorias de ficção de gênero – romance em primeiro lugar, seguido por mistério e histórias de detetives, e depois ficção científica e fantasia. A ficção geral pertence ao conjunto de categorias em que os livros digitais têm um bom desempenho, embora a linha que corresponde a ficção geral esteja abaixo das linhas de ficção de gênero.[7] As vendas de livros digitais nas quatro categorias apresentam um aumento acentuado entre 2008 e 2012, atingindo níveis muito mais altos do que em outras categorias de livros. Enquanto os livros de romance se estabilizam por volta de 55% e depois oscilam, as outras três categorias de ficção se estabilizam entre 30% e 40%. A maioria dessas categorias apresenta um declínio moderado depois do período de pico de 2012-2014, embora as vendas de livros de romance em formato digital na Olympic tenham aumentado novamente em 2016.

Todos os grupos de linhas no meio dos gráficos representam categorias de não ficção – biografia e autobiografia, história, negócios e economia, família e relacionamentos, saúde e boa forma, religião e autoajuda. Uma vez mais, todas essas linhas sobem abruptamente no período entre 2008 e 2011, e depois começam a se estabilizar, embora em níveis mais baixos que os das categorias de ficção. Biografia e autobiografia, além de história, continuaram a subir depois de 2011, chegando a 27% em 2015, e depois

---

7 Nesse caso, "ficção geral" inclui todas as categorias de ficção *exceto* mistério, romance, ficção científica e fantasia, que são analisados separadamente. Portanto, "ficção geral" inclui as categorias ficção literária, ficção geral, ficção histórica etc. do Bisac – existem dezenas de categorias; as únicas categorias que ela não inclui são mistério, livros e amor, ficção científica e fantasia.

caíram acentuadamente. Saúde e boa forma chegaram a 24% em 2015 e depois começaram a cair. Outras categorias de não ficção, como negócios e economia, família e relacionamentos, religião e autoajuda, atingiram platôs entre 15% e 20%, e, ou se estabilizaram nesse nível ou começaram a cair. Portanto, entre 2011 e 2015, todas essas categorias de não ficção parecem ter se estabilizado entre mais ou menos 16% e 27% – ou, sendo menos preciso, entre 15% e 25%, com biografia e autobiografia e história no alto desse grupo.

Na parte inferior do gráfico encontra-se outro conjunto de categorias no qual, até o momento, os livros digitais não conseguiram decolar de maneira significativa; em 2016, ele ainda era responsável apenas por uma pequena proporção da receita global. Nesse grupo está a culinária, cujos livros digitais nunca passaram de 5% das vendas totais, não ficção juvenil, na qual os livros digitais nunca passaram dos 3% das vendas, e ficção juvenil, na qual os livros digitais atingiram 12,7% em 2014 e depois recuaram para 6% em 2016.[8] Viagens também pertence a esse grupo: as vendas de livros digitais de viagens nunca decolaram na Olympic, permanecendo geralmente abaixo de 12% do total de vendas, e o crescimento súbito em 2016 foi uma anomalia causada por circunstâncias específicas do momento. Já que os livros digitais não decolaram de forma significativa nessas categorias (excluindo jovens adultos), as linhas de crescimento a partir de 2008 não apresentam o padrão clássico da curva em S: elas parecem mais linhas horizontais com suaves inclinações que se viram para cima (e, às vezes, para baixo).

A EXPLICAÇÃO DAS VARIAÇÕES

Os dados da Olympic deixam muito claro que existem enormes variações na aceitação dos livros digitais nas diferentes categorias de livros, e é praticamente certo que os dados de outras grandes editoras de interesse geral apresentem padrões semelhantes – eles não seriam idênticos, mas os

---

8 Quanto à ficção juvenil, é importante observar que essa categoria inclui tantos os livros infantis como os livros de ficção para jovens adultos, e essas duas subcategorias apresentam padrões muito diferentes. Se desmembrássemos a ficção juvenil em duas, para jovens adultos e não jovens adultos, esta última seria muito menor – menos de 5% –, enquanto a ficção para jovens adultos ficaria em torno de 20%. A ficção para jovens adultos se comporta um pouco como a ficção geral para adultos – na verdade, alguns livros classificados como sendo para jovens adultos, como a série "Crepúsculo", de Stephanie Meyer, e a trilogia *Jogos vorazes*, provavelmente são lidos por pessoas de idades diferentes, entre elas muitos adultos.

padrões globais seriam bastante similares. Como explicar essas diferenças? Por que algumas categorias apresentam porcentagens muito mais elevadas de venda de livros digitais em relação ao total de vendas, e proporções ld/li (isto é, vendas de livros digitais em relação a vendas de livros impressos) mais elevadas do que outras categorias?

Não é possível explicar as diferenças tendo como referência os fatores que se costumam associar aos livros digitais – a saber, a conveniência de adquirir livros digitais de maneira rápida e fácil, a qualquer hora e lugar; a conveniência de levar vários livros digitais aonde quer que você vá –, na verdade, levar uma pequena biblioteca cujo peso e volume é igual ao de um livro em brochura; a conveniência de variar o tamanho da fonte: e, naturalmente, o preço – o fato de que o livro digital geralmente é mais barato que o livro impresso (embora o quão mais barato dependa de inúmeros fatores, como veremos em capítulo posterior). Esses fatores não explicam as diferenças, porque eles são compartilhados por todos os livros digitais – um livro de viagens é tão fácil de comprar como um livro de culinária e é tão leve no formato de livro digital como um romance ou um livro de suspense. A explicação, portanto, está em outro lugar.

A diferença mais visível entre as categorias que vendem bem no formato digital e as que não vendem bem é que aquelas se compõem de textos de narrativa linear e estas, não. Um romance ou um livro de suspense é texto narrativo contínuo: geralmente se começa a ler na página 1 e se continua até o final (ou até desistir). O texto é estruturado como uma história cujo enredo se revela sequencialmente, uma etapa de cada vez, e o leitor segue a sequência. Por outro lado, um livro de culinária, um livro de viagens ou um manual prático não é um livro que geralmente se lê do começo ao fim. Ele se parece mais a uma obra de referência, que é utilizada com objetivos específicos – para procurar uma receita específica, descobrir informações sobre uma cidade ou um país que se pretende visitar, realizar uma tarefa prática. São tipos de livros muito diferentes, que são lidos, usados e/ou consultados de formas muito diferentes.

Podemos compreender por que isso é importante para o nível de aceitação do livro digital relacionando a questão à experiência do usuário. Do ponto de vista deste, ler um texto de narrativa linear num aparelho de leitura de livro digital como o Kindle geralmente é uma experiência agradável: é possível passar com facilidade e rapidez de uma página para outra, o texto flui suavemente e o leitor flui com ele do começo ao fim. Isso funciona particularmente bem com ficção de gênero: a leitura é rápida e imersiva, e não existe nada no aparelho, e na forma como o texto é apresentado na tela, que atrapalhe ou atrase o leitor enquanto ele segue o enredo e avança na direção do desfecho. Como diz o pessoal do setor, o "fator forma" é bom, sendo que "fator forma", nesse caso, diz respeito à qualidade da experiência de ler um livro específico num aparelho específico. A experiência de ler ficção de gênero num aparelho de leitura de livro digital como o Kindle é provavelmente tão boa como a experiência de ler o mesmo texto no papel – talvez até melhor, dada a facilidade de mudar o tamanho da fonte etc.

No entanto, com textos não lineares que podem ser de natureza mais prática e/ou fartamente ilustrados, o fator forma nem de longe é tão bom. Esses textos não lineares não foram feitos necessariamente para serem lidos do começo ao fim. Podem não contar uma história que o leitor siga, página a página, de maneira sequencial. Um texto não linear como um livro de culinária, um livro de viagens ou um livro de vida prática pode exigir que o leitor, ou usuário, pule para a frente e para trás, obtenha a informação de que precisa e depois, talvez, consulte outro detalhe do texto. Ele pode ser utilizado mais como uma obra de referência à qual o leitor retorna com frequência, possivelmente para o mesmo trecho ou para outra parte do texto. Para textos não lineares desse tipo, a experiência de lê-los ou utilizá-los num aparelho de leitura de livros digitais como o Kindle é muito menos atraente do que a que se tem com textos lineares contínuos. E, se acrescentarmos as ilustrações, é provável que eles fiquem ainda menos atraentes, especialmente para os leitores cujos aparelhos utilizem tecnologia de tinta digital preta e branca, como o Kindle.

Dizer que o fator forma para textos não lineares está longe de ser tão bom como é para textos lineares não quer dizer que ele nunca será. Pode ser que um dia isso aconteça – na verdade, talvez já esteja ocorrendo com alguns aparelhos e algumas formas de conteúdo. Por exemplo, utilizar um aplicativo desenvolvido sob encomenda para o iPad pode ser uma experiência exemplar para o usuário em relação a certos tipos de conteúdo. O formato do aplicativo permite uma experiência de navegação que é de natureza não linear: você pode se concentrar em algo e também ir de lá para cá utilizando uma interface personalizada para o usuário. Ele também possibilita ilustrações coloridas em alta resolução, som de alta qualidade e um nível de interatividade muito maior – podendo ser um tipo de experiência de usuário completamente diferente da leitura de um texto linear contínuo. Mas a criação desse tipo de conteúdo traz desafios e problemas próprios, e, na fase atual, não é de modo algum claro se, e em que medida, esse é um projeto viável. Retomaremos essas questões no próximo capítulo.

Outro fator importante para explicar os diferentes níveis de aceitação do livro digital é o que chamo de "valor de posse" do conteúdo. Com isso quero dizer que existem alguns tipos de livro que o leitor deseja possuir para consumir seu conteúdo, e, uma vez que esse conteúdo é consumido, o livro se torna supérfluo: não há nada no livro que leve o leitor a querer conservá-lo. Jane, uma editora veterana de livros de interesse geral, definiu isso como "ficção descartável" – o tipo de livro que "você não precisa pôr na estante". Por outro lado, existem alguns livros que os leitores querem possuir, guardar, manter na estante, retornar a eles no futuro, talvez até expô-los na sala de estar como um significante, uma marca simbólica de quem eles são e do tipo de livro de que eles gostam e valorizam (ou gostariam que os outros pensassem que eles gostam e valorizam). Para o leitor, esses livros têm um valor de posse muito maior. Para livros de baixo valor de posse, o livro digital é ideal: uma vez consumido o conteúdo, o livro digital pode ser deletado – ou simplesmente mantido numa coleção digital em que ele não ocupa espaço físico, apenas uma pequena quantidade de memória. Para os livros com alto valor de posse, porém, o livro impresso é muito mais atraente. Os livros impressos têm uma espécie de permanência que falta aos arquivos digitais: os formatos de arquivo e os aparelhos de leitura mudam com o tempo, mas um livro impresso pode ser lido de novo no futuro, mesmo se a tecnologia mudar; os livros impressos podem ser compartilhados, emprestados ou presenteados sem nenhuma restrição; podem ser expostos numa mesa ou numa estante à vista das pessoas, para que elas os peguem e admirem; e eles têm um conjunto de características estéticas – uma capa bonita, um interior bem diagramado, uma materialidade sensorial – que fazem do livro impresso algo mais que um simples portador de conteúdo, que fazem dele um objeto estético que é valorizado tanto por seu conteúdo como pela forma material na qual esse conteúdo é transmitido. "Portanto, a verdadeira pergunta vai ser: quais livros você precisa *possuir* e quais pode simplesmente *deletar*", prosseguiu Jane; "e a verdadeira arte vai ser descobrir a diferença entre os livros descartáveis e os livros que você quer manter na estante." Cada leitor vai descobrir isso à sua maneira, dependendo de inúmeros fatores que afetam as pessoas de formas diferentes, desde o quanto elas valorizam determinados livros como significantes até o espaço disponível nas estantes do escritório, do estúdio ou da casa.

A tecnologia também é um fator importante para explicar os diferentes níveis de aceitação do livro digital. As categorias de livros com alta relação ld/li são aquelas em que é fácil e relativamente barato produzir arquivos digitais para diferentes aparelhos e subi-los nos sistemas de vendas relevantes. Títulos mais antigos de fundo de catálogo podem ser convertidos de forma fácil e barata enviando-se o texto impresso para uma empresa terceirizada que, depois de escaneá-lo, vai transformá-lo num arquivo XML usando um programa de OCR (*optical character recognition* – reconhecimento ótico de caracteres) – para um livro de até trezentas páginas, o processo todo ficaria por menos de 200 dólares. No caso dos títulos novos, a maior parte das editoras conta hoje com um fluxo de trabalho digital que gera vários formatos padronizados de arquivo como resultado do processo de produção: os livros digitais são apenas mais um conjunto de arquivos armazenados junto com os PDFs e os outros arquivos que são guardados pelas editoras e usados pelas gráficas para imprimir os livros físicos. Uma vez implantado o sistema, é muito barato produzir arquivos de livros digitais como produtos suplementares do processo de produção. No entanto, no caso de alguns livros não lineares e fartamente ilustrados, pode ser muito mais complicado e caro produzir o tipo de versão digital que ofereça uma experiência positiva ao usuário. Talvez seja necessário voltar para a prancheta e transformar o livro num tipo diferente de experiência digital – por exemplo, num aplicativo que esteja organizado de um modo totalmente diferente. Isso não é fácil de fazer, e não existe nenhuma garantia de sucesso, o que, por si só, tem retardado o processo de disponibilização de determinadas categorias de livros em formatos digitais adequados.

A Figura 1.10 resume as características principais do que poderíamos chamar de "modelo de aceitação do livro digital". De acordo com esse modelo, existem quatro fatores essenciais que explicam as variações de aceitação dos livros digitais nas diferentes categorias de livros: natureza do texto, experiência do usuário (ou fator forma), valor de posse e tecnologia. Considerados em conjunto, esses quatro fatores geram um espectro de possibilidades. Numa das extremidades do espectro encontra-se a ficção – tanto a ficção de gênero (romance, mistério, ficção científica etc.) como a ficção geral. A ficção de gênero apresentou a mudança mais rápida e drástica para o digital. Essa categoria de livros se caracteriza pelo texto linear narrativo; são lidos rápida e continuamente, numa experiência imersiva de leitura na qual o fator forma do aparelho de leitura digital é bom; existe um giro (ou taxa de consumo) alto e os livros muitas vezes não são conservados depois de lidos (ou não são conservados como cópias físicas); e a produção dos arquivos digitais é fácil e barata. É nessas categorias de livros que o percentual de vendas dos livros digitais em relação ao total de vendas alcançou os níveis mais altos na Olympic – entre 40% e 60% em 2014, embora a maioria tenha se estabilizado entre 30% e 40%. A exceção é a categoria romance, que continua consideravelmente mais alta, na faixa de 50%-60%.

Característica	Proporção elevada de ld/li	Proporção baixa de ld/li
Natureza do texto	Texto linear narrativo	Não linear Fartamente ilustrado
Experiência do usuário ("fator forma")	Leitura rápida / Leitura contínua / Experiência imersiva de leitura	Leitura lenta / Leitura descontínua / Uso como referência
Valor de posse	Giro alto / Descartável	Giro baixo / Guarda, reutiliza/ relê, expõe
Tecnologia	Fácil e relativamente barato produzir arquivos digitais em formatos adequados e subi-los para os sistemas de venda	Mais complicados e caros de produzir; podem exigir equipes e processos especializados de produção

Ficção de gênero   Ficção geral   Não ficção narrativa   Ficção geral   Culinária   Juvenis

Figura 1.10 – Modelo de aceitação do livro digital

No caso da ficção geral, a passagem para o digital não foi tão rápida nem drástica como no caso da ficção de gênero, mas não ficou muito atrás: em 2014, o percentual de livros digitais de ficção geral na Olympic foi muito semelhante ao de mistério, ficção científica e fantasia, embora muito abaixo de romance. Os tipos de livro que estão incluídos na categoria de ficção geral compartilham muitas das características da ficção de gênero. Por terem um texto linear narrativo que é lido continuamente numa experiência de leitura imersiva, esses livros são fáceis de ler em aparelhos de leitura como o Kindle – o fator forma é bom. Os arquivos digitais também são fáceis e baratos de produzir. A única coisa que pode diferenciar algumas formas de ficção geral – como a ficção literária – da ficção de gênero é o seu valor de posse. Para alguns leitores, a ficção literária – e alguns livros e autores – pode ter um valor de posse maior do que a da ficção de gênero –, isto é, eles podem se sentir mais propensos a querer possuir esses livros, e a possuir livros desses autores, e a guardá-los na estante, em parte como uma forma de sinalizar quem eles são e de exibir suas preferências culturais. Também podem se sentir mais inclinados a dar de presente esses livros, o que é uma maneira de mostrar seu valor de posse, já que um presente é um objeto que você imagina que a outra pessoa possa querer possuir, e o livro físico funciona como presente de uma forma que o livro digital não consegue – livro digital é um péssimo presente. Esses fatores ajudam a explicar por que a ficção geral, que inclui a ficção literária, é uma categoria na qual a mudança para o livro digital tem sido um pouco mais lenta do que no caso da ficção de gênero, e na qual o percentual alcançado em 2015 – 38,7% – ficou bem abaixo do romance.

Na outra extremidade do espectro estão os livros de viagem, os livros de culinária e os livros juvenis. Livros dessas categorias tendem a ser não lineares e/ou fartamente ilustrados. Normalmente são lidos mais devagar e, frequentemente, de forma descontínua – em muitos casos, em vez de serem lidos de forma linear, do começo ao fim, são utilizados mais como um livro de referência ao qual se recorre várias vezes. O giro é baixo, e o livro pode ser reutilizado, relido ou consultado novamente numa data posterior. No caso de alguns livros fartamente ilustrados, eles também podem ser exibidos na estante ou na mesa da sala. Ao contrário do texto narrativo contínuo, geralmente é mais difícil e mais caro disponibilizar o conteúdo desses livros em formatos digitais que sejam atraentes e fáceis de usar. Essas são as categorias de livros em que o percentual de vendas dos livros digitais em relação ao total de vendas permanece nos níveis mais baixos – abaixo de 12% para a Olympic (excluindo os números atípicos dos livros de viagem em 2016).

Entre os dois extremos estão as categorias de não ficção narrativa. O rótulo "não ficção narrativa" é um conceito nebuloso que inclui um conjunto variado de classificações temáticas Bisac que vão de história, biografia e autobiografia, a saúde e bem-estar, religião e autoajuda. Não devemos esperar que todas essas categorias apresentem o mesmo padrão de livro digital, e elas não o fazem. Seria de esperar que as categorias compostas principalmente de livros com textos lineares narrativos, como biografias, autobiografias e obras de história narrativa, apresentassem um nível mais elevado de aceitação do livro digital, e, de fato, é o que acontece – embora a velocidade de aceitação do livro digital tenha sido menor em relação à não ficção narrativa do que em relação à ficção; em 2015 os percentuais de biografia/autobiografia e história na Olympic estavam apenas 5%-10% abaixo dos percentuais de algumas categorias de ficção, incluindo ficção geral e ficção científica. É provável que livros de "grandes ideias", como os livros de Malcolm Gladwell ou Jaron Lanier, também venham a apresentar um nível relativamente alto de aceitação do formato digital, já que eles se compõem principalmente de texto narrativo contínuo, embora não se encaixem claramente nas categorias Bisac analisadas anteriormente. Por outro lado, seria de esperar que os livros que se parecem mais a obras de referência, e que podem ser lidos de forma descontínua e consultados de vez em quando – como os livros de autoajuda e de relacionamento –, apresentassem um nível menor de aceitação do formato digital – e, mais uma vez, é o que acontece. No entanto, na maioria dos casos, os livros de não ficção narrativos apresentam níveis menores de aceitação que a ficção narrativa – tanto a ficção de gênero como a ficção geral. Isso pode ser explicado pelo fato de que as categorias de ficção de gênero e ficção geral contêm uma proporção maior de livros que: (a) têm a probabilidade de apresentar um texto de natureza puramente narrativa, sem ilustrações; (b) têm a probabilidade de ser lidos de forma rápida e contínua, numa experiência de leitura imersiva; e (c) têm a probabilidade de ser substituídos rapidamente, quando o leitor passa para uma nova experiência de leitura. Por sua vez, as categorias de não ficção narrativa contêm uma proporção maior de livros que têm a probabilidade de ser ilustrados, são lidos mais devagar e de forma descontínua, uma vez que o leitor vai para lá e para cá no texto, e que têm uma taxa de giro menor, já que o leitor pode conservar o livro com a ideia de retomá-lo futuramente.

Vale a pena discorrer um pouco sobre os livros de negócios e de economia em relação às outras categorias. Como observei anteriormente, muitos observadores previram, no início dos anos 2000, que, quando a revolução do livro digital acontecesse, ela seria liderada principalmente pelos livros de negócios, que seriam lidos por empresários em seus aparelhos digitais – os *jet-setters* internacionais ligados em tecnologia que usariam o tempo livre nos aeroportos para se manterem atualizados com os lançamentos mais recentes sobre as tendências dos negócios. Na prática, os livros de negócios e de economia tiveram um desempenho muito modesto no que diz respeito à aceitação do formato digital – com uma decolagem relativamente lenta, chegaram a 20% em 2014 e depois recuaram para 15% em 2015. Isso está muito abaixo dos níveis alcançados por ficção e por outras categorias de não ficção narrativa, como biografia/autobiografia e história – os observadores do início dos anos 2000 erraram feio. Quando o livro digital finalmente decolou, o crescimento impressionante não foi liderado pelos livros de negócios lidos por empresários no saguão do aeroporto, e sim por romances românticos que as mulheres liam no Kindle (a maior parte dos leitores de livros de romance é composta por mulheres). Visto pelas lentes do modelo desenvolvido neste livro, a aceitação relativamente baixa dos livros de negócios não surpreende. Muitos livros de negócios e de economia não são o tipo de livro que se lê de maneira rápida e contínua, numa experiência de leitura imersiva: é provável que sejam livros que se leriam mais devagar e até mesmo de forma descontínua, na qual se deseja avançar e recuar no texto para retomar informações apresentadas ou argumentos utilizados anteriormente. Também são livros aos quais se pode querer retornar mais tarde, consultar novamente e utilizar mais como uma obra de referência do que um livro que poderia ser lido rapidamente e depois descartado. Essas características sugeriam que os livros de negócios e de economia teriam um desempenho mais parecido com o dos livros de autoajuda e de família e relacionamentos do que com os livros de ficção, e foi isso o que de fato aconteceu.

FORMA *VS* FORMATO

O que a experiência das vendas de livros digitais desde 2008 nos revela – se é que revela algo – a respeito do impacto da revolução digital na *forma* do livro? Será que ela sugere que a revolução digital, ao separar o conteúdo simbólico do livro do meio impresso no qual ele estava tradicionalmente inserido, libertou o livro das restrições que lhe tinham sido impostas pelo meio impresso e abriu caminho para uma completa reinvenção do livro como uma entidade textual que apresenta características muito diferentes da entidade que passamos a conhecer como "o livro"? No final da década de 1990 e início dos anos 2000, muitas pessoas especularam que o livro seria reinventado dessa maneira, que a própria forma do livro – isto é, o modo como o texto era organizado, geralmente como uma obra de uma certa extensão, disposto numa sequência de capítulos etc. – podia e seria reelaborada na era digital, quando as restrições impostas pelo meio impresso desapareceriam. Um exemplo muito conhecido desse tipo de raciocínio é o modelo piramidal do livro acadêmico, de autoria de Robert Darnton: um livro que não é mais escrito como um texto linear contínuo, mas é construído em inúmeras camadas, das quais o texto linear é simplesmente a camada superior de uma estrutura digital complexa que contém muitas outras camadas, permitindo que o leitor navegue para a frente e para trás, entre um relato conciso na superfície e valiosas camadas de documentação e material ilustrativo nas camadas inferiores.[9] Também existem muitos exemplos no universo das editoras de interesse geral: o livro digital não mais concebido como uma cápsula de conteúdo que pode ser inserida numa forma física de 200 ou 300 páginas de texto impresso, e sim um livro que existe inteira e exclusivamente no meio digital, um livro que nasce digital e existe digitalmente *sui generis*. Ele pode nunca ter um equivalente físico, ou, se tiver, o livro físico pode ser apenas uma materialização parcial e posterior, em papel impresso, de um conteúdo que foi concebido em relação a um meio digital e criado para ele.

---

9 Darnton, "A Historian of Books, Lost and Found in Cyberspace", *Chronicle of Higher Education*, 12 mar. 1999; id., "The New Age of the Book", *New York Review of Books*, 18 mar. 1999. Ambos foram reeditados em *The Case for Books*.

No próximo capítulo examinaremos detalhadamente algumas das tentativas que foram feitas no universo das editoras de interesse geral para reinventar o livro como uma entidade digital e analisar o que aconteceu com elas, mas agora eu gostaria de refletir sobre aquilo que podemos aprender com o padrão de vendas do livro digital nas principais editoras de interesse geral, de 2008 até o presente: será que esse padrão sugere que a *forma* do livro está sendo reinventada no meio digital? Ou será que ele sugere que o meio digital propiciou às editoras apenas outro *formato* no qual o livro, que continua basicamente inalterado, pode ser embalado e disponibilizado aos leitores?

Para mim, o que temos assistido até agora não é tanto à invenção de uma nova forma de livro, como alguns dos defensores mais radicais da revolução do livro digital prometeram, e sim à criação de um novo formato de livro, o qual, em termos das suas características básicas, permaneceu em grande medida inalterado pela revolução digital. A criação de um novo formato certamente não é algo insignificante, e tem consequências importantes para a indústria editorial e para seus inúmeros atores. Mas ela não é nem de longe tão disruptiva como teria sido – ou como se poderia imaginar que seria – se a própria forma do livro estivesse sendo reinventada. Examinemos um pouco mais essa diferença.

Por "forma" do livro quero me referir ao modo pelo qual o conteúdo simbólico que compõe o livro é estruturado – p. ex., como uma sequência de capítulos organizados de uma determinada maneira, com uma certa extensão etc. O "formato" do livro é o modo pelo qual o livro é embalado e apresentado aos leitores; o mesmo livro, estruturado do mesmo modo, pode ser embalado e apresentado em inúmeros formatos sem alterar a sua forma. (Faço uma análise mais minuciosa dessa diferença no Capítulo 12.) Dizer que até agora a revolução digital criou um novo formato de livro, mas que não mudou a sua forma é dizer que, em sua maioria, os livros continuam estruturados da mesma maneira de antes da revolução digital, mas que agora eles são embalados e apresentados aos leitores de novas maneiras: isto é, em um novo formato – o livro digital.

A história da indústria editorial sempre se caracterizou pela invenção de novos formatos (ou pelo relançamento de formatos inventados anteriormente). O exemplo clássico disso foi o lançamento na década de 1930, por Allen Lane, de uma nova série de livros baratos (meio xelim)*

---

* O xelim equivalia a 12 pence, ou 1/20 de libra, tendo sido substituído pela moeda de 5 pence. (N. T.)

em brochura. Esses livros eram publicados anteriormente por outras editoras em capa dura – geralmente a 7 xelins e 6 pence por um romance, e 12 xelins e 6 pence por uma biografia ou livro de história –, cuja permissão Allen Lane obteve e os reimprimiu numa edição em brochura por apenas meio xelim, como parte de uma nova série que tinha uma marca diferente e identificável: Penguin. Como objeto físico, o livro em brochura não foi inventado por Lane – livros em brochura tinham existido no final do século XIX e antes disso, embora geralmente fossem considerados "uma forma inferior de vida".[10] Parte da genialidade de Lane foi repaginar o livro em brochura num novo formato elegante que ocupou uma posição legítima e valiosa no mercado e no ciclo de vida do livro. "Nosso objetivo foi fazer algo muito inteligente, um produto simples e tinindo de novo, suficientemente moderno para não ofender os intelectuais exigentes e, ainda assim, muito básico e despretensioso", ponderou Lane.[11] Ele tinha percebido que havia um mercado emergente – uma classe média em expansão com um volume de renda disponível e interessada em ler livros de qualidade se eles fossem oferecidos a preços acessíveis –, e criou um modo novo e eficaz de reembalar livros para atender a esse mercado.

Não que tenha sido fácil. Lane enfrentou uma grande resistência na época, especialmente da parte das editoras e dos livreiros, que achavam que vender livros por um preço tão baixo faria que as pessoas gastassem menos com livros. "Ninguém consegue viver vendendo livros de meio xelim", observou Charles Evans, da Heinemann. "Ninguém ganha nada com eles, com exceção dos editores da Penguin e, talvez, das suas gráficas."[12] Evans se recusou a autorizar a publicação do romance de sucesso *National Velvet*, de Enid Bagnold, pela Penguin, apesar dos apelos reiterados da autora. Com o passar do tempo, porém, a edição barata em brochura patrocinada por Allen Lane e personificada na Penguin se consolidaria como um formato aceitável – isto é, como um outro modo de embalar o mesmo conteúdo, atribuir-lhe um novo preço e entregá-lo ao consumidor.

O formato brochura se transformou em seguida em três formatos independentes, com dimensões e características diferentes. O formato A, 110 mm × 178 mm, comumente chamado de brochura de mercado de massa, normalmente é usado para livros voltados para o grande público; são impressos em papel barato, vendidos por preços baixos e distribuídos através

---

10 Lewis, *Penguin Special*, p.74.
11 Citado em ibid., p.96.
12 Citado em ibid., p.94.

de uma rede ampla de lojas de varejo, incluindo supermercados e farmácias, bem como livrarias. O formato B, com um tamanho ligeiramente maior (130 mm × 198 mm), é utilizado para autores mais literários, enquanto o formato C, com 135 mm × 216 mm, tem o mesmo tamanho de muitos livros de capa dura. Tanto as brochuras em formato B como as em formato C normalmente são impressas em papel de alta qualidade e vendidas por um preço de varejo mais alto que as brochuras de mercado de massa; ambas são chamadas geralmente de brochuras em grande formato, para diferenciá-las das brochuras de mercado de massa no formato A.

Quando existe mais de um formato disponível para distribuir o mesmo conteúdo para os consumidores, e a precificação dos formatos varia de forma significativa, então o *timing* ou sincronização dos formatos se torna importante – no setor, isso é conhecido como "sistema de janelas". Na indústria editorial de interesse geral anglo-americana, o livro pode passar por três estágios ou janelas: ele normalmente começa o percurso como um livro de capa dura em grande formato, com um preço de catálogo por volta de 25 a 35 dólares, dependendo do tamanho e do tipo de livro. Cerca de 12 a 18 meses depois, pode ser lançado como brochura em grande formato (B ou C), dependendo, de novo, do tipo de livro, com um preço por volta de 14 a 17 dólares. E então, sempre dependendo do tipo de livro, ele pode ser lançado posteriormente como brochura de mercado de massa no formato A, com um preço abaixo de 10 dólares. Mas nem todos os livros seguem esse padrão: o livro pode passar de capa dura em grande formato para brochura em grande formato e nunca ser lançado como brochura de mercado de massa; ou pode ser publicado inicialmente como brochura em grande formato (um "original em brochura", como é chamado às vezes), sem jamais ser publicado em capa dura – existem muitos arranjos possíveis. A editora pode usar esses diferentes formatos para maximizar as receitas e as margens, direcionar o livro para públicos leitores diferentes e prolongar o tempo de venda do livro.

No período de 2008 a 2012, quando os livros digitais estavam decolando na indústria editorial anglo-americana de interesse geral, não estava claro se eles iriam ofuscar completamente os livros impressos, ao menos em algumas categorias, e, se o fizessem, que consequências isso teria para a forma do livro – se abriria caminho ou não para que, de algum modo, os livros fossem reconfigurados em sua essência. No entanto, o que aconteceu foi que os livros digitais continuaram ancorados nos livros impressos – os arquivos do livro digital eram apenas mais um produto do processo de produção, ao lado dos arquivos prontos para impressão que eram gerados para a gráfica.

O conteúdo era basicamente o mesmo, o que mudava era a embalagem, o mecanismo de distribuição e o preço. Muitas editoras tentaram criar livros digitais em que o conteúdo sofria alguma modificação – analisaremos algumas dessas experiências no próximo capítulo –, mas, na maioria dos casos, essas experiências não foram bem-sucedidas, e o tipo de livro digital que acabou prevalecendo era o que reproduzia o conteúdo do livro impresso, mas o disponibilizava como um arquivo digital para ser lido numa tela, em vez de disponibilizá-lo como um livro impresso. Em outras palavras, o livro digital se tornou mais um formato.

Se, de fato, os livros digitais representam mais um formato e não uma nova forma do livro, então as consequências disso para a indústria editorial são significativas. As editoras sabem lidar com os formatos: como vimos, a invenção de novos formatos não é nenhuma novidade, e, apesar da resistência e da ansiedade iniciais, que podem ser elevadas, elas costumam ser favoráveis à incorporação de novos formatos ao leque de opções de que dispõem para embalar e distribuir seus conteúdos para os consumidores. Os livros digitais se tornam simplesmente outra fonte de receita a que as editoras podem recorrer, exatamente da mesma maneira que, em décadas passadas, recorreram às fontes de receita criadas pelas edições baratas em brochura, fossem elas brochuras de mercado de massa ou brochuras em grande formato.

Mas, se estamos de acordo que o livro digital é um novo formato, como acredito que seja, então também é importante perceber que esse novo formato traz consigo um conjunto de características especiais, algumas das quais são realmente vantajosas para as editoras. Primeiramente, é muito mais barato vender livros digitais que livros impressos, porque não é preciso imprimir nem armazenar nada, e também não existe custo de envio (embora existam custos de distribuição reais, um fato muitas vezes ignorado por quem não é da área). Igualmente importante, não existe devolução – o desperdício da cadeia de suprimentos da tradicional indústria editorial de interesse geral simplesmente não existe no universo do livro digital. Os preços dos livros digitais normalmente são mais baixos e os direitos autorais normalmente são mais altos, mas as economias compensam com sobra isso, resultando no aumento de lucratividade das editoras. Além disso, agora a experiência de compra está acessível 24 horas por dia, e os leitores podem receber os livros de maneira praticamente instantânea, se não se importarem de lê-los numa tela – não precisam mais esperar a abertura da livraria nem a chegada do livro pelo correio.

Encontramos algum suporte à ideia de que os livros digitais são um novo formato (em vez de uma nova forma) se observarmos os padrões de vendas de livros digitais em relação aos formatos impressos na Olympic. A Tabela 1.7 e as figuras 1.11a e 1.11b mostram as vendas por formato de livro na Olympic no período entre 2006 e 2016, primeiro em unidades e depois em dólares, como um percentual do total de vendas. O que essas figuras mostram é que o avanço acentuado dos livros digitais no período entre 2008 e 2012 foi acompanhado por um declínio importante nas vendas de brochuras para o mercado de massa, tanto em unidades como em dólares: as brochuras para o mercado de massa passaram de 24% das unidades e 15% da receita em 2006 e 2007 para meros 10% das unidades e 6% da receita em 2016. Por outro lado, nem os livros em capa dura nem os livros em brochura em grande formato tiveram uma queda tão violenta. As unidades em capa dura permaneceram razoavelmente estáveis, por volta de 25%; em 2012, elas caíram bastante, chegando a 18%, mas depois se recuperaram, voltando a 25% em 2015 e subindo para 32% em 2016 – o patamar mais elevado da década anterior. A receita com os livros em capa dura respondeu por 40% da receita total em 2006; ela caiu para 25% em 2012, mas depois se recuperou, indo para 32% em 2015 e 43% em 2016 – de novo, o patamar mais elevado da década anterior. As vendas unitárias das brochuras em grande formato declinaram de 40% em 2008 para 33% em 2013, mas depois se recuperaram, voltando a 38% em 2016. Do mesmo modo, as vendas em dólar das brochuras em grande formato passaram de 37% em 2008 para 27% em 2013, voltando a subir para 31% em 2016.

Os dados da Olympic revelam com clareza que a ascensão dos livros digitais destruiu o mercado dos livros em brochura, tanto em grande formato como para o mercado de massa, mas que ela atingiu este último de forma particularmente rigorosa: na década em que os livros digitais saíram praticamente do zero para 20% da receita da Olympic, a participação na receita da Olympic representada pelas brochuras de mercado de massa caiu de 15% para 6%. O declínio desse segmento não é um fenômeno novo: suas vendas vêm caindo desde a década de 1980, e o seu mercado tem sido corroído por diversos fatores, entre os quais os violentos descontos aplicados às edições em capa dura pelas redes de superlivrarias e pelo varejo de massa. Por que esperar um ano pela brochura para o mercado de massa de um novo romance de James Patterson ou Nora Roberts se era possível comprar a versão em capa dura, no momento do lançamento, por menos de 20 dólares? Mas a ascensão dos livros digitais pôs mais alguns pregos no caixão da brochura para o mercado de massa.

Tabela 1.7 – Percentuais de venda por formato, unidades e dólares na Olympic, 2006-2016

	Livros digitais em unidades	Livros digitais em dólares	Capas duras em unidades	Capas duras em dólares	Brochuras em grande formato em unidades	Brochuras em grande formato em dólares	Brochuras para o mercado de massa em unidades	Brochuras para o mercado de massa em dólares
2006	0	0	24	40	38	35	24	15
2007	0	0	23	36	38	37	24	15
2008	0	1	24	38	40	37	23	15
2009	2	3	26	41	39	35	20	13
2010	6	9	23	36	40	35	18	12
2011	16	19	22	33	36	30	14	9
2012	22	26	18	25	39	35	10	6
2013	21	24	23	32	33	27	11	7
2014	20	24	22	29	36	30	10	7
2015	20	23	25	32	33	28	9	6
2016	20	20	32	43	38	31	10	6

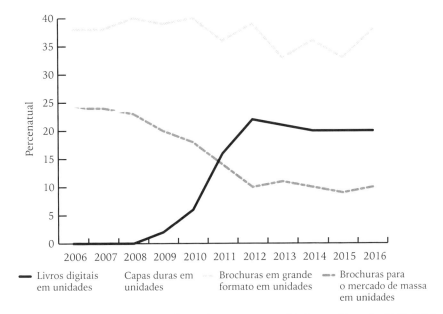

Figura 1.11a – Percentuais de venda por formato e por unidades na Olympic, 2006-2016

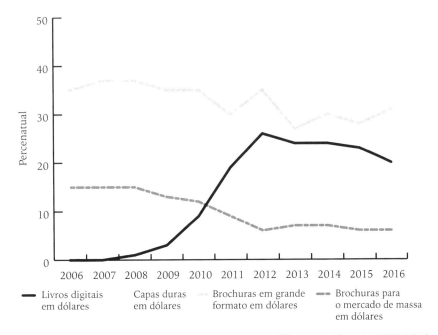

Figura 1.11b – Percentuais de venda por formato e em dólares na Olympic, 2006-2016

Para compreender por que os livros digitais tiveram um impacto diferente nos formatos impressos e atingiram as brochuras para o mercado de massa de modo particularmente violento, é preciso retornar ao sistema de janelas. No universo do livro impresso, a publicação dos diferentes formatos dos livros de interesse geral segue normalmente um sistema de janelas: primeiro os livros são publicados em capa dura por preços relativamente elevados, e depois de mais ou menos um ano são apresentados em brochura em grande formato ou para o mercado de massa, por preços consideravelmente mais baixos. O sistema de janelas segmenta os consumidores entre aqueles que estão dispostos a pagar um preço mais alto para obter um novo livro rapidamente e aqueles que estão dispostos a esperar um ano ou mais para obter o livro por um preço consideravelmente mais baixo. Mas os livros digitais normalmente não seguem esse sistema: eles geralmente são publicados ao mesmo tempo que a primeira edição impressa, embora normalmente por um preço inferior. As editoras fizeram algumas tentativas de aplicar o sistema de janelas aos livros digitais nas primeiras etapas da sua decolagem, em 2009 e 2010, em parte como uma tentativa de minimizar a canibalização das vendas dos livros em capa dura, mas essas tentativas não duraram muito – elas sofreram uma pressão enorme dos varejistas de livros digitais, entre os quais a Amazon e a Apple, para abandonar o sistema de janelas com o livro digital, e todas as principais editoras cederam prontamente. Mas o fato de que os livros digitais passaram a estar disponíveis simultaneamente à publicação da primeira edição – e geralmente com um preço inferior a ela – significou que a lógica do sistema de janelas das edições impressas restantes ficou consideravelmente enfraquecida. Por que esperar um ano ou mais por uma edição mais barata em brochura se havia uma edição mais barata disponível ao mesmo tempo que a edição em capa dura, ainda que em formato digital? Em termos de formato, foram as edições mais baratas em brochura, lançadas em datas posteriores e por preços mais baixos, que foram atingidas com mais força pelo novo-rico livro digital, estranho ao sistema de janelas.

Portanto, o livro digital pode acabar não sendo diferente das brochuras em grande formato ou voltadas para o mercado de massa: um novo formato, extremamente importante enquanto tal, mas não uma nova forma. E se é isso que ele acaba sendo, então é provável que se mostre muito menos disruptivo para a indústria editorial do que muitos observadores achavam e muitas pessoas do setor temiam. Apesar da preocupação inicial de que os livros digitais poderiam representar o prenúncio de uma ruptura muito mais radical na indústria editorial, muitas pessoas do setor passaram a considerar que os livros digitais são apenas outro formato, no sentido que defini, embora um novo formato que vem com uma série de características especiais. Estas foram as palavras do diretor executivo de uma grande editora de interesse geral em 2017:

> Cinquenta anos depois da invenção do livro em brochura por Allen Lane, recebemos um formato de presente, e, com ele, a dádiva de que, de repente, as pessoas poderiam ler em qualquer lugar sem ter o livro na mão, porque elas tinham um aparelho de leitura. E parte do presente também era o fato de que alguém tinha desenvolvido um ecossistema que era tão atraente que as pessoas estavam realmente dispostas a pagar por essa experiência – não era algo que começou grátis como a música e a experiência com o Napster. Portanto, estávamos diante de um ecossistema pago, extremamente atraente, que convenceu as pessoas de que, tendo em vista a conveniência, fazia sentido não roubar livros, mas, na verdade, pagar por eles no formato digital.

Esse editor sempre acreditou que os livros digitais representavam mais uma vantagem do que uma ameaça para o setor: as editoras eram afortunadas, porque outras pessoas investiram um bocado de dinheiro para criar um ecossistema no qual era atraente comprar livros em formato digital, abrindo, com isso, uma nova fonte de receita para as editoras, enquanto afastavam a necessidade dos consumidores de adquirir conteúdo digital de forma ilegal.

Mas será que é isso que vai acabar acontecendo – uma revolução no formato, mas não na forma? Existem dois motivos que explicam por que ainda não podemos dar uma resposta taxativa a essa pergunta, e um motivo que explica por que o quadro que descrevemos até agora é, na melhor das hipóteses, incompleto. O primeiro motivo é que a estabilidade dos atuais padrões de venda, e especialmente o nivelamento da venda de livros digitais em relação à venda dos livros impressos, depende da continuidade do atual ambiente de varejo, o qual, a despeito da falência da Borders em 2011 e do fechamento de muitas lojas da Barnes & Noble, ainda se caracteriza pela existência de um grande número de livrarias físicas, tanto de rede como independentes. Embora a Amazon tenha se tornado o maior cliente de muitas editoras de interesse geral, o fato de inúmeras livrarias continuarem existindo oferece uma visibilidade fundamental para os livros das editoras – e isso significa, é claro, seus livros impressos, que continuam a receber destaque no varejo graças ao espaço de exposição e ao espaço nas estantes das livrarias. Se esse ambiente de varejo mudar de forma significativa nos próximos anos – se, por exemplo, a Barnes & Noble ou a Waterstones reduzir drasticamente seu nível de atividade ou até mesmo encerrar as atividades, ou se as livrarias forem obrigadas a fechar por outros motivos –, então isso poderia ter um impacto considerável na venda dos livros físicos. Simplesmente não sabemos o que aconteceria nesse caso com a relação entre a venda de livros físicos e a venda de livros digitais, e como as diferentes categorias de livro seriam afetadas por essa mudança. O segundo motivo pelo qual não podemos dar uma resposta taxativa a essa pergunta é que simplesmente não sabemos o que o futuro nos reserva. Com base nas evidências de que dispomos até o momento, existe uma justificativa válida e evidente para dizer que os livros digitais representam outro formato e não uma nova forma de livro, mas só o futuro vai nos dizer se esse raciocínio se manterá a longo prazo.

No entanto, o quadro que retratamos até o momento é incompleto num aspecto muito importante: baseamo-nos nos dados de uma grande editora de interesse geral, e, dada a importância dessa editora e a natureza do seu catálogo, é razoável supor que a sua experiência seja semelhante à de outras grandes editoras de interesse geral. Mas o mercado do livro não é composto apenas pela produção das grandes editoras de interesse geral: ele também é composto pela produção de um grande número de pequenas e médias editoras, e, de crucial importância, pela produção de inúmeras editoras custeadas pelo autor e inúmeros autores que utilizam plataformas de autopublicação de diversos tipos, da Publicação Direta do Kindle (KDP), da Amazon, a uma miríade de plataformas diferentes (vamos examiná-las de forma mais detalhada no Capítulo 7). As experiências de muitas editoras pequenas e médias pode não ser muito diferente da experiência de grandes editoras de interesse geral como a Olympic, mas o universo da autopublicação é um assunto totalmente diferente. Muitas das plataformas de autopublicação, entre elas a Kindle Direct Publishing, estão publicando apenas no formato digital,[13] e alguns livros digitais autopublicados se tornaram *best-sellers*.[14] Portanto, é provável que os padrões no universo da autopublicação sejam muito diferentes dos padrões das grandes editoras de interesse geral que publicam nos formatos impresso e digital, e para as quais o impresso continua sendo uma fonte fundamental de receita. Também é provável que eles sejam diferentes dos padrões que aparecem nos dados fornecidos por

---

13 A Amazon desenvolveu uma plataforma de autopublicação paralela para livros impressos chamada CreateSpace, mas muitos autores que publicam através da Kindle Direct Publishing não lançam edições impressas – mais sobre esse assunto no Capítulo 7.

14 Mais sobre este assunto no Capítulo 7.

organizações profissionais como a Associação Americana de Editores (AAE), já que esses dados são extraídos de editoras tradicionais, e, portanto, não levam em conta a autopublicação. Desse modo, é provável que exista um volume considerável de material – que, em sua maioria, está sendo publicado como livro digital – que não está sendo incorporado nesses cálculos a respeito dos padrões das vendas dos livros digitais. Qual a magnitude desse material? Ninguém sabe. Podemos calcular seu tamanho – retomaremos esse assunto no Capítulo 7 –, mas qualquer estimativa será uma suposição aproximada. O que podemos dizer com alguma convicção é que ele não é pequeno. A autopublicação é o continente submerso que poderia, se um dia chegarmos a conhecer sua extensão, jogar uma nova luz em todas as suposições feitas até o momento.

Existe outro motivo que torna esse aspecto importante: depois do processo do Departamento de Justiça contra a Apple e cinco grandes editoras de interesse geral em 2012 (ver Capítulo 5), essas editoras foram obrigadas a adotar, durante dois anos, uma versão modificada do acordo de intermediação [*agency agreement*] estabelecido que permitia que os varejistas aplicassem, até certo ponto, descontos nos livros digitais. Quando essa exigência expirou em 2014, todas as grandes editoras de interesse geral passaram a adotar acordos de intermediação completos, o que significava que elas decidiam o preço dos livros digitais dentro de faixas combinadas e os varejistas não podiam mais dar descontos. Com isso, os novos livros digitais das grandes editoras de interesse geral – especialmente a partir de 2014 – passaram a ser vendidos normalmente por preços muito mais altos que os livros digitais autopublicados. Um título recém-lançado em formato digital de uma grande editora de interesse geral saía por volta de 13 a 14 dólares, comparado com o preço de 3,99, 2,99 dólares, ou menos, de um novo livro digital de um autor autopublicado. E quando se leva em conta o fato de que uma grande proporção de livros autopublicados no Kindle pode ser acessada gratuitamente por meio da adesão ao Kindle Unlimited, por 9,99 dólares ao mês (com 30 dias de teste grátis), o custo por unidade lida dos livros autopublicados no Kindle se torna uma pequena fração do custo por leitura dos livros digitais publicados pelas editoras tradicionais. É claro que existe a questão de saber se alguém quer ler aquele material, por mais barato que seja. Mas é provável que o fato de o diferencial de preço ser agora tão grande provoque a redução das vendas das editoras tradicionais, enquanto os livros digitais autopublicados ganham uma fatia cada vez maior do bolo do livro digital, seja qual for o seu tamanho.

Simplesmente não sabemos, nesta fase, como o quadro geral das vendas de livros digitais em relação à venda total de livros, tanto em unidades como em dólares, se modificaria se pudéssemos levar em conta todos os livros publicados e vendidos nos Estados Unidos em qualquer ano específico, incluindo os livros autopublicados, e como esse quadro seria diferente conforme a categoria de livro. Poderíamos perceber ainda um efeito de estabilização, embora os níveis em que os livros digitais começam a se estabilizar possam ser bem mais elevados, especialmente em algumas categorias de livro, como romance e mistério, que são populares no universo da autopublicação. De fato, pode ser que parte da queda que se percebe nas vendas de livros digitais das editoras tradicionais em determinadas categorias, como romance e mistério, demonstre não uma queda geral das vendas de livros digitais, e sim uma fuga da receita das editoras tradicionais para os autopublicadores, à medida que os leitores trocam os livros digitais caros publicados pelas editoras tradicionais pelos livros digitais muito mais baratos publicados por meio do Kindle e de outras plataformas de autopublicação. Retomaremos essas questões no momento adequado.

FORA DOS ESTADOS UNIDOS

Até aqui observamos os padrões de venda de livros digitais das editoras de interesse geral nos Estados Unidos, mas o caso americano é um pouco excepcional: até o momento, a aceitação do mercado do livro digital tem sido muito mais forte ali do que em qualquer outro lugar. Entre os mercados de fora da América do Norte, os padrões de venda do livro digital do Reino Unido são os que mais se parecem aos dos Estados Unidos. Isso não é de todo surpreendente, já que os mercados do livro do Reino Unido e dos Estados Unidos possuem vários pontos em comum: as grandes editoras de interesse geral presentes nos dois mercados pertencem aos mesmos conglomerados, e a Amazon é um varejista importante tanto no Reino Unido como nos Estados Unidos. No entanto, existe uma defasagem de tempo: as vendas do livro digital eram mínimas no Reino Unido antes de 2010, e só começaram a aumentar de forma significativa a partir de 2011. Esse atraso pode ser explicado, em parte, pelo fato de que a Amazon só lançou o Kindle no Reino Unido em agosto de 2010, quase três anos depois lançá-lo nos Estados Unidos. Tanto o Sony Reader como o iPad já estavam disponíveis no Reino Unido nessa época (o Sony Reader foi lançado no Reino Unido em setembro de 2008, e o iPad, em maio de 2010), mas a explosão na venda de livros digitais no Reino Unido só ocorreu depois da introdução do Kindle.

Quer dizer então que o padrão de vendas do livro digital no Reino Unido está simplesmente atrasado um ou dois anos em relação ao padrão americano, e que em algum momento irá alcançá-lo? Era o que muitas pessoas achavam, mas as evidências não sustentam inteiramente essa teoria. Baseadas em dados da Nielsen e da Associação de Editoras (AE), a Tabela 1.8 e as figuras 1.12a, 1.12b e 1,12c mostram o percentual de vendas dos livros digitais em relação ao total de vendas de livros consumíveis no Reino Unido de 2008 a 2018.[15] Os números revelam que a arrancada do livro digital no Reino Unido seguiu um padrão muito semelhante ao dos Estados Unidos: a venda de livros digitais subiu rapidamente depois da introdução do Kindle em agosto de 2010, pulando de 22 milhões de libras em 2010 para 106 milhões de libras em 2011, e 250 milhões de libras em 2012, uma taxa de crescimento de aproximadamente 375% em 2011 e 135% em 2012. Em seguida, o crescimento diminuiu rapidamente de ritmo, mas as vendas alcançaram o pico de 312 milhões de libras em 2014, após o que recuaram, caindo 4% em 2015 e 7% em 2016 e 2017. Os livros digitais responderam por 6,3% do total de vendas de livros consumíveis no Reino Unido em 2011, saltaram para 13,5% em 2012 e depois continuaram a subir até alcançar 18,3% em 2014, recuando para cerca de 13% em 2017 e 2018. Portanto, embora o padrão seja claramente similar ao americano – uma arrancada inicial que leva a uma estabilidade e depois a uma queda moderada –, existem duas diferenças significativas. Primeiro, temos a defasagem de tempo: a decolagem e a estabilização no Reino Unido estavam um ou dois anos atrás dos Estados Unidos. Nos Estados Unidos, os livros digitais decolaram em 2009-2010, atingindo o pico em 2012, onde permaneceram até 2014, quando começaram a declinar; no Reino Unido, os livros digitais decolaram em 2010-2011 e atingiram o pico em 2014, quando começaram a declinar. A segunda diferença é que, quando as vendas de livros digitais começaram a se estabilizar, elas o fizeram num nível inferior no Reino Unido – nunca

---

15 Dados relevantes podem ser encontrados em Publishers Association, *PA Statistics Yearbook 2015*; e no *PA Statistics Yearbook 2018*. No entanto, no *PA Statistics Yearbook*, "vendas digitais" não incluem apenas os livros digitais: além destes, elas incluem *downloads* de audiolivros, *downloads* de partes de livros e de livros inteiros, assinaturas/acesso a publicações de livros *on-line*, e qualquer outro material inteiramente digital distribuído *on-line* ou via CD-Rom (*PA Statistics Yearbook 2017*, Anexo Técnico A, p.83). Meus números se baseiam em dados suplementares fornecidos pela Nielsen e pela Associação de Editoras, que diferenciam as vendas de livros digitais consumíveis da categoria mais geral das "vendas digitais".

alcançaram as mesmas posições de destaque dos Estados Unidos. As cifras do Reino Unido se estabilizaram em 18,3% em 2014 e depois recuaram para cerca de 13% em 2017-2018, muito abaixo da posição de destaque alcançada nos Estados Unidos, onde as vendas de livros digitais se estabilizaram em 24,1% em 2014, e depois recuaram para cerca de 15% em 2017 e 2018.

Tabela 1.8 – Receita de livros digitais de interesse geral no Reino Unido, 2008-2018

	Total de vendas de livros (em milhões de libras)	Total de vendas de livros digitais (em milhões de libras)	Livro digital %	Taxa de crescimento
2008	1.717	0,7	0	
2009	1.684	3,1	0	342,9
2010	1.727	22,5	1,3	625,8
2011	1.700	106,7	6,3	374,2
2012	1.847	250	13,5	134,3
2013	1.766	296	16,8	18,4
2014	1.709	312	18,3	5,4
2015	1.751	299	17,1	–4,2
2016	1.872	276	14,7	–7,7
2017	1.912	256	13,4	–7,2
2018	1.910	251	13,1	–2

Fonte: Associação das Editoras.

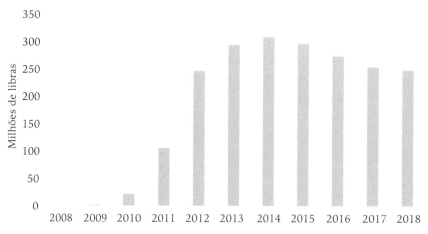

Figura 1.12a – Receita de livros digitais de interesse geral no Reino Unido, 2008-2018

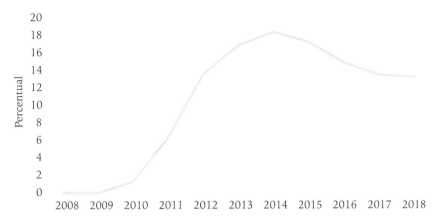

Figura 1.12b – Percentual de receita dos livros digitais em relação ao total de vendas de livros de interesse geral no Reino Unido

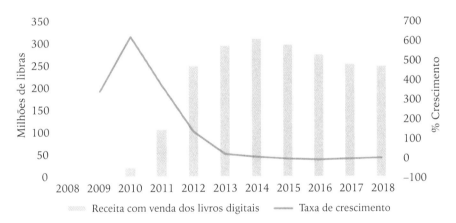

Figura 1.12c – Receita com livros digitais e taxa de crescimento da venda de livros digitais no Reino Unido

Os dados da AE separam as vendas de livros digitais em categorias abrangentes de livros – para os nossos objetivos, as categorias relevantes são ficção, não ficção/referência e livros infantis. A Tabela 1.9 e a Figura 1.13 mostram a proporção das vendas de livros digitais em relação ao total de vendas de livros, impressos e digitais, em cada uma dessas categorias. Percebemos que a explosão do livro digital foi muito além da área de ficção: neste caso, a venda de livros digitais responde por pouco mais de 40% do total de vendas de ficção em 2014 e 2015, antes de se estabilizar.

Tabela 1.9 – Venda de livros digitais no Reino Unido por categoria, 2008-2018

	Ficção em milhões de libras	Não ficção/referência em milhões de libras	Infantis em milhões de libras	TOTAL FICÇÃO IMPRESSO + DIGITAL em milhões de libras	TOTAL NF/REF IMPRESSO + DIGITAL em milhões de libras	TOTAL INFANTIS IMPRESSO + DIGITAL em milhões de libras	Ficção % dig/total	NF/Ref % dig/total	Infantis % dig/total
2008	2,8	1,6	0,1	524,8	868,9	323,0	0,6	0,2	0,0
2009	7,6	1,8	0,5	568,9	781,7	333,7	1,3	0,2	0,1
2010	22,0	8,0	1,8	570,5	823,6	332,8	3,9	1,0	0,5
2011	85,0	25,0	9,0	576,7	807,6	315,9	14,7	3,1	2,8
2012	205,0	47,0	14,4	710,1	814,2	324,0	28,9	5,8	4,4
2013	233,0	64,0	18,5	632,7	817,0	316,3	36,8	7,8	5,8
2014	248,0	63,0	25,0	611,5	745,6	353,0	40,6	8,4	7,1
2015	249,0	63,0	19,0	616,1	817,9	317,8	40,4	7,7	6,0
2016	234,0	65,0	18,0	593,7	908,3	370,0	39,4	7,2	5,0
2017	220,0	69,0	18,0	605,9	946,7	358,7	36,3	7,3	5,0
2018	229,0	75,0	17,0	588,0	953,8	368,4	38,9	7,9	4,6

Fonte: Associação das Editoras.

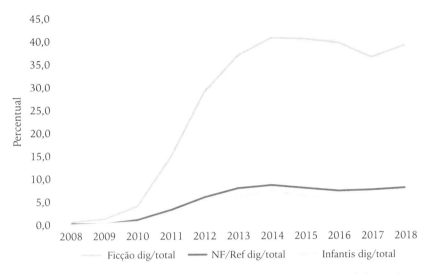

Figura 1.13 – Percentual de venda de livros digitais em relação ao total de vendas por categoria no Reino Unido, 2008-2018

Na categoria de não ficção/referência, a venda de livros digitais atingiu 8,4% do total de vendas em 2014, recuando ligeiramente depois. Os níveis mais baixos de aceitação do livro digital estão na categoria infantil, em que a venda de livros digitais respondeu por 7,1% do total de vendas em 2014, recuando para mais ou menos 5% a partir de 2016. Percebemos, em cada uma dessas categorias abrangentes, a clássica curva em S, representada mais claramente pela ficção, à medida que as vendas de livros digitais sobem rapidamente entre 2011 e 2013, chegam ao pico em 2014 e então começam a se estabilizar a partir de 2015. O padrão é muito semelhante ao americano, embora ocorra cerca de um ano depois e se estabilize em níveis inferiores aos alcançados nos Estados Unidos.

Fora dos Estados Unidos e do Reino Unido, a decolagem do livro digital tem sido muito mais modesta até o momento. É difícil reunir dados precisos que sejam rigorosamente comparáveis aos dados referentes aos Estados Unidos e ao Reino Unido, já que os métodos utilizados para reuni-los variam de um país para o outro. Rüdiger Wischenbart e seus colegas produziram o que provavelmente é a mais completa análise comparativa das tendências do mercado de livros digitais, e a sua análise é periodicamente atualizada no relatório anual Global eBook.[16] A Tabela 1.10 resume algumas das suas

---
16 Wischenbart et al., *Global eBook 2017*.

descobertas, mostrando o percentual dos livros digitais em relação ao mercado total de interesse geral em cinco países europeus. As descobertas de Wischenbart e de seus colegas sugerem que os livros digitais respondem por cerca de 5% das vendas de interesse geral em muitos países europeus, embora esse tipo de percentual geral oculte muitas variações entre os diferentes tipos de livro e entre as diferentes editoras. Assim como nos Estados Unidos e no Reino Unido, os percentuais mais elevados de venda de livros digitais encontram-se na ficção geral e na ficção de gênero, como romance, mistério, ficção científica e fantasia.

Tabela 1.10 – Cálculo da participação do livro digital na receita total de interesse geral em mercados europeus selecionados, 2016

	% do mercado total de interesse geral
Alemanha	4,6
França	3,1
Itália	4
Espanha	6
Holanda	6,6

Fonte: Wischenbart et al., Global eBook 2017.

Alguns indícios sugerem que o crescimento do livro digital está diminuindo em alguns mercados fora do universo de língua inglesa e podem estar se estabilizando, embora em níveis consideravelmente mais baixos que os americanos e britânicos. A Figura 1.14 mostra o percentual dos livros digitais em relação ao total de vendas no mercado de interesse geral da Alemanha entre 2010 e 2016.[17] Ela mostra que o livro digital decolou na Alemanha depois de 2011, passando de menos de 1% em 2011 para cerca de 4% em 2013; depois se estabilizou, subindo apenas para 4,6% em 2016. Uma pesquisa feita em 2013 com algumas editoras pela Associação Alemã de Comércio de Livros, a Börsenverein des Deutschen Buchhandels, relatou um aumento na venda de livros digitais, quase 10% da receita global; porém, seja como for, os números continuavam muito abaixo do percentual alcançado nos Estados Unidos e no Reino Unido antes que as vendas de livros digitais começassem a se estabilizar.[18] No final de 2015, todas as editoras alemãs de interesse geral tinham constatado que as vendas de livros digitais estavam, em grande medida, achatadas.

---

17 Börsenverein apud ibid., p.65.
18 Ibid.

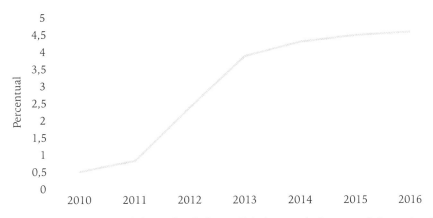

Figura 1.14 – Percentual de vendas de livros digitais em relação ao total de vendas de interesse geral na Alemanha, 2010-2016
Fonte: Börsenverein des Deutschen Buchhandels.

É difícil comparar com os padrões de outras regiões do mundo, em parte porque as bases nas quais os dados são coletados podem ser diferentes, e em parte porque as infraestruturas e os mercados muitas vezes são bem diferentes. No Brasil, por exemplo, as vendas digitais responderam provavelmente por cerca de 3% da receita das editoras de interesse geral em 2016.[19] Em relação a outros grandes mercados, como Índia e China, é difícil obter dados confiáveis e comparáveis. Wischenbart e seus colegas calculam que as vendas de livros digitais na Índia correspondiam a menos de 1% do total de vendas em 2015,[20] e calculam que as vendas de livros digitais de interesse geral na China estavam por volta de 1% em 2014,[21] embora seja impossível saber o grau de precisão desses cálculos. Os aparelhos de leitura mais comuns na China são os *smartphones*, não os aparelhos de leitura dedicados, e a China Mobile, um dos dois provedores mais importantes do país, possui a maior plataforma de leitura móvel *on-line*. Com mais de 700 milhões de usuários de *smartphones* na China em 2018, e com o segundo maior mercado de livros do mundo, atrás somente dos Estados Unidos, o potencial de crescimento da leitura digital na China é considerável, mesmo que as vendas de livros digitais tenham sido modestas até o momento.

Esse olhar de relance sobre os padrões europeus e de outras regiões do mundo evidencia a imensa variabilidade de maneiras pelas quais a revolu-

---

19 Wischenbart et al., *Global eBook 2017*, p.100.
20 Id., *Global eBook 2016*, p.107 e 110.
21 Id., *Global eBook 2015*, p.118.

ção digital tem afetado a indústria editorial em diferentes países e regiões do mundo, ressaltando o fato de que não se pode generalizar a partir da experiência americana. Na verdade, longe de ser o prenúncio de futuros acontecimentos em nível global, a experiência americana pode acabar sendo a exceção – simplesmente não sabemos. Pois o grau de substituição dos livros impressos pelos livros digitais não depende apenas do tipo de livro, mas também de um sem-número de fatores, como o papel de grandes corporações como a Amazon e o quanto elas investiram, ou podem estar dispostas a investir, na criação de plataformas e de sistemas de distribuição; da disponibilidade de aparelhos de leitura que sejam atraentes e baratos para as populações locais; da disponibilidade de conteúdo agradável em linguagens e formatos adequados; dos diferentes regimes de precificação e de impostos pertinentes e, em particular, do fato de existir um regime de preço fixo que proíba ou limite os descontos dados aos livros – esse fator sozinho pode fazer uma enorme diferença quanto à atratividade, ou não, dos livros digitais; e do papel que os governos, os legisladores e as autoridades judiciais podem desempenhar na regularização das práticas e na arbitragem das disputas – sem falar nos critérios, preferências e práticas culturais dos leitores, que podem variar muito segundo o país, a região, a cultura e o regime linguístico. Não há por que imaginar que a revolução digital vai interferir na indústria editorial da mesma maneira em todo lugar, levando-a de roldão como um *tsunami* tecnológico, e os indícios até o momento sugerem que não é isso que está acontecendo. Em lugar de um único padrão coerente, o que se constata é uma enorme variabilidade nos níveis de aceitação digital na indústria editorial de interesse geral, com os Estados Unidos e, em menor escala, o Reino Unido se destacando como os países em que o livro digital se tornou uma importante fonte de receita, mas nos quais o ímpeto agora perdeu força, ao menos por ora.

– 2 –

A REINVENÇÃO DO LIVRO

No capítulo anterior, afirmei que é mais adequado definir o livro digital como sendo outro formato do que uma nova forma de livro, mas deixei de lado a possibilidade mais radical de que a revolução digital possa nos permitir reinventar o que é "o livro". O livro digital normalmente é considerado um livro que é entregue ao leitor como um arquivo digital, não um objeto físico, e lido numa tela em vez de ter suas páginas físicas viradas como o livro impresso. Nesse sentido, o livro digital é um subproduto das propriedades físicas do livro impresso, e é limitado por elas, pois se baseia no mesmo conteúdo e no mesmo arquivo primordial do livro impresso, sendo modificado apenas para atender às exigências dos fornecedores de livros digitais importantes e dos aparelhos de leitura – nesse sentido, o livro digital é uma réplica do texto impresso, o que Angus Phillips chama de "livro digital básico".[1] Ainda que seja uma réplica, o livro digital não é necessariamente idêntico ao texto impresso em todos os aspectos. Alguns detalhes podem variar – a capa, a paginação e a tipologia, por exemplo, assim

---

1 Phillips, *Turning the Page*.

como outras características paratextuais, como o estilo e o posicionamento da dedicatória, das epígrafes, das ilustrações, do título dos capítulos e das notas. Embora algumas dessas variações possam ser importantes para os estudiosos de literatura e de bibliografia, elas não mudam o fato de que, enquanto réplica, o livro digital está limitado ao conteúdo textual do livro impresso. Porém, construídos, distribuídos e lidos de forma digital, os livros não *têm* de ser um subproduto das características físicas e do conteúdo textual do livro impresso. Eles podem ser criados de diferentes maneiras e dotados de diferentes conjuntos de características. Isso pode ser feito de inúmeras maneiras – algumas já foram experimentadas, outras ainda precisam ser inventadas. Um jeito simples de criar um novo tipo de livro é desenvolver um livro digital como um texto linear, mas somente em forma digital – digital *sui generis* –, e fazer experiências com as características do texto. Por exemplo, é possível fazer experiências com as características mantendo o texto bem curto, talvez com o limite de 10 mil palavras, e vendê-lo como livro digital por um preço baixo – um tipo de livro digital que recebeu o apelido de "curta-metragem digital" ["*digital short*"] ou "*single* digital" ["*e-single*"].

Outra maneira de criar um novo tipo de livro seria partir de um livro existente, de ficção ou não ficção, e enriquecer a versão digital do livro acrescentando diversos tipos de espetáculos de multimídia como clipes de áudio, videoclipes, gráficos e animação *pop-up* – eles são conhecidos no setor como "livros digitais aprimorados". Com a adoção generalizada dos iPads e dos *tablets* em cores como o Kindle Fire, o Nook Tablet e o Google Nexus, que podem rodar espetáculos de multimídia, muitas editoras ficaram com a impressão de que os livros digitais aprimorados eram um caminho promissor a ser trilhado, e, de fato, foram feitas muitas experiências desse tipo a partir de 2011.

Existe uma terceira maneira de reinventar o livro que seria mais radical. Ela partiria de uma lousa vazia e da pergunta: como criar um livro que utilize todo o conjunto de funções e possibilidades proporcionado pelo meio digital e o conjunto existente de sistemas operacionais e aparelhos de leitura? Não partiria de um livro impresso existente que ela procuraria aperfeiçoar para a experiência de leitura digital; em vez disso, partiria da experiência de leitura digital e procuraria criar um livro adaptado a ela. Nesse caso, o livro não nasceria como um texto pensado para o meio impresso, mas como algo bem diferente – p. ex., como um aplicativo, um texto que faria parte de uma experiência de leitura e do usuário, que existe unicamente no meio digital e somente na tela, e que não tem nenhum equivalente direto impresso.

Entre os dois extremos, do livro digital como réplica e do livro-aplicativo, existem inúmeras variações e permutas: na prática, existe todo um leque de possibilidades, que vão do livro digital como simples reprodução do texto impresso, numa ponta, ao livro totalmente inventado, na outra, com curtas-metragens digitais, livros digitais aprimorados e outras formas experimentais ocupando o terreno intermediário, tal como ilustrado na Figura 2.1.

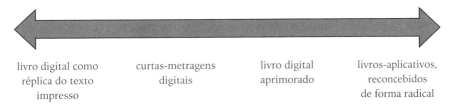

| livro digital como réplica do texto impresso | curtas-metragens digitais | livro digital aprimorado | livros-aplicativos, reconcebidos de forma radical |

Figura 2.1 – Algumas formas experimentais do livro.

Neste capítulo, gostaria de explorar algumas das novas formas experimentais do livro – não o livro digital básico, mas outros tipos. Examinarei algumas iniciativas que foram tomadas por editoras convencionais – e elas têm sido muito mais proativas acerca das experiências com novas formas do que muitas pessoas estranhas ao meio podem pensar. Mas também gostaria de examinar algumas das inúmeras *start-ups* que foram lançadas com o propósito de tentar criar um novo tipo de livro que estaria adaptado às características e aos recursos específicos do meio digital, e que tiraria proveito deles. Em alguns aspectos, as novas *start-ups* sofriam menos restrições que as editoras convencionais, simplesmente porque não tinham investido na tecnologia de impressão tradicional, e, portanto, tinham a liberdade de fazer experiências com uma lousa vazia; porém, ao contrário das editoras convencionais, as *start-ups* não possuíam uma atividade ligada à impressão à qual recorrer se o novo empreendimento não desse resultado, e, consequentemente, sua condição financeira era mais precária. Ao explorar essas formas experimentais, estarei atento, naturalmente, às características específicas das próprias formas, mas não pretendo restringir a atenção às características dessas formas como se se tratasse de um exercício meramente textual, nem pretendo especular de maneira abstrata sobre o que pode ser possível com base nos recursos tecnológicos: embora esse tipo de análise descontextualizada seja comum, ela não ajuda muito a compreender o que de fato aconteceu nesse setor e o que é provável que aconteça no futuro próximo. Tenho uma abordagem diferente: penetro no interior das organizações que estão (ou estavam) procurando desenvolver essas formas inovadoras do livro, converso com as pessoas envolvidas nesse desenvolvimento, descubro o que elas estavam tentando alcançar, por que estavam tentando fazê-lo, como estavam tentando fazê-lo, se foram bem-sucedidas e, se não foram, por quê. Só assim compreenderemos se o livro realmente está sendo reinventado na era digital, se a forma do livro está sendo redesenhada para o meio digital em vez de reter a forma que ele tem no meio impresso, e se alguma nova forma que possa ser inventada na era digital tem alguma chance de sobreviver além da breve fase experimental. Uma coisa é ter ideias incríveis e sonhar com novas formas literárias que poderiam ser criadas com o uso das novas tecnologias digitais; outra bem diferente é descobrir um produto viável que incorpore uma dessas formas, criar uma estrutura organizacional estável para produzi-lo e encontrar uma fonte de receita suficientemente grande que permita que ele se transforme num produto cultural sustentável. Ter ideias incríveis é uma coisa; fazê-las funcionar na prática é outra bem diferente.

A VIDA E A HORA DO CURTA-METRAGEM DIGITAL

Tom é editor digital na "Mansion House", uma grande editora de interesse geral do Reino Unido. Ele entrou na empresa em 2011, tendo trabalhado anteriormente numa pequena editora independente de vanguarda, onde introduziu a estratégia digital da empresa e construiu sua reputação no setor como um teórico inovador e atualizado a respeito do futuro digital. Contratado como editor digital de uma editora muito maior, Tom passou a ser responsável por refletir de maneira criativa sobre novas iniciativas digitais, a fim de manter a Mansion House na linha de frente dos novos avanços. Uma das primeiras coisas que ele fez foi contratar uma série de livros curtos, 10 mil palavras cada, que seriam publicados apenas no formato digital – "jornalismo aprofundado, que eu considerava uma área promissora", explicou Tom. Eram livros de não ficção, a maioria tratando de atualidades, que podiam ser publicados rapidamente por um preço baixo – 2,99 libras na época, ou menos de 5 dólares. Eles tiveram um desempenho razoável – a maioria vendeu alguns milhares de cópias; um, de um autor de renome, vendeu mais de 5 mil exemplares. Tom começou então a expandir a série utilizando material dos arquivos da Mansion House, a maioria de autores renomados, que poderia ser reembalado como curtas-metragens digitais, pagando um pequeno adiantamento suplementar e publicando no formato digital. Alguns até se saíram melhor – um vendeu mais de 10 mil exemplares. A experiência de Tom com os curtas-metragens digitais de não ficção ficou numa faixa que ia de alguns milhares de exemplares, na parte de baixo, a 10 mil exemplares, na parte de cima. Era viável, desde que os adiantamentos fossem baixos, mas as vendas globais eram limitadas e as receitas, modestas, especialmente em razão dos preços baixos.

Com a ficção, porém, a situação era diferente. Ao mesmo tempo que Tom desenvolvia sua série de jornalismo aprofundado, colegas de uma das divisões comerciais da Mansion House planejavam lançar, unicamente no formato digital, contos de alguns dos autores consagrados da editora. A ideia era entrar em contato com esses autores, cujos livros vendiam centenas de milhares de exemplares – autores de suspense policial, por exemplo –, e pedir que escrevessem um conto, entre 7.500 e 10 mil palavras, de preferência uma espécie de prévia ou subproduto que se referisse ao tema do seu próximo livro; eles acrescentariam uma amostra do novo livro, que estaria ligada a um pré-pedido. O conto seria lançado alguns meses antes da publicação do novo livro e vendido por um preço baixo, entre 99 pence e 1,99 libra, direcionado aos fãs e utilizado como uma forma de despertar o interesse pelo futuro livro. "Como modelo de monetização de marketing, é uma estratégia extremamente eficaz", disse Tom. "Você vende mais de 100 mil exemplares desses contos e consegue o pré-pedido. O número de pré-pedidos triplica." É uma situação ganha-ganha: você gera uma nova e importante fonte de receita, que não teria existido no universo impresso, e, ao mesmo tempo, prepara o terreno para o novo romance, gerando pré-pedidos que acabarão se traduzindo no aumento de vendas do livro.

Outras editoras levaram a cabo experiências semelhantes com curtas--metragens digitais no início da década de 2010, com resultados similares. Claramente, havia um mercado para contos publicados unicamente no formato digital e com um preço extremamente baixo – livros que, na maioria dos casos, simplesmente não teriam existido no universo impresso, uma vez que, com um tamanho entre 7.500 e 10 mil palavras, eles eram curtos demais para serem publicados no formato impresso em inglês.[2] Estaria ali o ponto de partida de um novo modelo de editora – um novo projeto editorial que poderia ser erguido sobre o curta-metragem digital?

---

2 Livros extremamente curtos, com até 10 mil palavras, são mais comuns em outros idiomas, como francês e espanhol. Na indústria editorial de língua inglesa, contudo, é raro que textos com até 10 mil palavras sejam publicados no formato impresso.

Essa ideia germinava na cabeça de John Tayman desde o final de 2006 e início de 2007. John era escritor, não editor, e estava frustrado pelo fato de que um livro de não ficção convencional normalmente consumia vários anos para pesquisar e escrever. Como tinha sido editor de revistas no início da carreira, ele se acostumara a manter uma pasta com ideias interessantes que poderiam ser desenvolvidas, mas a maioria delas caía numa espécie de terra de ninguém literária: eram complexas demais para serem publicadas como um artigo curto de revista, mas não mereciam o tempo, a dedicação e a extensão de um livro de tamanho normal. Embora também fosse um leitor inveterado, nunca chegava a ler muitos dos livros que comprava e empilhava no criado-mudo: ler um livro significava se comprometer durante sete, oito ou dez dias, e ele simplesmente não tinha tempo para ler todos. Então se pôs a pensar: "Eu gostaria de uma história que pudesse assimilar mais rapidamente. Gostaria de uma experiência de leitura que correspondesse à experiência que tenho quando vou ao cinema. Gostaria de consumir uma história – com começo, meio e fim – numa sentada. Foi quando a semente do Byliner começou a germinar."

No entanto, a ideia era muito prematura: estávamos no final de 2006, começo de 2007, o Kindle ainda não tinha sido lançado e o iPad ainda levaria três anos para aparecer. Ainda não havia como fazer esse tipo de conto chegar até os leitores – os sistemas de busca e de distribuição simplesmente não existiam. John, então, deixou a ideia em suspenso enquanto se dedicava a outros assuntos. Em novembro de 2007 apareceu o Kindle, mas, como ele funciona em circuito fechado, não parecia a melhor opção. No início de 2010, quando surgiram as primeiras versões do iPad, John decidiu que aquele era o momento certo e começou a pensar num protótipo. Começou conversando com autores, amigos e investidores, garantiu o investimento inicial seguido de várias rodadas de investimento suplementar – atraindo um total de quase 11 milhões de dólares de investimento de capital de risco (CR). Um dos escritores com quem ele estava em contato disse que tinha um projeto que não se encaixava bem na sua editora de livros nem na sua editora de revistas, e que, na verdade, era perfeito para o tipo de coisa que existe entre as duas. Eles então reuniram o material e publicaram o título como seu primeiro livro, antes que a plataforma estivesse totalmente implantada. O título era *Three Cups of Deceit*, de Jon Krakauer – com 22 mil palavras, era um relato pormenorizado e vigoroso das distorções e mentiras literárias que permeiam a descrição de autotransformação e humanitarismo feita por Greg Mortenson em sua autobiografia de sucesso *A terceira xícara de chá*. O momento não poderia ter sido mais adequado: o livro digital foi publicado um dia depois de um documentário sobre Mortenson ter ido ao ar no programa *60 Minutos* da CBS, em 17 de abril de 2011, e ele podia ser baixado gratuitamente durante 72 horas. Nesses três primeiros dias, 75 mil cópias foram baixadas. Isso era muito mais do que John tinha esperado, e foi um bom prenúncio quanto ao futuro da Byliner. Com esse início auspicioso, parecia que o projeto da Byliner poderia virar um grande sucesso.

No ano seguinte, John e seus colegas se esforçaram bastante para aumentar a produção da Byliner e assegurar que os livros estivessem disponíveis nas distribuidoras de livros digitais mais importantes, especialmente Amazon, Apple, Barnes & Noble e Kobo; todas elas tinham criado seções especiais em suas livrarias destinadas a livros digitais curtos que podiam ser lidos de uma sentada. A Byliner desbravou o espaço do que John preferia chamar de *"singles* digitais" – livros curtos, entre 5 mil e 30 mil palavras, que podiam ser escritos e lidos rapidamente, publicados apenas em formato digital. Como John explicou, esse foi o conceito original do *single* digital: "Queríamos possibilitar que os autores publicassem um livro que levasse um ou dois meses para ficar pronto, e não um ou dois anos; e, como leitor, que ele não ficasse no criado-mudo mais que uma noite ou uma tarde". John utilizou o capital de risco investido para contratar uma equipe – começando com três pessoas, duas no editorial e operacional e uma responsável pela tecnologia; depois, à medida que publicavam outros livros, construíam a plataforma e começavam a trabalhar com marketing e outros assuntos, a equipe chegou a um total de vinte pessoas. O objetivo era publicar um livro por semana; entretanto, como esse objetivo se mostrou um pouco ambicioso demais, eles acabaram estabelecendo o padrão de um livro a cada dez dias ou duas semanas. Os autores ficavam com metade da receita líquida – isto é, depois de deixar 30% do preço de venda para a distribuidora. Eles também pagavam aos autores uma "taxa de cessão" (um termo que eles preferiam em vez de "adiantamento" – "procuramos não utilizar a nomenclatura da indústria editorial tradicional") que ia de 0 a 3-5.000 dólares; o máximo que eles pagaram foi 20 mil dólares, mas isso foi uma exceção. "Realizamos um excelente trabalho na conquista dos melhores autores e na publicação de livros importantes", disse John: "Acho que tivemos 32 *best-sellers* no primeiro ano". Entre os autores havia muitos escritores consagrados, como Margaret Atwood, Nick Hornby, Ann Patchett, Jodi Picoult, Chuck Palahniuk, Richard Russo e Amy Tan. Eles acabaram movimentando mais de 160 mil exemplares de *Three Cups of Deceit,* e vários títulos ultrapassaram essa marca.

Em 2011, o novo e inovador empreendimento da indústria editorial digital parecia ter um futuro brilhante, com tudo correndo a seu favor. Os *singles* digitais "são o formato da nossa época", sussurrou a repórter de tecnologia Laura Owen; eles "se adaptam perfeitamente ao fenômeno de ficar aconchegado com o iPad. São suficientemente longos para que você não consiga liquidá-los em dez minutos, mas a maioria pode ser lida em menos de uma hora".[3] Porém, três anos depois de ter sido lançada com um impressionante sucesso inicial, a Byliner estava em dificuldade. As vendas estavam paradas, as margens, encolhidas, e os gerentes procuravam um jeito de cortar custos. O sonho tinha chegado ao fim. O que dera errado?

Segundo John, dois fatores principais provocaram a ruína da Byliner. Por um lado, o mercado estava abarrotado de *singles* digitais. A forma que a Byliner tinha criado logo foi adotada por outros concorrentes, e a quantidade de *singles* digitais aumentou exponencialmente, embora grande parte dessa escalada na produção não mantivesse o mesmo nível de qualidade. "A relação sinal-ruído* se moveu na direção errada", e os consumidores pararam de frequentar as seções das distribuidoras de livros digitais que eram destinadas aos *singles* digitais. Por outro lado, os preços despencaram. A Byliner costumava precificar seus livros digitais entre 2,99 e 4,99 dólares, mas havia uma enorme pressão do mercado, e especialmente da Amazon, para derrubar o preço dos *singles* digitais para 99 centavos de dólar. "Quando a Amazon apareceu, ela estabeleceu limites rígidos de preço", explicou John. "Ele tinha de ficar entre 99 centavos e 4,99 dólares. Nós sempre quisemos deixar o preço próximo do limite superior, em parte para sinalizar qualidade, e também porque achávamos que os nossos autores não gostariam de ficar associados aos 99 centavos. Estávamos sempre brigando com a Amazon por causa disso." Mas era difícil resistir à pressão para reduzir os preços quando grande parte do que estava sendo publicado na categoria de *single* digital era vendido a 99 centavos. Com o mercado abarrotado, o declínio do consumo nas lojas de *singles* digitais e a forte pressão para baixar os preços, os números entraram no vermelho. "Era preciso vender muitas unidades por 99 centavos de dólar, e então, depois de abater os 30% da distribuidora, sobrava uma mixaria."

Logo ficou claro que a Byliner precisava encontrar outro modelo de receita – as transações individuais a 99 centavos de dólar, com 30% de taxa para as distribuidoras, simplesmente não iriam gerar receita suficiente

---

3 Owen, "Why 2012 Was the Year of the E-single", *Gigaom*, 24 dez. 2014, disponível em: <https://gigaom.com/2012/12/24/why-2012-was-the-year-of-the-e-single>.

* Conceito de engenharia elétrica que compara o nível de um sinal desejado (música, por exemplo) com o nível do ruído de fundo. (N. T.)

para viabilizar o negócio. Eles então começaram a fazer experiências com um modelo de assinatura por meio do qual os clientes teriam acesso a todo o conteúdo da empresa, através do *site* e de aplicativos móveis, por uma assinatura mensal no valor de 5,99 dólares. Porém, não conseguiram um número suficiente de assinantes para que a experiência funcionasse. Talvez fosse cedo demais para implantar um modelo de assinatura, talvez os consumidores ainda não estivessem acostumados a pagar por material de leitura daquela maneira – "Ainda não me convenci de que existe um modelo viável de negócio para aquele nível de assinaturas", refletiu John, "mas, se existe, ainda vai demorar dois, três ou quatro anos. E, assim, nós simplesmente quebramos."

A trajetória da Byliner não era atípica para uma *start-up* do Vale do Silício financiada com capital de risco. Como a maioria das *start-ups* desse tipo, ela ia atrás do crescimento para poder "tomar conta" da categoria. A lucratividade não era a principal preocupação nas primeiras fases, nem para os executivos da Byliner, nem para os seus patrocinadores financeiros. "Nós éramos o que eles chamam aqui de 'pré-receita'", disse John, com uma ponta de ironia. "Não havia uma grande pressão para obter lucratividade, contanto que estivéssemos crescendo." Os investidores de risco normalmente querem ver uma trajetória de crescimento que indique que a empresa vai acabar se tornando lucrativa ou vai ser comprada. Eles ficam de olho no "nível de despesas gerais" – "sabe, quanto você gasta e quanto entra por mês". A Byliner gerava uma receita de sete dígitos, "mas, para uma empresa financiada com capital de risco, essas cifras não são atraentes". Portanto, os financiadores esperavam que a Byliner fosse comprada. "E, se você aceita capital de risco, é porque está supondo que a sua venda vai ter de multiplicar o capital investido", prosseguiu John. Para os investidores em tecnologia do Vale do Silício, os multiplicadores podem chegar a 20, 50 ou 100 vezes o que eles aplicaram, embora esse tipo de multiplicador seja raro. Os investidores admitem que a maioria dos seus investimentos vai fracassar; eles esperam ter retorno em um de cada dez investimentos, e um deles tem de atingir um multiplicador que compense as perdas provenientes dos outros nove. Os capitalistas de risco que tinham investido na Byliner logo perceberam que não seriam capazes de sair do negócio com um multiplicador significativo; porém, esperavam, de todo modo, que seriam capazes de sair com alguma coisa – o que, no jargão do capital de risco, é chamado de aterrissagem suave.

No início de 2014, a Byliner estava passando por um momento crítico. Ela não estava gerando receita suficiente para sustentar um negócio viável com o nível de pessoal existente, e era improvável que conseguissem obter mais capital de risco em razão da sua trajetória de crescimento. Será que poderiam ter diminuído o nível de atividade, reduzido a equipe e as despesas operacionais e reestruturado o negócio, transformando-o numa pequena operação editorial especializada em *singles* digitais? É possível, talvez tivesse sido uma opção. Mas reduzir o nível de atividade e se transformar num negócio especializado não faz parte do roteiro de uma empresa financiada por capital de risco – essa é uma opção que não despertaria qualquer interesse em seus investidores. E o seu fundador também não se sentia atraído por ela. Como ele já tinha dedicado quatro anos da sua vida em busca daquele sonho específico e tinha investido tudo nele, a ideia de administrar o declínio do negócio não o atraía nem um pouco. Além disso, ele estava achando difícil segurar a equipe, principalmente os engenheiros de programação. "Esse é um ambiente de crescimento tão aquecido que, para qualquer pessoa com formação tecnológica existem muitas oportunidades melhores do que tentar ajudar uma editorazinha simpática e elegante a se manter de pé. É difícil atrair e manter os funcionários, e ser sincero com eles, porque eles almoçam com pessoas cujas empresas têm uma trajetória que, no espaço de alguns meses, não de alguns anos, salta do lançamento do produto à aquisição por outra empresa por 100 milhões de dólares." Os funcionários começaram a sair, e o próprio John se cansou. "Eu sou escritor, e fazia quatro anos que não escrevia nada. Vi-me à frente de uma empresa, indo todo dia para o escritório, mas sem me entusiasmar com o crescimento." Ele se afastou, trouxe alguém para dirigir a empresa e começou a fazer outras coisas. Em setembro de 2014 houve o anúncio de que a Byliner tinha sido vendida para a Vook, uma empresa com sede em Nova York que oferece serviços editoriais digitais a autores e organizações.[4] Não é exatamente a saída que John gostaria – "Adoraria que a equipe tivesse tido uma saída espetacular", confessou. Mas uma aterrissagem suave também não é motivo de vergonha.

A história da ascensão e queda da Byliner, que durou três anos, sugere que, embora possa existir um mercado para livros curtos publicados apenas no formato digital, esse mercado provavelmente não é robusto o bastante para sustentar uma operação editorial independente. A quantidade enorme de conteúdo que inunda o mercado e a pressão para reduzir o preço, criando uma categoria em que 99 centavos de dólar virou a norma, significam que é difícil gerar crescimento de receita e alcançar a lucratividade com base apenas na publicação de *singles* digitais. A Byliner conseguiu dar início ao

---

4 Posteriormente, em maio de 2015, a Vook mudou o nome para Pronoun, e foi adquirida pela Macmillan americana em maio de 2016.

desenvolvimento dos *singles* digitais com o apoio financeiro do capital de risco, mas nunca atingiu o tipo de crescimento ou uma escala que fosse relevante no universo do capital de risco do Vale do Silício, e nunca alcançou o tipo de lucratividade que permitiria que ela sobrevivesse como uma editora independente especializada, mesmo se houvesse essa possibilidade. Durante seu breve tempo de vida, ela publicou alguns livros extraordinários e de sucesso, mas o modelo era insustentável no longo prazo.

Mas talvez a Byliner tenha sido excessivamente conservadora. Talvez fosse preciso ter uma concepção mais radical do que era uma editora digital – não se limitando a fazer livros digitais mais curtos que os livros impressos tradicionais, mas fazendo experiências mais profundas com a própria forma do livro, criando livros digitais que incorporam as características de multimídia possíveis no meio digital. Talvez outro empreendimento com uma pauta mais radical tivesse uma chance maior de sucesso – ou não?

UMA EXPERIÊNCIA RADICAL

Em 2012, o empresário de mídia Barry Diller e o produtor cinematográfico Scott Rudin propuseram a Frances Coady, ex-editora da Vintage e da Picador, a criação de um novo tipo de empresa editorial. Barry era presidente do conselho de administração da InterActiveCorp (IAC), uma grande empresa de mídia digital com sede no bairro de Chelsea, em Nova York, no edifício projetado por Frank Gehry; ela possuía uma série de negócios baseados na internet, entre os quais *The Daily Beast* e o *site* de relacionamentos match.com, e estava em busca de novas ideias para ampliar sua presença no universo digital. Por que não tentar inventar um novo tipo de editora para a era digital? Começar do zero, encontrar alguém com muito talento que conheça muito de edição, investir um grande volume de dinheiro – digamos, 20 milhões de dólares – e ver o que acontece. Tentar imaginar como será o livro dentro de dez, vinte, trinta anos e criá-lo agora. Fazer experiências com o futuro. Estávamos em 2012, e a revolução digital estava a todo vapor. Os livros digitais estavam em ascensão e ninguém duvidava de que o futuro seria digital. E eis que surgiu uma oportunidade, lastreada com um financiamento adequado, de unir o velho mundo da indústria editorial ao novo mundo da tecnologia de ponta. Para alguém que adorava livros e tinha um gosto pela aventura, a oportunidade era irresistível – Frances não pôde recusar. Ela sugeriu a Barry e Scott que eles deveriam avaliar a hipótese de colaborar com The Atavist Magazine, uma *start-up* de internet com sede no Brooklyn que tinha criado uma plataforma para fazer experiências com novos tipos de contação de histórias num ambiente *on-line*. Era uma excelente plataforma, visualmente bonita, que permitia que as pessoas se envolvessem com as histórias de maneira criativa. Ela seria o parceiro ideal: Frances e seus colegas poderiam usar sua plataforma e tirar proveito da sua experiência técnica, e The Atavist Magazine, uma *start-up* em dificuldade, aceitaria com prazer uma injeção de dinheiro. Foi assim que, em setembro de 2012, nasceu a Atavist Books.

Tendo recebido carta branca, o plano de Frances era fazer as experiências mais radicais possíveis em publicação digital – "Quero, antes de tudo, fazer livros digitais bonitos". The Atavist Magazine tinha demonstrado o potencial estético do meio digital, e ela queria fazer algo semelhante com os livros digitais – transformá-los em algo bonito. Ela não queria simplesmente pegar um livro existente e "aperfeiçoá-lo" acrescentando alguns sinos e apitos – em vez disso, queria pensar no livro digital como um projeto digital e criar algo inteiramente novo, um livro digital com som e movimento, algo praticamente inexistente na época. Parecia muito evidente para Frances que esses livros, ou projetos, digitais deveriam ser curtos – em parte porque, naquela época, a Byliner já estava em plena atividade e seu gênero de livro digital parecia estar chamando a atenção, e em parte porque The Atavist Magazine estava trabalhando com uma forma similar, embora, nesse caso, ela considerasse as suas histórias "jornalismo aprofundado". Porém, à parte serem curtas, não havia nenhuma restrição: invente uma nova forma – se ainda vamos querer chamá-la de livro é irrelevante.

No entanto, Frances não queria apenas fazer livros bonitos: ela também queria trabalhar com livros impressos e fazer experiências com a relação entre impresso e digital – experiências com precificação, com *timing*, com o modo pelo qual o livro impresso se relaciona com o livro digital e com o formato do livro impresso propriamente dito. Em vez de imprimir uma edição em capa dura, por exemplo, fazer um teste com uma edição cara em brochura, com orelhas, e ver o que acontecia. Contudo, não tardou para que essa parte do projeto enfrentasse dificuldades. Frances queria contratar autores de primeira linha, e, por ter sido editora, ela sabia que isso significava conversar com os agentes e convencê-los a aceitar seu projeto. Foi o que ela fez, organizando apresentações para eles. Eles adoraram saber que os adiantamentos seriam competitivos – música para os ouvidos de qualquer agente. Adoraram os direitos autorais dos livros digitais, muito superiores aos 25% das receitas líquidas que estavam sendo pagos pela maioria das editoras tradicionais. Adoraram o envolvimento de Barry Diller e Scott Rudin e o considerável suporte financeiro da IAC. Mas, quando ela disse que queria publicar primeiro a versão digital e depois a impressa, a reação foi de espanto. Os agentes queriam inverter o sistema de janelas – impresso primeiro, digital depois. Frances lembrou-lhes que isso tinha sido tentado, sem sucesso; não obstante, a resistência foi grande e ela teve de abandonar imediatamente a ideia ("aquela ideia brilhante estava indo todinha pelo ralo"). Não foi nada simples adquirir os direitos de impressão – com certos autores foi possível, mas, com outros mais famosos, os agentes conservaram os direitos da edição impressa e os venderam às suas editoras tradicionais.

A Atavist Books publicou seu primeiro título em março de 2014 – um conto curto de Karen Russel de 110 páginas chamado *Doadores de sono*, somente em formato digital. Russell era uma escritora famosa cujo romance de estreia, *Swamplandia!*, fora publicado pela Knopf em 2011 e fizera parte da lista inicial de candidatos ao Orange Prize. Em *Doadores de sono*, ela conta a história de uma epidemia de insônia que assola os Estados Unidos e que só pode ser tratada por meio da coleta de "doações de sono" feitas por voluntários saudáveis; as doações são armazenadas num banco de sono e ministradas em forma de transfusão para os insones que correm o risco de morrer de insônia. O livro, cuja capa impressionante criada por Chip Kidd era sonora e tinha partes móveis, foi muito bem recebido, com resenhas elogiosas no *New York Times*, no *Los Angeles Time* e em outros lugares, e teve um bom desempenho, vendendo mais de 20 mil exemplares. Embora o sucesso do primeiro livro fosse um bom prenúncio para o novo empreendimento, os problemas não tardaram a surgir.

Apesar de *Doadores de sono* ser um sucesso de crítica e de público, ele era também um livro muito simples, com texto contínuo, e podia ser comprado na Amazon por 3,99 dólares e lido num Kindle. Tirando a capa interativa, não havia nada tecnicamente complexo, tampouco experimental, no livro digital enquanto tal. Assim que tentou fazer algo mais complexo, a Atavist Books se viu em dificuldades. Em maio de 2014, ela publicou *Twice Upon a Time: Listening to New York*, de Hari Kunzru, descrito como "uma experiência digital multicamadas única que combina um belo ensaio em prosa sobre os sons de Nova York com a música extraordinária de Moondog e gravações biauriculares da própria cidade". Em 2008, depois de se mudar de Londres para o East Village, em Nova York, o romancista britânico achou o barulho da rua tão opressivo que não conseguia dormir à noite. Em vez de tentar bloqueá-lo, resolveu escutá-lo. Ele perambulou pelas ruas com microfones biauriculares que amplificavam os sons enquanto ele os gravava. Além disso, redescobriu a música do artista de rua Moondog, também conhecido como Louis Hardin – um percussionista cego que se vestia de *viking* e que tocou na esquina da Sexta Avenida com a rua 53 ou 54 do final da década de 1940 até 1972 –, e combinou a sua música com as gravações biauriculares dos sons da rua, produzindo uma rica colagem de um livro digital em que a trilha sonora estava sincronizada com a experiência de leitura. Que era experimental, disso ninguém duvidava, o problema era a distribuição: como os leitores iriam ler aquele livro multimídia? Como nem a Amazon nem a Apple iriam hospedar um livro digital multimídia desse tipo, eles decidiram usar o aplicativo da Atavist para disponibilizá-lo. Quem quisesse ler o livro digital, antes tinha de baixar o aplicativo da Atavist, depois acessá-lo e só então é que podia comprar o livro digital e lê-lo no aplicativo. Era uma solução, só que uma solução incômoda. Eram etapas demais, obstáculos demais, e ninguém queria passar por isso – "se não dá para fazer com um simples clique, então, francamente, esqueça". Portanto, quanto mais sofisticado o projeto ficava, mais era difícil fazê-lo funcionar. A distribuição era excessivamente complicada e simplesmente não havia mercado para o produto.

Eles então se viram diante de um novo problema: despertar a atenção para os livros digitais. Quanto a isso, *Doadores de sono* não representava um problema: ele tinha recebido um grande número de resenhas – em parte porque o autor era muito conhecido, em parte devido à novidade de ser o primeiro livro digital de um famoso empreendimento editorial de natureza digital, e em parte porque a Atavist Books tinha gastado muito com a promoção, já que era uma oportunidade de promover o novo empreendimento e o livro ao mesmo tempo. Mas *Doadores de sono* acabou sendo a exceção, não a regra, e dali em diante as coisas ficaram muito mais difíceis. Sem uma edição impressa, os editores dos periódicos de crítica literária não queriam nem saber do livro. Só quando uma edição impressa foi lançada por uma editora consagrada como a Farrar, Straus and Giroux é que o livro recebeu uma cobertura crítica importante: "Quando o livro saiu no formato impresso, que nós editamos e aperfeiçoamos, ele recebeu críticas entusiásticas. Quando saiu no formato digital, as pessoas ou estavam completamente traumatizadas com ele, ou perplexas diante dele, ou ele não recebeu nenhuma crítica porque ninguém sabia do que se tratava". Além disso, como não havia uma edição impressa nas livrarias, foi difícil fazer que as pessoas até percebessem que o livro existia. A Atavist fez um grande esforço de divulgação desses livros – "nós nos superamos, fizemos tudo que você possa imaginar, Facebook, isso, aquilo e mais aquilo", explicou Frances. "Mas a combinação de frases como 'ele não está na livraria, as fontes em quem eu confio não falam dele, não o encontro em lugar nenhum e agora tenho de ir até um aplicativo – você está brincando? E eu vou fazer tudo isso por algo que eu nem sei o que é?'"

Em setembro de 2014, estava ficando claro para Frances que aquela maravilhosa aventura em publicação digital não estava indo a lugar nenhum. A ideia brilhante de produzir belos livros digitais que não fossem apenas réplicas do texto impresso, mas projetos digitais *sui generis*, estava morrendo na praia em razão da falta de cobertura da crítica e dos sistemas de distribuição excessivamente complexos. Como evitar o desastre? Surgiram duas possibilidades. Uma era desistir da ideia de fazer livros digitais multimídia com uma grande quantidade de material audiovisual e fazer *singles* digitais simples que pudessem ser comprados na Amazon e lidos no Kindle, como *Doadores de sono*. Mas isso dificilmente era compatível com a ideia original que estava por trás da Atavist Books, que era fazer experiências mais radicais e criativas com publicação digital. Além disso, nessa época a Byliner estava enfrentando dificuldades, e o modelo de *single* digital que eles tinham desenvolvido "estava deixando de ser assim tão maravilhoso". Para além do destino da Byliner, Frances tinha chegado sozinha à conclusão de que os *singles* digitais, que inicialmente pareciam o caminho adequado a ser trilhado, não iriam produzir receita suficiente que permitisse pagar os autores e gerar crescimento: "examinei minuciosamente a ideia do *single* digital e, como modelo de negócio, ele não funciona. É muito difícil crescer. As pessoas acham que os livrinhos que a gente faz não valem nada".

A outra possibilidade era incrementar o lado impresso do negócio. Pelo menos com o impresso, sabia-se que era possível conseguir cobertura da crítica e uma distribuição adequada, e já existia um modelo de receita testado e analisado que permitiria consolidar a empresa enquanto se tentava imaginar o que era preciso fazer para que as experiências digitais funcionassem. Nesse estágio, eles já tinham alguns livros impressos sob contrato, e podiam acrescentar outros. Essa poderia ter sido uma maneira sensata de seguir adiante, se a IAC não estivesse envolvida no negócio. A IAC era uma empresa digital, proprietária de *The Daily Beast* e de uma série de outras empresas baseadas na internet: por que ela iria querer comprometer recursos em armazenagem e estoque? Essa estratégia de negócios não teria feito nenhum sentido para a IAC, nem teria favorecido, obviamente, o objetivo inicial do investimento na Atavist Books, que era fazer experiências com publicação digital.

Assim, seis meses depois da publicação do primeiro livro, ficou claro que a Atavist Books tinha chegado a um beco sem saída. Não havia nenhuma perspectiva, no curto prazo, de que os livros digitais elaborados fossem dar certo, os *singles* digitais não geravam receita suficiente para se viabilizarem sozinhos e não fazia sentido para a IAC incrementar o lado impresso do negócio. Tinha chegado a hora de jogar a toalha. Em outubro de 2014, a Atavist Books comunicou que iria fechar as portas no final do ano. Os autores cujos livros ainda não tinham sido publicados foram encaminhados para outras editoras. No total, a Atavist Books publicou meia dúzia de livros digitais, incluindo alguns muito criativos e bonitos, mas essa experiência ousada de publicação digital chegou ao fim pouco depois de começar.

O fracasso da Byliner e da Atavist Books mostra como é difícil criar algo novo nos espaços editoriais abertos pela revolução digital. O meio digital possibilita novas formas de criar textos e de se envolver com eles, novas formas de criar "livros" – o que quer que eles sejam –, e tanto a Byliner como a Atavist Books foram tentativas ousadas de fazer experiências nesse espaço. Mas sua vida breve comprova a dificuldade de criar algo que seja novo e sustentável – isto é, que tenha um apoio suficiente, institucional e financeiro, que lhe permita sobreviver para além do alvoroço inicial que acolhe a invenção do novo. Elas criaram novas formas, mas que eram insustentáveis – formas sem um modelo de negócio viável e sem um público suficientemente amplo para que funcionassem.

É claro que isso não significa que as novas formas testadas pela Byliner e pela Atavist Books não tenham um valor duradouro e não tenham nenhum papel a desempenhar numa programação editorial diversificada e num contexto híbrido do digital e do impresso. Pelo contrário, como a experiência de Tom na Mansion House demonstrou, curtas-metragens unicamente digitais podem funcionar bem para diversos objetivos – por exemplo, como um tipo de "monetização de marketing" dos novos livros dos autores conhecidos. Nesse caso, porém, os curtas digitais dependem das estruturas e dos formatos preexistentes do universo editorial: eles são um formato editorial novo e inovador que as editoras existentes podem utilizar para criar outras fontes de receita e para gerar demanda por novos livros dos autores de sucesso. Vistos dessa maneira, os curtas digitais não chegam a ser uma reinvenção radical daquilo que "o livro" é, e sim um formato que favorece e sustenta os formatos mais tradicionais, servindo como uma espécie de prévia que agrada aos fãs atuais e promove um futuro lançamento. A experiência da Atavist Books também mostrou como é difícil – pelo menos no contexto atual – fazer livros digitais inovadores quando não se dispõe da versão impressa. Além disso, a Atavist Books não foi o único empreendimento editorial novo a descobrir a necessidade de reinventar a roda e desenvolver um negócio impresso se quisesse manter a programação editorial digital.[5]

No entanto, alguém poderia dizer, talvez, que a Atavist Books sofria de um problema técnico específico: os livros digitais elaborados que ela criava exigiam que o leitor baixasse e acessasse outro aplicativo – o aplicativo Atavist – para comprar e ler o livro digital, mas essa estrutura escalonada era excessivamente complicada e desagradável para o usuário. Na era do iPad, por que não criar simplesmente o próprio livro como um aplicativo que pode ser adquirido e baixado diretamente na App Store – é claro que isso seria muito mais simples. Será que isso não representaria uma possibilidade maior de sucesso?

LIVROS DIGITAIS COMO APLICATIVOS

Na Mansion House, Tom fez muitas experiências relacionadas ao desenvolvimento de aplicativos, tanto ali como na pequena editora independente de vanguarda na qual trabalhara anteriormente. Ele seguiu mais ou menos os mesmos procedimentos nas duas editoras: apresentava uma ideia para um aplicativo, dele mesmo ou fruto de uma discussão com um dos editores, dava uma geral no projeto e depois o oferecia a uma agência ou a uma desenvolvedora de aplicativos. Tom criou um bom relacionamento com a "Birch Tree", uma pequena desenvolvedora a quem ele entregou grande

---

5 Outro exemplo é a Restless Books, com sede no Brooklyn. Fundada em 2013 por Ilan Stavans, um professor de ciências humanas e de cultura latino-americana no Amherst College, a Restless Books começou a traduzir livros do México e de outros lugares e a publicá-los em inglês; ela foi inicialmente financiada por um simpático benfeitor, mas a sua ambição era se tornar um negócio permanente e autossustentável. Na época, ser uma editora apenas de livros digitais parecia uma boa ideia – "é barato e fácil. Você não precisa de gráfica nem de distribuidora, você simplesmente começa a publicar livros digitais", explicou um dos funcionários. Mas eles logo descobriram que era muito difícil ser uma editora unicamente de livros digitais. Começaram com cinco ou seis livros em outubro de 2013, mas os livros não deram em nada – ninguém tomou conhecimento deles, eles não estavam nas livrarias e não receberam nenhuma atenção da crítica. As vendas foram ridiculamente baixas – dezenas de unidades, não centenas e muito menos milhares: "Os livros estavam basicamente sumindo no espaço". Transcorridos seis meses da publicação dos primeiros livros, eles perceberam que tinham de mudar de rumo e passar a publicar livros impressos. "A missão inicial da Restless era ser inovadora, moderna e estimulante, considerando os modos de transmissão digital de informações como uma maneira de superar fronteiras e limites, e isso ainda é verdade. Curiosamente, porém, para sermos inovadores tivemos de voltar no tempo. Tivemos de nos transformar numa editora de livros impressos." Ao contrário da Atavist Books, a Restless sobreviveu, e, em 2015, o setor impresso era responsável por cerca de 90% das vendas.

parte do seu trabalho de criação. A Birch Tree é um pequeno negócio: dois sujeitos com trinta e poucos anos, programadores autodidatas que trabalharam brevemente numa empresa de games, se desiludiram, saíram, se estabeleceram por conta própria e agora trabalham em casa. Certo dia, do nada, um deles recebeu um telefonema: era alguém de uma editora que queria saber se ele estaria interessado em desenvolver um aplicativo com um cientista. Estávamos em 2010, logo depois do lançamento do iPad. Como eles tinham feito um bocado de coisas ligadas ao iOS,* sabiam que conseguiriam construir um aplicativo – ele respondeu que sim, estava interessado. "Quando ele me perguntou quanto aquilo iria custar, falei a primeira cifra que me veio à cabeça: 20 mil libras. Ele disse, tudo bem, me parece razoável." Então o negócio foi feito. Tom, o editor em questão, na época trabalhava em uma pequena editora independente, e o aplicativo era para uma publicação exclusivamente digital de um jovem cientista americano sobre o futuro da internet. O texto não estava pronto – ele escreveu o texto enquanto o aplicativo estava sendo desenvolvido. A dupla da Birch Tree levou cerca de dois meses para produzir o aplicativo. Eles construíram uma interface navegável não linear exclusiva e aumentaram o texto do autor com modelos 3D, vídeos, imagens e outros conteúdos retirados da internet. Ele foi disponibilizado na App Store por 4,99 libras. Tom ficou satisfeito com a forma como o aplicativo foi publicado e era só elogios para os dois caras da Birch Tree ("eles são brilhantes pra caramba"), mas tinha de admitir que as vendas eram decepcionantes – "não passaram de mil cópias". Com custos de desenvolvimento de 20 mil libras e receita, depois de descontar a comissão da Apple, de menos de 4 mil libras, o prejuízo era grande – e isso sem levar em conta qualquer taxa nem o pagamento de direitos autorais.

Mas nem sempre é assim. Tom descreveu outro aplicativo que ele fez, dessa vez para um dos selos comerciais da Mansion House. O autor era um cientista famoso que tinha escrito muitos livros de divulgação científica. Com um grande número de ilustrações, seu novo livro pretendia mostrar aos jovens como a ciência pode explicar os fenômenos naturais. Tom e os colegas do departamento editorial da Mansion House tiveram a ideia de fazer um aplicativo que pudesse ser lançado junto com a publicação do livro. Eles ofereceram o projeto para diversas agências e desenvolvedoras, e as que demonstraram interesse apresentaram suas soluções. Tom e os colegas optaram pela agência "Phantom", que trabalhava com diversas plataformas

---

* Sistema operacional móvel da Apple desenvolvido originalmente para o iPhone, o iPad Touch e o iPad. (N. T.)

e setores e que tinha uma equipe interna de desenvolvedores. Eles disseram à Phantom que dispunham de uma quantia fixa para o projeto, 40 mil libras, e que precisavam que o aplicativo estivesse pronto na data de lançamento do livro. A quantia era muito menor do que a Phantom precisaria para desenvolver o tipo de aplicativo que eles tinham em mente – normalmente teria pedido o dobro. Porém, como o pessoal da agência gostou do projeto e percebeu que uma colaboração estreita com editoras poderia ser vantajosa, estava disposto a flexibilizar as condições. Chegaram a um acordo no qual a editora entrava com 40 mil libras para cobrir os custos de produção, e a agência tinha uma participação na receita. A Phantom tinha três meses para entregar o produto. Ela pôs cinco pessoas em tempo integral no projeto e, sempre que necessário, recorreu a especialistas e *freelancers*. Usaram o texto do livro e o complementaram com ilustrações, animações, audioclipes e videoclipes do autor especialmente criados, além de diversas atividades e jogos interativos. O principal desafio tecnológico da Phantom foi descobrir uma forma de vincular grandes volumes de texto a uma única imagem – foi usado todo o texto do livro no aplicativo, não uma versão condensada. Em um livro em grande formato, é possível encaixar uma grande quantidade de texto ao redor de uma única ilustração, mas não dá para fazer isso na tela de um *tablet* no modo paisagem. A solução encontrada pela Phantom foi desenvolver camadas diferentes de conteúdo para que as imagens e o texto se movessem em velocidades diferentes quando se tocava na tela. Essa técnica foi tomada emprestada da programação visual dos games, em que ela é usada para criar a ilusão de profundidade – por exemplo, as nuvens em segundo plano se movem devagar, enquanto os objetos em primeiro plano se movem rapidamente, dando a ilusão de profundidade. Mas, como nenhum dos desenvolvedores tinha feito isso antes, tiveram de criar processos ao mesmo tempo que desenvolviam o aplicativo, retomando, e corrigindo o que não funcionava. Apesar dos desafios, eles cumpriram o prazo, e o aplicativo foi lançado uma semana depois da publicação da edição em capa dura, em setembro de 2011, disponível na App Store por 9,99 libras e 13,99 dólares.

Esse deu certo. "Ele seguiu um tipo de curva de aplicativo muito tradicional", explicou Steve, gerente de projetos da Phantom. "Uma subida acentuada no começo, seguida de vendas contínuas no formato de uma longa cauda. Portanto, vendemos 15 mil, 20 mil nos dois primeiros meses, e depois uma quantidade semelhante durante os dois anos seguintes." No total, o aplicativo vendeu cerca de 35 mil cópias, metade delas na América do Norte, um quarto no Reino Unido e um quarto no resto do mundo. "Todos os participantes ganharam dinheiro, o que foi uma enorme surpresa", acrescentou Steve. É fácil perceber por que Steve disse isso – basta fazer as contas. Depois de deduzir os 30% de comissão da Apple, a receita líquida ficou em torno de 230 mil libras, ou 360 mil dólares. Com os custos de produção fixados em 40 mil libras, o aplicativo foi um estrondoso sucesso comercial. O que explica esse sucesso?

A resposta de Steve é típica de um engenheiro de programação que estava concentrado na experiência do usuário:

> Naquela época, havia uma grande quantidade de aplicativos que faziam coisas porque podiam, não porque deviam. O processo de escolher um livro e mergulhar nele estava ausente desses aplicativos. Eles tinham um monte de "momentos que exigiam atenção" – aperte aqui, clique ali. Um dos nossos fios condutores foi que quando você escolhe um livro e começa a ler, a interface desaparece – você simplesmente mergulha no conteúdo. Portanto, queríamos aplicar isso ao livro digital, e penso que o fizemos de uma forma inteligente. Senti que conseguimos combinar animação descontraída com conteúdo textual e realizar um trabalho científico sério que continuava sendo uma experiência de leitura de um livro. Não era um game e não era realmente um aplicativo: era um livro.

Embora a explicação de Steve tenha certamente um quê de verdade, o *design* técnico requintado e a interface agradável do aplicativo são apenas parte da história. Com quase toda a certeza, é possível atribuir boa parte do sucesso do aplicativo a fatores que estão relacionados mais diretamente a aspectos tradicionais da publicação de interesse geral: lançamento do aplicativo coincidindo com a publicação da edição impressa do livro; um orçamento de marketing generoso, tanto para o livro como para o aplicativo, e uma campanha promocional arrojada feita pela editora; e um autor de destaque internacional com um longo histórico de sucesso com livros de interesse geral. Embora o aplicativo fosse um produto extremamente inovador, baseado no livro, mas que foi muito além do livro impresso, seu êxito podia ser atribuído, em parte, às estruturas e aos processos tradicionais da indústria editorial – se deixássemos de lado essas estruturas e processos, e o lançássemos como um aplicativo independente sem a publicação simultânea do livro, sem o orçamento de marketing e sem a campanha promocional acoplada a ele, talvez o seu desempenho não tivesse sido tão impressionante.

Como esses dois exemplos demonstram, grande parte da atividade nessa área pode ser descrita como publicação híbrida – isto é, uma editora tradicional de interesse geral, seja ela uma editora independente de vanguarda,

AS GUERRAS DO LIVRO

uma grande corporação ou algo intermediário, testa formas alternativas de publicação encomendando o desenvolvimento de um aplicativo que deve ser lançado como um produto independente ou como um livro digital em que o texto extraído do livro impresso é retrabalhado, aperfeiçoado e/ou completado de diversas maneiras. Nesse tipo de publicação híbrida, a inovação depende muito das editoras de livros tradicionais que procuram fazer experiências com o formato digital, explorar novas possibilidades e testar o mercado para ver se a aceitação justifica o aumento de investimento. Os desenvolvedores de aplicativos podem desempenhar um papel crucial na conceitualização do modo como o aplicativo é construído – como eles sabem o que pode ser feito do ponto de vista técnico, podem levar suas ideias à editora. Porém, no final das contas, quem toma a iniciativa nesses casos é a editora, que está financiando o desenvolvimento do aplicativo e pagando os desenvolvedores, seja por meio de uma taxa fixa ou de participação na receita (ou, em alguns casos, uma mescla das duas). Sem a iniciativa da editora e a sua disposição de investir nesses experimentos, as formas híbridas de publicação não existiriam.

Portanto, será que vale a pena do ponto de vista da editora? De um ponto de vista estritamente financeiro, não há dúvida de que a experiência da maioria das editoras tem sido ambivalente. Têm havido alguns êxitos extraordinários, como esse que acabamos de relatar – e alguns aplicativos se saíram ainda melhor, chegando a vender 100, 200 mil cópias, ou mais. Mas, para todo sucesso desse tipo, existem inúmeros aplicativos cujas vendas decepcionaram. Não são raros os exemplos em que as vendas não ultrapassam a casa das centenas ou alguns milhares de cópias. Considerando as vendas fracas e a pressão para diminuir os preços, muitos funcionários de editoras questionaram a lógica desse tipo de desenvolvimento de aplicativos e de livros aperfeiçoados, especialmente quando se tratava de pegar um texto narrativo preexistente e acrescentar diferentes tipos de complementos digitais. Evan Schnittman, então diretor comercial da Bloomsbury, resumiu as restrições de muitas pessoas ao afirmar na Conferência Digital da Feira do Livro de Londres, em 2011: "A ideia de inovar o processo de leitura narrativo imersivo simplesmente não tem futuro".[6] Schnittman pode ter razão quando se trata de um texto unicamente narrativo: em muitos casos, não fica clara a vantagem de pegar um texto preexistente, acrescentar vários

---

6 Schnittman, Conferência Digital da Feira do Livro de Londres, disponível em: <www.youtube.com/watch?v=fiUapEUGRhY>.

tipos de complementos digitais sonoros e tentar transformá-lo em outra coisa num meio digital. Mas existem outras categorias de livro, como os livros de culinária, de viagens e infantis, em que pode haver diversos tipos de possibilidade de inovação digital. Além disso, não é preciso pegar um texto narrativo preexistente como ponto de partida. Por que não deixar de lado nossa ideia de livro, começar do zero e ver o que acontece?

A REINVENÇÃO DO LIVRO-APLICATIVO

A sede da Touch Press ficava num predinho de dois andares em Warple Mews, uma rua sem saída num antigo bairro industrial na região oeste de Londres. Hoje não se escuta mais o barulho das fábricas, e muitos dos prédios foram transformados em espaços comerciais para pequenas empresas e diferentes tipos de *start-up*. A Touch Press ocupava duas unidades em Warple Mews – uma pertencia a eles e a outra eles tinham alugado e fizeram um buraco na parede para ligar as unidades. Era um espaço compacto, para trinta funcionários. Quase sem nenhuma divisória, havia fileiras de escrivaninhas com programadores trabalhando em seus Macs e, na extremidade de uma das salas, um espaço para reuniões com uma grande mesa oval e uma ampla claraboia, isolado do resto da sala por um biombo e uma porta de vidro. A Touch Press ganhara fama como desenvolvedora de aplicativos de vanguarda – o Rolls-Royce do universo dos aplicativos. Mas seus proprietários não se consideravam desenvolvedores de aplicativos, e sim editores, e consideravam que faziam livros. "Se você diz 'desenvolvedora de aplicativos' para alguém, a pessoa vai pensar numa empresa exclusivamente técnica que é contratada por uma editora para transformar um livro num aplicativo, e, obviamente, esse não é o nosso negócio", explicou Max Whitby, um dos fundadores da empresa. Ele prosseguiu:

> Estamos tentando criar algo que seja independente. Penso também que muito daquilo que está associado ao fato de pensar em si mesmo como um editor de livros é decisivo para o sucesso do que fazemos. Queremos que o autor seja ouvido, e oferecemos a ele um meio de se expressar; preocupamo-nos em escolher a tipologia adequada, em fazer que as palavras sejam escritas corretamente e respeitem as regras gramaticais, além de verificarmos as informações – tudo que um editor faz. Também fazemos o papel de filtro – selecionamos, decidimos, estamos envolvidos com as questões culturais e escolhemos coisas que vão causar impacto.

Como muitas *start-ups*, a Touch Press nasceu de uma convergência acidental de circunstâncias. Max Whitby, ex-produtor de televisão da BBC, e Theo Gray, engenheiro de programação e escritor, formado em química, que mora a duas horas ao sul de Chicago, casualmente passaram a compartilhar o interesse pela Periodic Table [Tabela Periódica], um passatempo para ambos. Começaram a fazer lances pelas mesmas amostras de elementos no eBay, perdendo e ganhando alternadamente, até que resolveram que estava na hora de se conhecerem, o que aconteceu em 2002. Tornaram-se amigos – na verdade, colaboradores –, e fundaram uma pequena empresa baseada no interesse de ambos pelos elementos – "uma espécie de império da Tabela Periódica". Aconteceu então de Theo estar trabalhando, à época, numa empresa de programação que tinha sido contratada pela Apple para fornecer parte dos programas do iPad. Embora o iPad ainda estivesse em desenvolvimento, Theo e Max perceberam imediatamente a oportunidade de fazer algo de novo com o imenso volume de material que tinham reunido sobre a Tabela Periódica. Enquanto preparava um livro que queria publicar sobre os elementos, Theo tinha fotografado cada elemento numa plataforma giratória, para obter uma série de imagens em 360°. Subitamente, ele se deu conta de que poderia usar o programa que estavam fornecendo para o iPad – um programa técnico chamado Mathematica que Theo ajudara a criar – para combinar essas fotos de uma forma que permitisse "girar" o objeto com um leve toque do dedo no iPad. É uma experiência única. É difícil imaginar como é até que se experimente, e a primeira vez que você move o dedo e faz um objeto girar 360° é fascinante. Se você move o dedo mais depressa, o objeto gira mais depressa, se você toca, ele para de girar. Nunca se poderia imaginar que uma tela plana produziria um efeito tridimensional tão atraente e dinâmico.

Então eles se viram diante de um grande desafio: será que conseguiriam construir um aplicativo dos elementos em apenas sessenta dias, para que pudesse ser lançado em abril de 2010, junto com o primeiro iPad? Usando o Mathematica, precisariam apresentar um algoritmo que dissesse ao programa como combinar e redimensionar as fotografias para produzir o efeito de rotação, como posicionar os objetos giratórios na página e como associar os objetos ao texto e às legendas. Também precisavam convencer a Apple de que estavam produzindo algo novo, não apenas um fragmento de texto imóvel numa tela. Sabiam que uma das perguntas que seriam feitas a respeito do iPad era: como ele se compara ao Kindle? Caso se considerasse o iPad um leitor de livros digitais, então a comparação não lhe seria muito favorável: sua bateria duraria horas, não semanas, ele não permitiria a leitura à luz do dia e custaria muito mais caro. Se a definição de livro digital é "aquele que contém fragmentos imóveis de texto para serem lidos numa tela", então o Kindle é um leitor de livros melhor que o iPad. Portanto, sugeriram à Apple que aproveitasse a oportunidade para pensar numa nova definição de livro digital. "Suponhamos que se mude a conversa a respeito do futuro do livro – aí é possível se dar bem", eles disseram. "Suponhamos que se consiga convencer as pessoas de que, claro, o Kindle tem um milhão de livros, mas quem se importa? – são todos livros velhos. Observe esta coisa incrível – é isso que o livro digital vai ser. E existe meia dúzia de motivos pelos quais ele não roda no Kindle – a tela é uma merda, o processador está muito aquém do necessário, tem pouca memória, e assim por diante. Existem inúmeros motivos pelos quais o futuro do livro digital não pode existir num Kindle. Esqueça o presente, olhe para o futuro brilhante." A Apple se convenceu. "Os elementos" ficou pronto a tempo e o aplicativo passou a fazer parte das duas dezenas de aplicativos instalados no pequeno lote de iPads bloqueados que foram enviados para os jornalistas, alguns dias antes do lançamento público do iPad. Os críticos reagiram eufóricos. Stephen Fry tuitou: "O melhor aplicativo de todos… Tudo é cheio de vida e deslumbrante. Só ele já vale o iPad".

A publicidade foi excepcional e o aplicativo decolou – foram vendidas 3.600 cópias no primeiro dia, pelo preço de 13,99 dólares ou 9,99 libras. Ele chegou a vender mais de um milhão de cópias, e foi lançado em catorze versões diferentes, entre as quais a japonesa, a francesa e a alemã, gerando mais de 3 milhões de dólares de receita líquida. Na verdade, Theo tinha publicado um livro chamado *The Elements* em setembro de 2009 na Black Dog & Leventhal, uma pequena editora de interesse geral de Nova York. Ele tinha sido traduzido em vários idiomas e vendera, no total, cerca de 70 mil exemplares, antes do lançamento do aplicativo. Quando o aplicativo apareceu, as vendas do livro impresso explodiram. Em 2012, mais de 580 mil exemplares da edição impressa tinham sido vendidos em todos os idiomas. Foi um sucesso impressionante, tanto do aplicativo como do livro.

O sucesso de "Os elementos" foi a base sobre a qual a Touch Press foi fundada. A empresa foi formalizada alguns meses depois do lançamento de "Os elementos", e os sócios angariaram cerca de meio milhão de dólares, uma parte aportada por dois investidores anjos, para pôr a empresa de pé. Eles se consideravam pioneiros de um novo tipo de publicação: o livro-aplicativo. Segundo eles, três tipos de empresa estavam fazendo experiências com esse meio: empresas editoriais tradicionais, empresas tradicionais de mídia especializadas em vídeo e TV, e empresas de videogames. Embora cada uma delas tivesse uma contribuição a dar, só conheciam parte do que era essencial para que o novo meio funcionasse. As empresas editoriais tradicionais compreendiam a importância da contação de histórias e dos autores, mas lhes faltavam a competência na área de vídeo e as habilidades técnicas para desenvolver o livro-aplicativo – logo, elas geralmente tinham de terceirizar esse desenvolvimento para firmas especializadas. As empresas cinematográficas e de televisão entendiam de talento, de contação de histórias e de mídia visual, mas também lhes faltava a experiência com programação para desenvolver aplicativos adequados. Por outro lado, as empresas de jogos dispõem de habilidades técnicas para produzir uma experiência de videogame interativa agradável, mas não compreendem a contação de histórias nem o valor dos autores. Portanto, foi isso que a Touch Press se dispôs a fazer: reunir esses três conjuntos de habilidades de um modo que nenhum dos outros três tipos de empresa conseguira fazer.

Um elemento fundamental era compreender que o engenheiro de programação tem de estar no mesmo nível das outras partes envolvidas no desenvolvimento do aplicativo: "Não se contrata o engenheiro depois de ter decidido o que fazer: o engenheiro faz parte do processo de decisão". O conjunto de diretores incluía o engenheiro John Cromie, que se juntara à equipe em 2010 para ajudar a construir "Os elementos" em sessenta dias e que se tornara diretor técnico. Ele administrava a equipe técnica e participava de todas as decisões importantes relacionadas à aceitação de novos projetos. Depois que o conjunto de diretores decidia embarcar num novo projeto, o planejamento e o desenvolvimento do livro-aplicativo ocorria durante reuniões de desenvolvimento nas quais o diretor técnico e alguns programadores estavam presentes. Havia uma grande tela na parede, e os engenheiros ao redor da mesa ligavam seus *laptops* para poderem manipular imagens e textos na tela enquanto conversavam a respeito do que fazer. Eram mostrados exemplos de páginas, exploravam-se opções, discutiam-se restrições técnicas, analisavam-se custos e se tomavam decisões sobre o que era e o que não era possível fazer. Era um processo criativo no qual as informações técnicas dos engenheiros de programação eram incorporadas à medida que o livro era escrito, configurando o modo em que o texto era desenvolvido e como ele era associado aos elementos visuais e sonoros do aplicativo.

Embora a Touch Press dominasse os aspectos técnicos e o conhecimento de audiovisual (em razão do histórico de Max na televisão), ela não tinha tanta experiência com o lado editorial. Nenhum de seus dirigentes tinha experiência em publicação de livros, e embora Theo fosse um autor de sucesso, seu conhecimento do processo editorial se baseava nas negociações, feitas a distância, com uma pequena editora de interesse geral de Nova York. A visão editorial era o elemento mais fraco do seu conjunto de habilidades. Além disso, tirando "Os elementos", faltava-lhes o tipo de respeitabilidade intelectual que uma editora consagrada tinha, e também lhes faltava a experiência no trato com autores e agentes. Não surpreende, portanto, que logo passassem a colaborar com editoras e organizações criativas como uma forma de desenvolver novos projetos. Às vezes, as editoras vinham até eles; em outros casos, a Touch Press tinha uma ideia e ia atrás de organizações com as quais pudesse se associar. "Quase todos os projetos que realizamos desde 'Os elementos' foi em parceria com um detentor de propriedade intelectual cuidadosamente selecionado, com experiência, e muitas vezes proprietário de marcas com um departamento de marketing", observou Max; "consideramos que as parcerias são a forma de publicação do século XXI." Entre os seus parceiros encontram-se editoras tradicionais como Faber, HarperCollins, Egmont, Barefoot Books e University of Chicago Press; produtoras de TV como a Wide-Eyed Entertainment, a equipe por trás da série de TV da BBC *Walking with Dinosaurs*; sociedades de música clássica, entre as quais a Philharmonia – orquestra com sede em Londres – e a Deutsche Grammophon; e grandes corporações de mídia, particularmente os Estúdios de Animação Walt Disney. Em cada caso, foi feita uma divisão de lucros que implicou a divisão da receita líquida (depois de deduzir os 30% de comissão da Apple) entre a Touch Press, como desenvolvedora do aplicativo, a editora ou outro parceiro, que normalmente controlava a propriedade intelectual, o autor e a parte (ou partes) que investiu o capital para produzir o aplicativo. Assim, por exemplo, uma divisão típica poderia ser: 50% das receitas líquidas para a Touch Press, o parceiro e o autor, e 50% para os investidores; e, entre a Touch Press, o parceiro e o autor, a Touch Press poderia ficar com 50% e o parceiro e o autor com os outros 50%; ou 50% para a Touch Press, 30% para o parceiro e 20% para o autor. Se a Touch Press ou o parceiro entrasse com todo ou com parte do capital investido, então a sua porcentagem das receitas líquidas aumentaria proporcionalmente.

Entre as editoras, a parceria da Touch Press com a Faber se mostrou particularmente fecunda, resultando numa série de livros-aplicativos que atraíram muita atenção, começando com "Sistema solar", lançado em dezembro de 2010, seguido de "A terra devastada", de T. S. Eliot, lançado em junho de 2011, e dos "Sonetos", de Shakespeare, lançado em junho de 2012. "A terra devastada" pegou o emblemático poema de Eliot – a joia da coroa do catálogo da Faber – e lhe deu vida de uma forma simplesmente impossível no meio impresso, permitindo que o leitor, além de ler o poema, também *ouvisse* a sua leitura (em nada menos que sete versões, duas pelo próprio Eliot) e a *assistisse* num desempenho extraordinário e fascinante de Fiona Shaw, filmado especificamente para o aplicativo. O extenso aparato crítico que atrapalhava a versão impressa do poema é convenientemente relegado a um painel lateral que pode ser ligado ou desligado com um simples toque na tela, enquanto o leitor ouve e assiste a diversas pessoas, de poetas a cantores pop, falar sobre "A terra devastada" e o significado que ele tem para elas. O resultado é que um poema que tinha existido por noventa anos impresso em papel foi reconstruído em um novo meio, permitindo que o leitor o vivenciasse de um modo único e inédito, combinando a leitura com a escuta do texto e com a visualização da leitura e da discussão do poema. O aplicativo foi um sucesso inesperado: ele ficou em primeiro lugar entre todos os aplicativos de livro do mundo, vendendo cerca de 20 mil cópias no primeiro ano. Também foi sucesso de crítica, e as resenhas vieram carregadas de elogios. "Quando comecei a usar o aplicativo 'A terra devastada'", elogiou um professor de literatura, "imediatamente compreendi por que tanta gente o estava comprando. Embora apresentasse o mesmo poema, ele o fazia de um ponto de vista muito diferente... A proeza admirável do aplicativo 'A terra devastada', como acabei reconhecendo, é ter resgatado um poema vibrante e dinâmico de um meio impresso que o mantivera enterrado e escondido durante quase um século."[7]

Enquanto "A terra devastada" implicou a reformulação, em um meio digital, de um poema que existia anteriormente na forma impressa, muitos dos aplicativos produzidos pela Touch Press são criações digitais *sui generis* – isto é, elas não existiam anteriormente na forma impressa, tendo sido criadas especificamente para o iPad. Os aplicativos de música que a empresa fez são um bom exemplo disso. Produzido em parceria com a Philharmonia Orchestra, sediada em Londres, e The Music Sales Group, "A orquestra" foi lançado em dezembro de 2012. Em seguida veio "Nona Sinfonia", de Beethoven, lançado em maio de 2013; "Sonata em Si Menor", de Liszt, com Stephen Hough, lançado em julho de 2013; e "As quatro estações", de Vivaldi, com Max Richter, lançado em maio de 2014. O primeiro desses aplicativos, "A orquestra", permite assistir, e ouvir, a oito peças orquestrais compostas

---

7 Hammond, "How Faber's App Rescues Eliot's Masterpiece from the Waste Land of Print", *The Toronto Review of Books*, 17 abr. 2012, disponível em: <www.torontoreviewofbooks. com/2012/04/how-faber-and-fabers-ipad-app-rescues-t-s-eliots-masterpiece-from-the- -waste-land-of-print>.

num período de 250 anos, da "Sinfonia Número 6", de Haydn, e a "Sinfonia Número 5", de Beethoven, ao "Concerto de violino", de Salonen. A música é reproduzida em alta fidelidade, e o vídeo da orquestra apresenta imagens em *close* dos músicos tocando seus instrumentos. Também é possível optar por assistir a um "mapa rítmico", que representa cada músico da orquestra com uma mancha colorida que brilha quando ele está tocando, para que se possa perceber como a música se relaciona com a atividade das diversas seções e instrumentos. Partituras musicais selecionadas – também nesse caso é possível escolher ao que se deseja assistir – rolam de um lado ao outro da metade de baixo da tela enquanto se ouve a música e se assiste ao vídeo ou ao mapa rítmico. O aplicativo também oferece um guia enciclopédico das seções e instrumentos da orquestra; basta tocar em qualquer um deles que aparece a descrição do funcionamento do instrumento, narrada pelo(a) próprio(a) músico(a), que fala diretamente ao usuário e mostra o que o instrumento é capaz de fazer; um toque no instrumento e ele aumenta de tamanho e salta para o primeiro plano, uma batida com o dedo e ele gira 360 graus, exatamente como os objetos em "Os elementos". Um toque no maestro, Esa-Pekka Salonen, e ele apresenta um relato pessoal sobre a arte da regência. O texto também está presente, incluindo uma história curta e ilustrada da orquestra e um guia para ouvir música orquestral e ler uma partitura, escrito pelo crítico de música do *LA Times* Mark Swed. Mesclando de forma natural música, voz, vídeo, imagem e texto, "A orquestra" e os aplicativos que o sucederam são obras que só poderiam existir no tipo de meio digital oferecido por um aplicativo.

Seria difícil negar que os aplicativos produzidos pela Touch Press foram um sucesso de criatividade. A empresa explorou plenamente o novo meio, utilizando-o para dar vida nova a textos que até então existiam apenas na página impressa e criar obras inteiramente novas em que os textos estão entremeados com os materiais audiovisuais, produzindo um tipo de experiência para o usuário que é simplesmente impossível no meio impresso. É claro que a Touch Press não era a única que estava fazendo isso. Havia, e há, muitos outros concorrentes nessa área, desde uma dupla de indivíduos que trabalha em casa até organizações muito maiores, entre as quais grandes corporações editoriais, que têm se dedicado com afinco às experiências com aplicativos. Mas a Touch Press se destacou como uma das empresas mais talentosas. Ela assumiu a posição de líder no mercado do chamado "aplicativo de primeira linha" – isto é, o aplicativo que foi desenvolvido como um produto sofisticado, muito bem-acabado e que utiliza plenamente a alta resolução e a funcionalidade do iPad. Seus aplicativos foram escolhidos

AS GUERRAS DO LIVRO

várias vezes como Aplicativo da Semana e Escolha do Editor na App Store, e receberam críticas entusiásticas na imprensa. O *Sunday Times* dedicou a primeira página da Seção de Cultura para "A terra devastada",[8] e "A orquestra" foi definido pelo *Guardian* como "um clássico instantâneo... uma das mais impressionantes apologias do aplicativo* que eu já vi".[9] Poucas desenvolvedoras de aplicativos receberam palavras elogiosas da crítica com tanta regularidade.

Não havia muita dúvida de que a Touch Press estava produzindo aplicativos da maior qualidade, mas será que a organização criativa que eles tinham criado era sustentável no médio e no longo prazos? Essa pergunta também era motivo de preocupação de todos os empregados da Touch Press: mais do que ninguém, eles queriam saber se o negócio era viável, porque era dali que saía o seu ganha-pão. Alguns dos seus aplicativos não tinham sido apenas sucesso de crítica, mas sucessos comerciais também – "Os elementos", é claro, mas também "Sistema solar", "A terra devastada" e "A orquestra", entre outros. Tinham recuperado os custos e se tornado lucrativos. Mas, para cada aplicativo bem-sucedido desse tipo, havia outros que fracassavam – às vezes de forma melancólica, vendendo mil cópias ou menos. Considerando o tempo e os recursos investidos no desenvolvimento de um aplicativo de primeira linha como esse, era um prejuízo significativo para uma pequena empresa. Para que o negócio funcionasse, era preciso contar com um fluxo regular de aplicativos de sucesso. Embora seja possível assumir riscos em alguns projetos, é preciso poder contar com outros projetos que gerem vendas suficientemente elevadas para cobrir os custos e ser suficientemente lucrativo para manter o negócio de pé. Conseguiriam fazer isso?

Em 2012, a Touch Press tinha chegado a um ponto em que precisava responder a essa pergunta – até porque seu capital de investimento estava se esgotando e os proprietários precisavam saber se o negócio era viável. Além do meio milhão de dólares iniciais que arrecadaram em 2010 para pôr a empresa de pé, tinham assegurado mais 2 milhões de libras de capital de investimento, que os mantivera em atividade e lhes permitira desenvolver o negócio; porém, no final de 2012, suas reservas estavam quase chegando ao fim. Justamente nesse momento, a sorte sorriu para eles e lhes ofereceu uma oportunidade incrível, que lhes permitiria testar seu modelo de

---

8 *The Sunday Times*, 26 jun. 2011.
* O jornalista faz um jogo de palavras em inglês: "app-ology" (app = aplicativo, apology = apologia). (N. T.)
9 *The Guardian*, 7 dez. 2012.

negócio: alguns altos executivos da Disney que tinham descoberto "A terra devastada" e ficado impressionados entraram em contato com a Touch Press para ver se ela teria interesse em fazer uma parceria com a Disney na criação de um aplicativo sobre a história da animação. Era um projeto, por si só, magnífico: o que poderia ser mais compatível com o meio do aplicativo do que uma história da animação fartamente ilustrada? E quem poderia ser um parceiro melhor nesse tipo de projeto que a Disney, que tivera um papel fundamental na história da animação e que dispunha de um arquivo incomparavelmente rico de personagens emblemáticos e de material licenciado que remontava à década de 1920? Se você fosse procurar um parceiro para fazer um livro-aplicativo sobre a história da animação, a Disney seria a primeira da lista – e agora ela estava lhe poupando o esforço, já que tinha vindo bater à sua porta. Além disso, com o apoio da poderosa estrutura de marketing da Disney, o aplicativo teria tudo a seu favor. Se não conseguisse fazer esse aplicativo dar bons resultados financeiros, então que chance você teria com outros aplicativos?

A Touch Press fez um acordo com os Estúdios de Animação Walt Disney no outono de 2012, e começou a trabalhar seriamente no aplicativo em dezembro, embora grande parte do trabalho preliminar tivesse sido realizado antes dessa data. Uma parte considerável da equipe da Touch Press foi alocada para o aplicativo – cerca de dez pessoas do lado da Touch Press, mais o pessoal da Disney, que também colaborou no projeto –, que exigiu mais de oito meses de trabalho intenso. O orçamento era considerável – cerca de 400 mil libras. Theo assumiu o papel de autor, e escreveu o texto enquanto o aplicativo estava sendo desenvolvido. O aplicativo conta a história da animação na Disney através de uma estrutura temática, com capítulos ou seções que abrangem enredo, personagem, a arte da animação, efeitos visuais, som etc. O texto todo é entremeado com um conjunto magnífico de materiais visuais que ganham vida com um toque do dedo – a mescla entre texto e imagem é tão indispensável para o projeto que quando se toca num personagem para que ele ganhe vida, o próprio texto se divide e reorganiza a página para dar lugar ao personagem, que passa a assumir o centro do palco. Existem clipes dos desenhos da Disney – começando com "O vapor Willie", o primeiro desenho do Mickey Mouse, que foi lançado em 1928 – e de todos os filmes animados famosos da Disney: *Branca de Neve e os sete anões, Bambi, Rei Leão, O ursinho Puff, Frozen, uma aventura congelante* etc. Ferramentas interativas são utilizadas para explicar os princípios da animação e permitir que os jovens usuários tentem criar efeitos de animação simples como o acréscimo e a remoção de camadas e a criação de movimentos. O aplicativo foi lançado no dia 8 de agosto de 2013 por 13,99 dólares, sendo imediatamente selecionado pela Apple como a Escolha do Editor, o que lhe garantiu um lugar de destaque na página inicial da App Store.

O momento do lançamento do aplicativo foi escolhido para coincidir com a Expo D23, exposição bienal do fã-clube oficial da Disney que ocorreu em Anaheim, Califórnia, entre 9 e 11 de agosto. Isso ajudou a dar visibilidade ao aplicativo entre a comunidade de fãs da Disney, e favoreceu um grande incremento nas vendas durante a primeira quinzena posterior ao lançamento. Depois, as vendas seguiram o padrão normal dos aplicativos, recuando rapidamente e prosseguindo em níveis modestos – isto é, até que o "Disney Animated" foi selecionado em 2013 pela Apple como Aplicativo do Ano para iPad. Quando a escolha foi anunciada, no dia 16 de dezembro, ela foi seguida por outro aumento acentuado de vendas, que durou até o final de dezembro; nesse período, foram vendidas mais ou menos 20 mil cópias. Em janeiro, o "Disney Animated" ganhou outro reconhecimento: foi apontado como o Melhor Aplicativo na categoria Acadêmica/de Referência dos Prêmios do Livro Digital de 2014, prêmios esses que são entregues anualmente como parte da Conferência Mundial do Livro Digital. Ele também ganhou o Bafta Infantil na categoria Interativo/Adaptação, e o de Melhor Livro Digital Adulto nos Prêmios de Inovação Livro do Futuro, da *Bookseller*. Em reconhecimento da crítica e dos prêmios, dificilmente o "Disney Animated" poderia ter conquistado mais: ele chegou o mais perto possível de uma vitória arrasadora no universo do livro-aplicativo.

No entanto, apesar disso tudo, o "Disney Animated" não foi um sucesso comercial absoluto. Considerando-se os custos envolvidos no desenvolvimento do aplicativo, o número de funcionários envolvidos durante um período de mais de oito meses, os esforços e os gastos suplementares destinados ao marketing, e a distribuição das receitas entre os parceiros, a Touch Press teria de vender 100 mil cópias para recuperar seus custos, e muito mais que isso – 300 mil, quem sabe até 500 mil cópias – para atingir uma contribuição financeira significativa para a empresa. O aplicativo teve um bom desempenho, mas não tão bom como seria necessário para demonstrar que o desenvolvimento de aplicativos de primeira linha é um negócio viável e sustentável no médio e no longo prazos. "O 'Disney Animated' representou a prova dos nove para nós, porque ele foi um aplicativo muito bem produzido, ao qual nos dedicamos de corpo e alma, as pessoas trabalharam à noite e nos finais de semana, seria impossível fazer melhor. Ele também aborda um tema familiar que está profundamente enraizado na cultura popular – a história do filme animado é um tema que deve interessar a muita gente. E, meu Deus do céu, tinha a Disney por trás – seria difícil encontrar uma estrutura de marketing maior. No entanto, ele acabou vendendo 70 mil unidades nos primeiros cinco ou seis meses. Isso revela que o nosso modelo de negócio não funciona", refletiu Max. "Construímos essa empresa e garantimos o investimento imaginando que poderíamos repetir 'Os elementos'. Você cria um belo título com muita dificuldade e vende muito; isso é um negócio lucrativo e estimulante. Você segue a bula e repete a experiência, aumenta a escala e conta com uma empresa que vale muito. Inacreditável." O sentimento de decepção, transmitido pela dura realidade do "Inacreditável", era evidente. Max e seus colegas tinham passado quatro anos envolvidos com um projeto ambicioso comprometido com a invenção de um novo tipo de livro digital, compondo uma equipe de cerca de trinta pessoas talentosas, capazes de explorar ao máximo a nova mídia do aplicativo e do iPad, e agora se viam diante da dura constatação de que tudo poderia ser em vão. Uma bela ideia, só que não funciona.

Por que não? "Em parte porque o chão tinha começado a se mover debaixo dos nossos pés enquanto estávamos trabalhando", explicou Max. "Quando 'Os elementos' apareceu, ele era um dos poucos *games* existentes. E se a pessoa quisesse realmente saber o que o iPad era capaz de fazer, era aquilo que existia. Hoje existe mais de um milhão de aplicativos na App Store, e a maioria é grátis." Com o passar do tempo, o número de aplicativos crescia e o preço médio diminuía. As estatísticas lhe davam razão. Em janeiro de 2015, a Apple informou que havia mais de 1,4 milhão de aplicativos disponíveis na App Store, e mais de 725 mil deles tinham sido feitos para o iPad. Cerca de 40 mil a 50 mil novos aplicativos eram acrescentados todo mês. A maior parte das análises mostra que a grande maioria dos aplicativos da App Store – mais de dois terços – é grátis. Embora muitos aplicativos grátis contenham publicidade interna e ofereçam vários tipos de compras internas – o que é chamado normalmente de modelo "freemium"* –, eles são grátis até o momento de baixar. Depois dos aplicativos grátis, o preço mais comum é o preço mais baixo, 99 centavos de dólar – eles representam quase 50% de todos os aplicativos pagos. Os aplicativos cujo preço é de 1,99 dólar são a fatia seguinte mais popular, abrangendo quase 20% de todos os aplicativos pagos. Aplicativos cujo preço é de 1,99 dólar ou menos representam 89% de todos os aplicativos disponíveis na App Store, representando 66% – dois

---

* Neologismo formado pelas palavras "free" (grátis) e "premium" (de primeira linha). (N. T.)

AS GUERRAS DO LIVRO

terços – de todos os aplicativos pagos.[10] Do ponto de vista do consumidor, é arriscado comprar um aplicativo: se você pagar 10 dólares por um aplicativo e não gostar dele, é bem provável que o seu dinheiro tenha ido pelo ralo. "Em razão disso", explicou um desenvolvedor de aplicativos, "os aplicativos tendem a ter um preço baixo, e aí você tenta vender mais unidades, ou tendem a ser de graça e a utilizar a compra interna do aplicativo como uma forma de tirar dinheiro das pessoas."

Para editoras como a Touch Press, esses desdobramentos apresentavam dois grandes problemas. Primeiro o problema da visibilidade – ou "descobertabilidade",* para usar o termo que é utilizado geralmente no meio editorial. Como fazer para que o seu aplicativo se destaque num mundo em que existe apenas uma loja com mais de um milhão de aplicativos, e aos quais vêm se somar de 40 a 50 mil novos aplicativos todo mês? As editoras de livros costumam reclamar que o número de livrarias físicas tem diminuído, levando ao desaparecimento de vitrines, mesas de exposição e espaços na frente das lojas onde as pessoas podem folhear os livros, tornando cada vez mais difícil que os seus livros sejam encontrados. Porém, comparado aos desafios enfrentados pelas desenvolvedoras de aplicativos, o ambiente de varejo das editoras de livros parece um problema de gente rica. As desenvolvedoras de aplicativos lançam seus produtos num mundo em que existe apenas uma loja, com uma única frente de loja controlada por um único grupo, o qual seleciona e destaca alguns aplicativos por semana totalmente a seu critério, e no qual milhares de aplicativos novos são acrescentados todo mês a essa loja, que já detém mais de um milhão de aplicativos. Resta esperar e rezar para que o seu aplicativo ganhe destaque naquela frente de loja e, ainda melhor, seja selecionado como a Escolha do Editor, sem o que você está ferrado – um pontinho perdido num mar de conteúdo. É claro que existem alguns lugares em que é possível encontrar resenhas de um novo aplicativo que o ajudam a se tornar conhecido, mas seu número não chega nem perto da quantidade de espaços de resenhas que ainda estão disponíveis para as editoras de livros. E existe ainda o problema do preço: como dois terços dos aplicativos podem ser baixados de graça, e quase 90% de todos os aplicativos custam 1,99 dólar ou menos, como é possível convencer os consumidores a gastar 13,99 dólares num único aplicativo? Num mundo em que os bens de informação cada vez mais são gratuitos ou

---

10 Ver Sommer, "App Store Stats Bonanza", 7 ago. 2014, disponível em: <www.applift.com/blog/app-store-stats-bonanza.html>.
* "Discoverabilty" em inglês. (N. T.)

muito baratos, como superar o fator de risco e fazer que os consumidores paguem pela qualidade?

Esses dois problemas – visibilidade (ou melhor, invisibilidade) e preço (ou melhor, a pressão para baixar o preço) – trabalharam contra uma editora como a Touch Press, que se posicionou no nível máximo de qualidade no mercado de aplicativos. A Touch Press estava empenhada em produzir aplicativos de primeira linha, que exigem um bocado de tempo, *expertise* e recursos para serem produzidos – no caso do "Disney Animated", cerca de dez pessoas trabalharam nesse aplicativo em tempo integral durante um período de oito meses, com um orçamento de desenvolvimento de 400 mil libras. Eles precisavam vender centenas de milhares de cópias do aplicativo, e por um preço que estava bem acima dos preços extremamente baixos pelos quais a maioria dos aplicativos é vendida. Naquela ocasião, tinham tudo a seu favor, e simplesmente não conseguiram receita suficiente para cobrir os custos e conseguir os fundos complementares necessários para fazer o negócio dar certo: "Testamos o modelo com todo o cuidado, e ele não funciona".

O que poderiam fazer, então? Quais eram as suas opções? Teriam de reduzir a escala do negócio, despedir alguns funcionários, produzir aplicativos de qualidade bem inferior, cobrar muito menos por eles e ver se conseguiriam fazer o negócio funcionar com um orçamento menor. Mas, para Max e Theo, isso seria admitir que tinham fracassado. Tinham iniciado o negócio na crença de que conseguiriam criar algo genuinamente novo, ajudar a inventar um novo tipo de publicação e um novo tipo de livro – o livro-aplicativo – que resgataria obras importantes num aparelho digital, como uma rica experiência auditiva, visual e textual. Reduzir a escala agora significaria, com quase toda a certeza, que a sua capacidade de produzir aplicativos desse tipo e dessa qualidade estaria seriamente comprometida. Talvez conseguissem fazer pequenas economias aqui e ali e produzir seus aplicativos por um preço inferior – talvez 10% ou 20% menos –, mas não poderiam cortar mais e, ainda assim, produzir aplicativos com o tipo de qualidade que era a sua marca registrada. Produzir aplicativos baratos que cumpriam a tarefa, mas que não tinham valor estético, não era o tipo de negócio que eles queriam tocar. Também se arriscariam a perder seus melhores funcionários, que talvez não quisessem ficar numa empresa que estava reduzindo o pessoal e não podia se dar ao luxo de pagar altos salários.

Outra opção era tentar reorientar o negócio – "pivotar", como se diz no universo das *start-ups*. Poderiam passar a fazer mais um trabalho intermediário, por exemplo, prestando serviços para outras empresas em vez de, ou além de, desenvolver aplicativos para os consumidores individuais. Tinham aperfeiçoado uma série de habilidades técnicas que poderiam ser utilizadas para desenvolver aplicativos para empresas, além de outras organizações, que quisessem promover um produto ou construir sua marca. Isso tinha o potencial de criar uma receita importante e gerar margens satisfatórias, desde que tivessem uma posição suficientemente forte na negociação que lhes permitisse cobrar uma taxa baseada num *mark-up* considerável de 50% ou mais dos custos efetivos. Poderiam se basear na reputação que tinham construído como desenvolvedores de aplicativos de vanguarda – "explorar" seu capital simbólico acumulado – para procurar transformar a empresa num negócio lucrativo. As possíveis vantagens seriam de natureza financeira: permitiriam que eles gerassem renda suficiente, com uma margem suficiente, para transformar a organização num negócio lucrativo. O lado negativo seria a perda do controle sobre a criação. "Sei que quando a gente aceita uma dessas encomendas descobre que não tem nenhuma liberdade de escolha senão entregar o projeto com a maior qualidade possível, dentro do prazo, além de alocar seus melhores funcionários para tocar o projeto", refletiu Max. "E, em última análise, se o cliente quer algo, é isso que a gente entrega. Portanto, existe muito menos espaço para realizar o tipo de trabalho novo e completamente diferente que tínhamos tentado fazer. Nunca esperaria que algo como 'A terra devastada' resultasse desse tipo de trabalho."

Durante o ano de 2014, foi ficando cada vez mais claro que a empresa precisava fazer alguma coisa. Eles não podiam continuar produzindo aplicativos atraentes e bonitos, se dedicando de corpo e alma a eles e ficar torcendo pelo sucesso: iam acabar ficando sem um tostão. O conselho da empresa contratou uma nova CEO com experiência em desenvolvimento de negócios, cujo objetivo seria reduzir os prejuízos e tornar o negócio lucrativo. A empresa transferiu suas instalações para um moderno conjunto de escritórios no centro de Londres, alterou sutilmente o nome, de Touch Press para touchpress, e procurou desenvolver a parte do negócio ligada à intermediação. O relacionamento entre os dirigentes da antiga Touch Press e a nova direção esfriou, Max pediu demissão do conselho, e ele e Theo começaram a investir suas energias em outras coisas. O negócio da intermediação não trouxe os resultados esperados para a rebatizada touchpress, e no início de 2016 a empresa estava em sérias dificuldades. A nova CEO foi demitida e a empresa vendeu seu portfólio de aplicativos de ciência e literatura para uma nova editora do mercado de conteúdo educacional baseada em capital de risco, a Touch Press Inc., que foi criada através da associação da editora digital irlandesa Story Toys e a especialista em games educativos Amplify Games. Rebatizada de Amphio, foi anunciado – que o foco do novo empreendimento seria o desenvolvimento de ferramentas interativas e de conteúdo para instituições educacionais e culturais. A tentativa ousada de criar um novo tipo de publicação desenvolvendo belos aplicativos para o consumidor comum que utilizava ao máximo as possibilidades técnicas inauguradas pelo iPad tinha, de fato, chegado ao fim.

Para Max e Theo, as duas forças motrizes criativas por trás da Touch Press, foi uma constatação decepcionante. Eles tinham começado sete anos antes com o objetivo de criar um tipo totalmente novo de livro digital, um livro-aplicativo que funcionasse de modo totalmente diferente do livro impresso e que envolvesse o leitor/usuário numa experiência multimídia rica e de várias camadas, e também com o objetivo de construir um negócio que lhes permitisse sustentar sua atividade criativa. Alcançaram o primeiro objetivo, mas não o segundo. "Acho que demonstramos que o meio é capaz de criar um envolvimento muito forte entre o tema e o leitor", refletiu Max; "acho que demonstramos que o material tem uma forma de inspirar quem se interessa por um assunto e de proporcionar a melhor maneira possível de explorá-lo." Mas teve de aceitar que, afinal de contas, o modelo não funcionou. Por um breve momento, durante os dois ou três anos posteriores ao lançamento do iPad, foi possível produzir um aplicativo bonito e fazer as pessoas pagar 10 ou 15 dólares por ele e construir um empreendimento editorial ao redor disso. Mas esse momento passou. "Foi um breve momento, que surgiu e se foi, e estou muito satisfeito que ele tenha acontecido, porque nos permitiu tomar algumas medidas na direção do desenvolvimento de longo prazo da mídia interativa. Porém, como empreendimento comercial, ele não deu certo."[11]

---

11 Outras pessoas chegaram à mesma conclusão. Dave Addey fundou em 2002 a Agant, uma agência de desenvolvimento de aplicativos, e obteve um grande sucesso com o aplicativo "National Rail Enquiries", lançado em 2009 para o iPhone. Em seguida, ele desenvolveu um grande número de aplicativos para editoras, entre outros clientes, incluindo vários aplicativos para a Faber – um dos quais, "Malcolm Tucker: The Missing iPhone", uma versão em aplicativo do livro *The Thick of It: The Missing DoSAC Files*, foi indicado para um Bafta em 2011. O número de projetos que estava tocando lhe permitiu se mudar para um conjunto de escritórios em Leamington Spa e aumentar a equipe. Porém, constatou que o mesmo movimento de pressão em forma de pinça que tinha enfraquecido a Touch Press – a dificuldade de obter visibilidade na App Store e a pressão para baixar os preços – também estava tornando a vida muito difícil para a Agant. Ele acabou jogando a toalha e fechou o negócio em 2013: "Não vejo como a criação de aplicativos como produtos compense o risco, principalmente quando quem assume o risco sou eu".

FALSO DESPERTAR

O período entre 2010 e 2015 assistiu ao surgimento de uma enxurrada de novos empreendimentos editoriais ambiciosos que estavam surfando na onda da revolução digital, procurando, de diversas maneiras, reinventar o livro para a era digital – a Touch Press foi um dos mais originais e ambiciosos, mas estava longe de ser o único. O que a "reinvenção do livro" significava variava muito de um empreendimento para o outro – a amplitude do que ela *poderia* significar era um dos fatores do entusiasmo da época. Para alguns, tratava-se de fazer experiências com a extensão daquilo que era considerado normalmente como "livro": livres da necessidade de produzir textos de uma determinada extensão – suficientemente longos para permitir a produção de um livro físico convencional –, pareceu possível reinventar o livro como algo muito mais curto, algo que pudesse ser escrito rapidamente e lido de uma sentada, algo muito mais próximo de um conto ou de um artigo longo – o *single* digital ou curta-metragem digital. Para outros, a reinvenção do livro significava algo muito mais radical: significava pensar em "livros digitais" como algo diferente da reprodução digital dos livros impressos, algo diferente das imagens digitais de textos imóveis que podem ser lidos numa tela em vez de serem lidos no papel, algo diferente dos "livros digitais básicos". Em vez disso, significava fazer experiências não apenas com a extensão do livro, mas com a sua própria forma: utilizar o meio digital e todas as possibilidades técnicas que ele proporcionava para refletir, de um jeito novo, sobre o que é "um livro". Não considerar que a forma que recebemos de herança depois de quinhentos anos de impressão em papel seja intocável, como se a única coisa que a revolução digital pudesse fazer pelo livro fosse tornar o mesmo texto disponível na tela, e não como um objeto físico. Aproveitar a oportunidade proporcionada pela revolução digital para criar algo inteiramente novo, em que o texto esteja entremeado de música, palavras faladas, imagens e vídeos, em que o texto não seja estático, mas fluido, em que os leitores se tornem parte da própria história que estão lendo, e em que a história ganhe vida de um jeito que não era possível no velho mundo estático do texto impresso. Essa era a promessa da revolução digital: o despertar de uma nova era na longa história do livro, em que a própria forma do livro, e a própria natureza do que constitui "um livro", poderia ser reinventada a partir do zero.

Os primeiros passos nesse admirável mundo novo se mostraram muito mais difíceis do que se pensava. Não que seja difícil *imaginar* novas possibilidades, ou até mesmo que seja difícil *criá-las* – isso tudo pode ser feito, e o período entre 2010 e 2015 estava cheio de novas experiências e empreendimentos que fizeram precisamente isso. Fomos inundados por dádivas da criatividade digital. O que é muito mais difícil é apresentar uma estrutura organizacional e um modelo de negócio que permitam que esses produtos digitais sejam fabricados de uma forma contínua e sustentável. Embora tenham sido criados objetos digitais novos e maravilhosos – podemos até chamá-los de novas formas do livro que ampliam a nossa compreensão do que "um livro" é e pode ser –, os processos que levaram à sua criação foram, na maior parte, insustentáveis; a maioria das organizações em que esses processos estavam inseridos não tiveram sucesso. Por um motivo ou por outro, não conseguiram gerar receita suficiente para prosseguir com as suas atividades criativas. Podem ter alcançado um, dois ou até vários sucessos importantes, porém, com a transformação dos mercados e as janelas de oportunidade fechadas, sua capacidade de assegurar uma fonte de receita viável diminuiu. O sucesso se transformou em fracasso, o entusiasmo e a esperança se transformaram em decepção, e a ideia de que a revolução digital pode levar à invenção de uma nova *forma* de livro, que não se confunde com um novo *formato*, começou a parecer menos provável. Aquilo estava se transformando num falso despertar.

É claro que ainda estamos nos primeiros estágios da era digital, e seria imprudente tirar conclusões a respeito de acontecimentos futuros com base no que aconteceu até agora. As experiências que ocorreram entre 2010 e 2015 foram condicionadas pelas tecnologias e pelos sistemas de distribuição disponíveis à época, assim como pelas características mais gerais de um ambiente informacional instável. É bem possível que, à medida que esse ambiente continue a evoluir e surjam novas tecnologias e sistemas de distribuição, apareçam novas oportunidades para reinventar o livro. Mas então, tal como antes, a mesma questão da sustentabilidade estará presente, e as novas formas só irão durar se os processos e as organizações responsáveis por elas forem capazes de sobreviver e manter essas formas além fase inicial de *start-up*.

– 3 –

AS GUERRAS PELOS FUNDOS DE CATÁLOGO

Embora os novos livros sejam o lado glamoroso da indústria editorial, o fundo de catálogo é, sob vários aspectos, o núcleo financeiro do negócio. Quando o livro deixa a parte da frente do catálogo e vai para o fundo do catálogo, ele passa a receber muito menos atenção da mídia e muito menos esforço de marketing; porém, se continuar vendendo, será muito mais lucrativo para a editora – nessa etapa, os custos de produção provavelmente já foram cobertos, o adiantamento estará recuperado ou amortizado e os custos de marketing serão muito menores, fazendo as receitas líquidas das vendas darem uma contribuição muito maior para o resultado final da editora. Portanto, as editoras que possuem um grande fundo de catálogo ocupam uma posição muito mais sólida no mercado. Se as vendas de fundo de catálogo forem responsáveis por 50% da sua receita, então elas já se encontram na metade da escalada da montanha no começo de cada ano fiscal, e só precisam escalar a outra metade com o catálogo de novos títulos – algo ainda desafiador, mas muito menos complicado do que recomeçar da base da montanha (ou dos contrafortes baixos) no início de cada ano fiscal. O problema, porém, é que a construção de um fundo de catálogo leva tempo.

Ano após ano, o catálogo do ano anterior se torna o fundo de catálogo do ano em curso, ampliando lentamente o seu tamanho. Isso explica, em parte, por que, durante quarenta anos – de 1960 ao final do milênio –, as grandes corporações editoriais estiveram tão ávidas para adquirir outras editoras: era a única maneira de evitar o longo e árduo processo de construção de um fundo de catálogo. Isso também explica por que as editoras ficaram tão enfurecidas quando a revolução digital abriu espaço para um punhado de *start-ups* que viram a oportunidade de abocanhar os direitos digitais dos títulos de fundo de catálogo e lançá-los em formato digital, atacando o fundo de catálogo das editoras tradicionais e desencadeando as guerras pelos fundos de catálogo.

Existem duas datas que tornaram possíveis as guerras pelos fundos de catálogo: 1923 e 1994. O ano de 1994 é importante porque foi quando muitas editoras começaram a se dar conta de que precisavam acrescentar uma cláusula aos contratos de direitos autorais padrão que tratasse dos livros digitais e concedesse expressamente os direitos dos livros digitais à editora. Antes dessa data, a maioria desses contratos não fazia referência explícita aos livros digitais, nem mesmo aos direitos digitais. Alguns contratos podiam conter uma cláusula que abrangia usos "em sistemas de armazenamento e recuperação", e até podiam fazer referência a armazenamento e recuperação "por meio de recursos computacionais, mecânicos ou outros de natureza eletrônica, conhecidos atualmente ou que venham a ser inventados no futuro", ou uma frase semelhante; porém, sem uma menção explícita aos livros digitais, não estava claro se esse tipo de cláusula genérica incluía a venda do livro no formato digital. No entanto, a partir de 1994, a maioria das editoras percebeu que havia uma brecha no contrato, e tomaram medidas para fechá-la acrescentando uma cláusula ao contrato autoral que concedia expressamente os direitos do livro digital à editora, com um pagamento combinado de direitos autorais sobre as receitas líquidas de todos os livros digitais vendidos.

O ano de 1923 é importante porque todos os livros publicados antes dessa data estão em domínio público. Livros publicados a partir de 1923 podem, ou não, estar em domínio público, dependendo de uma série de fatores. A regra geral na legislação americana de direitos autorais diz que os livros permanecem sujeitos ao direito autoral durante setenta anos depois da morte do autor, embora existam diversas condições que podem afetar a aplicação dessa regra.[1] Desse modo, os livros publicados durante

---

1 Por exemplo, uma obra com contrato de direitos autorais assinado antes de 1978 teria de renová-lo no 28º ano de existência da obra, para estender essa cláusula de proteção.

os setenta anos que vão de 1923 a 1993 compunham um vasto oceano de conteúdo de fundo de catálogo cujos direitos digitais possivelmente ainda estavam disponíveis. Diferente do livro impresso, o direito de explorar esse conteúdo na forma de livro digital talvez ainda pertencesse ao autor ou ao espólio do autor, e poderia, ao menos teoricamente, ser concedido a uma outra parte que não a editora do livro impresso. " Talvez ainda pertencesse" porque muitas editoras, percebendo o risco, se anteciparam para fechar a brecha escrevendo para os autores, agentes e espólios e juntando anexos aos contratos anteriores a 1994 que concediam expressamente os direitos digitais à editora. "Teoricamente" porque, até o célebre caso da RosettaBooks de 2001, ninguém tinha testado isso nos tribunais.

SALVA DE ABERTURA

A RosettaBooks foi uma invenção de Arthur Klebanoff, um agente transformado em editor que fundou a empresa com alguns colegas no ano 2000.[2] Por ser um agente literário com formação em direito, fazia algum tempo que Arthur estava convencido de que os autores possuíam os direitos digitais de qualquer título cujo contrato de edição fosse omisso a esse respeito. Portanto, ele decidiu fundar uma editora digital que se concentraria na aquisição de direitos digitais exclusivos de uma seleção de títulos de fundo de catálogo. Estávamos no final da década de 1990, e embora soubesse que muitas editoras estavam procurando ativamente adquirir os direitos digitais dos seus principais títulos e autores de fundo de catálogo, pensou que, por ser uma pequena editora independente voltada apenas para o digital, poderia ter algumas vantagens. Ele sabia que a maioria dos títulos de fundo de catálogo não eram mais promovidos ativamente pelas editoras, e que muitos autores e agentes se ressentiam disso. Sabia também que muitas editoras estavam preocupadas em não pôr preços muito baixos nos livros digitais,

---

A necessidade de renovar o direito autoral foi eliminada pela Lei de Renovação do Direito Autoral, de 1992, mas as obras que tinham caído em domínio público através da não renovação não receberam novamente a proteção do direito autoral. Portanto, obras publicadas antes de 1964 que não foram renovadas estão em domínio público. Para uma síntese útil das diversas condições que afetam a cláusula do direito autoral, ver Hirtle, "Copyright Term and the Public Domain in the United States", 1º jan. 2015, disponível em: <https://copyright.cornell.edu/resources/publicdomain.cfm>.

2 Arthur Klebanoff faz seu próprio relato esclarecedor da fundação da RosettaBooks em seu livro de memórias, *The Agent*, p.1-29.

com medo de prejudicar as vendas da edição impressa e corroer as receitas; por ser uma editora digital que adquiria direitos digitais de títulos de fundo de catálogo, ele teria uma flexibilidade maior de preços. Além disso, sabia que a maioria das editoras não pagavam adiantamento de direitos digitais, e esperavam que esses direitos autorais lhes fossem transferidos de forma definitiva. Desse modo, a oferta de um adiantamento modesto, junto com uma concessão de cinco – ou mesmo três – anos, poderia representar um argumento atraente.

Estimulados por Steve Riggio, da Barnes & Noble, que estava ansioso para dispor de um portfólio de livros digitais que pudesse ajudá-lo a posicionar a B&N na linha de frente do que era até então, em grande medida, um mercado inexistente de livros digitais, Arthur e seus parceiros passaram a adquirir direitos digitais de uma série de títulos de fundo de catálogo famosos. Aproveitando-se dos contatos que estabelecera como agente e como gerente de direitos autorais da Easton Press – uma editora americana de livros com encadernação de couro –, Arthur e seus colegas adquiriram, do espólio de Aldous Huxley, os direitos digitais de *Admirável mundo novo* e *Admirável mundo novo revisitado*; os direitos digitais de *Matadouro 5* e de mais quatro títulos de Kurt Vonnegut; de *O príncipe das marés* e de três outros títulos de Pat Conroy; de *E não sobrou nenhum* e de dois outros títulos de Agatha Christie; de *Uma tragédia americana*, de Theodore Dreiser; de *1984*, de George Orwell; e dos seis volumes, em inglês, de *Memórias da Segunda Guerra Mundial*, de Winston Churchill. As contratações não pararam por aí, e em breve tinham atingido a marca de quase cem títulos de ficção, não ficção, ficção científica, mistério e não ficção séria.

A RosettaBooks foi fundada em 26 de fevereiro de 2001. Na manhã daquele mesmo dia, chegou uma carta da Random House, entregue pessoalmente, exigindo que fossem retirados imediatamente do catálogo da editora oito livros de Kurt Vonnegut, William Styron e Robert Parker – três autores publicados pela Random House. A Random House deixou claro que entraria com um processo se isso não fosse feito. Arthur e seus parceiros foram pegos de surpresa – sabiam que as editoras não gostavam do que eles estavam fazendo, mas não esperavam ser processados, certamente não no dia de abertura da editora. Tiveram de fazer uma escolha: lutar ou desistir? Decidiram brigar na justiça. A Random House argumentou que o direito básico de publicação coberto por seus contratos – a saber, "o direito de imprimir, publicar e vender obras em forma de livro" – incluía os livros digitais, e pediu a um tribunal distrital federal de Nova York que concedesse um mandado de segurança. Em julho de 2001, o juiz Sidney Stein rejeitou o pedido de liminar feito pela Random House, e concluiu que o direito da Random House, tal como mencionado no contrato, "de imprimir, publicar e vender a obra em forma de livro", não incluía o formato "que veio a ser conhecido como livro digital". A Random House apelou à Segunda Instância e, em março de 2002, esta confirmou, por unanimidade, o parecer de Stein. As partes decidiram não dar prosseguimento ao caso nos tribunais, e em dezembro de 2002 chegaram a um acordo que autorizava a Rosetta a continuar publicando em formato digital os oito títulos que tinham desencadeado a ação judicial e a lançar edições digitais de dezenas de títulos da Random House, formalizando a autorização para a Rosetta. O caso nunca foi a julgamento, e embora a Random House continuasse afirmando que seus contratos lhe davam o direito de publicar livros digitais, tinha-se criado um precedente. As editoras agora sabiam que precisavam ser muito cuidadosas. Não podiam supor que "o direito de imprimir, publicar e vender obras em forma de livro" incluía automaticamente o direito de publicar o livro em formato digital. Teriam de entrar em contato com autores, agentes e espólios, se ainda não o tivessem feito, para elaborar acordos especiais sobre os livros digitais, se quisessem ter certeza de que dispunham desses direitos.

Arthur e seus parceiros da Rosetta se sentiram sustentados pelas decisões dos juízes. "A decisão fundamental do juiz", disse Arthur, "foi que, na falta de uma concessão específica dos direitos digitais à editora, eles permaneciam com o autor" – esse tinha sido sempre o ponto de vista de Arthur, e agora parecia ter suporte judicial. Ele e seus parceiros seguiram firmes com o projeto de obter a autorização de títulos de fundo de catálogo e publicá-los em formato digital, expandindo sua lista de títulos disponíveis. As novas aquisições estavam caminhando bem; o único problema é que ninguém comprava os livros digitais. Eles estavam pelo menos cinco anos à frente do mercado. O negócio não deu em nada – isto é, até que, em novembro de 2007, a Amazon lançou o Kindle.

Com o lançamento do Kindle, a Amazon precisava de mais títulos em formato digital que vendessem bem – do ponto de vista dela, quanto mais, melhor. Mas as editoras ainda estavam contatando os autores e os espólios para assegurar os direitos digitais – era um trabalho demorado, e a Amazon tinha pressa. Assim, em 2009, a equipe de conteúdo do Kindle entrou em contato com Arthur e comunicou que estava muito interessada em contar com títulos de peso do fundo de catálogo da Rosetta. Além disso, se a Amazon tivesse um ano de exclusividade para comercializar um título, ela assumiria alguns compromissos relacionados ao *merchandising* no *site* que poderiam interessar aos autores e aos agentes. Tendo isso em mente, Arthur adquiriu os direitos digitais de dois livros de Stephen Covey, *Os sete hábitos das pessoas altamente eficazes* e *Liderança baseada em princípios*, exclusivamente para o Kindle. *Os sete hábitos* era um enorme sucesso. Publicado originalmente pela Simon & Schuster em 1989, tinha vendido mais de 15 milhões de exemplares e ainda ocupava o primeiro lugar como título de não ficção do fundo de catálogo da Simon & Schuster. "A Simon & Schuster ficou furiosa", recordou Arthur. " Ameaçou nos processar, mas não o fez. A Barnes & Noble ficou furiosa, nos ameaçaram de tudo quanto foi jeito, mas não fizeram nada." Publicado pela Rosetta em dezembro de 2009, o livro digital chegou rapidamente ao topo da lista na loja do Kindle, gerando direitos autorais consideráveis para o autor, já que, nesse caso, os direitos autorais pagos pela Rosetta correspondiam a mais de 50% das receitas líquidas.

Com o crescimento das vendas de livros digitais que acompanharam o lançamento do Kindle, as receitas da Rosetta explodiram, passando de zero a 4 milhões de dólares em poucos anos – a vez dela tinha chegado. A partir de 2013, as vendas se estabilizaram, refletindo as tendências mais gerais do mercado do livro digital; nessa altura, porém, a empresa tinha consolidado o que parecia ser um negócio viável. Ao lutar contra a Random House e obter dois pareceres judiciais favoráveis, Arthur também tinha ajudado a abrir as portas para quem considerava o fundo de catálogo um continente grande e anárquico que podia ser explorado na busca pelos direitos autorais dos livros digitais.

VIDA NOVA AOS GRANDES

Jane Friedman era uma dessas pessoas. Como tinha sido vice-presidente da Random House e da Knopf e editora da Vintage antes de se tornar diretora-geral da HarperCollins, Jane conhecia muito bem o mundo editorial de interesse geral. Depois de deixar a HarperCollins em 2008, fundou a Open Road Integrated Media financiada com capital de risco. Como a Rosetta, a Open Road partiu do pressuposto de que os direitos digitais da maioria dos livros publicados até 1994 não tinham sido concedidos, a menos que as editoras da edição impressa tivessem contatado os autores, agentes ou espólios e feito acordos independentes referentes a eles. Jane sabia muito bem que a maioria dos contratos das editoras anteriores a 1994 não tratavam explicitamente dos direitos digitais, porque ela trabalhava na Random House nesse período e estava a par do conteúdo dos contratos. Também sabia – como todo mundo, aliás – que o juiz Stein tinha recusado o pedido de uma liminar de mandado de segurança feito pela Random House contra a RosettaBooks em 2001, e que o caso tinha sido resolvido de comum acordo entre as partes. Como Klebanoff, ela se recusava a aceitar a teoria de que os direitos digitais estavam assegurados implicitamente às editoras por meio de cláusulas genéricas acerca do "direito de imprimir, publicar e vender obras em forma de livro", ou por cláusulas genéricas acerca "do armazenamento e da recuperação por meios digitais", ou por cláusulas de não concorrência. Para Jane, se o contrato não mencionava especificamente direitos digitais, então eles não tinham sido concedidos, e podiam ser adquiridos legitimamente pela Open Road, se já não estivessem sob o controle exclusivo da editora original da edição impressa ou de terceiros. Porém, era preciso verificar cada contrato, e cada palavra precisava ser cuidadosamente avaliada. Se o contrato fosse ambíguo e os seus advogados não se convencessem de que os direitos digitais estavam disponíveis, eles simplesmente o deixavam de lado.

Em 2008, na época em que a Open Road foi fundada, o Kindle já tinha sido lançado e os livros digitais estavam começando a decolar nos Estados Unidos. Havia um reconhecimento generalizado de que os direitos digitais eram um ativo valioso, e que se as editoras ainda não tinham chegado a um acordo com o autor, o agente ou o espólio para fazer um contrato ou um adendo explícito, então deveriam fazê-lo com urgência. Jane, então, estava penetrando numa área na qual já havia outro concorrente em ação, a Rosetta, e na qual as editoras tradicionais tinham uma vantagem implícita (se não claramente legal), por terem publicado a edição impressa do livro. Portanto, o que a Open Road poderia oferecer que as editoras originais não pudessem, ou talvez não estivessem dispostas a fazê-lo?

Quatro coisas, avaliou Jane. Primeiro, muito entusiasmo. Ela conhecia o valor do fundo de catálogo, e muitos títulos que ela procurava estavam mofando havia anos, até mesmo décadas, em editoras que tinham perdido o interesse neles havia muito tempo. Sua mensagem era simples: "Queremos dar vida nova aos grandes". Ela podia chegar para os autores ou seus espólios e dizer que os seus livros eram os que realmente lhe importavam, e que ela e sua empresa poderiam lhes dar vida nova, republicando-os em formato digital e promovendo-os de maneira eficaz e inovadora. Se houvesse vários livros que compunham um *corpus* da obra de um autor, melhor ainda: o *corpus* poderia ser reembalado e promovido como um todo. Num mundo que se tornara excessivamente preocupado com os lançamentos, era uma mensagem poderosa.

Segundo, Jane podia oferecer uma divisão atraente dos direitos autorais. Em 2008-2009, as editoras de interesse geral estavam acostumadas a pagar direitos autorais que correspondiam a 25% das receitas líquidas de todas as vendas de livros digitais. Havia quem contestasse esse percentual – muitos agentes acreditavam que ele deveria ser maior, especialmente em relação aos títulos de fundo de catálogo, e em alguns casos se combinavam escalas móveis, começando com 25% das receitas líquidas e aumentando o percentual depois de ultrapassar alguns patamares. Mas 25% das receitas líquidas tinha se transformado numa espécie de padrão do setor, ao menos temporariamente, permitindo que diversos grupos continuassem com o negócio da publicação de livros digitais e observassem qual seria o resultado. "O modelo é muito simples: você nos fornece o conteúdo, nós lhe fornecemos o mercado. Tudo é meio a meio." O custo de digitalização de um livro médio é muito baixo – normalmente não passa de 400 dólares –, e é recuperado muito rapidamente. "Com cerca de 60 *downloads*, o autor já começa a ganhar dinheiro", explicou Jane.

Terceiro, sua proposta era adquirir direitos digitais por um tempo limitado. Inicialmente, ela negociou licenças de cinco anos – "Achei que seria mais fácil conseguir livros por cinco anos", disse Jane. Isso era profundamente diferente da prática da maioria das editoras tradicionais, que geralmente procuravam assegurar que os direitos digitais estivessem alinhados com os direitos do livro impresso, o que significava que, na maioria dos casos, os direitos digitais seriam concedidos durante toda a vigência do direito autoral. Para o autor, agente ou espólio, conceder os direitos dos digitais por cinco anos parecia muito mais atraente do que concedê-los pelo tempo de duração do direito autoral, especialmente se levarmos em conta a incerteza que havia na época quanto ao futuro das vendas dos livros digitais. No entanto, Jane admitiu posteriormente que teria sido melhor para a Open Road se as licenças tivessem sido mais longas.

Quarto, e o mais importante na opinião de Jane, eles podiam oferecer uma campanha de marketing orquestrada. Na concepção de Jane, a Open Road tinha sido projetada para ser, acima de tudo, uma operação de marketing – ela é "uma grande máquina de marketing". A organização toda foi construída em torno do marketing. Ela não parecia uma editora tradicional com um departamento de marketing: parecia mais uma empresa de marketing com uma editora acoplada. A maior parte da equipe estava envolvida com marketing; em 2012, havia cerca de quarenta pessoas trabalhando em um escritório sem divisórias no bairro do SoHo, em Manhattan, então a sede da empresa, a maioria delas com menos de 30 anos, e 80% eram profissionais de marketing. A maior parte do trabalho editorial era terceirizada. Havia um editor e uma pessoa encarregada da aquisição de fundo de catálogo, mas a grande maioria da equipe trabalhava no marketing. "Desenvolvemos compêndios de informações sobre o autor", explicou Jane, "e os autores dizem que nunca foram tratados assim em toda a sua vida. Nossa premissa é fazer marketing 365 dias por ano, enquanto durar a licença." A maioria dos autores acha que os seus livros de fundo de catálogo são ignorados pelas editoras. Eles acham que as editoras tradicionais só estão interessadas em promover os títulos novos e que, se os livros mais antigos não forem promovidos, serão esquecidos. Eles estão basicamente certos. Portanto, a ideia de resgatar livros que foram publicados há décadas, reembalá-los e lhes dar um impulso de marketing importante e inovador é uma proposta extremamente atraente para muitos autores, agentes e espólios. Quem não quer ver os seus livros de novo no centro do palco?

O que Jane não ofereceu – ao contrário da Rosetta – foi adiantamento. Segundo ela, o adiantamento fazia parte de um modelo antiquado de publicação que está praticamente falido, e ela não queria levá-lo para a nova esfera digital. Queria um novo modelo, uma parceria, em que as receitas líquidas fossem divididas meio a meio, depois de deduzido o custo de digitalização. Ele é simples, fácil de entender e atraente à sua maneira.

Armada com tais argumentos e apoiada em um financiamento de vários milhões de dólares de capital de risco, Jane partiu para construir um catálogo – e rápido. A velocidade era fundamental, em parte porque ela precisava de massa crítica, e em parte porque, devido ao apoio do capital de risco, ela precisava mostrar que as receitas estavam crescendo rapidamente. O objetivo principal era identificar "autores de qualidade" e adquirir os direitos digitais de suas obras – não apenas um título isolado, mas todo o *corpus* do seu fundo de catálogo. Em maio de 2010, a Open Road lançou seu primeiro livro digital: *A escolha de Sofia*, de William Styron, que foi seguido por outros títulos do autor, entre os quais *As confissões de Nat Turner*, *Lie Down in Darkness* e *Escuridão visível*. Embora tivesse publicado Styron na versão impressa, a Random House reconheceu que não podia impedir que a família de Styron negociasse um acordo separado com a Open Road para esses e para outros títulos, os quais tinham sido contratados originalmente pela Random House antes de os contratos incluírem uma cláusula que tratava dos direitos digitais. A viúva de William Styron, Rose Styron, disse que a família tinha ficado encantada com o plano de marketing e a divisão meio a meio dos lucros – "Meus filhos e eu sentimos que seria uma bela maneira de trazê-lo de volta para o olhar do público", disse ela em entrevista ao *New York Times*.[3] A eles se seguiram muitos outros autores e livros – logo a Open Road estava lançando edições digitais de títulos de Pat Conroy, Alice Walker, James Jones e Pearl S. Buck, entre outros. Em agosto de 2011, a editora tinha publicado 780 títulos, e em agosto de 2012 – apenas dois anos depois de sua fundação – chegava quase a 3 mil o número de títulos publicados.

Enquanto a Random House e a maioria das editoras observavam a distância a Open Road lançar um número crescente de títulos de fundo de catálogo em formato digital – preocupadas, mas, no geral, resignadas diante do fato de que a situação contratual era suficientemente vaga para tornar arriscada uma objeção legal –, a HarperCollins, empresa da qual Jane tinha sido diretora-geral, assumiu uma postura menos benevolente. No dia 23 de dezembro de 2011, a empresa entrou com um processo por violação de direitos autorais contra a Open Road por causa da publicação da edição digital do *best-seller* infantil *Julie of the Wolves*, de Jean Craighead George. A HarperCollins alegou que os contratos que ela havia assinado com George em 1971 lhe davam o direito de ser a editora exclusiva de *Julie of the Wolves* "em forma de livro", incluindo via "computador, armazenamento em computador, meios mecânicos ou outros meios digitais conhecidos atualmente ou que venham a ser inventados no futuro", e que a edição do livro digital lançada pela Open Road, que tinha assinado um acordo com a autora referente aos direitos digitais do livro, representava uma violação dos direitos contratuais da HarperCollins. Em março de 2014, a juíza Naomi Reice Buchwald, do Tribunal Distrital americano, decidiu em favor da HarperCollins. Ao contrário do caso Rosetta, o contrato de George continha uma combinação rara de cláusulas que permitia que a HarperCollins argumentasse que, apesar da autorização da autora, o contrato lhe concedia o direito exclusivo de licenciar uma edição digital do livro. Além disso, ao contrário do caso Rosetta, em que o contrato não fazia menção à exploração digital, o Parágrafo 20 do contrato de George se referia especificamente a futuras tecnologias baseadas em computador, "atualmente conhecidas ou que venham ser inventadas no futuro". "Ao abarcar, como faz, a referência a tecnologias inovadoras 'atualmente conhecidas ou que venham a ser inventadas no futuro', esse linguajar é suficientemente amplo para atrair para o seu âmbito a publicação do livro digital", disse a juíza Buchwald, que

---

3 Rich, "Random House Cedes some Digital Rights to Styron Heirs", *The New York Times*, 25 abr. 2010, disponível em: <www.nytimes.com/2010/04/26/books/26random.html?_r=0>.

considerou isso coerente com o precedente do "novo uso" – isto é, casos anteriores em setores afins que definiram um procedimento para avaliar se um contrato abrange tecnologia inventada posteriormente. "Embora não existisse mercado de livros digitais à época da sua redação, a tecnologia do livro digital se baseia numa versão inventada posteriormente dos mesmíssimos termos [via] 'computador, armazenamento em computador, meios mecânicos ou outros meios digitais' estipulados pelo Parágrafo 20."[4] Jane e os colegas da Open Road não concordaram com a sentença. Para eles, a frase "computador, armazenamento em computador, meios mecânicos ou outros meios digitais conhecidos atualmente ou que venham a ser inventados no futuro" se referia a bancos de dados digitais, não a livros digitais. Baseado no precedente do novo uso, a juíza Buchwald adotou um ponto de vista mais abrangente. Porém, seja como for, o linguajar era específico daquele contrato, e, na verdade, tinha sido inserido pelo agente, não pela editora; portanto, era improvável que estivesse presente em muitos outros contratos. Embora tivesse perdido o caso, a Open Road não mudou muito a sua estratégia agressiva de aquisições. Dali em diante, evitaria contratos que contivessem frases como "armazenamento e recuperação digital", não porque acreditasse que isso significava "livros digitais" – para eles, "armazenamento e recuperação digital" significava "banco de dados" –, mas simplesmente porque não valia a pena correr o risco de que outra decisão desse tipo lhe fosse contrária.

Ao lado da estratégia agressiva de aquisições, a Open Road construiu uma estrutura de marketing. A ideia era muito simples: construa um enorme banco de dados e preencha- o com conteúdo sobre os seus autores e livros de qualidade. Identifique tudo, para poder pesquisar e acessar cada item facilmente. Depois crie histórias que você possa recuperar para as comunidades sociais pertinentes na hora certa – "o que chamo de comunidades de paixão" [*passion communities*], explicou Jane: "Nós recuperamos essas histórias para *websites*, *blogs*, canais de vídeo e as divulgamos através de todos os canais de marketing de todos os varejistas digitais. Portanto, o conceito total é atingir o consumidor onde ele mora, *on-line*, com essas histórias que nós criamos. E essas histórias os encaminham para um vídeo que está a um clique da venda do livro". Por exemplo, para o Dia dos Pais, eles escreveram uma história a

---

4 Naomi Reice Buchwald, HarperCollins Publishers LLC *vs.* Open Road Integrated Media, LLP, Tribunal Distrital dos Estados Unidos, S. D. Nova York, 7 F. Supp. 3d 363 (SDNY 2014), p.7, disponível em: <https://casetext.com./case/harpercollins-publishers-llc-v-open-rd-integrated-media>.

respeito de uma carta que um de seus autores escreveu para o pai, falando sobre o livro que acabara de escrever. Eles transformam a história na atração principal da promoção do Dia dos Pais, enviando-a junto com o *link* de um vídeo para um monte de *websites* e *blogs*; ela acabou sendo selecionada pela Motherlode e pelo *New York Times* e foi vista por milhões de pessoas. O mesmo acontece com o Mês Nacional de Consciência da Depressão, Mês da História Negra, Mês da História das Mulheres, Dia Nacional do Professor, Mês Nacional da Prevenção do Assédio, Dia Nacional de Levar o Filho ao Trabalho etc. – todas essas datas comemorativas são oportunidades de criar, a partir do banco de dados, histórias que sejam ricas e interessantes em si mesmas e recuperá-las para todas as comunidades de paixão relevantes que se conseguir encontrar, divulgando, assim, os autores e os livros, e facilitando a compra dos títulos pelos leitores.

Crucial para a estrutura de marketing era a capacidade de criar seu próprio conteúdo de vídeo de alta qualidade – "o vídeo é um dos ingredientes do nosso tempero secreto", disse Jane. A empresa tinha uma equipe interna de produção de vídeo, e dedicava um bocado de tempo, esforços e reflexões na filmagem de vídeos com os autores. Embora várias editoras produzissem *trailers* curtos de livros para as obras que estavam sendo publicadas, essa não era a abordagem da Open Road. Eles queriam produzir algo muito mais rico e mais inovador que estivesse centrado no autor. "O autor sempre é a marca", explicou Luke, um ex-cineasta que dirigia a equipe de produção de vídeos da Open Road. Seu objetivo era criar um ambiente que permitisse que o autor falasse naturalmente sobre algum aspecto da sua vida, num contexto em que ele se sentisse inteiramente à vontade. A equipe de produção de vídeo pesquisava bastante a respeito da vida do autor antes de começar, depois mandava uma pequena equipe de produção para o gramado da casa do autor para filmar. Eles reuniam bastante conteúdo em cada filmagem – que durava de seis a sete horas, às vezes mais. Três ou quatro horas desse tempo eram ocupadas com entrevistas com o autor, o restante era o "rolo B" – isto é, tomadas da casa, dos jardins, da paisagem local etc. –, que poderia ser usado para fazer o vídeo. A maior parte desse material ia para o arquivo com conteúdo identificado. Uma pequena quantidade era utilizada para fazer um vídeo curto que podia ser postado no *site* da Open Road e espalhado por outros *sites* – e "curto" significa muito curto, 1 minuto e 49 segundos, para ser preciso. Segundo eles, esse era o tempo de atenção que as pessoas dedicavam para assistir a vídeos *on-line*: levando-se em conta as distrações da internet, você pode se dar por satisfeito se conseguir prender a atenção das pessoas durante esse tempo. Portanto, o desafio é este: contar uma história envolvente com uma estrutura em três atos em 1 minuto e 49 segundos. "Explicamos tudo em três atos", explicou Luke, "é o jeito antigo de construir um filme. Portanto, essencialmente: definir, desenvolver e resolver em 1 minuto e 49 segundos." Transferida para esse contexto, a estrutura em três atos se transforma nisto: "introduzir o autor, contar ao público algo sobre ele que o público desconheça ou que nós achamos atraente, e terminar com algo que deixe o público querendo saber mais a respeito do autor." Depois a música é intercalada para ajudar a criar clima e fluência. O resultado era fascinante. Cada vídeo era uma experiência audiovisual cuidadosamente elaborada que envolvia o espectador, permitia que ele se relacionasse brevemente com o autor e lhe contava algo a respeito desse autor que ele provavelmente desconhecia. E a grande quantidade de material de vídeo que não era usada no vídeo curto ia para o banco de dados de conteúdo, onde era codificada e organizada, para que pudesse ser retirada a qualquer momento e utilizada para os *mashups* que eles criavam continuamente e espalhavam pelos diversos tipos de *sites*, *blogs* e comunidades de paixão.

Como a Rosetta, a Open Road tinha demonstrado que era possível criar um novo negócio editorial adquirindo direitos digitais disponíveis de títulos de fundo de catálogo. Ela juntou isso a uma operação de marketing inovadora que aproveitou os novos ambientes informacionais que estavam sendo criados pela internet – uma combinação que produziu um crescimento impressionante: em 2014, apenas quatro anos depois de publicar seu primeiro livro digital, a empresa tinha um catálogo de cerca de 9 mil títulos, empregava cerca de cinquenta pessoas e tinha receitas de cerca 15 milhões de dólares. Como a Rosetta, a Open Road enfrentou às vezes contestações jurídicas; mas a maior parte dos contratos de autor que foram elaborados na era pré-digital ou era omissa a respeito da edição digital ou suficientemente ambígua para tornar arriscada uma contestação jurídica; portanto, o universo de livros publicados entre 1923 e 1994 provavelmente continha uma grande quantidade de títulos cujos direitos digitais continuavam disponíveis. É mais provável que o verdadeiro desafio de um empreendimento editorial como a Open Road não fosse legal, e sim econômico: o antigo desafio de transformar um negócio em expansão com receitas consideráveis num negócio lucrativo. "É difícil ter lucro", admitiu Jane. O problema era duplo: de um lado, despesas gerais elevadas, do outro, pressão para baixar os preços. As despesas gerais eram elevadas porque a Open Road tinha ampliado a equipe de maneira agressiva, especialmente na área de marketing. Jane era de opinião de que o marketing intensivo era fundamental para o êxito da empresa, e o tipo de modelo de marketing que ela criou, que incluía a filmagem *in loco* do vídeo original, não saía barato. "Nossas despesas gerais são altas, e têm de ser altas", ela afirmou, "porque se não entregarmos o que prometemos então não teremos os autores e não teremos receita." Por outro lado, a pressão para baixar os preços no universo do livro digital é enorme. "A parte mais difícil do mundo digital é ganhar dinheiro", prosseguiu Jane, "e a redução muito rápida de preços é o que me preocupa como empresa, porque meu modelo de negócio foi baseado num determinado preço de venda." Ela tinha imaginado que a editora iria vender os livros digitais por cerca de 14 dólares[5] e iria ficar com 7 dólares, metade dos quais seriam transferidos para o autor, o que os deixaria com uma receita de 3,50 dólares por unidade vendida. Na prática, porém, a coisa não funcionou assim. Os preços caíram demais, e "os preços caíram tanto porque este é um negócio baseado na promoção. É o mercado de massa desta geração. As pessoas querem pechinchas." As Ofertas do Dia da Amazon são particularmente populares, e nelas os preços baixam para 1,99 dólar por um período limitado. É verdade que promoções especiais como essa geram um pico de vendas, mas a receita por venda é muito menor. Portanto, em vez de ganhar 3,50 dólares por venda, eles podem ganhar 50 centavos de dólar ou menos. Promoções como a Oferta do Dia mostram que existe certa elasticidade no mercado do livro digital: se você baixar consideravelmente o preço, é provável que venda mais exemplares. Mas a experiência de editoras como a Open Road demonstra que o aumento de vendas unitárias não compensa a diminuição da receita unitária.

OS LIMITES DA PUBLICAÇÃO EXCLUSIVA DE LIVROS DIGITAIS DE FUNDO DE CATÁLOGO

Será que existe, então, um caminho a seguir? É possível construir um negócio editorial viável baseado na aquisição dos direitos digitais de títulos de fundo de catálogo, como a Rosetta e a Open Road procuraram fazer? É claro que se trata de duas organizações diferentes, com filosofias e estra-

---

5 Este era o "preço do catálogo digital" – isto é, o preço que a editora atribuía ao livro digital. Contudo, uma vez que os livros digitais eram fornecidos a varejistas, como a Amazon, que usavam um modelo de atacado e um desconto de revendedor de cerca de 50%, ela e outros varejistas geralmente transferiam parte do desconto para os consumidores, vendendo o livro digital por, digamos, 9,99 dólares. Em um livro de 14 dólares, a editora continuaria recebendo esse valor menos 50%, ou 7 dólares.

tégias diferentes: a Rosetta, sem investimento externo, criou um pequeno catálogo selecionado de cerca de 700 títulos, contava com uma equipe de apenas oito pessoas e teve uma receita de cerca de 4 milhões de dólares em 2015, ao passo que a Open Road utilizou financiamento de capital de risco para expandir agressivamente o catálogo e a estrutura, de modo que em 2015 ela tinha cerca de 10 mil títulos, mais de cinquenta funcionários e receita ao redor de 15 milhões de dólares. Cada uma à sua maneira, ambas procuraram erguer negócios viáveis por meio da aquisição dos direitos digitais de títulos de fundo de catálogo, e, ao fazê-lo, mostraram três pontos. Primeiro, que existe um grande volume de material que ainda está sob direitos autorais (isto é, publicado depois de 1923) e que ainda não está disponível em formatos digitais, e que a situação legal dos direitos digitais de muitos desses livros é suficientemente ambígua para permitir que empresas como a Rosetta e a Open Road adquiram esses direitos em negociações diretas com os autores, os agentes e os espólios. A maioria dos contratos entre as editoras e os autores anteriores a 1994 não contemplava a possibilidade de publicar o livro em formatos digitais e não abordava explicitamente essa questão. A linguagem empregada nos contratos mais antigos variava muito, e algumas editoras e alguns agentes de fato introduziram palavras, frases ou cláusulas que tentaram prever possíveis avanços futuros, criando assim um cenário contratual meio confuso. Porém, nos casos em que os contratos são totalmente omissos em relação aos direitos autorais eletrônicos, digitais e dos livros digitais, então é possível argumentar legitimamente que esses direitos continuam pertencendo ao autor e podem ser concedidos, por ele ou por seu espólio, tanto à editora do livro impresso original como a um terceiro, nas condições acordadas. Tanto a Rosetta como a Open Road construíram seus negócios com base no pressuposto de que os direitos digitais não concedidos dos títulos de fundo de catálogo permanecem com o autor, a menos que exista uma linguagem específica no contrato que leve alguém a pressupor o contrário, e até o momento esse pressuposto não foi rejeitado nos tribunais.

Segundo, elas mostraram que ainda existe uma grande quantidade de valor inexplorado no fundo de catálogo e que parte desse valor pode ser concretizado disponibilizando novamente títulos de fundo de catálogo em formato digital. O crescimento de receita que essas empresas obtiveram no período de 2010 a 2014 foi impressionante, de qualquer ponto de vista. É bem verdade que partiram de um patamar baixo (zero, no caso da Open Road), mas logo alcançaram uma posição em que passaram a gerar receitas que excediam às receitas de diversas editoras pequenas de perfil mais tradicional. Nesse aspecto, o crescimento generalizado da venda de livros digitais que caracterizou o período de 2008 a 2014 favoreceu-as bastante: de certa forma, elas estavam surfando na onda do crescimento do livro digital, no momento certo para aproveitar uma mudança mais ampla que ocorria ao seu redor. Mas isso também significa que a redução e a estabilização desse crescimento desde 2014 têm prejudicado, e podem continuar prejudicando, sua fonte de receita (voltaremos a esse assunto).

Terceiro, ambas mostraram, de maneira diferente, o valor do marketing inovador que aproveita as oportunidades proporcionadas pelo ambiente on--line. Quanto a isso, a Open Road foi particularmente criativa, e descobriu novas formas de aumentar a visibilidade dos autores e dos livros que há muito tinham caído no esquecimento da cultura contemporânea – de torná--los acessíveis novamente, rejuvenescê-los, reintroduzi-los nas discussões e debates contemporâneos, muitos dos quais acontecem on-line. A Rosetta também deu ênfase ao marketing on-line inovador; trabalhou em estreita colaboração com o BookBub, o serviço de assinaturas que propõe aos leitores ofertas especiais de livros digitais (mais sobre isso posteriormente), e criou diversas ferramentas que lhe permitiram se relacionar com possíveis leitores on-line e enviar cartões digitais e códigos digitais para entregar livros digitais, embora o investimento em marketing da Rosetta não chegasse nem perto daquele da Open Road. Ambas as empresas também dedicaram um bocado de tempo e de criatividade para reapresentar os títulos de fundo de catálogo em formato digital – por exemplo, reformulando completamente as capas para que elas funcionassem bem na tela e não no livro físico, criando capas compatíveis em todo o *corpus* do fundo de catálogo do autor, e assim por diante.

Mas será que esse tipo de publicação é viável no médio e longo prazos? Diversos fatores foram contrários a essas empresas – permitam-me mencionar cinco. Primeiro, a estabilização das vendas de livros digitais: à medida que o crescimento das vendas de livros digitais diminuiu e começou a estabilizar, elas não puderam mais contar com a maré montante que erguia todos os barcos. O crescimento rápido dessas empresas, que se apoiara na onda do livro digital no período de 2008 a 2012, seria difícil de sustentar num ambiente em que as vendas de livros digitais estão basicamente estagnadas ou mesmo declinantes; e, ao contrário de uma editora tradicional, para quem os livros digitais são apenas um formato entre outros, não lhes seria fácil compensar esse declínio confiando na venda dos livros impressos. Com os direitos autorais dos livros digitais como único ativo, elas estavam particularmente vulneráveis a qualquer contração do mercado do livro digital.

Segundo, a pressão para reduzir os preços dos livros digitais e a ênfase em promoções especiais, como a Oferta do Dia e o BookBub, significavam que a receita por venda unitária iria provavelmente declinar, e, embora o mercado do livro digital tenha, claramente, alguma flexibilidade, é improvável que a queda de receita por título fosse inteiramente compensada pelo aumento das vendas unitárias. Terceiro, era provável que a combinação desses fatores pressionasse cada vez mais tanto as receitas como a lucratividade. Empresas com uma equipe menor, como a Rosetta, estavam numa posição mais sólida para lidar com a pressão sobre a lucratividade. Empresas maiores, com uma equipe muito maior, como a Open Road, provavelmente teriam de enfrentar uma pressão crescente para reduzir as despesas gerais por meio do congelamento ou do corte de pessoal. Quarto, os principais ativos dessas empresas – os contratos que lhes concedem os direitos dos livros digitais – têm um prazo determinado e precisam ser renovados ou renegociados depois de cinco ou sete anos, gerando, assim, um possível aumento de custos (na forma de adiantamentos suplementares), uma revisão de cláusulas que poderia ser menos favorável ao licenciado e/ou o risco de perder os títulos mais valiosos. Quinto, o estoque de títulos de fundo de catálogo valiosos com direitos digitais disponíveis é finito e decrescente, à medida que, cada vez mais, esses direitos são assegurados pela editora original da versão impressa ou concedidos a uma editora de livros digitais de fundo de catálogo como a Rosetta ou a Open Road. Portanto, é provável que a capacidade de crescer adquirindo títulos de fundo de catálogo extremamente valiosos cujos direitos digitais estejam disponíveis diminua com o tempo. Na Open Road, essa não era uma reflexão que preocupava demais Jane – "o espaço é infinito", disse Jane. Além dos milhares de títulos e autores de fundo de catálogo a serem redescobertos e adquiridos, também existem licenças com prazo determinado detidas por outras editoras que, ao expirarem, poderiam ser transferidas para a Open Road. Outros são menos otimistas – "o estoque encolheu bastante", observou Arthur, na Rosetta. Se o objetivo não é publicar qualquer título ou autor de fundo de catálogo, e sim obras de qualidade que sejam valorizadas pelos leitores – "dar vida nova aos grandes", como disse Jane –, então não é tão evidente que o estoque de aquisições disponíveis tenha um tamanho descomunal.

Diante dessas pressões, não surpreende que empresas que construíram seu negócio adquirindo direitos digitais de títulos de fundo de catálogo logo passassem a procurar formas de diversificar as fontes de receita. Para a Rosetta, essa busca evoluiu para uma estratégia em duas frentes. Por um lado, a empresa resolveu completar seu programa editorial de fundo de catálogo construindo um catálogo de lançamentos e oferecendo aos autores uma série completa de serviços editoriais, tanto impressos como digitais – "um serviço editorial completo", nas palavras de Arthur. Porém, para fazer isso, a Rosetta agora teria de competir diretamente com as editoras convencionais – deixariam de se abastecer num estoque diferente, tendo de convencer os autores a conceder à Rosetta todos os direitos de publicação, não apenas os digitais. É claro que a Rosetta não podia competir com as grandes editoras em termos de adiantamento, mas podia oferecer outro tipo de condições atraentes. Ela apresentou os direitos autorais do livro digital aos autores como uma *joint venture*: depois de abater os custos de produção, o autor receberia 50% de toda a receita. Isso representa muito mais que os 25% de direitos autorais que é padrão entre as editoras tradicionais. Também podia oferecer aos autores muita garra e um alto nível de controle. Todo livro que ela publicasse seria tratado como prioridade, disseram: ele não vai ficar perdido no terço inferior do catálogo de lançamentos de uma grande editora. E os autores receberiam o máximo de autonomia editorial: " Dizemos ao autor: vamos lhe dar a nossa opinião sobre o que achamos que você poderia fazer para transformar este livro no melhor livro possível, mas, no final das contas, a decisão é sua. Vamos publicá-lo – e cuidaremos para que não exista nenhum filtro entre você e o público". Suas ambições eram modestas: se conseguissem contratar entre quinze e dezoito novos títulos por ano, estaria ótimo. Isso criaria uma nova fonte de receita que poderia compensar parte dos custos gerais e, se um livro decolasse, realmente fazer diferença tanto para a receita como para a lucratividade. A segunda frente da estratégia da Rosetta era ampliar sua colaboração com corporações e instituições. Por exemplo, ela criou uma série de mais de vinte livros com a Clínica Mayo, sobre temas que iam de dieta e saúde da família ao Mal de Alzheimer, que venderam muito bem.

Levando-se em conta o tamanho do pessoal e as despesas gerais da Open Road, a tarefa de desenvolver uma resposta efetiva às pressões que ela enfrentou seria sempre mais desafiadora. Na verdade, o modelo de negócio original da Open Road baseava-se no pressuposto de que a empresa teria três fontes de receita. Uma viria da publicação de títulos de fundo de catálogo em formato digital; a segunda viria das parcerias com outras editoras, nas quais a Open Road forneceria serviços de publicação de livros digitais para uma editora cujos livros só estivessem disponíveis no formato impresso; e a terceira viria da publicação de uma quantidade pequena de livros digitais originais, planejados para serem livros curtos de 20 mil palavras ou menos, publicados apenas no formato digital – em outras palavras, curtas-metragens digitais. A divisão entre as três linhas era para ser 45:45:10, embora na prática ela tenha se deslocado para 60:35:5, em parte porque, como descobriram outras editoras, o mercado de curtas-metragens digitais se mostrou limitado. Com a pressão renovada sobre a receita, a Open Road se distanciou ainda mais do plano original de publicar alguns livros originais e deu uma ênfase ainda maior no desenvolvimento inovador da sua capacidade de marketing, lançando uma série de *sites* comunitários ou "verticais" cujo objetivo era vender diretamente aos consumidores. O protótipo foi um *site* voltado aos fãs de crimes reais e de mistério chamado The Lineup: ele oferecia um fluxo contínuo de conteúdo original feito sob medida para os interesses dos fãs de crimes reais e de mistério, além de exibir livros digitais relevantes publicados tanto pela Open Road como por outras editoras. O objetivo era reproduzir *sites* semelhantes em outras áreas, como mistério e suspense, ficção científica e fantasia, romance etc., ampliando a capacidade da Open Road de atingir diretamente os consumidores. Foi contratado um novo gerente, encarregado em parte da tarefa de diminuir a diferença entre receita e despesa e pôr a empresa no caminho da lucratividade. Alguns funcionários foram demitidos, outros foram transferidos para funções diferentes, e interrompeu-se a aquisição de novos títulos. Jane deixou a linha de frente da empresa e acabou abdicando do cargo de presidente e editora executiva da empresa. Ela sentia que tinha alcançado seu objetivo principal – "nós adquirimos e renovamos 10 mil títulos, e lhes demos uma vida nova" –, mas a empresa agora estava indo em outra direção. A ideia original de criar um negócio lucrativo e próspero baseado principalmente na aquisição de direitos digitais de títulos de fundo de catálogo e na publicação de um catálogo de livros digitais cada vez maior alcançara um sucesso apenas parcial: é verdade que tinham adquirido um número considerável de títulos e construído uma estrutura de marketing inovadora que lhes permitiu promover novamente títulos de fundo de catálogo em um novo ambiente digital, mas nunca conseguiram alcançar a lucratividade com base nisso. Na busca pela lucratividade, a Open Road deixou de ser uma empresa editorial digital que utilizava técnicas inovadoras de marketing para dar vida nova aos grandes e se transformou aos poucos numa empresa de marketing digital que fornecia um conjunto de ferramentas de marketing para outras editoras.

Embora a RosettaBooks e a Open Road não tenham sido as únicas *start-ups* que procuraram construir um novo negócio adquirindo os direitos digitais de títulos de fundo de catálogo, elas eram as mais conhecidas; além disso, demonstraram, de forma muito concreta, que a revolução digital pode revitalizar o fundo de catálogo, permitindo que se extraia valor de títulos que, em muitos casos, havia muito tinham deixado de ser considerados ativos valiosos.[6] Livros e autores que tinham sido em grande medida esquecidos foram recuperados, reembalados, promovidos novamente e devolvidos aos circuitos da cultura contemporânea de uma forma que simplesmente não teria acontecido na era pré-digital. E até mesmo livros e autores que não tinham sido completamente esquecidos foram disponibilizados de novas maneiras, apresentados a novos públicos e começaram vida nova. Não surpreende que isso às vezes tenha provocado conflitos e disputas jurídicas com as editoras que tinham publicado originalmente o livro impresso, uma vez que a maioria dos contratos anteriores a 1994 não previa o surgimento do livro digital e alguns empresários conhecedores disso estavam inclinados a questionar os direitos que algumas editoras tradicionais supunham lhes pertencer. Atualmente, com a vantagem da experiência, também não causa surpresa que a urgência e a intensidade desses conflitos tenham diminuído com o tempo, à medida que o estoque de conteúdo disponível começou a minguar e a onda do livro digital começou a refluir. As guerras pelos fundos de catálogo foram um produto do seu tempo – uma série de disputas que surgiram num momento específico, quando a revolução digital estava abrindo novas possibilidades que poderiam ser aproveitadas por indivíduos e *start-ups* empreendedores, e quando o aparato legal da indústria editorial ainda não tinha se dado conta dos potenciais tecnológicos emergentes. Foram disputas que puseram em conflito algumas *start-ups* com editoras convencionais, novos concorrentes em conflito com controladores consagrados do setor, e, em alguns casos, antigos colaboradores em conflito um com o outro.[7] Porém,

---

6 Entre as outras *start-ups* que se basearam na ideia de adquirir os direitos digitais de títulos de fundo de catálogo estão a E-Reads e a Start Publishing. A E-Reads foi fundada por Richard Curtis em 1999; seu catálogo de mais de 1.200 títulos foi adquirido pela Open Road em 2014. A Start Publishing foi fundada em 2012 como uma subsidiária da Start Media; começou reunindo uma grande quantidade de obras de domínio público, depois cresceu rapidamente adquirindo ativos de livros eletrônicos de diversas empresas, entre as quais a Night Shade Books, a Salvo Press, a Cleis Press e a Viva Editions. Em 2017, a empresa tinha dezesseis selos diferentes e um catálogo de cerca de 7.300 títulos, a maioria de gêneros e nichos específicos, como ficção científica, suspense, ficção histórica, ficção cristã etc. Ao contrário da Rosetta e da Open Road, o modelo da Start Publishing se baseia na aquisição de títulos cuja licença se estende pela duração do direito de autor, não por tempo limitado. Ao contrário, também, da Rosetta e da Open Road, A Start Publishing evitou qualquer situação que pudesse envolvê-la em conflitos legais com outros interessados. Como disse um de seus dirigentes: "Se alguém alega deter os direitos de algo, então é melhor pecar por excesso de cautela".

7 Um exemplo famoso de conflito entre antigos colaboradores foi o lançamento da Odyssey Editions pelo agente Andrew Wylie em 2010. Decepcionado com a relutância das editoras convencionais em pagar direitos autorais mais elevados na venda de livros digitais de

por mais encarniçados que fossem à época, comparados a alguns dos conflitos que estavam surgindo em outros lugares, não passavam de simples escaramuças.

Embora as guerras pelos fundos de catálogo ressaltassem a importância do fundo de catálogo e das formas como ele podia ser revitalizado na era digital, parece improvável que uma programação editorial baseada principal ou exclusivamente na republicação em formatos digitais de livros publicados alguns anos antes pudesse vir a ser mais que uma operação de nicho no ambiente editorial. Um ambiente editorial vibrante precisa da criação constante do novo, bem como da reembalagem do velho. Precisa de editoras que estejam dispostas a arriscar no novo, e que sejam capazes de compensar os riscos envolvidos na publicação do novo confiando que as vendas de fundo de catálogo representem uma parcela substancial da sua receita. Embora uma editora concentrada básica ou exclusivamente na aquisição dos direitos digitais de títulos de fundo de catálogo possa, certamente, enriquecer a cultura contemporânea da palavra escrita ao dar vida nova a obras antigas, não irá expandir essa cultura acrescentando obras até então inexistentes. Ela é, por definição, uma restauradora do velho, não uma criadora do novo.

---

títulos de fundo de catálogo, Wylie fundou sua própria empresa editorial, com o propósito de lançar edições digitais de títulos de fundo de catálogo de alguns de seus clientes, entre os quais Saul Bellow, John Updike e Phillip Roth. Planejada como uma forma de pressionar as editoras a pagar direitos autorais mais elevados nas vendas de livros digitais de fundo de catálogo, essa iniciativa foi encarada como uma afronta pelas próprias editoras, e, logo depois do lançamento da Odyssey, a Random House anunciou que não faria mais negócios com a agência Wylie. Normalmente precavido, Wylie foi pego de surpresa pelo contra-ataque da maior editora de interesse geral. Depois de uma série de reuniões entre ele e o diretor-geral da Random House, um acordo satisfatório foi alcançado, e os títulos da Random foram retirados do catálogo da Odyssey. A Odyssey não representou tanto a criação de uma nova empresa editorial, e sim um novo lance em uma partida familiar que contrapunha jogadores bem entrincheirados no campo editorial, mas uma partida em que algo novo – os direitos autorais pagos nas vendas de livros digitais de fundo de catálogo – agora estava em jogo.

– 4 –

O PROBLEMA DO GOOGLE

Certamente foi motivo de muita irritação na Random House, e uma fonte real de preocupação para ela e para outras editoras, quando, em fevereiro de 2001, uma pequena *start-up* de Nova York publicou versões digitais de um punhado de livros cujos direitos elas julgavam deter. Mas foi muito mais inquietante quando, em dezembro de 2004, o Google – um dos maiores e mais poderosos entre os novos gigantes da tecnologia que surgiam no Vale do Silício – anunciou que tinha se associado às bibliotecas universitárias de Harvard, Stanford, Michigan e Oxford, e com a Biblioteca Pública de Nova York, para escanear e digitalizar milhões de livros que elas mantinham em suas galerias. Foi assim que começou a saga que iria se arrastar por doze longos anos – jogando o velho mundo da indústria editorial da Costa Leste contra o novo mundo da tecnologia de ponta da Costa Oeste –, frequentar as salas dos tribunais e as salas de reunião e gastar milhões de dólares em honorários advocatícios.

O sonho de reunir todos os livros do mundo numa biblioteca universal tem sido há muito tempo uma característica da imaginação humana, desde a Biblioteca de Alexandria até a Biblioteca de Babel, de Borges. Porém, com o aumento colossal do número de livros publicados no mundo, esse sonho parecia destinado a ficar cada vez mais distante da realidade. Contudo, na era digital, esse antigo sonho começou a se apresentar, inesperadamente, sob uma nova perspectiva. Seria possível digitalizar e depositar uma proporção considerável dos livros do mundo, se não todos, num banco de dados que utilizaria uma fração minúscula do espaço de uma biblioteca física e que poderia ser acessado de maneira virtual e remota – possivelmente por qualquer pessoa? Afinal de contas, não seria possível construir uma biblioteca universal, uma Biblioteca de Alexandria da era digital? Essa ideia grandiosa tem estimulado a imaginação de muita gente. Michael Hart, que lançou o Projeto Gutenberg numa noite de verão de 1971, e Brewster Kahle, um cientista computacional que criou o Internet Archive em 1996 e procurou expandi-lo, transformando-o numa biblioteca da internet gratuita para todos, foram apenas dois entre os muitos que alimentaram a esperança de que a revolução digital finalmente tornaria possível a concretização do sonho de uma biblioteca universal acessível gratuitamente a todos. Na verdade, porém, as origens do Library Project [Projeto Biblioteca] do Google eram muito mais prosaicas.

AS GUERRAS DOS MOTORES DE BUSCA

No início dos anos 2000, o Google era um novo concorrente na área dos motores de busca, tendo começado a funcionar alguns anos antes como uma clássica *start-up* do Vale do Silício. Larry Page e Sergey Brin tinham se conhecido em 1995 quando faziam pós-graduação em Stanford, onde desenvolveram juntos um algoritmo de busca que chamaram de PageRank.[1] A característica inconfundível do PageRank é que ele utilizava informações relacionadas aos *links* – relacionadas ao número e à importância dos *links* que mencionavam um *site* – para classificar o *site*. Assim, se um *site* muito importante A, como a *homepage* do Yahoo!, se ligava ao *site* B, então B se tornava instantaneamente mais importante e era classificado numa posição superior nos resultados de busca. Por meio da quantificação do número e da importância dos *links* que mencionavam um *site*, eles podiam gerar um método matematicamente rigoroso de classificação de páginas. Esse *insight* fundamental foi depois aprimorado de inúmeras maneiras, combinando informações a respeito de palavras e *links* com muitas outras variáveis e produzindo resultados de busca

---

1 Sobre as origens do Google, ver Vise; Malseed, *The Google Story*.

AS GUERRAS DO LIVRO

cada vez melhores. Em 1998, Page e Brin convenceram um investidor anjo que o sistema PageRank de classificação de resultados de busca merecia se transformar numa empresa, e com 100 mil dólares no bolso eles deixaram Stanford e se instalaram na garagem de um amigo em Menlo Park. Um ano depois, tinham recebido 25 milhões de dólares em investimento de capital de risco da Kleiner Perkins e da Sequoia Capital. A empresa cresceu rapidamente, e em março de 2001 o Google tinha 12% de participação no mercado americano de motores de busca. Mas ainda era ofuscado pelo Yahoo!, de longe o principal concorrente, com 36,5% do mercado de motores de busca, e pelo MSN (da Microsoft), que detinha 15% do mercado.[2] Como fazer o Google crescer e ultrapassar seus principais concorrentes – especialmente a arquirrival Microsoft – era a questão que preocupava Page e Brin. O que ele poderia fazer para obter vantagem nas guerras cada vez mais acirradas dos motores de busca?

Os motores de busca funcionam por meio de robôs automáticos – ou *spiders* – que rastreiam a web e reúnem informações, que depois são indexadas e depositadas em grandes bancos de dados e utilizadas para responder às buscas. O algoritmo do motor de busca apresenta o que ele considera que são os documentos mais relevantes que correspondem à pergunta do usuário. Segue-se que a qualidade dos resultados da busca depende tanto da sofisticação do algoritmo como da qualidade do material que foi depositado no banco de dados, sendo possível aprimorar os resultados melhorando o algoritmo e a qualidade do material do banco de dados. Como o algoritmo PageRank se mostrou bastante eficaz no ordenamento dos resultados de busca por levar em conta os *links* e avaliar a sua importância relativa, havia uma probabilidade maior de que os usuários encontrassem o que estavam procurando sem precisar verificar um grande número de páginas de resultados. Mas como se faz para melhorar a qualidade do material do banco de dados? Se a informação do banco de dados nada mais é que a informação reunida por meio do rastreamento da web, então a sua qualidade depende da qualidade do material disponibilizado por milhões de usuários e organizações que alimentam a web com conteúdo. Esse material é muito desigual – parte dele é adequado, mas existe muita coisa bem medíocre. Mas se não se confiasse apenas no que existe na web? Por que não recorrer a outro conteúdo – um conteúdo que tivesse uma probabilidade maior de ser, constantemente, de alta qualidade, e que pudesse ser digitalizado e acrescentado ao banco de dados? Foi essa linha

---

2 "Search Engine Market Shares", *Frictionless Data*, disponível em: <http://data.okfn.org/data/rgrp/search-engine-market-shares#readme>.

de raciocínio que levou Page e Brin a pensar que uma excelente maneira de aumentar a qualidade do material do banco de dados do Google – aperfeiçoando, assim, seus resultados de busca – seria digitalizar o conteúdo dos livros e acrescentar esse conteúdo ao seu depósito de dados. "Os três primeiros motivos que nos levaram a investir na digitalização de livros têm tudo a ver com o aumento da nossa qualidade de busca", explicou um alto executivo do Google. "Os livros são extremamente confiáveis, existem aos milhões e, em sua maioria, não estão ao alcance dos usuários finais que utilizam a web; portanto, esperamos produzir equivalentes mais adequados para quem utiliza o Google. A ideia de que é possível pesquisar todos os livros do mundo em todos os idiomas representa, evidentemente, uma enorme vantagem competitiva para um motor de busca, já que a sua qualidade depende da qualidade daquilo que ele rastreia." Se alguém que procura informação sobre, digamos, o câncer cervical, conseguisse recuperar informação não apenas de *sites*, mas também dos melhores livros científicos e médicos sobre o assunto, então a qualidade da informação obtida seria muito maior. Como depósito de conhecimento e de conteúdo de alta qualidade, os livros são difíceis de superar. Os dirigentes do Google podem muito bem ter alimentado seus próprios sonhos de criar uma biblioteca universal que disponibilizaria todo o conhecimento *on-line* (Page tinha trabalhado num Digital Library Project quando era estudante de pós-graduação em Stanford),[3] mas a motivação para digitalizar conteúdos de livros estava firmemente enraizada na decisão do Google de fortalecer sua vantagem competitiva diante do Yahoo! e da Microsoft nas guerras dos motores de busca.

Para adotar essa estratégia, o Google lançou em 2004 dois programas ambiciosos de digitalização de livros: o Partner Program [Programa Parceiro] e o Library Project. Embora os dois programas fossem desenvolvidos separadamente, com grupos diferentes de clientes, juntos eles compunham o programa "Google Books". Anunciado formalmente como "Google Print" na Feira do Livro de Frankfurt, em outubro de 2004, o Partner Program previa a colaboração com as editoras e a sua concordância em permitir que o Google escaneasse seus livros e depositasse o texto escaneado em seu banco de dados. Em resposta a uma busca, o usuário receberia um *link* para um texto pertinente, e, ao clicar no *link*, poderia ver a página inteira que continha o termo da busca, bem como algumas páginas anteriores e poste-

---

3 Vise; Malseed, *The Google Story*, p.36, 230. "Mesmo antes de criar o Google, sonhávamos em tornar acessível à busca a incrível massa de informação que os bibliotecários organizam com tanto carinho", recordou Page (ibid., p.230).

riores àquela. A vantagem para a editora é que o livro se tornaria objeto de atenção do usuário, que poderia consultar algumas páginas no Book Search e clicar num *link* da Amazon, do *site* da editora ou de outro varejista para adquirir o livro – era, na verdade, um modelo gratuito de marketing *on-line*. Como o contrato da editora com o Google regulava as condições em que o texto podia ser visto e permitia que a editora removesse qualquer título a qualquer momento, a maioria das editoras ficou satisfeita com o programa. Algumas se recusaram a participar, em parte porque preferiam controlar o modo como seus livros eram consultados *on-line*, e em parte porque estavam preocupados em ceder seu ativo mais valioso – o conteúdo dos livros – para uma corporação grande e poderosa cujos motivos, embora talvez não inteiramente claros para quem era estranho ao meio, não pareciam resultar do desejo de aumentar, no longo prazo, o bem-estar da indústria editorial. Embora muitas editoras desconfiassem de grandes empresas de tecnologia que repentinamente acharam um motivo para gostar de livros, a maioria estava disposta a participar de um programa que era regulado por um contrato entre a editora e a empresa de tecnologia, que permitia que as editoras tivessem um certo controle do volume de conteúdo disponível para consulta gratuita e que oferecia a possibilidade de gerar mais visibilidade, e possivelmente mais vendas, para os seus livros, num mundo que estava migrando rapidamente para o ambiente *on-line*.

O Library Project era um assunto completamente diferente. Ao mesmo tempo que negociava com as editoras e procurava convencê-las a participar do Partner Program, o Google estava conduzindo conversações independentes, sem o conhecimento das editoras, com os bibliotecários de inúmeras bibliotecas de pesquisa. Começou com o local em que Page tinha se formado, a Universidade de Michigan, onde ele se encontrou com o bibliotecário, numa visita à universidade em algum momento entre 2002 e 2004, e se ofereceu para digitalizar todo o seu acervo.[4] Mais ou menos na mesma época, Page e Brin fizeram uma oferta similar ao bibliotecário da Universidade Stanford, onde tinham feito pós-graduação. Tanto Michigan como Stanford responderam afirmativamente: "Larry disse que queria digitalizar todos os livros do mundo. Ele perguntou se Stanford gostaria de participar, e eu disse que sim",[5] recordou Michael Keller, o bibliotecário de Stanford. A oferta de digitalizar todo o acervo da biblioteca da universidade, sem custo para a universidade, parecia boa demais para recusar. Tendo assegurado a cooperação de Michigan

---

4 Marcum; Schonfeld, *Along Came Google*.
5 Michael Keller, citado em ibid.

e Stanford, o Google obteve a concordância de várias outras bibliotecas. No dia 14 de dezembro de 2004, o Google anunciou que tinha entrado em acordo com cinco bibliotecas – Biblioteca da Universidade de Michigan, Biblioteca da Universidade Stanford, Biblioteca da Universidade Harvard, Biblioteca Bodleiana, em Oxford, e Biblioteca Pública de Nova York – para escanear os livros dos seus acervos e acrescentá-los ao seu banco de dados. Os detalhes do acordo variavam de uma biblioteca para outra.[6] Michigan foi a única biblioteca que se comprometeu, desde o início, a digitalizar todo o seu acervo de 7 milhões de livros. Stanford começou com um compromisso mais modesto que implicaria a digitalização de 2 milhões de livros na primeira etapa, com o objetivo de expandir o programa até incluir todo o acervo de 8 milhões de volumes. Harvard comprometeu-se inicialmente com a digitalização de um pequeno grupo de 40 mil volumes de domínio público. A proposta de Oxford era permitir que o Google digitalizasse somente materiais do século XIX, e a Biblioteca Pública de Nova York propunha disponibilizar apenas material de domínio público. O Google instalaria escâneres dentro das bibliotecas, escanearia os livros, os indexaria e acrescentaria o conteúdo digitalizado ao seu banco de dados. O usuário que fizesse uma busca no Google veria então nos resultados os *links* de livros que eram pertinentes à pergunta. Ao clicar no *link*, ele iria para uma página do Google Print em que poderia ver o texto completo de obras de domínio público e breves excertos – algumas frases ao redor do termo de busca, que o Google chamava de "pequeno fragmento" – de livros ainda sob direito autoral. Em troca, cada biblioteca receberia uma cópia dos livros escaneados no seu acervo. "A missão do Google é organizar a informação do mundo", disse Page no linguajar tipicamente imodesto do Google, ao anunciar o Library Project, "e estamos animados por trabalhar ao lado dos bibliotecários para ajudar a transformar em realidade essa missão."[7]

Muitos autores e editoras encararam a questão de forma diferente. Para eles, parecia uma violação sistemática do direito autoral em escala maciça e sem precedentes. Como as discussões com os bibliotecários tinham sido conduzidas em segredo, a maioria das editoras e dos autores ignorava que esses projetos estavam em andamento, e foram pegos de surpresa quando o Library Project foi anunciado. A Association of American University Presses [Associação Americana de Editoras Universitárias] escreveu ao Google em maio de 2005 contestando o programa e pedindo mais esclarecimentos acerca

---

6 Marcum; Schonfeld, op. cit.
7 Tyler, "Google Checks Out Library Books", *News from Google*, 14 dez. 2004, disponível em: <http://googlepress.blogspot.co.uk/2004/12/google-checks-out-library-books.html>.

do modo como o Google planejava proteger os direitos de autor. A Association of American Publishers (AAP) escreveu ao Google em junho pedindo a suspensão do projeto de digitalização de livros durante seis meses para que houvesse mais tempo de analisar o problema dos direitos autorais. Em 20 de setembro de 2005, a Authors Guild [Associação de Escritores] – uma organização com sede em Nova York que representa 8 mil escritores americanos – entrou com uma ação judicial coletiva contra o Google por violação de direito autoral. Um mês depois, no dia 19 de outubro, a Association of American Publishers entrou com uma ação contra o Google em nome de cinco editoras – McGraw-Hill, Pearson Education, Penguin, Simon & Schuster, e John Wiley & Sons –, depois de longas discussões. A petição da AAP pedia que o tribunal declarasse que o Google cometeu violação de direito autoral ao escanear livros inteiros protegidos pelo direito autoral, e desse uma ordem impedindo o Google de agir assim sem a autorização dos detentores do direito autoral. O processo contra a RosettaBooks pode ter sido uma escaramuça secundária, mas agora as guerras dos livros tinham começado pra valer.[8]

O Google sempre considerou que o Library Project não representava uma violação do direito autoral, porque a divulgação de pequenos excertos era, segundo a empresa, coerente com a doutrina do uso justo protegida pela

---

8 Para um relato detalhado do Library Project do Google e das questões legais suscitadas por ele, ver a excelente série de artigos de Jonathan Band, "The Google Library Project: The Copyright Debate" (American Library Association, Office for Information Technology Policy), jan. 2006, disponível em: <https://alair.ala.org/bitstream/handle/11213/9239/googlepaprfnl.pdf?sequence=1&isAllowed=y>; "The Google Library Project: Both Sides of the Story" (University of Michigan Library), 2006, disponível em: <http://quod.lib.umich.edu/p/plag/5240451.0001.002/--goggle-library-project-both-sides-of-the-story?rgn=main;view=fulltext>; "A Guide for the Perplexed: Libraries and the Google Library Project Settlement" (American Library Association e Association of Research Libraries), 13 nov. 2008, disponível em: <https://www.arl.org/resources/a-guide-for-the-perplexed-libraries-and-the-google-library-project-settlement/>; "A Guide for the Perplexed Part II: The Amended Google-Michigan Agreement" (American Library Association e Association of Research Libraries), 12 jun. 2009, disponível em: <https://www.arl.org/resources/a-guide-for-the-perplexed-part-ii-the-amended-google-michigan-agreement/>; "A Guide for the Perplexed Part III: The Amended Settlement Agreement" (American Library Association e Association of Research Libraries), 23 nov. 2009, disponível em: <https://www.arl.org/wp-content/uploads/2009/11/guide-for-perplexed-part3-nov09.pdf>; "A Guide for the Perplexed Part IV: The Rejection of the Google Books Settlement" (American Library Association e Association of Research Libraries), 31 mar. 2011, disponível em: <https://www.llrx.com/2011/04/a-guide-for-the-perplexed-part-iv-the-rejection-of-the-google-books-settlement/>. Ver também Band, "The Long and Winding Road to the Google Books Settlement", *The John Marshall Review of Intellectual Property Law*, v.9, n.2, p.227-329, 2009, disponível em: <https://repository.jmls.edu/ripl/vol9/iss2/2>. Também existem muitas outras publicações úteis relacionadas na página Google Books do *site* da Association of Research Libraries, disponível em: <www.arl.org/component/taxonomy/term/summary/75/135#,V6im28_rvmH>.

legislação americana do direito autoral. No entanto, em resposta à crítica da AAP e da Authors Guild, em agosto de 2005, o Google anunciou uma política de exclusão voluntária que permitiria que os detentores de direito autoral pedissem a sua exclusão do Library Project fornecendo ao Google uma lista de títulos que eles queriam excluir. O Google também declarou que suspenderia temporariamente o programa de escaneamento até 1º de novembro, para dar aos detentores de direito autoral a oportunidade de decidir se queriam excluir livros do projeto. No entanto, para muitos detentores de direito autoral, a proposta de exclusão voluntária do Google virava o princípio fundamental do direito autoral de cabeça para baixo. Em vez de exigir que o usuário solicitasse e obtivesse a autorização de utilizar material sob direito autoral (um sistema de inclusão), o Google estava exigindo que o detentor do direito autoral informasse o Google se não quisesse que o seu material sob direito autoral fosse utilizado (o sistema de exclusão voluntária). Isso atribuía aos detentores do direito autoral o ônus da responsabilidade de agir, em vez de atribuir ao Google a responsabilidade de solicitar a autorização. Aos olhos das editoras e dos autores, a política de exclusão voluntária do Google invertia a ordem das coisas.

O VAIVÉM DOS ACORDOS

Os representantes dos demandantes e do Google iniciaram um processo de discussão e, depois de vários meses de negociação, anunciaram um acordo no dia 28 de outubro de 2008.[9] O acordo propunha a criação de um novo mecanismo – o Registro de Direitos de Livros ou RDL –, que autorizava que o Google pagasse aos detentores de direitos autorais pelo direito de exibir livros. O Google pagaria 125 milhões de dólares; parte desse montante iria para os detentores de direitos dos livros que a empresa tinha escaneado sem autorização, e parte iria financiar o RDL. Além disso, o Google arcaria com as custas judiciais dos demandantes. O Google também estaria autorizado a gerar receita por meio da venda da capacidade de examinar o texto integral e de imprimir livros, por preços que poderiam ser definidos pelo detentor dos direitos (em caso de omissão destes últimos, o Google definiria o preço utilizando um algoritmo de precificação); todas as receitas geradas dessa maneira seriam repartidas 37%:63% entre o Google e o RDL, o qual distri-

---

9 O texto integral do acordo pode ser encontrado em: <www.googlebooksettlement.com/agreement.html>. Para uma síntese útil, ver Band, "A Guide for the Perplexed: Libraries and the Google Library Project Settlement", op. cit.

buiria a sua parte entre os detentores dos direitos. O acordo diferenciava três categorias de livros – sob direitos autorais e disponíveis à venda (o que significava, basicamente, livros em catálogo ou disponíveis por meio de impressão sob demanda), sob direitos autorais e não disponíveis à venda, e de domínio público – e estabelecia regras predefinidas em relação ao que o Google podia fazer com as duas categorias de livros sob direitos autorais. Como os detentores de direitos podiam remover livros específicos do banco de dados do Google, modificar as regras predefinidas ou optar por ficar inteiramente fora do programa, a categoria que provavelmente seria mais afetada pelas regras preestabelecidas do acordo era a dos livros sob direitos autorais que não estavam mais à venda (o Google calculou que cerca de 70% de todas as obras publicadas pertenciam a essa categoria, enquanto 20% estavam em domínio público e 10% estavam sob direitos autorais e disponíveis no mercado).

O acordo apresentado era uma forma engenhosa de sair do impasse jurídico que teria permitido o prosseguimento do Library Project ao mesmo tempo que dissiparia muitas das preocupações dos detentores de direitos autorais – para muitos participantes e observadores ele pareceu um resultado perfeito, ou, pelo menos, satisfatório. Mas o acordo foi alvo de inúmeras críticas, tanto nos Estados Unidos como no exterior, e passou por maus bocados no sistema judiciário americano. Em setembro de 2009, o Departamento de Justiça americano levantou objeções ao acordo, instando as partes a retirar o acordo original e apresentar uma versão revisada, o que foi feito em 13 de novembro de 2009. As revisões se ocuparam principalmente dos mecanismos de controle das obras órfãs – isto é, obras que ainda estão sob direitos autorais, mas não se consegue identificar seus proprietários – e da limitação do acordo a livros publicados nos Estados Unidos, no Reino Unido, na Austrália e no Canadá. O objetivo dessa limitação era satisfazer as objeções dos governos da França e da Alemanha, que alegavam que o acordo não respeitava a legislação dos direitos autorais de seus países; como uma grande proporção dos livros das bibliotecas parceiras do Google não eram em inglês (talvez 50%), isso representava uma redução significativa do horizonte do acordo.[10] Como se tratava de um acordo relacionado a uma demanda judicial coletiva, a versão revisada teria de ser aprovada pelo Tribunal Distrital americano em nome do Distrito Sul de Nova York. No dia 22 de março de 2011, o juiz distrital americano Denny Chin comunicou que rejeitava o acordo sob a alegação de que ele "não é justo, adequado nem razoável". Ao atribuir aos detentores dos direitos autorais o ônus de tomar

---

10 Para um relato mais detalhado das principais mudanças no acordo retificado, ver Band, "A Guide for the Perplexed Part III: The Amended Settlement Agreement", op. cit.

a iniciativa para proteger seus direitos, Chin sustentou que o acordo era incompatível com os princípios básicos da lei dos direitos autorais – ratificando, com isso, o que muitas editoras sempre pensaram. Chin também afirmou que o acordo daria ao Google "um monopólio *de facto* das obras de autoria não reivindicada", recompensando-o por se envolver na reprodução não autorizada de livros e dando-lhe uma vantagem considerável sobre qualquer concorrente. Embora a sentença de Chin representasse, evidentemente, um duro golpe para os autores do acordo, na verdade ela deixou a porta entreaberta ao mencionar que algumas das objeções poderiam ser atendidas se o acordo deixasse de ser de exclusão voluntária e passasse a ser de inclusão voluntária. Para Chin, a situação das obras órfãs deveria ser tratada em separado, por meio de legislação do Congresso e não por meio de um acordo entre grupos privados com interesse próprios.[11]

Como resultado da rejeição do juiz Chin ao acordo revisado, o Google e a AAP, agindo em nome das cinco editoras, retomaram as negociações e, em 4 de outubro de 2012, comunicaram que tinham resolvido a disputa jurídica que se arrastava havia sete anos. Por se tratar de um acordo privado entre as partes do litígio, não foi necessária a aprovação do tribunal, e as cláusulas permaneceram confidenciais. O comunicado à imprensa confirmou que as editoras podiam optar por disponibilizar ou remover seus livros e periódicos de qualquer material digitalizado pelo Google para o Library Project.[12] O acordo também ofereceu outra saída para que o Google vendesse os livros que fazem parte do Library Project: os livros escaneados pelo Google no Library Project poderiam ser incluídos pelas editoras no Google Books, que permite que os usuários consultem até 20% do conteúdo, sendo que estes podem, então, adquirir uma cópia digital por meio do Google Play, o serviço de distribuição digital e loja de mídia que foi lançado pelo Google em março de 2012. Porém, ao contrário do acordo anterior, não existe nenhum indício de que o Google tenha concordado em pagar uma compensação aos detentores dos direitos.

O acordo privado entre o Google e a AAP significava que os outros interessados que detivessem direitos de livros escaneados pelo Google, incluindo autores e editoras estrangeiras, teriam de adotar medidas individuais. Apesar do acordo com a AAP, a Authors Guild prosseguiu com a sua ação

---

11 A sentença completa pode ser encontrada em: The Authors Guild et al. *vs.* Google Inc., n.05 Civ. 8136 (DC), 2011, disponível em: <https://www.authorsguild.org/where-we-stand/authors-guild-v-google/>. Para um relato mais detalhado da rejeição, ver Band, "A Guide for the Perplexed Part IV: The Rejection of the Google Books Settlement", op. cit.

12 Sporkin; Shiels, "Publishers and Google Reach Agreement", *News from Google*, 2012, disponível em: <http://googlepress.blogspot.co.uk/2012/10/publishers-and-google-reach-agreement.html>.

coletiva. No dia 14 de novembro de 2013, o juiz Chin decidiu em favor do Google, alegando que o uso das obras sob direitos autorais feito pelo Google era um "uso justo", de acordo com a lei de direitos autorais americana.[13] Para chegar a essa sentença, Chin se inspirou bastante na influente interpretação que Pierre Leval fez da doutrina do uso justo.[14] A doutrina do uso justo foi concebida como uma forma de limitar a abrangência dos direitos de monopólio concedidos aos criadores de propriedade intelectual pela lei dos direitos autorais, para que outras formas de criatividade, como a crítica e a pesquisa, não fossem sufocadas. Não existe um critério simples de uso justo – cada caso tem de ser analisado isoladamente. Mas o § 107 da Lei de Direitos Autorais americana especifica que devem ser levados em conta quatro fatores para determinar se o uso que é feito de uma obra em qualquer caso particular é um uso justo:

1. o propósito e a condição do uso, inclusive se esse uso é de natureza comercial ou tem propósitos educativos sem fins lucrativos;
2. a natureza da obra sob direitos autorais;
3. o volume e a importância da porção usada em relação à obra sob direitos autorais como um todo;
4. as consequências do uso sobre o mercado potencial e sobre o valor da obra sob direitos autorais.

Em sua descrição da doutrina do uso justo, Leval deu uma ênfase especial ao primeiro desses fatores, considerando-o decisivo para determinar se a defesa do uso justo por parte de um usuário secundário é justificada: "Creio que a resposta à questão da justificativa visa principalmente a precisar se, e em que medida, o uso questionado é transformador. O uso deve ser produtivo e deve empregar a matéria citada de maneira diferente ou com um propósito diferente do original".[15] Chin argumentou que o uso que o Google fez do material sob direitos autorais é "transformador" precisamente nesse sentido: ele não reproduz simplesmente o material original, mas usa as palavras para um propósito diferente – isto é, para facilitar a busca. O uso que o Google faz também é transformador no sentido de que ele transforma o texto do livro em dados, com o propósito de realizar pesquisas significativas. O Google Books não substitui nem suplanta os livros porque

---

13 The Authors Guild et al. *vs.* Google Inc., n.05 Civ. 8136 (DC), 2013, disponível em: <https://www.authorsguild.org/where-we-stand/authors-guild-v-google/>.

14 Leval, "Toward a Fair Use Standard", *Harvard Law Review*, v.103, p.1105, mar. 1990, disponível em: <https://www.law.berkeley.edu/files/Leval_-_Fair_Use.pdf>.

15 Ibid., p.1111.

não é uma ferramenta que deve ser utilizada para ler livros. Em vez disso, ele "agrega valor ao original" e possibilita "a criação de novas informações, novas estéticas, novos *insights* e novas interpretações", argumentou Chin, citando Leval. "Consequentemente, o uso é transformador."[16] Além disso, não existe nenhum sinal de que os escaneamentos do Google estejam tendo um impacto negativo no mercado de livros – "Pelo contrário", observou Chin, "a única descoberta de um pesquisador razoável seria que o Google Books aumenta as vendas dos livros, em proveito dos detentores de direitos autorais".[17] Para a Authors Guild, tratava-se de uma ampliação questionável da doutrina do uso justo e um desconhecimento do prejuízo real que poderia ser causado aos autores. A Authors Guild recorreu da decisão à Segunda Instância americana, mas em outubro de 2015 ela confirmou por unanimidade a sentença favorável ao Google. Sem se deixar abater, a Authors Guild fez uma petição à Suprema Corte para que ela revisse a decisão da Segunda Instância; em abril de 2016 a Suprema Corte negou a petição.

Numa série de acontecimentos paralelos, a Authors Guild acabou se envolvendo numa disputa independente, mas relacionada ao assunto, envolvendo o HathiTrust, um depositário digital de conteúdo de bibliotecas universitárias. O nome foi inspirado na palavra "elefante" em hindu, *hathi* – um animal conhecido por jamais esquecer. As origens do HathiTrust remontam a 2008, quando algumas das bibliotecas que participavam do Google Library Project decidiram criar um depósito para armazenar, administrar e preservar os milhões de arquivos de livros escaneados que estavam sendo gerados pela participação no Library Project. Como parte do projeto, o Google forneceu uma cópia digital de cada obra escaneada para a biblioteca que a detinha; as bibliotecas, então, depositavam a cópia digital na Biblioteca Digital HathiTrust, um depósito digital compartilhado que poderia ser consultado. As possibilidades de pesquisa permitiam que os usuários realizassem uma busca de texto completo de um termo específico em todas as obras do depósito; porém, em relação às obras que estavam em domínio público ou para as quais o detentor dos direitos autorais não tinha concedido permissão, a busca de texto completo indicaria apenas os números das páginas em que um termo específico foi encontrado e o número de vezes que o termo aparecia em cada página. Liderada pela Universidade de Michigan, uma das participantes do Library Project, a iniciativa contou inicialmente com a adesão do sistema de bibliotecas da Universidade da Califórnia e das bibliotecas dos doze membros do Comitê de Cooperação Institucional, um

---

16 The Authors Guild et al. *vs.* Google Inc., op. cit., p.21.
17 Ibid., p.25.

consórcio das dez universidades mais importantes (conhecidas como "Big Ten") mais a Universidade de Chicago. Outras instituições não tardaram a aderir, entre as quais Cornell, Dartmouth, Princeton e Yale. Em 2011, a Biblioteca Digital HathiTrust tinha mais de 7,6 milhões de volumes em seu repositório. O núcleo desse repositório era formado pelo material escaneado no Google Library Project, mas o banco de dados também continha outros materiais. Em setembro de 2011, a Authors Guild, outras associações da mesma natureza e escritores independentes processaram o HathiTrust e as bibliotecas participantes por violação de direito autoral.

Em 10 de outubro de 2012, o juiz Harold Baer Jr., do Tribunal Distrital americano, decidiu em favor do HathiTrust.[18] Como o juiz Chin argumentaria mais tarde no caso Authors Guild *vs*. Google, o juiz Baer sustentou que os usos que o HathiTrust fez do conteúdo digitalizado eram transformadores e, consequentemente, justificados segundo a doutrina do uso justo. O conteúdo digitalizado permite que as bibliotecas criem um inventário consultável das suas obras e protejam seus acervos do risco de desastres naturais e outras catástrofes, permite que os especialistas pesquisem uma grande quantidade de materiais e identifiquem obras importantes sem revelar material sujeito a direito autoral, além de permitir que indivíduos com deficiência visual tenham acesso aos acervos das bibliotecas em pé de igualdade com indivíduos que não têm essa deficiência – para Baer, todos esses fatores pendiam em favor da defesa do uso justo. Ele também rejeitou o argumento dos demandantes de que os usos feitos pelo HathiTrust prejudicariam o mercado devido à perda de vendas. Esse argumento ignora o fato de que a compra de uma cópia adicional não teria permitido nem as buscas de texto completo nem o acesso dos deficientes visuais, dois usos transformadores que foram fundamentais para o Projeto de Digitalização em Massa (PDM), termo usado por Baer para se referir ao escaneamento de livros em larga escala contido no Library Project do Google. A conclusão de Baer foi irrefutável: "Não consigo imaginar uma definição de uso justo que não inclua os usos transformadores promovidos pelo PDM dos Acusados e que me peça para pôr fim a essa contribuição inestimável para o progresso da ciência e para a promoção das artes, algo que também é feito, ao mesmo tempo, pelos ideais defendidos pela ADA (sigla em inglês de Lei dos Americanos com Deficiência)".[19] A Authors Guild recorreu ao Tribunal de Apelação de Segunda Instância, e,

---

18 The Authors Guild et al. *vs*. HathiTrust et al., n.11 CV 6351 (HB), disponível em: <http://cases.justia.com/federal/district-courts/new-york/nysdce/1:2011cv06351/384619/156/0.pdf?ts=1428708650>.

19 Ibid., p.22.

no dia 10 de junho de 2014, a Segunda Instância também decidiu em favor do HathiTrust, confirmando seu direito de manter um banco de dados que aceitasse buscas de texto completo de obras com direito autoral e disponibilizasse essas obras em formatos acessíveis aos deficientes visuais.[20]

As decisões a respeito do HathiTrust foram importantes porque confirmaram o direito das bibliotecas de digitalizar seus acervos de livros – no caso da HathiTrust, algo extremamente facilitado pelo Google Library Project – e de tornar seus conteúdos pesquisáveis, embora elas tenham abordado a questão da busca de texto completo somente no contexto dos deficientes visuais. Isso deixou em aberto a questão de saber se o acesso ao texto completo a indivíduos que não têm deficiência visual poderia ser justificado de acordo com a doutrina do uso justo – uma questão que, em algum momento, certamente ocupará o centro das atenções e, talvez, das contestações.[21]

No entanto, não foram apenas os escritores, as editoras e as suas associações profissionais que agiram contra o Google: em abril de 2010, um grupo de fotógrafos, artistas gráficos e associações profissionais – entre as quais a American Society of Media Photographers [ASMP – Associação Americana de Fotógrafos de Mídia], a Professional Photographers of America [PPA – Fotógrafos Profissionais da América] e a Graphic Artists Guild [GAG – Associação dos Artistas Gráficos] – impetraram sua própria ação coletiva contra o Google. Os demandantes inicialmente tinham entrado com uma moção, em novembro de 2009, pedindo para participar das negociações do que viria a ser o malfadado acordo entre o Google e a AAP, mas na época foram aconselhados pelo juiz Chin a impetrar uma ação independente. As discussões entre o Google e os fotógrafos, os artistas gráficos e as associações profissionais prosseguiram durante vários anos, e, em setembro de 2014, eles anunciaram que tinham chegado a um acordo privado, cujas cláusulas não foram divulgadas.

Considerando as idas e vindas dessa longa saga jurídica, é compreensível que se perca a noção de quem está processando quem, quem tinha e quem não tinha chegado a um acordo – para aqueles que acham que já estão começando a perder o fio da meada, a Figura 4.1, baseada na prática "árvore genealógica do litígio" de Jonathan Band, pode ser um lembrete útil.[22]

---

20 Authors Guild Inc. *vs.* HathiTrust, n.121-4547-cv, 2014, disponível em: <http://law.justia.com/cases/federal/appellate-courts/ca2/12-4547/12-4547-2014-06-10.html#>.

21 Ver Band, "What Does the HathiTrust Decision Mean for Libraries?", *Library Copyright Alliance*, 7 jul. 2014, disponível em: <https://lca.x0x8kvd0-liquidwebsites.com/wp-content/uploads/2018/04/article-hathitrust-analysis-7jul2014.pdf>.

22 Adaptado de Band, "Google Books Litigation Family Tree", *Library Copyright Alliance*, 11 out. 2012, disponível em: <https://lca.x0x8kvd0-liquidwebsites.com/wp-content/uploads/2018/04/googlebookslitigation-familytree.pdf>.

AS GUERRAS DO LIVRO 157

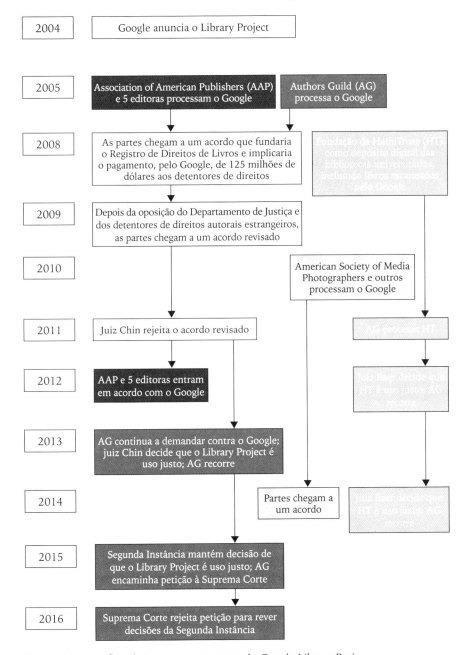

Figura 4.1 – Conflito de interesses em torno do Google Library Project

QUAL O TAMANHO DE UM PEQUENO FRAGMENTO?

Com a decisão da Suprema Corte em abril de 2016, esse longo e multifacetado conflito finalmente chegou ao fim. Nessa altura, o Google tinha escaneado mais de 20 milhões de livros no Library Project, dos quais uns 4 milhões ainda estavam sob direitos autorais, e tinha depositado cópias digitais deles em seu banco de dados para melhorar os resultados de busca. Depois de uma década de batalhas jurídicas complexas, o Google parecia ter saído vitorioso. A empresa sempre considerara que o Library Project não representava uma violação do direito autoral, porque a apresentação de pequenos fragmentos era compatível com a doutrina do uso justo, e a decisão do juiz Chin, junto com a decisão da Suprema Corte, parecia sustentar esse ponto de vista. Na verdade, porém, essa era praticamente uma vitória de Pirro, já que era quase certo que o tempo e os custos comprometidos na obtenção desse resultado superavam os ganhos. O Google já tinha ultrapassado o Yahoo! e o MSN como principal motor de busca em 2003, um ano antes do lançamento do Library Project, e em 2005 ele estava numa posição predominante, com 65% do mercado, comparados aos 15% do Yahoo! e 10% do MSN.[23] O Google tinha vencido a guerra dos motores de busca sem a ajuda da artilharia suplementar proporcionada pela digitalização de milhões de livros. E, afinal de contas, o impacto que todos esses pequenos fragmentos teriam no sistema de busca talvez não fosse tão importante.

Quanto às editoras, poderia parecer que a saga acabou mal. Foi um trabalho longo e difícil que absorveu um bocado de tempo e de dinheiro, e o acordo obtido a duras penas, que viria acompanhado de uma considerável indenização pelo Google, foi rejeitado pelo tribunal. Mas muitas editoras não veem a coisa dessa maneira. Embora as cláusulas do acordo privado a que chegaram as editoras e o Google em 2012 continuem confidenciais, alguns do lado das editoras o consideram uma espécie de vitória. "Nós confinamos o Google, e, o que é mais importante, confinamos as bibliotecas", disse Tom, editor sênior de uma grande editora. "Para mim, o perigo não era realmente o Google. Nunca pensei que o Google quisesse ir além de copiar os livros para usá-los nas buscas. O que me assustava era o fato de eles darem cópias digitais dos livros para as bibliotecas, e a diretriz da biblioteca é obter o máximo de material possível para o maior número possível de clientes. Portanto, sempre achei que o perigo do Google era ser o intermediário: o

---

23 "Search Engine Market Share Worldwide", disponível em: <https://gs.statcounter.com/search-engine-market-share>.

verdadeiro perigo eram as bibliotecas." Esse perigo foi exacerbado pelo fato de que as bibliotecas das universidades estaduais fazem parte dos estados, e a interpretação da 11ª Emenda à Constituição feita pela Suprema Corte concede aos estados imunidade soberana no que diz respeito a processos que busquem compensações financeiras – normalmente conhecida como doutrina americana da imunidade soberana do Estado.[24] Antes de tudo, isso pode ter estimulado os funcionários da Universidade de Michigan e de outras universidades estaduais a fazer acordos ambiciosos com o Google, sabendo que não seriam processados por violação de direito autoral se a defesa do uso justo fracassasse (a participação de universidades privadas como Harvard e Stanford era mais limitada),[25] e significava que a única medida legal que as editoras poderiam tomar para tentar limitar o que as bibliotecas das universidades estaduais poderiam fazer com os arquivos era processar o Google. Além disso, o simples fato de todo esse conteúdo digital andar por aí, e o fato de as pessoas começarem a pensar que todo livro em qualquer língua deveria estar disponível gratuitamente *on-line*, seria um precedente perigoso não apenas para as editoras, mas também para os autores. Portanto, havia muita coisa em jogo. O acordo que foi realizado entre as editoras e o Google pôs limites àquilo que o Google poderia fazer dali em diante, além de limites àquilo que as bibliotecas poderiam fazer com as cópias digitais que receberam do Google. E agora, depois de tudo o que aconteceu com o Google Library Project, qualquer um que se sinta tentado a embarcar num projeto similar, vai pensar duas vezes. "Antes de pingar, digamos, 10 bilhões de dólares num projeto de escaneamento de todos os livros do mundo de novo, a pessoa olharia para trás para ver o que tinha acontecido da última vez, e não iria encontrar muita coisa", disse Tom. Teria de encarar sete anos de disputas com editoras furiosas, assumiria um risco enorme, porque, se fosse processada e perdesse, poderia ser penalizada por cada livro copiado, e, no final das contas, o benefício não seria muito evidente. Portanto, ao enfrentar o Google, as editoras criaram um poderoso desincentivo para que outros seguissem o exemplo dele. "Foi um momento específico, e, ao fazer o que fizemos naquele momento específico, creio que realmente tiramos essa opção do mapa. Não acho que vá aparecer alguém que queira tentar isso de novo."

Mas será que a decisão do uso justo favorável ao Google e contrária à Authors Guild também não teve um impacto negativo nas editoras?

---

24 Samuelson, "The Google Book Settlement as Copyright Reform", *Wisconsin Law Review*, v.479, p.479-562, 2011.
25 Ibid., p.485-6.

Em alguma medida, sim, e algumas pessoas da comunidade editorial têm dificuldade de entender por que a Authors Guild insistiu no litígio, quando um acordo privado com o Google estava próximo. "As editoras chegaram a um acordo, a Authors Guild continuou litigando. Não faço a menor ideia do motivo", disse Tom. "Eu falei para eles: 'O que vocês estão fazendo? Nós, as editoras e os autores juntos, conseguimos o que precisamos; por que vocês vão continuar com isso?'. E eles continuaram, nunca fizeram um acordo. Continuaram e perderam." O acordo das editoras com o Google continua de pé – ele permanece intacto, apesar da decisão contrária à Authors Guild sobre o uso justo. Mas, agora, a situação jurídica é menos favorável ao ponto de vista das editoras. "Existe uma legislação em vigor que diz que é permitido copiar um livro desde que o objetivo seja promover um pequeno fragmento dele. Não acho realmente que isso nos prejudique; não penso que copiar um livro para disponibilizar um pequeno fragmento de texto arruíne o nosso negócio", disse Tom. "Porém, a questão vai ser esta: qual o tamanho de um pequeno fragmento? E eles vão começar a pressionar esse ponto." Se um fragmento de texto for uma frase, na maioria dos casos isso talvez não seja um problema, mas e se um fragmento de texto virar uma página? Ou duas páginas? Ou três? Como o conceito de fragmento de texto não está definido claramente na lei do direito autoral, ele poderia ser ampliado por concorrentes que queiram aumentar, não diminuir, a quantidade de texto disponível. E o que dizer das obras que contêm informações de natureza fundamentalmente factual e referencial, como os dicionários, as enciclopédias e outras obras de referência? O Google decidiu não exibir pequenos fragmentos de determinadas obras de referência, como dicionários, porque reconheceu que mesmo esses fragmentos poderiam prejudicar a comercialização dessas obras. Mas por que os outros tomariam a mesma decisão do Google? E o que dizer dos livros cuja classificação como obras claramente de referência é mais difícil de fazer, mas que, no entanto, são valorizados pela informação que contêm, como os livros de culinária, os manuais e os almanaques? Se for possível disponibilizar as informações gratuitamente em forma de pequenos fragmentos de texto, então vai ser difícil conservar o valor desses livros.

PARA ONDE VAI O GOOGLE BOOKS?

Essas questões, que vieram à tona em 2014 com a decisão do juiz Chin favorável ao Google, certamente serão motivo de preocupação dos juristas e, possivelmente, dos tribunais nos próximos anos. Embora a polêmica em torno do Google Books tenha arrefecido, quando ela chegou ao fim as questões pareciam menos urgentes para muitos. Isso aconteceu, em parte, porque alguns dos participantes já tinham chegado a um acordo fora dos tribunais quando Chin proferiu o veredito final, e em parte porque o foco da revolução digital na indústria editorial agora era outro. Muitas das ansiedades que tinham alimentado a preocupação das editoras e dos autores em 2004, quando o Google anunciou o Library Project, tinham passado para um segundo plano, e outras questões tinham se tornado mais urgentes. Em 2010, havia muitas editoras que olhavam para o Google e desejavam, talvez um pouco ironicamente, que a empresa levasse mais a sério os livros digitais e se tornasse uma concorrente mais agressiva no espaço do varejo, na expectativa de que ela, junto com a Apple, tivesse a escala e a influência para se contrapor à força daquilo que muitas editoras agora consideravam o novo gorila de trezentos quilos no meio delas – a Amazon. Mas o interesse principal do Google nunca foi vender livros – por que ele iria querer entrar no varejo de livros, com suas margens minúsculas, quando seu principal negócio é a busca e ele consegue ganhar rios de dinheiro com publicidade? O Google entrou no mercado de livros para atender a outro objetivo – usar o texto do livro como uma forma de aumentar a importância dos resultados de busca. A empresa nunca foi uma varejista de livros, e acrescentar a capacidade de comprar livros digitais nada mais era que a ampliação de um projeto que era determinado por outros interesses. Quando o Google introduziu o Google Play e incorporou sua loja de livros digitais num serviço de distribuição digital multimídia, o mercado do livro digital estava tão dominado pela Amazon que seria difícil que um novo concorrente ficasse com uma fatia significativa do mercado, especialmente se a sua capacidade de dar descontos estivesse limitada por acordos de intermediação (mais sobre este assunto no Capítulo 5) e se as suas principais preocupações, tanto estratégicas como financeiras, estivessem em outro lugar. É claro que o Google poderia se tornar um sério concorrente no varejo se realmente quisesse – ele certamente dispõe dos recursos para fazê-lo, além de ser muito mais lucrativo que a Amazon. Mas por que desejaria seguir esse caminho quando seu foco principal sempre esteve em outros pontos, e quando seu principal mecanismo de geração de receita sempre foi a publicidade, não o varejo? Uma pessoa bem informada do Google, que durante dez anos assistiu de camarote à polêmica a respeito dos livros, disse o seguinte:

> A ironia disso tudo é que estamos num beco sem saída, e é muito difícil perceber como vamos sair disso. O que pode nos levar a abandonar o negócio e

entregá-lo à Amazon ou entrar e competir com ela. Estamos preocupados com o quê? Ganhamos um monte de dinheiro em outro lugar. Será que precisamos mesmo desse negócio? E se é tão difícil, chega uma hora que você diz "foda-se". Ou entramos no mercado, e nos tornamos aquele grande concorrente que todas as editoras sonharam que nós nos tornaríamos anos atrás. Nesta altura [2016], é uma questão mesmo de cara ou coroa. Mas eu sei que, no longo prazo, o caminho que estamos trilhando no momento não vai dar certo para esta empresa.

O Google ingressou no mundo dos livros em 2004 para descobrir novos conteúdos que fortalecessem a sua posição na guerra dos motores de busca – uma guerra que foi vencida, para todos os efeitos, em 2005, sem a ajuda desses conteúdos. E uma vez vencida a guerra dos motores de busca, os argumentos favoráveis ao escaneamento de uma quantidade cada vez maior de livros (diante da oposição acirrada dos detentores de direito autoral) e ao investimento maciço numa operação de varejo de livros que provavelmente traria apenas uma minúscula contribuição financeira para a empresa, pareciam cada vez menos atraentes. Houve uma época em que Page e Brin podem ter acalentado a ideia de que o Google poderia pegar os conteúdos físicos das bibliotecas e transformá-los numa biblioteca universal acessível a todos, mas, como essa nunca foi a sua principal motivação para lançar o Library Project, a ideia ficou pelo caminho quando a sua posição como o motor de busca irresistivelmente dominante se confirmou.

– 5 –

A ASCENSÃO DA AMAZON

O poder da Amazon é o maior problema da indústria editorial.
CEO de uma grande editora americana de interesse geral

Se tivéssemos de destacar algo que a revolução digital criou que fez mais que qualquer outra para abalar as estruturas tradicionais da indústria editorial do livro, esse algo não seria o livro digital: seria a Amazon. Da origem humilde numa garagem do subúrbio de Seattle em julho de 1995 à atual posição de mais importante varejista de livros – tanto físicos como digitais – e de maior varejista do mundo, a Amazon se enraizou profundamente na consciência de todos os integrantes do mundo editorial. Em razão de seu enorme controle do mercado, é muito difícil para as editoras abrir mão dela – para muitas editoras, a Amazon se tornou a cliente mais importante. No entanto, quanto maior o poderio da Amazon, mais difícil é negociar com ela, já que ela usa sua crescente participação de mercado como um instrumento para arrancar melhores condições das editoras, em negociações às vezes acirradas que, de vez em quando, ocupam o centro das discussões públicas. Isso tem ofuscado, até certo ponto, a transformação extraordinária que a Amazon provocou na natureza do comércio de livros. O *site* da Amazon se tornou o catálogo de registro *de facto* dos livros disponíveis. Ele permitiu que os clientes tivessem acesso a um conjunto de livros – tanto de fundo de catálogo como lançamentos – que supera de longe o que existia no mundo pré-Amazon, além de lhes oferecer um nível de atendimento que os outros varejistas têm dificuldade de imitar. Hoje, com a vantagem da experiência, podemos perceber que o surgimento da Amazon foi uma espécie de divisor de águas na história da indústria editorial moderna, e que o mundo do livro antes da Amazon era um lugar diferente do mundo que conhecemos hoje. A transformação do varejo provocada pela Amazon se tornou possível pela revolução digital – sem ela, a Amazon não existiria. E essa transformação começou muito antes do Kindle: embora ele tenha sido um elemento importante do impacto transformador da Amazon na indústria editorial, a transformação foi muito mais ampla e fundamental que ele, abarcando tanto os livros impressos como os digitais, além de contribuir com muitos outros aspectos da revolução digital na indústria editorial. Muitos leitores e muitas editoras do universo de língua inglesa contemporâneo têm dificuldade de lembrar ou imaginar como era vender e comprar livros antes da Amazon, tamanha a importância dessa organização para o mundo do livro.

De certo modo, a revolução do varejo provocada pela Amazon é apenas o último de uma série de acontecimentos que transformaram o cenário do comércio de livros desde os anos 1950, embora suas consequências de longo prazo provavelmente sejam mais profundas e abrangentes que os acontecimentos anteriores. As formas tradicionais de comercialização de livros no mundo anglo-americano – ou seja, por meio de uma infinidade de pequenas livrarias independentes, por um lado, e uma variedade de varejistas de outros produtos como farmácias, lojas de departamentos e bancas de jornal, por outro – foram abaladas inicialmente nos Estados Unidos pela ascensão das redes de livrarias de shopping B. Dalton e Waldenbooks, que, nos anos 1960, abriram livrarias nos shopping centers de subúrbio de todo o país.[1] As livrarias de shopping foram então ofuscadas pela ascensão das redes de megalivrarias nos anos 1980 e 1990, especialmente a Barnes & Noble e a Borders. Os anos 1990 foram o apogeu das redes de megalivrarias, e, enquanto elas estendiam suas malhas por todo o país, abrindo um número

---

1 Para um relato primoroso sobre o desenvolvimento do comércio de livros nos Estados Unidos, ver Miller, *Reluctant Capitalists*, cap.2.

cada vez maior de megalivrarias nas principais regiões metropolitanas e disputando a liderança do mercado, as pequenas livrarias independentes e as redes menores se viam forçadas, cada vez mais, a fechar as portas. Algo muito semelhante ocorreu no Reino Unido, com a Waterstones e a Dillons competindo entre si nos anos 1980 e 1990, até serem adquiridas pelo Grupo de Mídia HMI e fundidas sob a marca Waterstones. O cenário do comércio de livros nos anos 1990 era dominado por um pequeno número de redes de megalivrarias – Barnes & Noble e Borders nos Estados Unidos, Waterstones e Dillons no Reino Unido – e pelos hipermercados nos Estados Unidos (Walmart, Kmart, Target e clubes de atacado como Price Club, Sam's Club e BJ's Club) e pelos supermercados no Reino Unido (Tesco, Asda e Sainsbury's), que se tornaram canais cada vez mais importantes para os livros voltados ao público geral.

A ASCENSÃO DA AMAZON

Foi nesse cenário que, no verão de 1995, a Amazon deu os primeiros passos na comercialização de livros. No início dos anos 1990, Jeff Bezos trabalhava em um fundo de cobertura de Nova York chamado D. E. Shaw, e foi ali que, em 1994, teve a ideia da "loja de tudo" – uma empresa baseada na internet que faria a intermediação entre os clientes e os fabricantes e venderia quase todo tipo de produto no mundo inteiro.[2] A internet ainda estava engatinhando, e Bezos e seus colegas estavam à procura de ideias sobre novos empreendimentos que tirassem proveito do seu rápido crescimento. Como sabia que não podia começar com tudo, Bezos fez uma lista com vinte categorias de produtos, de programas de computador a vestuário e música, e decidiu apostar no livro como ponto de partida. O livro era um ponto de partida ideal para uma loja de internet que pretendia ser abrangente por três motivos. Primeiro, ele era uma *"commodity* pura", no sentido de que um exemplar de um livro era igual a outro exemplar do mesmo livro, independentemente do lugar em que ele fosse adquirido; segundo, como havia dois atacadistas principais nos Estados Unidos, não seria preciso negociar com um grande número de editoras – a maioria dos livros poderia ser fornecida pelos atacadistas; e terceiro, havia 3 milhões de livros em catálogo,

---

2 Stone, *The Everything Store*, p.24. Baseio-me, ao longo deste capítulo, no excelente relato de Brad Stone a respeito da Amazon. Ver também Spector, *Amazon.com*.

o que era muito mais do que qualquer livraria física conseguia armazenar. O número imenso de livros em catálogo significava que uma livraria *on-line* poderia oferecer o que estava além do alcance de qualquer livraria física – ou seja, uma seleção completa.[3] Portanto, os escolhidos seriam os livros. Ao optar pelo livro como ponto de partida, Bezos não procurou satisfazer a um desejo profundo de participar da cultura do livro e contribuir com ela: antes de qualquer coisa, ele era um empresário com um olho no futuro, e, ao optar pelo livro, estava tomando uma decisão empresarial que maximizava as possibilidades de crescimento de uma organização de varejo na era da internet. Foi assim que nasceu a Amazon.

Bezos se mudou para Seattle, arranjou algum dinheiro, se instalou numa garagem adaptada, contratou alguns programadores e começou a construir um *site*, que finalmente começou a funcionar no dia 16 de julho de 1995. Nessa fase, a empresa não dispunha de estoque físico. Quando o cliente comprava um livro, a Amazon mandava um pedido para uma das distribuidoras, e, quando o livro chegava, ele era embalado no porão (nessa altura, eles já estavam instalados no centro de Seattle) e enviado para o cliente – o processo todo levava no mínimo uma semana, às vezes duas ou mais no caso de títulos mais raros. Na primeira semana de abertura, receberam 12.438 dólares em pedidos e enviaram livros no valor de 846 dólares[4] – um início modesto, mas o crescimento viria rapidamente. No início de 1996, Bezos e seus parceiros estavam conversando com alguns dos capitalistas de risco que financiavam *start-ups* de tecnologia no Vale do Silício e começando a adotar o princípio que sustentou – e continua sustentando – a cultura empresarial do Vale do Silício: cresça depressa. A ideia era simples: a internet estava abrindo um novo espaço de oportunidades que acabaria recompensando generosamente os participantes que fossem capazes de assegurar uma posição dominante de mercado; e, para garantir essa posição, era preciso agir rápido para que os outros não lhe tomassem a frente. Não se preocupe com lucratividade: o essencial é o crescimento. Marc Andreessen – o cofundador da Netscape e guru do Vale do Silício que também foi um dos fundadores da influente firma de capital de risco Andreessen Horowitz – se expressou assim: "Uma das lições fundamentais é que participação de mercado agora é igual a lucro depois, e se você não tem participação de mercado agora não terá lucro depois. Outra lição fundamental é que quem dispõe de volume acaba

---

3 Stone, op. cit., p.26.
4 Ibid., p.39; Spector, op. cit., p.93.

AS GUERRAS DO LIVRO

vencendo. Não tem erro".[5] Era a "lição da Microsoft", disse Andreessen: "Se você é onipresente, você dispõe de inúmeras opções, de inúmeras formas de tirar proveito dessa onipresença". Na primavera de 1996, Bezos e seus parceiros receberam 8 milhões de dólares de financiamento da Kleiner Perkins Caufield and Byers, a principal firma de capital de risco do Vale do Silício, e assumiram a missão de fazer a empresa crescer o mais rápido possível. A rapidez era fundamental: se eles conseguissem assegurar uma posição dominante antes dos outros – "onipresença", no linguajar de Andreessen –, então poderiam usar esse predomínio para garantir preços melhores dos fornecedores, oferecer um serviço melhor aos clientes e construir um negócio que acabaria sendo lucrativo.

As vendas da Amazon cresceram a uma taxa surpreendente durante o final dos anos 1990, passando de 15,75 milhões de dólares em 1996 a 2,76 bilhões no ano 2000. Nesse ano, a venda de livros pela internet representou quase 10% das vendas de livros adultos de interesse geral nos Estados Unidos, e a Amazon era a maior das livrarias *on-line*.[6] Embora as grandes redes, e em especial a Barnes & Noble e a Borders, ainda dominassem o varejo do livro em 2000, respondendo por quase 30% das vendas de livros adultos de interesse geral,[7] isso estava prestes a mudar. As vendas da Amazon continuaram crescendo, enquanto as da Barnes & Noble estagnaram; depois de acumular uma dívida enorme impossível de amortizar com as vendas em queda, a Borders pediu falência em 2011, e em setembro do mesmo ano já tinha fechado todas as lojas. Em 2010, a Amazon se encontrava numa posição dominante no mercado. As vendas de mídia (que incluem livros, música, filmes, programas de TV, videogames, *softwares* e *downloads* digitais – os relatórios da Amazon não diferenciam as vendas de livros) realizadas pela Amazon na América do Norte estavam crescendo de forma acentuada (15% acima do ano anterior), enquanto as vendas nas lojas da Barnes & Noble estavam abaixo de 4,5 bilhões de dólares, e em queda. Além disso, com o lançamento bem-sucedido do Kindle em novembro de 2007, o rápido crescimento da venda de livros digitais a partir de 2008 e o predomínio avassalador da Amazon no mercado de livros digitais, a empresa estava bem situada para fortalecer ainda mais a sua posição.

A origem do Kindle remonta a 2004, ao período imediatamente posterior ao lançamento pela Apple da loja de música iTunes. A Apple tinha surpreen-

---

5 Andreessen, citado em Reid, *Architects of the Web*, p.31.
6 Oda; Sanislo, *The Subtext 2002-2003 Perspective on Book Publishing*, p.80.
7 Ibid.

dido Bezos e muitos outros do universo da alta tecnologia com a velocidade com que conseguiu aumentar seu negócio de música e superar a Amazon e outros varejistas de música. Considerando que as vendas de livros, músicas e filmes representavam à época 74% da receita anual da Amazon, Bezos sabia que ficaria vulnerável se a Apple ou outro concorrente aparecesse com um sistema de distribuição digital eficaz como o iTunes na atividade principal da Amazon: a venda de livros. Para proteger sua principal atividade num mundo em que as mídias estavam se transferindo cada vez mais para os formatos digitais, a Amazon precisava controlar o negócio do livro digital do modo como a Apple controlava o negócio da música – foi essa a lição que Bezos extraiu do sucesso extraordinário do iTunes.[8] Tal como a Apple fizera com a música, a Amazon precisava criar uma experiência de consumo integrada que combinasse uma estrutura moderna com uma livraria digital que fosse fácil de usar e tivesse uma cobertura abrangente. A Amazon teria de se transformar no iTunes do mundo do livro.

Como muitos integrantes do universo empresarial, Bezos e seus gerentes tinham lido *O dilema da inovação*, de Clayton Christensen, e ficado impressionados pela ideia de que um dos grandes perigos para as empresas era a sua relutância em adotar mudanças disruptivas e abrir novos mercados, com medo de prejudicar suas atividades tradicionais.[9] Eles tinham interiorizado o comentário de Christensen de que as empresas que tinham uma probabilidade maior de evitar esse perigo eram as que tinham fundado organizações autônomas completamente independentes da atividade principal e lhes dado carta branca para criar novos empreendimentos em torno de tecnologias disruptivas, livres de qualquer preocupação de que elas pudessem prejudicar os negócios existentes. Bezos, então, decidiu que era isso que a Amazon devia fazer. Criou um grupo secreto de pesquisa no Vale do Silício chamado Lab126, e lhe deu a missão de produzir uma solução do tipo iTunes para livros que incluísse a criação de um novo aparelho de leitura.[10] E esse grupo teria de agir rápido: Bezos estava convencido de que, se a Amazon não assumisse a liderança e criasse uma solução de livro digital, com um aparelho de leitura que fosse muito mais moderno e fácil de usar que os leitores digitais existentes no mercado à época, então a Apple ou o Google chegaria na frente.

---

8 Stone, op. cit., p.231.
9 Christensen, *O dilema da inovação*.
10 Stone, op. cit., p.234-9.

Depois de três anos de aperfeiçoamento exaustivo, o Kindle foi finalmente lançado no dia 19 de novembro de 2007. As editoras tinham sido convencidas a transformar muitos dos seus títulos em arquivos Mobi, que era o formato de arquivo proprietário suportado pelo Kindle. Na época do lançamento, a Amazon dispunha de mais de 90 mil títulos na loja Kindle, entre os quais vários lançamentos de sucesso. No entanto, o preço pelo qual a Amazon iria vender os livros eletrônicos era um segredo rigorosamente protegido. Só no dia do lançamento é que Bezos anunciou, depois de dezessete minutos de lengalenga sobre o produto no W Hotel, ao sul de Manhattan, que os títulos da lista de mais vendidos do *New York Times*, além de muitos novos lançamentos, seriam vendidos no Kindle por 9,99 dólares. Muitas editoras ficaram perplexas: elas não tinham a menor ideia de que isso iria acontecer. Embora tivesse decidido o preço algum tempo antes, orientando a sua estratégia pelo preço de 99 centavos de dólar que a Apple cobrava pelo *single* no iTunes, Bezos resolvera não o revelar para as editoras até a hora do lançamento. O preço de 9,99 dólares significava que a Amazon vendia muitos dos seus livros digitais com prejuízo. Ela comprava das editoras no modelo-padrão de atacado, obtendo um desconto de cerca de 50% do preço de catálogo, que as editoras normalmente atrelavam à edição impressa existente. Portanto, em cada versão digital de um lançamento em capa dura com preço de catálogo de 26 dólares, a Amazon perdia um pouco mais de 3 dólares. (Isso pressupõe que a editora atrelava o livro digital ao preço de catálogo da versão em capa dura, o que nem sempre acontecia – às vezes, as editoras fixavam o "preço de catálogo digital" em 20% abaixo do preço de catálogo impresso, o que, nesse exemplo, reduziria o prejuízo da Amazon a 41 centavos de dólar.)

O que preocupava as editoras não era o fato de a Amazon perder dinheiro na venda dos livros digitais – isso era problema dela. Elas estavam preocupadas por dois outros motivos. Primeiro, que a mudança ousada de preço da Amazon criaria na cabeça do consumidor a expectativa de que um livro digital "valia" 9,99 dólares, assim como a Apple criara a expectativa de que uma canção "valia" 99 centavos de dólar. Mas esse número era arbitrário: ele era fruto de uma estratégia de marketing, e tinha pouca relação com os custos realmente incorridos ao longo da cadeia de valor. Bezos queria fixar o preço dos *best-sellers* e das novidades abaixo do patamar simbólico de 10 dólares porque sabia que isso atrairia os consumidores para o Kindle, e, por ora, estava disposto a aceitar o prejuízo. Porém, as editoras temiam que, se esse patamar fosse definido como uma norma do mercado, moldando as expectativas dos consumidores, então os preços de todo o setor seriam forçados inexoravelmente para baixo à medida que tendessem para a nova norma. As receitas das editoras seriam fortemente pressionadas para baixo, as margens estreitas seriam ainda mais comprimidas e os adiantamentos não recuperados aumentariam. As editoras também temiam que, se o novo preço pegasse e a Amazon assegurasse uma participação dominante no mercado de livros digitais, tornando-se um monopólio *de facto*, então ela usaria seu poder de mercado para pressionar fortemente as editoras a baixar o preço dos livros digitais e a lhe conceder melhores condições para que ela pudesse continuar vendendo por 9,99 dólares (ou menos) sem prejuízo, comprimindo, assim, ainda mais as margens das editoras. Como veremos, seus temores não eram totalmente descabidos.

Muitos se surpreenderam com o enorme sucesso do Kindle. Tinham visto leitores digitais aparecerem e desaparecerem sem causar muito impacto no público leitor, que parecia preferir livros de papel. Mas o Kindle era diferente. Por que a Amazon teve êxito onde tantos fracassaram?

O Kindle tinha seis pontos a seu favor. Primeiro, a Amazon resolveu razoavelmente as questões tecnológicas. O Kindle era compacto, leve e fácil de usar. Embora não fosse tão moderno como um produto da Apple, era muito mais moderno que muitos dos leitores digitais desenvolvidos até então. Como o leitor digital da Sony, o Kindle utilizava tecnologia de tinta digital, que era agradável para os olhos, eliminava o brilho, permitia a leitura à luz do dia e exigia pouco da bateria – que chegava a durar até uma semana. Segundo, a Kindle Store tinha uma grande oferta de conteúdo de qualidade. Bezos sabia que os leitores de livros digitais anteriores tinham sido prejudicados pela lista ridiculamente pequena de títulos interessantes disponíveis para leitura. Portanto, ele se esforçou muito para assegurar que a Kindle Store estivesse bem abastecida de livros interessantes por ocasião do lançamento do Kindle. Entre eles estavam 101 dos 112 livros da lista dos mais vendidos do *New York Times*, além de novos lançamentos. Terceiro, os preços eram atraentes, pelo menos os dos títulos mais conhecidos: o preço surpreendente de 9,99 dólares dos livros mais vendidos do *New York Times* e de muitas novidades foi uma estratégia de marketing eficaz, além de dar a impressão de que os preços dos livros digitais eram baixos, mesmo se os preços de muitos outros livros digitais à venda na Amazon fossem mais elevados. O desembolso inicial por um Kindle era considerável – o preço de varejo dos primeiros Kindles era de 399 dólares –, mas, como muitos livros tinham preços reduzidos, era possível recuperar ao longo do tempo parte, ou até a totalidade, do desembolso inicial. Quarto, o Kindle vinha pré-conectado a uma rede sem fio, a Amazon Whispernet, que permitia encontrar e comprar livros digitais diretamente da Kindle Store. Não era preciso ter uma conexão sem fio ou conectar o Kindle a um computador, nem pagar uma taxa de acesso a uma rede sem fio – o custo da rede estava incluído no custo do livro. Isso simplificava bastante os processos de compra: onde quer que você estivesse – em casa, no trem, no escritório, passando um fim de semana fora – era possível comprar um livro digital e recebê-lo no Kindle em menos de um minuto.

O quinto elemento que o Kindle tinha a seu favor era o fato de ter sido lançado numa rede de relacionamentos sociais preexistente caracterizada por níveis elevados de confiança, confiança essa construída ao longo do tempo – algo fundamental. Para muitos leitores, a Amazon era uma empresa conhecida: fazia anos que eles compravam livros na Amazon, tinham informado a ela os dados do seu cartão de crédito e passado a confiar nela como uma fornecedora confiável de livros. A compra de um aparelho de leitura digital era um gesto de confiança – na verdade, de muita confiança. O cliente tinha de acreditar não apenas que o aparelho funcionaria e seria fácil de usar, mas também que ele conseguiria obter os livros que quisesse ler, adquiri--los por meios digitais sem temer que os dados do cartão de crédito fossem roubados ou usados de maneira fraudulenta e, fundamental, sem precisar se preocupar se o aparelho e os livros baixados ficariam obsoletos ou inutilizáveis dentro de um ou dois anos. Se é para depositar toda essa confiança em alguém, quem melhor que uma organização que tinha demonstrado seu compromisso com os livros e que já tinha ganhado a confiança de todos como uma livraria segura?

Sexto, e último, a Amazon podia promover agressivamente o Kindle em seu *site* e diretamente para os leitores, através dos dados de que dispunha a respeito dos clientes e do seu histórico de compras. Nenhuma empresa de tecnologia era capaz de igualar a capacidade da Amazon de vender diretamente àquele segmento específico da população que estaria interessado num aparelho de leitura de ponta – a saber, os consumidores que compravam livros.

O crescimento das vendas do livro digital e o sucesso do Kindle estavam inextricavelmente ligados. Quando a Barnes & Noble entrou no mercado de leitores digitais, com o lançamento do Nook em novembro de 2009, já fazia dois anos que a Amazon estava vendendo o Kindle, tendo consolidado uma dianteira aparentemente insuperável. Embora o mercado do livro digital ainda fosse minúsculo, representando menos de 3% das vendas de livros de interesse geral, o cálculo da época era que a participação de mercado da Amazon estava por volta de 90%. As editoras temiam que, se o mercado do livro digital continuasse a crescer e a Amazon mantivesse sua esmagadora participação no mercado, ela usaria esse predomínio para exigir preços mais baixos e melhores condições. Elas poderiam se encontrar numa situação em que os livros digitais se tornariam cada vez mais importantes, substituindo cada vez mais as vendas de livros impressos, e em que a maior parte das vendas de livros digitais passaria por um único varejista, o qual estava determinado a reduzir os preços – uma perspectiva inquietante. As editoras estavam muito interessadas em ver um mercado diversificado, com um número maior de participantes e de aparelhos que pudessem concorrer seriamente com a Amazon. Portanto, foi com alegria que elas saudaram a entrada tardia da Barnes & Noble no mercado de leitores digitais, e também o fato de, no final de 2009, a Apple finalmente se aproximar das editoras com a intenção de adquirir conteúdo para o novo aparelho, à época ainda envolto em segredo, que ela estava planejando lançar na primavera de 2010 – o iPad.

Quando o iPad foi finalmente apresentado em São Francisco, no dia 27 de janeiro de 2010, a Apple tinha realizado acordos com cinco das seis grandes editoras para vender livros digitais na iBookstore, que seria lançada ao mesmo tempo que o iPad, no dia 3 de abril de 2010. Ao contrário da Amazon, a Apple utilizou um modelo de intermediação [*agency model*] segundo o qual a editora podia determinar o preço (embora ele precisasse estar dentro de determinadas faixas de preço preestabelecidas que eram definidas basicamente pela Apple), ficando a Apple com uma comissão de 30% como intermediária – o mesmo modelo que a Apple usava na App Store. Todas as editoras tinham assinado contratos com a Apple que continham uma polêmica cláusula de correspondência de preço – a chamada cláusula da nação mais favorecida, ou NMF – que estipulava que, se um concorrente estivesse vendendo um livro digital por um preço inferior, então a editora teria de oferecer esse mesmo preço na iBookstore. Essa cláusula significava, na verdade, que as editoras teriam um forte incentivo para induzir os outros varejistas a adotar o modelo de intermediação estabelecido, para que eles não pudessem oferecer descontos nos preços dos livros digitais, e forçar as editoras a acompanhar os preços mais baixos da iBookstore, onde elas recebiam apenas 70% do preço mais baixo. As editoras também tinham outros motivos para preferir aquele modelo de intermediação em vez do modelo atacadista tradicional para a venda de livros digitais, mas a cláusula NMF reforçou a argumentação. Teve início, então, uma série de negociações acirradas entre cinco das seis maiores editoras, de um lado, e, a Amazon, do outro. Tudo começou com a hoje lendária viagem de John Sargent, CEO da Macmillan, grupo americano que pertencia à Holzbrinck, que no dia 28 de janeiro de 2010 voou até Seattle para propor à Amazon novas condições comerciais baseadas no modelo de intermediação. A discussão não transcorreu bem. A Amazon rejeitou a proposta e dispensou Sargent de forma deselegante. Na manhã de sexta-feira, quando ele chegou de volta a Nova York, a Amazon tinha removido o botão de compra de todos os livros da Macmillan, tanto impressos como das edições Kindle, do *site* da Amazon – exatamente o tipo de medida agressiva da parte da Amazon que as editoras havia tanto tempo temiam.

Durante um longo fim de semana, no final de janeiro de 2010, muita gente da indústria editorial ficou grudada na tela do computador, acompanhando perplexa um conflito que vinha fermentando durante meses debaixo da superfície explodir numa guerra aberta. Ambas as partes emitiram comunicados, enquanto autores, leitores e blogueiros se posicionaram em lados diferentes. Dois dias depois, a Amazon decidiu mudar de postura. Ela percebeu que a qualquer momento iria se deparar com reivindicações semelhantes, por parte de outras quatro das seis maiores editoras, para que aceitasse aquele modelo de intermediação, e ela não podia se recusar a vender os livros das cinco. No dia 31 de janeiro de 2010, um domingo, a Amazon postou uma mensagem em seu *site* aceitando a derrota: "Expressamos a nossa profunda discordância e a gravidade dessa discordância interrompendo temporariamente a venda de todos os títulos da Macmillan", dizia o comunicado da Amazon. "No entanto, queremos que vocês saibam que, no final das contas, teremos de capitular e aceitar as condições da Macmillan, porque a Macmillan detém o monopólio de seus próprios títulos, e pretendemos vendê-los a vocês mesmo por preços que, acreditamos, são desnecessariamente altos para um livro digital."[11] Embora Sargent tivesse vencido a batalha inicial da nova guerra de preços em torno dos livros digitais, aquilo era apenas o começo.

O DEPARTAMENTO DE JUSTIÇA ENTRA EM CENA

Esse foi o pano de fundo daquele que seria um dos episódios mais virulentos na história da indústria do livro: a ação judicial do Departamento de Justiça (DJ) americano contra a Apple e cinco das seis grandes editoras

---

11 Disponível em: <www.amazon.com/tag/kindle/forum/ref=cm_cd_et_md_pl?_encoding_UTF8&cdForum=Fx1D7SY3BVSESG&cdMsgNo=1&cdPage=1&cdSort=oldest&cdThread=Tx2MEGQWTNGIMHV&displayType=tagsDetail&cdMsgID=Mx5Z9849POTZ4_#Mx5Z9849POTZ4P>.

de interesse geral por causa da precificação do livro digital. Logo depois de recuar diante da Macmillan, a Amazon escreveu para a Comissão Federal do Comércio expondo a sequência de acontecimentos e manifestando a preocupação de que as editoras e a Apple estavam envolvidas numa conspiração ilegal para fixar o preço dos livros digitais. O Departamento de Justiça começou a estudar o caso. Dois anos depois, no dia 11 de abril de 2012, o DJ entrou com uma ação civil antitruste contra a Apple e as cinco editoras, alegando que elas estavam conspirando para aumentar o preço dos livros digitais e limitar a concorrência na venda desses produtos, em violação da Seção 1 da Lei Antitruste Sherman.[12] O DJ reuniu evidências que indicavam que as editoras se comunicaram entre si – em e-mails, pelo telefone e pessoalmente, incluindo reuniões "em salas de jantar privadas de restaurantes refinados de Nova York" – para discutir e combinar uma estratégia comum para adotar o modelo de intermediação e obrigar a Amazon a aumentar o preço dos livros digitais, envolvendo-se, assim, o processo alegava, numa conspiração horizontal. O processo alegava que a Apple tinha aproveitado a oportunidade para dar às editoras o que elas queriam – a saber, preços mais elevados para os livros digitais –, enquanto se protegia da concorrência de preços do varejo propondo o modelo de intermediação, acrescentando em seus contratos a cláusula de "nação mais favorecida" e informando cada editora do *status* das suas negociações com outras editoras, orquestrando, assim, a ação coletiva dos supostos conspiradores e agindo como "um participante decisivo da conspiração". Esse tipo de arranjo, no qual um participante controla e coordena as ações de vários coconspiradores, é conhecido na lei antitruste como conspiração "radial". Uma conspiração entre concorrentes para determinar o preço de varejo de seus produtos é, em si mesma, uma violação da Seção 1 da Lei Antitruste Sherman, e a Apple, como facilitadora vertical de uma conspiração horizontal de preço, também estava infringindo a lei.

Diante dessa objeção legal, e da probabilidade de um litígio longo e dispendioso se elas contestassem a ação na justiça e perdessem, três das cinco editoras chegaram rapidamente a um acordo com o DJ e concordaram em pôr fim aos compromissos de intermediação existentes, entre os quais a polêmica cláusula de "nação mais favorecida", que, na opinião do DJ, era a cláusula que realmente obrigava as editoras a impor o modelo de interme-

---

12 Disponível em: <www.justice.gov/file/486986/download>. Para uma descrição detalhada das questões legais envolvidas nesse caso, ver Sagers, *United States* vs. *Apple*.

diação a todos os varejistas, incluindo a Amazon, e a eliminar a concorrência de preços. Elas podiam continuar utilizando o modelo de intermediação – o DJ não o considerava, em si mesmo, ilegal; mas, por um período de dois anos, teriam de permitir que os varejistas reduzissem, até certo ponto, os preços dos livros digitais (os varejistas poderiam dar desconto, mas este não poderia superar o valor da comissão obtida com a venda do catálogo inteiro da editora durante o período de um ano – em outras palavras, a comissão podia ser utilizada como um fundo de descontos, mas eles não podiam dar um desconto superior àquilo, um sistema que foi chamado acertadamente de "Intermediação Light").[13] As editoras também concordaram em criar um fundo de indenização de 69 milhões de dólares, que seria utilizado para compensar os leitores que compraram livros digitais entre 1º de abril de 2010 e 21 de maio de 2012. A Apple e duas editoras resistiram, mas, em dezembro de 2012, a Penguin anunciou que tinha chegado a um acordo com o DJ, antes da sua fusão com a Random House, e em fevereiro de 2013 a Macmillan anunciou que ela também tinha feito um acordo. À medida que as editoras iam chegando a um acordo, os custos com que as acusadas teriam de arcar no caso de um desfecho desfavorável cresciam, aumentando a pressão para fazer um acordo, independentemente de concordarem ou não com as alegações. "Há algumas semanas recebi uma estimativa do prejuízo máximo possível. Não posso compartilhar com vocês o montante assustador, mas ele era muito maior que todas as ações da nossa empresa", disse John Sargent, CEO da Macmillan, numa carta postada *on-line*.[14] Sargent continuou negando categoricamente que ele e a Macmillan tinham se envolvido numa conspiração para aumentar os preços, mas o risco de continuar brigando na justiça era simplesmente alto demais.

Só a Apple decidiu prosseguir com o processo, que foi a julgamento no Tribunal Distrital de Manhattan em junho de 2013. Em seu parecer, a juíza Denise Cote se pronunciou contra a Apple, declarando que a empresa teve um papel decisivo na facilitação e na execução de uma conspiração para eliminar a concorrência de preços no varejo e aumentar o preço dos livros digitais. "A Apple aproveitou a ocasião e fez uma jogada de mestre", disse

---

13 Cader, "Hurry Up, Wait, and What the ... !? Life Under Agency Lite", *PublishersLunch*, 7 set. 2012, disponível em: <http://lunch.publishersmarketplace.com/2012/09/hurry-up-wait-and-what-the-life-under-agency-lite>.

14 Tibken, "Macmillan Reaches e-book Pricing Settlement with DOJ", *Cnet*, 8 fev. 2013, disponível em: <www.cnet.com/news/macmillan-reaches-e-book-pricing-settlement-with-doj>.

Cote. "Ela ofereceu às Editoras Acusadas a visão, o formato, o calendário e a coordenação de que precisavam para aumentar os preços dos livros digitais."[15] A Apple recorreu e, em junho de 2015, o Tribunal de Apelação de Segunda Instância dos Estados Unidos manteve a sentença de 2013; dos três juízes do tribunal, dois endossaram a sentença, e o terceiro, Dennis Jacobs, discordou.[16]

No parecer discordante do juiz Jacobs, tanto o Tribunal Distrital como seus colegas do Tribunal de Apelação interpretaram de maneira equivocada a posição da Apple. Para Jacobs, os tribunais não reconheceram adequadamente que a Apple estava atuando em um espaço competitivo diferente. Ela estava competindo em um "diferente plano horizontal de varejistas", e estava tentando entrar em um mercado em que outro concorrente, a Amazon, detinha um verdadeiro monopólio, com cerca de 90% do mercado do livro digital. Para Jacobs, encarada dessa maneira, a conduta da Apple não era anticompetitiva. Pelo contrário, ela era "clara e predominantemente pró-competitiva. Em um mercado dominado em 90% por um monopólio, a Apple era um concorrente potencial importante, e não estava disposta, com razão, a entrar em um mercado sob condições que assegurariam prejuízo nas vendas ou abalariam a sua reputação". O comportamento da Apple quebrou o monopólio da Amazon, concluiu Jacobs, levando a uma desconcentração do mercado do livro digital, no qual a participação da Amazon caiu (ao menos temporariamente) de cerca de 90% para cerca de 60%, e removendo barreiras para o ingresso de outros.

A discordância de Jacobs foi uma opinião minoritária, veementemente rejeitada pela juíza do Tribunal de Apelação Debra Ann Livingston, que, manifestando-se em nome da maioria, afirmou que "a teoria da discordância – que a presença de um concorrente forte justifica uma conspiração horizontal para a fixação de preços – endossa um conceito de justiçamento de mercado que é completamente estranho às leis antitruste". Ela prosseguiu:

> Ao organizar uma conspiração para a fixação de preços, a Apple encontrou um caminho fácil para abrir a iBookstore, mas o fez assegurando que os preços do livro digital no mercado como um todo subiriam a um nível com

---

15 United States *vs.* Apple, 12 Civ. 2826 (DLC) (S. D. N. Y. 2013), p.11, disponível em: <https://casetext.com/case/united-states-v-apple-inc-5?__cf_chl_jschl_tk__=pmd_c43c905651a88a73869737ecc6a7f8229dd0c948-1628166540-0-gqNtZGzNAjijcnBszQd6>.

16 United States *vs.* Apple, Inc., 13-3741-cv (L), disponível em: <www.justice.gov/file/628971/download>.

o qual ela e as Editoras Acusadas tinham combinado. Francamente, não se ajuda a concorrência permitindo que um recém-chegado ao mercado *elimine a concorrência de preços* como condição de entrada, e não serve de consolo aos consumidores que eles tenham ganhado um novo varejista de livros digitais à custa da transferência do controle de todos os preços do livro digital para um cartel de editoras de livros – editoras que, com a ajuda da Apple, concordaram coletivamente com um novo modelo de precificação justamente para *aumentar* o preço dos livros digitais, e, desse modo, proteger suas margens de lucro e sua própria sobrevivência no mercado diante dos indiscutíveis ventos contrários provocados pela nova tecnologia.[17]

Livingston entendeu que a Apple, ao participar de uma conspiração que eliminou a concorrência de preços e resultou em preços mais elevados para os consumidores, violou a Lei Antitruste Sherman. Jacobs argumentou que as condições de mercado eram um elemento importante e que, em um mercado em que havia um participante com um monopólio *de facto* de 90%, a Apple agiu da única forma razoável para quebrar o monopólio e abrir o mercado aos concorrentes. A decisão foi de 2 a 1 em favor de Livingston, e a Apple foi obrigada a pagar 450 milhões de dólares, a maior parte para compradores de livros digitais, como parte do acordo. A Apple recorreu à Suprema Corte, mas, no dia 7 de março de 2016, a Suprema Corte comunicou que não aceitaria o recurso, confirmando, assim, a decisão anterior do tribunal. O processo finalmente foi encerrado.

Enquanto esse caso longo e desagradável percorria os tribunais, a Amazon ganhou um presente inesperado. O decreto do acordo imposto pela juíza Cote exigia que as editoras pusessem fim aos contratos de intermediação existentes e permitia novamente a redução de preço dos livros digitais, o que convinha muito bem à Amazon. A participação da Apple no mercado do livro digital não cresceu tão rapidamente como muitos esperavam, e o terceiro participante importante do mercado do livro digital, a Barnes & Noble, com o Nook, começou a perder participação de mercado depois dos ganhos iniciais. O Google, que entrou para valer no mercado de livros digitais um pouco depois, com o lançamento do Google Play em março de 2012, ainda precisava progredir muito. No início de 2014, a participação da Amazon no mercado de livros digitais estava crescendo novamente, basicamente à custa da Barnes & Noble, enquanto a participação da Apple continuava modesta,

---

17 Ibid., p.9-10.

por volta de 15%-20%. Além disso, a Amazon continuou fortalecendo sua posição tanto nas vendas de livros impressos como de livros digitais. Para muitas editoras, a Amazon tinha se tornado o cliente mais importante na venda de livros em ambos os formatos. Uma pesquisa revelou que, em março de 2014, a Amazon respondia por 41% de todas as vendas unitárias de títulos novos nos Estados Unidos, impressos e digitais combinados, e que tinha uma participação de 67% no mercado de livros digitais.[18] A Amazon também respondia por 65% de todas as vendas unitárias *on-line* de títulos novos, impressos e digitais, e as lojas *on-line* representavam 41% das compras de livros em 2013, comparados com os 22% representados pelas redes de livrarias.[19] Outras estimativas indicavam que, em 2016, a Amazon era responsável por 74% das vendas de livros digitais pagos nos Estados Unidos, comparado com os 11% do iBooks da Apple, 5% do Nook da Barnes & Noble, 3% do Kobo, 2% do GooglePlay Books e 2% de vários outros – ver Figura 5.1. Até mesmo essa pesquisa sub-representou a participação real da Amazon no mercado de livros digitais, porque não levou em conta os livros digitais acessados e lidos no serviço de assinatura de livros digitais da Amazon, o Kindle Unlimited (mais sobre isso no Capítulo 9).[20] Nenhum outro varejista sequer chegou perto da participação da Amazon no mercado de livros digitais, e, para muitas editoras, a Amazon também tinha se tornado o maior varejista de seus livros impressos. Para uma organização que nem existia vinte anos antes, isso representava uma transformação extraordinária do cenário do varejo.

---

18 Pesquisa realizada pelo Codex Group, noticiada em Milliot, "BEA 2014: Can Anyone Compete with Amazon?", *Publishers Weekly*, 28 maio 2014, disponível em: <www.publishersweekly. com/pw/by-topic/industry-news/bea/article/62520-bea-2014-can-anyone-compete-with-amazon.html>.

19 Ibid.

20 De acordo com Paul Abbassi, que produziu o cálculo das participações de mercado para o Author Earnings, a participação da Amazon no mercado de livros digitais continuou crescendo desde 2016, enquanto a participação de mercado do Nook da Barnes & Noble continuou a diminuir (para cerca de 3% hoje), com a participação de mercado perdida migrando para a Amazon. Além disso, a ampliação do programa Kindle Unlimited da Amazon aumentou ainda mais a participação de mercado da Amazon: Abbassi calcula que a Amazon foi responsável por 91% dos 540 milhões de unidades de livros digitais vendidas em 2019, incluindo leituras integrais no KU. No entanto, para as editoras tradicionais, a Amazon seria responsável por cerca de 75% das suas vendas unitárias em 2019, já que a maioria delas não participa do KU. A participação de mercado da Amazon em unidades vendidas é consideravelmente maior que a sua participação de mercado em dólares, devido ao KU e ao predomínio da Amazon nas vendas de livros digitais de baixo preço (comunicação pessoal). Para mais discussões a respeito das participações de mercado da Amazon em livros impressos e digitais, ver Capítulo 12, p.430-44.

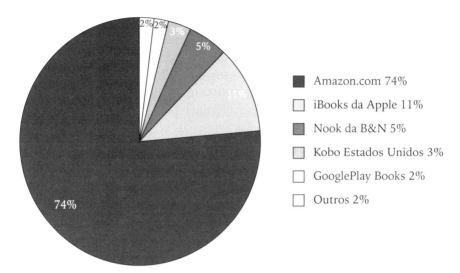

Figura 5.1 – Estimativa de participação de mercado dos varejistas americanos em unidades vendidas de livros digitais pagos, 2016
Fonte: Author Earnings.

Mas isso não foi tudo. Em meio à feroz controvérsia em torno da estratégia de precificação do livro digital da Amazon, e bem no momento em que as editoras estavam trocando para o modelo de intermediação, a Amazon anunciou, no dia 20 de janeiro de 2010, que iria oferecer uma nova opção de direitos autorais de 70% para os autores que publicassem diretamente com a Amazon, na Kindle Digital Text Platform [DTP – Plataforma Digital do Kindle]. A DTP era a ferramenta de autopublicação que permitia que qualquer pessoa, autor ou editora subisse seus textos diretamente na Amazon e os vendesse na Kindle Store [Loja Kindle]. Ela foi lançada junto com o Kindle em novembro de 2007 e permitia que qualquer um publicasse seus próprios textos sem muita dificuldade – bastava um título, um nome de autor e um texto. O autor escolhia um preço – qualquer valor entre 99 centavos de dólar e 200 dólares – e o texto aparecia, mais ou menos instantaneamente, na Kindle Store. A Amazon ficava com 65% da receita das vendas e passava 35% para o autor ou para a editora. Porém, em janeiro de 2010, ciente de que o modelo de intermediação que estava sendo oferecido às editoras pela Apple se baseava numa divisão 70:30, na qual a Apple ficava com uma comissão de 30% das vendas e passava 70% para a editora, a Amazon anunciou que passaria a oferecer uma nova taxa de direitos autorais de 70% nos livros publicados no PTD, desde que eles atendessem a determinadas condições.[21] O autor teria de escolher um preço de catálogo entre 2,99 e 9,99 dólares e garantir que esse preço fosse no mínimo 20% abaixo do menor preço de catálogo de qualquer edição impressa do livro; se essas e algumas outras condições fossem atendidas, então o autor receberia 70% do preço de catálogo, descontados os custos de distribuição – o mesmo percentual que as editoras recebiam da Apple no modelo de intermediação. Se a Amazon estivesse procurando alimentar a ansiedade das editoras, dificilmente poderia ter escolhido um momento melhor para fazer esse comunicado. Já preocupadas que a estratégia agressiva de precificação do livro digital da Amazon iria prejudicar suas receitas e trazer consequências danosas para o setor, agora as editoras tinham novos motivos para temer que a Amazon procuraria publicar cada vez mais os autores diretamente, oferecendo-lhes um percentual de direito autoral muito superior ao que eles receberiam se publicassem com uma editora tradicional (geralmente 25% das receitas líquidas), e, com isso, deixando inteiramente de lado a editora. A introdução do novo direito autoral de 70% nessa altura do campeonato foi um ousado e agressivo contra-ataque por parte da Amazon na guerra que ela estava travando com as editoras por causa da precificação do livro digital, e também teve o efeito de um violento estímulo ao movimento de autopublicação, que já estava bem avançado à época.[22]

E a coisa não parava por aí: a Kindle Digital Text Platform (DTP), que passou a se chamar posteriormente Kindle Direct Publishing [KDP – Publicação Direta do Kindle] era apenas um elemento do próprio programa editorial multifacetado da Amazon que estava ganhando forma então. Em maio de 2009, a Amazon lançou o AmazonEncore, um programa editorial cujo objetivo era identificar livros e autores que tinham passado despercebidos, republicá-los e vendê-los tanto por meio da Amazon (a Book Store e a Kindle Store) como por meio de outras lojas de varejo. Um ano depois, ela anunciou o AmazonCrossing, um novo selo que ampliava seu programa editorial para as traduções. Então, em maio de 2011, a Amazon lançou dois selos de gênero, Montlake Romance e Thomas & Mercer, um selo voltado para livros de mistério; e, em outubro, lançou 47North, um selo relacionado a fantasia, ficção científica e terror. Em maio de 2011, também foi anunciado que o agente literário Larry Kirshbaum – ex-CEO do Time Warner Book

---

21 Disponível em: <http://phx.corporate-ir.net/phoenix.zhtml?ID=1376977&c=176060&p=irol-newsArticle>.
22 Ver Capítulo 7.

Group e figura famosa do mundo editorial – iria dirigir o escritório de Nova York da Amazon Publishing, com a missão de criar um catálogo geral de ficção literária e comercial, títulos da categoria jovem adulto, negócios e não ficção geral. Parecia então que a Amazon realmente pretendia concorrer diretamente com as editoras tradicionais, contratando autores e lhes oferecendo um serviço de publicação abrangente e completamente integrado, que ia do editorial à distribuição, passando pelo marketing e pelas vendas. O que as editoras pensariam quando o seu cliente mais importante do varejo, responsável por 60% das suas vendas de livros digitais e por uma proporção crescente das suas vendas de livros impressos, passasse a competir diretamente com elas por meio de um programa editorial próprio que estava em expansão? Não era preciso ser um teórico da conspiração para imaginar que a Amazon estava querendo lhes passar a perna.

O IMPASSE COM A HACHETTE

Foi com o pano de fundo das relações atribuladas entre a Amazon – então o principal varejista de livros dos Estados Unidos – e as editoras que lhe forneciam livros, elas mesmas prejudicadas pelas cláusulas punitivas previstas pelo acordo, que se desenrolou o desastre de relações públicas que foi a disputa entre a Amazon e a Hachette. Muitos contratos pós-acordo entre as principais editoras e a Amazon tinham atravessado 2013 e deveriam expirar ao longo de 2014. Novos contratos tinham de ser negociados, e a Hachette era a primeira da fila – seu contrato com a Amazon chegaria ao fim em março de 2014. Em janeiro de 2014, a Amazon entrou em contato com o escritório da Hachette em Nova York propondo condições que eram muitíssimo diferentes das acordadas anteriormente. Surpresos com o grau de exigência da Amazon, os altos executivos da Hachette responderam com o silêncio. Como o contrato se renovava automaticamente a cada trinta dias até que houvesse um novo contrato, eles decidiram ganhar tempo. Março chegou ao fim e nada. Ocorreram discussões, mas as partes estavam tão distantes uma da outra que não estava claro quando se chegaria a um novo acordo, ou até mesmo se haveria acordo. A Amazon começou a intensificar a pressão sobre a Hachette, utilizando vários instrumentos ao seu dispor, como a recusa de aceitar pré-pedidos de futuros lançamentos, o atraso na remessa do livro e a redução do desconto, para desestimular os clientes a comprar livros da Hachette.[23] O relacionamento profissional se deteriorou e as vendas da Hachette começaram a cair. Quando a disputa se arrastou verão adentro, os autores começaram a demonstrar sua preocupação de forma cada vez mais estridente. Uma carta aberta escrita por David Preston e assinada por mais de novecentos autores, entre os quais muitos escritores famosos, como John Grisham, Stephen King, Paul Auster e Donna Tartt, apareceu num anúncio de página dupla numa edição de domingo do *New York Times* em agosto, exortando a Amazon a parar de aplicar sanções contra os livros da Hachette e denunciando-a por causar "prejuízo a alguns dos mesmíssimos autores que a ajudaram a se tornar um dos maiores varejistas do mundo".[24] Outros autores, mobilizados por figuras de destaque no mundo da autopublicação, como Hugh Howey e Barry Eisler, publicaram uma petição própria que apoiava firmemente a Amazon e criticava acidamente a Hachette.[25] A disputa tinha se tornado pública e extremamente desagradável.

Depois de várias semanas de negociação, a Hachette e a Amazon acabaram chegando a um acordo, que foi anunciado em novembro. A Hachette conseguira manter o modelo de intermediação que lhe permitia definir os preços dos seus livros digitais, mas tinha de dar descontos maiores à Amazon. A negociação desse acordo tinha levado quase um ano e resultado em muita publicidade negativa, especialmente para a Amazon. Aos olhos de muita gente, a reputação da Amazon tinha sido manchada pela indecorosa demonstração de força corporativa. Por que, então, ela estava disposta a correr o risco de atrair tanta publicidade negativa numa negociação em torno de condições comerciais com um fornecedor? E, de maneira mais geral, por que as relações tinham ficado tão tensas entre o maior varejista dos Estados Unidos, de um lado, e as suas maiores editoras de interesse geral do outro?

A Amazon construiu todo o seu negócio em torno da ideia do foco no cliente, oferecendo-lhe o melhor serviço possível, incluindo os preços mais baixos. A concorrência de preço é crucial para a Amazon, porque é uma maneira essencial de oferecer vantagens para os clientes e, ao mesmo tempo, destruir seus concorrentes. O que tornou o modelo de intermediação tão antipático para a Amazon é que ele remove um dos principais instrumentos

---

23 Streitfield, "Writers Feel an Amazon-Hachette Spat", *The New York Times*, 9 maio 2014, disponível em: <www.nytimes.com/2014/05/10/technology/writers-feel-an-amazon-hachette-spat.html>; Streitfield; Eddy, "As Publishers Fight Amazon, Books Vanish", *The New York Times*, 23 maio 2014, disponível em: <http://bits.blogs.nytimes.com/2014/05/23/amazon-escalates-its-battle-against-hachette>.

24 Disponível em: <http://authorsunited.net>.

25 Disponível em: <www.change.org/p/hachette-stop-fighting-low-prices-and-fair-wages>.

que ela utiliza sistematicamente – e até mesmo impiedosamente, às vezes – para concorrer com outros varejistas e aumentar sua participação de mercado. Embora as condições especiais impostas às editoras em consequência da ação judicial da fixação de preços do DJ permitisse que os varejistas dessem desconto nos livros digitais por um período limitado de tempo e sob determinadas condições (Intermediação Light), qualquer desconto que o varejista fizesse durante esse período era por sua conta, já que ele estava corroendo a comissão que recebia pela venda dos livros digitais. Portanto, as margens da Amazon estavam sendo muito pressionadas, e a única forma de aumentá-las sem abandonar a política de descontos e sem pedir que os clientes pagassem mais era diminuindo a parte dos fornecedores. Ela podia exigir um aumento da comissão e podia exigir participação em publicidade cooperativa[26] na venda dos livros digitais – essas medidas (entre outras) melhorariam suas margens e lhe permitiriam continuar dando desconto nos livros digitais enquanto ainda tinha condições de fazê-lo. Por outro lado, a editora teria sua margem apertada. A enorme magnitude das exigências da Amazon, junto com a relutância da direção da Hachette de entabular negociações quando o abismo a ser transposto era tão colossal, explicam em grande medida por que esse confronto foi tão demorado e tão implacável.

PODER DE MERCADO

Além das circunstâncias específicas dessa disputa, havia questões mais importantes em jogo. Existe uma grande preocupação, entre muitos integrantes do setor, a respeito do formidável poder de mercado que a Amazon exerce atualmente por ser a principal varejista de livros impressos e digitais, e o temor em certas esferas de que ela talvez seja um monopsônio que está abusando desse poder de mercado. Em termos econômicos, o monopsônio é a imagem invertida do monopólio. Enquanto monopólio é um único (ou esmagadoramente dominante) *vendedor* que, em virtude de seu controle do mercado, consegue usar esse poder para aumentar os preços ao consumidor,

---

26 "Publicidade cooperativa" é um acordo financeiro entre um fabricante ou fornecedor e um varejista por meio do qual o fornecedor paga parte dos custos de promoção do varejista. Acordos de publicidade cooperativa são comuns na indústria editorial para promover livros impressos: os fundos de publicidade cooperativa normalmente são usados para pagar por expositores de livros dentro das lojas, nas vitrines e mesas da frente da loja, por exemplo. A Amazon também queria publicidade cooperativa para a venda de livros digitais, alegando que as promoções feitas em seu *site* e por e-mail para a sua base de clientes estavam aumentando a venda tanto dos livros impressos como dos livros digitais.

monopsônio é um único (ou esmagadoramente dominante) *comprador* que, em virtude de seu controle do mercado, consegue derrubar os preços que paga aos seus fornecedores. O exemplo clássico de monopsônio seria um mercado agrícola em que houvesse um único comprador – digamos, um grande processador de aves que comprasse frangos de pequenos sitiantes, de modo que estes não tivessem outra alternativa senão vendê-los a esse comprador, permitindo que ele derrubasse os preços que paga aos sitiantes pelos frangos. Também pode haver casos de monopsônio combinado, no qual vários compradores fazem um conluio para derrubar os preços pagos aos fornecedores. Como o monopsônio equivale a um abuso de poder, ele entra na esfera da lei antitruste, e existem casos em que firmas e organizações foram processadas por monopsônio de acordo com a legislação antitruste.[27] Será que, nesse sentido, a Amazon é um monopsônio? E, se for, será que os modos como esse abuso de poder ocorre poderiam representar uma violação da lei antitruste?

Tem gente que acha que sim. "A Amazon.com, o gigantesco varejista *on-line*, tem um excesso de poder, e o modo como ela o utiliza prejudica os Estados Unidos", declarou Paul Krugman no auge do impasse entre a Amazon e a Hachette.[28] É claro que a Amazon não domina o varejo *on-line*, muito menos o varejo como um todo, e provavelmente nunca dominará. Porém, quando se trata de livros, diz Krugman, a Amazon tem, sim, o tipo de poder de mercado dos barões ladrões que a Standard Oil teve outrora no setor do petróleo, antes de ela ser fragmentada: "A Amazon controla de forma indiscutível a venda de livros *on-line*, com uma participação de mercado comparável à participação da Standard Oil no mercado de petróleo refinado no momento da sua fragmentação em 1911. Mesmo se considerarmos a venda total de livros, a Amazon é, de longe, o principal concorrente".[29] Krugman reconhece que a Amazon não tentou tirar partido da sua posição dominante de mercado aumentando os preços para o consumidor – pelo contrário, fez questão de manter os preços para o consumidor baixos, muitas vezes vendendo mais barato que os outros varejistas. "Em vez disso, o que ela fez foi usar seu poder de mercado para pressionar as editoras, derrubando, de fato, os preços pagos pelos livros." A questão é saber se isso constitui um abuso

---

27 Para um resumo perfeito das questões envolvidas, ver Blair; Harrison, *Monopsony in Law and Economics*.

28 Krugman, "Amazon's Monopsony Is not O. K.", *The New York Times*, 19 out. 2014, disponível em: <www.nytimes.com/2014/10/20/opinion/paul-krugman-amazons-monopsony-is-not-ok.html?_r=0>.

29 Ibid.

de poder que poderia ser contestado de acordo com a lei antitruste, ou se é apenas uma prática comercial normal. A argumentação de que se trata de algo que vai *além* da prática comercial normal, que, na verdade, a Amazon está agindo como um monopsônio e abusando do seu poder de mercado, seria mais ou menos a seguinte. Considerando que a Amazon é responsável por mais de 40% das vendas de todos os títulos novos, e por 70%, ou mais, do mercado de livros digitais, ela se encontra numa posição extremamente forte de negociação, sendo capaz de cortar cerca de metade da fonte de receita de uma editora caso esta não concorde com as condições. Isso teria consequências desastrosas para a editora e para os autores publicados por ela, simplesmente porque as outras lojas de varejo não conseguiriam compensar, nem de longe, a perda de vendas resultante da retirada dos títulos da Amazon. Além disso, se a Amazon passar então a utilizar os recursos de que dispõe para pressionar a editora, desestimulando os clientes a comprar seus livros ou dificultando sua compra, isso pode muito bem começar a parecer um abuso do poder de mercado. Quanto a Krugman, ele não tem nenhuma dúvida: "Não venham me dizer que a Amazon está dando o que os consumidores querem, ou que ela merece estar onde chegou. O que importa é saber se ela tem um poder excessivo e se está abusando desse poder. Ora, a resposta é sim".[30] Outros talvez não tenham tanta certeza. Mas o impasse com a Hachette trouxe à baila a questão do poder de mercado da Amazon de uma forma que agora é muito mais difícil de ignorar.

Por que, então, se tem a impressão de que a Amazon não foi submetida ao mesmo tipo de investigação antitruste que o Departamento de Justiça levou a cabo contra a Apple e as grandes editoras de interesse geral entre 2010 e 2012? Vários motivos podem explicar isso. Em primeiro lugar, a lei antitruste americana distingue entre ação unilateral e ação multilateral por parte das empresas, estando muito mais preocupada com esta última do que com a primeira.[31] Os tribunais americanos consideram que é muito mais difícil que uma empresa que age sozinha prejudique alguém, ao passo que várias empresas que agem em conjunto ou em conluio provavelmente representam uma ameaça muito mais séria. Além disso, os acordos horizontais de fixação de preços são ilegais de acordo com a Seção 1 da Lei Antitruste Sherman e, em 1940, a Suprema Corte americana estabeleceu o critério *per se*

---

30 Ibid.
31 Sou grato, tanto nesta como em outras passagens deste capítulo, às conversas com Chris Sagers, que compartilhou generosamente comigo seu conhecimento a respeito da lei antitruste americana.

contra a fixação horizontal de preços, o que significa que o tribunal irá supor que qualquer acordo desse tipo é ilegal *per se*, e não examinará argumentos em contrário.[32] Portanto, se o Departamento de Justiça desconfia que várias empresas possam estar agindo em conluio para fixar preços, é bem provável que investigue: em termos da lei antitruste;[33] é um caso fácil, e o DJ sabe que pode instaurar um processo e ter uma boa probabilidade de sucesso. Por esse motivo, aquilo que parecia ser uma ação combinada por parte da Apple e das grandes editoras para fixar os preços dos livros digitais estava destinado a chamar a atenção das autoridades antitruste, ao passo que um varejista que age sozinho e vende livros digitais por preços inferiores aos da concorrência era menos suspeito à primeira vista.

O segundo motivo, relacionado a este, é que o foco principal da lei antitruste americana está nos vendedores, não nos compradores.[34] Há ocasiões em que as autoridades antitruste têm agido contra grandes compradores – o processo da Comissão Federal do Comércio contra a Toys "R" Us é um bom exemplo.[35] Porém, nas aplicações recentes da lei antitruste nos Estados Unidos, os processos contra compradores têm sido muito menos comuns do que os processos contra vendedores. Isso não significa que a falta de atenção dada ao poder do comprador se justifique – pode se tratar muito bem de uma falha grave da lei antitruste que deve ser abordada. Mas ajuda a explicar por que até o momento as autoridades antitruste têm relutado em agir contra grandes compradores como a Amazon.

O terceiro motivo é que é difícil definir na prática o que constitui "poder monopsônico", nem é fácil estabelecer o que constituiria exatamente um abuso desse poder. A literatura antitruste costuma diferenciar entre "poder monopsônico" e "poder compensatório", e a política antitruste tradicionalmente deu mais ênfase ao poder monopsônico que ao poder compensatório, embora este último seja muito mais comum.[36] *Grosso modo*, o poder monopsônico se restringe aos casos em que existem duas condições: (1) o comprador compra de um conjunto de vendedores que não dispõem de um poder de mercado significativo e enfrentam custos de fornecimento

---

32 United States *vs.* Socony-Vacuum Oil Co., Inc., 310 US 150, 1940, disponível em: <https://supreme.justia.com/cases/federal/us/310/150/case.html>.
33 Sagers, United States *vs.* Apple, p.13.
34 Ver John B. Kirkwood, "Powerful Buyers and Merger Enforcement", *Boston University Law Review*, v.92, p.1.488, 2012.
35 Toys "R" Us, Inc. *vs.* FTC, 221 F.3d 928, 2000, disponível em: <http://scholar.google.co.uk/scholar_case?case=11480829751523506812>.
36 Kirkwood, op. cit., p.1490.

crescentes; e (2) o comprador tem suficiente poder de compra em relação a esses fornecedores para forçá-los a fornecer seu produto por preços abaixo do nível competitivo.[37] Seriam essas duas condições que diferenciariam o poder monopsônico do caso mais comum do poder compensatório, em que os fornecedores têm um significativo poder de mercado e o comprador negocia preços que estão mais próximos do nível competitivo. Usando essas definições, o poder da Amazon talvez pareça mais um caso de poder compensatório do que de poder monopsônico, e essa é, de fato, a posição assumida por alguns juristas.[38] Mas a distinção entre essas duas formas de poder é menos evidente do que pareceria à primeira vista. De quanto poder um vendedor precisa para que esse poder seja considerado "significativo"? Mesmo que alguns vendedores tivessem um poder "significativo", o que aconteceria se houvesse muitos vendedores pequenos que não o tivessem e que fossem obrigados a aceitar as condições do comprador ou fechar as portas? Além disso, como se determinaria se os preços exigidos pelo comprador poderoso estavam no "nível competitivo", acima dele ou abaixo dele? E se, na realidade confusa dos mercados reais e das negociações acirradas entre compradores e vendedores, for difícil traçar a distinção entre poder monopsônico e poder compensatório, os agentes reguladores não deveriam estar mais propensos a investigar o poder dos grandes compradores, independentemente de ele parecer se adequar ou não à definição clássica de monopsônio?[39]

O quarto motivo que pode ajudar a explicar por que as ações contra os compradores poderosos são raras é a dificuldade de apresentar argumentos convincentes a respeito do prejuízo. Quem exatamente sai prejudicado pelas táticas duras de negociação de um comprador poderoso, especialmente se ele transfere aos clientes algumas das vantagens dos custos mais baixos na forma de preços mais baixos? Seria possível argumentar que as ações de um comprador poderoso prejudicam os fornecedores a montante por meio da redução das receitas e da compressão das margens – podendo até mesmo levá-los à falência caso se recusassem a concordar com as condições do comprador. Isso, por sua vez, poderia prejudicar os clientes a jusante por meio

---

37 Ibid., p.1496.
38 Ver Kirkwood, "Collusion to Control a Powerful Customer: Amazon, E-Books, and Antitrust Policy", *University of Miami Law Review*, v.69, n.1, p.1-63, 2014.
39 Essa é, na verdade, a posição de Kirkwood: embora para ele o DJ tenha agido certo ao processar a Apple e as grandes editoras de interesse geral por conspirar para fixar os preços dos livros digitais, ele também acredita que existem casos – ainda que raros – em que o conluio para controlar um comprador poderoso que desfrute de um poder monopsônico ou compensatório seria justificado.

da redução dos recursos disponíveis para os fornecedores inovarem e investirem no desenvolvimento de novos produtos – ou, no caso dos livros, investirem no desenvolvimento de novos conteúdos, incluindo o pagamento de adiantamentos e direitos autorais para os autores num nível que lhes permitisse escrever novos livros etc. Porém, embora o bem-estar dos fornecedores possa ser afetado, é muito mais difícil, no caso da Amazon e dos livros, demonstrar de forma convincente que as negociações duras com os fornecedores prejudicam o bem-estar dos consumidores – especialmente quando a Amazon usa o seu poder, quase como um artigo de fé, para oferecer preços mais baixos aos clientes. Se o bem-estar do consumidor for tratado como um assunto de fundamental importância, então é improvável que as reclamações dos fornecedores que estão sendo cada vez mais pressionados por um grande e poderoso comprador sejam ouvidas acima do zum-zum-zum alegre dos consumidores que estão aproveitando o festival de preços baixos.

O último motivo é que, na atual política antitruste americana, o fato de a Amazon ser uma grande corporação não é, em si e por si, um motivo para agir contra ela. Isso é o reflexo de uma mudança profunda na política antitruste americana que teve início nos anos 1970.[40] Antes disso, a política antitruste americana estava mais preocupada com o tamanho das corporações, tanto porque as grandes corporações podiam prejudicar os consumidores e as pequenas empresas como porque elas representavam concentrações indesejáveis de poder econômico e social. Contudo, a partir de 1970 mais ou menos, um grupo crescente de juristas, entre os quais Robert Bork e Richard Posner, bem como economistas da Escola de Chicago como George Stigler, começaram a desenvolver uma nova abordagem da lei antitruste que se baseava na economia neoclássica. Preocupações antitruste tradicionais acerca da concentração e do tamanho das grandes corporações passaram a ser ofuscadas por uma ênfase crescente no bem-estar do consumidor, na livre concorrência e na desregulação dos mercados. Na medida em que uma grande corporação abusasse do seu poder de mercado para aumentar preços ou reduzir a produção, ou conspirasse com outras corporações para aumentar preços ou reduzir a produção, então isso poderia muito bem ser considerado prejudicial para o bem-estar do consumidor e sujeito a uma ação antitruste. Mas "tamanho" por si só não era um problema para os teóricos da Escola de Chicago. As grandes corporações podem ser mais eficientes e oferecer preços mais baixos aos consumidores. Na visão de Bork, muitas

---

40 Essa mudança está bem documentada em Peritz, *Competition Policy in America, 1988-1992*, cap.5-6; e em Baker, *The Antitrust Paradigm*, cap.2.

políticas antitruste da época ajudavam a proteger da concorrência algumas empresas ineficientes, permitindo que elas mantivessem preços altos sem produzir mais nada de bom – o que ele chamou de "paradoxo do antitruste".[41] Para Bork, a lei antitruste deve ser minimizada e se concentrar principalmente em um grupo limitado de ações abertamente anticompetitivas, entre as quais os acordos horizontais de fixação de preços, as fusões horizontais que criam monopólios ou duopólios, e um conjunto limitado de comportamentos excludentes. Essa agenda repercutiu a agenda política do neoliberalismo e da desregulação que caracterizou a era Reagan, e muitas das ideias de Bork e de seus colegas foram incorporadas nas práticas do Departamento de Justiça e da Comissão Federal do Comércio e nas decisões dos tribunais. Nesse novo ambiente, proteger pequenas empresas de corporações maiores e mais poderosas – as quais, em parte por causa do tamanho, poderiam ser mais eficientes e oferecer preços mais baixos aos consumidores – não é algo a que as autoridades antitruste vão dar muita atenção. Quando a política antitruste está mais concentrada no bem-estar do consumidor do que no poder corporativo, existe uma probabilidade menor de que as grandes corporações que estão comprometidas com a redução de preços despertem o interesse dos reguladores antitruste, mesmo se essas corporações estiverem apertando os fornecedores para oferecer preços mais baixos.

Esses diferentes motivos ajudam a explicar por que o Departamento de Justiça agiu contra a Apple e as grandes editoras de interesse geral mas não agiu – pelo menos até agora – contra a Amazon. Um grande número de vendedores que parecem estar se envolvendo numa ação concertada para aumentar os preços faz soar mais alto o sinal de alerta nos escritórios das autoridades antitruste americanas do que o comportamento de um único vendedor que negocia de forma implacável com seus fornecedores. O que é incompreensível no caso da Apple e das editoras não é o fato de o DJ ter decidido investigar essa questão, já que os acordos de fixação de preços constituem uma violação *per se* da lei antitruste; o que causa perplexidade é que tantas corporações grandes, com suas legiões de advogados bem pagos, tenham permitido que seus CEOs e altos executivos caíssem nessa armadilha, aparentemente sem se dar conta. Por que eles não foram aconselhados de forma mais enfática que seria sensato evitar conversas, mensagens e jantares entre os CEOs de empresas concorrentes num momento tão sensível das discussões acirradas com a Amazon em torno da precificação dos livros

---

41 Bork, *The Antitrust Paradox*.

digitais e dos modelos de precificação – ou, se foram aconselhados, por que resolveram ignorar o conselho? É verdade que o mundo editorial de Nova York é pequeno – parece mais um clube privado que um ambiente extremamente competitivo –, um lugar no qual CEOs e outros altos executivos de diferentes empresas se chamam pelo primeiro nome e costumam bater papo informalmente sobre diversos assuntos, dos autores que têm em comum à qualidade das escolas locais. Porém, independentemente do que realmente falavam nessas conversas e jantares, o simples fato de eles terem ocorrido num momento decisivo do desdobramento de uma série de negociações acirradas com o varejista mais importante do setor levantaria suspeitas na cabeça dos investigadores, que estavam predispostos a acreditar no pior. Simplesmente não parecia conveniente. A Apple e as editoras podem ter se envolvido numa conspiração ou não: sem conhecer o conteúdo real das conversas ocorridas, a maioria das provas é circunstancial. Mas, em casos de conspiração como esse, em que os tribunais sabem que os coconspiradores podem ter feito de tudo para ocultar ou destruir qualquer evidência de conspiração, evidência circunstancial ou evidência direta restrita, geralmente se considera suficiente determinar a culpabilidade, e o DJ tinha muitas evidências desse tipo.[42] Dadas as circunstâncias, não há dúvida de que foi imprudente, para dizer o mínimo, que CEOs e altos executivos de grandes corporações concorrentes mantivessem relações diretas entre si quando cada uma delas também estava envolvida em negociações difíceis com um de seus clientes mais importantes.

No entanto, tomando distância dos detalhes do caso, podemos nos perguntar se o DJ enquadrou o alvo certo em sua alça de mira. Embora uma

---

42 Ver Sagers, *United States* vs. *Apple*, p.193-7. Sagers não tem dúvida de que, pelos padrões das provas geralmente exigidos em casos de conspiração, o argumento do governo era convincente: "a evidência de ambas as conspirações alegadas pelo governo era explícita e irrefutável. Seja qual for o motivo, esses acusados específicos, apesar de alguns indícios de que sabiam que a sua conduta era ilegal, se esforçaram muito pouco para mantê-la em segredo" (p.194). No entanto, nem todos pensam como Sagers. Em 2013, logo depois que a juíza Cote se pronunciou contra a Apple, Ankur Kapoor, sócio do escritório de advocacia Constantine Cannon, especializado em processos antitruste, manifestou sua profunda discordância com a decisão judicial: "Penso que a decisão é completamente injusta", disse Kapoor. "Não encontrei nada que ligasse a Apple à conspiração entre as editoras." Na visão de Kapoor, o governo não apresentou evidências suficientes para comprovar que a Apple atuou como intermediária na alegada conspiração entre as editoras: "convencer as editoras a adotar um modelo de distribuição diferente não constitui, em si, um acordo sobre a configuração da precificação" (Ankur Kapoor, citado em Bercovici, "Apple Conspired on E-Book Pricing, Judge Rules. But Did It?", *Forbes*, 10 jul. 2013, disponível em: <www.forbes.com/sites/jeffbercovici/2013/07/10/apple-conspired-on-e-book-pricing-judge-rules-but-did-it/#351a56433f88>).

conspiração entre fornecedores para fixar preços fosse um alvo evidente, será que era o alvo certo? Se a Amazon detinha 90% do mercado de livros digitais antes de as editoras adotarem o modelo de intermediação, e a sua participação de mercado caiu para 60%-65% depois da adoção da intermediação, então é possível que, afinal de contas, o comportamento das editoras fosse justificado. É possível que, ao agir em conjunto, elas fossem capazes de romper o aparente monopólio da Amazon no mercado do livro digital e ampliar o espaço para que outros varejistas, entre os quais a Apple, ingressassem no setor, criando assim um mercado do livro digital mais diversificado – isso teria sido possível? Provavelmente sim, e muitos observadores e comentadores concordavam com esse ponto de vista e consideravam que a verdadeira ameaça era a Amazon. Mas a juíza Cote não queria saber dessa linha de argumentação: a ideia de que um estado de coisas específico seja indesejável para o setor ou que as práticas de um varejista poderoso sejam prejudiciais ou desleais não é, em si, uma justificativa aceitável para que concorrentes entrem em conluio para pôr fim a esse estado de coisas. "A solução para uma conduta ilegal é entrar com uma denúncia junto aos órgãos responsáveis pela aplicação da lei ou impetrar uma ação civil, ou ambas", observou Cote. "A suposta violação da lei antitruste por uma empresa não é desculpa para que outra se envolva em suas próprias violações da lei."[43]

A resposta da juíza Cote é perfeitamente razoável: um erro não justifica o outro. Porém, ainda nos resta um problema a respeito do qual as autoridades antitruste, os tribunais e as atuais interpretações da lei antitruste têm dificuldade de chegar a um acordo: um único varejista poderoso, controlando uma grande fatia do mercado, pode produzir consequências tão perniciosas como as consequências de um conluio entre fornecedores. Um comprador poderoso com uma participação dominante de mercado pode distorcer os processos comerciais e diminuir a concorrência de maneira tão efetiva como a de diversos fornecedores agindo em comum acordo. Além disso, na era digital, quando um concorrente poderoso como a Amazon não atua apenas como varejista, mas também como plataforma, e, como tal, pode exercer novas formas de exclusão em virtude da sua posição de plataforma dominante, existe uma necessidade urgente de analisar novamente alguns dos pressupostos básicos da lei antitruste e da sua implementação. Normas estabelecidas para uma época passada talvez precisem ser revistas para dar

---

43 United States *vs.* Apple, 12 Civ. 2826 (DLC) (S. D. N. Y. 2013), p.157, disponível em: <https://casetext.com/case/united-states-v-apple-inc-5?__cf_chl_jschl_tk__=pmd_ c43c905651a88a73869737ecc6a7f8229dd0c948-1628166540-0-gqNtZGzNAjijcnBszQd6>.

conta das novas formas de poder exercidas por corporações que conseguem tirar partido dos efeitos de rede e do controle exclusivo de grandes quantidades de dados sobre os clientes, condições simplesmente inexistentes na era pré-digital. Existe um reconhecimento crescente em alguns setores de que chegou a hora de rever algumas dessas normas e aperfeiçoar a investigação antitruste das grandes empresas de tecnologia, que, graças aos efeitos de rede e ao seu papel de plataformas ou de sistemas operacionais, se tornaram monopólios *de facto* que podem ter consequências anticoncorrenciais danosas.[44] Naturalmente, a probabilidade de que isso aconteça num futuro próximo, dada a composição atual da Suprema Corte e a liderança atual das autoridades antitruste nos Estados Unidos, que, em grande medida, ainda apoiam a abordagem de Chicago, é outra questão. Mas a argumentação intelectual em prol de uma reforma é convincente. Retomaremos essas questões mais adiante.

UMA TRÉGUA INQUIETANTE

Para muitos observadores externos, pode parecer estranho que, depois que os contratos temporários impostos pelo acordo tinham seguido o seu curso e novos contratos de livros digitais tinham sido negociados entre a Amazon e as editoras envolvidas na disputa, todos os novos contratos tenham sido baseados no modelo de intermediação. Por que a Amazon estaria disposta a aceitar o modelo de intermediação agora, depois de firmado o acordo, quando ela o combatera tão violentamente quatro anos antes? Será que, afinal de contas, o seu poder de mercado não era assim tão grande?

Para compreender essa estranha reviravolta, é preciso considerar que, em 2014, a situação do mercado tinha mudado de um jeito que fazia os contratos de intermediação parecerem atraentes não apenas para as editoras, mas também para a Amazon. Havia pelo menos cinco motivos pelos quais a intermediação convinha agora à Amazon, diferentemente do que acontecera alguns anos antes. Em primeiro lugar, em 2014, as vendas do Kindle não estavam mais crescendo como em 2008, 2009 e 2010. Entre 2008 e 2010, uma ótima maneira de atrair os clientes para o ambiente da Amazon era atraindo-os para o Kindle. Se você consegue captar um novo

---

44 Ver, especialmente, a excelente descrição de Baker sobre como as novas tecnologias têm apresentado novos desafios para a política e o pensamento antitruste em *The Antitrust Paradigm*.

cliente pegando um livro que custou 13 dólares e vendendo-o por 9,99 dólares, então a captação do novo cliente custou 3 dólares – o que é muito barato, quando se pensa no valor vitalício de um cliente. O Kindle era uma forma muito rentável de captar novos clientes, e, quando eles estavam no ambiente da Amazon, tinham registrado e fornecido seu cartão de crédito, além de outros detalhes, estavam presos e poderiam se tornar consumidores vitalícios não somente de livros digitais, mas também de outros produtos. Portanto, era extremamente importante trazê-los para dentro, e era de interesse da Amazon maximizar sua participação de mercado. Naquela fase, a intermediação representava um sério obstáculo porque restringia a capacidade da Amazon de atrair novos clientes por meio da oferta de livros digitais com desconto – daí a sua oposição. Mas, quando a venda de livros digitais se estabilizou, a venda do Kindle também se estabilizou. Como quem lia livros digitais no Kindle já possuía o aparelho, não havia mais o mesmo efeito provocado pelo novo consumidor. Você não precisa perder 3 dólares em cada livro digital vendido para tentar conquistar novos clientes, porque havia então uma quantidade relativamente pequena de novos clientes a ser conquistada. Quando as vendas do Kindle declinaram, a intermediação deixou de ser o obstáculo que tinha sido outrora.

Segundo: em 2014, o mercado do livro digital tinha amadurecido, e a Amazon tinha uma posição dominante, com cerca de 67% do mercado. Para todos os efeitos, a guerra tinha sido vencida, e, com a estabilização da venda de livros digitais e a concorrência estrebuchando, não havia necessidade de continuar atirando. Ganhar 2% ou 3% de participação de mercado não representava mais grande coisa para a Amazon; por que, então, vender livros com prejuízo? Era melhor pedir uma trégua e aproveitar as vantagens advindas de uma transição tranquila para a intermediação. Isso está ligado a um terceiro aspecto: a Amazon estava enfrentando uma pressão crescente dos investidores para ser lucrativa. Como também precisava investir em novos produtos, ela precisava ganhar dinheiro com seus negócios maduros. Os livros eram um dos seus negócios maduros – na verdade, foi com eles que tudo começou. Estava na hora, portanto, de parar de tratar os livros como um chamariz e realmente ganhar algum dinheiro com eles. E, para quem quer ganhar dinheiro como varejista de livros, a intermediação é excelente: ela garante uma margem de 30%, seja qual for o preço de venda do livro. Perfeito: vamos partir para a intermediação. Somos o principal varejista, o mercado não está mais crescendo muito e isso vai assegurar a lucratividade do nosso negócio de livros digitais.

Quarto: em 2014, a Amazon tinha uma empresa de livro digital totalmente diferente que estava crescendo rápido e na qual ela tinha um controle muito maior sobre todos os aspectos do negócio, incluindo preços e margens: a autopublicação por meio do Kindle Direct (mais sobre isso posteriormente). Se as editoras de interesse geral convencionais querem manter os preços de seus livros digitais em 12,99 dólares, a Amazon não tem nenhuma restrição a fazer – na verdade, isso agora era extremamente conveniente para ela, já que significava que o negócio de autopublicação Kindle Direct e o negócio de assinatura Kindle Unlimited iriam parecer muito mais baratos para o leitor: 1,99 dólar ou 2,99 dólares, talvez menos, comparado com os 12,99 dólares por um livro digital novo de uma editora convencional, ou 9,99 dólares por mês pela assinatura de acesso ao Kindle Unlimited. E a margem que a Amazon ganhava com os livros autopublicados e com o Kindle Unlimited estava inteiramente sob o seu controle. Fim das negociações prolongadas e difíceis com os complicados editores de Nova York.

Quinto: o alinhamento ao modelo de intermediação naquele momento significava que nenhum concorrente ou novo participante conseguiria roubar participação de mercado da Amazon dando grandes descontos ou vendendo mais barato que ela. A capacidade de dar desconto era crucial para a Amazon quando o mercado estava se expandindo rapidamente, porque aquele era o momento em que ela precisava conquistar novos clientes e mantê-los dentro do ambiente do livro digital. Porém, quando o mercado para de se expandir e existe um número relativamente pequeno de consumidores a conquistar, você não quer que nenhum de seus concorrentes, atuais ou potenciais, disponha da arma do desconto para usar contra você. A intermediação é a proteção ideal contra isso: a editora define o preço e nenhum varejista pode dar desconto. O que outrora fora um veneno para a Amazon, tinha se tornado agora um meio eficaz de defender seu controle de mercado contra concorrentes e novos participantes.

Vista dessa maneira, não surpreende que alguns tenham começado a questionar se, afinal de contas, a intermediação era algo tão bom. "As editoras prestaram um ótimo serviço à Amazon", disse um alto executivo de uma grande empresa de tecnologia que tem escala e influência para concorrer com a Amazon, mas que, agora, está em dúvida se o fará. "Elas lhe deram uma margem digna de Wall Street, que é o que ela queria, e eliminaram seus concorrentes, o que foi excelente para ela. Chegaram a essa *détente* porque a Amazon precisava de margem. Foi uma tempestade perfeita de más ideias." O retorno à intermediação funcionou para a Amazon em 2014, mas, em um

AS GUERRAS DO LIVRO

mercado maduro em que ela agora predominava, a intermediação também criou uma enorme barreira de entrada para qualquer participante novo que quisesse tentar ganhar participação de mercado concorrendo com a Amazon em matéria de preço.

Isso pode muito bem ser verdade, embora também seja verdade que outros varejistas de livros digitais tiveram dificuldade para concorrer efetivamente com a Amazon e roubar uma participação de mercado importante dela quando se vendiam livros digitais segundo as regras do atacado e não segundo as regras da intermediação. Por que agora elas teriam uma chance melhor? Além disso, o modelo de intermediação apresenta vantagens concretas para as editoras – primeiro, ele termina com o desconto nos livros digitais e cria condições de igualdade para os varejistas de livros digitais que não conseguem mais destruir os outros oferecendo preços reduzidos; segundo, como ele protege a edição impressa do livro, também ajuda as livrarias físicas ao não permitir que a edição impressa seja prejudicada pelos preços muito inferiores do livro digital; e, terceiro, ele protege o valor da propriedade intelectual ao permitir que as editoras fixem o preço em um nível que assegure recursos suficientes para os autores e as editoras. É esse, basicamente, o motivo pelo qual as grandes editoras de interesse geral optaram pelo modelo de intermediação para os livros digitais, e o motivo pelo qual, apesar da relutância de alguns setores, elas irão defendê-lo, pelo menos num futuro próximo.

Embora o processo do Departamento de Justiça contra a Apple e as cinco editoras seja coisa do passado, e tenha surgido uma *détente* entre a Amazon e as grandes editoras de interesse geral a respeito da intermediação, é improvável que as questões em torno da precificação e dos descontos dos livros digitais desapareçam, pois elas pressionam o núcleo daquilo que está em jogo na revolução digital. Uma característica fundamental da informação é que, embora possa ser dispendioso produzi-la, em primeiro lugar, o custo marginal de reproduzi-la é próximo de zero. E como a informação é muito barata de reproduzir, ela pode ser usada pelas grandes empresas de tecnologia e pelos grandes varejistas como uma forma de aumentar a participação de mercado e se tornar predominantes em seu setor – em outras palavras, a informação se torna bucha de canhão nas batalhas entre concorrentes que buscam seus próprios objetivos. Existe, portanto, uma forte pressão para diminuir o preço da informação e do conteúdo simbólico *on-line*: a informação e o conteúdo simbólico são utilizados como uma forma de ganhar escala, aumentar a participação de mercado e reunir uma quantidade cada vez maior de dados dos usuários, e, quanto mais barata a informação, maior a sua eficácia para alcançar esses objetivos. Isso produz um conflito estrutural profundo entre os produtores de informação e de conteúdo, de um lado, e os participantes da rede, do outro. Para estes, a informação e o conteúdo simbólico são um meio para atingir um fim, qual seja, crescer rápido e se tornar o concorrente dominante do setor – ou, pelo menos, suficientemente dominante para receber um grau elevado de atenção. Mas, para os produtores de informação e de conteúdo, a informação e o conteúdo simbólico não são meios que visam a um fim, mas fins em si mesmos, algo que exige tempo, esforço e criatividade para produzir e que deve ser valorizado em si mesmo e por si mesmo. Para os participantes da rede, faz sentido derrubar o preço da informação e do conteúdo simbólico, porque o custo marginal de reprodução é próximo de zero e os preços mais baixos fortalecem sua vantagem competitiva e permitem perseguir os objetivos de maneira mais eficaz. Mas, para os produtores de informação e de conteúdo, a pressão para diminuir os preços prejudica seus interesses vitais porque retira a importância do processo de criação de conteúdo, deixando cada vez menos recursos disponíveis para os indivíduos e organizações – incluindo autores e editoras – que, antes de tudo, precisam reservar tempo e investir esforço e imaginação para criar o conteúdo. O modelo de intermediação possibilita que as editoras mantenham o controle da precificação do conteúdo digital e, assim, estabeleçam preços condizentes com os preços do livro impresso e isso, tomado em conjunto, pode permitir a geração de uma receita suficiente para sustentar o processo criativo. O abandono do modelo de intermediação permitiria que os varejistas dessem desconto e poderia possibilitar que outros concorrentes desafiassem o predomínio da Amazon, mas traria o risco – de modo algum hipotético, como mostra a indústria da música – de provocar uma perda extraordinária de valor para a indústria editorial, tornando cada vez mais difícil sustentar uma indústria que seja capaz de produzir obras de qualidade ao longo do tempo.

– 6 –

LUTAS PELA VISIBILIDADE

O poder da Amazon no campo editorial não tem origem apenas em sua grande e crescente participação de mercado como varejista, por mais impressionante que ela seja. Também tem origem nos dados valiosos que ela reuniu – e continua reunindo a cada busca e a cada compra – a respeito dos mais de 300 milhões de clientes ativos que utilizam seu *site*.[1] Isso permite que a Amazon tenha acesso a uma fonte de poder que se tornou cada vez mais importante na era digital, mas que está em grande medida inacessível às editoras que lhe fornecem livros – a saber, os dados do usuário, que é uma forma específica daquilo que chamarei de "capital informacional". Embora eu examine com mais detalhes o capital informacional no Capítulo 12, permitam-me apresentar aqui uma breve definição: quando falo em "capital

---

1 No primeiro trimestre de 2016, a Amazon tinha 310 milhões de contas ativas de clientes em todo o mundo (ver <www.statista.com/statistics/476196/number-of-active-amazon-customer-accounts-quarter>). No final de 2019, a Amazon comunicou que havia 150 milhões de membros pagantes do Prime em todo o mundo, sendo que esse número era de 100 milhões no final do primeiro trimestre de 2018 (ver <www.statista.com/statis-tics/829113/number-of-paying-amazon-prime-members>).

informacional", estou me referindo a um tipo específico de recurso que se compõe de partículas de informações que podem ser reunidas, armazenadas, processadas e combinadas com outras partículas de informação, e utilizadas como uma fonte de poder na busca de objetivos específicos. É claro que o uso da informação como recurso organizacional não é nenhuma novidade: as organizações sempre procuraram reunir informações a respeito de seus clientes, concorrentes, cidadãos e inimigos, entre outros, e usar essas informações para seus objetivos, sejam eles o aperfeiçoamento de produtos e serviços, a obtenção de vantagens, a contenção de ameaças ou a derrota de inimigos. Na era digital, porém, a capacidade de reunir e armazenar informação, os tipos de informação que podem ser reunidos e os modos como ela pode ser empregada se transformaram profundamente. Sempre que um indivíduo utiliza uma rede, deixa um rastro, uma pegada digital que pode ser gravada, processada e usada por uma organização para atingir seus próprios objetivos. Uma forma é utilizá-la para alimentar algoritmos que permitam que a organização refine e aperfeiçoe os serviços oferecidos por ela – é isso que o Google faz quando utiliza os resultados de cada busca para aperfeiçoar a eficácia do motor de busca e a precisão com que ele pode identificar páginas relevantes para futuras buscas. Os dados gerados pelos usuários são introduzidos de forma recursiva no algoritmo, e quanto maior a quantidade de dados, maior a eficácia desse processo recursivo de refinamento. Os dados do usuário se tornam a base do sucesso da organização.

É o mesmo princípio que está por trás dos algoritmos de recomendação, que representam um elemento decisivo de muitas organizações *on-line*, entre as quais a Amazon. Nesse caso, os dados gerados pelo perfil do usuário e por seu comportamento na rede, incluindo as páginas visualizadas, as escolhas e as compras, são utilizados para gerar recomendações para novas compras, e essas recomendações são refinadas continuamente por meio da incorporação de novos dados do usuário ao longo do tempo: a cada nova compra, as recomendações são refinadas, alterando e personalizando a experiência de busca de cada cliente específico. Esse é um instrumento de marketing extremamente poderoso, já que as recomendações estão rigorosamente adaptadas às compras atuais e potenciais de usuários específicos. Ao mesmo tempo, esse instrumento é controlado pelo varejista *on-line* que possui os dados que alimentam e controlam os algoritmos. Tanto os dados como os algoritmos de recomendação que são construídos com eles são segredos cuidadosamente guardados: são eles que explicam o sucesso do varejista e a sua capacidade de pôr produtos mais relevantes diante do consumidor e induzi-lo a comprar. Porém, nem os dados nem os detalhes dos algoritmos de recomendação estão disponíveis para os fornecedores do varejista, incluindo as editoras cujos livros são vendidos com a ajuda deles.

Nesse aspecto, a revolução digital se baseou num elemento que sempre foi típico da cadeia de suprimentos do livro, mas, dadas as características do ambiente digital e do poder associado aos algoritmos de recomendação baseados no comportamento na rede, ela elevou esse elemento a um nível de importância totalmente diferente. Ele sempre fez parte da cadeia de suprimentos do livro porque as editoras raramente vendiam seus livros diretamente ao consumidor final – isto é, os leitores. Os principais clientes das editoras sempre foram os intermediários – a saber, as livrarias e as distribuidoras. Porém, no mundo da livraria física, os varejistas normalmente têm muito menos informação a respeito de seus clientes e do seu comportamento de pesquisa e de compra do que a Amazon e outras empresas de tecnologia têm na era digital, quando grande parte desse comportamento tem lugar no ambiente *on-line*, e quando cada movimento na rede pode ser capturado, armazenado e utilizado pela empresa quando se está em sua plataforma. Neste novo mundo, a assimetria entre aquilo que o varejista sabe a respeito do cliente e aquilo que a editora sabe é muito maior do que na era pré-digital, pela simples razão de que hoje o varejista *on-line* sabe muito mais que os varejistas jamais souberam no passado. E isso aumenta ainda mais a dependência das editoras desse novo e poderoso intermediário do varejo, a Amazon, que hoje não apenas responde por uma grande proporção das suas vendas, mas também possui os dados dos seus clientes, e utiliza esses dados para construir um novo e poderoso instrumento de marketing que é totalmente controlado pelo varejista, não pela editora. Esse tipo de dependência simplesmente não existia na era pré-digital.

A criação desse novo instrumento de marketing baseado nos dados do usuário é sintomática não apenas da mudança no equilíbrio de poder em favor dos varejistas que controlam esses dados: ela também é sintomática das novas formas de visibilidade e "descobertabilidade" que se tornam cada vez mais importantes na era digital. O negócio do livro é um negócio que convive com o excesso: uma quantidade enorme de títulos novos é lançada anualmente em todos os principais mercados do livro. Além disso, com as novas formas de publicação possibilitadas pela tecnologia digital, os cálculos do número de novos livros publicados anualmente feitos pela indústria tradicional, que se baseavam nos ISBNs emitidos a cada ano, são ainda menos confiáveis que antes.[2] Esse problema é acentuado pelo fato de que muitos

---

2 De todo modo, eles nunca foram extremamente confiáveis, já que um único livro publicado em mais de um formato (p. ex., capa dura, brochura em grande formato, brochura de

livros digitais autopublicados não têm ISBN. Portanto, não dispomos de um cálculo preciso da quantidade de "livros novos" publicados anualmente em mercados como os Estados Unidos e o Reino Unido, nem, na verdade, daquilo que deveria ser considerado "livro novo" para estes fins, embora saibamos que o número é muito grande – no mínimo centenas de milhares, e, muito possivelmente, milhões de lançamentos.[3] Com a enxurrada de títulos novos que aparece toda semana, os leitores ficariam desnorteados se tivessem de vasculhar sozinhos os novos títulos e logo desistiriam. Eles precisam de uma maneira de reduzir a complexidade e encurtar o tempo necessário para encontrar o que possa interessá-los. É claro que já dispõem de maneiras de reduzir a complexidade – métodos comprovados como aceitar as recomendações de amigos confiáveis, ler resenhas e se manterem fiéis aos autores que já conhecem e apreciam. A fidelidade do leitor baseada na familiaridade com o estilo do autor e no envolvimento com seus personagens é o principal ingrediente de sucesso dos autores de qualidade. Mas isso não significa que os leitores não adotariam outros métodos de redução de complexidade se eles estivessem disponíveis. Do mesmo modo, as editoras também precisam descobrir maneiras de destacar seus livros em meio à balbúrdia de conteúdo existente, para que eles sejam selecionados pelos leitores como merecedores do seu tempo e da sua atenção a ponto de serem comprados e, possivelmente, lidos. Como os leitores tomariam conhecimento dos novos livros, como os encontrariam ou "descobririam" em meio à enxurrada de conteúdo novo, se

---

mercado de massa etc.) tem vários ISBNs. Esse problema foi exacerbado pela revolução digital, uma vez que cada formato diferente de livro digital pode receber um ISBN diferente. Para uma análise mais detalhada das questões que envolvem a produção de livros e a dificuldade de avaliá-la com previsão, ver Thompson, *Merchants of Culture*, p. 239-44 (na ed. bras., *Mercadores de cultura*, p.260-5).

3 De acordo com a Bowker, a principal fornecedora de informação bibliográfica e a agência de ISBN oficial dos Estados Unidos, as "editoras tradicionais" produziram 309.957 títulos em 2012. No entanto, no mesmo ano, o "setor editorial não tradicional" produziu 2.042.840 títulos, de acordo com a Bowker; o "setor não tradicional" inclui editoras que reimprimem títulos de domínio público, autopublicadoras e gráficas que produzem edições voltadas para um "micronicho" de mercado. No entanto, como esses números parecem oscilar muito de um ano para o outro, é difícil saber quão estáveis e confiáveis eles são. Em 2013, por exemplo, a Bowker anunciou uma redução de 2% na produção das editoras tradicionais e uma redução de 46% na produção do setor não tradicional ("Traditional Print Book Production Dipped Slightly in 2013", disponível em: <www.bowker.com/news/2014/Traditional-Print-Book-Production-Dipped-Slightly-in-2013.html>). Além disso, como os números da Bowker se baseiam nos registros de ISBN, eles não incluem os livros produzidos sem ISBN, entre os quais se encontram muitos dos livros autopublicados por meio da Kindle Direct Publishing – o maior canal de autopublicação. A Bowker também conta todos os ISBNs, dois ou três – às vezes mais –, atribuídos a formatos diferentes do mesmo livro.

as editoras não conseguissem encontrar uma forma eficaz de pôr seus livros diante deles, direta ou indiretamente, física ou virtualmente, para que eles se tornassem visíveis e pudessem ser descobertos? Embora a maioria das editoras não venda livros diretamente para os consumidores, e sim para os intermediários (i. e., varejistas e distribuidoras), elas precisam encontrar formas de chamar a atenção dos leitores para os seus livros e estimulá-los a comprar – caso contrário, os livros que as editoras vendem aos intermediários vai voltar para as editoras como devolução. Sem a venda final ao cliente, as vendas de uma editora para os varejistas e as distribuidoras não diferem muito da transferência de estoque de um depósito para outro e da venda em consignação, sendo que, no final das contas, o custo do estoque não vendido será bancado pela editora. No universo editorial tradicional, as estratégias utilizadas pelas editoras para alcançar a venda final eram uma mistura de marketing, publicidade e exposição no interior da loja – isto é, exposição nos espaços físicos de grande visibilidade das redes de livrarias e das outras lojas de varejo, como hipermercados e supermercados. No mundo digital, porém, a visibilidade assume uma forma muito diferente.

VISIBILIDADE NO MUNDO FÍSICO

Antes da revolução digital, as editoras tinham de confiar numa mistura de visibilidade mediada e visibilidade física ou "situada" para conseguir que seus livros fossem notados pelos leitores.[4] Elas normalmente usavam diversas estratégias de mídia para obter visibilidade para os seus livros, da publicidade à cobertura da crítica em mídias impressas tradicionais, como jornais e revistas, e em mídias especializadas. Mas grande parte do orçamento de marketing era destinado a comprar visibilidade física ou situada nos espaços de alta rotatividade das redes de livrarias e de outras lojas de varejo importantes – é aí que acontecia a verdadeira batalha pela atenção. Como nas guerras de antigamente, era uma batalha travada num campo de batalha – um lugar físico situado no tempo e no espaço. O principal campo de batalha era o espaço na frente da loja, no qual meia dúzia de mesas estavam estrategicamente situadas para impedir o avanço dos clientes distraídos quando eles transpunham as portas, retardando-lhes o passo para que eles notassem os livros com a capa para cima que estavam expostos nas mesas

---

4 Para uma discussão mais ampla sobre o conceito de visibilidade, ver Thompson, "The New Visibility", *Theory, Culture and Society*, v.22, n.6, p.31-51, dez. 2005.

diante deles, estimulando-os a pegar os livros e folhear suas páginas, a passar de um livro para o outro e de uma mesa para a outra – Nova Ficção, Nova Não Ficção, Mais Vendidos –, e, enquanto ainda estavam presos naquele espaço, estimulá-los a olhar ao redor e perceber a escada dobrável transbordando de livros e as estantes de parede com livros enfileirados cujas capas eram ainda mais brilhantes, e que normalmente estavam classificados de acordo com a posição na lista dos mais vendidos. Esse espaço físico era – e, na verdade, continua sendo – um lugar decisivo na luta para fazer que os leitores notassem e comprassem os livros.

Dada a sua importância, não surpreende que esse espaço na frente da loja não seja grátis – pelo contrário, é um espaço intensamente comercializado. O principal instrumento utilizado para comercializar esse espaço é a taxa eufemisticamente chamada de "publicidade cooperativa".[5] A publicidade cooperativa é, basicamente, uma contribuição financeira que a editora faz para pagar parte dos custos promocionais do varejista. Cada editora tem sua própria política de publicidade cooperativa. A maioria das editoras de interesse geral calcula a quantia que está disposta a disponibilizar para um cliente específico tomando por base o percentual das vendas líquidas daquele cliente no ano anterior. Dependendo da editora, a quantia pode variar de 2% a 4%. Portanto, se as condições de uma editora forem 4% das vendas do ano anterior, então o varejista que vendeu 100 mil dólares em livros dessa editora no ano anterior teria direito a 4 mil dólares de publicidade cooperativa para usar no ano corrente. Esse dinheiro vai para um fundo que pode ser utilizado por aquele cliente para promover os livros da editora em sua livraria ou em seu *site*, por meio de acordos livro a livro entre o representante de vendas ou o gerente de conta da editora e o comprador. Às vezes são feitos complementos incrementais ao fundo para incluir títulos específicos em promoções especiais da livraria, como uma promoção de livros em brochura do tipo "compre um e ganhe outro grátis" ou "leve 3 e pague 2". No caso das grandes editoras de interesse geral, o montante total gasto em publicidade cooperativa cresceu enormemente no final da década de 1990 e início dos anos 2000, de forma que, em 2010, ela respondia por metade, ou mais, do total de gasto com marketing de muitas editoras, comparado com 30%-35% na década de 1980.

Conseguir colocar um livro no expositor de frente de loja numa rede de varejo importante como a Barnes & Noble não é algo que esteja inteiramente sob o controle da editora. O que normalmente acontece é que os gerentes

---

5 Ver Capítulo 5, nota 26.

de vendas das contas nacionais apresentam os títulos novos para os compradores centrais das redes de varejo e lhes dizem quais são as expectativas para os livros principais – qual a importância de cada livro para eles, com quantos exemplares eles gostariam que o varejista ficasse etc. Os compradores decidem os títulos e as quantidades que querem comprar, baseados em sua própria avaliação do livro, no histórico de vendas dos livros anteriores do autor, na capa e em vários outros fatores, e frequentemente vinculam a compra à participação na publicidade cooperativa. Existe um toma lá dá cá entre o representante de vendas e o comprador para definir com quantos exemplares o cliente vai ficar e quanto a editora vai gastar para promover os livros. Depois, o gerente de vendas e o comprador negociam o tipo de promoção interna que seria adequada – exposição numa mesa na frente da loja, numa seção no meio da loja, numa ponta de gôndola ou numa escada dobrável, o número de lojas e durante quantas semanas etc. Os preços variam dependendo do tipo de exposição, do tipo de livro (com capa de tecido, brochura em grande formato, brochura de massa), do tamanho do pedido, do número de lojas, do número de semanas e do período do ano. A mesa mais cara fica bem na frente, e os preços vão caindo à medida que se afasta da porta. Normalmente, a exposição numa mesa central na frente da loja numa rede de varejo importante dos Estados Unidos como a Barnes & Noble, durante duas semanas, custaria 10 mil dólares à editora para todas as lojas, possivelmente metade desse valor para as lojas nos principais mercados (cerca de um terço das lojas), e menos ainda para as chamadas loja-A (talvez entre 10% e 15% das lojas). Para uma mesa numa seção de fundo, o valor seria de 3.500 dólares. E uma escada dobrável custaria 25 mil dólares por uma semana. Essas exposições estão relacionadas ao volume da compra. Como regra geral, as exposições internas dão resultado gastando-se cerca de 1 dólar por exemplar de um livro de capa dura.

Levando-se em conta o custo de pôr um livro num expositor de frente de loja em uma rede de varejo importante, é crucial que o livro tenha um bom desempenho – crucial não apenas para a editora, que está gastando mais para expor o livro naquele lugar, mas também para o varejista, que está abrindo mão de uma área valiosa da loja. Portanto, não surpreende que as editoras costumem monitorar muito de perto as vendas dos livros novos nos primeiros dias e semanas depois da publicação. As principais editoras de interesse geral recebem relatórios diários das grandes redes de varejo que lhes permitem verificar, dia a dia, a velocidade com que seus livros mais vendidos, incluindo os que participam de promoções internas, estão saindo. Se os livros estiverem vendendo bem, elas investem mais recursos neles, turbinando a promoção – as grandes editoras reagem com rapidez aos primeiros sinais de sucesso, e sabem muito bem como manter a chama acesa. Por outro lado, se os livros promovidos internamente não estão vendendo, é difícil justificar o custo de mantê-los em destaque. As primeiras semanas são um período decisivo de tudo ou nada para os principais títulos de interesse geral, e se eles não estiverem vendendo, são retirados rapidamente das caras promoções internas. Embora os espaços físicos na frente das livrarias e de outras lojas de varejo importantes possam gerar grande visibilidade e vendas elevadas, o preço pago para ocupá-los também é elevado. Na prática, pouquíssimos livros podem se dar ao luxo de aparecer nesses espaços extremamente valiosos e de alta visibilidade, e, para aqueles que podem, o tempo passado ali pode ser extremamente curto.

A TRANSFORMAÇÃO DA VISIBILIDADE MEDIADA

Considerando o custo das promoções internas e a escassez de espaço físico, a utilização de diversas mídias para obter um pouco de visibilidade para os livros sempre representou uma opção mais atraente para a maioria das editoras e para a maioria dos livros. Existem vários métodos comprovados para alcançar esse tipo de visibilidade mediada, e todas as editoras dispõem de uma equipe de especialistas – profissionais de marketing, assessores de imprensa, gerentes de produto etc. – cuja tarefa é trabalhar com os diversos tipos de mídia para fazer seus autores e livros serem vistos, citados, ouvidos, comentados e resenhados, tudo isso com o objetivo de impulsionar a venda final. Porém, graças à revolução digital, o espaço da mídia está passando por uma mudança profunda, e, durante esse processo, a visibilidade mediada está se transformando. As linhas gerais dessa mudança são fáceis de identificar: a chamada mídia de massa tradicional está perdendo importância, e as mídias *on-line*, incluindo as mídias sociais, estão se tornando cada vez mais importantes. Porém, como muitas das generalizações feitas nesse setor, as linhas gerais escondem um grande número de complexidades que desmentem qualquer sugestão fácil de que exista um fluxo unilateral.

Parte do motivo pelo qual as mídias "de massa" tradicionais estão perdendo importância como uma plataforma que dê visibilidade para os livros é que essas mídias estão enfrentando novas pressões próprias, e estão menos inclinadas a dedicar o pouco espaço que existe aos livros. "Mídias de massa" sempre foi uma expressão enganosa – ela evoca a imagem de uma vasta audiência composta de milhões de leitores ou espectadores, embora, na prática, as audiências de muitos produtos da mídia estejam muito longe disso. Nesse caso, a diferença importante é entre as mídias que se desenvolveram antes da revolução digital – incluindo jornais, revistas, rádio e televisão, todos eles voltados à difusão de conteúdo para um número relativamente grande de receptores – e as novas mídias que surgiram na esteira da revolução digital, especialmente aquelas ligadas intrinsecamente à internet e às formas específicas de criação, difusão e interação de conteúdo que foram possibilitadas por ela. Faz algum tempo que os jornais – uma das mais importantes mídias tradicionais quando se trata de criar visibilidade para os livros – vêm declinando. Eles estão diminuindo em número e em circulação, e, de modo geral, o espaço disponível para resenhas de livros está minguando ou desaparecendo. Muitos suplementos independentes de resenhas de livros foram fechados ou diminuíram de tamanho. Em 2001, o *Boston Globe* fundiu as páginas de resenhas com as de comentários; em 2007, o *San Diego Union-Tribune* acabou com a seção de resenhas de livros; e, em 2008, o *Los Angeles Times* eliminou a seção independente "Sunday Book Review" e fundiu-a com outra seção na edição de sábado do jornal, reduzindo o espaço dedicado aos livros. Até o *New York Times*, um dos poucos jornais metropolitanos americanos que manteve uma seção de resenhas de livros independente, reduziu o tamanho do suplemento "Book Review" quase pela metade, passando das 44 páginas em média de meados da década de 1980 às 24 ou 28 que normalmente tem hoje.[6] Ocorre mais ou menos a mesma coisa na televisão convencional. *The Today Show*, *Good Morning America* e *The Early Show* tinham produtores literários e dedicavam um grande espaço aos livros, mas agora eles deixaram de ser prioridade. Até mesmo o Oprah's Book Club [Clube do Livro da Oprah], que durante quinze anos conseguiu dar visibilidade aos livros e impulsionou as vendas como nenhum outro canal de mídia, chegou ao fim em maio de 2011; ele foi relançado como Oprah's Bookclub 2.0 em The Oprah Winfrey Network [Rede da Oprah Winfrey] e em diversas mídias sociais, entretanto, não tem mais a audiência que o Oprah's Book Club tinha em seu auge. No Reino Unido, teve o mesmo destino o Richard & Judy Book Club, que no início dos anos 2000 fizera parte de *The Richard & Judy Show*, no Canal 4, e desempenhara um papel extremamente importante no processo de visibilização dos livros e no impulsionamento das vendas: em agosto de 2008, o programa foi interrompido, e, depois de uma breve passagem por uma rede digital britânica, o Book Club se transformou num *site* dirigido em conjunto com a papelaria e livraria WH Smith.

---

6 Wasserman, "Goodbye to All That", *Columbia Journalism Review*, set.-out. 2007.

No final dos anos 1990 e início dos anos 2000, estava claro para a maioria dos gerentes de marketing que as mídias tradicionais nas quais eles tinham confiado para obter visibilidade para os seus livros eram um ativo em queda, e que precisariam descobrir outras formas, ou, pelo menos, formas adicionais de atrair a atenção dos leitores para os seus livros. Durante o início dos anos 2000, ocorreu a transição sistemática de uma dependência profunda das mídias tradicionais para estratégias de marketing mais diversificadas que combinavam, de diferentes maneiras, mídias tradicionais e novas, dependendo do livro, do autor, dos prováveis públicos e dos recursos e *know-how* da editora. O ambiente informacional estava mudando rapidamente – havia uma proliferação de *sites on-line*, e, com a criação da Web 2.0 no início dos anos 2000, os *blogs* e as plataformas de mídias sociais começaram a decolar; as editoras – como os integrantes de diversos setores – estavam tentando calcular como lidar com esse admirável mundo novo e como adaptar suas estratégias de marketing a ele. Como tornar visíveis os livros no universo *on-line*? Que instrumentos estavam disponíveis nos espaços virtuais da internet para atrair a atenção dos leitores para os seus livros? E como esse novo tipo de atividade de marketing – num mundo em rápida transformação que a maioria das editoras tinha dificuldade de entender – se relaciona com os hábitos tradicionais do pessoal de marketing?

Em muitas editoras, é feita uma reunião cerca de um ano antes da publicação do livro, quando os gerentes de marketing definem o orçamento de marketing do livro e fazem o esboço da campanha de marketing. O orçamento normalmente representa um percentual da receita esperada, baseada no P&L [sigla em inglês de lucros e perdas] do livro – por exemplo, 6,5% da receita total. "Portanto, na extremidade inferior, talvez o orçamento seja de 5 mil dólares, talvez 3.500 dólares. Na extremidade superior, ele pode chegar a 500 mil dólares. A maioria dos livros fica no meio, até mesmo mais perto de 5 mil dólares", explicou o gerente de marketing de um dos selos de uma grande editora de interesse geral. "E a gente então diz: 'Muito bem, temos esse dinheiro para gastar, 5 mil ou 500 mil dólares. O que precisamos fazer para atingir o leitor? Quem são os leitores? Onde eles estão? Como vamos chegar até eles?'. Na nossa empresa, essa conversa inclui o diretor editorial, o editor, o assessor de imprensa, um representante de vendas e a equipe de marketing." O desafio é imaginar o que é possível fazer com uma determinada quantia para tentar atingir o que se acredita ser o público principal do livro.

Alguns elementos da tradicional campanha de marketing do livro, como a publicidade impressa e as turnês feitas pelo autor, perderam um pouco de importância, e a maioria das editoras tem destinado menos recursos a eles. Em vez disso, a maioria dos gerentes de marketing concentra cada vez mais seus esforços na tentativa de identificar formas específicas e sofisticadas de atingir o público composto por aqueles que, para eles, constituem o público leitor do livro, utilizando um leque de canais diferentes que, além das tradicionais mídias impressa e digital, incluem diversas mídias novas, das listas de e-mails aos *blogs*, *sites*, *sites* de notícias *on-line* e mídias sociais. Procuram identificar os grupos, as comunidades e os conjuntos de indivíduos que, segundo eles, podem estar interessados no livro; além disso, procuram imaginar qual seria a melhor maneira de chegar até esses prováveis interessados, seja por meio de uma campanha de e-mail direcionada ou participando de uma conferência ou convenção, postando ou anunciando nas mídias sociais, ou enviando exemplares do livro para indivíduos bem posicionados que estejam dispostos a escrever ou falar sobre o livro, gerar bate-papos e propaganda boca a boca em qualquer meio ao qual eles tenham acesso, seja pessoalmente, por meio de *blogs* e mídias sociais ou na mídia impressa e digital tradicional. Ninguém se importa como a notícia se espalha, desde que ela se espalhe.

Para a maioria dos gerentes de marketing das editoras convencionais, a ênfase crescente nas novas mídias não é adotada de forma independente dos esforços de marketing que visam garantir publicidade e cobertura crítica na mídia tradicional, mas em conjunto com eles. No universo barulhento e híbrido composto por um grande número de canais de mídia, o desafio dos gerentes de marketing é conseguir que seus livros sejam mencionados, vistos, examinados e discutidos, em qualquer lugar que isso possa ocorrer, e uma maneira excelente de fazer tudo isso acontecer *on-line* é fazer que os livros sejam mencionados, vistos, examinados e discutidos *off-line*, nas mídias impressas e digitais tradicionais, e vice-versa: não se trata de canais mutuamente excludentes, mas de canais potencialmente complementares, e, se tudo correr bem, eles podem apoiar e reforçar um ao outro, criando uma espécie de círculo virtuoso de amplificação da notícia. Além disso, considerando que a maioria das mídias impressas e digitais tradicionais passaram a ser, elas próprias, mídias híbridas, com seu conteúdo *on-line* refletindo, reproduzindo e em alguns casos superando bastante seu conteúdo *off-line*, nunca foi tão fácil para as mídias *on-line* se ligarem às mídias tradicionais, e vice-versa. As mídias sempre foram autorreferentes, noticiando e comentando constantemente aquilo que é noticiado e comentado nas mídias. O advento da era digital não altera essa característica fundamental das mídias, apenas aumenta a sua ordem de grandeza.

Tomemos o exemplo de *Perdido em Marte* – o livro de Andy Weir que nasceu como um *blog* e entrou na lista dos mais vendidos do *New York Times* ao ser publicado pela Crown em 2014. Nesse caso, um assessor de imprensa da editora ficou responsável pelo relacionamento com as mídias tradicionais, enquanto a campanha de mídia *on-line* foi terceirizada para Andrea, uma assessora de imprensa autônoma especializada em mídias *on-line*. Do mesmo modo que o assessor de imprensa que trabalha com as mídias tradicionais tem de conhecer os editores e produtores dos diferentes jornais, revistas, programas de rádio e TV, tem de estabelecer um relacionamento de confiança com eles e descobrir o que lhes interessa, assim também o assessor de imprensa que trabalha com as mídias *on-line* tem de conhecer os meandros do espaço *on-line*, descobrir quem são seus atores importantes e estabelecer relacionamentos com eles, além de saber onde os possíveis interessados pelos livros que eles estão promovendo se encontram *on-line*. Andrea tem seu próprio mapa cognitivo elaborado do espaço *on-line* e dos principais atores para o tipo de divulgação que ela procura obter – "os influenciadores fundamentais", como diz, porque "eles têm um tráfego enorme e as pessoas lhes dão ouvidos. Elas sabem que eles sempre têm assunto". Parte da importância de Andrea como assessora de imprensa, e um dos motivos pelos quais as editoras querem contratá-la, é que ela sabe quem são esses influenciadores fundamentais e mantém um relacionamento com eles; de modo que, quando tem um livro que ela sabe que talvez lhes interesse, pode contatá-los para promovê-lo – além disso, ela sabe precisamente quem deve contatar para cada um dos livros que tem em mãos. Foi isso que fez com *Perdido em Marte*: entrou em contato com Mark Frauenfelder, um dos fundadores e coeditores do Boing Boing, um *site/blog* que se define como "um inventário de coisas geralmente maravilhosas". Ela sabia que, se Mark gostasse do livro, ele poderia criar alguma coisa no Boing Boing, mas ele também poderia fazer outras coisas em favor do livro, por ser uma pessoa muito bem relacionada e ser convidado frequentemente para comparecer a programas e fazer comentários a respeito das últimas tendências da cultura popular. E foi exatamente isso que aconteceu. Mark adorou o livro, decidiu entrevistar o autor em seu *podcast* semanal no Boing Boing, e a entrevista foi descoberta e reproduzida em inúmeros *sites*. Depois ela pediu que Mark fizesse um bate-papo no Reddit, e o bate-papo foi parar na primeira página do Reddit. Então, no dia 4 de fevereiro de 2014, Mark foi um dos convidados de Jesse Thorn no *Bullseye*, um programa da rádio pública sobre cultura popular que é distribuído pela National Public Radio [NPR – Rádio Pública Nacional]. Mark aproveitou a oportunidade para rasgar elogios a *Perdido em Marte*, descrevendo-o como "Robinson Crusoé em

Marte" e enaltecendo-o como "um livro fantástico, adorei e devorei o livro". Os comentários entusiasmados de Mark foram imediatamente descobertos pelas mídias sociais, reproduzidos no Twitter e postados no Facebook, e logo se espalharam de forma contagiante pelas mídias sociais. Então, no dia 7 de fevereiro, o *Wall Street Journal* publicou a resenha altamente elogiosa de Tom Shippey ("absolutamente cativante"), a qual foi descoberta e tuitada/postada nas mídias sociais, contribuindo para o crescimento acentuado da cobertura das mídias *on-line* e *off-line*, favorecendo e reforçando reciprocamente os dois canais de mídia. Nessa altura da conversa, Andrea abre uma pasta e retira uma folha de papel grande na qual ela tinha rastreado as formas pelas quais cada um desses eventos fundamentais de mídia tinha sido descoberto e retransmitido por outras mídias, tanto *on-line* como *off-line* – um verdadeiro mapa da interligação de todos esses eventos de mídia diferentes que, no mundo inextricavelmente interconectado das mídias *on-line* e *off-line*, foram descobertos, retransmitidos, amplificados e divulgados muito rapidamente, se espalhando para redes ainda mais amplas de indivíduos, como uma forma de distribuição instantânea que foi estimulada, sempre que possível, por Andrea, mas que não foi controlada nem orquestrada por ela. "O que se tenta é fazer que o maior número de pessoas veja e ouça falar do assunto, e seja levado de roldão por ele. O que é esse marciano? Ele está por toda parte, por toda parte."

Portanto, no novo universo híbrido das mídias *on-line/off-line*, a solução não é uma nem outra, e sim a interação recíproca e combinada entre elas – uma interação que, se tudo correr bem, pode criar um círculo virtuoso de amplificação dos rumores. Nas palavras de um gerente de marketing experiente:

> No final das contas, não se pode dizer que as mídias *on-line* são mais eficazes que as mídias *off-line*: isso simplesmente não é verdade. O que realmente é eficaz é trabalhar tudo em conjunto. Nós constatamos, sem sombra de dúvida, que a NPR vende livros, e é verdade. Depende do conteúdo, mas, de maneira geral, quando alguém aparece com destaque na NPR acontece um pico de vendas. Portanto, ela é um veículo incrível para nós, é fundamental estar ali. Mas o que a torna ainda mais eficaz é a repercussão *on-line* daquele conteúdo. Então alguém escuta a transmissão, faz uma busca e – meu Deus do céu! – se depara com um anúncio justamente daquele título; ele procura daqui, procura dali e lá está o livro. Entra na Apple, se distrai com outra coisa, depois dá uma olhada no iTunes – veja só, tem um negócio à venda em destaque na seção de livros. Cada um desses acontecimentos isolados despertaria um certo interesse,

mas os três juntos podem resultar em vendas muito mais impressionantes. Portanto, para nós, o truque é imaginar realmente como fazer todos esses programas funcionarem em conjunto, para simplesmente amplificar o som de modo a alcançar essa repetição no mercado. Nós os consideramos em conjunto.

O TRIUNFO DO ALGORITMO

O papel crescente dos varejistas *on-line* – e especialmente da Amazon – transforma a visibilidade dos livros de outra maneira: ele dá origem a um conjunto inteiramente novo de instrumentos para pôr os livros na frente do consumidor e chamar a sua atenção para eles. Existem diversas maneiras de tornar os livros visíveis na livraria física – as mais evidentes são as mesas de exposição na frente da loja e as escadas dobráveis, mas existem muitas outras, que vão das recomendações da equipe à exposição dos livros com a capa voltada para fora nas seções mais especializadas da livraria. Vale a pena destacar duas características desse tipo de visibilidade: primeiro, a visibilidade é padronizada – ou seja, os mesmos livros são visíveis para qualquer pessoa que entre na loja; e, segundo, a visibilidade é espacial – ou seja, o cliente realmente tem de entrar na loja para ver os livros. Visibilidade espacial padronizada: é isso que se consegue numa livraria física. Ela pode ser eficaz e funcionar muito bem – é possível vender uma enorme quantidade de livros numa mesa frontal ou numa escada dobrável da Barnes & Noble ou da Waterstones. Mas as características físicas da livraria não permitem ir muito além disso.

Contudo, o ambiente *on-line* possibilita toda uma gama de novas oportunidades para obter visibilidade. Imagine que a livraria na qual você entra possa ser personalizada de tal maneira que todo livro que você vê tenha sido, de alguma forma, selecionado por você: é uma livraria personalizada na qual os livros que lhe são apresentados foram selecionados porque parecem combinar com o tipo de livro que lhe interessa. Portanto, não será mostrado a você o último livro de suspense de John Grisham se você nunca comprou um livro de suspense nem demonstrou interesse em fazê-lo. Para quê? Tornar aquele livro de John Grisham visível a você é desperdiçar o pouco tempo e atenção de que você dispõe. Por outro lado, se os livros que você geralmente compra ou folheia são biografias políticas e livros históricos sobre a Primeira Guerra Mundial, então a livraria pode lhe apresentar uma seleção de biografias políticas novas e de livros novos sobre a Primeira Guerra Mundial – seria como entrar numa livraria concebida para você.

A visibilidade é individualizada, personalizada, adaptada aos interesses, gostos e às preferências de cada visitante. E nem é preciso sair de casa ou do escritório e entrar numa loja física: a visibilidade virtual personalizada é entregue na sua tela onde quer que você se encontre.

A ideia de personalizar uma versão do *site* para cada usuário, baseada em seu histórico de compras, fazia parte do projeto original de Bezos para a Amazon, e, logo depois do lançamento do *site*, em 1995, ele e a sua equipe decidiram transformar o projeto em realidade. Para isso, teriam de construir um algoritmo que permitisse que um computador gerasse recomendações baseadas num conjunto preexistente de dados. Portanto, que dados eles iriam utilizar e como o algoritmo poderia ser construído?

Na primeira tentativa de personalizar o *site*, a Amazon contou com o programa chamado Bookmatch, que foi desenvolvido por terceiros, uma empresa chamada Firefly Network.[7] Pedia-se que os clientes avaliassem uma série de livros e então o programa gerava recomendações baseadas nessas avaliações. Mas o sistema não funcionou muito bem, e muitos clientes não queriam ter o trabalho de avaliar livros para fornecer dados para que o programa gerasse recomendações. Por isso, a Amazon desenvolveu seu próprio algoritmo, que gerava recomendações baseadas nos livros que os clientes tinham de fato comprado. A primeira versão desse algoritmo de recomendação, chamado Similarities, reuniu clientes com históricos de compra semelhantes e depois encontrou livros que interessavam às pessoas de cada grupo.[8] O resultado foi um aumento imediato das vendas. O Similarities substituiu o Bookmatch e se transformou no instrumento de personalização da Amazon.

A tentativa inicial de algoritmo de recomendação feita pela Amazon se baseou na aplicação dos "modelos de grupo" – isto é, a base de clientes é dividida em segmentos e o algoritmo atribui cada usuário ao segmento que contém os clientes mais parecidos; as compras e as avaliações dos clientes dos segmentos são então utilizadas para gerar recomendações. Mas os modelos de grupo tendem a gerar recomendações de relativamente baixa qualidade, porque os clientes do segmento podem ser muito diferentes. A Amazon mudou então para um algoritmo que ela chama de "filtro colaborativo item a item".[9] Enquanto os modelos de grupo associam o usuário a *clientes* similares, o filtro colaborativo item a item associa os itens adquiridos e avaliados pelo

---

7 Stone, *The Everything Store*, p.51.
8 Ibid.
9 Linden; Smith; York, "Amazon.com Recommendations: Item-to-Item Collaborative Filtering", *IEEE Internet Computing*, p.77, jan.-fev. 2003.

usuário a *itens* similares. Primeiro o algoritmo constrói uma tabela de itens similares descobrindo os itens que os clientes tendem a comprar juntos e calculando a semelhança entre os itens em termos da frequência com a qual são comprados juntos. Depois que a semelhança entre cada dupla de itens foi determinada e recebeu um valor numérico, o algoritmo gera recomendações baseadas nos itens com correlação mais alta. A criação da tabela de itens similares pode ser feita *off-line*, o que permite que o algoritmo seja aplicado gradualmente em catálogos e bases de clientes muito extensos. O componente *on-line* do algoritmo inclui a pesquisa de itens similares em relação às compras e avaliações do usuário, algo que pode ser feito com certa facilidade. Consequentemente, o algoritmo é muito rápido e pode reagir imediatamente a alterações nos dados do usuário, como quando ele faz uma nova compra. As recomendações tendem a ser relevantes porque o algoritmo recomenda itens similares de correlação alta. O algoritmo também apresenta um bom desempenho com uma quantidade bastante limitada de dados do usuário.[10]

A Amazon estendeu o seu algoritmo de recomendação para inúmeras áreas da sua interface com o cliente – na página inicial das recomendações, na página personalizada "a sua Amazon", as recomendações no carrinho de compras ("semelhante aos itens de compra por impulso que ficam no caixa do supermercado, mas os nossos itens de compra por impulso são direcionados a cada consumidor")[11] e em inúmeras campanhas de e-mail que a Amazon direciona regularmente a seus clientes. Com os dados de compra e de busca de mais de 300 milhões de clientes em todo o mundo e a capacidade de comercializar e vender diretamente a eles, a Amazon tem uma enorme vantagem competitiva como varejista. Ela tem condições de explorar um volume sem precedentes de dados dos usuários, tanto em quantidade como em detalhe – cada compra, cada página consultada, cada clique –, e utilizar esses dados para personalizar as suas ações da maneira mais eficaz possível.

A visibilidade não poderia ser mais diferente nos dois mundos, o velho e o novo. No velho mundo da livraria física, a visibilidade é padronizada, espacializada e limitada a um número reduzido de títulos, embora exista uma grande quantidade de títulos que poderiam ser expostos nas mesas de entrada e nas vitrinas das livrarias e de outras lojas. Mesmo se cada livraria expusesse livros diferentes (e elas não o fazem – longe disso), o número total de títulos expostos representaria apenas uma fração minúscula do número

---

10 Ibid., p.79.
11 Ibid., p.78.

de livros publicados. Em comparação, no universo do livreiro *on-line*, a visibilidade é personalizada, além de ser virtual e "desespacializada", e o número de títulos que podem se tornar visíveis nesse espaço "desespacializado" é potencialmente ilimitado, já que cada usuário pode ser apresentado a uma seleção de títulos feita sob medida para os seus interesses e preferências.

Não apenas as formas de visibilidade são diferentes: os responsáveis por elas também. No universo da livraria física, a conquista de visibilidade nos melhores espaços para isso, isto é, na frente da livraria, resulta de um processo social de negociação no qual os representantes de vendas das editoras e os compradores das livrarias ou das redes de livrarias apresentam ou sugerem títulos para serem expostos, e, em alguns casos, negociam uma contribuição financeira adequada por parte da editora na forma de publicidade cooperativa ou de apoio para a exposição. Trata-se de um processo social conduzido presencialmente, ou por telefone ou e-mail, no qual indivíduos que representam duas organizações essenciais da cadeia de suprimentos do livro – as editoras e as livrarias – chegam a um acordo sobre um número reduzido de títulos, selecionados a partir de um grande número de candidatos potenciais, que ficarão visíveis nos espaços de alta visibilidade da frente das lojas, e sobre os termos e as condições dessa visibilidade. Por outro lado, no universo do livreiro virtual, o processo de seleção é conduzido principalmente por algoritmos. É claro que existe o envolvimento de seres humanos nesse processo, porque são eles que criam os algoritmos e decidem a importância que se deve atribuir aos diferentes fatores. Porém, a escolha de que título fica visível a qual usuário é baseada principalmente na análise automatizada dos dados deste – quais os livros que ele comprou ou examinou anteriormente e quais os livros que são similares a eles. Não se trata de um acordo negociado entre as editoras e o livreiro, e sim de um processo automatizado no qual o livreiro utiliza seus dados exclusivos a respeito do usuário para gerar recomendações baseadas no comportamento *on-line* de seus clientes. Esse processo é controlado inteiramente pelo livreiro *on-line*, as editoras estão excluídas dele. É claro que as editoras podem participar desse processo – mas isso tem um preço. Como os livreiros tradicionais, os livreiros *on-line* também podem negociar pagamentos extras por parte das editoras em troca de posicionamento *on-line* e recomendações personalizadas. No caso da Amazon, esses pagamentos podem vir na forma de cotas maiores de "publicidade cooperativa" ou de pagamentos relacionados às campanhas publicitárias de pagamento por clique (PPC) na Amazon, que permitem que as editoras coloquem anúncios dos seus livros nas páginas dos resultados de busca da Amazon e nas páginas dos livros concorrentes.

Mas o principal gerador de visibilidade no espaço *on-line* não é o posicionamento título a título apoiado pela publicidade cooperativa ou pelo PPC, é o uso de algoritmos baseados nos dados do usuário.

A Tabela 6.1 resume algumas das diferenças entre as duas formas de visibilidade. As livrarias físicas utilizam a visibilidade espacial padronizada para chamar a atenção dos consumidores para os livros: uma pequena seleção de livros é exposta nos espaços de grande visibilidade – na frente da loja, nas mesas e estantes da área de entrada e nas vitrines da frente da loja –, e os mesmos livros estarão visíveis a todos que entrem nesses espaços. A escolha dos títulos é feita pelo livreiro, e, em alguns casos, está condicionada aos acordos realizados entre o livreiro e a editora para financiar a exposição por meio de publicidade cooperativa. Livrarias *on-line* como a Amazon utilizam a visibilidade virtual personalizada para chamar a atenção dos consumidores para os livros: para cada consumidor, é apresentada uma seleção personalizada de títulos, seja em e-mails regulares de alerta ou na página inicial atualizada continuamente e nos carrinhos de recomendação. As recomendações são geradas por algoritmos baseados no comportamento de navegação e de compra anterior de cada consumidor. Em alguns casos, essa visibilidade virtual personalizada é paga na forma de cotas de publicidade cooperativa ou de publicidade do tipo PPC.

Tabela 6.1 – Formas de visibilidade

	Visibilidade espacial padronizada	Visibilidade virtual personalizada
Varejista	Livraria física	Livreiro *on-line*
Seleção	Padronizada	Personalizada
Exposição	Espacializada	Virtual
Amplitude	Limitada	Ilimitada
Gerador	Acordos entre editoras e livrarias	Algoritmos baseados em dados do usuário; cotas pagas pelas editoras

Em termos gerais, o surgimento de uma nova forma de visibilidade para os livros no espaço *on-line* só pode ser visto como algo positivo, pois, quanto mais existirem formas de tornar visíveis os livros para os leitores potenciais, melhor para os livros, para os autores e para as editoras. Porém, ao mesmo tempo, existem riscos nessa evolução – permitam-me destacar dois.

O primeiro risco está relacionado ao fato de que, com o crescimento da Amazon e o declínio do espaço físico do varejo de livros, o tipo de visibili-

AS GUERRAS DO LIVRO

dade que pode ser alcançada para os livros passou da visibilidade física na frente da loja para a visibilidade no espaço *on-line*. De uma perspectiva de longo prazo, essa passagem já ocorreu em grande medida. Em 2006, a Barnes & Noble, então a maior vendedora americana de livros, administrava 723 livrarias espalhadas pelos Estados Unidos, entre as quais 695 megastores e 98 lojas de shopping que funcionavam com a marca B. Dalton; à época, o grupo Borders administrava cerca de 1.063 livrarias nos Estados Unidos, entre as quais 499 megastores e 564 lojas Waldenbooks em shoppings. Dez anos depois, em 2016, a Barnes & Noble ainda administrava 640 lojas, mas tinha fechado todas as lojas B. Dalton; a Borders falira em 2011, e quase todas as suas lojas tinham fechado as portas. Esses dois acontecimentos sozinhos representaram um declínio drástico do espaço físico do varejo nos Estados Unidos – o número de lojas representado por essas duas redes tinha caído a menos da metade numa década.[12] Isso importa não apenas porque indica que existe menos espaço para tornar os livros visíveis, mas também porque a visibilidade que está sendo perdida é do tipo que facilita a descoberta do novo. Vamos explorar um pouco mais essa questão.

Qualquer pessoa que entre numa livraria encontra uma variedade de livros muito maior do que a que ela encontra nas recomendações personalizadas que recebe da Amazon, justamente porque os livros expostos na frente das livrarias não estão adaptados aos interesses e às preferências pessoais de usuários específicos. Isso tem desvantagens, é claro – você pode não ter o menor interesse em livros de suspense comerciais, e, ainda assim, ao entrar na loja dá de cara com o último livro de James Patterson. Mas também estimula a diversidade e a descobertabilidade do mercado. Diversidade porque significa que as pessoas são expostas a uma grande variedade de livros, independentemente de eles corresponderem a um comportamento de navegação ou de compra anterior – contanto, é claro que, antes de tudo, é preciso que elas entrem numa livraria, o que não é pedir pouco. Desco-

---

12 Em 2019, quando a Barnes & Noble foi vendida para um fundo de cobertura, a Elliott Management Corporation, ela estava administrando 627 lojas; não se sabe se os fechamentos de lojas continuarão sob a administração do novo CEO, James Daunt. Deve-se observar também que, na contramão da Barnes & Noble, as livrarias independentes têm apresentado uma espécie de renascimento nos últimos anos, depois dos fechamentos dos anos 1990 e início dos anos 2000. Segundo a American Booksellers Association [Associação Americana de Livreiros], entre 2009 e 2015 houve um crescimento de 35% no número de livreiros independentes, passando de 1.651 para 2.227 lojas. No entanto, essa tendência poderá ser revertida se as medidas de confinamento relacionadas ao coronavírus, adotadas em 2020, resultarem no fechamento definitivo de algumas livrarias.

bertabilidade porque isso significa que as pessoas que entram numa livraria provavelmente irão descobrir livros que não pretendiam procurar quando entraram. O problema do ambiente *on-line* é que, como as recomendações são guiadas por algoritmos, a variedade se reduz a um conjunto de títulos similares àqueles que você já comprou ou consultou. É como se você fosse jogado no meio de uma enorme biblioteca, maior do que qualquer outra que já existiu, que ela estivesse pintada de preto e que você só tivesse uma minilanterna: ao ligar a lanterna, você só enxerga o que está bem diante de você, enquanto os outros milhões de livros que enchem aquela imensa biblioteca permanecem mergulhados na escuridão. O algoritmo é a minilanterna, embora a realidade seja pior que a metáfora, porque, no mundo real das recomendações guiadas por algoritmos, é a Amazon, não você, que controla a minilanterna, decide quando ligá-la, para onde direcioná-la e quando desligá-la novamente. A diversidade e a descobertabilidade são sacrificadas em prol da similaridade e da previsibilidade, enquanto a variedade de títulos promovidos para indivíduos específicos é reduzida para maximizar a probabilidade de venda.

Trata-se de um problema sério para as editoras, e um dos motivos pelos quais é tão importante para elas – e, de modo geral, para a cultura do livro – assegurar que as livrarias físicas não desapareçam. As livrarias não são apenas vitrines das editoras e de seus livros: elas também são espaços nos quais a experiência de consultar um livro não está predeterminada pelos padrões anteriores de consulta e de compra do indivíduo. É claro que a experiência de folhear livros numa livraria não é totalmente aleatória, já que o espaço na frente da loja é um espaço comercializado no qual a exposição dos títulos se baseia em acordos feitos entre editoras e livrarias, que, como vimos anteriormente, são sustentados por recursos da publicidade cooperativa. Porém, navegar nesse espaço ainda é uma experiência muito diferente de navegar pelos títulos recomendados a você por um algoritmo baseado no seu histórico de navegação e de compras. Não é uma experiência personalizada, e, justamente por isso, ela é mais variada, mais aberta e mais capaz de surpreender o navegante individual confrontando-o com o inesperado.

O segundo risco tem origem no fato de que existe uma única corporação que desempenha um papel preponderante na configuração da visibilidade *on-line* atualmente no mundo dos livros – a Amazon. Com o declínio do espaço físico de varejo e a passagem, ao longo do tempo, da visibilidade física para a visibilidade *on-line*, o mais poderoso varejista controla cada vez mais a definição dos livros que ganham visibilidade, no cotidiano dos indivíduos, quando eles recebem seus e-mails diários de alerta da Amazon ("Lançamentos quentes em...", "Olá, Jane Dancy, a Amazon tem novas recomendações para você", "Olá, Tim Blake, baseado em suas atividades recentes, pensamos que você pode estar interessado nisto", e assim por diante). Quanto mais isso se torna a forma principal pela qual os indivíduos conhecem novos livros, mais poder isso dá à Amazon para determinar quais livros eles veem. Se a Amazon tiver uma rixa com uma editora, ela pode não se recusar a vender seus livros, mas pode se recusar a recomendá-los, privando-a, assim, da exposição que ela obteria por meio das recomendações personalizadas da Amazon. No espaço da visibilidade *on-line*, as editoras se encontram cada vez mais à mercê da Amazon.

O que as editoras podem fazer para conter o domínio aparentemente incontestável do espaço de visibilidade *on-line* para os livros? O que elas podem fazer – supondo que possam fazer algo – para retomar um pouco de controle? Três das grandes editoras de interesse geral – Hachette, Simon & Schuster e Penguin – tentaram unir esforços e criar um *site* de recomendação e de varejo de livros que oferecesse uma alternativa à Amazon. Chamado Bookish, ele demorou para decolar, sendo lançado em fevereiro de 2013, depois de algum atraso, e teve dificuldade de engrenar; foi vendido menos de um ano depois para a Zola Books, uma *start-up* do varejo de livros. Será que as editoras simplesmente têm de desistir, admitir que a Amazon realmente conquistou o espaço da visibilidade *on-line* e esperar que ela exerça seu extraordinário poder de mercado de uma forma imparcial e bondosa? Ou existem coisas concretas que podem fazer, e outros canais que elas podem abrir, para tentar obter um controle maior da visibilidade *on-line* para os seus livros?

Retomaremos em breve essas questões importantes. Porém, antes de fazê-lo, vamos examinar outra reviravolta curiosa nessa história. Em novembro de 2015, a Amazon abriu em Seattle a sua primeira livraria física, e, em outubro de 2018, estava administrando um total de dezessete lojas em diversas cidades americanas, de Nova York a Los Angeles, além de ter muitas outras lojas programadas. De certo modo, isso pode parecer uma reviravolta curiosa: por que uma empresa que ergueu o seu negócio como um varejista *on-line*, que surfou a onda da revolução digital de maneira tão eficaz e viu sua riqueza aumentar exponencialmente enquanto a de seus concorrentes das lojas físicas declinava, decidia agora entrar no negócio das livrarias físicas, com todos os problemas que isso implica – alugar prédios caros no centro das cidades, manter estoque, lidar com devoluções, com margens extremamente apertadas etc.? Não há dúvida de que a intenção, em parte, é comercializar e vender outros produtos além do livro, especialmente produtos de tecnologia como o Echo e a Fire TV, permitindo que os clientes vejam e testem novos produtos antes de comprá-los, mais ou menos como faz uma loja da Apple. Mas não pode ser apenas o uso dos livros digitais como uma desculpa para vender produtos de tecnologia – as livrarias da Amazon realmente estão cheias de estantes de livros. Portanto, por que abrir livrarias físicas quando se dispõe de uma operação de venda de livros *on-line* extremamente eficaz, com mais de 40% da venda de todos os títulos novos nos Estados Unidos, impressos e digitais combinados? Por que a Amazon acha que pode ser mais bem-sucedida na administração de livrarias físicas do que o grande número de livreiros que tentaram antes dela, e que, na maioria das vezes, falharam? E o que ela tem a ganhar com isso?

Com a abertura das livrarias físicas, a Amazon está testando – na verdade, inventando – um novo tipo de experiência de consulta. Não o tipo personalizado de consulta que faz parte da oferta *on-line* da Amazon, não o tipo de consulta genérica típica de outras livrarias físicas, mas algo intermediário que mistura aspectos dos dois modelos. Entrar numa livraria da Amazon é entrar num espaço de venda de livros diferente de qualquer outro que você jamais conheceu. Em primeiro lugar, ela é surpreendentemente pequena: para uma livraria que construiu sua reputação alegando oferecer aos clientes mais de um milhão de títulos ("A maior livraria do planeta"), a insignificância das livrarias físicas da Amazon e o número pequeno de títulos expostos chama imediatamente a atenção. O que também surpreende é o fato de que cada livro da livraria é exposto com a capa voltada para a frente. As estantes não estão cheias de livros enfileirados com a lombada para fora: em vez disso, o que o consumidor vê é um conjunto de livros com as capas totalmente expostas, com luzes disfarçadas iluminando cada capa para destacá-la e valorizar ao máximo a arte da capa. Olhando mais de perto, é possível ver, debaixo de cada livro, um cartão elegante discretamente posicionado, letras brancas em fundo preto, com a citação de uma resenha feita por um cliente da Amazon e uma classificação feita a partir das resenhas *on-line* dos clientes da Amazon – "'Manhattan Beach' é uma delícia. Quantas vezes você pode abrir um romance muito bem escrito, com uma trama perfeita, que reflete um determinado período e um 'clima' históricos, e personagens que se revelam e se escondem num perfeito equilíbrio... – Mary Lins. 3,8 estrelas – 840 resenhas em 4/5/2018". Prosseguindo com a consulta, chegamos a uma seção chamada "Mais vendidos de ficção em

Nova York" (se você estiver numa das livrarias da Amazon em Nova York) e outra chamada "Mais vendidos de não ficção em Nova York". Depois de contornar a estante, chegamos à seção "Se você gosta de...", onde existe um livro com a capa virada para a frente à esquerda e quatro com a capa virada para a frente à direita, separados por uma simples tabuleta: "Se você gosta de [seta apontando para a esquerda] vai adorar [seta apontando para a direita]". "Se você gosta de *Crazy Rich Asians*, vai adorar *Erotic Stories for Punjabi Widows*" etc.

Quanto mais você pesquisa, mais se dá conta de que a pequena seleção de títulos com a capa virada para a frente não é, de maneira nenhuma, obra do acaso, e sim fruto de uma cuidadosa curadoria. E, quanto mais você examina os expositores de livro, mais se dá conta de que essa curadoria é baseada em informações exclusivas da Amazon – incluindo os dados que ela possui sobre vendas e pré-pedidos, avaliações e resenhas dos clientes feitas no *site* da Amazon e sobre popularidade no Goodreads, o *site* de mídia social para leitores adquirido pela Amazon em 2013,[13] além dos dados que a Amazon mantém sobre os clientes, incluindo endereços e códigos de endereçamento postal, e histórico de compras e de pesquisas de livros *on-line*. A impressão é confirmada por Alice, uma jovem vendedora com cerca de vinte anos de idade, cabelo cor-de-rosa e *piercing* no nariz, que se mostra ansiosa em ajudar os clientes a pesquisar as estantes. Ela explicou que os livros são escolhidos pela equipe de curadoria da Amazon com base nas resenhas e avaliações dos clientes da Amazon e da Goodreads, e no que eles sabem a respeito dos interesses e preferências dos habitantes locais – "o que interessa aos moradores de Nova York é diferente do que interessa aos moradores de Chicago ou de Los Angeles", disse ela. Eles recebem uma lista de atualizações uma vez por semana da equipe de curadoria e trocam alguns títulos semanal-

---

13 A Goodreads é uma plataforma de mídia social voltada para a leitura e a resenha de livros. Fundada em 2006 por Otis Chandler e Elizabeth Khuri Chandler, seu objetivo era criar uma rede social em que as pessoas pudessem apresentar aos outros os livros de que elas gostavam, discutir livros com eles e descobrir livros por meio de interações *on-line* com os outros – o equivalente *on-line* de entrar na casa de alguém, fuçar as suas estantes de livros e conversar com a pessoa sobre livros. Ela também oferece um espaço alternativo de resenhas de livros em que os leitores podem avaliar e resenhar os livros que leram, e podem descobrir – tanto por meio das avaliações e resenhas de outros leitores como por meio de recomendações geradas pelo algoritmo da Goodreads – outros livros que talvez queiram ler. Em 2012, a Goodreads tinha 10 milhões de membros e 20 milhões de visitas mensais, e 330 milhões de livros tinham sido avaliados no *site*. Em 2013, a Amazon adquiriu a Goodreads por uma quantia não revelada, incorporando, assim, a principal plataforma de mídia social para leitores e leitura no ambiente da Amazon.

mente. "Por que os livros são expostos com a capa virada para a frente?", perguntei. "Tem tudo a ver com a descoberta", prosseguiu Alice. "É muito mais fácil pesquisar e descobrir os livros olhando para a capa, sem ter que virar a cabeça de lado para tentar ler a lombada."

Depois de responder mais algumas perguntas, foi a vez de Alice me fazer uma pergunta: "Você tem o aplicativo da Amazon?". Não tinha. "Tudo bem, o *wi-fi* aqui é grátis – veja, vou lhe mostrar." Sem o mínimo esforço, Alice assumiu o controle do meu iPhone e, em alguns segundos, instalou o aplicativo da Amazon. Percebendo que havia um leitor de código de barras no iPhone, ela explicou que eu não iria mais precisar dele porque agora podia usar o leitor de código de barras que estava incorporado no aplicativo da Amazon – que era muito melhor, ela me garantiu, e com mais alguns movimentos rápidos do dedo o antigo leitor de código de barras sumiu e foi substituído pelo aplicativo da Amazon (na verdade, eu nunca tinha usado aquele leitor de código de barras). Alice mostrou como escanear a capa de um livro para saber o preço, e destacou as vantagens de ser um membro Prime da Amazon: se você é um membro Prime, explicou, então paga o mesmo preço da Amazon.com, onde os livros geralmente são vendidos com um grande desconto de, por exemplo, 33%; se você não é um membro Prime, então os livros da loja são vendidos pelo preço de catálogo. "Veja o caso de *The Lifters*, de Dave Egger", disse ela, escaneando a capa virada para a frente, "se você for um membro Prime, vai pagar 12,03 dólares; se não for, o preço é 17,99 dólares. Você pode se tornar um membro Prime agora, se quiser." Recusei delicadamente o convite. Simpática, envolvente, perspicaz e convincente, Alice é a imagem pública da nova livraria Amazon, que, como a própria livraria, se move tranquilamente entre os atraentes expositores de livros da livraria física e o universo *on-line* da Amazon.com, convidando-o de uma forma quase irresistível a penetrar no abrangente ambiente *on-line/ off-line* da Amazon.

As livrarias físicas da Amazon são experiências com um novo tipo de visibilidade, uma visibilidade espacial personalizada e baseada em dados que difere tanto da visibilidade espacial padronizada da livraria tradicional como da visibilidade virtual personalizada da operação *on-line* da Amazon. Como esta última, as livrarias físicas da Amazon utilizam dados exclusivos da empresa para definir os livros que devem ser expostos em cada uma das lojas, adaptando a seleção ao local. Ao expor os livros com a capa virada para a frente, ela maximiza sua visibilidade no espaço físico da livraria, criando uma experiência de navegação visualmente rica e diferente da de qualquer

AS GUERRAS DO LIVRO

outra livraria física. A seleção baseada em dados é mais importante que a enorme quantidade de títulos no estoque: o contraste com as megastores da Barnes & Noble – aquelas imensas catedrais de livros que foram concebidas para maximizar a capacidade de estoque, com as incontáveis estantes de livros, a maioria deles expostos pela lombada, espalhada em vários andares – não poderia ser mais impressionante. Como um convite para penetrar no ambiente da Amazon, os livros e os últimos lançamentos tecnológicos expostos com destaque, além das vantagens de se tornar membro Prime da Amazon ressaltadas a cada passo, as livrarias da Amazon representam uma proposta tentadora. Embora não se saiba no que vai dar essa experiência de uma visibilidade personalizada baseada em dados, é impossível não ficar impressionado com a ousadia da proposta.

A COMUNICAÇÃO COM OS LEITORES

Como observamos anteriormente, a Amazon, que é responsável por mais de 70% do mercado de livros digitais e mais de 40% de todas as unidades de livros novos vendidos – impressos e digitais – nos Estados Unidos, dispõe de informações exclusivas sobre os hábitos de navegação e de compra de grande parte dos compradores de livros, muito mais do que qualquer empresa varejista jamais teve. É difícil exagerar o significado histórico disso. Mesmo no auge, a Barnes & Noble não detinha mais que 25% das vendas unitárias de livros nos Estados Unidos.[14] Além disso, como muitos livros são comprados no caixa e não por meio de uma conta do cliente, e os hábitos de navegação do indivíduo numa loja física não são rastreados e registrados, a quantidade de informações que a Barnes & Noble teria conseguido reunir e armazenar sobre os seus clientes seria muito menor que a da Amazon, para quem cada cliente *on-line* é, por definição, um usuário registrado cujo comportamento de navegação, bem como o histórico de compras, é rastreado, registrado e armazenado. Atualmente, a quantidade e o nível de detalhe das informações sobre o cliente que um único varejista detém é sem precedentes, e produz uma assimetria entre as editoras e a

---

14 Em 2006, por exemplo, as megalivrarias e as redes de shopping representaram algo como 45% do mercado de varejo de livro americano, de cerca de 12,4 bilhões de dólares, e a Barnes & Noble era a maior das três redes (que incluíam a Borders e a Books-A-Million), com um pouco mais da metade das vendas das redes. Ver Oda; Sanislo, *The Subtext Perspective on Book Publishing 2007-2008*, p.64-6.

Amazon que é muitíssimo maior que qualquer coisa jamais vista no espaço do varejo de livros. É por esse motivo, e também pela participação crescente no mercado da Amazon, que muitos integrantes do universo editorial se preocupam com o poder dela: o CEO citado no início do capítulo anterior não era, de modo algum, uma voz isolada.

Portanto, será que existe algo que as editoras podem fazer para tentar contrabalançar essa assimetria estrutural? Por que, na nova era digital, as editoras se apegam a práticas antiquadas que, de fato, as excluem de qualquer acesso a, e de contato com, os indivíduos que são os consumidores e leitores finais dos seus livros? Por que elas permitem que um único varejista monopolize informações a respeito dos compradores de livros, transforme essas informações num ativo exclusivo e depois utilize esse ativo como um instrumento para fortalecer sua própria posição no setor, às vezes à custa das mesmas editoras que lhe fornecem os livros?

São perguntas que têm preocupado muitas editoras, à medida que observam o poder da Amazon crescer. A ironia de uma situação em que a popularidade dos seus próprios livros se torna um recurso que pode ser usado contra elas não escapou aos administradores das editoras. Mas o que eles podem fazer na prática? Podem evitar a Amazon e trabalhar com outros varejistas, ou vender os livros diretamente aos consumidores – um passo arrojado dado por uma editora independente pequena e radical chamada OR Books, que vende a maioria dos seus livros diretamente aos consumidores, uma prática duplamente vantajosa: permite que ela tenha uma margem melhor em cada venda (já que não existe o desconto do varejista) e lhe permite obter detalhes a respeito dos consumidores (já que eles têm de se cadastrar na OR para comprar direto). Porém, para a maioria das editoras convencionais, eliminar a Amazon seria uma decisão difícil de tomar, dado que ela é o seu maior cliente, respondendo, em muitos casos, por 40% ou mais das suas vendas. E, embora muitas editoras tenham tido a capacidade de vender diretamente aos consumidores a partir do *site* durante um certo tempo, para a maioria o sucesso foi limitado: por que os consumidores comprariam diretamente das editoras quando podem comprar livros de um varejista *on-line* eficiente, bem organizado e dedicado ao cliente como a Amazon, que é uma loja única com uma variedade incomparável de livros de todas as editoras, e onde os preços provavelmente são os mesmos (se não forem menores, quando se levam em conta os descontos e o envio gratuito da Amazon)? Não há necessidade de fornecer os dados do seu cartão de crédito a muitos editores diferentes que você não conhece e nos quais não tem nenhum motivo para confiar. Isso não significa que as vendas diretas sejam um fracasso – pode haver maneiras mais eficazes de fazer isso do que simplesmente criar uma cesta de compras no *site* do editor. Tampouco significa que não haja outras coisas que as editoras possam fazer para alcançar diretamente as pessoas que estão interessadas em ler seus livros.

Portanto, se as editoras não vão tomar a medida radical de evitar a Amazon, o que elas podem fazer? Essa é a pergunta que está por trás de algumas das iniciativas que vêm sendo tomadas por altos executivos de editoras nos últimos anos, entre os quais Melissa. Ela chefia uma unidade voltada para o desenvolvimento de novos tipos de atendimento ao consumidor na "Titan", uma grande editora americana de interesse geral com uma ampla variedade de títulos. "Meu trabalho é descobrir como construir um relacionamento com os leitores", explicou. "Isto é, compreender quem são os leitores, como entrar em contato com eles, como influenciá-los, como levá-los a agir." Isso se tornou uma preocupação fundamental para a Titan e para muitas outras editoras – grandes, médias e pequenas: tentar construir relacionamentos diretos com os leitores é o novo santo graal das editoras de interesse geral. "É algo meio natural, quando se começa a pensar no modo como o mercado está mudando", disse Melissa. É claro que a grande mudança é o crescimento da Amazon à custa das redes de megastores, mas a dinâmica na Amazon também está se transformando. Era muito mais fácil para a Titan influenciar o tipo de colocação e de marketing que ela obtinha na Amazon – a editora conseguia inserir chamadas na página inicial, comprar anúncios em algumas áreas de *merchandising*, influenciar quais e-mails eram enviados e assim por diante. "Tínhamos muita influência na plataforma, e com isso conseguíamos gerar vendas para os nossos títulos ali." É claro que isso tinha um preço – podia ser publicidade cooperativa, pagamento por clique ou outra coisa. Embora não fosse barato, pelo menos eles ganhavam exposição na plataforma da Amazon. Mas agora as coisas são diferentes, explicou Melissa. A Amazon cresceu, ela tem novas prioridades, e, na área de livros, a autopublicação é muito mais importante para o seu negócio; portanto, a Titan não podia mais confiar na Amazon para gerar vendas:

> Ela está mais forte, está direcionando as pessoas para os seus autores autopublicados, está direcionando as pessoas para as coisas que deseja ampliar. Portanto, cabe a nós imaginar formas de gerar vendas em sua plataforma, porque ela ainda é um cliente eficiente. E quando ela apoia um livro, a coisa funciona. Mas temos um catálogo amplo e ela está criando um universo de varejo que

é maior e mais diversificado; portanto, para sermos ouvidos, precisamos ser capazes, nós mesmos, de direcionar aquelas vendas. Assim, em vez de depender da lista de e-mails da Amazon, devemos criar nossa própria lista.

Melissa teve de convencer os colegas de que desviar parte dos recursos do marketing de títulos específicos para criar um banco de dados com endereços de e-mail exclusivos seria uma atitude adequada. É mais fácil falar que fazer, porque, numa empresa editorial, é compreensível que os profissionais de marketing e os editores, entre outros, estejam preocupados com os livros que serão publicados na semana seguinte e no mês seguinte – precisam que esses livros recebam atenção e vendam, porque é assim que eles serão avaliados no final do ano. As exigências e os estímulos fiscais das empresas editoriais favorecem a visão de curto prazo. É preciso convencer os colegas a deixar de lado a visão de curto prazo e perceber que a criação de um banco de dados que seja um recurso renovável poderá ter uma enorme importância no longo prazo, um recurso que poderá ser usado várias vezes para entrar em contato direto com os consumidores. "Portanto, em vez de gastar *x* milhares de dólares numa nova publicidade *on-line* para cada livro, que tal dispor de um arquivo com um milhão de pessoas que podem ser contactadas diretamente? Sim, é preciso pagar os custos do provedor do serviço de e-mail, sem falar da classificação do material, mas ainda sai mais barato quando se calcula o custo por mil – e, a propósito, como as pessoas nos deram permissão para entrar em contato com elas, trata-se de algo muito mais envolvente do que simplesmente fazer marketing de busca através do Google e do Facebook."

Essa estratégia parte do princípio de que o e-mail é um instrumento de marketing *on-line* muito mais valioso do que muita gente pensava. "Durante muito tempo, em meados dos anos 2000, o e-mail era considerado meio antiquado, uma mídia social não muito atraente nem interessante", prosseguiu Melissa. "Todos gastavam recursos e tempo procurando obter os *likes* do Facebook, para poder contatar todo mundo através do Facebook, o que ainda é importante. Mas acontece que as plataformas das mídias sociais são muito instáveis. O Facebook muda o algoritmo o tempo todo, se relaciona de maneira diferente com as marcas dependendo de quem você é, realmente não dá para controlar. Ao passo que, no caso do e-mail, o controle é extraordinário." Você pode decidir o modo e a frequência com que deseja contatar as pessoas, exatamente o que deseja compartilhar com elas, pode segmentar o seu público de inúmeras maneiras, e assim por diante. A eficácia relativa do e-mail se tornou algo aceito entre os profissionais de marketing de diferentes setores – Melissa mencionou uma pesquisa do McKinsey que demonstrou que o e-mail é quase 40% mais eficaz que o Facebook e o Twitter juntos como forma de angariar clientes.[15] A pesquisa se refere ao varejo em geral, mas, em relação aos livros, a eficácia do e-mail deve ser ainda maior, explicou Melissa, porque é mais provável que as pessoas abram e-mails que estejam ligados a tipos específicos de autor e a gêneros específicos. "O índice de referência é de 20%", disse ela, "mas, se examinarmos as avaliações disponíveis para símbolos emblemáticos como Danielle Steele, ele é de uns 60%, o que é inacreditável. Portanto, o envolvimento obtido por meio do e-mail é surpreendente." Não é muito surpreendente quando se pensa no assunto. Muitas pessoas têm uma ligação afetiva com os autores dos livros de que gostam, e querem saber mais a respeito deles e a respeito de qualquer livro que eles tenham acabado de escrever ou de publicar. "As pessoas querem se relacionar com essa gente incrivelmente criativa. Nós temos, então, essa vantagem, e precisamos aproveitá-la ao máximo, e o e-mail realmente é uma maneira muito inteligente de fazer isso."

Essa é a teoria, mas como fazer na prática? Que tipo de sistema você cria e como consegue que as pessoas lhe forneçam seus endereços de e-mail? Melissa refletiu bastante sobre a estrutura – ela pega uma folha grande de papel de desenho, faz o esboço de alguns *boxes* e flechas e escreve rapidamente alguns títulos dentro dos *boxes* (ver Figura 6.1). O núcleo é o banco de dados dos clientes – o banco de dados estruturado de todos os endereços de e-mail, além de outras informações sobre os clientes, incluindo seus interesses. Em cima fica uma camada de serviços de tecnologia que definem o modo como você interage com os dados. Também existe uma camada que lida com relatórios e análises de dados. "E isso tudo serve de apoio, basicamente, aos programas de canais", disse Melissa, apontando para uma fileira de *boxes* na parte superior do esboço. Primeiro temos o e-mail, em que eles utilizam um provedor de serviço de e-mail, ou PSE, para distribuir as mensagens para os leitores. A distribuição pode ser segmentada, personalizada e na forma de recomendações dinâmicas de preços. Pode ser uma *newsletter* de um autor, uma série de *newsletters*, um comunicado totalmente escrito à mão e assinado, "sabe, como antigamente". Ela pode ocorrer em diversos níveis – nível corporativo, por categoria, por autor e por livro. É muito adaptável – cada e-mail ou *newsletter* pode ser personalizado e cuidadosamente direcionado.

---

15 Aufreiter; Boudet; Weng, "Why Marketers Should Keep Sending You E-mails", *McKinsey & Company*, jan. 2014, disponível em: <mckinsey.com/business-functions/marketing-and-sales/our-insights/why-marketers-should-keep-sending-you-emails>.

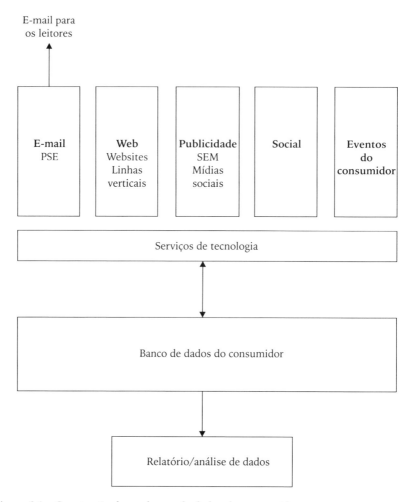

Figura 6.1 – Construção de um banco de dados do consumidor

O canal seguinte é a web, que inclui o pontocom central da Titan, bem como os *sites* dos seus diferentes selos, muitos dos quais possuem seu próprio *website* de marca. Porém, o que é fundamental, ele também contém uma série de linhas verticais que a Titan construiu, e outras que ela está construindo, que são voltadas para o consumidor – retomaremos em breve esse aspecto. O canal do e-mail e o canal da web, e especialmente as linhas verticais, são os canais mais importantes para a iniciativa liderada por Melissa, porque são, em grande medida, controlados pela editora e porque servem para que ela se comunique diretamente com os leitores e recolha dados sobre eles.

O canal seguinte é a publicidade, que inclui o marketing de motor de busca [SEM – *search engine marketing*], como o Google AdWords, bem como a publicidade em mídias sociais como o Facebook, entre outras. Com a construção de um banco de dados do consumidor, Melissa pode direcionar a publicidade de forma muito mais precisa, fazendo uma seleção prévia das pessoas que pretende atingir com o anúncio. Digamos, por exemplo, que você vai publicar um livro novo voltado para as mães, e que haverá um lançamento especial em Los Angeles: você pode pegar sua lista de e-mails, selecionar todas as mães de Los Angeles do banco de dados, carregar todos esses endereços de e-mail diretamente em suas plataformas de anúncio em mídias sociais e atingir diretamente as pessoas que você sabe que são mães de Los Angeles interessadas em livros. "Portanto, nosso gasto se torna muito mais eficaz", explicou Melissa, "porque podemos utilizar os dados de que já dispomos em nosso universo para indicar o lugar do universo geral em que iremos gastar". Também existem muitas outras formas de utilizar as mídias sociais, como a criação de páginas e o aumento do número de seguidores no Facebook, no Twitter e em outras plataformas, além de diversos tipos de eventos do consumidor – "existe um zilhão de coisas que podemos fazer aqui", disse Melissa, apontando para os dois últimos *boxes* da fileira.

Uma vez criada a estrutura, o grande desafio é preencher o banco de dados com endereços de e-mail e informações relevantes sobre os clientes – o mais rápido possível e com os dados mais relevantes e precisos sobre os clientes que se puder obter. Numa grande empresa como a Titan, é possível fazer muita coisa com os dados que já estão disponíveis – embora o armazenamento e a incorporação desses dados em um novo banco de dados possa ser mais complicado do que parece. Em primeiro lugar, existem regras que determinam o que pode ser feito com eles: os clientes podem ter permitido que eles fossem utilizados com alguns objetivos, mas não com outros, e se você quiser utilizá-los com outros objetivos então terá de entrar em contato com os clientes para pedir a autorização. O objetivo é obter a autorização mais ampla possível, para que se disponha de máxima liberdade de ação na utilização dos dados. Alguns dados também podem ser antigos, alguns endereços de e-mail podem ter sido abandonados, e alguns clientes podem não estar mais interessados; as informações podem estar mal organizadas, ou simplesmente organizadas de forma diferente – pôr em ordem os dados históricos dos clientes pode ser, por si só, algo muito trabalhoso. Depois de ter lido atentamente uma lista desse tipo e de ter eliminado os e-mails que não respondem e os e-mails repetidos, além dos clientes que decidem se descadastrar, o número pode cair pela metade. Isso é o começo. Mas como, então, se constrói a lista com os novos assinantes? Você pode ter um formulário de inscrição no *site*, "se quiser saber mais, inscreva-se em nossa lista de contatos" – "esse é o jeito tradicional de fazer as coisas, e tudo bem", explicou Melissa: embora você consiga alguns novos endereços de e-mail desse jeito, isso não é suficiente. É excessivamente passivo. Você tem de ser muito mais proativo na conquista de clientes. É aí que entram as linhas verticais.

Atualmente, Melissa dedica um bocado de tempo ao desenvolvimento de um novo *site* – vamos chamá-lo de GoodFood.com. "Embora ele seja um *site*, a principal ideia por trás do GoodFood.com é que, na verdade, ele é um programa de e-mail", disse Melissa. "É um formulário de e-mail principalmente para mulheres. O *site* não passa essa impressão simplesmente porque não queríamos afastar os papais." A editora decidiu se concentrar nas mulheres por vários motivos: as mulheres leem e compram muitos livros, fazem suas compras por meio de diferentes categorias de canais, e, por serem muito ativas nas redes sociais, compartilham e comentam recomendações mais que qualquer outro segmento. Melissa estabeleceu para si mesma um objetivo ambicioso: conseguir que meio milhão de mulheres se inscrevessem, com uma taxa de abertura de e-mail acima de 30%, em um período de doze meses. Ela usou diversos métodos para atrair as mulheres para o *site* e conseguir que elas se inscrevessem – anúncios pagos, parcerias com empresas de alimentos e supermercados, loterias cujo prêmio era um Nook, um iPad ou vales-presente de livros, e assim por diante. As loterias funcionaram particularmente bem, explicou Melissa. "Nós dissemos, basicamente, que iríamos doar 25 livros da escolha da pessoa, algo assim. E o motivo por ter feito desse jeito, 'da escolha da pessoa', é porque também queríamos entender as preferências. Porque o interesse não se limita aos nomes: a gente precisa que as pessoas nos informem do que elas gostam. Você põe um anúncio no Facebook, as pessoas clicam nele, são transferidas para GoodFood.com e dizem, sim, quero me inscrever. Elas fornecem seu endereço e informam suas preferências, o que é fantástico, além de ser um método econômico de obter informações." Embora algumas pessoas estejam interessadas apenas nas loterias, uma proporção significativa – mais da metade – opta por receber informações da Titan. Depois, uma vez que a pessoa se inscreveu, é fundamental personalizar a comunicação com ela por meio de e-mails direcionados. A gente precisa saber do que a pessoa gosta e a respeito do que ela quer ser informada. Por exemplo: Amanda é mãe de dois filhos, trabalha fora e não tem tempo de preparar refeições elaboradas, mas quer que os filhos se alimentem bem; portanto, é preciso ter isso em mente ao direcionar-lhe os e-mails. Ela não quer saber de livros sofisticados de culinária, mas, se você puder lhe recomendar livros de culinária rápida e saudável e puder fazê-la rir, então ela vai abrir seus e-mails sempre.

Melissa e sua equipe de fato atingiram a meta de meio milhão de endereços no primeiro ano: "Quinhentas mil pessoas se inscreveram para receber informações. Dessas, acho que metade, ou mais da metade, está ativamente envolvida". É muito mais eficaz dispor desses endereços de e-mail e de informações sobre os clientes em seu próprio banco de dados do que depender das mídias sociais. "Antes você iniciava uma conta no Facebook e fazia postagens diárias, e quem quisesse recebia as postagens e ficava sabendo das novidades", explicou Melissa. "Mas nós percebemos que houve uma redução drástica de exposição nos *feeds* de notícias das pessoas. Portanto, você pode ter 100 mil seguidores de uma página específica do Facebook, mas, quando faz uma postagem, só alcança realmente 1% desse grupo, devido ao modo como o algoritmo do Facebook está construído atualmente." O Facebook continua sendo uma forma muito importante de acesso aos consumidores, um lugar em que um anúncio de loteria pode gerar um retorno excelente. Porém, do ponto de vista de Melissa, o principal é fazer o maior número desses clientes migrar para o banco de dados da Titan, o que lhe oferece um controle muito maior.

Melissa e sua equipe produzem um bocado de conteúdo para o *site* – no final do primeiro ano, mais de quinhentas peças de conteúdo tinham sido produzidas. A maioria do conteúdo – "eu diria 90%, 95%" – é "inspirador", explicou Melissa, referindo-se a artigos curtos sobre as receitas que funcionam melhor em cada situação, como lidar com problemas de ordem prática, e assim por diante – "como as pessoas buscam orientação, esse é o arroz com feijão da nossa atividade, o contrário de dizer 'compre este livro agora'. Não é uma venda forçada. É informação, inspiração, quase um estilo de vida". Não obstante, Melissa está convencida de que essa abordagem vende livros: "Sei que ela se traduz em venda porque rastreamos tudo que fazemos. É uma venda superespontânea. Alguns dos artigos não têm nem onde clicar. Eu diria que 30% dos nossos artigos têm *links* de compra, mas é tudo muito sutil – existe um botão de compra, você pressiona o botão e é transferido para o varejo. Estamos percebendo taxas de conversão em venda superiores às de alguns dos outros programas que estamos operando – mesmo de programas muito mais direcionados às vendas".

Tendo criado esse protótipo bem-sucedido, o objetivo de Melissa agora é estender esse modelo para toda a empresa e construir um número limitado de *sites* dedicados a outros temas. Ao desenvolver o GoodFood.com, eles criaram um conjunto de instrumentos, modelos e metodologias que podem ser utilizados por outros grupos e departamentos da empresa para construir bancos de dados dedicados de clientes que lhes permitam contatar, de maneira direta e eficaz, os tipos de leitores que possam se interessar por seus livros. Essas iniciativas são parte de um projeto mais amplo de aumentar consideravelmente o banco de dados com informações sobre os clientes da Titan. Melissa é extremamente ambiciosa. "É assim que vejo as coisas: os Estados Unidos têm uma população de 380 milhões de habitantes; 25% dessa população é composta por leitores realmente dedicados. Eles são os nossos melhores leitores. Leem muitos livros por mês, eles valem muito, são a essência. É essa população que deveríamos visar. Penso, de forma realista, que provavelmente seria factível visar um pouco menos da metade desse número – eu diria uns 30 milhões de pessoas." Ela admite que a meta é ambiciosa – pode parecer extremamente otimista. Por outro lado, a Titan já dispõe de 7 milhões de clientes em seu banco de dados, e acrescentou 1 milhão no ano anterior sem se esforçar muito. Portanto, 30 milhões não é um objetivo impossível. Mas o principal não é o número em si. O importante é que agora todos os funcionários da empresa estão concentrados na importância de construir um banco de dados de clientes, e quebrando a cabeça para descobrir como utilizar as informações desse banco de dados para entrar em contato com os leitores de uma forma cuidadosamente adaptada aos interesses deles.

Para Melissa, a construção de um banco de dados dos clientes se tornou um elemento decisivo para definir o que é uma editora – e o que ela precisa ser – num mundo em que as pessoas estão cada vez mais aprendendo a respeito das coisas, e comprando as coisas, *on-line*. As pessoas não frequentam mais as livrarias como antigamente, nem veem mais expositores de livros: o marketing do livro está ficando mais personalizado e acontecendo cada vez mais *on-line*. Mas as editoras não podem pressupor que os grandes varejistas, como a Amazon, vão fazer esse marketing para elas. "Não confio que ela faça isso por nós – na verdade, estou cada vez mais preocupada em sermos excluídos. A Amazon criava um pequeno texto para cada lançamento novo; isso acabou. Ela está migrando grande parte da sua estratégia de e-mail para produtos mais lucrativos. Portanto, para nós, não se trata de saber se ela está fazendo isso de maneira correta ou adequada. Trata-se de saber, simplesmente, se ela está fazendo isso." Em razão dessas mudanças fundamentais, as editoras têm de fazer o possível, na visão de Melissa, para desenvolver a capacidade de se envolver diretamente com as pessoas que estão, ou poderiam estar, interessadas nos livros que elas publicam. Nas palavras de Melissa:

Nesta altura, penso que o elemento decisivo para nós é que almejamos oferecer o melhor atendimento possível aos nossos autores, e, cada vez mais, isso significa pô-los em contato e envolvê-los com o maior número possível de leitores. Portanto, este é apenas um dos elementos decisivos desse quebra-cabeça. Tradicionalmente, a questão tem sido conduzir os livros, com a máxima eficiência possível, através da cadeia de suprimentos até o ponto de venda e apoiar nossos varejistas. Nesta altura, embora tenhamos de continuar fazendo isso, também devemos descobrir formas de contatar e influenciar os leitores de modo que os nossos autores ganhem uma posição de destaque e sejam fáceis de encontrar. Acho que, nesta altura, esse é o desafio de todo o setor.

A Titan não é a única a adotar essa estratégia. Muitas editoras estão desenvolvendo seus próprios bancos de dados de clientes, e muitas lançaram *sites* semelhantes ao GoodFood.com – existe o Brightly.com, um *site* administrado pela Penguin Random House voltado para mães com filhos pequenos; Epic Reads, um *site* administrado pela HarperCollins voltado para adolescentes e jovens adultos; Tor.com, um *site* administrado pela Macmillan dirigido para leitores de ficção científica e fantasia; Work in Progress, um *site* e uma *newsletter* administrados pela FSG voltados aos leitores de ficção literária; e muitos outros. A maioria deles funciona com base num modelo parecido: uma editora cria o *site*, enche-o de conteúdo geralmente relacionado a autores e livros (alguns dos quais são livros da própria editora, embora ela possa apresentar e recomendar autores e livros publicados por outras editoras) e usa diversos métodos para estimular as pessoas a se inscrever, acrescentar seus endereços de e-mail e, possivelmente, outras informações para o banco de dados de clientes da editora. Embora o modelo seja parecido, existem muitas variações e combinações. Uma variação sobre o tema que é particularmente interessante é o Literary Hub.

A SUÍÇA DA LITERATURA

O Literary Hub é uma invenção de Morgan Entrekin, presidente e editor da Grove Atlantic e uma figura familiar do universo da publicação literária. O que Morgan se dispôs a fazer foi criar um *site* literário que não estivesse ligado a uma editora específica, mas que fosse realmente aberto a todas. O objetivo era simples: "Descobertabilidade. Existe uma enorme quantidade de conteúdo literário sendo produzido, mas ele está tão espalhado que 90% dele passa despercebido", disse Morgan. Ele pensava que, para a maioria das pessoas que gostam de ler literatura de qualidade, o que importa são os autores e os livros, não as editoras – na verdade, a maioria dos leitores não quer saber qual é a editora, só se interessa pelos livros. Assim, em vez de tentar convencer os leitores a visitar o *site* de uma editora, por que não criar um *site* que se concentrasse apenas em autores e livros de qualidade, independentemente de quem os publica – um *site* que é um empreendimento cooperativo que pertence a diversas editoras, em vez de ser um produto exclusivo de uma delas? Tentar criar um instrumento único que junte os esforços de várias editoras e se torne o lugar obrigatório para quem está interessado em literatura de qualidade. Sozinha, nenhuma editora individual jamais será esse lugar obrigatório – mesmo a maior delas, a Penguin Random House, continuaria limitada, uma vez que não disporia dos livros publicados pela FSG, Scribner, Ecco, Little, Brown, Norton e muitas outras. Porém, ao unir suas forças e seus livros, as editoras poderiam criar algo que, sozinha, nenhuma editora individual jamais conseguiria criar.

No entanto, não é fácil criar um instrumento compartilhado como esse, principalmente num setor como o editorial, em que a rivalidade entre as editoras é tão forte como qualquer espírito de colaboração fraterna – se não for mais forte. Para superar isso seria preciso uma editora que ocupasse uma posição única no setor e estivesse disposta a dedicar um bocado de tempo, esforço e dinheiro à iniciativa. Na opinião de Morgan, a Grove poderia assumir esse papel, porque não fazia parte das Cinco Grandes, mas também não era uma pequena editora independente. Se uma das Cinco Grandes tivesse tentado tomar a frente da proposta, as outras editoras grandes ficariam com um pé atrás, e nenhuma editora independente pequena disporia dos recursos para tocar o projeto. Mas a Grove, por ser uma das últimas editoras de porte médio da área de interesse geral, seria considerada suficientemente neutra para diminuir a preocupação das outras editoras com a concorrência. "Como a Grove é uma espécie de Suíça da comunidade literária", arriscou Morgan, "ela tem condições de realizar e de acolher esse projeto. E nós fizemos de tudo para garantir que ele não privilegie os livros da Grove. Na verdade, acho que ele está desfavorecendo os nossos livros."

O modelo para o *site* foi o de "colaboração coletiva por meio de convite" – isto é, convidar outras editoras e criadores de conteúdo para participar do *site* como parceiros, contribuindo com um número predeterminado de artigos por ano – digamos, de 14 a 16. Com 100 ou 150 parceiros, entre os quais revistas literárias e editoras, cada um com o compromisso de contribuir com um determinado número de artigos por ano a respeito de autores, livros ou de algo do universo literário, isso proporcionaria um fluxo contínuo de conteúdos novos – suficiente para garantir que se poderia mudar o *site* diariamente acrescentando-se novos destaques e trechos de livros. Portanto, Morgan se dispôs a convencer outras editoras a se juntar ao projeto; como se viu, não foi tão difícil: "Dei um giro pela cidade explicando o projeto para as pessoas, e todas elas reagiram favoravelmente". O fato de Morgan estar disposto a financiar o *site* durante três anos, sem expectativa de retorno financeiro, certamente ajudou. "Um editor me perguntou: 'Qual é, então, o seu modelo de receita?'. Eu respondi: 'Bem, ele é incrível: não existe modelo de receita. Receita zero. Primeiro ano, receita zero. Segundo ano, receita zero. Terceiro ano, receita zero. Portanto, se não existe receita, já estouramos o orçamento'." Morgan não queria ir atrás de financiamento externo porque as expectativas financeiras dos investidores o deixariam de mãos atadas, nem queria tentar convencer outras editoras a investir num empreendimento arriscado desse tipo. Seria mais honesto e simples que ele próprio financiasse, utilizando os recursos da Grove Atlantic. Se a Lit Hub se tornasse um sucesso – em outras palavras, se um grande número de pessoas visitasse o *site* regularmente e se inscrevesse para receber a *newsletter* –, então ele poderia pedir que as editoras comprassem espaço publicitário no *site* e usar a receita para ajudar a financiá-lo. Mas isso viria mais tarde. Primeiro ele precisava ver se a ideia funcionaria.

Mas por que funcionaria? As editoras já não tinham tentado fazer algo semelhante com a Bookish alguns anos antes, e a experiência não tinha sido um fracasso? É verdade, mas Morgan tinha em mente algo diferente. "Não acho que se possa fazer tudo para todos os leitores. É preciso escolher um tema. E, no nosso caso, ele é, principalmente, a cultura literária." Mas a expressão "cultura literária" não deveria ser interpretada de forma estreita. Embora a ficção literária fosse o tema principal, eles também incluiriam não ficção séria e até mesmo alguns tipos de ficção de gênero. Não incluiriam os *best-sellers* comerciais – "eles já recebem muita atenção em toda parte" –, mas, se Stephen King quisesse escrever um artigo para o Literary Hub, "seria um prazer". Do mesmo modo, se um autor de romance da Harlequin quisesse escrever um artigo comparando o romance da Harlequin a Jane Austen e Emily Brontë, isso também poderia ser aceito. O propósito era ser inclusivo e flexível: "Tentamos não impor qualquer tipo de limite". O único critério verdadeiro era a qualidade – tanto por esse ser o tipo de publicação que Morgan faz e pelo qual se interessa, como por acreditar sinceramente que, no final das contas, é isso que vai atrair e fidelizar os leitores. Na era da internet, com a enorme oferta de conteúdo *on-line*, é uma reconfortante visão antiquada. "Sabe no que eu acredito? Acredito que se você faz algo suficientemente bom, as pessoas reagem favoravelmente. Essa é a teoria que orienta minha empresa há não sei quantos anos, e o melhor desse negócio, particularmente em nosso nicho, é que a qualidade convence. Pode não convencer de imediato, mas acaba convencendo."

Lançado em abril de 2015, depois de um ano o Literary Hub já contava com 450 mil visitantes individuais por mês, com 250 mil voltando regularmente ao *site*, e 30 mil inscritos para receber a *newsletter*. O *site* é atualizado diariamente com cinco ou seis matérias de destaque, a maioria composta de material original escrito para o Literary Hub. Ele também traz diariamente um novo trecho extraído de um livro. Posteriormente, foi acrescentada uma nova seção sobre crime, para ampliar a variedade de livros resenhados, e criada a LitHub Radio, uma plataforma de *podcasts* sobre livros. A *newsletter* Lit Hub Daily, que sai seis vezes por semana, faz uma breve referência aos novos destaques do *site* e um resumo geral de outras histórias literárias recolhidas da internet. O *site* também vendeu pacotes de patrocínio em quantidade suficiente para cobrir 60% ou 70% do orçamento. Vendidos para as editoras, esses pacotes de patrocínio permitem que elas utilizem uma certa quantidade de espaço publicitário no *site* em troca de uma taxa anual. Como todos os anúncios são sobre livros, eles estão em conformidade com o espírito do *site* – parecido com o que faz o *New York Review of Books*. Morgan estava confiante que o *site* seria autofinanciável em alguns anos, mas, no final das contas, a questão não era essa. O objetivo do *site* nunca foi ganhar dinheiro: foi criar novas formas de tornar os livros visíveis e de permitir que os leitores descobrissem os livros, num mundo em que os mecanismos tradicionais de visibilidade e descobertabilidade estão em declínio. "As mídias literárias tradicionais estão desaparecendo, não apenas em nosso país, mas em todo o mundo", explicou Morgan. Isso não quer dizer que um destaque no Literary Hub vai ter o mesmo efeito de uma resenha no *New York Times* ou a presença de um autor na NPR: "Acredite, eu preferiria a primeira página do *New York Times* a qualquer coisa no Literary Hub". Mas não se trata de uma coisa ou outra. A questão é o que as editoras podem fazer de prático e concreto para usar o universo *on-line* como um espaço para apoiar e fortalecer a literatura – ou, nas palavras de Morgan, "para capturar para o discurso literário esse universo digital". Se cada editora tentar agir sozinha e criar seu próprio *site* exclusivo, seus esforços serão fragmentados e inúteis. Porém, ao cooperar e trabalhar juntas numa única plataforma, elas aumentam a probabilidade de criar um *site* com a amplitude e a qualidade adequadas, que ponha em destaque autores e livros de várias editoras e apresente um fluxo contínuo de conteúdo de qualidade, para atrair e fidelizar leitores.

Num mundo em que os mecanismos tradicionais de visibilidade estão em declínio e os novos mecanismos estão nas mãos dos outros, a construção de bancos de dados e *sites* de clientes e a utilização de e-mails e *newsletters* direcionados, para entrar em contato direto com os leitores e informá-los a respeito dos livros novos e futuros, fornecem recursos às editoras – sozinhas ou em parceria com outras editoras – para que elas aumentem a visibilidade dos seus livros e assumam um controle maior das formas pelas quais seus livros se tornam visíveis aos consumidores. É muito cedo para dizer se essas iniciativas – e existem muitas, cada uma delas com configurações e objetivos próprios e inconfundíveis – vão prosperar, ou até mesmo sobreviver; também é muito cedo para dizer se iniciativas desse tipo permitirão que as editoras recuperem parte do poder da Amazon e reduzam o capital informacional quase monopolista, sob a forma de dados do usuário, que a Amazon tem atualmente no mundo do livro. A Amazon tem uma enorme vantagem na luta pelo controle do capital informacional – com mais de 300 milhões de usuários ativos, ela está muito à frente daquilo que qualquer editora, ou mesmo consórcio de editoras, jamais esperaria estar. Afinal de contas, o relacionamento que a maioria dos leitores tem com a Amazon é prático e funcional: a Amazon oferece um atendimento excelente por um bom preço. A maioria dos leitores não quer ter um relacionamento com a Amazon que vá além disso. Mas existem muitos leitores que querem, sim, ter um tipo de ligação ou de relacionamento com os autores que eles gostam de ler, com ideias e histórias – um relacionamento que não seja unicamente funcional, que seja mais rico, mais envolvente e mais interativo, e as editoras estão mais bem situadas que a Amazon para facilitar essas ligações. As editoras que perceberam esse potencial e utilizaram os recursos digitais disponíveis para entrar em contato com os leitores começaram, do seu jeito limitado, a construir e facilitar esse tipo de relacionamento. Elas começaram a aprender algo a respeito dos seus leitores que as editoras do passado desconheciam, e começaram a pensar numa forma de utilizar esse conhecimento para entrar em contato diretamente com indivíduos que poderiam estar interessados em comprar e ler os seus livros. Elas nunca poderão construir dessa maneira um capital informacional com volume igual ao acumulado pela Amazon, mas quantidade não é a única virtude. Pequenos bancos de dados de leitores que estejam profundamente interessados nos tipos de livros e autores publicados por uma editora ou grupo específico de editoras podem ser tão valiosos – talvez até mais valiosos – quanto grandes bancos de dados de clientes com interesses variados. Além disso, a construção desse tipo de banco de dados talvez acabe sendo uma das formas pelas quais as editoras possam fazer uma pequena mudança no equilíbrio de poder, num jogo em que o poderoso varejista tem a maioria das cartas.

Mas essa não é a única forma. A ascensão dos livros digitais também criou novas oportunidades de mercado específicas desse formato, oportunidades estas que muitas editoras, entre outros, começaram a testar. Uma característica do livro digital que tem um significado especial aqui é o fato de que ele permite fazer promoções de preço sem custos marginais. Foi essa característica que sustentou o programa Oferta do Dia do Kindle, lançado em 2011, que oferecia aos leitores a possibilidade de comprar, durante um dia, um livro digital específico com um grande desconto. Mas a Amazon não foi o único concorrente que percebeu que a aplicação de descontos significativos poderia ser um instrumento de descobertabilidade particularmente eficaz na era digital.

VISIBILIDADE POR MEIO DO DESCONTO

Depois de se formar em economia em Harvard e obter um mestrado na Faculdade de Administração do MIT, Josh Schanker era um empresário da internet em busca de uma oportunidade quando, em 2011, uma amiga dos tempos da faculdade entrou em contato e perguntou se ele poderia ajudá-la a resolver um problema. Essa amiga era escritora, e ela e alguns de seus amigos também escritores estavam tentando imaginar uma forma de comercializar os livros que estavam escrevendo e planejando publicar. Embora não estivesse muito familiarizado com o setor editorial, Josh tinha alguma experiência em marketing de e-mail, por ter fundado em Boston uma empresa nessa área chamada Sombasa Media. Ele logo percebeu que algumas técnicas que tinha aprendido em marketing de e-mail poderiam ser aplicadas aos livros. Como sua amiga ia autopublicar seu livro em formato digital, muitos dos métodos tradicionais utilizados pelas editoras convencionais para chamar a atenção para os seus livros – como os expositores de frente de loja nas livrarias – não seriam adequados para ela. Além disso, depois de pesquisar um pouco a respeito da indústria editorial, Josh percebeu que o setor estava passando por grandes transformações – os livros digitais estavam ganhando importância, a Amazon estava crescendo rápido, as livrarias físicas estavam declinando e a descoberta dos livros estava se transferindo para os espaços *on-line*. "O segredo", ele avaliou, "não era mais gerar descoberta dentro da livraria, era como levar os consumidores a querer o seu livro independentemente de onde eles estivessem." Por ter criado e vendido uma empresa de relacionamento social depois de terminar a faculdade de Administração, Josh dispunha de algum capital; portanto, ele e o sócio, Nicholas Ciarelli, decidiram criar uma empresa que resolvesse o problema que a amiga escritora o ajudara a descobrir. Esse foi o começo da BookBub, que foi inaugurada em 2012.

A ideia inicial era criar um e-mail diário que oferecesse aos leitores descontos significativos nos livros digitais; além disso, eles também poderiam incluir os livros dos amigos na oferta. Como tinha trabalhado com descontos na Sombasa Media, Josh conhecia as técnicas. Mas percebeu que, no caso da indústria editorial, os livros digitais ofereciam uma oportunidade especial porque, ao contrário dos livros impressos, os custos marginais dos livros digitais eram iguais a zero. Portanto, seria possível oferecer descontos agressivos nos preços, até mesmo doar os livros, como uma forma eficaz de fazer que as pessoas descobrissem novos livros e novos autores. Ele e seu sócio decidiram testar a ideia. Eles também perceberam que, se acertassem, poderiam viabilizar o negócio gerando receita de duas fontes: por um lado, poderiam cobrar dos autores e editoras para pôr seus livros no e-mail, e, por outro, poderiam cobrar do varejista uma comissão sobre as vendas. Porém, para que isso funcionasse, primeiro tinham de fazer duas coisas: criar uma lista de assinantes que fosse suficientemente grande para tornar o e-mail diário uma proposta atraente para os autores e as editoras, e descobrir uma forma de escolher os títulos adequados para enviar aos assinantes no e-mail diário.

Gastaram parte dos recursos próprios em publicidade *on-line* para iniciar o processo de criação de uma lista de assinantes. A adesão era grátis, e a lista cresceu rapidamente: em dois anos já tinham 2 milhões de assinantes. Eles conseguiram 4 milhões de dólares em financiamento de risco em 2014, e mais 7 milhões em 2015, sendo que boa parte desse dinheiro foi gasto no aumento da base de membros, que passou de 10 milhões de assinantes em 2017. Ao fazer a assinatura, a pessoa tinha de selecionar as categorias de seu interesse – *Best-sellers*, Suspense, Romance etc. À medida que a base de assinantes crescia, a tarefa de selecionar títulos para o e-mail diário ficava cada vez mais desafiadora. Todo dia, a BookBub recebia dos autores e das editoras entre 200 e 300 livros que poderiam ser vendidos com desconto, mas eles só tinham capacidade de 30 a 40 por dia – ou seja, apenas entre 10% e 20% dos livros sugeridos. Tinham de ser muito criteriosos, porque parte da atratividade do e-mail diário era que ele oferecia somente um número reduzido de títulos para cada assinante – geralmente uns 6 ou 7, chegando a 10 no caso dos leitores inveterados. Portanto, como escolher? Resolveram que iriam examinar cada livro enviado e tomar uma decisão caso a caso. "Nossa equipe editorial analisa todos os livros, verifica o desconto, a plataforma do autor, se o título se encaixa na lista específica para a qual foi pensado e decide quais são os melhores", explicou Josh. O autor ou a editora só paga se o seu livro for escolhido para fazer parte da lista. Nesse caso, o processo de seleção é decisivo, para evitar sobrecarregar os leitores com um número excessivo de títulos, e para alinhar, na medida do possível, os títulos escolhidos com os interesses deles. "Uma das vantagens que oferecemos aos leitores é a nossa experiência de curadoria. Se não realizarmos essa tarefa a contento, o público perde a confiança em nós, deixamos de ser um veículo de marketing eficaz para a indústria editorial e o modelo fracassa."

Para aumentar o número de títulos selecionados e melhorar seu alinhamento com os interesses dos usuários, eles aperfeiçoaram o modelo criando mais categorias, além de pedirem aos usuários que refinassem suas escolhas. Portanto, em vez da categoria geral Romance, por exemplo, agora se pede que os leitores selecionem uma, ou mais de uma, subcategoria como Romance Contemporâneo, Romance Histórico, Romance Paranormal, Romance de Viagem no Tempo etc. Cada e-mail é personalizado para cada membro com base nas categorias escolhidas por ele. "É um e-mail extremamente personalizado", explicou Josh. "É personalizado, mas não é megapersonalizado, não examinamos milhares de livros para escolher três que sejam perfeitos para a pessoa."

Uma das características surpreendentes do BookBub é que os processos editoriais estão no centro das atividades do dia a dia. Não se trata de uma operação em que tudo foi automatizado por meio de algoritmos e da aprendizagem automática – longe disso. O processo de seleção editorial é feito por uma equipe editorial que analisa todos os livros sugeridos: a seleção de títulos não é feita por meio de um motor de recomendação baseado em algoritmos. Depois de selecionar os títulos, os funcionários do BookBub – sejam os editores da empresa ou *freelancers* – escrevem as sinopses dos livros que farão parte dos e-mails diários, em vez de simplesmente utilizar as sinopses da editora ou do autor. Isso é importante, disse Josh, porque eles querem que as sinopses tenham repercussão entre os membros: "Lemos as resenhas, lemos bastante a respeito do livro, sabemos do que o público gosta e sabemos o que enfatizar do livro que vai agradar o público – por que um livro específico vai repercutir entre um público específico num momento específico". Num mundo de *start-ups* de tecnologia em que se confia tanto em soluções tecnológicas, é alentador saber que a empresa acredita no valor da criatividade humana. É claro que a automação e o uso de dados desempenham um papel importante no BookBub, e eles estão testando o uso de algoritmos em relação a determinados aspectos, mas as atividades fundamentais de selecionar títulos e escrever resenhas continuam decididamente humanas. Isso acontece, em parte, porque eles se deram conta de que muito da importância do BookBub vem da confiança que os usuários depositam na marca, e a curadoria cuidadosa e a apresentação criteriosa dos títulos são um elemento essencial disso. É fundamental manter o equilíbrio adequado entre o humano e a máquina, entre a decisão editorial e o uso de algoritmos.

Embora a origem do BookBub tenha sido o universo da autopublicação (a amiga de faculdade de Josh que precisava de ajuda pretendia publicar seu novo livro no Kindle Direct, e alguns dos seus amigos estavam fazendo o mesmo), não tardou para que as editoras tradicionais começassem a perceber que o BookBub tinha criado uma forma muito eficaz de aumentar a visibilidade de alguns livros para leitores bem específicos. No início, as listas do BookBub eram compostas principalmente de livros autopublicados, mas gradualmente a balança foi pendendo para os livros das editoras tradicionais; atualmente, a mistura é mais ou menos meio a meio, embora os livros das editoras tradicionais tendam a estar super-representados nas categorias mais abrangentes, como *Best-Sellers*. O BookBub administra tanto livros grátis como livros com desconto, e os autores autopublicados têm uma probabilidade maior de disponibilizar gratuitamente seus livros, como uma forma de ampliar sua plataforma. Num cenário típico, a editora ou o autor tem um livro para promover – pode ser um livro de fundo de catálogo que não está vendendo, ou um livro de fundo de catálogo de um autor que acabou de publicar um livro novo, e eles querem chamar a atenção do público para o autor e para o novo lançamento. Submetem o livro ao BookBub para ser vendido com desconto. Se o Bookbub decide selecioná-lo e destacá-lo em seu e-mail diário para as categorias adequadas de leitores, então a editora ou o autor geralmente assistem a um pico de vendas, "de centenas a milhares de exemplares, em alguns casos mais de 10 mil num único dia". O mais comum são três dias de vendas, embora algumas editoras mantenham a oferta por mais tempo. Em muitos casos, as editoras e os autores percebem, então, um efeito halo: as vendas mais elevadas podem continuar por alguns dias depois do término da promoção, muito embora o livro não esteja mais sendo vendido com desconto, e então a situação pode se estabilizar num nível mais elevado do que estava antes; ou seja, se eles vendiam cinco livros por dia antes da promoção, agora talvez vendam dez. A editora ou o autor também pode perceber que melhorou seu lugar na lista dos mais vendidos da Amazon, o que aumenta a visibilidade do livro em espaços *on-line* fundamentais – "Está na lista dos mais vendidos, outras pessoas veem isso, pessoas que leram o livro passam a comentar o fato, dando uma nova vida a ele". Embora a maioria das editoras e dos autores tenha começado a empregar essa técnica com os livros de fundo de catálogo, atualmente muitos estão fazendo experiências com outros tipos de livro, como livros recentes que venderam muito bem inicialmente, mas cujas vendas agora estão declinando – "Na verdade, esse empurrãozinho ajuda a mantê-lo mais tempo como um *best-seller.*"

Não é barato promover um livro no BookBub. As taxas cobradas das editoras e dos autores variam por categoria, preço do livro e região de venda (é possível escolher só os Estados Unidos, o mercado internacional – que inclui Reino Unido, Canadá, Índia e Austrália, mas exclui os Estados Unidos – ou ambos): em 2019, em relação a uma categoria ampla como Ficção de Crime, a editora (ou o autor) tinha de pagar 1.138 dólares para ter um livro com preço inferior a 1 dólar destacado numa oferta oferecida em todas as regiões de venda; 1.970 dólares se o preço do livro estivesse entre 1 e 2 dólares; 2.845 dólares se estivesse entre 2 e 3 dólares; e 3.983 dólares se o livro custasse 3 dólares ou mais.[16] Mas, em categorias com números menores de assinantes, as taxas são significativamente mais baixas – em Romance de Viagem no Tempo, por exemplo, a taxa para um livro com preço inferior a 1 dólar é de 248 dólares, e para Interesses Afro-Americanos é de 164 dólares; se a promoção se limitar apenas aos Estados Unidos, a taxa de um livro de Romance de Viagem no Tempo que custe 1 dólar cai para 198 dólares. Esses preços não estão ajustados apenas ao número de assinantes da categoria, mas também ao desempenho de cada categoria: como algumas categorias têm uma taxa de conversão mais baixa que outras, os valores cobrados são ajustados para baixo.

Embora a maior parte da receita do BookBub tenha origem nas taxas cobradas das editoras e dos autores para destacar seus livros e da comissão de venda cobrada dos varejistas, eles também introduziram um anúncio no rodapé do e-mail diário. Só existe espaço para um único anúncio, e o livro que aparece nesse espaço é determinado por um leilão em tempo real. Sempre que um leitor abre um e-mail, existe um leilão em tempo real em torno do perfil anônimo daquele leitor. Portanto, se as editoras sabem que esse leitor gosta dessas categorias de livro, clicou nesses autores, frequenta esses varejistas e mora nessa região, então ocorre um leilão em tempo real entre todas as editoras e todos os autores que estão disputando aquele espaço específico para apresentar um anúncio para aquela pessoa. Eles usam o método do leilão

---

16 Ver <www.bookbub.com/partners/pricing>.

de segundo preço (quem dá o lance mais alto fica com o espaço, mas paga o preço apresentado pelo segundo colocado no leilão) – o mesmo método usado pelo Google e pelo Facebook.

A combinação de taxas cobradas das editoras e dos autores, comissão pelas vendas cobradas dos varejistas e receita publicitária permitiu que o BookBub criasse uma empresa lucrativa baseada no uso de descontos para aumentar a visibilidade dos livros. Sua grande base de assinantes e os e-mails diários cuidadosamente administrados se tornaram um instrumento de marketing particularmente atraente, tanto para os autores autopublicados como para as editoras tradicionais, embora não seja fácil passar pela seleção do BookBub para fazer parte das promoções. Ainda que muitas editoras tenham lançado suas próprias promoções diárias – e o mesmo fizeram varejistas como a Amazon –, o BookBub consegue atender a uma grande variedade de editoras e autores, incluindo a comunidade autopublicada. É claro que essa técnica de oferecer grandes descontos por um período de tempo limitado funciona bem com os livros digitais, cujos custos marginais e de distribuição são insignificantes, e funciona bem com as categorias de livro que vendem muito em formato digital, especialmente romance e outras categorias de ficção de gênero; ela não é tão eficaz com os livros impressos e com outras categorias de livro que continuam se baseando, de forma esmagadora, na versão impressa, como os livros infantis e os livros fartamente ilustrados. Mas, quanto às categorias de livros que migraram em massa para o formato digital e os autores autopublicados que dispõem de ferramentas de marketing limitadas, as técnicas desenvolvidas pelo BookBub representam um novo e poderoso instrumento para entrar em contato com os leitores e obter visibilidade no espaço *on-line*.

VISIBILIDADE EM UMA ERA DIGITAL

Os livros existem dentro de um ambiente informacional e comunicacional mais amplo. Ao transformar esse ambiente, a revolução digital também transformou as formas pelas quais os livros circulam em nossa vida, como eles se apresentam diante de nós, como os descobrimos e escolhemos, e como os compramos e incorporamos em nossa vida cotidiana. Quando todos os livros eram impressos e a maioria era comprada e vendida em livrarias, estas, junto com as mídias tradicionais como jornais, rádio e TV, eram os principais espaços em que os livros eram vistos e descobertos pelos leitores. As editoras sabiam como lidar com esses espaços, conheciam as regras do jogo e conseguiam calcular os custos e avaliar os efeitos da visibilidade no aumento de vendas. Porém, com o declínio das livrarias, a ascensão da Amazon e a importância crescente das mídias *on-line*, as regras e os métodos tradicionais deixaram de fazer sentido. Não é que os métodos antigos deixaram de funcionar – eles ainda funcionam. Uma resenha elogiosa no *New York Times* ainda consegue impulsionar a venda de um livro de maneira única. Mas, com o declínio das mídias tradicionais e o aumento do número de lançamentos, nunca foi tão difícil conseguir uma resenha dessas, e, de todo modo, muitos leitores mudaram o foco da sua atenção. No auge das megalivrarias, as mesas de frente de loja da Borders e da Barnes & Noble eram os principais campos de batalha pelo olhar do leitor, mas esses campos de batalha têm sido cada vez mais ofuscados pela atenção *on-line*.

As editoras demoraram para tomar consciência do fato de que os leitores estavam migrando para outras pastagens, onde outros se ocupavam ativamente dos rebanhos. Elas tiveram dificuldade em fazer um reconhecimento do terreno, e se viram forçadas a experimentar métodos novos e não comprovados. Quando perceberam o que estava acontecendo, a Amazon tinha construído uma posição inexpugnável como varejista *on-line* e reunido uma quantidade enorme de dados sobre os indivíduos que examinavam e compravam livros. Presas no antigo mundo editorial, a maioria das editoras ainda pensava que os varejistas eram os seus clientes e prestava pouca atenção nos leitores. Elas não conseguiram perceber que o ambiente informacional do qual o antigo mundo editorial fazia parte tinha desmoronado e estava sendo substituído por um novo ambiente informacional no qual os fluxos de informação eram mais fluidos e os dados estavam se tornando uma nova fonte de poder. Embora não fosse tarde demais para tomar uma atitude, elas partiam de uma posição frágil, além de carecerem dos recursos e das vantagens que, agora, sobravam na organização que tinha se transformado no principal concorrente do setor.

– 7 –

A EXPLOSÃO DA AUTOPUBLICAÇÃO

Ao longo de mais de quinhentos anos de história, a indústria editorial sempre se baseou na seletividade. Nenhuma editora jamais publicou tudo que recebia: elas examinavam a gama de possibilidades e selecionavam os textos a serem publicados. Os critérios de seletividade variavam de setor para setor e de editora para editora – estimativas de custos e de vendas, avaliação de qualidade e de importância e reflexões acerca da conveniência e da adequação ao catálogo são alguns dos inúmeros fatores que desempenharam, e continuam desempenhando, um papel na definição do processo decisório das empresas editoriais. As editoras variam muito quanto à seletividade: algumas são relativamente descuidadas e têm um nível de exigência muito baixo (a filosofia editorial de "jogar o espaguete na parede e ver o que fica grudado"), enquanto outras são muito mais seletivas e contratam apenas um número reduzido de títulos – um exemplo extremo destas últimas é a Twelve Books, um selo da Hachette que foi lançado em 2007 com o objetivo de publicar apenas doze livros por ano, um por mês, para maximizar o potencial de cada livro. Mas, enquanto os critérios e o alcance da seletividade variam de setor para setor e de editora para editora, a função da seletividade não varia: toda editora aplica algum grau de seletividade, ao escolher os livros em que vai investir tempo, *expertise* e recursos e os que vai deixar de lado. As editoras são guardiãs, para usar a célebre metáfora,[1] decidindo os projetos que vão se transformar em livros e ser disponibilizados ao público. E, no mundo das editoras de interesse geral, não são apenas estas que agem como porteiro: os agentes também, e, na prática, são eles os primeiros a decidir quais os projetos que devem ser levados a sério como possíveis livros e quais não – o anel externo, por assim dizer, dos círculos de porteiros da indústria editorial. As editoras e os agentes sempre trabalharam com uma escassez relativa, e a perpetuaram: ao selecionar e publicar apenas um pequeno subconjunto da gama de livros possíveis, eles criaram um mercado que era ocupado por uma pequena fração do número de livros que poderiam ter existido se os procedimentos fossem diferentes. Mesmo que o número de livros publicados estivesse crescendo consideravelmente ano após ano, ele ainda representava uma proporção pequena do número total de livros que seriam publicados se não tivesse existido nenhum mecanismo de seleção.

Tudo isso iria mudar com a revolução digital. O simples fato de que as editoras e seus fornecedores de conteúdo são seletivos significa que existe, há muito tempo, uma grande quantidade de livros potenciais que nunca passaram pelos portões. O que aconteceu com todos esses livros potenciais, que foram barrados em um dos inúmeros obstáculos existentes na trajetória de um aspirante a escritor? Muitos certamente foram jogados no lixo ou envelheceram numa gaveta qualquer, cobertos por outros papéis, até caírem no esquecimento. Mas o simples fato de existir uma grande quantidade de livros potenciais e de aspirantes a escritor significava que havia uma demanda de ser publicado que ultrapassava a disposição, ou a capacidade, de atendê-la por parte das empresas editoriais convencionais (e que também ultrapassava, possivelmente, a demanda de ser lido). E foi essa demanda reprimida que produziu a força motriz por trás da explosão da autopublicação.

A autopublicação se tornou um universo em si mesmo – um universo editorial paralelo, um vasto e inexplorado território que se expandiu enor-

---

1 O conceito de guardião data da década de 1940, tendo sido utilizado originalmente por White em relação à mídia, em sua pesquisa a respeito dos editores de jornal: "The Gate-keeper: A Case Study in the Selection of News", *Journalism Quarterly*, v.27, n.4, p.283-9, 1950. O conceito foi aplicado às editoras por Coser, Kadushin e Powell em sua clássica pesquisa sobre a indústria editorial: *Books: The Culture and Commerce of Publishing*. Embora o conceito apresente limitações quando aplicado à indústria editorial (ver Capítulo 12, p.496-7; ver também Thompson, *Books in the Digital Age*, p.4), ele ressalta corretamente o fato de que as editoras têm exercido tradicionalmente um grau de seletividade ao decidir que livros publicar.

memente nos últimos anos e cujo crescimento expressivo não dá sinais de arrefecer. Ela é parte de um setor florescente daquilo que se poderia denominar "publicação não tradicional" – as inúmeras formas de publicar livros e outros conteúdos que não se encaixam no modelo tradicional de publicação de livros, no qual uma editora adquire conteúdo de um autor ou agente, paga direitos autorais e/ou adiantamento, investe na produção e na comercialização do livro e toma as principais decisões acerca do que e de como publicar. Existem diversas formas de publicação não tradicional.[2] Em termos de volume significativo de produção, algumas das maiores operações editoriais não tradicionais são empresas como Bibliobazaar, General Books e Kessinger Publishing – às vezes chamadas de "editoras de conteúdo livre de direito autoral" –, especializadas em escanear obras em domínio público e disponibilizá-las através de impressão sob demanda,[3] mas essas operações são muito diferentes da autopublicação. O que é chamado de "autopublicação" é uma forma específica de publicação não tradicional – ou melhor, diversas formas, dependendo de como se compreende o termo e da elasticidade do conceito. E, a exemplo do mundo editorial não tradicional, o mundo da autopublicação é complexo e diversificado – não se trata apenas de um, mas de vários mundos, de editoras que publicam livros sob encomenda a fornecedores de serviços de autopublicação e plataformas de autopublicação, cada um deles diferenciado internamente e ocupado por vários participantes que trabalham de maneira diferente, bem como por uma miríade de *freelancers* que encontraram um espaço de subsistência na emergente economia informal dos serviços de autopublicação. Esse mundo, ou esses mundos, tem evoluído ao longo do tempo, à medida que os antigos participantes entram em decadência ou fecham as portas e novos participantes aparecem, geralmente tirando proveito de novas tecnologias que permitem que os livros digitais sejam

---

2 Para uma visão geral das diversas formas de publicação não tradicional, ver Bradley; Fulton; Helm; Pittner, "Non-Traditional Book Publishing", *First Monday*, v.16, n.8, 1º ago. 2011, disponível em: <http://firstmonday.org/ojs/index.php/fm/article/view/3353/3030>.

3 Só a Bibliobazaar respondeu por 1.461.918 ISBNs em 2010 – mais da metade da produção total não tradicional à época; e ela, a General Books e a Kessinger juntas responderam por 2.668.774 ISBNs, ou 96% do total ("Print Isn't Dead, Says Bowker's Annual Book Production Report", *Cision*, 18 maio 2011, disponível em: <https://www.prnewswire.com/news-releases/print-isnt-dead-says-bowkers-annual-book-production-report-122152344.html>). É claro que esses títulos não são "publicados" no sentido tradicional do termo: essas empresas simplesmente escaneiam obras de domínio público, geram arquivos do texto e da capa, obtêm ISBNs e criam metadados, para permitir que os títulos sejam vendidos e impressos sob demanda. Além disso, esses cálculos também se baseiam nos ISBNs, e não levam em conta a grande quantidade de livros publicados sem ISBN, entre os quais muitos livros autopublicados – voltaremos ao assunto.

produzidos e distribuídos de novas maneiras. Ninguém explorou plenamente esses mundos, nem traçou a sua evolução ao longo do tempo – ainda não se escreveu uma história adequada da ascensão da autopublicação.[4] Porém, de um modo geral, essa história poderia ser caracterizada com tendo três fases, ou ondas, principais: a ascensão das editoras de livros sob encomenda; o surgimento de autoeditoras com impressão sob demanda e o crescimento da publicação independente.

DAS EDITORAS DE LIVROS SOB ENCOMENDA ÀS EDITORAS INDEPENDENTES

A autopublicação pode ser entendida como uma forma de publicação na qual o autor da obra também é o principal agente envolvido em sua publicação. Isso não significa que ele seja o único agente – pelo contrário, como em todas as formas de produção cultural, existem muitos intermediários e terceiros envolvidos no processo de autopublicação. Mas esses intermediários e terceiros são vistos – e veem a si mesmos – principalmente como facilitadores, habilitadores e fornecedores de serviço cuja *raison d'être* é permitir que os autores publiquem sua própria obra. Eles são menos editoras que facilitadores e/ou distribuidores da obra do autor; a editora é o autor. O objetivo das empresas que facilitam a autopublicação é organizar uma estrutura ou plataforma que permita que os autores publiquem sua própria obra mais ou menos a seu bel-prazer, libertando-os do tipo de seletividade que caracteriza as editoras tradicionais e permitindo que eles – os autores – tomem as principais decisões acerca do que publicar e de como publicar. Ao mesmo tempo, as empresas facilitadoras procuram transformar essa atividade num negócio viável para elas mesmas através da cobrança de uma taxa ou comissão pelos serviços prestados.

Na autopublicação, muitos dos papéis e responsabilidades relacionados à publicação estão invertidos. No modelo tradicional de publicação, a editora decide se vai publicar a obra ou não, adquire os direitos de publicá-la

---

4 Existem muitos manuais de autopublicação para aspirantes a escritor, mas nenhum relato abrangente da ascensão da autopublicação como um setor à parte do universo editorial. Para alguns relatos úteis de aspectos da autopublicação, ver Miller, "Whither the Professional Book Publisher in an Era of Distribution on Demand?", em Valdivia; Mayer (orgs.), *The International Encyclopedia of Media Studies*, v.II, p.171-91; Glazer, "How to Be your Own Publisher", *New York Times Book Review*, 24 abr. 2005, p.10-1; Dilevko; Dali, "The Self-Publishing Phenomenon and Libraries", *Library and Information Science Research*, v.28, p.208-34, 2006; e Laquintano, *Mass Authorship and the Rise of Self-Publishing*.

(geralmente com exclusividade, e normalmente pelo prazo de duração dos direitos autorais), paga direitos autorais ao autor (e às vezes também um adiantamento) pelo direito de publicação, investe na produção e na comercialização da obra e toma todas as decisões editoriais importantes. Na autopublicação, o autor toma a decisão sobre o que publicar e como publicar, conserva o direito autoral e paga aos intermediários da publicação – seja diretamente, na forma de um adiantamento, ou indiretamente, na forma de uma comissão sobre as vendas – pelos serviços de que ele precisa para publicar a obra. Na autopublicação, o autor retém os direitos e o controle, mas também arca com os custos e os riscos. Se o livro vende bem, o autor colhe os frutos; caso contrário, absorve o prejuízo. O autor é quem toma as decisões, faz o investimento e assume o risco: ao contrário da publicação tradicional, não existe um terceiro que toma as decisões importantes sobre o que e como publicar, investindo na publicação do livro e atuando como emprestador de último recurso.

A ascensão da autopublicação remonta às chamadas editoras de livros por encomenda [em inglês, *vanity presses*, literalmente, gráficas da vaidade] que surgiram no início e em meados do século XX (às vezes descritas, de forma menos pejorativa, como "editoras auxiliares"). A Dorrance Publishing, fundada por Gordon Dorrance em Pittsburgh em 1920, e a Vantage Press, fundada em Nova York em 1949, são consideradas, geralmente, como as primeiras editoras importantes de livros por encomenda. Elas utilizavam impressão em *offset* e cobravam um adiantamento considerável para imprimir um número limitado de exemplares, dos quais alguns ficavam com o autor e o restante era armazenado pela editora. Como a impressão em *offset* era cara, e considerando os custos elevados de diagramação, era preciso imprimir uma quantidade significativa de livros para obter um custo unitário razoável. Consequentemente, as taxas que as editoras de livros por encomenda cobravam dos autores para publicar seus livros eram consideráveis: podiam variar de 5 mil a 25 mil dólares, ou mais, dependendo da quantidade impressa e dos serviços prestados – daí o rótulo em inglês de "vanity press".* Essa era uma forma de autopublicação que permitia que os autores publicassem obras que não eram aceitas pelas editoras tradicionais, mas o ônus financeiro para o autor era significativo: ele conseguia que seus originais fossem publicados, mas tinha de pagar caro por esse privilégio, e podia muito bem constatar que a maioria do estoque ficava encalhada na garagem, isso se ele tivesse garagem. Não surpreende que esse tipo de autopublicação tenha

---

* "Editora ostentação". (N. T.)

ficado malvisto, e o estigma associado à expressão "editora de livros por encomenda" se mostrou difícil de remover. A Vantage Press foi vendida para um banqueiro de investimento em 2009 e fechou as portas em 2012, depois de publicar mais de 20 mil títulos em seus sessenta anos de história. A Dorrance Publishing continua funcionando, fora de Pittsburgh, e se transformou numa fornecedora de serviços de autopublicação, embora continue cobrando adiantamento dos autores e ainda seja considerada, por muita gente, como uma continuação da antiga editora de livros por encomenda.

O desenvolvimento da tecnologia de impressão sob demanda nos anos 1990 abriu espaço para a entrada de um novo grupo de participantes no campo da autopublicação. A impressão sob demanda foi um dos primeiros produtos da revolução digital no campo da impressão, tendo se originado na produção e no fornecimento de manuais e documentos para a indústria de *software*. No início dos anos 1990, a qualidade da impressão digital estava atingindo níveis que lhe permitiam competir com a impressão em *offset* – em relação ao texto corrido, era cada vez mais difícil perceber a diferença de qualidade entre a impressão em *offset* e a impressão digital. Além disso, a impressão digital tinha a vantagem de permitir pequenas tiragens: em vez de imprimir 500 ou 1.000 exemplares – ou mais – para obter um custo unitário razoável, como no caso da impressão em *offset*, era possível imprimir 10 ou 20 exemplares ou mesmo 1 exemplar de cada vez, para atender a um pedido específico – a verdadeira impressão sob demanda (*print-on-demand* – PoD). Isso permitiu o surgimento de uma nova geração de empresas de autopublicação que ofereciam aos autores uma proposta muito diferente por um custo muito menor. AuthorHouse (chamada originalmente de 1stBooks), iUniverse, Xlibris, PublishAmerica e muitas outras empresas surgiram no final da década de 1990 e início dos anos 2000, todas utilizando impressão digital e tecnologia de PoD para permitir que os autores publicassem seus livros com custos muito mais baixos – essa foi a segunda fase da ascensão da autopublicação. Muitas dessas empresas de autopublicação com PoD continuaram a cobrar um adiantamento dos autores, e, nesse aspecto, eram muito parecidas com as antigas editoras de livros por encomenda; mas as taxas cobradas pelas empresas de autopublicação com PoD normalmente eram muito menores que as cobradas pelas editoras de livros por encomenda – com uma empresa de autopublicação com PoD, o autor podia transformar seus originais num livro em brochura pela módica soma de 299 dólares. Os autores podiam adquirir uma série de serviços adicionais, num modelo *à la carte*, o que normalmente aumentava o preço, mas este ainda era muito inferior às taxas cobradas pela primeira geração de editoras de livros por encomenda. No entanto, muitas dessas firmas de autopublicação com PoD descobriram que era difícil escapar inteiramente do estigma associado ao rótulo "editora de livros por encomenda". O simples fato de cobrarem adiantamento dos autores em troca de serviços de publicação permitiu que surgisse a suspeita de que elas estavam se aproveitando dos sonhos dos autores, e houve um coro de protestos da parte deles em razão de serviços considerados excessivamente caros e mal executados. Embora essas empresas de autopublicação produzissem dezenas de milhares de livros novos – a AuthorHouse, a iUniverse e a Xlibris produziram juntas um total de 11.906 novos títulos só em 2004[5] –, havia uma demanda crescente por algo diferente. As empresas de autopublicação que construíram seu negócio com base na PoD não ficaram paradas – evoluíram junto com as transformações tecnológicas, e as próprias empresas mudaram sua organização, e por vezes seus nomes, ao serem compradas e vendidas.[6] Porém, no início dos anos 2000, estava começando a surgir um novo tipo de autopublicação que era bem diferente das empresas que tinham sido criadas com base na tecnologia de PoD.

Embora a terceira onda de autopublicação também tenha se tornado realidade em razão das tecnologias digitais, ela se baseou numa concepção muito diferente da relação entre os autores e as empresas que lhes permitiam autopublicar sua obra. A ideia fundamental que diferenciou a terceira fase da autopublicação das fases anteriores era esta: os autores que quisessem publicar sua própria obra não precisariam pagar por esse privilégio, e as empresas que facilitavam a autopublicação não deveriam ganhar dinheiro taxando os autores. Pelo contrário, toda a estrutura de pagamentos deveria ser virada de cabeça para baixo: em vez de o autor pagar o facilitador para publicar sua obra, este é que deveria pagar o autor se e quando a obra fosse vendida, recebendo uma comissão sobre as vendas para cobrir os custos. Nesse novo modelo, quando não há vendas, não há comissão, nem taxas. Foi essa ideia – simples, mas radical – que revolucionou a autopublicação, separando as editoras de

---

5 Glazer, op. cit.

6 A AuthorHouse foi comprada em 2007 pelo grupo de investimento Bertram Capital, com sede na Califórnia, que também adquiriu a iUniverse; ambas se tornaram selos de uma nova empresa chamada Author Solutions. Em 2009, a Author Solutions adquiriu outros dois concorrentes importantes – a Xlibris e a autopublicadora canadense Trafford Publishing. Em 2012, a Author Solutions foi comprada pela Pearson, empresa-mãe da Penguin, por 116 milhões de dólares – uma aquisição polêmica que foi considerada por muitos uma ação temerária tendo em vista a má reputação dessas empresas aos olhos de muitos autores. Depois da fusão da Penguin com a Random House, a Author Solutions foi vendida, em dezembro de 2015, para uma firma de *private equity* por uma quantia não revelada.

livros por encomenda e as autopublicadoras com PoD dos anos 1990 e de antes da nova onda de empresas de autopublicação que surgiram no início dos anos 2000. A autopublicação podia, finalmente, se livrar da ideia que a maculara desde a época das editoras de livros por encomenda – a ideia de que os autores deviam pagar pelo privilégio de publicar suas obras.

A nova onda da autopublicação que surgiu no início dos anos 2000 também estava associada a uma nova cultura e a um novo éthos da autopublicação: a cultura da publicação autônoma, na qual os autores eram estimulados a assumir o controle do processo de publicação e a ser proativos. Não terceirize a autopublicação para intermediários que vão cobrar de você um preço exorbitante para publicar o seu livro: faça você mesmo. Você chega lá – e este é o caminho. Assuma o controle, tenha espírito empreendedor, publique suas próprias obras porque é um jeito inteligente de publicar, não porque é o último recurso. São essas ideias que definem aquilo que é conhecido atualmente como "autor independente": o autor que *escolhe* de maneira ativa a autopublicação como a sua opção preferencial, que se esforça para compreender o que está contido na autopublicação e que usa esse rótulo como um símbolo honroso e não como um sinal de desespero ou de fracasso. Ao adotar a expressão "autor independente", esses autores expressam o ponto de vista de que a decisão de autopublicar dessa forma é uma escolha positiva: sou um autor independente e me orgulho disso. Eles também sinalizam que, ao tomar essa decisão, não estão sozinhos, pois não se trata de um gesto isolado, mas de uma decisão tomada sabendo que muitos outros a tomaram também: ao decidir ser um autor independente e adotar esse termo, eles se tornam parte de um movimento – um movimento progressista, solidário e voltado para o futuro que está em sintonia com o espírito do tempo. O estrago causado pelo estigma associado às editoras de livros por encomenda pode ainda não ter sido totalmente superado, mas, com a terceira onda da autopublicação e a ascensão do movimento dos autores independentes, surgiu uma nova cultura da autopublicação na qual ela se transformou em "publicação independente", e na qual muitos autores se sentem muito mais confiantes e assertivos quanto ao valor da autopublicação, sentindo que podem tomar a decisão de publicar seus próprios livros sem o menor receio ou arrependimento.

Essa nova fase da autopublicação foi inaugurada por um novo grupo de intermediários que tiveram a ideia que sustentou essa fase, criaram as infraestruturas que permitiram que ela acontecesse e estavam em sintonia com a nova cultura do autor independente que surgiu com ela. Uma intermediária que desempenhou um papel inicial importante na transição para a terceira fase foi a Lulu. Fundada em 2002 pelo empresário canadense Bob Young, que fundara anteriormente a empresa de *software* de código aberto Red Hat, a Lulu foi criada com o objetivo de fornecer ferramentas de edição e serviços de impressão para escritores e outros criadores que queriam publicar sua própria obra. Bob tinha escrito o livro *Under the Radar*, sobre o modelo de negócio do código aberto, e o tinha publicado com a Coriolis Books, um selo da Thomson Internacional. Ele ficou surpreso e decepcionado com a parte que lhe coube, muito embora o livro tivesse vendido 25 mil exemplares em capa dura. "Aquilo me ensinou que o mundo editorial não funciona, e que existe uma possibilidade de consertá-lo", disse Bob. "Com todos os livros que vendem 25 mil exemplares ou menos, a maior parte do valor das vendas fica com a editora, não com quem que realmente criou a história, o conteúdo ou o conhecimento. Então eu pensei com os meus botões: espere aí, estamos na era da internet. Por que o autor não pode vender seus livros diretamente para o seu público? Bob tinha experiência comercial, pois criara uma empresa de *software* de código aberto bem-sucedida, e tinha recursos, pois ganhara muito dinheiro com a oferta pública inicial (IPO na sigla em inglês) da Red Hat. Ele decidiu, então, fundar a Lulu como uma plataforma de publicação aberta.

Ao fundar a Lulu, o objetivo de Bob era simples: "Capacitar todos os escritores que tinham sido rejeitados por todas as editoras". Ele sabia que havia outras empresas de autopublicação no mercado – Author Solutions, iUniverse, Trafford Publishing etc. – que ofereciam seus serviços aos escritores, mas o modelo que ele tinha em mente era totalmente diferente. "No modelo deles, a editora ganhava a maior parte do dinheiro explorando o desejo do escritor de ser publicado, ao passo que o nosso modelo dava as condições para escritor se autopublicar." O escritor que escolhesse se autopublicar na plataforma da Lulu não pagaria nada adiantado – a publicação seria grátis. Quando o livro era criado usando as ferramentas de autopublicação da Lulu, o preço era definido baseado em fatores como número de páginas, tipo de encadernação e a margem escolhida pelo usuário; da margem estabelecida em cada exemplar, 80% ficava com o autor e 20% com a Lulu ("o oposto do acordo de direitos autorais que eu fiz com *Under the Radar*"). Quando o cliente fazia o pedido, um exemplar do livro era impresso sob demanda por uma gráfica terceirizada ou um fornecedor de PoD, como a Lightning Source. O autor recebia a sua parte da margem e a Lulu ficava com os seus 20%. Se não houvesse venda, a Lulu não receberia nada. Esse modelo, que utilizava tecnologia de PoD, permitia que qualquer autor conseguisse imprimir sua obra sem ter de pagar adiantamento.

A Lulu foi lançada em 2004. Embora a plataforma de autopublicação fosse o núcleo do negócio, a Lulu também disponibilizava aos autores uma série de serviços adicionais pagos, entre os quais edição, criação da capa, atribuição de ISBN, comercialização e disponibilização da publicação na Amazon e em outros varejistas *on-line*. A Lulu teve um crescimento rápido nos primeiros quatro anos: em 2008, cerca de um milhão de autores tinha publicado algo com ela. Embora muitos dos livros publicados através da Lulu tenham vendido pouco, o essencial nunca foi vender grandes quantidades. "Toda editora sonha em ter dez autores que vendam 1 milhão de exemplares cada", disse Bob; "a Lulu quer 1 milhão de autores que vendam dez exemplares cada."[7] A Lulu tinha criado um novo tipo de autopublicação em que a empresa de autopublicação – no caso, ela – era o facilitador que oferecia aos autores uma série de ferramentas e serviços e no qual não havia adiantamento, somente uma divisão de receita sobre os exemplares vendidos (se e quando eles fossem vendidos), além de uma taxa pelos serviços adicionais que os autores resolvessem adquirir. Embora a Lulu e o empresário que a fundou tivessem ajudado a inaugurar uma nova forma de autopublicação, não tardou para que muitos outros viessem se juntar a eles – e, em certos aspectos, ofuscá-los – com ideias semelhantes. Alguns se concentraram nos livros impressos, outros nos livros digitais e outros em ambos. O campo da autopublicação logo estaria ocupado por uma miríade de novos concorrentes, cada um imaginando sua própria maneira de utilizar as novas possibilidades proporcionadas pelas tecnologias digitais para permitir que os autores publicassem seus próprios livros, enquanto tentavam, simultaneamente, criar um negócio de autopublicação ou de intermediação que, como a Lulu, não dependesse da cobrança de adiantamentos dos autores. Vamos reconstituir as trajetórias de alguns deles.

A AUTOPUBLICAÇÃO NA ERA DO LIVRO DIGITAL

Mark Coker era um escritor frustrado. Ele administrava uma empresa de relações públicas no Vale do Silício que representava empresas apoiadas por capital de risco. No momento em que a empresa precisou de alguém para ajudar a redigir os textos, ele contratou uma mulher que trabalhava como repórter de uma revista de TV. Logo ficou fascinado com as histórias que ela

---

7 Cook, "Lulu Founder Bob Young Talks to ABCtales", *ABCtales*, 14 mar. 2007, disponível em: <www.abctales.com/blog/tcook/lulu-founder-bob-young-talks-abctales>.

contava sobre as celebridades das telenovelas. Com a explosão da bolha da internet no ano 2000, ele se afastou temporariamente da empresa de RP e decidiu escrever um romance, em parceria com a sua antiga funcionária, que se passava no ambiente das telenovelas. Foram até Burbank, na Califórnia, entrevistaram dezenas de pessoas do setor, romancearam as histórias e produziram uma versão provisória de cerca de novecentas páginas. Embora desconhecessem completamente o mundo editorial, estavam convencidos de que tinham uma joia nas mãos. Apresentaram o livro para os agentes, alguns se interessaram, e eles acabaram escolhendo um. O agente estava entusiasmado com o livro – tinha certeza de que o livro teria boa aceitação. Só que nenhuma editora quis comprá-lo. Ele tentou durante dois anos, e nada. Aparentemente, os livros com temática de telenovela não tinham tido um bom desempenho comercial e eram considerados um desperdício de dinheiro. As editoras não estavam dispostas a correr o risco de publicar um novo livro sobre o assunto escrito por dois autores desconhecidos e sem um currículo compatível.

Foi o agente que sugeriu que eles levassem em conta a autopublicação. Embora tivesse lido o manual de autopublicação de Dan Poynter[8] – considerado, havia muito, a bíblia da autopublicação –, Mark percebeu que, sem a distribuição para as livrarias, ele não venderia muitos exemplares, e eles não tinham o mínimo interesse de encher a garagem com um monte de livros encalhados. Em vez de entrar em contato com uma das inúmeras empresas de autopublicação que ofereciam seus serviços, Mark decidiu deixar o livro em banho-maria e se concentrar no problema da publicação enfrentado pelos autores – ou, como no seu caso, da não publicação. "Percebi que as editoras não tinham disposição, capacidade nem interesse de assumir riscos com todos os autores", explicou Mark. "O modelo de negócio delas não prevê a publicação indiscriminada de livros. Elas praticam a cultura do não, pois, para elas, a maioria dos autores não tem valor. E eu pensei que, hoje em dia,

---

8 Poynter, *The Self-Publishing Manual*. Dan Poynter entrara por acaso no mundo da publicação. Com uma formação de designer de paraquedas na indústria aeronáutica, decidiu escrever um livro técnico sobre paraquedas. Imaginando que nenhuma editora se interessaria, ele mesmo o imprimiu. Posteriormente, ficou interessado no novo esporte da asa delta, mas, como não conseguiu encontrar nenhum livro sobre o assunto, escreveu e publicou ele mesmo um livro. Aproveitando sua própria experiência, então escreveu e publicou *The Self-Publishing Manual*, um livro que teve várias edições e se firmou como um guia prático essencial para os aspirantes a escritor. Embora Poynter tivesse começado a autopublicação muito antes da era do livro digital, muitos o consideram o pai da autopublicação moderna e o líder não designado do movimento de autores independentes, muito antes de esse movimento ter tido um nome.

isso é simplesmente uma injustiça. Quando qualquer um pode ser blogueiro ou jornalista, é uma injustiça que também não possa ser escritor." Por ter passado a maior parte da vida profissional no Vale do Silício, Mark tinha a tendência de achar que ao menos parte da solução poderia ser encontrada na tecnologia. "A tecnologia faz que tudo que ela toca fique mais sensível aos desejos do consumidor. Obriga tudo a ficar mais rápido, menor e mais barato – é esse tipo de evolução que se inicia quando ela entra em cena." Ao aplicar esse raciocínio à indústria editorial, ele pensou: "Muito bem, livros impressos são caros, não é economicamente viável publicar a versão impressa de cada livro, nem distribuir cada livro impresso em todos os cantos do planeta, mas isso poderia ser feito com livros digitais, porque eles não passam de 1s e 0s, *bits* e *bytes* digitais". Assim, em 2005, começou a pensar numa forma de criar um novo tipo de empresa editorial voltada apenas aos livros digitais – foi assim que nasceu a Smashwords. Mark explicou assim a origem do projeto:

> E se eu conseguisse criar uma plataforma de publicação *on-line* gratuita que me permitisse dar uma oportunidade a todos os autores, será que isso me permitiria dizer sim? Pensei nas centenas de milhares de escritores em todo o mundo que nunca teriam a oportunidade de publicar simplesmente porque as editoras não viam potencial comercial em sua obra. Isso também me lembrou, do jeito errado, que a indústria editorial realmente é obrigada a enxergar os livros através da perspectiva míope do potencial comercial. Não culpo os editores por agirem assim, eles estão à frente de uma empresa e precisam faturar para manter as portas abertas. Mas esse é um modelo de negócio muito limitado, e eles recusam muitos livros que, se ao menos tivessem tido uma oportunidade, poderiam ter se tornado *best-sellers* ou clássicos da cultura. Pense em todos os clássicos da cultura a que a humanidade não teve acesso simplesmente porque o original morreu junto com o autor.
>
> Então imaginei essa plataforma de publicação *on-line* gratuita. Era importante para mim que a Smashwords fosse gratuita porque eu queria imitar algumas das melhores práticas das melhores editoras. Editoras investem em autores, dão-lhes uma oportunidade, o dinheiro flui dos leitores e das editoras de volta para os autores, e não ao contrário. E eu sabia que havia empresas por aí, as editoras de livros por encomenda, cujo objetivo era arrancar dinheiro dos autores, não vender livros. Portanto, eu queria ter a certeza de que o nosso modelo de negócio estava alinhado com os interesses dos nossos autores. Isso significa que só ganhamos dinheiro quando vendemos um livro, não vendemos serviços e não vendemos nenhum pacote editorial. Também queria inverter

o modelo de remuneração. Minhas pesquisas demonstraram que as editoras normalmente pagavam direitos autorais entre 4% e 15% – às vezes 17% – do preço de catálogo dos livros impressos e digitais. Então eu pensei: e se a gente invertesse esse modelo? Decidimos, então, que os autores receberiam 85% da venda líquida e nós ficaríamos com 15%. Foi uma ideia bem radical.

Também decidi que não queria ser um guardião editorial. Não quero assumir a responsabilidade de decidir o que vale e o que não vale a pena ler. Não acho que eu deva desempenhar esse papel – na verdade, ninguém deveria desempenhá-lo; esse papel deve caber aos leitores. Dê aos escritores a liberdade de publicar o que eles quiserem e dê aos leitores a liberdade de ler o que eles quiserem, porque, na minha visão utópica, isso produz mais diversidade, mais qualidade e mais liberdade de escolha.

O projeto de Mark implicava deixar de lado duas posturas predominantes no mundo da autopublicação da época. Ao contrário da Lulu e de outras empresas de autopublicação que utilizavam impressão digital e tecnologia de PoD, Mark decidiu se concentrar unicamente nos livros digitais e evitar inteiramente a impressão, em parte para evitar os custos relacionados à produção e à distribuição dos livros impressos. Porém, a exemplo da Lulu, Mark queria inverter o modelo de receita da autopublicação. Em vez de cobrar uma taxa dos autores para publicar sua obra, o serviço que Mark oferecia aos autores seria totalmente gratuito. Para ganhar dinheiro, Mark teria de vender livros para os leitores, não serviços para os autores. Ele receberia uma pequena comissão sobre as vendas: a parte do leão da receita ficaria com o autor. Ele receberia 85% e Mark ficaria com apenas 15% – o contrário da distribuição da remuneração no modelo editorial tradicional. Ao se concentrar unicamente nos livros digitais, Mark estava convencido de que poderia criar uma plataforma que ganharia escala e lhe permitiria dizer sim a todos os autores sem cobrar um centavo deles. Era uma visão arrojada que combinava a inversão do modelo de receita tradicional da autopublicação com um foco visionário nos livros digitais como o meio preferido dos livros autopublicados, um tipo de destruição criativa que era disruptivo e entusiasmante ao mesmo tempo, igualzinho ao próprio processo de escrita – "Smashwords", com a impressão vigorosa e angustiante que transmitia, parecia ser o nome adequado para o novo empreendimento.

Mark conseguiu um empréstimo hipotecando a casa, contratou um programador para construir a plataforma e inventou um sistema que os autores podem utilizar sem nenhuma dificuldade. Basta criar uma conta e baixar um guia de estilo, que mostra como formatar o livro para a Smashwords usando um programa de processamento de palavras como o Word, da Microsoft, ou o Pages, da Apple. Quando o original está pronto, o autor sobe o texto junto com uma imagem da capa no *site* da Smashwords. Pede-se que o autor informe o título e faça uma breve descrição do livro, escolha duas categorias nas quais o livro se encaixaria e responda a mais algumas perguntas. Em seguida, os dois arquivos e os metadados entram no motor de conversão, o "moedor de carne", como diz Mark, que converte automaticamente o livro em diversos formatos digitais – PDF, ePub, Mobi etc. "Portanto, basta subir o material uma única vez para que o motor de conversão gere sete formatos diferentes, quase instantaneamente – em cinco minutos ou menos é possível observá-lo funcionando e expelindo cada um dos formatos do livro, que são postos imediatamente à venda na *homepage* da Smashwords."

A Smashwords foi lançada em maio de 2008 e, no final do ano, 90 autores tinham autopublicado 140 livros no *site*. O novo empreendimento estava em andamento, mas não tinha começado bem. "Num dia bom, a venda de livros correspondia mais ou menos a uns 10 dólares. Como os livros só estavam sendo vendidos no *site* da Smashwords, nossa comissão sobre os 10 dólares era de 1,20 dólar, depois de descontados os custos do cartão de crédito. Embora o negócio não parecesse viável, o retorno dos autores era excelente!" Mark logo percebeu que, para muitos autores, ganhar dinheiro não era importante – não era por isso que eles escreviam: "Compreendi rapidamente que, para a grande maioria dos autores, a alegria e o prazer provocados pela autopublicação não podem ser calculados em dólares e centavos. Para mim, isso era um exemplo da desconexão entre a mentalidade editorial tradicional e a mentalidade do escritor. Percebi que os escritores costumam escrever por motivos diferentes daqueles que levam as editoras a publicar. O modelo de negócio das editoras as obriga a avaliar os livros pelo prisma míope do potencial de vendas, ao passo que os escritores desejam apenas a liberdade de expressão que a escrita proporciona". Muitos autores estavam dispostos a não cobrar nada pelos livros, e desde o primeiro dia de funcionamento da Smashwords eles tinham a permissão de agir assim – afinal, os autores são eles, a decisão é deles. Mas Mark sabia muito bem que ele só conseguiria fazer o negócio prosperar se encontrasse um jeito de aumentar muito os níveis de receita – e rápido.

A solução veio seis meses depois, em meados de 2009. No começo, Mark via a Smashwords tanto como um instrumento que permitia que os autores publicassem sua obra como um instrumento de venda de livros: os livros seriam publicados na plataforma da Smashwords e vendidos no *site* da Smashwords. Não havia necessidade de distribuí-los a varejistas como a Barnes & Noble – na verdade, ele era totalmente contra trabalhar com a rede de livrarias. Porém, ao longo de 2009, começou a mudar de ideia, e percebeu que realmente não tinha analisado direito a questão da distribuição ("a distribuição era uma falha do meu plano de negócio"). Motivado por um dos autores, que perguntou por que o seu livro não estava à venda na Barnes & Noble, ele começou a conversar com o varejista. Para sua surpresa, ele descobriu que a Barnes & Noble queria muito vender os livros da Smashwords – e não apenas alguns, mas todos. No final de 2009, Mark também chegara a um acordo de distribuição com a Amazon. Depois, no início de 2010, ouviu dizer que a Apple ia lançar um *tablet* e estava planejando incluir uma loja de livros digitais no *tablet*. Então ligou para a Apple e conseguiu encontrar o sujeito responsável pela iBookstore, que, por acaso, passava diariamente na frente do escritório da Smashwords, em Los Gatos, a caminho de Cupertino. Marcaram um encontro, no qual Mark foi informado de que, se ele pudesse atender a determinadas condições, os livros da Smashwords poderiam fazer parte da iBookstore quando ela fosse lançada. Assim, ele deixou em suspenso a integração com a Amazon e se concentrou na Apple. Fez um acordo com a Bowker e adquiriu alguns milhares de ISBNs para poder atribuí-los aos seus livros (até então, a Smashwords não tinha se preocupado com isso, mas a Apple exigia os ISBNs). E quando a iBookstore foi lançada com o iPad no dia 2 de abril de 2010, a Smashwords contava com 2.200 títulos na loja.

Ao reorientar o negócio para a distribuição, Mark descobriu que as vendas começaram a crescer. Ainda estava perdendo dinheiro, mas o prejuízo estava diminuindo. No entanto, Mark percebeu que o dinheiro iria acabar antes de ele entrar no azul – "calculei que estávamos talvez a um ano, um ano e meio de atingir a lucratividade; portanto, se conseguíssemos ter fôlego suficiente para resistir esse tanto, seríamos autossustentáveis". Ele sabia que precisava de ajuda. "Então eu recorri a minha mãe, como faz toda pessoa que se preza", e ela lhe emprestou 200 mil dólares. Foi o bastante para ele segurar as pontas. As vendas continuaram crescendo e, em setembro de 2011, a empresa já estava dando lucro.

Mark estava em condições, então, de contratar mais gente além do programador. Até então, ele fazia tudo sozinho – desenvolvimento comercial, marketing, atendimento ao cliente e avaliação prévia. A avaliação prévia era a atividade que tomava mais tempo, mas era crucial para os acordos de distribuição indispensáveis ao crescimento da Smashwords. Quando um autor sobe um original, ele é publicado imediatamente na Smashwords, mas nem todo livro publicado é enviado para os varejistas e as bibliotecas:

só os classificados na "categoria premium". Desse modo, Mark e sua equipe têm de examinar cada livro e decidir se ele pode ou não ser classificado na categoria premium. Isso tem a ver, em grande medida, com a formatação – "Sabe, ver se ele tem abertura de parágrafo na primeira linha, se os parágrafos estão separados corretamente, se as fontes são compatíveis do começo ao fim". Quer dizer, então, que nem todos os livros que os autores sobem estão desse jeito? "Claro que não! Tem autor que usa, digamos, corpo 50, ou que faz um monte de bobagem no livro sem querer." O guia de estilo da Smashwords explica aos autores como formatar corretamente o livro, mas, se o autor não segue o manual cuidadosamente ou se não sabe usar o Word corretamente, o resultado pode ser um desastre.

No entanto, não é uma questão apenas de formatação. "Também procuramos conteúdo ilegal – como imagens pornográficas ou literatura erótica com personagens menores de idade ou, sabe, literatura erótica explícita e exagerada envolvendo estupro, o tipo de coisa proibida que simplesmente não permitimos." Também procuram conteúdo que viola o direito autoral. "Algumas coisas são evidentes. Se alguém sobe um livro de J. K. Rowling, sabemos que não está autorizado, e por isso a nossa equipe de análise pega esse material e remove o conteúdo não autorizado." Eles também estão à procura de *spam* e de conteúdo genérico, incluindo conteúdo de direitos de marca própria. "Existem serviços por aí onde você paga 30 dólares por mês e tem acesso a um imenso banco de dados com milhares de artigos. São todos genéricos, como '101 dicas para limpar a casa', '101 dicas para perder peso' – sabe, temas genéricos. Esses serviços permitem que você acrescente o seu nome ao conteúdo e tente vendê-lo. Não queremos esses livros genéricos indiferenciados." Tudo isso tem de ser detectado e eliminado pela equipe de avaliação prévia antes que os títulos sejam transferidos para o catálogo premium e fiquem à disposição dos varejistas. É um trabalho gigantesco – entre 250 e 300 livros aparecem diariamente no *site* da Smashwords. Como é impossível ler todos, eles dão uma olhada rápida em cada um, procurando sinais, "assinaturas", como diz Mark – "Você procura por um traço ou indício de algo que sabe que é ruim." Eles dão uma olhada na capa: "É um trabalho profissional ou não?". Examinam o uso do idioma e a descrição do livro: "Se o autor não é capaz de descrever o livro, então não foi ele que o escreveu". Examinam as chamadas: "Se o autor usa palavras como 'menor de idade' ou 'quase legal', isso é um sinal de alerta para nós". Eles também utilizam sistemas automatizados que chamam a atenção da equipe de avaliação prévia para livros que precisam ser examinados mais detidamente. "Sabemos como agir, mas é preciso a intervenção de um ser humano que localize o que parece suspeito, para que depois a gente possa examinar minuciosamente e fazer buscas de fluxo de texto e identificar coisas que não são adequadas." A avaliação prévia de todo esse conteúdo novo dá muito trabalho, mesmo que se simplifique o processo procurando por sinais e utilizando sistemas automatizados – a Smashwords tem sete avaliadores numa equipe de cerca de 25 funcionários em tempo integral, mais de um quarto do total.

Isso significa, então, que a Smashwords faz o papel de guardiã? Uma guardiã muito menos restritivo que uma editora tradicional, é claro, mas ainda assim uma guardiã? Esse é um assunto delicado. "Não temos partido, não queremos ser os guardiões editoriais que avaliam a qualidade ou a viabilidade comercial de um livro", explicou Mark. "Porém, somos muito rigorosos a respeito de alguns parâmetros. Se consideramos o conteúdo ilegal, então ele é eliminado – na nossa opinião, esses livros não têm o direito de estar no nosso *site* e em nenhum outro lugar." Mas e quanto aos casos-limite? Existem casos em que o conteúdo não é exatamente ilegal, mas que vocês o consideram de algum modo inaceitável? "Sim, isso acontece", disse Mark. "Os limites são muitos, e alguns são imprecisos." Literatura erótica quase legal é um exemplo disso:

> Existe muita literatura erótica convencional que não pressiona nenhum desses limites de aceitabilidade. Gostamos desses autores e dessas editoras, gostamos desses livros, temos prazer em estar associados a eles. O problema é quando os autores e as editoras tentam pressionar os limites de aceitabilidade. Desse modo, "quase legal" é um exemplo desse tipo de pressão – ele está bem na fronteira da aceitabilidade. Se desconfiamos que a editora realmente está tentando atingir as pessoas que estão sendo estimuladas por uma fantasia de situações sexuais com um menor, mesmo que ela alegue que todos os personagens têm mais de 18 anos, mas isso não seja 100% evidente, se sentimos que ela simplesmente passou do ponto, decidimos que não queremos estar associados a esse tipo de editora.

Livros que põem em evidência o estupro e a violência exagerada também podem cruzar a linha. Mas não é apenas conteúdo sexual exagerado – pode ser também material com orientação política. Por exemplo, textos antimuçulmanos ou antissemitas: "Muitas dessas coisas são mais adequadas para um *blog* do que para um livro, porque não passam de opiniões de alguém, e as pessoas estão pegando coisas que elas veem *on-line* e que combinam com o ponto de vista que elas querem transmitir", explicou um dos colegas de

Mark, juntando-se à conversa. Quando se trata de um verdadeiro caso-limite e a pessoa responsável pela avaliação não está segura, pode compartilhar o caso com outros membros da equipe de avaliação e pedir a opinião deles. Nas raras ocasiões em que a equipe de avaliação prévia não consegue chegar a um consenso, a decisão final cabe a Mark. Se sentem que a obra pode ser salva mudando o texto, eles informam o autor. "Em outras ocasiões, nós simplesmente dizemos que não nos sentimos à vontade com aquele conteúdo – sabe, isso pode ser adequado para um *blog*. Ou, por favor, tire o material da plataforma, não somos o parceiro certo para você." Acontece de os autores contestarem a decisão? "Sim, o tempo todo. Às vezes as respostas são muito irritadas, e eles alegam que nós os estamos censurando." Mas Mark e seus colegas são otimistas: "Procuramos criar relacionamentos profissionais com escritores profissionais. E se alguém tenta deliberadamente subverter as regras ou se sentimos que está pondo nossos varejistas em perigo, especialmente se o autor age de forma dissimulada, simplesmente deixamos de trabalhar com ele. Felizmente, esses casos aparecem raramente, mas estamos vigilantes, porque existe muita gente inescrupulosa por aí".

Isso quer dizer que o universo da autopublicação não deixa de ter seus portões. Mesmo que não queiram, as plataformas se tornam guardiãs porque, afinal de contas, elas se importam com a sua imagem e com a forma como são vistas pelos outros: a imagem é importante, faz parte do capital simbólico que essas organizações, como qualquer organização de um setor competitivo, estão empenhadas em criar, acumular e proteger. Mas é verdade, claro, que os portões na autopublicação são muito menos restritivos do que no universo editorial tradicional – de fato, não existe comparação em termos de rigor e seletividade do controle. Plataformas de autopublicação como a Smashwords são o mais próximo que se pode chegar de uma postura editorial não intervencionista. Elas fazem de tudo para que o maior número possível de autores publique o que eles querem, independentemente do que os administradores da plataforma pensam. "Tenho muito orgulho de ser o maior facilitador (depois da Amazon) da publicação desse monte de entulho", disse Mark, sem o menor arrependimento. "Tem o lado negativo de permitirmos a publicação de livros de baixa qualidade, mas o reverso da moeda é que, mais do que nunca, estamos possibilitando a publicação de uma grande diversidade de livros de qualidade. Damos uma oportunidade a cada escritor, e damos aos leitores a oportunidade e a liberdade de decidir o que eles querem ler. Porque eu posso achar que um livro não vale nada, que é pessimamente escrito por qualquer critério razoável, mas se o livro agrada a uma única pessoa, então ele tem valor." Nas ocasiões relativamente raras em que os guardiões da autopublicação fecham o portão, eles não agem assim por razões comerciais – ao contrário das editoras tradicionais, as empresas de autopublicação não selecionam os títulos que acham que vão vender nem rejeitam os que acham que não vão vender. Em vez disso, quando os guardiões da autopublicação fecham os portões, tendem a fazê-lo por motivos técnicos (p. ex., formatação errada), legais (o livro poderia violar a lei) ou normativos (o conteúdo é, de alguma forma, ofensivo ou inaceitável, e/ou contrário aos valores que elas, enquanto organizações, gostariam de cultivar e projetar).

A Smashwords tem se mantido rentável quase todo ano desde 2011, tendo faturado cerca de 20 milhões de dólares em 2015 – Mark conseguiu transformar um empreendimento de autopublicação baseado no livro digital numa empresa atuante. O crescimento no número de títulos publicados foi surpreendente. Em 2008, seu primeiro ano de atividade, a Smashwords lançou 140 títulos; seis anos depois, em 2014, havia 112.838 livros registrados na Smashwords. No final de 2019, ela registrava 526.800 livros publicados e disponíveis em seu *site*, um crescimento de 4% em relação aos 507.500 do ano anterior,[9] e o número de autores era de 146.400. Do escritório pequeno e modesto, localizado no segundo andar de um edifício de dois andares com telhado de madeira numa avenida comum em Los Gatos, no extremo sul do Vale do Silício, a Smashwords tinha se transformado rapidamente numa das maiores plataformas de autopublicação do mundo. Mark também tinha ficado conhecido como um patrocinador sincero e articulado da autopublicação por meio de um *blog* animado, instrutivo e concorrido, e um ardente defensor do movimento de autores independentes, chegando até mesmo a redigir "O Manifesto dos Autores Independentes".[10] Mas nem tudo ia bem na avenida Los Gatos. Os concorrentes que surgiam no campo da autopublicação estavam pondo em risco o futuro. Antes de voltar nossa atenção a eles, vamos passar para o outro lado do Vale do Silício e recapitular o surgimento de outro participante importante da nova onda da autopublicação.

UM BELO LIVRO TODO SEU

Eileen Gittins era uma pessoa apaixonada pela fotografia que trabalhava no setor de tecnologia. Depois de passar 25 anos no comando de empresas

---

9 Disponível em: <http://blog.smashwords.com/2019/12/2020.html>. O aumento líquido de 19.300 é inferior à quantidade total de novos livros lançados porque ele leva em conta as mudanças no catálogo à medida que são lançados novos livros, alguns saem do catálogo e alguns que estavam fora do catálogo voltam a ser publicados.

10 "The Indie Author Manifesto", *blog Smashwords*, 23 abr. 2014, disponível em: <http://blog.smashwords.com/2014/04/indie-author-manifesto.html>.

de *software* baseadas na internet em São Francisco, ela decidiu, como um projeto pessoal, fotografar os colegas empresários com quem ela criara essas empresas. Era um total de cerca de quarenta pessoas, e ela queria dar a cada uma delas um conjunto completo com todas as fotos. Porém, precisaria de um dia inteiro para fazer um único conjunto de cópias fotográficas – "Embora todos fossem amigos e colegas formidáveis, eu não pretendia passar um ano fazendo edições personalizadas." Ela então pensou: "Vou simplesmente fazer um livro, faço uma vez e tiro cópias, certo?" Estávamos em 2004-2005. Ela começou a pesquisar, e percebeu que não era tão fácil. Nenhuma editora estava interessada num mercado de apenas quarenta exemplares. Elas só estariam interessadas se achassem que poderiam vender uma quantidade suficiente de livros para dar retorno ao seu investimento. Eileen tinha se deparado com um problema, e, como empresária de tecnologia, começou a imaginar se poderia usar a tecnologia para encontrar uma solução. Em vez de se orientar pela pergunta editorial tradicional: "Quantos exemplares é preciso vender de um livro para obter um retorno satisfatório do investimento?", ela começou a pensar por um ângulo diferente. "E se perguntássemos: 'É possível ganhar dinheiro com um negócio feito com um livro de exemplar único?'. E esse se tornou o princípio fundamental da empresa." Se ela conseguisse criar uma forma de ganhar dinheiro com um livro mesmo que apenas um único exemplar dele fosse comprado, pelo autor ou por outra pessoa, e se o preço do exemplar não fosse exorbitante, então isso poderia dar início a um modo inteiramente novo de pensar a publicação.

Eileen começou a apresentar sua ideia para os investidores de risco. Como ex-CEO de outras duas empresas apoiadas por capital de risco, ela tinha bons contatos no mundo tecnológico de São Francisco. Mesmo assim, não foi fácil: "Estávamos em 2005 e tudo estava virando *on-line*, aí venho eu e digo: 'Gente, tive uma ótima ideia. Vocês sabem que todo mundo agora usa câmera digital e a câmera do celular para tirar fotos, não sabem? Muito bem, vou pegar esse monte de conteúdo digital, passá-lo para o analógico e imprimi-lo em forma de livro. Não é fantástico?'. Eles acharam que eu tinha pirado". Apesar do ceticismo, ela conseguiu levantar 2 milhões de dólares, e, em 2005, fundou a Blurb. Contratou uma pequena equipe de engenheiros de *software* e eles começaram a construir a plataforma de produto que lhes permitiria criar um negócio baseado num livro com um único exemplar.

Embora Eileen fosse uma empresária de tecnologia e a cidade fosse a São Francisco do início dos anos 2000 – núcleo da cultura das *start-ups* de tecnologia de ponta –, a Blurb foi criada com base no impresso. "Começamos com o impresso porque era isso que as pessoas tinham dificuldade de fazer. Elas conseguiam fazer um *site* e postar imagens no Flickr – o compartilhamento baseado em tela não era difícil. A coisa realmente difícil era que simples mortais conseguissem fazer um livro." Ela tinha criado a empresa a partir de um problema pessoal: as fotos dos quarenta amigos empresários, fotos digitais de alta qualidade, que ela não queria enviar por meio de arquivos digitais ou do *link* de um *site*. Ela queria lhes dar um livro. "Aquele livro original que eu estava fazendo era um presente, e é muito difícil dar um *link* de presente. Eu queria dar algo concreto a alguém, embrulhar o presente, pôr um laço e dizer: 'ei, muito obrigado, foi fascinante'." Ela sentia que não estava sozinha: havia provavelmente muita gente por aí que, se pudesse, gostaria muito de fazer seus próprios livros – se houvesse um método que não fosse muito caro nem muito complicado. E também havia muita gente por aí que gostaria de fazer livros para vender – ela também queria ajudá-los. Por que não? O desafio era descobrir uma forma de habilitar pessoas que não são designers e que não conhecem nada de edição a criar um livro – e não um livro qualquer, mas um livro realmente bonito. O impresso e o digital eram apenas duas formas diferentes de criar livros e compartilhar conteúdo – uma não era necessariamente melhor que a outra, elas apenas eram diferentes, e atendiam a objetivos diferentes. O impresso é como a *slow food*, explicou Eileen. Às vezes você se satisfaz com um hambúrguer do Carl's Jr. – há momentos em que você quer exatamente aquilo. Mas existem outros em que você quer preparar uma refeição decente com os melhores ingredientes, planejá-la cuidadosamente e degustá-la lentamente, saboreando a comida. O digital é excelente para algumas finalidades, mas, às vezes, o que você quer é virar as páginas de um livro impresso produzido com esmero, se demorar numa página, contemplar uma imagem (se for uma imagem) e repetir o gesto inúmeras vezes. Isso não quer dizer que a Blurb não produziria livros digitais – eles pretendiam fazê-lo. Mas teriam de esperar até que os aparelhos de leitura tivessem uma qualidade suficientemente alta para reproduzir imagens com alto padrão, uma evolução que acabaria surgindo com o iPad. Nesse meio-tempo, considerando o tipo de livro que ela queria fazer, parecia indicado começar com o impresso.

A exemplo de Mark, Eileen não entendia nada de publicação antes de se dar conta de que tinha uma necessidade que não estava sendo atendida. Porém, assim que percebeu isso, ela fez a lição de casa. Logo descobriu que já havia um monte de empresas de autopublicação por aí, as chamadas editoras de livros por encomenda, mas elas não lhe despertaram nenhum interesse. "Minha reação foi sair correndo gritando, o mais rápido possível, e deixe-me lhe dizer por quê: elas eram desprezíveis. Exploravam as aspirações das pessoas que imaginavam ter dentro de si um livro de sucesso, e é claro que todas essas pessoas querem acreditar nisso." Como outras *start-ups* da nova onda da autopublicação, a Blurb foi criada com base na rejeição explícita desse modelo mais antigo: "Portanto, nós dissemos desde o início: 'muito bem, não queremos saber disso. Não haverá nenhuma taxa para usar a Blurb. Todas as nossas ferramentas serão gratuitas, ponto final. Você pode usar qualquer ferramenta que nós oferecemos, e a única vez que vai nos pagar alguma coisa é se decidir comprar um exemplar do seu livro. Ah, e por falar nisso, a quantidade mínima de unidades por compra é um. Você não vai precisar fazer pilhas de livros na garagem. Nada disso. Um exemplar'".

Teve outra coisa que impressionou Eileen: tanto as editoras tradicionais como as editoras de livros por encomenda eram muito prolixas. Todas elas produziam livros em que as palavras imperavam. Para Eileen, porém, com sua experiência de fotógrafa, isso parecia estar em conflito com um mundo em que as imagens estavam se alastrando cada vez mais. Para ela, a nova língua franca eram as imagens. Todo mundo tira fotos e se comunica por meio de imagens, seja através dos telefones inteligentes ou do Facebook, do Flickr e do Instagram. "Então eu pensei: por que os livros contêm tão poucas imagens, por que não são mais bem projetados e por que não têm cores? Os livros de hoje parecem a televisão da década de 1950. Em que outra parte da nossa vida nós aceitaríamos isso?" Não é que as pessoas não sintam falta das imagens – elas sentem. Mas os modelos tradicionais utilizados pela indústria editorial dificultaram a inclusão de uma grande quantidade de imagens nos livros de uma forma bonita e acessível. Porém, por ser uma *start-up* que estava testando novos modelos, a Blurb começou a fazer isso de um jeito diferente. Sua meta seria criar ferramentas que permitissem que os autores produzissem livros coloridos fartamente ilustrados. Ela iria construir sua marca em torno da fotografia e procuraria se tornar conhecida pela qualidade: "Sabíamos que, se pudéssemos atingir o nível de qualidade – gerenciamento de cores, oficina de encadernação, tudo isso – adequado para o universo de pessoas para quem a fotografia não é uma imagem do objeto, mas o objeto em si, a própria obra, então um dia receberíamos uma ligação da Tiffany. Por falar nisso, eles ligaram".

Eileen e seus colegas construíram um conjunto de ferramentas para permitir que as pessoas criem e projetem seus livros, sendo que três delas podem ser utilizadas na produção de livros de fotos. Uma dessas ferramentas, chamada Bookify, é uma ferramenta *on-line* que permite que a pessoa faça um livro simples e básico – "digamos que ela queira mostrar vinte imagens, uma por página, legenda à esquerda, leva uma hora e meia para ficar pronto: depois, é só clicar no botão de *upload* e acabou. É isso. É um processo muito simples de produção de livros, está ao alcance de todos". A segunda ferramenta, chamada BookSmart, é para os livros um pouco mais complicados do que aqueles que têm uma imagem por página. Ela contém moldes e *layouts* que podem ser preenchidos com imagens e textos arrastados de outro lugar – é mais complexo que o Bookify, mas ainda muito básico. A terceira ferramenta, BookWright, foi projetada para quem dispõe de textos e imagens e quer fazer um livro digital e um livro impresso. Embora a ferramenta contenha moldes e *layouts*, tudo pode ser modificado e personalizado, o que oferece uma grande flexibilidade. Eles também projetaram uma ferramenta para livros que contenham apenas texto – um importador de PDF que permite que o autor escreva um livro usando, digamos, o Word, transforme-o em PDF e suba o PDF num livro de interesse geral. Por fim, desenvolveram uma ferramenta para os usuários do Adobe InDesign – isto é, para ser usado por designers gráficos que já utilizam o programa ("a última coisa que queríamos fazer é impedi-los de utilizar a ferramenta com a qual eles convivem diariamente"). Eles criaram um *plug-in*∗ que permite trabalhar no Adobe InDesign, depois subir diretamente a partir desse aplicativo e criar tanto um livro impresso como digital.

Todas as ferramentas podem ser usadas gratuitamente. A Blurb ganha dinheiro fazendo cotações para o usuário do número de exemplares que ele deseja encomendar – seja 1 exemplar, 20 exemplares ou 2 mil exemplares –, e embutindo no custo de impressão uma margem para a empresa, um *mark-up* interno sobre o custo real de impressão. "Sempre que você compra um livro existe uma margem de lucro embutida naquela unidade, para que ganhemos dinheiro sobre um livro único, voltando à origem da empresa. Porque, se não pudéssemos ganhar dinheiro com cada exemplar, seríamos iguais a uma editora que depende do volume, e pensaríamos: 'bem, é melhor encontrar títulos que vendam de cara 10 mil exemplares'." Mas, se você imprimir quantidades muito pequenas – quem sabe apenas 1 exemplar – de um livro fartamente ilustrado, o custo desse exemplar não será exorbitante? "Depende da sua intenção", explicou Eileen. Se você faz livros para uso próprio e deseja criar um livro que registre o nascimento do seu primeiro filho para dar de presente aos seus pais e familiares, então o preço não vai fazer muita diferença – "Pode fazer alguma diferença, mas, se o exemplar do livro custar 50 dólares, é o melhor presente de todos."

∗ Componente de *software* que acrescenta um recurso específico a um programa de computador existente. (N. T.)

Foi por isso que eles se concentraram inicialmente nas pessoas que fazem livros para uso próprio: perceberam que havia uma demanda potencial para um serviço que permitisse que as pessoas criassem um livro ilustrado de qualidade que fosse acessível, mas não barato. Por outro lado, se existe uma intenção mais comercial, a coisa é mais complicada. Nesse caso, o preço por exemplar representa um aspecto muito importante para o criador do livro. Mas, se ele pretende comprar 300, 500 ou mil exemplares – ou mais –, então o preço unitário cai bastante em razão da tiragem alta e do uso de impressão em *offset* em vez de impressão digital.

A Blurb foi lançada no final de março de 2006, e no final daquele ano tinha faturado cerca de 1 milhão de dólares. A 30 dólares mais ou menos por livro, tinha vendido 30 mil unidades nos nove primeiros meses. Após dezoito meses, se tornou lucrativa, e tem se mantido assim desde então. A quantidade de títulos que passava pelo sistema atingiu rapidamente números elevados, especialmente em momentos de pico, como o período que precede o Natal, quando um monte de gente fazia livros para presente: "no volume máximo, um novo título entrava no servidor a cada 1,5 segundo", lembra Eileen. No final de 2010, transcorridos apenas quatro ou cinco anos da inauguração, eles já tinham publicado 350 mil títulos. Levando-se em conta que uma editora entre pequena e média talvez publique de 200 a 300 títulos novos por ano, e, talvez, cerca de mil e poucos títulos em quatro anos, o volume da produção de novos títulos dessa pequena *start-up* de autopublicação era muito surpreendente. Mas o mundo editorial continuava sem ter acesso a grande parte dessa produção, porque a maioria das pessoas que usavam a Blurb para publicar seus livros não precisavam nem queriam um ISBN, já que utilizavam seus próprios canais de distribuição (ou simplesmente davam o livro para a família ou para os amigos).

Os livros que são autopublicados através da Blurb podem ser comprados na livraria do *site* da Blurb: assim que a empresa recebe o pedido, ela imprime o livro e o envia diretamente para o consumidor. Porém, como alguns autores queriam que seus livros também estivessem disponíveis na Amazon, na Barnes & Noble e em outras livrarias, a Blurb fez um acordo com a Amazon e com a Ingram, o grupo atacadista e distribuidor com sede no Tennessee, o que permitiu colocar livros autopublicados através da Blurb em redes de distribuição mais abrangentes. No caso da Amazon, a Blurb simplesmente se inscreveu como vendedora no *marketplace* da varejista, o que lhe permitiu registrar seus livros no *site* da Amazon, remunerando o *site* com um percentual sobre as vendas. Os autores também podem optar por uma distribuição mais abrangente e disponibilizar seus livros em outras livrarias, tanto *on-line* como físicas; nesse caso, a Blurb registra os livros nos catálogos da Ingram. As livrarias podem então encomendar os livros da Blurb através da Ingram do jeito habitual: o pedido é transmitido para a Blurb, que imprime e envia os exemplares para a livraria, e a Ingram fica com uma taxa de distribuição. Na verdade, a Blurb funciona como uma fornecedora de impressão sob demanda e evitando a necessidade de manter estoque físico.

Eileen ficou preocupada com o conteúdo daquilo que os autores poderiam autopublicar no *site* da Blurb, especialmente em razão da ênfase no conteúdo visual e fotográfico pelo qual estavam se tornando rapidamente conhecidos? "Quando começamos a empresa, estávamos muito preocupados com isso", disse Eileen. "Pensamos: 'Meu Deus do céu, e se houver todo tipo de material, sabe, que estimule o ódio, ou pornografia ofensiva, ou sei lá o que mais?'." Na prática, porém, isso acabou sendo um problema menor do que Eileen temia. Eles não queriam controlar o conteúdo nem se envolver na tentativa de traçar uma linha entre nudez e pornografia. Também não examinavam, de fato, os livros que circulavam no sistema: centenas de livros entravam o tempo todo sem serem monitorados ou verificados. O que eles fizeram, na prática, foi entrar num acordo com as gráficas participantes por meio do qual elas ligariam para a Blurb caso encontrassem algo que ultrapassasse o limite do que consideravam questionável. Então ambas as partes examinariam o arquivo e tomariam uma decisão. "E eu me sinto muito à vontade para afirmar que em mais de uma década houve menos de vinte ocasiões como essa, em que tivemos de contatar o cliente e dizer: 'Lamentamos, você terá de imprimir isso em outro lugar, não vamos imprimir este livro'. É um número ridiculamente pequeno." Também acontece de alguém entrar em contato com a Blurb e dizer que existe algo no *site* que parece inadequado. Eles dão uma olhada e, se estiverem de acordo, retiram o material. "Entramos em contato com o usuário final e dizemos simplesmente: 'Veja, como houve algumas manifestações de preocupação com relação a isso, lamentamos informar que o material será retirado'." Mas, uma vez mais, isso raramente acontece: "Considerando o que temíamos, isso simplesmente não ocorreu."

Embora a Blurb tenha começado como uma empresa de tecnologia e a sua principal realização tenha sido a construção de uma plataforma fácil de utilizar que permite que autores e criadores autopubliquem sua obra, e embora todos os livros que foram autopublicados na plataforma da Blurb existissem na forma de arquivos digitais, durante os primeiros anos de vida da Blurb esses mesmos livros foram publicados em formato impresso. Isso era compreensível em 2006 e 2007, quando a tecnologia dos leitores de livro digital não era suficientemente eficaz para ser amplamente utilizada, especialmente em relação ao tipo de livro fartamente ilustrado que era a marca registrada da Blurb. Porém, à medida que a tecnologia dos aparelhos de leitura se aperfeiçoou e o iPad e outros *tablets* surgiram no mercado, a Blurb adaptou sua plataforma para que, a partir de 2010, ela pudesse produzir tanto livros digitais como livros impressos. Também fez experiências com livros digitais aprimorados – "na época, pensávamos que os livros digitais aprimorados seriam mais importantes do que eles foram, e pensávamos que era naquele segmento do universo do livro digital que a Blurb poderia agregar mais valor – um livro digital com suportes multimídia". Embora a Blurb oferecesse aos autores e criadores a opção de publicar seus livros tanto em formato digital como impresso, a maioria continuou preferindo o impresso, que continua sendo a atividade principal da empresa.

Mas a mudança ocorreu de outra maneira. No início, muitos utilizavam o Blurb por razões pessoais: faziam livros para comemorar um acontecimento, como uma formatura ou o nascimento de um filho, ou eram fãs de um assunto, como o fotógrafo ou o artista amador que criava um livro a partir da sua obra. Porém, com o advento das mídias sociais como Facebook, Instagram e Pinterest, surgiram muitas outras opções para compartilhar imagens e fotos com os amigos e com a família. Isso aumentou a exigência em termos do nível de motivação necessária para criar um livro bem-acabado. Cada vez mais, o tipo de pessoa que utiliza o Blurb é o profissional criativo e o que Eileen chama de "prossumidor", o cliente profissional. "Prossumidor, para nós, é alguém que é um entusiasta de verdade", explicou Eileen. "Pode ser um apaixonado por gastronomia, ou alguém que esteja escrevendo um livro infantil para os filhos e, talvez, para alguns amigos e familiares, mas que leva a sério o que faz. Portanto, nosso crescimento atualmente se dá nas categorias dos prossumidores e dos profissionais criativos – nosso negócio tem se direcionado cada vez mais para essas categorias." Na verdade, estamos falando de tipos diferentes de indivíduo. Alguns estão iniciando ou administrando um negócio e usam os livros para tentar expandi-lo – p. ex., o fotógrafo para quem o livro é uma espécie de portfólio que pode ser oferecido aos clientes potenciais, ou a pessoa que está começando um negócio de *cupcake* e deseja criar um livro com seus *cupcakes* favoritos para atrair mais clientes. Outros são indivíduos instruídos com uma determinada habilidade ou *expertise* que querem criar um livro bonito e vendê-lo de maneira organizada, na esperança de que ele seja um sucesso e gere receita – e às vezes isso acontece, como aconteceu, por exemplo, com Alder Yarrow.

AS GUERRAS DO LIVRO

Alder Yarrow é um *designer* profissional apaixonado por vinho que mora em São Francisco. Durante alguns anos, escreveu sobre vinhos num *blog* chamado vinography.com, que ele lançou em 2004. Embora tivesse recebido várias propostas de editoras para escrever um livro, nunca aceitou os convites. Mas então teve a ideia de fazer um livro ricamente ilustrado para explorar, com palavras e imagens, os diferentes sabores e aromas característicos existentes no vinho. Embora fosse um fotógrafo experiente, ele sabia que não seria capaz de tirar o tipo de fotografia necessária para o livro – sua especialidade era fotografar paisagens em preto e branco, não fazer belas fotos coloridas. Então se juntou à fotógrafa de comida Leigh Beisch, de São Francisco, montou uma proposta de livro e enviou-a para as editoras que tinham tentado convencê-lo a escrever sobre vinho. Mas nenhuma demonstrou interesse. Elas acharam o livro muito grande e muito caro de produzir, e achavam que não conseguiriam vender um número suficiente de exemplares para que o projeto desse certo. Os portões do universo tradicional da publicação estavam hermeticamente fechados. Por uma enorme coincidência, Alder conhecia Eileen de outro contexto, e decidiu discutir a ideia com ela. Ela ficou entusiasmada com o projeto, e explicou que a plataforma que tinham criado no Blurb era particularmente adequada para o tipo de livro de fotografia fartamente ilustrado que Alder tinha em mente. O único problema é que não seria barato. Tendo em vista o número de páginas e o formato do livro que ele queria fazer, custaria 197 dólares por exemplar, usando o padrão de impressão de um exemplar da Blurb. Alder precisava reduzir muito o custo unitário, para algo em torno de 25 dólares, para conseguir vender o livro por um preço razoável; só que, para chegar a esse custo, ele teria de aumentar a tiragem para mil exemplares ou mais. Mas isso significaria um desembolso de 25 mil dólares, e ele não tinha condições de arcar com esse custo sozinho. Então decidiu lançar uma campanha no *site* de financiamento coletivo Kickstarter, principalmente porque ele conhecia algumas pessoas que tinham realizado campanhas bem-sucedidas nesse *site* e que poderiam orientá-lo e aconselhá-lo.[11] Ele estabeleceu a meta de arrecadar 18 mil dólares, pensando em usar o financiamento para contratar um editor de texto e um diagramador e produzir um livro de 150 páginas de qualidade superior, ricamente ilustrado e com acabamento em capa dura. Os possíveis apoiadores foram convidados a fazer um pré-pedido do livro no valor de 70 dólares (ou podiam optar por receber um exemplar autografado acompanhado de uma versão digital da obra por 150 dólares). Como era um

---

11 A Kickstarter é examinada mais detalhadamente no Capítulo 8.

blogueiro de vinho famoso, Alder conseguiu promover o projeto de forma eficaz através das suas próprias redes e mídias sociais, o que é decisivo para o sucesso de uma campanha de financiamento coletivo. No final, ele arrecadou 24.240 dólares de 183 apoiadores – mais do que suficiente para pôr o projeto de pé. Ele escreveu o livro, Leigh fez as fotos, e trabalharam com um *designer* profissional para realizar o projeto interno do livro. Alder fez um pedido de 750 exemplares, vendeu todos e reimprimiu mais mil, de que vendeu quase todos. O livro também ganhou o Chairman's Prize do Louis Roederer International Wine Writers' Awards de 2015. *The Essence of Wine* foi uma história de sucesso da autopublicação que não apenas demonstrou como plataformas de autopublicação como a Blurb permitiam que os autores que tinham sido rejeitados pelas editoras tradicionais descobrissem formas alternativas de publicação, mas também como a autopublicação podia se valer do financiamento coletivo para superar os obstáculos financeiros enfrentados pelos autores que não contavam com o apoio de uma editora tradicional.

Em 2016, a Blurb tinha se tornado um ator importante no mundo da autopublicação, com mais de 110 funcionários e vendas de cerca de 85 milhões de dólares. Com formação tecnológica e intuição de empresária, Eileen tinha transformado a solução de um problema pessoal – como fazer quarenta exemplares de um conjunto de fotografias suas para dar de presente aos colegas – num negócio de dezenas de milhões de dólares em menos de uma década. Como acontece com a maioria das histórias de sucesso desse tipo, houve um elemento de sorte e o senso de oportunidade foi perfeito – Eileen logo percebeu o potencial de uma plataforma de autopublicação desse tipo e agiu rapidamente para preencher a lacuna. Mas também tomou uma série de decisões estratégicas cruciais que a mantiveram, junto com a sua empresa, numa boa posição – com destaque para quatro delas. Primeiro, ela logo identificou que o profissional seria seu principal cliente, e a empresa se concentrou em atendê-lo bem. Segundo, como estavam atendendo principalmente a um cliente profissional, ela sabia que a qualidade seria um fator decisivo. "Tivemos, então, que subir a aposta em termos de qualidade, e quando você age assim, quando oferece algo de qualidade, as pessoas reagem, não tem erro." Terceiro, tendo em vista os tipos de livro em que estavam se concentrando – livros ilustrados com um bocado de conteúdo visual de qualidade –, tomaram a sábia decisão, ainda que contraintuitiva, de se concentrar no impresso. Era contraintuitiva porque a Blurb era basicamente uma *start-up* de tecnologia do Vale do Silício, e, naquele mundo – e naquela época, início dos anos 2000 –, se apresentar como uma empresa de tecnologia que permitiria que as pessoas produzissem belos livros impressos estava tão longe quanto possível do espírito do tempo que imperava no Vale. Mas Eileen percebeu – corretamente, como se viu – que os livros ilustrados tinham uma longevidade no meio impresso provavelmente maior que a dos livros de texto corrido. Isso porque, em suas palavras, "o próprio objeto tem valor. Não apenas o conteúdo do livro, o próprio livro tem valor como objeto. É bonito, e é agradável de segurar e folhear. Por isso, quando as pessoas dizem: 'Por que você está se concentrando nos livros ilustrados e não nos livros de puro texto?', minha resposta é: 'Porque no impresso, que é a nossa marca, esses livros vão continuar existindo por muito tempo, não vão desaparecer'". Ela apostou no impresso e ganhou.

A quarta decisão crucial que Eileen tomou foi se tornar rentável o mais rápido possível. Eileen tinha tino comercial – a Blurb não era a primeira empresa que ela havia fundado – e sabia muito bem como funcionava o mundo do capital de risco. Obtivera recursos de capital de risco no início, mas sabia que o mercado podia mudar rapidamente, e não queria se ver na situação de ter de pedir mais dinheiro e não conseguir – ela sabia que era arriscado se a empresa continuasse não lucrativa e dependente de outras rodadas de coleta de fundos de capital de risco:

> Então, o que dissemos foi: sabemos que isso é meio novo, mas vamos construir um negócio em que as pessoas ponham a mão no bolso e nos deem dinheiro. Não se trata do número de acessos que vamos converter e monetizar depois através de um esquema publicitário – não, vamos criar um negócio muito rentável do ponto de vista do fluxo de caixa, porque não tínhamos de comprar estoque nem maquinário, tínhamos uma receita garantida por meio de um *mark-up* nos livros impressos, e o prazo de faturamento das gráficas parceiras era de 30 ou 45 dias; portanto, do ponto de vista do fluxo de caixa era um modelo brilhante. Não tínhamos de comprar mercadorias nem fabricar nada, porque tudo era feito sob demanda. Nossos clientes arcavam com os custos de fabricação do livro, porque eles pagavam pelo livro que tinham acabado de fazer.

O modelo funcionou: a Blurb tornou-se rapidamente rentável, e tem se mantido assim desde então. É claro que, por ser uma empresa baseada em capital de risco, a porta de saída está sempre aberta, e os capitais de risco podem, a qualquer momento, querer um retorno do seu investimento, seja através da venda para uma empresa maior, seja pela entrada em bolsa por meio de uma IPO. Contudo, ao desenvolver um modelo de negócio eficiente que garantiu a lucratividade e lhes deu um fluxo de caixa extremamente positivo, a Blurb minimizou o risco de ficar sem dinheiro e ser deixada na mão por um mercado de capital de risco que foi atrás de coisas novas.

Como um dos maiores atores no espaço da autopublicação que tem a reputação de produzir livros ilustrados de qualidade, Eileen não se preocupou demais com a concorrência. Muitas outras empresas de autopublicação que surgiram nos últimos anos estavam produzindo ficção, com uma ênfase particular em ficção de gênero – "livros de texto corrido", como Eileen os chamava. Em muitos casos, elas também se concentravam basicamente, ou mesmo exclusivamente, nos livros digitais. Essa não era a esfera na qual a Blurb atuava, nem o tipo de publicação pela qual ela era conhecida. Isso não quer dizer que a Blurb fosse a dona do pedaço – longe disso. Existem outros, mas, na verdade, só um importa. "Só existe um concorrente", observou Eileen, "a Amazon. Ela é a manda-chuva. Mas não está interessada em livros ilustrados. O que a Amazon pretende realmente é viabilizar o negócio do livro de texto corrido, e quando, de alguma forma, eles se metem com o impresso, estamos falando de livros em capa mole, não em capa dura, nem coloridos". Não por enquanto, pelo menos. "Mas sempre estamos de olho no que eles estão fazendo. Eles podem mudar de ideia a qualquer momento – bom, é a Amazon, não é?"

A AMAZON ENTRA NO CAMPO DA AUTOPUBLICAÇÃO

Quando Mark e Eileen estavam desenvolvendo seus novos empreendimentos, o mundo da autopublicação ainda estava associado basicamente às editoras de livros por encomenda. Embora tivessem surgido novas iniciativas, como a Lulu, explorando modelos muito diferentes das editoras de livros por encomenda, não havia nenhum concorrente importante com uma posição dominante no setor. Isto é, até que a Amazon decidiu entrar no campo da autopublicação.

Em 2005, a Amazon adquiriu duas empresas, a BookSurge e a CustomFlix Labs. A BookSurge tinha sido fundada no ano 2000 por um grupo de escritores como uma empresa de autopublicação que utilizava a tecnologia de impressão sob demanda e que oferecia aos autores uma série de pacotes personalizados. A CustomFlix tinha sido lançada em 2002 por quatro colegas que queriam facilitar a distribuição para os produtores de cinema independentes através da criação de uma empresa de DVD sob demanda. Em 2007, a Amazon trocou o nome da CustomFlix para CreateSpace, e, em outubro de 2009, fundiu a BookSurge com a CreateSpace. Com o nome

AS GUERRAS DO LIVRO

de CreateSpace, a nova empresa se converteu num serviço sob demanda integrado que permitia que autores, produtores de cinema e músicos criassem e vendessem sua obra, incluindo livros em brochura impressos sob demanda, na Amazon, sem estoque, taxas de adesão ou pedidos mínimos.[12] Paralelamente a esses acontecimentos – e independentemente deles –, em novembro de 2007 a Amazon também lançou uma plataforma de autopublicação de livros digitais como parte da apresentação do Kindle. A Kindle Digital Text Platform [Plataforma de Texto Digital do Kindle], como a ferramenta de autopublicação do Kindle foi denominada inicialmente, permitia que autores e editoras autopublicassem livros digitais subindo seus textos diretamente na Amazon e vendendo-os na Kindle Store com um mínimo de burocracia – bastava ter um título, um nome de autor e uma capa. O autor/editora escolhia um preço – entre 99 centavos e 200 dólares –, e em poucas horas o livro estava disponível na Kindle Store. A Amazon ficava com 65% da receita das vendas e passava 35% para o autor ou editora – em janeiro de 2010, a divisão foi alterada, passando para 30:70: a Amazon ficava com 30% das vendas nos Estados Unidos e no Reino Unido e 70% eram passados para o/a autor/editora, desde que certas condições fossem cumpridas.[13] A partir de janeiro de 2011, a Kindle Digital Text Platform passou a se chamar Kindle Direct Publishing [KDP – Publicação Direta do Kindle], e a opção de 70% de direitos autorais foi estendida para as vendas no Canadá.

Como a Amazon abocanhou rapidamente a parte do leão do mercado de livros digitais, a KDP se tornou uma opção muito atraente para os autores que queriam autopublicar sua obra. A ferramenta de autopublicação Kindle Direct era relativamente simples de usar, e depois de subir, converter e disponibilizar o texto na Kindle Store, o livro podia ser vendido internacionalmente naquela que se tornara a plataforma e o sistema de distribuição de livros digitais amplamente dominante. Além disso, se a pessoa também quisesse fazer o processo de *upload* através do CreateSpace, então o livro poderia ser disponibilizado, mais ou menos instantaneamente e com ótimas taxas de direitos autorais, tanto no formato digital como no formato impresso, através da Amazon – uma oferta muito atraente por parte daquela que estava se tornando a maior varejista tanto de livros impressos como de livros digitais no universo de língua inglesa. A única desvantagem significativa da KDP é

---

12 "CreateSpace, an Amazon Business, Launches Books on Demand Self-Publishing Service for Authors", *Amazon*, 7 ago. 2007, disponível em: <https://press.aboutamazon.com/news-releases/news-release-details/createspace-amazon-business-launches-books-demand-self/>. Ver também: <www.createspace.com/AboutUs/jsp>.

13 Ver Capítulo 5, p.179.

que o livro digital publicado através dessa plataforma só estaria disponível no Kindle da Amazon; portanto, quem também quisesse disponibilizar seu livro em outros aparelhos – como o iPad, o Nook ou o Kobo –, teria de autopublicá-lo em outra plataforma e em outra distribuidora. Foi exatamente o que fizeram os autores espertos: eles autopublicaram na KDP e também subiram seus livros na Smashwords, no Nook, na iBooks Store ou em outra plataforma e distribuidora de autopublicação. Não havia nenhum motivo para deixar de se autopublicar no maior número de plataformas possível: se a pessoa estivesse suficientemente motivada e não se importasse com as chatices, quanto mais, melhor.

Nesse momento, porém, a configuração das opções disponíveis para os autores começou a mudar. Em dezembro de 2011, a Amazon lançou a KDP Select, uma nova opção que permitia que os autores da KDP ficassem com uma parte de um novo fundo, chamado Biblioteca de Empréstimos, e tivessem acesso a diversas ferramentas promocionais e vantagens de *merchandising*, desde que deixassem seus livros exclusivamente na Kindle Store por no mínimo noventa dias.[14] A Amazon definiria mensalmente o tamanho do fundo – em dezembro de 2011, ele foi fixado em 500 mil dólares – e o pagamento mensal de cada livro do KDP Select seria baseado na participação daquele livro no número total de empréstimos de todos os livros KDP participantes da Kindle Owner's Lending Library [Koll – Biblioteca de Empréstimos dos Proprietários de Kindle].[15] Os autores que optassem pelo KDP Select teriam cinco dias promocionais grátis durante os quais poderiam oferecer seu livro digital gratuitamente. Seus livros também seriam promovidos intensamente pela Amazon – por exemplo, aparecendo nas recomendações de boca de caixa, "Mais itens a levar em conta", "Clientes que compraram este item também compraram *x*" etc. Os autores podiam encerrar a participação depois de noventa dias, mas, se não o fizessem, seu vínculo seria renovado automaticamente. O empecilho era que um livro registrado no KDP Select só podia ser vendido através da Kindle Store, não podia ser vendido ou distribuído por nenhum outro varejista durante esse

---

14 "Introducing 'KDP Select' – A $6 Million Fund for Kindle Direct Publishing Authors and Publishers", *Amazon*, 8 dez. 2011, disponível em: <https://press.aboutamazon.com/news-releases/news-release-details/introducing-kdp-select-6-million-fund-kindle-direct-publishing-0/>.

15 A Kindle Owner's Lending Library está disponível aos proprietários do Kindle que são membros do Amazon Prime. Os membros Prime podiam selecionar um livro grátis por mês da Biblioteca de Empréstimo. Em 2011, quando o KDP Select foi lançado, a adesão ao Amazon Prime custava 79 dólares por ano e incluía o envio com tarifas reduzidas e alguns *streamings* de vídeo gratuitos.

período. Portanto, se um livro estivesse disponível em outros varejistas e distribuidores, como iBookstore, Barnes & Noble ou Kobo, então o/a autor/editora teria de removê-lo de todos esses varejistas e distribuidores durante o período em que ele estivesse registrado no KDP Select.

Para muitos autores autopublicados, o Kindle Select era uma opção atraente, pois abria, em princípio, uma nova fonte de receita, dando-lhes acesso a uma parte do fundo reservado pela Amazon para a Kindle Owner's Lending Library. Ele também permitia que utilizassem promoções grátis por um período limitado de tempo para estimular as vendas, e dava uma visibilidade maior aos seus livros no *site* e no material promocional da Amazon. Além disso, tendo em vista a enorme penetração de mercado do Kindle e o predomínio avassalador da Amazon no mercado do livro digital, era razoável que muitos autores autopublicados imaginassem que o aumento de receita e de visibilidade que conseguiriam através do KDP Select compensaria qualquer perda de venda que poderiam sofrer ao remover seu livro dos outros varejistas e distribuidores. Quanto maior o predomínio da Amazon no mercado do livro digital, mais fazia sentido, aos olhos de muitos autores, se esforçar ao máximo para aumentar a visibilidade do seu livro no *site* da Amazon e maximizar suas vendas no Kindle, já que, de todo modo, a parte do leão de suas vendas viria do Kindle.

No entanto, para outros varejistas, distribuidores e plataformas de autopublicação, a exclusividade da Amazon não parecia tão benéfica. Aos olhos de alguns, essa era uma iniciativa muito agressiva do principal concorrente do setor que dificultaria muito a tarefa das outras plataformas de autopublicação de manter seus autores. Na Smashwords, Mark ficou particularmente inquieto com o que, para ele, era uma manobra perigosa da Amazon para destruir seus concorrentes:

> Lembro-me muito bem, era dezembro de 2011. Eu estava de férias naquela época, e, no instante que vi aquilo, fiquei com ódio e escrevi no *blog* sobre o assunto. Achei que era algo muito, muito ruim em termos do que significava para o futuro. Porque, na minha visão de mundo, a autopublicação é o futuro da indústria editorial. Embora a autopublicação não importasse muito para o universo editorial global no referente a vendas, eu tinha certeza de que, no longo prazo, o poder na indústria editorial será transferido das editoras para os autores – na minha visão de mundo, os autores independentes autopublicados são o futuro da indústria editorial. E se a Amazon cria um programa exclusivo que consegue atrair um monte de autores, que vai privar todos os concorrentes da Amazon de seus autores mais importantes – não apenas privá-los dos autores, mas também privá-los dos leitores, porque se estes quiserem ler seu livro e ele

só estiver disponível na Amazon, vão acabar deslocando seus hábitos de compra de livros para a Amazon. Ou seja, vão sair da Barnes & Noble, do Kobo e de todos os varejistas pequenos ou grandes e passar a comprar na Amazon. Vão enfraquecer os outros varejistas e acabar fazendo-os fechar as portas. Essa é a sequência lógica do que vai acontecer se a Amazon tiver êxito na implantação do esquema de exclusividade.

Nesse caso, Mark pode estar superestimando o perigo – se um conjunto, ainda que grande, de livros autopublicados vai mudar os hábitos de compra dos consumidores de maneira tão radical como ele sugere talvez seja algo questionável. Mas o Kindle Select certamente alterou o equilíbrio de probabilidade em favor da Amazon quando ela chegou para os autores tomando decisões sobre onde e como autopublicar seus livros e se deveriam retirá--los de todos os *sites* e deixá-los apenas no *site* da Amazon. "Em dezembro de 2011, quando a Amazon lançou o KDP Select, foi um choque para nós, porque, pela primeira vez na vida, vimos milhares de livros desaparecerem da Smashwords de um dia para o outro", disse Mark. "E percebemos que isso continua. Então, todo mês, milhares de livros são removidos da Smashwords para serem cadastrados no KDP Select. Milhares de livros também voltam para a Smashwords – é um ciclo de idas e vindas. Mas a Amazon alega que tem um índice de prorrogação de cerca de 95% a cada trimestre. Portanto, o que está acontecendo é que os autores põem seus livros no KDP Select e os deixam lá. É como a areia movediça – uma vez que os autores entram, não saem mais." Ou, como disse o fundador de outra plataforma de autopublicação, utilizando uma metáfora diferente: "A Amazon está criando a maior armadilha de lagosta do mundo: você entra na Amazon e nunca mais sai."

A Amazon fortaleceu ainda mais a sua posição em julho de 2014, quando introduziu o Kindle Unlimited, o serviço de assinatura de livros digitais que permite que os leitores tenham acesso a um grande volume de livros digitais e audiolivros por uma taxa mensal de 9,99 dólares.[16] Os usuários que fazem uma assinatura do Kindle Unlimited podem ler quantos livros quiserem e conservá-los pelo tempo que quiserem, e não precisam ser membros do Amazon Prime. Em relação aos autores autopublicados, o Kindle Unlimited se abastece no KDP Select. Os autores autopublicados só podem pôr seus livros no Kindle Unlimited caso se registrem no KDP Select, e, se o seu livro fizer parte do KDP Select, ele será incluído automaticamente no Kindle Unlimited. Isso significa que os autores não podem pôr seu livro no Kindle Unlimited a menos que concordem com as exigências de exclu-

---

16 O Kindle Unlimited é examinado mais detalhadamente no Capítulo 9.

AS GUERRAS DO LIVRO   277

sividade do KDP Select; isso também significa que, se não quiserem que seu livro faça parte do Kindle Unlimited, têm de removê-lo do KDP Select ao final do período de registro. Aos olhos de Mark, isso só confirmou seus piores temores. Com o KDP Select e o Kindle Unlimited, a Amazon estava criando um funil que atrairia os autores autopublicados para o ambiente do Kindle, delimitado por condições de exclusividade, onde eles seriam totalmente dependentes da Amazon – aproveitando suas vantagens, que eram inúmeras, mas também dependentes da sua boa vontade. Mark não mede as palavras: "Minha visão da Amazon é que ela pretende transformar todos os autores em arrendatários que cultivam o seu solo. Se a Amazon é dona do solo, da terra e do acesso aos clientes, e se ela é dona de você, se 100% da sua renda depende da boa vontade da Amazon, então você perdeu a independência e o controle: você é um arrendatário."

A crítica direta de Mark à Amazon e à exclusividade dos programas KDP Select e Kindle Unlimited provocou uma discussão acalorada entre os autores autopublicados, alguns concordando com ele e outros discordando – e, em alguns casos, de forma veemente. Como muitos autores observaram, a analogia do arrendatário se desfaz no momento em que se leva em conta que a KDP Select é opcional – os autores autopublicados não têm de aderir a ela, e, mesmo que decidam experimentar, podem sair a qualquer momento, desde que o período de registro de noventa dias tenha chegado ao fim. Portanto, se são arrendatários da terra da Amazon, então dispõem, de fato, de um grau excepcional de liberdade para um arrendatário: têm a liberdade de fazer as malas e cultivar a terra em outro lugar se isso lhes parecer mais atraente, ou, na verdade, de cultivar os dois lotes de terra se assim o desejarem. E se decidem permanecer exclusivamente na terra da Amazon pode ser muito bem porque sentem que a terra da Amazon é muito fértil e por enquanto lhes convém, sejam quais forem os perigos que o futuro lhes reserve.[17]

Sejam quais forem os méritos e os perigos das condições de exclusividade da Amazon, essa discussão acirrada ressalta o fato de que o mundo da autopublicação, tal como o mundo da publicação tradicional, se tornou um lugar muito disputado, com um grande número de fornecedores ofere-

---

17 Esse argumento foi bem elaborado por um autor que respondeu ao *post* no *blog* de Mark sobre o KDP Select: "Mark, embora eu entenda os seus argumentos, tenho de discordar da sua avaliação de que a Amazon está forçando os autores a participar disso. É tudo opcional. Você pode pôr nenhum, um, alguns ou todos os seus livros nesse programa. Sim, eles se tornam exclusivos, mas por um período de noventa dias. Duas semanas antes da renovação do registro, a Amazon envia um e-mail dizendo que ele será renovado se você não optar pela saída. Não é como se fosse uma decisão definitiva, mas é assim que você está descrevendo a coisa. Penso que isso poderia ser uma maneira excelente de os autores promoverem suas obras. Pessoalmente, pus três obras minhas no KDP

cendo diversos tipos de serviço e vários participantes brigando por posição, utilizando todo o poder de que dispõem para tentar fortalecer ou defender sua posição no campo. E este é um campo em que, apesar da proliferação de fornecedores, surgiu um participante com a força absolutamente dominante, capaz de modelar e remodelar o setor em seu benefício, geralmente à custa dos participantes menores, que procuram criar nichos em que possam prosperar, ou pelo menos sobreviver. Para muitos autores que almejam autopublicar sua obra, isso parece confuso – não menos confuso que o mundo da publicação tradicional, e talvez ainda mais confuso, já que é improvável que eles tenham um agente a quem possam terceirizar a tarefa de tentar achar o sentido disso tudo.

UM ESPECTRO DE SERVIÇOS EDITORIAIS

Mark encara isso de maneira prática: "Para mim, o mercado de serviços editoriais é um espectro", diz ele, pegando uma caneta e traçando uma linha num quadro (Figura 7.1). "Numa das extremidades do espectro ficam os serviços completos, na outra, o autosserviço", explicou. As editoras tradicionais representam o "serviço completo", no sentido de que oferecem uma gama completa de serviços para os autores, de edição de texto, composição, diagramação e criação da capa, produção e impressão a marketing, vendas e distribuição, direitos subsidiários e contabilidade financeira – um serviço completo. Depois que o livro foi escrito, o autor não precisa fazer muita coisa (embora, na prática, muitos acabem trabalhando bastante). Embora as editoras tradicionais talvez não se vejam como fornecedoras de serviços, é isso, basicamente, que elas são (ao menos em parte: o modelo de Mark só relaciona parte do que as editoras tradicionais fazem, já que elas também são investidoras e correm riscos – mais sobre o assunto no Capítulo 12). "Na outra extremidade do espectro está o faça você mesmo", disse Mark – as formas de publicação em que os autores são autopublicadores e a plataforma é de autosserviço, em que os autores devem seguir uma série de etapas para preparar seus originais para publicação, criar uma capa e subir o original e a capa na plataforma, depois fornecer os metadados necessários para pu-

---

Select, e sim, removi-as da Smashwords. Infelizmente, as vendas que consigo através da Smashwords e de quem a distribui são muito, muito, muito baixas em comparação com a Amazon, portanto, não estou me prejudicando [*sic*] muito durante os próximos noventa dias. É apenas a minha opinião, e sei que outros autores discordam totalmente" (Coker, "Amazon Shows Predatory Spots with KDP Select", *Smashwords*, 8 dez. 2011, disponível em: <http://blog.smashwords.com/2011/12/amazon-shows-predatory-spots-with-kdp.html>).

blicar o livro. Tanto a Smashwords como o KDP estão na extremidade de autosserviço do espectro. Entre esses dois extremos existe uma miríade de fornecedores de outros serviços, que oferecem facilidades e pacotes variados para os autores – a Figura 7.1 apresenta apenas uma seleção muito pequena desses fornecedores de serviço para ilustrar as diferenças, mas existem muitos outros. Esses fornecedores também se diferenciam em termos do que eles privilegiam: somente livros digitais, somente livros impressos ou uma combinação dos dois – a Smashwords e o KDP trabalham apenas com livros digitais, assim como a Draft2Digital, uma plataforma de autopublicação com sede em Oklahoma que foi fundada em 2012. A CreateSpace é (ou melhor, era)[18] uma fornecedora unicamente de livros impressos, e a Blurb se baseia principalmente no impresso, embora, como vimos, também ofereça uma série de opções de livros digitais. E empresas como Lulu, Bookbaby, Outskirts e Author Solutions oferecem serviços tanto para livros digitais como para livros impressos. Enquanto Smashwords, KDP, CreateSpace, Draft2Digital, Blurb, Bookbaby e Lulu tendem a ficar mais próximos da extremidade do autosserviço do espectro, Author Solutions, além dos seus diversos selos e divisões (AuthorHouse, iUniverse, Trafford Publishing, Xlibris etc.), e Outskirts tendem a ficar mais próximos da extremidade do serviço completo, cobrando taxas dos autores pelos serviços que fornecem.

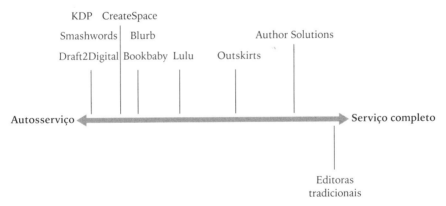

Figura 7.1 – O espectro dos serviços editoriais (1)

---

18 A CreateSpace e o KDP foram fundados como serviços de autopublicação da Amazon, um dedicado aos livros impressos (CreateSpace) e o outro aos digitais (KDP). Durante uma década, foram administrados como serviços complementares, mas independentes. No entanto, em 2018, a CreateSpace foi absorvida pelo KDP. Todos os livros e fichas dos clientes da CreateSpace foram transferidos para o KDP, que se tornou a única plataforma integrada da Amazon de autopublicação de livros impressos e digitais.

Se examinarmos o espectro de serviços editoriais em termos do custo desses serviços para o autor, então o espectro começa a assumir a aparência de um gráfico, explica Mark, enquanto faz outro desenho no quadro, com "Serviço" no eixo *x* e "Custo" no eixo *y* (Figura 7.2).

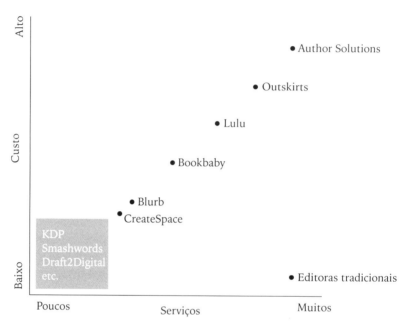

Figura 7.2 – O espectro dos serviços editoriais (2)

No canto inferior esquerdo do gráfico temos um grupo de fornecedores que prestam poucos serviços e têm custo baixo – é a autopublicação do tipo "faça você mesmo", como KDP, Smashwords, Draft2Digital etc. À medida que se vai mais para a direita, com autopublicadoras que fornecem mais serviços, os custos para o autor tendem a subir, sendo que a Author Solutions é uma das mais caras fornecedoras de serviços de autopublicação – repito, esta é apenas uma pequena seleção dos inúmeros fornecedores de serviços de autopublicação disponíveis atualmente. As editoras tradicionais poderiam ser colocadas no canto inferior direito do gráfico: muitos serviços, custo baixo para o autor (embora o retorno para o autor em termos da cota de direitos autorais tenda a ser significativamente menor nas editoras tradicionais do que nas plataformas de autopublicação). Autores independentes que têm orgulho da sua independência e confiam em sua capacidade de se virar sozinhos tendem a gravitar na direção do canto inferior esquerdo do gráfico, onde está o conjunto de plataformas gratuitas de autosserviço que fornecem aos autores as ferramentas para que eles autopubliquem sua obra sem ter de pagar adiantamento e com comissões sobre as vendas relativamente baixas – essas plataformas estão no *boxe* sombreado no canto inferior esquerdo do gráfico. Autores que preferem deixar que os outros façam o trabalho de publicação para eles, ou que carecem de conhecimento e/ou confiança para fazê-lo sozinhos, tendem a gravitar na direção da extremidade do serviço completo, seja com uma editora tradicional ou com uma empresa de autopublicação que ofereça diversos pacotes pagos de serviços e de edição – embora os autores independentes que se orgulham da sua independência abominem fornecedores de serviços de autopublicação como o Author Solutions ("nenhum autor independente que se preze utiliza esses serviços", disse um observador bem informado do mundo da autopublicação).

Como se o quadro já não fosse suficientemente complicado, o *boom* da autopublicação gerou uma enorme indústria secundária de serviços de apoio, que funciona como uma economia paralela ao lado das plataformas de autopublicação. Na prática, os diversos serviços editoriais fornecidos pelas editoras de serviço completo – sejam elas editoras tradicionais ou empresas de autopublicação que oferecem um serviço completo, como a Author Solutions – foram desmembrados e transformados em serviços independentes, que são oferecidos aos autores em forma de cardápio por *freelancers* e pequenas empresas. Esses serviços desmembrados podem ser divididos, basicamente, em três categorias: serviços editoriais, serviços de *design* (que incluem diagramação, criação da capa e preparação do original) e serviços de marketing (que inclui a divulgação). Os autores podem ser encaminhados para esses serviços de apoio por uma plataforma de autopublicação – muitas delas fornecem uma lista de serviços de apoio recomendados – ou podem utilizar serviços que foram recomendados por amigos ou colegas. Alguns *freelancers* trabalham sozinhos como editores ou *designers* independentes – em alguns casos, à noite e nos fins de semana, e trabalham em tempo integral numa editora tradicional; em outros casos, usando esse expediente para ganhar a vida enquanto perseguem o sonho de ser escritor. Muitos *freelancers* também dependem de empresas de serviços editoriais, como a New York Book Editors [Editores de Livros de Nova York] ou a Reedsy (com sede em Londres), para manter um fluxo contínuo de trabalho. Essas empresas funcionam como centros que ligam os autores aos *freelancers*: os autores contatam a empresa, a empresa avalia suas necessidades e terceiriza o trabalho para *freelancers* habilitados e testados. O pagamento do autor é dividido entre a empresa e o *freelancer*.

A New York Book Editors foi fundada em 2013 por Natasa Lekic. Como tinha trabalhado anteriormente como editora numa pequena casa editorial de não ficção chamada Atlas & Co., Natasa valorizava a importância de uma boa edição. Portanto, quando deixou a Atlas & Co., ela decidiu fundar sua própria empresa, oferecendo serviços editoriais para autores que planejavam se autopublicar. Como se falava muito em autopublicação na época, Natasa pensou que poderia haver alguma demanda, por parte dos autores, pelos tipos de serviços editoriais que ela poderia oferecer. Mas não queria fazer o trabalho de edição – depois de editar alguns livros na Atlas & Co., ela sentiu que não tinha nem as habilidades nem o talento para desempenhar bem a tarefa. Portanto, queria contratar alguns dos outros editores com quem tinha trabalhado. "A ideia era que iríamos trabalhar com autores autopublicados que queriam seguir um processo editorial muito semelhante ao das editoras tradicionais." Ela oferecia pacotes diferentes aos autores, dependendo do tipo de edição que eles queriam e de que precisavam. A opção "edição estrutural" abordava as grandes questões referentes à estrutura do texto, ao enredo, ao desenvolvimento dos personagens etc.; o autor recebia uma carta ou memorando editorial comentando os problemas estruturais e oferecendo sugestões para corrigir os pontos fracos e aprimorar o texto (e, por uma taxa extra, recebia em seguida uma ligação telefônica de uma hora). A opção "edição de linha" implicava o exame do texto linha a linha, prestando atenção à clareza e à fluidez da linguagem de uma frase para outra e de um parágrafo para outro. A "preparação de texto" mais simples incluía correção gramatical, ortografia, pontuação etc. As diversas opções tinham preços diferentes e variavam de acordo com o número de palavras. Os autores que queriam ter seu texto editado preenchiam um formulário e submetiam uma sinopse e algum material de amostra, e Natasa decidia quais os projetos que seriam aceitos e, tendo em vista o estado do original, quais os pacotes que seriam adequados. Ela então terceirizava o trabalho para um editor *freelancer* e dividia a taxa com ele. A maioria dos seus *freelancers* tinha adquirido experiência em editoras tradicionais e estava procurando um trabalho extra, ou estava pensando em sair da empresa e trabalhar só como *freelancer* – e, em alguns casos, eles já tinham tomado essa decisão, tornando-se parte de uma florescente economia paralela de serviços editoriais.

Embora Natasa tenha fundado a New York Book Editors pensando em fornecer serviços editoriais principalmente para autores que pretendiam se autopublicar, na prática não foi bem assim. É verdade que ela foi procurada por um grande número de autores que pretendiam se autopublicar, mas a proporção maior de candidatos era composta por autores que queriam publicar da forma tradicional – *grosso modo*, 50% queriam publicar da forma tradicional, 25% queriam se autopublicar e os 25% restantes não tinham certeza do que queriam fazer e estavam abertos a sugestões. Muitos dos autores que queriam publicar da forma tradicional esperavam conseguir um agente e um contrato de edição, mas tinham sido avisados, ou percebido sozinhos, que o seu original precisava ser trabalhado, e que as chances de conseguir um agente e assegurar um bom contrato aumentariam bastante se o original estivesse em boas condições. Portanto, fazia sentido para eles entrar em contato com a New York Book Editors e investir num pacote editorial, mesmo que não estivesse claro se isso lhes permitiria assegurar o tipo de contrato de publicação com o qual eles sonhavam.

A Reedsy foi fundada em Londres, em 2014, por Emmanuel Nataf, Ricardo Fayet, Matthew Cobb e Vincent Durand. Ao contrário de Natasa, os fundadores da Reedsy não tinham trabalhado na indústria editorial: Emmanuel e Ricardo tinham se formado em administração de empresas em Paris, e estavam em busca de uma oportunidade para iniciar um negócio. Embora soubessem que a Amazon tinha facilitado bastante a autopublicação com o KDP, eles também perceberam que muitos dos livros autopublicados não eram bem editados ou bem diagramados. Portanto, tiveram a ideia de criar um mercado *on-line* para pôr em contato autores que pretendiam autopublicar seus livros com editores, *designers* e profissionais de marketing que poderiam ajudá-los a criar e produzir seus livros com um padrão mais elevado. Eles conseguiram alguns recursos através do Seedcamp, um fundo semente europeu sediado em Londres, e construíram e lançaram uma plataforma que funcionaria como um mercado aberto que permitiria que os autores independentes tivessem acesso a *freelancers* de talento do setor editorial. Embora existissem outros mercados desse tipo *on-line*, como Upwork e PeoplePerHour, Emmanuel e seus colegas queriam criar um mercado que estivesse adaptado ao setor editorial e que atraísse bons editores. Eles não queriam criar um mercado em que todos entrassem numa guerra de lances em que só os preços mais baixos vencessem, pois isso não atrairia os melhores editores. Então inventaram um sistema em que o autor pode escolher até cinco pessoas com as quais quer entrar em contato – digamos, para um trabalho editorial – e pedir que façam uma oferta; se, por qualquer motivo, duas delas se recusarem a dar um lance – pode ser que estejam muito ocupadas –, então o autor pode entrar em contato com mais duas. Depois que os editores derem seus lances, o autor pode conversar com cada um deles antes de decidir quem vai escolher. Isso cria um espaço de concorrência limitado que evita um leilão generalizado em que o preço mais baixo tenderia a prevalecer, ao mesmo tempo que dá aos autores a chance de interagir com um número selecionado de *freelancers* antes de tomar uma decisão.

Para que um mercado *on-line* como este funcione, os clientes (nesse caso, os autores) têm de confiar que os serviços que eles adquirem sejam de primeira e tenham um bom custo-benefício – em outras palavras, que não sejam um engodo. Portanto, a pré-seleção dos *freelancers* é um elemento fundamental do trabalho da Reedsy. Eles pedem que os possíveis prestadores de serviços preencham um perfil que abranja suas qualificações, gêneros e linguagens em que são especializados, experiência de trabalho, portfólio etc., e depois checam tudo. Toda vez que o candidato cita um gênero, como fantasia ou romance, ele tem de ter pelo menos um livro no portfólio que combine com o gênero citado. Eles se certificam de que aquilo que o candidato diz a respeito da sua experiência de trabalho tenha correlação com os livros em seu portfólio. Em caso de dúvida, verificam os créditos do livro para ver se ele é citado ali. É um processo muito meticuloso, e apenas 3% das pessoas que oferecem seus serviços acabam sendo registradas na Reedsy. "Existe por aí um monte de autoproclamados editores, *designers* e pessoas que oferecem serviços para os autores que estão abaixo dos nossos padrões, que são muito elevados", explicou Ricardo, um dos cofundadores. Eles esperam que o editor tenha pelo menos cinco anos de experiência e que tenha editado pelo menos meia dúzia de livros – não necessariamente livros publicados por editoras tradicionais, embora isso ajude. Mas, se o editor não trabalhou numa editora tradicional, então eles esperam que alguns dos seus livros tenham sido *best-sellers* e tenham tido ótimas resenhas, muitas delas na Amazon.

Um autor que deseje encontrar um *freelancer* através da Reedsy preenche um formulário especificando o que está procurando, sobe um ou dois capítulos do original – ou o original completo –, verifica quais *freelancers* atendem às suas especificações e seleciona até cinco, pedindo que eles submetam suas propostas. O autor analisa as propostas, interage com os candidatos e então decide qual deles vai aceitar. Eles estabelecem um prazo e um modo de pagamento e o trabalho começa. A Reedsy cobra uma comissão de 10% de cada lado da transação – como são deduzidos 10% daquilo que o autor paga e 10% daquilo que o *freelancer* recebe, a Reedsy fica com 20% do pagamento total. Desse modo, se o editor cobra uma taxa de, digamos, mil dólares, o autor paga 1.100 dólares, dos quais 100 serão retidos pela Reedsy, e o editor recebe 900 dólares, após a Reedsy deduzir 100 dólares da taxa do editor. A Reedsy possui sua própria interface de mensagens, na qual a interação entre o autor e o *freelancer* acontece – portanto, toda a comunicação acontece dentro da sua plataforma e do seu sistema. Isso garante que a Reedsy tenha um registro completo das interações entre os autores e os *freelancers*, no caso de surgir uma discordância, o que de vez em quando acontece. O fato de manter tudo dentro de seu sistema também reduz o risco de que os autores e *freelancers* se afastem da Reedsy e criem uma colaboração direta em futuros projetos.

Embora o objetivo inicial da Reedsy fosse criar uma plataforma que ajudasse os autores independentes a ter acesso a serviços editoriais de *freelancers*, ela também atraiu outros clientes – tanto os autores que esperavam encontrar uma editora tradicional para o seu livro como as próprias editoras tradicionais. No início de 2020, a Reedsy estava supervisionando cerca de mil novas colaborações por mês. Por volta de 70% das colaborações estavam relacionadas a serviços editoriais, 15% a *design* e o restante dividido entre marketing, divulgação e trabalho de *ghost-writer*. Cerca de metade dos autores pretendia autopublicar seus livros, e cerca de 30% queriam encontrar uma editora tradicional, enquanto os 20% restantes não tinham uma posição definida. Algumas editoras tradicionais também procuravam a Reedsy em busca de *freelancers*, e a Reedsy tinha começado a desenvolver parcerias com algumas plataformas de autopublicação como a Blurb. Nesse caso, a Blurb recomendava a Reedsy para os autores e esta facilitava o processo de exportação dos livros prontos desses autores para a Blurb – uma colaboração entre intermediários da autopublicação. Apesar de não terem experiência editorial, os fundadores da Reedsy tinham se dado conta de que a explosão da autopublicação estava gerando a necessidade, entre o universo crescente de autores independentes, de serviços editoriais profissionais que não seriam mais fornecidos pelas editoras tradicionais. De modo que criaram uma plataforma eficiente no qual esses serviços podiam ser adquiridos e vendidos, uma plataforma que ajudou os autores a encontrar *freelancers* adequados e bem preparados e ajudou os *freelancers* a encontrar um fluxo de trabalho constante.

Para quem trabalha nessa economia paralela, o trabalho *freelance* pode oferecer um meio de vida viável, e também pode ser profissionalmente gratificante. Fazia um ano e meio que Caroline trabalhava como assistente editorial em uma das grandes editoras de Nova York, mas achava o trabalho frustrante e insatisfatório. A parte principal do seu trabalho era administrar projetos para um editor mais antigo, e ela raramente tinha a oportunidade de editar os originais – e quando isso acontecia, não sentia que aquilo era visto como uma parte importante do trabalho ("editar não era prioridade de ninguém, era algo que se fazia em casa, não havia tempo de fazê-lo no escritório"). Ela tinha feito alguns *freelances* de edição nas horas vagas e tinha gostado, portanto sabia que era uma opção de trabalho. Depois de dois anos e meio, Caroline decidiu deixar o emprego em uma das Cinco Grandes editoras e trabalhar por conta própria. Alguns autores a descobriram na Editorial Freelancers Association [Associação de *Freelancers* Editoriais] – uma organização sem fins lucrativos com sede em Nova York que disponibiliza uma lista na qual os autores podem apresentar uma oferta de trabalho. Mas, como Caroline também tinha ouvido falar da New York Book Editors e da Reedsy, ela se registrou como *freelancer* nas duas. Elas lhe proporcionaram um fluxo contínuo de trabalho e, depois de um ano e meio, já podia se dar ao luxo de ser mais exigente e recusar trabalho. Estava ganhando mais que o dobro do que ganhava como assistente editorial, e começou a pensar em virar pessoa jurídica, para que pudesse ter mais clientes privados e subcontratar parte do trabalho para outros *freelancers*, transformando-se ela própria numa empresa de serviços editoriais. Isso permitiria que ela construísse um negócio ao mesmo tempo que continuava trabalhando com os autores em seus originais, que é do que ela gosta. "Eu edito mais agora do que jamais imaginei que faria, e adoro isso. No final das contas, é isso que eu gosto de fazer", disse Caroline.

> Mesmo com a ampliação do meu negócio e o envolvimento crescente com seus aspectos comerciais, continuo editando à vontade. Trabalhar diretamente com os autores e com o texto, aperfeiçoá-lo o máximo possível sem ter de me preocupar muito com questões comerciais é algo que não tem preço. Eu levo em conta coisas como marketing, público, tudo isso, mas havia uma diferença na editora: lá o pessoal de vendas não largava do meu pé, eles não estavam muito preocupados com a história, só queriam saber quantos exemplares ia vender. Entendo essa mentalidade empresarial, mas é importante cuidar primeiro do original, depois transformá-lo em algo que venda, que chame a atenção, esse tipo de coisa.

Caroline é somente uma entre as milhares de pessoas que trabalham atualmente na economia paralela dos serviços editoriais – algumas, como ela, vivendo bem como *freelancer* em tempo integral; outras completando a renda de outro trabalho fazendo alguns *freelances* nas horas vagas; outras ganhando o mínimo para sobreviver enquanto acalentam o sonho de ser escritora ou perseguem outro objetivo. É claro que as editoras tradicionais há muito dependem da economia paralela dos *freelancers*, especialmente quando se trata de preparação de texto, revisão, indexação e criação de capa – não existe nada de novo nisso. Além disso, como vimos, uma grande proporção dos autores que recorrem a serviços como os prestados pelo New York Book Editors ou pela Reedsy e que contratam editores *freelancers* esperam publicar sua obra numa editora tradicional. Mas não há dúvida nenhuma de que a ascensão das plataformas de autopublicação e a enorme ampliação da gama de oportunidades disponíveis aos autores que desejam autopublicar sua obra alimentou o crescimento da economia paralela dos serviços editoriais e fez aumentar significativamente o grupo de autores em busca de (e dispostos a pagar por) ajuda para revisar e aperfeiçoar seus textos e para formatar, diagramar e comercializar seus livros.

A ascensão das plataformas de autopublicação e a proliferação de serviços editoriais associados a ela certamente alteraram o panorama da indústria editorial no início do século XXI – embora a autopublicação não seja algo novo, essas transformações são qualitativamente diferentes de tudo que existiu anteriormente. Juntas, elas criaram um ambiente inteiramente novo de autopublicação que existe ao lado do universo da publicação tradicional, diferente dele, mas se sobrepondo a ele de forma complexa e variada. Nesse novo ambiente, o autor que decide autopublicar sua obra agora tem de decidir como fazê-lo, que plataforma utilizar, se vai tirar proveito dos vários serviços disponíveis, e, nesse caso, se o fará recorrendo diretamente a editores, *designers* e profissionais de marketing/divulgadores *freelancers* ou através de um intermediário de serviços editoriais (ISE) como o New York Book Editors ou a Reedsy (Figura 7.3). O autor que escolhe a opção mais barata, do faça você mesmo, pode decidir quanto apoio ele deseja ou precisa e fazer seus próprios acordos com os editores, *designers* e profissionais de marketing/divulgadores – ou não fazer acordo nenhum, dispensando esses serviços e simplesmente subindo seu original tal como ele encontra numa plataforma de autopublicação como Smashwords ou KDP, com o mínimo possível de opiniões profissionais externas. Ou, então, o autor que deseja uma opinião profissional, mas não sabe a quem recorrer, pode utilizar um intermediário de serviços editoriais que lhe ofereça algumas opções pré--selecionadas e o ajude a tomar uma decisão fundamentada. O autor que deseja se autopublicar e quer uma opinião profissional, mas não quer ter o trabalho de se virar sozinho, pode escolher uma plataforma de autopublicação que ofereça pacotes de serviços editoriais para os autores, e pode adquirir o pacote que ofereça o tipo de opinião que lhe pareça necessária.

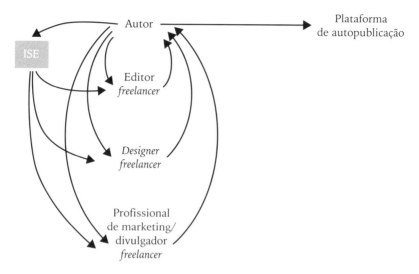

Figura 7.3 – O novo ambiente dos serviços editoriais

Embora a explosão da autopublicação tenha criado uma economia paralela em expansão de serviços editoriais que existe ao lado das plataformas de autopublicação e que depende, em grande medida, do mundo da publicação tradicional – mesmo se esses universos se sobreponham e interajam de forma complexa –, ainda não fazemos a mínima ideia do tamanho do mundo da autopublicação. De que escala estamos falando? Existe alguma forma de calcular o tamanho do novo mundo da autopublicação que surgiu na esteira da revolução digital?

O CONTINENTE OCULTO

Na verdade, é surpreendentemente difícil obter uma avaliação precisa do tamanho do novo mundo da autopublicação: a autopublicação é o continente oculto do mundo da publicação. Criado em 2012, o serviço bibliográfico Bowker produziu uma série de relatórios que tentaram calcular a produção dos autopublicadores nos Estados Unidos de 2007 a 2018.[19] Os relatórios

---

19 Para relatórios recentes, ver "Self-Publishing in the United States, 2010-2015, Print *vs.* Ebooks" (Bowker, 2016); "Self-Publishing in the United States, 2011-2016, Print *vs.* Ebooks" (Bowker, 2017); "Self-Publishing in the United States, 2012-2017, Print *vs.* Ebooks" (Bowker, 2018); "Self-Publishing in the United States, 2013-2018, Print *vs.* Ebooks" (Bowker, 2019) – todos disponíveis em: <www.bowker.com>.

mostram um crescimento acentuado e contínuo dos livros autopublicados ao longo desse período, com o número total de livros, tanto impressos como digitais, passando de 152.978 em 2010 para 1.677.781 em 2018 – um aumento de onze vezes em oito anos. No entanto, embora esses relatórios sejam um indicador útil do rápido crescimento do setor, eles representam uma descrição extremamente limitada do mundo da autopublicação, por dois motivos importantes. Primeiro, os dados da Bowker não mostram o número de "livros novos" ou "títulos novos" publicados nesses anos: eles mostram o número de ISBNs registrados no banco de dados do Books in Print [Livros impressos] da Bowker, e publicados e distribuídos nos Estados Unidos. No entanto, como observamos anteriormente, os autores e as editoras podem registrar vários ISBNs para um único "livro" ou "título", um para cada formato – não existe necessariamente uma correspondência 1 para 1 entre "um livro" e "um ISBN". Por exemplo, a editora geralmente atribui um ISBN para o livro impresso em capa dura, outro ISBN para a edição impressa em brochura e ISBNs independentes para cada formato de arquivo do livro digital (ePub, Mobi, PDF etc.) – logo, um título novo pode ter vários ISBNs ligados a ele. Embora esta seja uma prática comum entre as editoras, não está claro até que ponto os autores autopublicados podem usar mais de um ISBN para um livro que publicam. Além disso, muitos autores independentes nem se dão ao trabalho de adquirir um ISBN: por que se preocupar em fazê-lo se você está autopublicando um livro para distribuí-lo entre a família e os amigos?[20] O que os dados da Bowker mostram é o número de novos ISBNs registrados pelas autopublicadoras e pelos fornecedores de serviços, não o número de livros novos, ou títulos novos, que foram autopublicados nesses anos.[21]

---

20 A Bowker cobra pelo fornecimento de ISBNs para os autores independentes -- o valor pode chegar a 125 dólares por um único ISBN, ou 250 dólares por um bloco de dez. Como as editoras costumam comprar mil ISBNs ou mais por preços extremamente reduzidos – 1 dólar ou menos por ISBN –, os autores independentes geralmente podem obter um ISBN por 1 dólar ou de graça na plataforma de autopublicação. Mesmo assim, alguns autores independentes não se dão ao trabalho de providenciar o ISBN, já que ele não é essencial para publicar sua obra em muitas plataformas de autopublicação.

21 Porter Anderson levantou a questão da discrepância entre os ISBNs registrados e os títulos publicados com Beat Barblan, da Bowker. Ele perguntou quantos livros reais, isto é, títulos individuais, eram representados pelos 727.125 ISBNs contabilizados pelas autopublicadoras em 2015. Barblan respondeu que os 727.125 ISBNs representavam 625.327 títulos individuais. Se esse cálculo estiver correto, isso quer dizer que a maioria dos autores autopublicados registra apenas um ISBN para a sua obra. Para uma análise mais detalhada dessas questões, ver Anderson, "Bowker Now Cites at Least 625.327 US Indie Books Published in 2015", *Publishing Perspectives*, 4 out. 2016, disponível em: <http://publishingperspectives.com/2016/10/bowker-indie-titles-2015-isbn#.WGaOf_krKUk>.

O segundo motivo importante pelo qual o relatório da Bowker é limitado é que esses dados excluem uma das maiores plataformas de autopublicação – o KDP da Amazon. Isso porque o KDP não exige registro no ISBN – a Amazon atribui seu identificador exclusivo de dez dígitos, que ela chama de Asin (Amazon Standard Identification Number – Número de Identificação Padrão da Amazon), que é exclusivo do livro digital e que serve de número de identificação do livro digital na Amazon. Logo, um grande volume de atividade de autopublicação não é captado pelos dados da Bowker – e não apenas os livros autopublicados no KDP, mas qualquer livro autopublicado sem ISBN.

Apesar dessas restrições importantes, examinemos rapidamente alguns dos números da Bowker. As tabelas 7.1, 7.2 e 7.3 resumem a produção de ISBNs para uma pequena seleção das principais plataformas de autopublicação de livros impressos (Tabela 7.1), livros digitais (Tabela 7.2) e livros impressos e digitais em conjunto (Tabela 7.3), referente aos anos entre 2010 e 2018. Os números também apresentam a produção total de livros impressos e digitais, cujos totais incluem a produção de muitas outras plataformas de autopublicação (algumas delas podem ser muito pequenas) que não estão relacionadas nessas tabelas.[22] A Tabela 7.1 mostra que o CreateSpace/KDP Print da Amazon é, de longe, a principal plataforma de autopublicação de livros impressos: em 2018, mais de 90% dos ISBNs emitidos para livros autopublicados impressos foram contabilizados pela plataforma de autopublicação da Amazon, ao passo que em 2010 a participação da Amazon foi de pouco mais de 30%. Embora Lulu, Blurb e o conjunto de selos da Author Solutions sejam responsáveis por números significativos de ISBNs, eles são ofuscados pela plataforma da Amazon. A Tabela 7.2 mostra que a Smashwords é a principal plataforma de autopublicação de livros digitais em número de ISBNs – nesse caso, porém, a participação da Amazon no mercado de livros digitais autopublicados não aparece porque o KDP não exige registro de ISBN. O número de livros digitais autopublicados na plataforma KDP da Amazon certamente é muito maior que o número de livros digitais autopublicados através da Smashwords, embora só a Amazon saiba

---

22 Para os levantamentos completos, ver "Self-Publishing in the United States, 2010-2015" e "Self-Publishing in the United States, 2013-2018". Quando existem discrepâncias nos dois relatórios dos anos sobrepostos de 2013, 2014 e 2015, utilizei os números do relatório mais recente. O relatório mais recente da Bowker registra um total de 45 autopublicadoras, mais 15 selos e divisões independentes da Author Solutions, mas muitas autopublicadoras e algumas plataformas de autopublicação importantes, como a Draft2Digital, estão ausentes.

AS GUERRAS DO LIVRO

Tabela 7.1 – Emissão de ISBNs para plataformas de autopublicação americanas, 2010-2018: livros impressos

Nome	2010	2011	2012	2013	2014	2015	2016	2017	2018	% de aumento 2010-2018
CreateSpace/ Publicado de forma independente[1]	35.686	58.857	131.456	187.846	293.436	425.752	517.705	929.290	1.416.384	3.689,02
Lulu	11.681	25.461	27.470	40.895	45.761	46.972	41.907	36.651	37.456	220,66
Blurb	0	0	0	752	15.943	31.661	21.365	19.223	17.682	n/a
Author Solutions[2]	11.915	18.847	18.354	28.290	25.529	20.580	19.270	15.667	16.019	33,44
Independent Publisher Services[3]	3.689	3.272	2.566	2.115	2.037	2.289	2.150	2.126	2.245	–39,14
Outskirts	1.576	1.489	1.824	1.931	1.802	1.968	1.523	1.157	1.186	–24,75
Editoras pequenas[4]	19.081	24.366	29.755	33.948	36.131	39.698	43.755	45.649	44.426	132,83
Totais[5]	114.215	158.972	235.639	305.160	429.240	577.213	657.062	1.060.821	1.547.341	1.254,76

[1] Inclui CreateSpace e KDP Print, ambos parte da Amazon; a Amazon fundiu a CreateSpace no KDP em 2018.
[2] Inclui as diferentes divisões e selos da Author Solutions (Xlibris, AuthorHouse, iUniverse etc.).
[3] A Independent Publisher Services é uma divisão da Bar Code Graphics, que fornece serviços e produtos para autopublicadoras. Entre outras coisas, ela facilita a atribuição de ISBNs individuais com o nome de uma editora no lugar do solicitante.
[4] Editoras pequenas são aquelas que geraram no máximo dez ISBNs.
[5] Os totais incluem ISBNs para muitas outras autopublicadoras não relacionadas nesta tabela.
Fonte: Bowker, "Self-Publishing in the United States, 2010-2015" e "Self-Publishing in the United States, 2013-2018".

Tabela 7.2 – Emissão de ISBNs para plataformas de autopublicação americanas, 2010-2018: livros digitais

Nome	2010	2011	2012	2013	2014	2015	2016	2017	2018	% de aumento 2010-2018
Smashwords	11.787	40.614	90.252	85.500	112.483	97.198	89.041	74.290	71.969	510,58
Lulu	8.597	12.544	30.061	33.892	37.126	38.465	33.336	30.747	30.021	249,20
Blurb	51	264	2.091	2.090	1.531	1.527	1.592	1.433	1.416	2.676,47
Author Solutions[2]	11.915	18.847	18.354	16.627	8.635	4.007	11.018	10.304	10.565	–11,33
Independent Publisher Services[3]	132	285	306	380	344	603	389	335	387	193,18
Editoras pequenas[4]	5.328	12.528	13.458	12.706	11.161	10.645	10.451	10.749	14.476	171,70
Totais[5]	38.763	88.238	158.493	156.278	173.156	154.236	148.769	131.524	130.440	236,51

Tabela 7.3 – Emissão de ISBNs para plataformas de autopublicação americanas, 2010-2018: livros digitais e impressos

Nome	2010	2011	2012	2013	2014	2015	2016	2017	2018	% de aumento 2010-2018
CreateSpace/ Publicado de forma independente[1]	35.686	58.857	131.456	187.846	293.442	425.752	517.707	929.295	1.416.384	3.869,02
Smashwords	11.787	40.614	90.252	85.500	112.483	97.198	89.041	74.290	71.969	510,58
Lulu	20.278	38.005	57.531	74.787	82.887	85.437	75.243	67.398	67.477	232,76
Blurb	51	264	2.091	2.842	17.474	33.181	22.957	20.656	19.098	3.7347,01
Author Solutions[2]	41.304	52.548	49.885	44.917	34.164	24.587	30.288	25.971	26.584	–35,64
Independent Publisher Services[3]	3.821	3.557	2.872	2.495	2.381	2.892	2.539	2.461	2.632	–31,12
Outskirts	1.576	1.489	1.824	1.931	1.802	1.968	1.523	1.157	1.186	–24,75
Editoras pequenas[4]	24.409	36.894	43.213	46.654	47.292	50.343	54.206	56.398	58.902	141,31
Totais[5]	152.978	247.210	394.132	461.438	602.369	731.449	805.831	1.192.345	1.677.781	996,75

quanto.[23] Tomados em conjunto, os números referentes aos livros impressos e aos livros digitais mostram um padrão semelhante: CreateSpace bem à frente no alto da tabela (e certamente o KDP também estaria bem à frente se dispuséssemos dos números), seguida por Smashwords, Lulu, Blurb e o conjunto de selos da Author Solutions. Embora existam muitas plataformas e empresas de autopublicação, mais de 95% dos ISBNs são contabilizados por apenas cinco empresas – e se o KDP estivesse incluído, a concentração seria ainda maior. CreateSpace, Smashwords, Lulu e Blurb apresentam um crescimento considerável nesse período em número de ISBNs, embora as quantidades da Author Solutions e do Outskirts sejam declinantes. No caso da CreateSpace, contudo, o crescimento é contínuo, aumentando ano após ano, enquanto no caso da Smashwords, da Lulu e da Blurb os números alcançam o pico em 2014-2015 e caem um pouco depois. A categoria "Editoras pequenas" – que, para a Bowker, se refere às autopublicadoras que geraram até dez ISBNs durante esse período (pode se tratar de autores que autopublicam seus próprios livros e registram o ISBN em seu nome ou em nome da sua empresa) – também respondem, cumulativamente, por um número considerável de ISBNs (58.902 em 2018) e apresentam um crescimento significativo (mais de 141% desde 2010). A tendência de crescimento global é clara, com o número total de ISBNs emitidos para autopublicadores crescendo mais de dez vezes entre 2010 e 2018, principalmente em proveito da Amazon e das plataformas de autopublicação do tipo faça você mesmo como Smashwords, Lulu e Blurb, e à custa dos selos de autopublicação mais antigos associados a cobranças do autor e a livros por encomenda.

Os números e o crescimento são impressionantes – principalmente quando se tem em mente que esses números revelam apenas parte da atividade de autopublicação existente. Mas esses são números genéricos: é possível dizer alguma coisa a respeito dos *tipos* de livros publicados e vendidos? Mark analisou as vendas de varejo da Smashwords durante um período de doze meses (de março de 2015 a fevereiro de 2016), dividindo as vendas por categoria de livro, e disponibilizou o resultado em seu *blog*.[24] Embora

---

23 Um analista do mercado do livro nos Estados Unidos, que passou muito tempo tentando apurar os números da Amazon utilizando os dados surpreendentemente abundantes disponíveis em seu *site*, calculou em 2017 que cerca de um milhão de livros digitais passavam pelo KDP todo ano. Não há como saber o quão preciso é esse cálculo, mas, com mais de 1,4 milhão de ISBNs alocados para a Amazon em 2018, o número de um milhão de livros digitais autopublicados no KDP por ano não é improvável – na verdade, o número real poder ser consideravelmente maior.

24 Disponível em: <https://blog.smashwords.com/2016/04/2016survey-how-to-publish-and-sell-ebooks.html>.

não possamos generalizar com base numa única plataforma (os tipos de livros publicados podem muito bem variar de uma plataforma para outra), a divisão de Mark é um indicador esclarecedor. As vendas da Smashwords são dominadas pela ficção – 89,5% das vendas são de obras de ficção –, e a categoria dominante, por larga margem, é Romance: Romance (incluindo Romance Jovem Adulto) responde por cerca de 50% das vendas. A categoria de livros eróticos também é significativa – responde por cerca de 10%. Não ficção – e aqui estão incluídas todas as categorias de não ficção – responde por apenas 11% das vendas. Entre os títulos mais vendidos, Romance predomina de forma avassaladora. A Figura 7.4 apresenta a divisão por categoria dos 200 mais vendidos. Romance responde por 77% das vendas dos 200 mais vendidos, enquanto Jovem Adulto responde por outros 11% – juntos, Romance e Jovem Adulto respondem por 88% das vendas dos 200 mais vendidos. Nove dos dez mais vendidos são títulos de Romance, o mesmo acontecendo com 78% dos 50 mais vendidos. Esta é uma plataforma em que a Ficção e o Romance reinam absolutas.

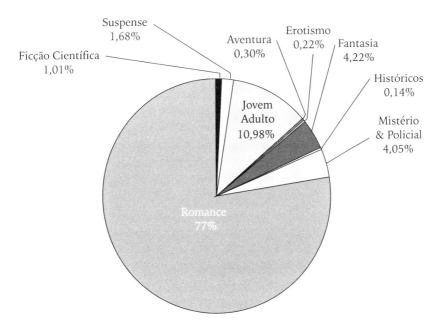

Figura 7.4 – Divisão por categoria dos 200 mais vendidos da Smashwords

Muitos observadores externos podem desconfiar que o mundo da autopublicação é um lugar em que existe um enorme volume de produção de títulos novos, mas que é extremamente distorcido em termos de venda, com um número muito pequeno de títulos que vendem bem e a grande maioria que vende muito pouco – eles não estariam inteiramente errados. Este é um mundo no qual prevalece a lei de potência, e no qual a cauda longa dos títulos de giro lento é, de fato, muito longa. Alguns dos dados da Smashwords fornecidos por Mark demonstram isso muito claramente.[25] Metade de toda a receita gerada pela venda de livros da Smashwords em 2013 foi dos mil títulos mais vendidos, que representavam 0,36% dos títulos publicados. A outra metade da receita foi distribuída entre os restantes 274.000 títulos. A Figura 7.5 mostra a curva de distribuição das vendas dos 500 títulos mais vendidos na Smashwords entre 1º de maio de 2012 e 31 de março de 2013. Ela apresenta a clássica curva da lei de potência, na qual um número reduzido de títulos, à esquerda, é responsável por um grande volume de vendas, com a curva caindo bruscamente à medida que se desce na classificação dos títulos. O título mais vendido gerou 37 vezes mais receita que o título classificado em 500º lugar, e o título classificado em 50º lugar gerou 7 vezes mais receita que a do título classificado em 500º lugar. Com 275 mil títulos no catálogo nesse período, a cauda longa se estendeu 550 vezes mais para a direita – uma cauda muito longa, de fato. Uma análise semelhante para 2016 mostrou que o autor que gerou mais receita na Smashwords gerou 73 vezes mais receita que o autor classificado em 500º lugar, e o autor classificado em 50º lugar gerou 9,5 vezes mais receita que o autor classificado em 500º lugar. Como Mark se recusou a fornecer valores relativos ao eixo vertical, não sabemos quanto cada um desses títulos ou autores gerou de receita. Porém, mesmo sem os valores reais, a curva da lei de potência demonstra que, em relação a essa plataforma de autopublicação específica (e é improvável que as outras plataformas apresentem um comportamento muito diferente), um número pequeno de títulos e autores é responsável por uma grande proporção das vendas, e a grande maioria dos livros autopublicados vende quantidades muito pequenas (quando vende).

Os dados da Smashwords nos oferecem uma visão esclarecedora da dura realidade que existe por trás da mística da autopublicação. Embora a ascensão da autopublicação seja uma mudança realmente transformadora que abre a oportunidade de publicação a qualquer um capaz de escrever um

---

25 Coker, "New Smashwords Survey Helps Authors Sell More eBooks", *Smashwords*, 8 maio 2013, disponível em: <https://blog.smashwords.com/2013/05/new-smashwords-survey-helps-authors.html>.

AS GUERRAS DO LIVRO 295

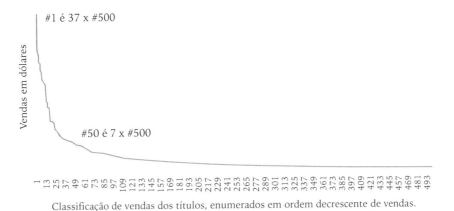

Classificação de vendas dos títulos, enumerados em ordem decrescente de vendas.

Figura 7.5 – Curva de distribuição de vendas dos 500 livros mais vendidos na Smashwords, 1º maio 2012-31 mar. 2013.

texto e de seguir algumas etapas relativamente simples para formatar e subir seu texto numa plataforma adequada, ela continua sendo um mundo com resultados extremamente desiguais, no qual um número muito reduzido de autores e de livros pode obter muito sucesso, mas a grande maioria vai se tornar parte de uma cauda extremamente longa. É claro que, para muitos autores, isso talvez não importe: o que os leva a escrever e publicar pode não ter nada a ver com o sucesso comercial. Para eles, o importante é que a obra esteja ao alcance do público, disponível para quem quiser lê-la, e talvez eles não se importem em distribuí-la gratuitamente. Mas isso também pode ser interpretado que, quanto ao impacto mais amplo, a autopublicação continua tendo uma presença marginal – um acontecimento interessante e significativo, certamente, mas que permanece à margem do mundo da publicação. Muitas pessoas podem imaginar que os livros que têm um desempenho excelente são, na grande maioria dos casos, livros publicados por editoras tradicionais, e que os livros autopublicados são uma exceção rara no panteão dos mais vendidos. Será que eles têm razão?

Não é fácil responder a essa pergunta de maneira convincente. É provável que os livros autopublicados mais bem-sucedidos sejam aqueles em formato digital, em parte porque os livros digitais permitem que os autores autopublicados apliquem preços mais baixos que as editoras tradicionais, e em parte porque os autores autopublicados não têm acesso ao poder de distribuição das editoras tradicionais e à sua capacidade de expor os livros físicos nos espaços de varejo de destaque, algo fundamental para vender bastante. Porém, o problema dos livros digitais autopublicados é que a maior plataforma é o KDP e o maior varejista é a Kindle Store, e a Amazon não revela números de vendas. Assim, não existe uma forma de apurar diretamente o desempenho dos livros digitais autopublicados na Amazon nem de saber se eles são completamente ofuscados pelos livros digitais publicados pelas editoras tradicionais. Será que é possível fazer uma apuração indireta?

UMA AVALIAÇÃO DOS INDEPENDENTES

São 10 da manhã e estou indo para um café no SoMa, um bairro de São Francisco ("South of Market", ao sul do mercado) cheio de armazéns desativados que hoje abrigam muitas *start-ups* de tecnologia de ponta e algumas empresas de tecnologia mais convencionais que migraram do Vale do Silício para a cidade. Vou me encontrar com um engenheiro de *software* e autor autopublicado que prefere permanecer anônimo – ele escreve romances usando um pseudônimo e se comunica comigo, e com todos que demonstram interesse no que ele faz, como Data Guy. Para sorte minha, ele concordou em suspender temporariamente o anonimato e se encontrar comigo para tomar um café.

Data Guy ganhou notoriedade em meados da década de 2010 por ter desenvolvido uma técnica inovadora para calcular as vendas da Amazon sem a ajuda da empresa. Usando essa técnica, ele conseguiu mostrar que os livros digitais autopublicados tinham uma participação muito mais significativa nas vendas de livros digitais da Amazon do que a maioria das pessoas de fora da empresa imaginava. É claro que não sabemos se os cálculos de Data Guy estão corretos – trata-se de estimativas elaboradas por meio de uma técnica inventada por ele. Porém, na falta de um acesso direto aos dados de vendas da Amazon, elas provavelmente são a melhor aproximação de que dispomos.

Os dados de vendas que ele gerou utilizando essa técnica foram publicados numa série de relatórios que podem ser consultados no *site* Author Earnings.[26] Publicado em fevereiro de 2014, o primeiro relatório foi surpreendente: ele mostrou, aparentemente, que os livros autopublicados estavam fortemente representados nas listas de livros digitais mais vendidos da Amazon em ficção de gênero, respondendo por cerca de 35% dos títulos dessas listas, e por cerca

---

26 <http://authorearnings.com/reports>. Esse *site* foi fechado em 2017 e substituído pelo <Bookstat.com>, um novo serviço de dados por assinatura fundado por Data Guy que algumas editoras utilizam atualmente para rastrear as vendas nos setores do mercado de livros *on-line* que a Bookscan não consegue cobrir.

de 24% das vendas brutas diárias de *best-sellers* de gênero em formato digital.[27] Isso era ainda mais impressionante quando se constata que, aparentemente, os títulos publicados pelas Cinco Grandes editoras de interesse geral eram responsáveis por apenas 28% dos títulos nas listas de livros digitais de gênero mais vendidos da Amazon – muito menos que os autopublicados. Os títulos publicados pelas Cinco Grandes recebiam, aparentemente, uma proporção muito maior da receita gerada pelos livros digitais de gênero mais vendidos (52%, comparados aos 24% representados pelos autores independentes). Mas, quando se leva em conta o fato de que os autores independentes recebiam uma porcentagem muito maior sobre as vendas dos seus livros digitais (normalmente 70% do preço de venda, comparados aos direitos autorais de 25% da receita líquida para a maioria dos autores publicados pelas editoras tradicionais), aparentemente eles recebiam uma proporção muito maior do total de rendimentos dos autores com as vendas dos *best-sellers* de gênero em formato digital do que os autores publicados pelas Cinco Grandes (aparentemente, 47% dos rendimentos do autor com os livros digitais de gênero mais vendidos iam para os autores independentes, comparados aos 32% que iam para os autores publicados pelas Cinco Grandes). Portanto, se acreditarmos nesse relatório, um bom número de livros digitais autopublicados, longe de estarem definhando na cauda longa da Amazon, estavam vendendo muito bem, e um bom número de autores independentes estava colhendo os frutos. O fato de esse relatório ter sido escrito por Hugh Howey e de relatórios posteriores que utilizaram métodos similares terem sido escritos por ele ou em coautoria com ele levou alguns a considerá-los suspeitos – todo mundo sabe que Hugh Howey é um autor autopublicado de grande sucesso, um defensor apaixonado da publicação independente e não simpatiza com as editoras tradicionais. O leitor pode muito bem se perguntar se os dados foram ordenados de maneira seletiva, ou talvez até mesmo adaptados, para patrocinar a causa independente. Não é uma preocupação exagerada – todos sabemos que existem três tipos de falsidade: as mentiras, as malditas mentiras e as estatísticas. Assim, pareceu uma boa ideia encontrar com Data Guy em pessoa e ver o que ele tinha a dizer.

Data Guy é engenheiro de *software* na indústria de games. Durante o dia, ele faz análise de dados para uma empresa que fabrica um motor de jogos, o *software* que os desenvolvedores usam para criar games. Ele também é um

---

27 Hugh Howey, "The 7k Report", 12 fev. 2014. A ficção de gênero inclui Mistério & Suspense, Ficção Científica & Fantasia e Romance. De acordo com Data Guy, esses três gêneros respondiam por 70% dos 100 títulos mais vendidos na Amazon, e por bem mais da metade dos 1.000 mais vendidos.

autor independente que autopublicou alguns livros que alcançaram um sucesso razoável e se identifica bastante com a causa dos autores independentes. Foi assim que conheceu Hugh Howey e a colaboração entre eles começou: como ambos eram autores independentes de sucesso cujos livros disputavam as primeiras posições em uma das listas de mais vendidos da Amazon, começaram a conversar sobre um fenômeno que estava acontecendo com eles mas que ninguém estava discutindo seriamente – a saber, o surgimento de um grupo de escritores que estavam se sustentando, ou pelo menos em parte, por meio da autopublicação, ignorando os intermediários tradicionais da indústria editorial. "O surgimento de uma verdadeira classe média de escritores que nunca existira antes", nas palavras de Data Guy. Por motivos pessoais, Data Guy tinha desenvolvido um *software* que lhe permitia extrair dados dos *rankings* dos mais vendidos da Amazon para verificar o desempenho dos livros de diversas editoras nos gêneros que o interessavam. Como já fazia esse tipo de análise competitiva na indústria de jogos, extraindo dados da loja de aplicativos, ele simplesmente aplicou a mesma técnica ao *site* da Amazon: criou um *spider* que vasculha o *site* da Amazon, destrincha cada lista de *best-sellers*, sub-*best-sellers* e sub-sub-*best-sellers* , e reúne metadados sobre os livros como título, autor, editora, preço, ISBN ou ausência de ISBN etc. A Amazon tem milhares de listas de *best-sellers*, cada uma subdividida em outras – Romance, Romance Histórico, Medieval etc. –, e cada uma delas classifica os 100 primeiros títulos em ordem decrescente. É possível destrinchar todas as listas e descobrir detalhes dos 100 primeiros livros de cada lista – os dados estão todos ali, basta reuni-los, mas isso só é possível usando técnicas computadorizadas, porque o enorme volume de dados impede a coleta por outros meios. É possível puxar meio milhão de livros cada vez que se aciona o *spider*, e cerca de 200 mil deles são livros digitais (250 mil são livros impressos e 50 mil são audiolivros). Data Guy calcula que, quando vasculha os dados de 200 mil livros digitais, obtém 65% das vendas de livros digitais da Amazon naquele dia. Esses dados brutos constituem o banco de dados dos números processados por ele.

Ele começa classificando as editoras. As Cinco Grandes são fáceis de identificar – elas e todos os seus selos. As editoras pequenas e médias também não são muito difíceis de identificar – são as que sobram uma vez excluídas as Cinco Grandes, os selos da própria Amazon e as autopublicadoras. Mas os títulos autopublicados podem ser complicados. Quando não existe registro de editora, com certeza é um KDP. Mas muitos autores independentes decidem inventar um nome de editora para o seu livro – pode ser Sunnyside Press, ou algo assim. A Sunnyside Press pode publicar apenas os livros desse autor – talvez um livro, talvez dois, talvez mais. Pode acontecer, porém, de o amigo ou o vizinho ou o marido estar escrevendo um livro também, e querer publicá-lo com a marca Sunnyside Press: embora ainda continue sendo autopublicação, agora o selo passa a ser um veículo de mais de um autor. Portanto, se você se depara com a Sunnyside Press, como vai saber se se trata de uma autopublicadora ou de uma pequena editora? É preciso pesquisar um pouco. Data Guy dava um Google nesses nomes, verificava os *sites* e tentava imaginar se se tratava realmente de livros autopublicados de forma independente – e quando ficava evidente que era o caso, ele os designava de "Publicados por Autor Independente". No pequeno número de casos em que não conseguia descobrir nenhum detalhe nem ter certeza de que eram livros autopublicados de forma independente, ele os colocava numa categoria residual chamada "Editora de Um Único Autor Sem Classificação". Era muito provável que esses títulos também fossem autopublicados, mas, por via das dúvidas, ele os deixava sem classificação.

Depois de vasculhar os dados de 200 mil livros digitais nas listas dos mais vendidos da Amazon e classificar as editoras para poder distinguir entre livros autopublicados e livros publicados por editoras tradicionais, Data Guy precisava então tentar descobrir o que significava em termos concretos – isto é, em número de exemplares vendidos e receita obtida – estar classificado num lugar específico nas listas de mais vendidos da Amazon. Uma coisa é encontrar um livro que aparece numa das listas de mais vendidos da Amazon, outra muito diferente é saber o que isso significa em vendas e receita reais. Mas como pode fazer isso se não sabe como a Amazon determina a classificação dos livros em suas listas de mais vendidos? A classificação da Amazon é feita por meio de um algoritmo que leva em conta inúmeros fatores e atribui a classificação dos títulos em tempo real – as classificações são atualizadas de hora em hora. Data Guy não sabe como esse algoritmo funciona – ninguém de fora da Amazon sabe. Desse modo, como ele pode converter classificações em vendas e receita? Para fazer isso, teve de imaginar uma forma de aplicar a "engenharia reversa" no algoritmo de classificação da Amazon. Ele fez assim: pegou dados de vendas reais, usando números precisos de vendas diárias de centenas de livros de inúmeros autores que compartilharam os números de vendas com ele, e depois mapeou esses dados nas classificações em momentos específicos. Isso lhe permitiu criar uma curva de conversão classificação-vendas que pôde testar em seguida utilizando um conjunto novo de dados que não foram usados para criar a curva, comparando as vendas previstas pela equação com as vendas reais – "Minha faixa de erro fica normalmente entre 2% e 4%", disse ele. "O máximo a que ela chegou foi 6%." Quanto maior o volume de dados que ele utiliza, maior a probabilidade de os resultados serem precisos.

Data Guy aperfeiçoou a equação com o passar do tempo, usando mais dados, abrangendo uma gama maior de títulos. Depois, ele rodou o *spider* de tempos em tempos, processou os dados e produziu um novo relatório. Rodou o *spider* no dia 10 de janeiro de 2016, e os gráficos de pizza nas figuras 7.6-7.9 mostram alguns dos resultados.[28] A Figura 7.6 mostra que, no dia em que Data Guy rodou o *spider* (10 de janeiro de 2016), 27% das posições das listas de livros digitais mais vendidos da Amazon estavam ocupadas por livros digitais autopublicados ou publicados de forma independente. Doze por cento estavam ocupadas por títulos publicados por editoras de um único autor sem classificação – estes também eram, provavelmente, livros autopublicados. A maior categoria que aparece no relatório é a de livros digitais publicados por pequenas ou médias editoras: eles representavam 47% das vagas nas listas de livros digitais mais vendidos da Amazon. Os resultados também mostraram que 4 dos 10 livros digitais mais vendidos da Amazon eram títulos autopublicados, o mesmo acontecendo com 10 dos 20 livros digitais mais vendidos da Amazon e com 56 dos 100 livros digitais mais vendidos da Amazon.

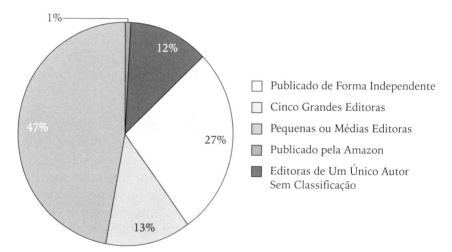

Figura 7.6 – Número de títulos nas listas de livros digitais mais vendidos da Amazon*
* Janeiro de 2016, ficção e não ficção, 195.000 livros abrangendo *c*.58% das vendas de livros digitais da Amazon.

As figuras 7.7 e 7.8 foram criadas aplicando-se a curva classificação-vendas para calcular as vendas com base na classificação do título nas listas de mais vendidos da Amazon. A Figura 7.7 mostra que os livros digitais

---

28 "February 2016 Author Earnings Report: Amazon's Ebook, Print and Audio Sales".

publicados de forma independente representam 42% das vendas unitárias dos livros digitais mais vendidos, os títulos das Cinco Grandes representam 23% e os livros digitais de editoras pequenas ou médias representam 19%. Se esses dados estiverem corretos, então os livros digitais publicados de forma independente representam a mesma proporção de vendas unitárias de livros digitais mais vendidos na Amazon que os livros digitais publicados por todas as editoras tradicionais. Algumas das vendas dos independentes se explicam pelos empréstimos do Kindle Unlimited – o algoritmo de classificação da Amazon trata os empréstimos do KU como vendas, e, em 2015, os pagamentos do KU atingiram cerca de 140 milhões de dólares, que, em sua totalidade, ou quase, foi para autores independentes. Mas também existem muitos títulos autopublicados nas listas de mais vendidos da Amazon que não estão registrados no KU. Quando as vendas unitárias são convertidas em dólares, os livros digitais publicados pelas editoras tradicionais ficam com uma participação maior nas vendas diárias dos livros digitais mais vendidos na Amazon: os títulos das Cinco Grandes são responsáveis por 40%, e os títulos publicados por pequenas e médias editoras são responsáveis por 24%; os títulos publicados de forma independente são responsáveis por 23% das vendas em dólar (Figura 7.8). A inversão dos percentuais se explica pelo fato de que os livros digitais publicados pelas editoras tradicionais geralmente são muito mais caros que os livros digitais publicados de forma independente – os preços dos livros digitais autopublicados ficam geralmente entre 99 centavos e 4,99 dólares, ao passo que os preços dos livros digitais publicados pelas editoras tradicionais normalmente ficam entre 9,99 e 14,99 dólares.

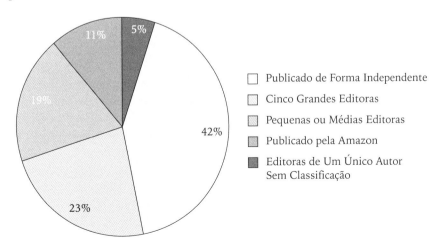

Figura 7.7 – Vendas unitárias diárias dos livros digitais mais vendidos

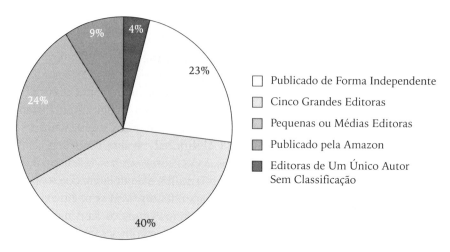

Figura 7.8 – Vendas brutas diárias em dólares dos livros digitais mais vendidos da Amazon

O último gráfico de pizza, a Figura 7.9, mostra o que acontece quando se leva em conta o fato de que os autores autopublicados no Kindle ficam com uma fatia maior da receita das vendas que os autores que publicam em editoras tradicionais: aparentemente, os títulos publicados de forma independente representam 44% da receita que vai para os autores dos livros digitais mais vendidos, ao passo que os títulos publicados pelas Cinco Grandes representam 23%, e os títulos publicados por pequenas e médias editoras representam 20%. Isso sugere que os autores independentes, considerados em conjunto, podem estar recebendo o mesmo montante de receita dos livros digitais mais vendidos que os autores publicados pelas editoras tradicionais – um resultado extraordinário, se for verdade.

Ao combinar os dados gerados em janeiro de 2016 com simulações semelhantes realizadas regularmente desde o primeiro relatório, em fevereiro de 2014, Data Guy também mostrou como o padrão mudou, ou pode ter mudado, ao longo do tempo – os gráficos das figuras 7.10-7.12 apresentam as tendências. A Figura 7.10 mostra, aparentemente, que a participação de mercado das vendas unitárias de livros digitais mudou significativamente entre fevereiro de 2014 e janeiro de 2016: basicamente, a participação de mercado dos livros digitais publicados de forma independente parece ter aumentado, enquanto a participação de mercado dos livros digitais publicados pelas Cinco Grandes parece ter declinado. As duas linhas se cruzaram por volta de janeiro de 2015, e em janeiro de 2016 os livros digitais publicados de forma independente respondiam por cerca de 45% das vendas unitárias de

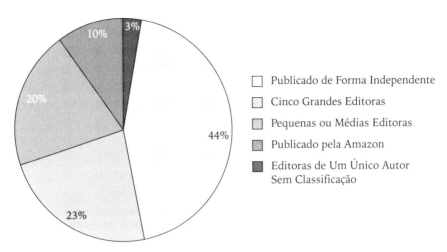

Figura 7.9 – Receita diária em dólares para os autores dos livros digitais mais vendidos

livros digitais na Amazon, enquanto os livros digitais publicados pelas Cinco Grandes respondiam por menos de 25%. Quanto às vendas em dólares (Figura 7.11), os livros digitais publicados pelas Cinco Grandes continuavam ficando com a parte do leão da receita, embora essa participação parecesse estar declinando ao longo do tempo. No referente à participação da remuneração dos autores (Figura 7.12), a tendência, uma vez mais, parece ser favorável aos livros publicados de forma independente, com as duas linhas principais – publicado pelas Cinco Grandes e publicado por autores independentes – se cruzando uma vez mais por volta de janeiro de 2015, e com os livros digitais publicados de forma independente respondendo por mais de 45% da remuneração dos autores de livros digitais em janeiro de 2016, comparados aos menos de 25% dos livros digitais publicados pelas Cinco Grandes.

Os cálculos de Data Guy não se baseavam nas vendas reais da Amazon, mas em estimativas das vendas da Amazon realizadas utilizando os métodos descritos anteriormente, e havia diversas maneiras pelas quais esses métodos poderiam estar distorcendo os números em favor dos livros publicados de forma independente e, especificamente, dos livros publicados pelo KDP. Uma vez que os empréstimos no Kindle Unlimited contam como vendas para os propósitos do algoritmo de classificação de vendas da Amazon, e uma vez que os livros autopublicados no KDP estão desproporcionalmente representados no Kindle Unlimited, parece provável que uma curva classificação-vendas que tentasse fazer a engenharia reversa do algoritmo de classificação de vendas da Amazon refletiria esse viés pró-KDP.

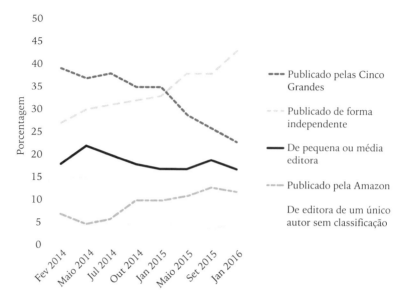

Figura 7.10 – Participação de mercado das vendas unitárias de livros digitais por tipo de editora, 2014-2016
Fonte: Author Earnings.

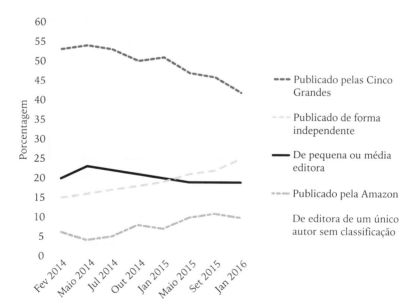

Figura 7.11 – Participação de mercado das vendas brutas em dólares de livros digitais por tipo de editora, 2014-2016

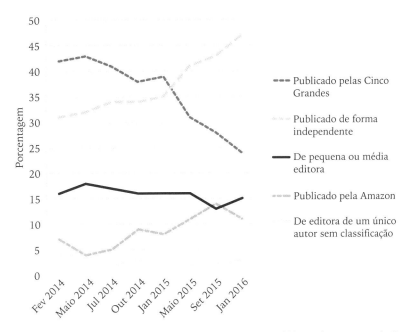

Figura 7.12 – Participação de mercado da remuneração em dólares dos autores de livros digitais por tipo de editora, 2014-2016

Além disso, os gráficos de pizza, ao se concentrarem nas listas de mais vendidos da Amazon, são omissos sobre a cauda longa e sobre a questão de saber se a chance de terminar nas regiões mais distantes da cauda longa está relacionada ao tipo de editora – poderia acontecer, por exemplo, que um percentual muito maior de livros digitais publicados de forma independente acabasse nas regiões mais remotas da cauda longa, vendendo pouquíssimos exemplares e gerando uma receita muito pequena, do que os publicados pelas editoras tradicionais. Talvez o mais importante seja que os cálculos dos rendimentos dos autores e a distribuição desses rendimentos entre os livros publicados de forma independente e os livros publicados por editoras tradicionais se baseiam inteiramente em estimativas de rendimentos de direitos autorais, sem levar em conta os adiantamentos pagos pelas editoras tradicionais – e, uma vez que os adiantamentos representam uma parcela importante dos rendimentos dos autores de maior sucesso publicados pelas editoras tradicionais, e uma proporção considerável dos adiantamentos nunca é superada, esta é uma omissão importante. Embora os métodos e os cálculos de Data Guy sejam questionáveis por diversos motivos, seus números demonstram claramente que os livros publicados de forma independente têm um destaque muito maior nas listas de mais vendidos da Amazon do que muita gente pensava, e que eles representam uma proporção considerável tanto das unidades vendidas como das vendas em dólar dos livros digitais na Amazon. Se isso chega a representar 40%-45% das unidades vendidas e 25% das vendas em dólar não é possível saber ao certo. Mas, mesmo se essas estimativas tivessem uma margem de erro de 5% a 10%, ainda assim as proporções seriam significativas.

Além disso, como a participação dos livros digitais publicados de forma independente na Amazon parece ser considerável e crescente em relação à participação dos livros digitais publicados pelas editoras tradicionais (que parece estar estagnada ou declinante), isso levanta questões importantes acerca do quanto é possível generalizar sobre o que acontece no mercado do livro digital – e sobre a mudança na relação entre livros impressos e livros digitais – baseando-se apenas nos dados fornecidos pelas editoras. Como vimos no Capítulo 1, os dados originários das fontes do setor convencional, como a AAP e o Bisg, e das editoras tradicionais mostra que o percentual dos livros digitais em relação ao total de vendas de livros cresceu rapidamente de 2008 a 2012, mas depois se estabilizou. Os percentuais variam muito de um tipo de livro para outro, mas em todas as categorias o crescimento do percentual de livros digitais em relação ao total de vendas parece ter estagnado a partir de 2012, e em alguns casos parece ter declinado. Suponhamos, porém, que o que realmente aconteceu não foi a estabilização nem mesmo o declínio do percentual dos livros digitais em relação ao total de vendas, e sim que a participação das editoras tradicionais no mercado do livro digital foi corroída pela crescente participação dos livros digitais publicados de forma independente – isso seria possível? A crescente participação no mercado dos livros digitais publicados de forma independente – pelo menos em unidades vendidas, e não da receita – pode ter sido estimulada pela mudança na precificação de livros digitais dos intermediários para as Cinco Grandes em 2014, depois que expirou o acordo de "Intermediação Light" imposto pelo Departamento de Justiça em 2012: isso permitiu que as editoras fixassem os preços dos seus livros digitais e impediu que varejistas como a Amazon aplicassem descontos nesses preços, aumentando, assim, a diferença entre os preços dos livros digitais publicados pelas Cinco Grandes e os preços dos livros digitais publicados de forma independente. E quando se leva em conta o fato de que mais de um milhão de livros digitais autopublicados através do KDP podem ser acessados gratuitamente por quem aderir ao Kindle Unlimited – por 9,99 dólares por mês –, o custo por unidade lida dos livros digitais autopublicados no Kindle se torna uma pequena fração do custo por leitura dos publicados pelas editoras tradicionais. O fato de o diferencial de preço ser agora tão significativo pode ter o efeito de reduzir as vendas de livros digitais das editoras tradicionais, enquanto os livros digitais publicados de forma independente ficam com uma fatia cada vez maior do bolo do livro digital.

Portanto, o que significa exatamente a aparente estabilização das vendas de livros digitais de interesse geral a partir de 2012? Trata-se de uma estabilização global tanto das vendas unitárias como das vendas em dólar dos livros digitais em relação às vendas dos livros impressos no mercado total de livros de interesse geral? Ou o que existe é uma estabilização das vendas unitárias e das vendas em dólar dos livros digitais em relação aos livros impressos entre as editoras tradicionais que publicam livros de interesse geral, enquanto no mercado total de livros de interesse geral as vendas de livros digitais continuam crescendo, ao menos em termos de unidades, à medida que os consumidores privilegiam a compra de livros digitais publicados de forma independente, que são mais baratos, ou têm acesso a eles através de um serviço de assinatura como o Kindle Unlimited? E, se a segunda hipótese for verdadeira, será que o percentual das vendas unitárias de livros digitais ainda poderia estar crescendo em relação ao total de vendas de livros de interesse geral, e a aparente estabilização das vendas de livros digitais poderia refletir não uma estabilização geral das vendas de livros digitais no mercado total de livros de interesse geral, e sim uma declinante participação no mercado das vendas de livros digitais registradas pelas editoras tradicionais?

Não é possível dar uma resposta conclusiva a essas perguntas – simplesmente não dispomos de dados suficientes sobre as vendas reais de livros digitais através da Amazon e de outros varejistas e distribuidores para dar respostas definitivas. Parece provável, no entanto, que os dados fornecidos pelas editoras tradicionais apresentam, na melhor das hipóteses, uma visão parcial do que está acontecendo no mercado do livro digital. Alguém cuja posição permite saber o que está acontecendo na Amazon insistiu que o setor do livro digital da empresa não sofreu nenhuma queda: "Nosso negócio do livro digital cresceu em todos os anos que as editoras disseram que o delas tinha encolhido", disse ele. "Se você definir o universo dos livros como sendo o dos livros publicados pelas editoras tradicionais, então poderá chegar a uma conclusão diferente do que se analisar o mundo real dos livros tal como existe hoje."[29] O mundo da autopublicação é, em grande medida, um conti-

---

29 Embora o setor do livro digital da Amazon possa ter continuado a crescer, não sabemos quanto, e existe uma grande probabilidade de que o crescimento tenha sido muito menor a partir de 2012 do que foi durante a fase de crescimento intenso, entre 2008 e 2012.

nente oculto, invisível às fontes da indústria convencional, que dependem das editoras tradicionais para obter os dados de vendas que elas reúnem ou que dependem dos dados dos Epos (sigla em inglês de Ponto de Venda Eletrônico [Eletronic Point of Sale]). O tamanho exato desse continente e a sua configuração em tipos de livros que o compõem, isso ninguém sabe. Considerando a importância do Kindle, do KDP e do CreateSpace/KDP Print, a Amazon teria a descrição mais completa dos contornos possíveis desse continente oculto, embora mesmo essa descrição seria parcial e incompleta.

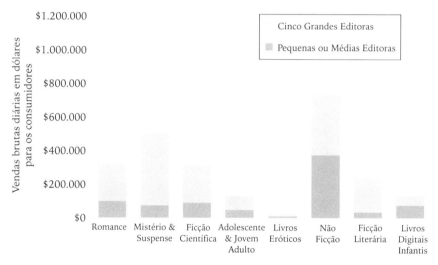

Figura 7.13 – Vendas brutas diárias em dólares dos livros digitais mais vendidos por categoria na Amazon, janeiro de 2016 (1)

Sabemos, de outras fontes, como a Smashwords, que ficção, e especialmente Romance e outras categorias de ficção de gênero, respondem por grande parte das vendas de livros autopublicados; portanto, parece provável que o continente oculto da autopublicação seja particularmente grande nessas áreas. A análise que Data Guy fez das listas de mais vendidos da Amazon reforça essa visão: a Figura 7.13 mostra a sua análise dos livros digitais mais vendidos em dólar por categoria ampla, dividida entre os dois tipos de editoras tradicionais – as Cinco Grandes e as pequenas e médias editoras.[30] As Cinco Grandes editoras dominam nitidamente quase todas as cinco categorias, com exceção de não ficção, em que a divisão é muito equilibrada.

---

30 Data Guy, "2016 Digital Book World Keynote Presentation", 11 mar. 2016.

No entanto, quando incluímos as editoras independentes (Figura 7.14), o quadro muda radicalmente: o continente oculto da autopublicação irrompe das profundezas. Isso acontece em todas as categorias, mas especialmente em ficção de gênero. Em Romance, por exemplo, os livros digitais dos autores independentes autopublicados e dos selos da Amazon parecem representar mais da metade das vendas em dólar dos livros digitais das listas dos mais vendidos da Amazon, além de representar uma proporção considerável em outras categorias de ficção de gênero: Mistério & Suspense, Ficção Científica & Fantasia, Adolescente & Jovem Adulto e Livros Eróticos. Números como esses respaldam a visão de que, se tivéssemos uma descrição acurada do continente oculto da autopublicação, então o modo como descrevemos as tendências reais das vendas de livros digitais e a mudança nas relações entre livros digitais e livros impressos pareceria bem diferente da descrição que podemos produzir com base apenas nos dados provenientes das editoras tradicionais.[31]

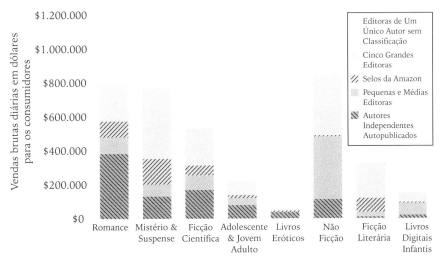

Figura 7.14 – Vendas brutas diárias em dólares dos livros digitais mais vendidos por categoria na Amazon, janeiro de 2016 (2)

---

31 Data Guy acredita que o mercado do livro digital continua crescendo, embora muito mais lentamente que durante a grande expansão de 2008-2012. Contudo, as grandes editoras apresentam uma participação declinante no total de vendas de livros digitais: ele calcula que as Cinco Grandes responderam por 24% das vendas unitárias de livros digitais e por 39% das vendas em dólar de livros digitais em 2019.

UNIVERSOS PARALELOS, CAMINHOS DIVERSOS

O crescimento impressionante da autopublicação desde o início dos anos 2000 transformou a indústria editorial de interesse geral de uma forma que, ao mesmo tempo, é profunda, mal compreendida e cambiante, criando um novo tipo de ambiente editorial no qual as editoras tradicionais existem ao lado do universo novo e vibrante, mas em grande medida invisível, da autopublicação. De tempos em tempos, esse crescimento alimenta um debate acerca da possível "desintermediação" das editoras tradicionais, dando origem à insinuação de que os autores – e especialmente os autores de sucesso que possuem uma base consolidada de admiradores – iriam levar em conta a maior participação na receita que poderiam ganhar se autopublicassem seus livros e decidiriam abandonar o barco, deixar para trás suas editoras tradicionais e prosseguir sozinhos. Por que aceitar direitos autorais de 25% nos livros digitais quando era possível ganhar de 70% a 80% se autopublicando na Amazon ou em outra plataforma de autopublicação? Na prática, contudo, não foi o que ocorreu. Existem, de fato, alguns autores que migraram das editoras tradicionais para a autopublicação e que têm defendido abertamente suas virtudes, mas existem outros que fizeram o caminho inverso e que ficaram muito felizes em serem aceitos no mundo da publicação convencional quando as portas se abriram para eles – o tráfego não tem sido de mão única, e do mesmo modo que as editoras tradicionais temem perder alguns de seus autores de sucesso para as plataformas de autopublicação, estas últimas também estão cientes de que podem perder alguns de seus autores mais bem-sucedidos para as editoras tradicionais. O que aconteceu na prática é que esses dois mundos, o da publicação tradicional e o da autopublicação, têm se desenvolvido e coexistido um ao lado do outro como dois universos paralelos que raramente se sobrepõem diretamente, e alguns autores têm transitado ocasionalmente entre eles em razão de alguns livros específicos ou em diferentes etapas da carreira.

Do ponto de vista dos autores, o crescimento da autopublicação e a proliferação das novas plataformas, que surgiram com a terceira onda, aumentaram enormemente a gama de opções disponíveis: nunca foi tão fácil publicar, e qualquer um que queira publicar um livro, e que tenha acesso a um computador e a um nível básico de conhecimento técnico, pode fazê-lo sem custo, ou com custo reduzido, e com um mínimo de burocracia. Trata-se de uma verdadeira "democratização da publicação", nas palavras de uma figura ativa do movimento de autopublicação. Porém, esse novo ambiente de publicação, no qual a publicação tradicional e a autopublicação coexis-

AS GUERRAS DO LIVRO

tem uma ao lado da outra, é um espaço estruturado em que os livros que são publicados têm chances muito diferentes de sucesso, dependendo do modo como são publicados, por quem são publicados, que tipos de recursos eles têm à disposição e que tipo de esforço e *expertise* foram investidos para apoiá-los. Os autores sabem que receber direitos autorais elevados sobre as vendas dos livros digitais pode ser uma vantagem que não vale a pena ter se a venda acaba sendo insignificante, já que, no final das contas, o que importa é a receita global, não a participação na receita. No mundo da autopublicação existe um número muito pequeno de autores realmente bem-sucedidos, e a grande maioria deles recebe pequenas quantias.[32] Mas a situação está mudando. Os autores autopublicados têm assumido uma postura mais empresarial e estão mais bem informados a respeito de todos os aspectos da publicação, incluindo como comercializar e vender seus livros de maneira mais eficaz – áreas em que eles enfrentam desafios específicos.[33] E um número cada vez maior de autores independentes está conseguindo ganhar quantias consideráveis com a escrita, mesmo que os autores independentes bem-sucedidos comercialmente ainda representem apenas uma pequena fração do total. Além disso, as pessoas publicam livros por motivos diferentes e com objetivos diferentes – nem tudo tem a ver com dinheiro. Embora ganhar dinheiro possa ser um motivo importante para alguns indivíduos, ele pode não ter importância para outros – eles podem querer publicar um livro simplesmente para poder distribuir algumas cópias

---

32 Um levantamento dos autores autopublicados feito em 2011 descobriu que apenas 7% recebia 20 mil dólares ou mais de direitos autorais, de todos os seus livros autopublicados, enquanto mais da metade recebia menos de 500 dólares e que provavelmente um quarto de todos os livros autopublicados não geravam receita suficiente para que os autores cobrissem o montante gasto para produzi-los (Cornford; Lewis, *Not a Gold Rush*). Esse levantamento se baseou em 1.007 autores autopublicados que responderam ao convite para participar do levantamento. Os participantes se autosselecionaram e podem não ser representativos do universo da autopublicação como um todo – pode ser, por exemplo, que os autores independentes que eram mais comprometidos e mais bem-sucedidos estivessem mais inclinados a responder ao levantamento.

33 Existe uma miríade de *sites*, *podcasts* e cursos que oferecem conselhos aos autores autopublicados sobre como comercializar e promover seus livros de maneira mais eficaz e como aumentar as vendas – ver, por exemplo, <https://6figureauthors.com> e <http://selfpublishstrong.com>. Mas nada disso é fácil e grande parte é cara. Além disso, muitos autores que autopublicam sua obra podem constatar que o livro ao qual eles se dedicaram de corpo e alma permanece em grande medida invisível quando finalmente é lançado no mundo –"é preciso ser muito forte para superar a decepção que isso traz", disse uma autora que tinha trabalhado durante anos numa série de livros de ficção científica que ela autopublicou, ao não conseguir encontrar uma editora tradicional disposta a adotá-los. "O autor-editora é para quem tem dinheiro", refletiu. "É preciso gastar muito para se tornar visível, e eu não tenho dinheiro."

para os amigos e familiares, ou apenas porque é algo que sempre quiseram fazer. A satisfação pessoal decorrente do fato de criar uma obra e de vê-la transformada em livro – seja no formato digital ou impresso, ou em ambos os formatos – pode representar uma recompensa suficiente para alguns.

Não surpreende, portanto, que esse novo ambiente de publicação tenha se tornado um espaço fluido em que os autores vão de um lado para o outro, da publicação tradicional para a autopublicação e vice-versa, dependendo do que desejam alcançar e das opções que têm disponíveis em diferentes momentos. Alguns autores acham que sempre irão publicar numa editora tradicional, desde que exista essa opção. A editora tradicional é a sua escolha preferencial, e, para muitos deles, a ideia de autopublicação jamais os atrairia – simplesmente não é um caminho que gostariam de trilhar um dia. Por outro lado, existem muitos autores que se autoidentificam firmemente como autores independentes: o mundo da autopublicação se tornou o seu mundo, eles têm orgulho de se autopublicar e não pensariam seriamente em publicar – ou publicar novamente – numa editora tradicional. Embora alguns autores independentes se oponham, por uma questão de princípio, às editoras tradicionais, considerando-as parasitas que vivem à custa do trabalho criativo dos autores e preferindo não ter nenhum relacionamento com elas, muitos autores independentes são adeptos do princípio de viver e deixar viver: obras autopublicadas para eles, e se os outros querem publicar seus livros com as editoras tradicionais, que o façam. Depois existe um grupo grande e crescente de autores que se situa em algum lugar entre os dois polos, autores híbridos que estão dispostos a tirar proveito de diferentes opções em diferentes momentos, dependendo de quais sejam essas opções e do(s) tipo(s) de livro(s) que eles queiram escrever. Uma autora que é professora universitária bem-sucedida e que publicou vários livros de não ficção em editoras universitárias pode decidir, ao lado disso, escrever ficção do gênero romance, e pode concluir que a melhor maneira de fazê-lo é autopublicar seus romances sob um pseudônimo – ela se torna uma autora híbrida por opção, continuando a publicar seus livros de não ficção com editoras universitárias tradicionais enquanto, simultaneamente, tira proveito das oportunidades oferecidas pela autopublicação para seguir uma carreira secreta como escritora de romances. Outro autor, que publicou vários livros de suspense em editoras importantes, pode descobrir que nenhuma delas quer publicar seu novo livro, que as portas que anteriormente lhe estavam abertas agora se fecharam. Ele pode decidir que o melhor caminho a seguir nessa etapa da carreira é o da autopublicação –torna-se um autor independente não por escolha, mas por necessidade. E existem aqueles que, como Andy Weir, iniciam a carreira de escritor como blogueiros e autores autopublicados e são descobertos por editores ou agentes que acabaram encarando o mundo da autopublicação como P&D para as editoras tradicionais: esses autores podem ficar encantados de serem publicados por uma editora tradicional e, como autores publicados de forma tradicional, podem ganhar muito mais do que jamais ganhariam se tivessem permanecido no mundo da autopublicação. Mas as portas do mundo da publicação tradicional talvez nunca tivessem se aberto se eles primeiro não tivessem aproveitado as novas oportunidades oferecidas pela autopublicação.

– 8 –

A PUBLICAÇÃO DE LIVROS POR MEIO DE FINANCIAMENTO COLETIVO

A autopublicação usa novas tecnologias para contornar os guardiões tradicionais do mundo editorial que controlam o acesso aos canais de publicação – os agentes, os editores e as editoras tradicionais, entre outros. O financiamento coletivo usa novas tecnologias para contornar os guardiões que controlam o acesso aos recursos financeiros necessários – o capital – para desenvolver e realizar projetos que exigem algum investimento financeiro, seja qual for a natureza do projeto. Do mesmo modo que existem guardiões no mundo da publicação, também existem guardiões do capital: gerentes de banco, investidores anjos, capitalistas de risco, fundações patrocinadoras etc. Se você tem uma ideia e quer fundar uma nova empresa, criar um novo produto ou começar um novo negócio, é possível que precise de dinheiro para fazê-lo – e onde consegue o dinheiro? Talvez você disponha de algumas economias, talvez seus pais ou irmãos possam lhe emprestar ou dar algum dinheiro, mas, se você não pode contar com recursos pessoais ou familiares, talvez tenha de recorrer aos guardiões do capital. Pode ser que eles gostem da sua ideia e lhe emprestem dinheiro ou invistam no seu projeto, mas pode ser que não. Pode ser que eles pensem que o projeto é muito arriscado, muito marginal, muito maluco, pessimamente concebido, ou pode ser que simplesmente não seja o tipo de coisa que eles querem apoiar. O que fazer então? Você pode desistir. Ou pode buscar outras fontes de financiamento. O financiamento coletivo oferece uma forma de tentar ganhar acesso ao capital sem ter de confiar nos guardiões tradicionais do capital. Ele confia nos outros – no coletivo.

O financiamento coletivo tem a ver tanto com outras pessoas – o coletivo – como com financiamento: a segunda palavra, "coletivo", realmente é a chave. Você tem de se envolver com outras pessoas e convencê-las a apoiá-lo. É claro que, para obter recursos dos guardiões tradicionais do capital, também é necessário convencer outras pessoas a apoiá-lo, mas existe uma diferença crucial. O que diferencia o financiamento coletivo das formas tradicionais de levantar capital é isto: com o financiamento coletivo, você procura levantar pequenas quantias com um grande número de pessoas que estão interessadas pessoalmente naquilo que você se propõe a fazer, ao passo que, com as formas tradicionais de levantar capital, você tenta obter grandes quantias com um número pequeno de pessoas que não têm necessariamente um interesse pessoal no seu projeto, mas que querem obter um retorno para o seu investimento. A diferença está nas cifras, mas também nos objetivos: com o financiamento coletivo, você procura convencer um monte de gente a investir pequenas quantias que lhe permitam fazer o que deseja, não porque elas tenham a expectativa de obter lucros extraordinários com o seu investimento, mas porque confiam em você e naquilo que você está fazendo e querem possuir, desfrutar ou simplesmente ajudar a tornar realidade aquilo que você está se propondo a fazer ou criar. "É uma forma muito altruísta de realizar as coisas", nas palavras de alguém bem informado sobre o financiamento coletivo.

Mas existe outro aspecto crucial a respeito do coletivo: ele não é apenas a fonte do capital, ele também é o futuro mercado daquilo que se espera criar. Este é mais um motivo pelo qual o financiamento coletivo é tão diferente de um empréstimo bancário ou da obtenção de fundos de um capitalista de risco: nem o gerente do banco nem o capitalista de risco vão comprar o seu produto (ou outra coisa qualquer que você pretenda fazer ou criar), mas os indivíduos que compõem o coletivo fazem exatamente isso: na verdade, eles assumem um pré-compromisso de comprar o seu produto. Empenhar dinheiro é fazer um pré-pedido: o empenho é um pré-pedido. Portanto, o modelo de financiamento coletivo, pela própria natureza, é um instrumento de redução de risco: ele reduz o risco envolvido na criação de algo novo.

Como o modelo normalmente exige que você alcance um determinado patamar de empenhos ou pré-pedidos antes de poder seguir em frente, ele permite que você saiba antes de começar se existe interesse suficiente no que você está se propondo fazer, e dinheiro suficiente empenhado por um grande número de apoiadores, para tornar o projeto viável.

É muito fácil perceber por que o financiamento coletivo pode ser útil como uma forma de financiar projetos ambiciosos que exigem um volume considerável de investimento – por exemplo, fazer um curta-metragem pode custar 10 mil dólares, e um longa-metragem pode custar 100 mil dólares ou mais. Mas não é tão caro publicar um livro, especialmente se a pessoa decide autopublicá-lo usando uma das inúmeras plataformas de autopublicação disponíveis atualmente. Portanto, qual o propósito do financiamento coletivo no mundo dos livros? Mesmo na escrita e na publicação de um livro, existem muitas coisas que poderiam custar, e custam, um bocado de dinheiro: você pode querer viajar para o exterior para fazer pesquisas para o livro; pode querer que a edição, a diagramação e a composição sejam feitas por profissionais; pode querer incluir um monte de ilustrações de alta qualidade; pode querer contratar um artista para fazer ilustrações originais; pode querer que o livro seja impresso numa impressora *offset* de qualidade superior, e não numa impressora digital; pode querer imprimir alguns exemplares a mais para vendê-los em livrarias sem pré-pedido; pode querer fazer uma campanha de marketing e de publicidade de peso e contratar um profissional de marketing ou um divulgador competente; e assim por diante – um grande número de coisas que podem aumentar bastante os custos. Se você planeja ou espera publicar numa editora tradicional, então algumas dessas despesas – talvez todas – podem ficar por conta da editora. Afinal de contas, isso é parte do que as editoras fazem: na cadeia de publicação, elas são os banqueiros que disponibilizam os recursos financeiros para pagar os adiantamentos e cobrir os custos de produção, de marketing etc. Mas isso significa que as editoras não são apenas guardiãs do mundo da publicação: também são guardiãs do capital. Ao decidir se adotam o seu projeto e assinam um contrato com você, elas estão decidindo se apoiam o seu projeto com os recursos financeiros de que você pode precisar para torná-lo realidade. Suponhamos que não estejam interessadas. Suponhamos que não estejam dispostas a correr risco com o seu projeto, apostar no seu livro – o que você faz então? Você pode, é claro, trilhar o caminho do custo baixo e autopublicá-lo de uma forma que envolva o mínimo de despesa. Imaginemos, porém, que você queira fazer algo que envolva mais recursos – onde você conseguiria esses recursos para fazê-lo se não dispusesse do dinheiro? É aí que entra o financiamento coletivo.

Nem todos os livros que contam com financiamento coletivo são autopublicados – alguns sim, mas outros também podem ser publicados por editoras tradicionais (na verdade, algumas editoras tradicionais buscam ativamente autores que tenham financiado coletivamente seus livros e se oferecem para publicá-los – mais sobre esse assunto em seguida). E alguns serão publicados por uma das novas empresas de publicação que se baseiam nos princípios do financiamento coletivo, nas quais o financiamento coletivo está incorporado ao modelo de publicação. Porém, embora financiamento coletivo não seja o mesmo que autopublicação e não haja uma ligação indispensável entre eles, existe, ainda assim, uma profunda afinidade entre o financiamento coletivo e a autopublicação: ambos fazem parte da cultura do faça você mesmo que a revolução digital tornou possível e da democratização da cultura que a revolução digital ajudou a produzir. Você não precisa passar pelos guardiões da cultura, depender da caridade deles, você pode se virar sozinho: dirija-se diretamente aos seus leitores potenciais e peça a eles. Esqueça os guardiões. Deixe que os leitores decidam.

Para compreender o papel do financiamento coletivo na indústria editorial, temos de levar em conta dois aspectos diferentes. O primeiro é a ascensão do financiamento coletivo de maneira mais geral e o surgimento de grandes organizações de financiamento coletivo que passaram a ter um papel importante nas indústrias criativas, especialmente a Indiegogo e a Kickstarter. Essas organizações de financiamento coletivo não se concentram especificamente nos livros – embora financiem projetos de livros, isso representa uma pequena parte da sua atividade. Além disso, elas são "meras" organizações de financiamento coletivo, no sentido de que a única coisa que fazem é captar recursos: uma plataforma de captação de recursos com a coletividade. Elas não publicam realmente o seu livro depois de captar os recursos – você é que tem de tomar as providências necessárias para a publicação, seja por meio de uma editora tradicional ou da autopublicação. Portanto, o financiamento coletivo não é, em si e por si, uma forma de publicação (ou de autopublicação): é uma forma de captação de recursos *tout court*. Organizações de financiamento coletivo como a Indiegogo e a Kickstarter podem ajudá-lo a captar recursos para escrever e publicar um livro, mas não publicam o livro para você: cabe a você planejar a publicação da melhor maneira possível.

No entanto, existem algumas organizações de financiamento coletivo adaptadas especificamente para os livros e a publicação, nas quais os princípios do financiamento coletivo fazem parte do modelo de publicação. Duas organizações desse tipo assumiram certa importância no mundo da publicação – Unbound, em Londres, e Inkshares, em Oakland, Califórnia. A Unbound e a Inkshares *são* editoras, e o mecanismo de financiamento coletivo é usado como uma forma de captação de recursos para o projeto do livro antes da decisão de levá-lo adiante: se a meta for alcançada, o projeto segue em frente, se não for alcançada, ele é deixado de lado. Portanto, nesses casos, o financiamento coletivo é parte do processo de publicação. E, como modelo de publicação, ele apresenta algumas vantagens concretas: não apenas afasta grande parte do risco envolvido na publicação, já que o capital necessário para publicar o livro é fornecido pelo coletivo e não pela empresa editorial, como também lhe oferece um mecanismo muito eficaz para aferir o interesse dos leitores. É o mais próximo que a indústria editorial já conseguiu chegar de uma forma eficaz de pesquisa de mercado.

A ASCENSÃO DO FINANCIAMENTO COLETIVO

O princípio por trás do financiamento coletivo não é novo. Muitos observadores ressaltaram que a Estátua da Liberdade foi parcialmente financiada pelo público quando o Comitê Americano da Estátua da Liberdade não conseguiu angariar recursos suficientes e Joseph Pulitzer lançou uma campanha de arrecadação de fundos em seu jornal, o *New York World*: em cinco meses, ele recolheu 101.091 dólares de mais de 160 mil doadores, o suficiente para cobrir os 100 mil dólares necessários para terminar a estátua. Porém, não há nenhuma dúvida de que a ascensão da internet na década de 1990 e início dos anos 2000 forneceu um instrumento novo e poderoso para o desenvolvimento do financiamento coletivo: surgira a possibilidade de entrar em contato com um grande número de potenciais apoiadores e interagir com eles de maneira fácil, barata e rápida. O uso inicial da internet para o financiamento coletivo ocorreu nos mundos da música e do cinema. Em 1997, a banda de rock britânica Marillion arrecadou 60 mil dólares através de uma campanha de e-mail baseada nos fãs para financiar sua temporada americana. Animados com o sucesso da iniciativa, os integrantes da banda demitiram seu empresário e mandaram um e-mail para os 6 mil fãs do seu banco de dados perguntando se comprariam o seu novo álbum antecipadamente. Receberam mais de 12 mil pré-pedidos e usaram o dinheiro para financiar a composição e a gravação do álbum[1] – era o início do financiamento coletivo pela internet, mesmo que, na época, ele não tivesse esse nome.

O uso de plataformas baseadas na internet para arrecadar dinheiro de um grande número de pessoas ganhou impulso no início dos anos 2000. Em 2003, Brian Camelio, músico e programador de computação de Boston, lançou o ArtistShare, um *site* em que os músicos podiam pedir doações aos fãs para produzir gravações digitais.[2] Seu primeiro projeto, o álbum de jazz *Concert in a Garden*, de Marian Schneider, usou um sistema escalonado de recompensas para estimular os fãs a aumentar a contribuição. Esse sistema baseado em recompensas tornou-se, desde então, a prática-padrão no mundo do financiamento coletivo. Embora o financiamento coletivo baseado na internet já existisse na prática, a invenção da expressão "financiamento coletivo" costuma ser atribuída a Michael Sullivan, que usou a expressão para descrever o esquema de financiamento envolvido no *site* Fundavlog, que ele lançou em agosto de 2006, uma tentativa (fracassada) de criar uma incubadora de projetos e eventos relacionados aos videoblogues.[3] Várias outras plataformas de financiamento coletivo foram lançadas no início dos anos 2000, e as mais famosas foram a Indiegogo e a Kickstarter.

A Indiegogo foi fundada em 2008 por Danae Ringelmann, Slava Rubin e Eric Schell. Os três tinham enfrentado, ou presenciado, dificuldades na arrecadação de fundos com diversos objetivos – Danae tinha trabalhado com diretores de cinema, Eric era membro do conselho de uma companhia de teatro e Slava tinha criado uma instituição de caridade depois que o pai morreu de câncer. Eric e Slava eram velhos amigos, e conheceram Danae quando faziam mestrado na Faculdade de Administração Haas, em Berkeley. Em 2007, tiveram a ideia de criar um conjunto novo de ferramentas digitais para arrecadar dinheiro. Eles se concentraram inicialmente nos filmes, em parte porque Danae e Slava eram apaixonadas por cinema e em parte porque achavam que os filmes estavam usando mal as ferramentas digitais para arrecadar dinheiro. Lançaram o Indiegogo no Festival de Cinema de Sundance em janeiro de 2008. Embora o ponto de partida deles fosse o cinema, o plano sempre fora ampliar o campo de atuação e oferecer serviços mais gerais que

---

1 Preston, "How Marillion Pioneered Crowdfunding in Music", *Virgin*, 20 out. 2014, disponível em: <www.virgin.com/music/how-marillion-pioneered-crowdfunding-music>.
2 Freeman; Nutting, "A Brief History of Crowdfunding", 5 nov. 2015, disponível em: <https://pdf4pro.com/view/a-brief-history-of-crowdfunding-david-m-freedman-219ec7.html>.
3 Castrataro, "A Social History of Crowdfunding", *Social Media Week*, 12 dez. 2011, disponível em: <https://socialmediaweek.org/blog/2011/12/a-social-history-of-crowdfunding>.

AS GUERRAS DO LIVRO

capacitassem as pessoas a arrecadar dinheiro para qualquer projeto criativo que quisessem realizar – "qualquer causa, qualquer coisa criativa, qualquer tipo de empreendimento", nas palavras de Slava.[4] Em dezembro de 2009, eles se abriram para todos os tipos de iniciativa.

A origem da Kickstarter remonta a 2002, quando Perry Chen – um jovem nova-iorquino que morava à época em Nova Orleans e que estava muito ligado à cena musical da cidade – quis montar um *show* para o Festival de Jazz de Nova Orleans e imaginou como poderia fazê-lo. E se todas as pessoas que quisessem comparecer ao *show* pudessem opinar sobre ele? E se pudéssemos descobrir quantas pessoas gostariam de assistir a ele e depois decidir, com base nessa pesquisa, se valeria a pena fazer o *show* ou não? O *show* nunca aconteceu, mas a ideia não lhe saiu da cabeça.[5] Três anos depois, Perry voltou para Nova York e se juntou a Yancey Strickler e Charles Adler. Eles conseguiram um financiamento semente em 2006 e 2007, desenvolveram o *site* e lançaram a Kickstarter em abril de 2009.

O modelo por trás da Indiegogo e da Kickstarter era basicamente o mesmo: quem quer arrecadar dinheiro para um projeto – um filme, um álbum, um livro, um produto técnico, um novo negócio, uma causa social, uma causa pessoal, o que quer que seja – pode criar uma página para a campanha de financiamento, estabelecer metas de financiamento (pode haver diversas metas, estabelecidas em níveis diferentes) e um prazo final (as campanhas podem variar de 1 a 60 dias, embora o padrão seja de 30 a 40 dias), escrever um texto explicando o projeto, fazer um vídeo curto que explique as metas e peça a contribuição das pessoas, especificar as vantagens ou recompensas para os diferentes níveis de contribuição e lançar uma campanha nas mídias sociais. Uma das diferenças entre a Indiegogo e a Kickstarter é que, com esta, é tudo ou nada: se até o prazo final a meta não for alcançada os cartões de crédito não são debitados, os fundos não são recolhidos e o dinheiro não troca de mãos. Por outro lado, com a Indiegogo, os usuários podem decidir no início se querem adotar um modelo de "financiamento fixo", em que eles ficam com as contribuições somente se atingirem a meta, ou um modelo de "financiamento flexível", em que ficam com o que arrecadaram independentemente de terem alcançado o objetivo (nesse caso, a Indiegogo cobra uma taxa de 9%). O modelo flexível funciona bem para um grande número de projetos no

---

4 "Wake Me Up Before You Indiegogo: Interview with Slava Rubin", *Film Threat*, 5 out. 2010, disponível em: <https://filmthreat.com/uncategorized/wake-me-up-before-you-indiegogo-interview-with-slava-rubin/>.

5 "How I Built this with Guy Raz: Kickstarter: Perry Chen", *NPR*, 31 jul. 2017, disponível em: <www.npr.org/podcasts/510313/how-i-built-this>.

campo das artes, porque muitos artistas sabem que, embora fosse fantástico dispor de 10 mil dólares, ainda conseguiriam realizar o projeto com menos.

Embora qualquer um possa se inscrever na Indiegogo ou na Kickstarter e lançar uma campanha, as duas organizações também são proativas no que se refere ao recrutamento de candidatos. Elas contam com funcionários especializados em suas diferentes áreas de atuação cujo trabalho é entrar em contato com possíveis candidatos e estimulá-los a lançar campanhas em seu *site*. Esses recrutadores, ou "guias de divulgação", como são chamados às vezes, comparecem a festivais de cinema, eventos de escritores, conferências de tecnologia e a outras ocasiões em que possíveis candidatos se reúnem, e lhes explicam os aspectos práticos do financiamento coletivo, na expectativa de atrair novos membros. Também são especializados na formatação de campanhas para maximizar sua eficácia. Sabem o que funciona e o que não funciona – como muitos deles dirigiram campanhas de sucesso, podem se valer da sua experiência pessoal. Também têm acesso a uma grande quantidade de dados exclusivos sobre as campanhas que funcionaram e as que não funcionaram, que podem usar para ilustrar seus conselhos. "Eu o ajudo a administrar a sua campanha da melhor maneira possível", disse Tom, um funcionário que tinha administrado várias campanhas bem-sucedidas dele mesmo antes de começar a trabalhar para uma das empresas de financiamento coletivo. "Desde que você faça o que eu disser, você será bem-sucedido", acrescentou, falando com aquele tipo de confiança que faz a gente se sentir razoavelmente seguro de que ele não estava exagerando muito.

Embora tanto a Indiegogo como a Kickstarter sejam plataformas abertas que permitem que praticamente qualquer pessoa lance campanhas em suas áreas de atuação, elas não deixam de exercer certo controle. Cada uma delas tem regras e procedimentos de pré-seleção – também são guardiãs, embora um tipo de guardião muito diferente dos tradicionais guardiões do capital. Não decidem se devem apoiar um projeto ou não – essa é uma decisão que fica a critério da coletividade. Mas definem as regras do jogo e decidem se projetos específicos respeitam essas regras e podem legitimamente lançar uma campanha em seu *site*. Determinados tipos de campanha são explicitamente excluídos (os usuários não podem criar campanhas para arrecadar fundos para atividades ilegais ou para ludibriar os outros, por exemplo, e a Kickstarter exclui projetos que tentam angariar fundos para uma instituição de caridade ou uma causa), determinados tipos de linguagem e de imagem não são permitidos (nada que incite o ódio ou a violência, nada explicitamente sexual ou pornográfico etc.) e determinadas campanhas são proibidas (p. ex., estímulos financeiros, drogas, álcool, armas, animais vivos, restos humanos etc.). A Kickstarter é conhecida por ser mais reguladora a esse respeito. No começo, cada projeto que era lançado na Kickstarter era revisto por um funcionário, mas atualmente a triagem inicial é feita por um algoritmo que determina se o projeto é arriscado. Aqueles que se enquadram nessa categoria são revistos depois por um membro da "equipe de integridade". O objetivo principal é assegurar que o projeto está de acordo com as regras. Se não estiver, alguém entra em contato com o criador e diz o que ele tem de fazer para corrigir o problema. Mas se trata também de tentar detectar fraudes e enganos e se certificar de que as pessoas realmente são quem elas dizem ser. Pois, no final das contas, o financiamento coletivo se baseia inteiramente na confiança: se houver uma boa possibilidade de que os apoiadores vão ter prejuízo ou que o responsável pela campanha nunca vai entregar o que promete, então as pessoas vão hesitar em apoiar projetos dos quais elas não conheçam pessoalmente o responsável. Apoiar um projeto promovido por alguém que você não conhece e que nunca encontrou simplesmente porque gosta da aparência do vídeo e tem curiosidade de saber o que ele está fazendo é um voto de confiança, e é muito mais provável que as pessoas deem esse voto de confiança se tiverem certeza de que não se trata de fraude e que os responsáveis vão cumprir o prometido. "O financiamento coletivo funciona à base de confiança", explicou Tom. "Se você perder a confiança, acabou."[6]

O segredo para conduzir uma campanha de financiamento coletivo bem--sucedida é saber como se conectar com a comunidade certa e apresentar um motivo convincente para que ela lhe dê dinheiro – em outras palavras, tudo tem a ver com o coletivo. "Essa é a única constante em todos os financiamentos coletivos, de produtos a livros, de filmes a causas", prosseguiu Tom. "Mesmo com as causas, que são mais baseadas em doações, é preciso se conectar com a comunidade certa e lhe apresentar um motivo convincente para que ela lhe dê dinheiro." Portanto, é fundamental se concentrar no coletivo e fazer a campanha em torno dele e daquilo que pode lhe interessar. Para ser mais preciso, é necessário dividir o coletivo em dois, explicou Tom.

---

6 Na prática, a não entrega de resultados prometidos parece ser relativamente rara. Um estudo dos projetos da Kickstarter financiados com êxito nas categorias de *design* e tecnologia que tinham prometido entregar resultados palpáveis aos financiadores em julho de 2012 descobriu que apenas 14 dos 381 projetos fracassaram completamente – 3 tinham feito restituições e 11 tinham parado de responder aos apoiadores. Essa é uma taxa de fracasso inequívoco de apenas 3,6%. No entanto, a entrega atrasada de resultados prometidos é comum: 75% dos projetos sofreram atraso e 33% ainda tinham de ser entregues em junho de 2013. Ver Mollick, "The Dynamics of Crowdfunding: An Exploratory Study", *Journal of Business Venturing*, v.29, n.1, p.11-2, 2014.

Primeiro, existe o coletivo que você, como responsável pela campanha, traz para a plataforma: você tem seu próprio coletivo, sua família e seus amigos, seus leitores, os fãs do seu filme, seus amigos do Facebook, seus seguidores no Twitter etc. Ao planejar a campanha, você começa com o seu coletivo porque precisa atraí-lo primeiro – na maioria das campanhas, a família, os amigos e os admiradores representam os primeiros 30%. "Quando conheço o responsável por uma campanha", disse Tom, "eu sempre pergunto: que tal a sua rede de contatos? Que tal a sua lista de e-mails, a sua participação nas mídias sociais, qual é o perfil dessa gente? Porque sei que é preciso atrair primeiro essas pessoas." Pode ser que elas não gostem tanto assim do seu projeto, mas vão apoiá-lo porque gostam de você e querem ajudá-lo ou talvez porque você as apoiou. "Se você levar de três a cinco dias para atingir esses 30%, tecnicamente a sua campanha terá energia suficiente para se sustentar enquanto durar." Mas, se você não tiver os 30%, a luta vai ser difícil. "Fizemos vários testes que mostram que, se você apresenta algo e consegue 10% de financiamento, psicologicamente ninguém vai contribuir, porque as pessoas pensam: 'Ih, a campanha fracassou. Não vou pôr dinheiro nisso – não vai dar em nada'."

O segundo coletivo é composto por aqueles que podem querer apoiar o seu projeto porque estão interessados nele, muito embora possam não o conhecer pessoalmente nem fazer parte da sua rede de amigos, familiares e seguidores. Você precisa encontrá-los *on-line* e começar a interagir com eles. Por exemplo: se você se propõe a escrever um livro ou fazer um filme sobre um determinado artista, quem são as pessoas interessadas nele? Você precisa encontrá-las, entrar em contato com elas, começar a interagir com elas, falar dos seus planos e construir sua campanha de uma forma que seja interessante para elas, com vantagens que elas possam valorizar. Tudo isso exige muito trabalho: você não pode simplesmente apresentar os projetos e esperar que eles sejam financiados como por encanto. Você tem de pesquisar, descobrir onde estão as pessoas que podem se interessar pelo que você está fazendo e entrar em contato com elas, contar-lhes quem é você e o que está fazendo e por que o seu projeto pode lhes interessar. "A coisa que me deixa chateado", disse Tom, "é que as pessoas ainda não perceberam como dá trabalho administrar uma campanha bem-sucedida. Elas pensam: 'Ah, vou financiar isto. A gente monta o projeto e consegue o financiamento'. Isso nunca aconteceu, nem mesmo em 2010. Tem de dar duro – é um trabalho de tempo integral."

Embora a atividade de promoção e de sensibilização feita pelo administrador da campanha seja crucial, as empresas de financiamento coletivo também podem ser um grande diferencial – tanto por meio de consultoria especializada como pela visibilidade que podem proporcionar na plataforma de financiamento coletivo. Embora as plataformas de financiamento coletivo procurem minimizar seu papel de guardiãs, elas se envolvem ativamente com a curadoria dos projetos do *site*: "Não somos seletivos, qualquer um pode lançar um projeto desde que esteja de acordo com as nossas regras, mas fazemos, sim, a curadoria", explicou Cindy, outra funcionária de uma empresa de financiamento coletivo especializada em projetos editoriais. "Tentamos assegurar que as pessoas que entram no *site* e consultam a categoria editorial vejam o que há de melhor, mais descolado e mais interessante daquilo que a categoria editorial tem para oferecer." Uma grande plataforma de financiamento coletivo como a Kickstarter tem sempre de 500 a 600 projetos em andamento só na categoria editorial – é um número enorme de projetos, e quem pesquisar no *site* provavelmente só vai encontrar um punhado deles. Daí a importância de organizar esses projetos – que é o que a equipe de curadoria faz. Gerentes de categoria como Cindy dão sua opinião – "estamos envolvidos no processo", disse Cindy, sem entrar em detalhes; ela conversa com a equipe de curadoria e recomenda as campanhas que considera boas. Mas a equipe de curadoria também usa um algoritmo que leva em conta o envolvimento do usuário – pontos de vista, compromissos etc. – para ajudá-la a classificar os projetos no *site* e dentro de cada categoria. "Aqueles que nós adoramos e aqueles que têm muito apoio tendem a chegar ao topo", explicou Cindy. "E conforme se desce na pesquisa aparecem os projetos com menos apoio etc." Isso tende a reproduzir um padrão autorreforçador: quanto mais apoio os projetos recebem, mais eles sobem na classificação e mais visibilidade obtêm no *site*, o que, por sua vez, tende a resultar em mais apoio, aumentando a probabilidade de sucesso. Portanto, conseguir a adesão do primeiro coletivo – os amigos, a família e os seguidores que compõem os primeiros 30% da maioria das campanhas – é duplamente decisivo: isso não apenas faz o projeto decolar, mas também lhe dá o tipo de apoio inicial de que ele precisa para empurrá-lo para cima na ordem de classificação e lhe proporcionar uma visibilidade no *site* gerada por algoritmo. As plataformas também têm uma grande base de filiados – mais de um milhão de membros em cada um dos casos –, e elas lhes enviam boletins personalizados recomendando campanhas com base nas que eles apoiaram e examinaram no passado.

Com mais de quinhentos projetos na categoria editorial em andamento a qualquer momento, que proporção deles é bem-sucedida? Calcular o sucesso não é uma questão simples, especialmente quando se tem em mente que os modelos utilizados pela Indiegogo e pela Kickstarter são diferentes. No caso da Kickstarter, com seu modelo de tudo ou nada, o sucesso é uma questão simples – ou se atinge o objetivo e o projeto segue em frente, ou não. Portanto, qual proporção atinge o objetivo? "As taxas de sucesso variam de uma categoria para outra", explicou alguém próximo da Kickstarter. "Eu diria que, no total, nossa taxa de sucesso na categoria editorial está em torno de 29%." Isso quer dizer que cerca de 70% dos projetos editoriais que são lançados na Kickstarter não alcançam seu objetivo e, consequentemente, não são financiados.[7] Isso pode parecer uma taxa de insucesso assustadoramente alta, embora ela talvez seja um pouco menos assustadora se levarmos em conta que os projetos variam enormemente em termos de atratividade, capacidade de convencimento e criatividade. "Dos mais de 500 projetos em andamento na categoria editorial", prosseguiu ela, "provavelmente 150 são tentativas meias-bocas de arriscar e ver se cola. Não são fruto de pesquisa séria e muito trabalho." Deixando de lado essas 150 tentativas meias-bocas, a taxa de sucesso ficaria por volta de 40%, o que parece muito melhor. Ainda assim, a probabilidade de um projeto de financiamento coletivo atingir seu objetivo não é grande. Esse é um dos motivos pelos quais o modelo flexível utilizado pela Indiegogo pode parecer mais atraente. Nesse caso, o sucesso não é uma questão de tudo ou nada – se você atingir o objetivo, ótimo, mas o projeto pode seguir em frente sem isso. A maioria das campanhas produtivas da Indiegogo utiliza o modelo flexível. Portanto, se o sucesso for definido em termos do prosseguimento de um projeto independentemente de ele ter atingido seu objetivo, então a taxa de sucesso da Indiegogo é muito mais elevada.

Arrecadar dinheiro para fazer um livro por meio de financiamento coletivo é uma coisa, conseguir que o livro seja publicado é outra: como o financiamento coletivo e a publicação se relacionam na prática? Quais são os caminhos que levam do financiamento coletivo à publicação? Nas plataformas de financiamento coletivo genéricas como a Indiegogo e a Kickstarter, são muitos os caminhos que levam à publicação – o acompanhamento até a publicação cabe ao responsável pela campanha, não é algo que a plataforma faça por ele. Os projetos variam em termos do cuidado com que os planos de publicação foram concebidos. Em alguns casos, o autor já tem um contrato

---

7 A taxa de sucesso global em todas as categorias pode ser maior. A pesquisa realizada por Mollick a respeito dos projetos da Kickstarter lançados entre a sua fundação, em 2009, e julho de 2012 põe a taxa de sucesso global em 48,1% (Mollick, "The Dynamics of Crowdfunding: An Exploratory Study", *Journal of Business Venturing*, v.29, p.4, 2014).

com uma editora tradicional e está procurando arrecadar dinheiro para fazer pesquisas relacionadas ao livro, para cobrir o custo das ilustrações ou para pagar uma campanha especial de marketing e de divulgação (ou talvez tudo isso). Por exemplo, Summer Brennan queria escrever um livro sobre a vida e a obra da pintora e modelo francesa Victorine Meurent, cuja imagem foi imortalizada nas pinturas mais famosas de Manet, entre as quais *Almoço na relva* e *Olympia*, mas cuja vida e obra foram em grande medida esquecidas. Embora tivesse um contrato com a Houghton Mifflin Harcourt para escrever um livro até então intitulado *The Parisian Sphinx*, ela queria viajar a Paris e passar algum tempo fazendo pesquisas em arquivos. Portanto, lançou uma campanha na Indiegogo para arrecadar 25 mil dólares, sendo que metade dessa quantia seria utilizada para pesquisar e escrever e metade para fazer frente às vantagens. Por 35 dólares, o apoiador receberia um exemplar em capa dura autografado de *The Parisian Sphinx*; por 60 dólares, receberia dois exemplares assinados mais um cartão-postal personalizado de Paris; por 75 dólares, receberia um exemplar autografado do livro e uma sacola de viagem que a autora usou "para transportar meu material de pesquisa, computador e gêneros alimentícios por Paris"; e assim por diante. Se o compromisso fosse de mil dólares, a pessoa teria direito a um passeio a pé por Paris com a autora, visitando os lugares em que Victorine Meurent morou e trabalhou (viagem e acomodações não incluídas). Summer alcançou seu objetivo em dois dias, e estabeleceu mais dois "objetivos estendidos" de 40 mil e 60 mil dólares, acabando por arrecadar 53.130 dólares, que lhe permitiram realizar o primeiro objetivo estendido e fazer um *podcast* contando a história de Victorine Meurent. Como ela já tinha um contrato de publicação, só precisava fazer a pesquisa e terminar de escrever o livro (o que não era pouca coisa, naturalmente). Dali em diante, o roteiro da publicação seguiria o caminho tradicional.

No entanto, *The Parisian Sphinx* não é o típico projeto editorial financiado coletivamente: na grande maioria dos casos, os autores ainda não assinaram um contrato com uma editora tradicional. Alguns podem ter a expectativa de atrair o interesse de uma editora convencional, enquanto outros podem planejar se autopublicar através de uma plataforma de autopublicação como Blurb, Lulu ou CreateSpace. Mas mesmo que esperem atrair a atenção de uma editora convencional, normalmente são aconselhados a minimizar isso, pois não pareceria muito convincente mencionar essa expectativa no texto da campanha. "Eu nunca aconselho ninguém a dizer: 'Estou escrevendo um livro para que ele seja escolhido por uma editora importante'", disse Cindy, funcionária de uma empresa de financiamento coletivo especializada em publicação. "Como os apoiadores do projeto querem ter a certeza de que vão receber o objeto produzido, na maioria das vezes eu sugiro que existe a intenção de fazer uma autopublicação, com a expectativa de que, talvez, ela chame a atenção de um agente ou de um editor, que o apresentará a um público mais amplo." E, de vez em quando, um projeto financiado coletivamente chama a atenção de um agente ou de um editor e é escolhido por uma editora tradicional. Um exemplo disso é o projeto que Linda Liukas tinha de escrever um livro infantil, *Hello Ruby*, cujo objetivo era ensinar os princípios de programação de computadores para crianças entre 4 e 7 anos de idade através de histórias e atividades infantis. Linda estabeleceu a meta de arrecadar 10 mil dólares para cobrir o custo da preparação do texto, da diagramação, das fontes, da produção e do envio. Uma doação de 10 dólares dava direito ao livro digital; de 20 dólares, ao livro digital e ao livro de exercícios; de 40 dólares, a um exemplar em capa dura do livro mais o livro de exercícios; de 60 dólares, a tudo isso mais um pôster de Ruby com seus amigos, e assim por diante. A campanha de Linda foi extremamente bem-sucedida: em trinta dias, ela arrecadou 380.747 dólares de 9.258 apoiadores. O projeto chamou a atenção das editoras e Linda recebeu uma oferta da Feiwel and Friends, um selo infantil da Macmillan, que publicou o livro em 2015.

É claro que *Hello Ruby* foi um caso excepcional – a maioria dos projetos de livro está longe de atrair esse número de apoiadores e de gerar esse nível de financiamento, e a maioria dos projetos de livro que são financiados acabam terminando na autopublicação, seja porque era isso que o autor queria fazer o tempo todo, seja porque nenhuma editora tradicional escolheu o projeto. *The Essence of Wine*, de Alder Yarrow, mencionado no capítulo anterior, é um bom exemplo de livro financiado coletivamente e autopublicado com sucesso, o que fazia parte dos planos do autor. Outro exemplo, igualmente bem-sucedido, mas de maneira diferente, é *Derby Life*, de Margot Atwell. Margot é uma patinadora entusiasta de *roller derby*:* ela patina com a Gotham Girls há sete anos, e patinou com a Gotham All Stars, campeã da WFTDA [Women's Flat Track Derby Association – Associação Feminina de Roller Derby em Pista Plana], durante quatro temporadas. Ela também tinha sido uma das fundadoras do *site* Derbylife.com em 2011, e editado o *site* durante vários anos. Decidiu escrever um livro sobre o *roller derby* que con-

---

* Esporte jogado por duas equipes de cinco membros que patinam, na mesma direção, em volta de uma pista. A partida consiste numa série de pequenos jogos (*jams*), nas quais ambas as equipes nomeiam um *jammer*, que marca pontos ao ultrapassar membros da outra equipe. (N. T.)

tasse a história do esporte, explicasse o funcionamento e a estratégia do jogo e oferecesse conselhos para as jogadoras e para as aspirantes a jogadora – um livro para patinadoras e fãs. Como Margot também tinha trabalhado numa pequena editora independente de Nova York, Beaufort Books, durante sete anos, ela entendia um pouco de publicação. Tinha experiência suficiente para saber que poderia imprimir e publicar *Derby Life* sozinha – não precisava procurar uma editora tradicional. Mas precisava de alguns recursos relacionados à preparação de texto, diagramação, impressão e envio. Também queria ter condições de pagar uma pequena taxa a outras patinadoras que lhe enviassem histórias curtas sobre suas experiências no mundo da competição, que ela poderia incorporar ao livro. E, se conseguisse arrecadar um pouco mais, gostaria de incluir algumas fotos em preto e branco. Então estabeleceu o objetivo de arrecadar 7 mil dólares. Isso incluía 2.600 dólares para a preparação de texto, diagramação e revisão; 1.100 dólares para pagar as histórias das outras autoras; 2.200 dólares para a impressão e o envio; e 500 dólares de reserva. Se ultrapassasse esse valor e arrecadasse 8 mil dólares – seu objetivo estendido –, ela incluiria de 10 a 15 fotos de *roller derby* em preto e branco. Por uma doação de 8 dólares, a pessoa receberia um livro digital e um agradecimento no livro; por 25 dólares, receberia um livro em brochura, um livro digital e um agradecimento no livro; por 40 dólares, dois livros em brochura, um livro digital, um agradecimento e um exemplar de uma edição limitada de um chaveiro abridor de garrafa em forma de bigode da Derbylife; e assim por diante. Lançou sua campanha na Kickstarter em setembro de 2014, deixou-a quatro semanas no ar e arrecadou 9.183 dólares de 254 apoiadores. Com base em seu conhecimento do setor editorial, ela fundou sua própria empresa e autopublicou *Derby Life* com o selo Gutpunch Press. Quando enviou os livros digitais, os livros em brochura e os outros bônus, seus apoiadores começaram a tuitar e a postar no Facebook fotos deles com o livro e o abridor de garrafa em forma de bigode. Também resenharam o livro na Amazon e no Goodreads e falaram com os amigos sobre ele. Portanto, seus 254 apoiadores se tornaram o centro de uma rede expansiva de leitores potenciais, e como esses leitores potenciais estavam ligados aos apoiadores no centro da rede, muitos deles também estavam interessados no tema do livro: esse é o mecanismo de construção de público que está no âmago do modelo de financiamento coletivo. "Acabei imprimindo 1.200 exemplares e vendi praticamente toda a primeira tiragem menos de nove meses depois de sair da gráfica", disse Margot.

O fato de ter trabalhado na indústria editorial e de conhecer bem o processo de publicação colocou Margot numa posição privilegiada e lhe deu confiança para fundar sua própria empresa e autopublicar nela seu livro – na verdade, seu conhecimento da indústria editorial é um dos motivos pelos quais ela foi contratada como diretora de Extensão Editorial pela Kickstarter, onde ela trabalha atualmente. A maioria dos autores que lança campanhas numa plataforma de financiamento coletivo não é tão bem informada e autônoma, e pode, como Alder Yarrow, ter a intenção de publicar através de uma plataforma de autopublicação como Blurb ou Lulu para terceirizar alguns dos serviços de publicação e impressão. Porém, independentemente da forma de publicação que o autor adote, o que torna o modelo de financiamento coletivo tão eficaz do ponto de vista da publicação é que um projeto financiado com sucesso assegura, antecipadamente, tanto o financiamento como a encomenda do produto resultante do projeto. É claro que o dinheiro é importante, mas igualmente importante é o fato de que o número de apoiadores é um sinal do nível de interesse e da demanda potencial. Na verdade, esse é um dos motivos pelos quais não são apenas os autores que lançam projetos editoriais em plataformas de financiamento coletivo, mas também as editoras, ou autores e editoras atuando em conjunto. Às vezes, essas colaborações no financiamento coletivo entre autores e editoras acontecem porque o autor quer fazer algo que está além do que a editora se sente capaz de apoiar financeiramente. Portanto, o autor lança uma campanha, com o apoio da editora, para arrecadar recursos complementares – por exemplo, a editora tem verba para fazer uma turnê por três cidades, mas o autor quer muito viajar pelo país e realizar eventos literários numa dezena de cidades. Porém, o motivo fundamental pelo qual algumas editoras estão dispostas a lançar ou apoiar ativamente campanhas de financiamento coletivo – ou até mesmo se interessam muito em fazê-lo – é que elas reconhecem a importância do mecanismo de construção de público que existe no âmago do financiamento coletivo. A editora talvez não precise do dinheiro – não é particularmente caro publicar um livro, especialmente hoje em dia, quando as tecnologias digitais reduziram significativamente muitos custos. Mais que de dinheiro, o que as editoras talvez precisem seja de público – isto é, leitores que estejam suficientemente interessados nos livros que elas publicam a ponto de enfiar a mão no bolso e comprá-los. Os editores perspicazes percebem que o financiamento coletivo vai além da arrecadação de dinheiro: ele constrói uma rede e um público para o livro. O financiamento coletivo é um mecanismo de geração de pré-pedidos e de construção de público. Ele inverte a forma tradicional de atuação das editoras. No modelo tradicional, a editora contrata um livro e depois tenta imaginar uma forma de descobrir um público para ele. Com o financiamento coletivo, o público vem junto com o livro – "o público está bem ali", explicou Cindy, "e, a partir desse ponto, você pode aumentá-lo ainda mais, com esse núcleo fiel servindo de apoio".

Foi esse aspecto – o mecanismo de formação de público que é o atributo oculto do financiamento coletivo – que foi compreendido pelos fundadores de duas empresas de publicação inovadoras que incorporaram o financiamento coletivo à estrutura do seu modelo de publicação. O que diferencia a Unbound e a Inkshares, de um lado, da Indiegogo e da Kickstarter, de outro, é que estas são plataformas de financiamento coletivo comuns nas quais os criadores podem arrecadar dinheiro para diversos tipos de projeto, da tecnologia às artes, e nos quais, uma vez que o dinheiro é arrecadado, cabe ao criador dar andamento ao projeto e produzir o que prometeu – em suma, cabe ao criador entregar o combinado. A Unbound e a Inkshares, por sua vez, são organizações de financiamento coletivo dedicadas exclusivamente à publicação de livros, e se o objetivo do financiamento coletivo é alcançado, essas organizações atuam como editoras e dão andamento à produção e à publicação do livro. Enquanto a Indiegogo e a Kickstarter são meras organizações de financiamento coletivo, entre muitas outras, que fornecem uma plataforma para os autores e as editoras lançarem projetos de financiamento coletivo, a Unbound e a Inkshares são empresas de publicação que usam o financiamento coletivo como um mecanismo para arrecadar dinheiro e construir públicos. Elas são empresas de publicação que se diferenciam das editoras tradicionais por fazer do financiamento coletivo bem-sucedido a condição para a publicação.

FINANCIAMENTO COLETIVO COMO PUBLICAÇÃO DIRETA PARA O CONSUMIDOR

John Mitchinson, Dan Kieran e Justin Pollard tinham trabalhado na indústria editorial ou em seu entorno durante muitos anos e conheciam as limitações das editoras tradicionais. John tinha sido diretor de marketing da Waterstones antes de se tornar diretor administrativo da Harvill Press e depois da Cassell & Co. Como a Orion adquiriu a Cassell em 1998 e a Hachette adquiriu a Orion, ele assistiu, em primeira mão, à crescente consolidação do setor antes de deixá-lo para se tornar escritor. Dan e Justin também eram escritores – Dan escrevia livros de viagens e tinha sido coeditor de *The Idler*, de onde tinha extraído vários livros de sucesso, enquanto Justin escrevia livros de divulgação histórica e trabalhava como roteirista de TV e de cinema. Devido à crise financeira de 2008, Dan estava tendo muita dificuldade em despertar o interesse das editoras por um novo livro; elas estavam extremamente cautelosas e os adiantamentos tinham diminuído drasticamente. "Estava à beira-mar, no intervalo do almoço. Olhando para o oceano, eu pensei: embora tivesse vendido mais de 400 mil exemplares dos meus livros para gente de todos os cantos do mundo, percebi que não sabia o nome nem o endereço de uma única pessoa que tinha comprado um daqueles livros. Eu tinha usado uma série de intermediários para chegar até esses leitores, e isso me fez pensar que era uma coisa ridícula." Ele teve a ideia de fazer um vídeo sobre o livro, pôr o vídeo em seu *site* e pedir que as pessoas lhe dessem dinheiro através do PayPal. Se um número suficiente de pessoas lhe desse dinheiro, ele escreveria o livro. Discutiu a ideia com Justin e John que, naquele momento, estavam trabalhando juntos no *QI*, um programa de perguntas e respostas da BBC. Eles gostaram da ideia, embora não entendessem por que ela deveria se limitar ao livro de Dan – sabiam que havia um monte de autores por aí que estavam enfrentando os mesmos problemas que ele. John tinha ouvido falar da Kickstarter, que, à época, tinha mais ou menos um ano de vida. Ele também percebeu as semelhanças com tipos mais antigos de publicação – "Aquilo me lembrou algo, e eu pensei, parece muito o modelo de assinatura do século XVIII, só que usando a internet – ele é eficiente, entendeu?, e dá mais poder ao autor e ao leitor." Foi durante essa conversa, tomando uma cerveja num *pub* londrino no início de 2010, que a Unbound nasceu.

Desde o princípio, os sócios queriam criar uma empresa que publicasse livros, mas que fosse muito diferente de uma editora tradicional. "O que tinha começado a me deixar aflito no setor editorial", refletiu John, "é o que chamo de *karma* negativo, que é passar o tempo todo dizendo não." Ele foi mais explícito:

> E quando não dizia não, você contava meias verdades para os autores. Dizia a eles que seus livros tinham um desempenho melhor do que na verdade tinham ou que teriam um desempenho melhor da próxima vez. Era um setor baseado no *karma* negativo. E eu me sentia frustrado porque o que eu adorava como livreiro era recomendar um livro para alguém e a pessoa voltar na semana seguinte e dizer que o livro era incrível. E foi isso que ficou claro para mim quando eu criei a Unbound: percebi que o verdadeiro problema conceitual do setor editorial tradicional é que não existe contato com o leitor. Você pensa que está trabalhando para o leitor, mas, na verdade, está trabalhando para os varejistas. Você é o departamento de P&D da Waterstones e da Amazon; você descobre produtos para eles venderem.

Eles estabeleceram o desafio de tentar criar um novo modelo que pudesse evitar os intermediários e se conectar diretamente com os leitores – "era preciso tentar um modelo que cobrisse todo o processo, da ideia na cabeça do escritor ao livro nas mãos do leitor".

Perceberam que, nesse caso, o modelo de financiamento coletivo baseado na internet desenvolvido pela Kickstarter e pela Indiegogo podia ser muito útil, porque permitia arrecadar dinheiro dos leitores e evitar os guardiões da indústria editorial tradicional. Mas também sabiam que a arrecadação de dinheiro era apenas o começo: havia toda uma gama de serviços de publicação oferecidos pelas editoras tradicionais – de serviços editoriais e de produção à venda e ao marketing – que plataformas de financiamento coletivo como a Kickstarter não ofereciam. Isso deixava uma lacuna: será que eles conseguiriam desenvolver uma plataforma de financiamento coletivo voltada especificamente para autores e leitores que atendesse a todas as etapas entre a escrita do livro pelo autor e a entrega do exemplar impresso ao leitor? Ao escolherem os projetos que queriam apoiar, os leitores decidiriam quais livros iriam adiante, exatamente como na Kickstarter. Mas, quando o financiamento mínimo fosse alcançado, todos os esforços e habilidades envolvidos na produção e na publicação do livro seriam controlados pela Unbound. Ela seria uma editora de serviço completo, e também procuraria produzir livros de alta qualidade. Não seria uma operação unicamente digital: John, Dan e Justin valorizavam demais os livros bonitos, bem diagramados e bem produzidos, para querer abrir mão do objeto físico (embora tenham lançado posteriormente um catálogo só de livros digitais que permitia estabelecer uma meta de financiamento mais baixa, voltado principalmente aos autores de ficção que tentavam lançar seu primeiro livro). "Nós fazíamos questão da qualidade, e nunca gostamos da ideia de uma plataforma aberta voltada apenas para o digital", explicou John. "Queríamos democratizá-la, mas acho que se a gente abrir totalmente as comportas, logo, logo vai acabar sendo inundada por um monte de porcaria." Portanto, fariam a curadoria do catálogo e produziriam livros de forma tradicional. Os autores lançariam a ideia de um livro para a equipe editorial da Unbound; os editores decidiriam quais os projetos que passariam para a etapa de arrecadação de fundos com base em sua avaliação do projeto, usando essencialmente dois critérios: o interesse intrínseco do projeto e se o autor tinha o tipo de rede de contatos para financiá-lo (resumindo: "qualidade da ideia e qualidade da rede – idealmente, ambos"). O coletivo decidiria quais dos projetos seriam realmente financiados empenhando dinheiro. E se um projeto ultrapassasse o limite mínimo de financiamento, então a Unbound se comprometeria a publicar a obra e produziria um livro impresso com um belo projeto. Como esse era um modelo de financiamento coletivo com curadoria, a Unbound faria o papel de guardiã – isso nunca esteve em questão para os fundadores. A curadoria reduziria o número de projetos que passariam para a etapa de arrecadação de fundos e aumentaria as chances de sucesso das campanhas de financiamento coletivo que seguissem em frente. Porém, ao incorporar o financiamento coletivo em seu modelo, eles davam voz aos leitores no processo decisório e, com isso, esperavam "abrir um pouco mais o portão".

Por ser uma empresa editorial fundada por autores, era importante que os fundadores apresentassem um modelo de publicação que oferecesse um acordo vantajoso ao autor. O modelo de publicação da Unbound foi concebido então como uma *joint venture* com o autor – "não podemos ganhar dinheiro a menos que nossos autores ganhem dinheiro". A Unbound calculava o número mínimo de exemplares necessários para atender à edição especial do assinante (normalmente algo entre 350 e 1.000 exemplares) e calculava a quantia que precisava arrecadar para cobrir os custos de produção dos livros (normalmente na faixa de 8 mil a 12 mil libras para uma edição impressa, embora para uma edição unicamente digital os valores fossem mais baixos, normalmente 4 mil libras). Depois, com o autor, ela podia calcular quantas pessoas teriam de se comprometer, e com que montantes, a fim de atingir o financiamento necessário. A campanha era lançada como uma típica campanha de financiamento coletivo – escreva um anúncio, grave um vídeo e crie uma série de vantagens para quem estiver disposto a se comprometer em diferentes níveis, com a vantagem adicional de que todos os participantes seriam citados na quarta capa do livro. Depois de atingir o nível mínimo de financiamento, a participação meio a meio nos lucros entra em cena. A Unbound produz um demonstrativo de lucros e perdas para cada livro, em vez de uma prestação de contas de direitos autorais. Ela computa os custos de produção e uma taxa de despesas gerais, e tudo que passa disso é dividido meio a meio com o autor. Na prática, a maioria dos livros financiados ultrapassa a meta de financiamento estabelecida, e é desse financiamento extra – "que chamamos de superfinanciamento" – que a Unbound e os autores retiram todo o seu dinheiro. "Nenhum livro chega a 100% da meta e para", explicou Dan, "ele vai a 120% ou 130%. Portanto, se você obtém um compromisso de 35 libras por um livro que lhe custa 5 libras para imprimir quando você é financiado em excesso, o autor recebe 15 libras por exemplar. O aspecto econômico muda *drasticamente* depois que o livro está financiado", disse ele, "e é por esse motivo que temos uma equipe que ajuda o autor a obter um superfinanciamento, a atingir 300% da meta. Com esse nível de financiamento, eles ganham um bocado de dinheiro."

Embora a atividade de financiamento coletivo se concentre na arrecadação do dinheiro para a edição especial do contribuinte que é enviada diretamente aos indivíduos que prometem fundos, o livro, uma vez publicado, também pode ser distribuído e vendido no mercado através dos canais de varejo normais. A Unbound fez acordos com outras editoras britânicas que permitiam que os livros publicados por ela fossem distribuídos dessa maneira, e, posteriormente, criou uma *joint venture* com a Penguin Random House para fazer isso de forma mais sistemática. Nesse caso, a Unbound fornece à PRH um arquivo pronto para impressão para que ela possa imprimir uma edição comercial, e o dinheiro recebido pela Unbound referente às vendas da edição comercial da PRH é dividido meio a meio com o autor. Mas a maioria dos autores ganha mais dinheiro através do financiamento coletivo, atingindo e depois ultrapassando suas metas de financiamento, do que através da venda em livraria, e o mesmo acontece com a Unbound – dois terços da sua receita vem da venda direta, e somente um terço da venda em livraria. "A única situação que tem sido penosa e desagradável é tentar colocar os livros nas livrarias, e se por um passe de mágica pudéssemos deixar de fazer isso, deixaríamos. Porém, ainda é importante para os autores ter seus livros expostos nas livrarias", explicou John. "Mas sempre tivemos a impressão de que, quanto mais crescermos, menos dependentes ficaremos disso."

O *site* da Unbound foi ao ar no dia 29 de maio de 2011, e ela lançou suas primeiras campanhas de levantamentos de fundos no final daquele ano. Era uma pequena *start-up* com sede em Londres – os três (só um deles trabalhava em tempo integral para a *start-up*) e um assistente. O crescimento foi modesto nos primeiros anos – entre 2012 e 2014, o total de dinheiro arrecadado ficou entre 250 mil e 320 mil libras por ano. Mas, a partir de 2014, eles começaram a crescer mais rapidamente. A Figura 8.1 mostra o total de dinheiro comprometido entre 2012 e 2017, junto com a receita total acumulada da Unbound. O total de dinheiro comprometido passou de 320 mil libras em 2014 a cerca de 1,6 milhão de libras em 2017, um aumento de 400% em três anos. No total, a Unbound arrecadou mais de 4 milhões de libras nos seis primeiros anos de existência. Em meados de 2017, eles tinham financiado 265 livros e publicado cerca de 110, e estavam lançando de 15 a 20 campanhas e financiando entre 5 e 10 por mês. Graças, em parte, ao seu modelo de curadoria, a taxa de sucesso do financiamento era extraordinariamente alta: cerca de 60% das campanhas atingia o financiamento em até doze meses depois de entrar na lista. Em 2013, a empresa também levantou 1,2 milhão de libras em financiamento de *start-up* da Forward Investment Partners, DFJ Esprit e Cambridge Angels. Ela também passou a contratar mais funcionários, o que tornou a lucratividade mais difícil. "Adoraríamos ser lucrativos", explicou Dan, "mas a regra no setor editorial é que o fundo de catálogo paga os custos e os lançamentos entram com o lucro, e nós não temos fundo de catálogo." Apoiando-se no financiamento de *start-up*, eles tomaram a decisão consciente de se concentrar no crescimento e não na lucratividade nessa etapa – aumentar a base de membros e a produção de títulos, e se preocupar com a lucratividade mais tarde. Isso estava de acordo com a tendência geral da comunidade de investimento, mas também fazia sentido porque eles precisavam ganhar escala. Em 2017, tinham 130 mil usuários, e calcularam que, se conseguissem aumentar esse número para 1 milhão, seriam capazes de financiar qualquer livro que quisessem, e poderiam começar a criar o que, ambiciosamente, esperavam: um ambiente alternativo para os livros.

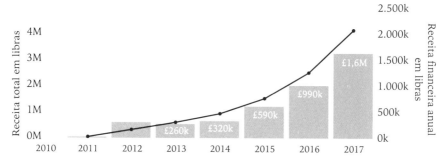

Figura 8.1 – Unbound: crescimento em dinheiro comprometido, 2011-2017 (a linha preta representa a receita acumulada)

Para chegar a esse ambiente alternativo, é indispensável construir um relacionamento direto com o consumidor. O modelo de financiamento coletivo implica que todo novo autor traz algumas centenas de novos usuários para o sistema – seus amigos e familiares e as pessoas que têm um interesse específico no livro que ele se propõe escrever. E muitas dessas pessoas amam e valorizam os livros. Elas se parecem, de alguma forma, às pessoas que frequentam festivais literários só para ficar perto dos livros, ouvir os autores falar sobre seus livros e conversar com outros leitores sobre os livros que leram e apreciaram. O modelo de financiamento coletivo incorpora em sua estrutura a energia do festival literário. "Foi como encontrar uma fonte alternativa de energia no setor, em vez de continuar implorando aos varejistas que estocassem mais livros nossos", disse John. Através do financiamento coletivo, a Unbound podia construir uma rede crescente de leitores engajados e comprometidos – frequentadores de festivais literários virtuais, por assim dizer – e permitir que os autores se conectassem diretamente com eles. Ela pôde criar, por meio disso, um modelo de publicação que se baseia num relacionamento que a indústria editorial tradicional sempre ignorou: direto com o consumidor. O modelo de financiamento coletivo não permite apenas que a Unbound arrecade dinheiro adiantado e reduza a zero (ou quase isso) o risco de publicar um livro, ele também lhe permite cadastrar um conjunto novo de usuários a cada nova campanha e reunir dados sobre seus interesses, preferências e comprometimento – "essa é a verdadeira corrida do ouro". Eles podem então analisar esses dados, procurar compreender por que as pessoas doam aquilo que doam, quanto elas normalmente doam e que tipos de projeto tendem a apoiar, e depois desenvolver formas adequadas de atingir as pessoas que integram essa rede em contínua expansão. Empenhar uma quantia para apoiar um projeto de livro ou um autor (ou ambos) não é o mesmo que entrar numa loja e comprar um livro: comprar um livro é uma espécie de transação, mas o compromisso é uma espécie de patrocínio, é apoiar algo para permitir que ele aconteça, que ganhe vida. Trata-se, assim, de um gesto criativo por si só, um gesto que torna o leitor parte do próprio processo criativo – sem esse gesto, ou sem um número suficiente de gestos semelhantes a esse, o livro nunca ganharia vida. Portanto, a Unbound está criando um novo tipo de relacionamento entre leitores e autores no qual os leitores não são meros compradores de livros, e sim seus cocriadores. Não é que os leitores queiram dizer o que os autores devem escrever – a maioria deles não quer, e se contenta em dar ao autor a liberdade criativa para escrever o livro que ele quiser. Mas muitos leitores querem participar da conversa a respeito da ideia de um livro, e estão dispostos a pagar algo – e às vezes muito – por essa participação e para permitir que o livro seja escrito. A Unbound está criando um banco de dados em constante crescimento de cocriadores que demonstraram a disposição de apoiar projetos de livro e que também podem estar dispostos a apoiar outros projetos, do mesmo modo que os frequentadores de festivais literários acabam participando de eventos de autores de quem eles nunca tinham ouvido falar, mas que parecem interessantes. Eles dão aos leitores a possibilidade de participar do processo criativo e, ao mesmo tempo, constroem um relacionamento direto com o consumidor que, acreditam, representa o futuro da indústria editorial. "Quando começamos, os autores entravam com 90% do dinheiro da campanha, mas isso foi mudando aos poucos. Agora eles entram com dois terços e a rede de relacionamentos entra com o outro terço." Quanto maior a rede construída pela Unbound e quanto mais eles conhecem os indivíduos que fazem parte dela, maior a sua capacidade de conectar os autores a potenciais apoiadores que ainda não fazem parte da rede pessoal do autor – composta por familiares e amigos – e de explorar o entusiasmo dos leitores.

E tudo isso acontece independentemente da Amazon. Como a maioria das editoras, a Unbound se alegra quando vê exemplares da edição comercial de seus livros serem vendidos através dos varejistas, entre os quais a Amazon, mas esse não é o foco da sua atividade, e ela não pretende construir uma editora que dependa da Amazon – nem de nenhum grande varejista. Embora reconheçam que a Amazon é extremamente eficaz, ela reduz o gesto humano da compra a dois fatores: rapidez e custo. Nesses dois fatores, a Amazon é imbatível: ela entrega o livro para o cliente mais rapidamente e por um preço menor que qualquer concorrente. Mas rapidez e custo não são as únicas coisas que importam. Ao confiarem cada vez mais na Amazon como seu principal canal de varejo, as editoras tradicionais estão cortando lentamente seu próprio oxigênio. Quanto mais ficam dependentes desse canal, mais poder o canal tem para negociar condições que sejam mais favoráveis a ele, diminuindo assim as margens das editoras e dificultando o controle da precificação do seu ativo mais valioso – o conteúdo. Ao mesmo tempo, ao vender seus livros através de um intermediário, as editoras tradicionais estão se afastando do único ativo do qual seu futuro pode depender – seus clientes. "A ironia cruel é que nós realmente fizemos as duas coisas que a Amazon ensinou à indústria editorial", refletiu Dan, "que são a necessidade de ser direto e conquistar o consumidor, conquistar o leitor, e criar um mercado inteiramente novo, que foi o que eles fizeram com o Kindle, e nós, através do financiamento coletivo." Enquanto as editoras tradicionais dependem cada vez mais da Amazon, que responde por uma fatia cada vez maior das suas vendas e obtém todos os dados dos consumidores aos quais a editora não tem nenhum acesso, a Unbound está construindo uma rede que evita a Amazon e possibilita que os autores se conectem diretamente com os leitores por meio do financiamento coletivo, enquanto permite, ao mesmo tempo, que ela, Unbound, obtenha os dados do consumidor em vez de deixá-los para a Amazon.

Ao utilizar o financiamento coletivo não somente para arrecadar os recursos necessários para produzir livros e reduzir, desse modo, o risco inerente a sua publicação, mas também para construir um relacionamento direto com o consumidor, a Unbound tinha algo em comum com outra empresa editorial de financiamento coletivo que foi fundada um pouco depois no extremo norte do Vale do Silício. Porém, ao criar laços com os estúdios de Hollywood, essa *start-up* do Vale do Silício provocou uma nova e inconfundível guinada na ênfase que se dava ao leitor.

CURADORIA DO LEITOR

Conheci dois dos fundadores da Inkshares, Thad Woodman e Adam Gomolin, em seu escritório num antigo bairro industrial de West Oakland, Califórnia. Alex, um executivo da Legendary Entertainment, um estúdio de Hollywood que estava criando laços com a Inkshares, juntou-se a nós no meio da conversa. Os escritórios ficam no segundo andar de um prédio de tijolos vermelhos do século XIX, numa rua estreita sem saída próxima dos trilhos da ferrovia que leva a Oakland Point. Ele fica bem em frente à antiga sede da fábrica de conservas Del Monte, que pertencia à California Packing Corporation. O pequeno grupo de edifícios industriais antigos tinha sido reformado e alugado para várias pequenas empresas e *start-ups*, que tinham sido atraídas para o local porque os aluguéis eram muito mais baixos que do outro lado da baía, em São Francisco. A ideia que deu origem à Inkshares surgiu durante um jantar no Brooklyn, explicou Thad, um sujeito de fala mansa formado em Filosofia no Reed College, cujos pais trabalhavam no setor editorial (eles tinham fundado uma editora de livros de computação chamada Ventana Press nos anos 1990). No final de 2012, Thad participava de um jantar com alguns mecenas abastados que lamentavam a morte do jornalismo de profundidade e a dificuldade de entrar no setor editorial. Ele ficou impressionado com a importância que eles davam ao assunto, e lhe ocorreu que poderiam estar dispostos a financiar os projetos com os quais se preocupavam tanto e a ter uma relação direta com o autor. Foi aí que nasceu a ideia. O jantar foi um pequeno microcosmo do financiamento coletivo voltado para a publicação. Mas é claro que a Indiegogo e a Kickstarter já existiam e Thad as conhecia – por que não deixar o financiamento coletivo para elas? A exemplo dos fundadores da Unbound, Thad sentia que as plataformas voltadas unicamente para o financiamento coletivo, embora excelentes para arrecadar dinheiro, não ofereciam aos autores o tipo de infraestrutura de que muitos necessitavam para passar da obtenção de fundos, de um lado, à publicação do livro e à sua disponibilização para os leitores, do outro. "Alguns autores têm uma forte visão empresarial e são capazes de pegar um monte de dinheiro e produzir um grande livro, mas para muitos isso é bem difícil. É muito difícil, quase impossível, fazer o trajeto dinheiro-

-livro-Barnes & Noble. Existe uma infraestrutura indispensável em torno da publicação, e isso não é à toa." Thad tinha o pressentimento de que o componente financiamento coletivo teria de estar associado a uma operação editorial mais tradicional que pegasse o original do autor, o transformasse num livro e o fizesse chegar aos sistemas existentes de distribuição de livros.

Havia outra forma de inovação que Thad queria introduzir: a venda de participação em projetos editoriais. Então, voltando ao jantar, a ideia era que as pessoas que se importam com um projeto editorial não apenas poriam algum dinheiro para financiá-lo: elas comprariam participação no projeto. "Portanto, em vez de ser apenas um patrocinador, você poderia comprar uma parte do fluxo de receita futuro de um livro", explicou Thad. Os direitos autorais seriam distribuídos e cada apoiador teria uma participação financeira no sucesso futuro do livro. Daí o nome – Inkshares. A ideia de financiamento coletivo com participação não era nova – era um modelo conhecido no universo do financiamento coletivo, mas nunca tinha sido usado em relação aos livros. Portanto, foi essa a ideia original: desenvolver um modelo de financiamento coletivo de publicação de livros baseado na participação e associá-lo a uma infraestrutura organizacional que pudesse pegar um original, transformá-lo em livro e introduzi-lo na cadeia de suprimentos do varejo.

Thad se mudou para São Francisco com outro sócio, Larry Levitsky, para abrir a empresa. Larry apresentou Thad a Adam Gomolin, um advogado corporativo que trabalhava com valores mobiliários; a ideia era que Adam se encarregasse do aspecto participativo do modelo de financiamento coletivo. A Jumpstart Our Business Startups Act [Lei de Impulsionamento das Nossas Startups] – ou Lei Jobs – tinha sido promulgada havia pouco, em abril de 2012, e seu Capítulo III criava um modo pelo qual as empresas podiam usar o financiamento coletivo para emitir obrigações, algo que não era permitido anteriormente. Thad, Larry e Adam estavam pensando em usar o Capítulo III da lei para concretizar seu modelo de financiamento coletivo baseado em participação. Porém, quando a SEC (sigla em inglês de US Securities and Exchange Commission [Comissão de Valores Mobiliários americana]) publicou as normas regulamentando esse capítulo, elas se mostraram tão complicadas e impraticáveis que Thad e seus sócios chegaram à conclusão de que deveriam abandonar a ideia. "Ela demandava um esforço inicial exagerado, pois, para fazer tudo da maneira correta, seria preciso criar uma SRL (sociedade de responsabilidade limitada) para cada projeto, e os autores teriam de se incorporar à SRL e fazer toda a auditoria da empresa, dificultando bastante a sua contratação", explicou Thad. "Além disso, as pessoas que queriam investir também teriam de ser auditadas. Daria muito trabalho." Diante desses problemas práticos, eles abandonaram o modelo de participação e o substituíram pelo esquema em que os leitores faziam pré-pedido dos exemplares dos livros.

Ao mesmo tempo que estavam às voltas com a questão da participação, Thad e seus sócios tentavam arrecadar dinheiro para o novo empreendimento. A coisa estava ficando mais difícil do que eles pensaram. Nessa altura, tinha se juntado a eles um quarto elemento – Jeremy Thomas, que tinha experiência em desenvolvimento de *softwares* e se juntou à equipe como diretor de tecnologia (Jeremy deixou a empresa mais tarde). Eles começaram a vender sua ideia aos capitalistas de risco do Vale do Silício, mas passaram por maus bocados. "Recebemos 168 nãos", recordou Jeremy. "Foi angustiante. A ideia de publicar livros, e ainda mais livros físicos, soava como um anátema para a premissa de investimento dos capitalistas de risco do Vale do Silício." Adam deu mais detalhes: "Ninguém no Vale do Silício acredita em livros. Para eles é algo superantiquado e, simplesmente... chato. Eles diziam pra gente coisas como: 'E se vocês eliminassem os livros?'. E a gente respondia: 'E faríamos o que, então?'. E eles retrucavam: 'Só o *front end*'. Parecia que a gente estava num *show*, sentado ali e pensando: 'que porra eles acabaram de dizer pra gente?'." Para os capitalistas de risco do Vale do Silício, que esperam receber no mínimo dez vezes o valor investido, a indústria editorial era algo sem nenhum interesse. "O setor é acanhado, não anima ninguém. É impossível que dê um retorno de 1.000% nos próximos dez anos", disse Thad, resumindo o ponto de vista dos capitalistas de risco. A publicação de livros simplesmente não era o tipo de negócio que estimularia um capitalista de risco do Vale do Silício. Apesar da reação desanimadora, eles conseguiram arrecadar 350 mil dólares com amigos e familiares, além de uma rodada de investimento semente que rendeu 860 mil dólares, a maioria de investidores anjos, embora alguns investidores institucionais também tenham participado. Portanto, arrecadaram pouco mais de 1 milhão de dólares – o suficiente para começar.

A Inkshares foi fundada formalmente em 2013 e começou a funcionar em maio de 2014. O modelo que tinham estabelecido – o modelo do pré-pedido – funciona assim: um aspirante a escritor que tem uma ideia para um livro pode iniciar o projeto editorial descrevendo a ideia em até vinte palavras. Qualquer um pode fazer isso – nessa etapa não existe seletividade, desde que o autor concorde com as condições do serviço, que proíbem qualquer conteúdo que seja difamatório, pornográfico, violento, obsceno ou que incite a violência. A ideia ganha uma página especial e a sua própria URL, as pessoas começam a segui-la e podem escrever comentários. Ao ganhar seguidores, o autor pode avaliar o nível de interesse que existe em sua ideia. A certa altura, pode sentir que existe interesse suficiente para passar para a etapa seguinte. Ele então clica no botão que diz "criar rascunho" e sobe parte do original sobre o qual está trabalhando – pode ser apenas o prefácio ou parte do capítulo 1. Pode destacar algumas passagens, comentá-las e compartilhá-las no Twitter ou Facebook, o que atrai mais leitores, que dão mais *feedback*. Então, com cem leitores seguindo-o na Inkshares, pode ser que ele então decida ir até o fim e clique no botão "fazer pré-pedidos". Embora ainda não tenha escrito o livro, ele já escreveu o suficiente para dar aos leitores uma ideia do que estão comprando, e, mais importante, a percepção de que se fizerem um pré-pedido agora ajudarão o livro a ser escrito e publicado – é essa psicologia do patrocínio que está embutida em toda plataforma de financiamento coletivo. Inicialmente, o limite foi estabelecido em mil pré-pedidos, a 10 dólares cada, gerando uma quantia fixa de 10 mil dólares por título. Mas eles logo perceberam que isso não era suficiente, e o limite foi alterado para 750 pré-pedidos, a 20 dólares cada, gerando 15 mil dólares por título. Quando um autor atinge o número estipulado de pré-pedidos, a Inkshares dá sinal verde para o livro. Nessa altura, diz a Inkshares, na verdade "Existem provas suficientes de que há uma demanda pelo livro e, portanto, assumimos o papel de editora e publicamos o livro". Dali em diante, a Inkshares funciona, em muitos aspectos, como uma editora tradicional. O livro é designado para um gerente de projeto que combina a data de entrega com o autor e toma as providências necessárias relacionadas à edição, diagramação, composição, revisão, impressão etc. – todas as coisas que uma editora tradicional faria, exceto que a Inkshares não faz ela mesma tudo isso: ela terceiriza a maioria desses serviços (no início, ela os terceirizou para uma produtora independente chamada Girl Friday Productions). Quando o livro é finalmente impresso, os exemplares encomendados são autografados pelo autor e o restante é distribuído através dos canais de varejo normais, graças em parte a um acordo com a distribuidora Ingram.

Embora a Inkshares funcione, de certa forma, como uma editora tradicional, há uma grande diferença: não existem editores responsáveis. O modelo de financiamento coletivo com pré-pedido implica que os leitores decidem, por meio dos pré-pedidos, quais livros vão seguir em frente – como diz Jeremy, "os leitores são os nossos editores de aquisição". "Acreditamos que os leitores podem selecionar livros tão bem como um editor de aquisição. Também acreditamos que ninguém do setor editorial sabe realmente quais são os livros que vão dar certo e vender." Ele tem razão. Para ser mais específico, ele dá um exemplo. Um dos *best-sellers* da Inkshares foi um livro chamado *The Show*, um romance escrito por um ex-funcionário do Google inspirado em suas experiências na empresa – "basicamente, o Lobo de Wall Street* conhece o Vale do Silício". Ninguém da Inkshares apostaria nele. Embora o autor não tivesse uma plataforma e os pré-pedidos fossem modestos, eles foram em número suficiente para que o livro recebesse sinal verde. Então, quando foi publicado, chamou a atenção da *Business Insider* e de algumas outras revistas, e, subitamente, um estúdio europeu demonstrou interesse em adquirir a opção para programa de TV, e uma importante editora de interesse geral quis adquirir os direitos de publicação em áudio – eles venderam ambos por somas consideráveis de dinheiro. Ali estava um livro extremamente bem-sucedido, com possíveis subprodutos em outras mídias, que, na verdade, tinha sido encomendado pelos leitores: se dependesse dos funcionários da Inkshares, provavelmente teria sido deixado de lado. Mas os leitores o defenderam. Isso é curadoria do leitor.

Os recursos obtidos com os primeiros 750 pré-pedidos são usados pela Inkshares para cobrir os custos fixos e reduzir os riscos envolvidos na publicação do livro. Do exemplar 751 em diante, a receita é dividida com o autor. No início, essa participação na receita era muito generosa para o autor. Os fundadores da Inkshares avaliaram que os riscos eram baixos porque os custos de criação tinham sido, em grande medida, cobertos pelo coletivo através dos pré-pedidos. Como o seu desembolso de capital era muito mais modesto que o das editoras tradicionais, podiam se dar ao luxo de pagar direitos autorais generosos. No modelo original, a receita bruta – isto é, a receita total recebida – de todos os exemplares vendidos depois dos primeiros 750 era dividida meio a meio, nas vendas de livros impressos, e 70:30 (em favor do autor) nas vendas de livros digitais. Portanto, se a Inkshares recebesse 10 dólares de um varejista por um livro impresso, o autor ficaria com 5 dólares e a Inkshares com 5, e se ela recebesse 5 dólares pela venda de um livro digital, o autor ficaria com 3,50 dólares e a Inkshares com 1,50. No entanto, logo perceberam que essa divisão deixava muito pouco para eles, especialmente porque os recursos arrecadados com os pré-pedidos eram muitas vezes inferiores aos custos reais de produção, o que significava que, na verdade, estavam subsidiando a maioria dos livros. Como muitas *start--ups*, estavam num processo de experimentação: tinham definido um modelo financeiro e estavam aprendendo, por tentativa e erro, se ele funcionava.

---

* Referência ao livro *O lobo de Wall Street*, de Jordan Belfort, sobre um ambicioso e inescrupuloso corretor da Bolsa de Valores de Nova York que cria um verdadeiro império. (N. T.)

Não funcionava. Como estavam se descapitalizando ("estávamos fazendo água, a situação era extremamente insustentável, mas ainda estávamos flutuando"), em 2016 eles chegaram à conclusão, em meio a divergências internas, de que era preciso mudar o modelo.

O novo modelo, que foi apresentado por Adam num artigo publicado na *Medium* em julho de 2016, era muito diferente.[8] Os direitos autorais dos autores não seriam mais calculados sobre a receita bruta, mas sobre a receita líquida – isto é, depois de deduzir alguns custos (quanto aos livros impressos, eles deduziriam os custos de impressão, as taxas de envio e embalagem e o processamento do pagamento dos pedidos diretos, e deduziriam os custos de impressão, a taxa de distribuição e o processamento do pagamento dos pedidos por atacado; quanto aos livros digitais, haveria deduções similares, mas sem os custos de impressão). O que sobraria depois dessas deduções seria dividido entre a Inkshares e o autor (65% para a editora e 35% para o autor) – em outras palavras, os autores passariam a receber 35% da receita líquida. Portanto, num livro em que a receita bruta fosse de 10 dólares, o autor receberia cerca de 2,20 dólares (em vez dos 5 dólares no modelo original). Foi uma mudança importante, e ela não foi bem recebida por alguns autores, especialmente os que estavam no meio de uma campanha de arrecadação de fundos.[9] Por outro lado, qualquer pessoa familiarizada com os custos de produção e distribuição de livros impressos percebe que o modelo original da Inkshares era impraticável; portanto, a falha – se é que houve falha – ocorreu muito provavelmente na concepção do modelo original, e não na decisão tardia de modificá-lo.

A mudança no modelo de financiamento foi um momento de avaliação para os fundadores da Inkshares – eles tiveram de admitir para si mesmos que tinham se enganado e que precisavam adotar algumas medidas draconianas para colocar a empresa em bases mais sustentáveis ("não chegou a ser uma reviravolta, foi um giro de 45 graus", um deles admitiu). Mas isso também os ajudou a se concentrar naquilo que a Inkshares tinha de diferente e inovador. O que tinham inventado com o modelo de financiamento coletivo baseado nos pré-pedidos era um instrumento de pesquisa de mercado para todos os projetos de livro, num setor que sempre desprezara a pesquisa de mercado. O sistema de pré-pedido foi uma forma de testar a temperatura da água antes de tomar qualquer decisão a respeito de ir adiante ou não com

---

8 Gomolin, "Restructuring Royalties", *Medium*, 31 jul. 2016, disponível em: <https://medium.com/@adamgomolin/restructuring-royalties-38e7c566aa02>.

9 Ver, por exemplo, <http://jdennehy.com./my-experience-with-inkshares-a-cautionary-tale>.

um livro. "A diferença entre algo que sai da Simon & Schuster e algo que sai da Inkshares é o fato de que no mínimo 750 pessoas já deram o seu aval", disse Alex, o executivo da Legendary Entertainment que tinha se juntado à conversa. "Portanto, existe algo de tangível nisso. Não é simplesmente 'Estamos na nossa bolha', nem 'Ah, esse livro combina comigo'. Existem dados que indicam a existência de um público para o livro." A Inkshares estava criando um catálogo com curadoria, mas esta era feita por leitores, não por editores. A essência era a curadoria do leitor.

A ligação com Hollywood não era acidental. A indústria do cinema enfrentava um problema muito parecido ao da indústria do livro, mas numa escala muito maior. Eles tinham a capacidade de realizar muitos filmes, mas, por algum motivo, precisavam reduzir esse espectro a um pequeno número – e a um número muito menor que o da indústria do livro, porque a escala de investimento era muito maior. Como fazer para não transformar esse processo decisório numa loteria? Se houvesse uma forma de reunir pistas detalhadas do filme a que as pessoas queriam assistir antes de poderem assistir a ele de fato, isso talvez fosse muito proveitoso. Uma forma de fazer isso seria verificar se existe público para um roteiro antes de transformá-lo em filme. Ele poderia ser romanceado e introduzido no mercado pela Inkshares, e os dados gerados por ela poderiam ser utilizados posteriormente para ajudar a decidir se valia a pena transformá-lo em filme. Um estúdio poderia fazer isso inúmeras vezes, usando o sistema de publicação da Inkshares como uma forma de descobrir e avaliar propriedade intelectual para o sistema cinematográfico. Foi assim que a Inkshares acabou fazendo parcerias com a Legendary e com outros estúdios de Hollywood – e foi por isso que Alex estava ali e passara a participar da nossa conversa.

Essas parcerias também são muito vantajosas para a Inkshares. Entre outras coisas, são uma fonte valiosa de novos autores e novos usuários, e têm sido um elemento decisivo de crescimento da Inkshares. A Legendary adquiriu várias marcas de mídia como Nerdist, Geek & Sundry e Smart Girls, e de tempos em tempos essas marcas convocam seus seguidores a entrar na plataforma da Inkshares, submeter seus originais e começar a reunir pré-pedidos, sendo que os três primeiros colocados são publicados pela plataforma. Na média, cada novo livro que inicia um processo de financiamento na Inkshares traz 142 novos leitores, simplesmente em razão do alcance da influência do autor. Portanto, toda competição desse tipo resulta numa afluência considerável de novos leitores, que são arregimentados para o sistema da Inkshares. "Esse é provavelmente o melhor funil que tivemos até hoje", explicou Thad. No início de 2017, eles contavam com cerca de 100 mil usuários no sistema, quase o dobro do ano anterior. Cerca de 5 mil novos projetos tinham sido lançados na plataforma e por volta de 60 livros tinham sido publicados desde o lançamento do seu primeiro livro, *The Cat's Pajamas*, em novembro de 2014. Mais ou menos uma centena tinha recebido sinal verde e estava em diferentes etapas de produção. Considerando que qualquer um pode iniciar um projeto, a proporção que realmente recebeu sinal verde é muito pequena – só 10%. Porém, recebendo sinal verde ou não, eles ainda agregam valor, porque os autores acionam suas redes e arregimentam mais gente.

Se quiser criar um sistema de curadoria do leitor que tenha algum grau de generalização, é crucial que a Inkshares aumente o número de leitores em seu sistema. Se todos os pré-pedidos de cada livro fossem feitos somente pelos indivíduos que o autor do livro trouxe para o sistema, isso não revelaria muito a respeito da atratividade que o livro teria para os leitores que não tivessem uma ligação pessoal com o autor. Portanto, para que o sistema de curadoria do leitor possa ser aplicado de maneira geral e desperte o interesse dos estúdios de Hollywood, entre outros, é fundamental criar o que Adam chama de "liquidez", "em que exista um número suficiente de leitores desinteressados sem ligação social com o autor, em vez de um bando de gente que se reuniu em torno de um autor e que queria que o amigo publicasse um livro". Se você conseguir criar um ambiente em que tenha um número expressivo de usuários e um alto grau de liquidez, então poderá começar a fazer coisas interessantes com os dados. Thad foi mais específico: "Com base nas interações de cada usuário na plataforma, podemos dizer, muito bem, aqui está o universo de conteúdo que você ainda não viu, e podemos classificar isso e apresentar a você a história mais relevante. E você diz, muito bem, este é bom ou este não é bom, e isso então reorienta o algoritmo e ele se adapta cada vez mais às suas preferências e lhe fornece coisas interessantes". Porém, o aspecto importante não é apenas que conseguem desenvolver e refinar o algoritmo de recomendação, é que eles são capazes de usar as decisões dos leitores de fazer um pré-pedido ou não – e, em termos de informação, transmitir algo é tão significativo como decidir fazer um pré-pedido – para ajudar a solucionar o problema fundamental de classificação e filtragem de conteúdo, ou decidir que conteúdo deve ser selecionado da pilha de originais e transformado em produto, o principal problema de toda indústria criativa que lida com conteúdo. "Se as pessoas do setor encarregadas da classificação e da filtragem de conteúdo aumentarem a sua eficiência em 10% ou 15%, isso já será extremamente valioso."

Há momentos em que os fundadores da Inkshares demonstram uma visão ainda mais arrojada. "Queríamos criar um portal em que pudéssemos avaliar o interesse do leitor, decidir pela publicação e dar sinal verde aos livros com base na avaliação e não em conjecturas, e depois usar isso para saltar da indústria editorial para a indústria da narrativa global, que é cerca de dez vezes maior", explicou Adam. Os livros representam um ponto de partida adequado para quem quer fazer isso, porque eles são praticamente o pilar da economia da narrativa global. "Existem mais ou menos 4 mil projetos em andamento em Hollywood, e 3 mil deles, talvez 2.500, se baseiam em alguma forma de propriedade intelectual, e provavelmente três quartos são livros – o restante é composto de videogames, histórias em quadrinhos, novas versões de filmes, esse tipo de coisa", prosseguiu. Nesse momento, Alex, da Legendary, entrou na conversa: "Uma parte significativa do meu trabalho, como acontece com muitos executivos de criação em Hollywood, é garimpar ouro. Todos estamos de olho no próximo acontecimento importante, na próxima ideia importante, e muito disso vem da indústria editorial". Portanto, se eles conseguissem desenvolver um sistema eficaz de curadoria do leitor que funcionasse com os livros, esse sistema poderia ser inserido diretamente na indústria de entretenimento como um todo. O potencial de sinergia parecia considerável. Eles poderiam até criar sistemas similares de curadoria do usuário para outras linhas – filmes, TV, games etc.

Os fundadores da Inkshares não poderiam ser acusados de falta de ambição, e a ideia de se situar no centro da indústria da narrativa global pode parecer meio pretensiosa. Eles continuam sendo uma empresa pequena, de nicho – até o início de 2017 tinham publicado apenas cerca de sessenta livros e ainda estavam batalhando para alcançar lucratividade. Mas o modo como utilizaram o financiamento coletivo para criar um sistema de curadoria do leitor, montando uma operação editorial em que são os leitores, não os editores, que decidem o que é publicado, foi realmente inovador e pioneiro. Eles utilizaram o financiamento coletivo para virar de ponta-cabeça o modelo tradicional de publicação – no qual as editoras, usando uma mistura de bom senso, intuição, experiência de outros livros e especulação, decidem que livros publicar e depois os jogam no mercado, esperando que eles encontrem leitores. Foi uma transformação radical que poderia servir de lição às editoras tradicionais – e, na verdade, a todos aqueles que trabalham em outros setores das indústrias criativas.

A ATRAÇÃO DO CONVENCIONAL

Do ponto de vista da publicação, muito pode ser dito em defesa dos modelos de financiamento coletivo – eles não apenas reduzem o risco de produzir um livro, mas também, o que é decisivo, criam um mercado para o livro antes que ele exista, antes até de se tomar a decisão de publicá-lo. É um mecanismo brilhante para analisar o mercado – e, na verdade, para criar um mercado – num setor que, há quinhentos anos, funciona basicamente sem nenhuma forma eficaz de pesquisa de mercado, dependendo mais da opinião dos editores e diretores editoriais do que das preferências explícitas dos leitores. Mas, e quanto ao ponto de vista do autor – quão atraente é a ideia do financiamento coletivo de um livro para o autor que está pensando em fazê-lo? É claro que a resposta a essa pergunta varia de um autor para outro, e mesmo de um momento para outro durante a carreira dele – ela pode ser atraente num determinado momento, especialmente quando não parece haver outras opções, e menos atraente mais tarde, quando podem existir alternativas. Não há uma resposta única e simples a essa pergunta, e sim uma pluralidade de respostas, dependendo a quem você pergunta e quando pergunta. Não há dúvida de que o financiamento coletivo tem se mostrado, para muitos autores, uma forma eficaz de contornar os guardiões que regulam o fluxo de conteúdo novo para os canais da indústria editorial tradicional, permitindo que eles arrecadem capital suficiente para publicar seu livro quando os guardiões mostraram pouco ou nenhum interesse em contratá-lo, ou o recusaram. Ao mesmo tempo, quando os autores optam pelo financiamento coletivo, assumem uma série de compromissos complementares que podem ser onerosos. Tom, o funcionário de uma das maiores empresas de financiamento coletivo, foi sincero a esse respeito – "Você tem de trabalhar – é um emprego de tempo integral". E, se você fizer o financiamento coletivo através de uma das organizações genéricas, como a Indiegogo ou a Kickstarter, ainda terá de tomar suas próprias providências para publicar o livro, mesmo que a arrecadação de dinheiro tenha sido bem-sucedida. Depois que os recursos foram arrecadados, as empresas de financiamento coletivo especializadas em publicação, como a Unbound e a Inkshares, facilitam muito a publicação do livro pelo autor: quando o projeto ultrapassa o limite mínimo de financiamento, elas atuam como uma editora tradicional, acompanhando o livro desde a apresentação do original definitivo, passando pelas diferentes etapas de produção, até a impressão e a distribuição. Porém, pode ser que, ainda assim, elas ofereçam menos que uma editora tradicional. Ou pelo menos é o que pode parecer aos olhos de alguns autores.

Sarah era uma usuária assídua do Twitter, onde tinha granjeado um grupo de milhares de seguidores que gostavam de ler seus comentários regulares sobre assuntos do momento, escritos na forma de *insights* espirituosos com um toque humorístico e irônico. O número de seguidores –

AS GUERRAS DO LIVRO

20 mil e em processo de crescimento – atraiu a atenção de um dos editores da Unbound, que entrou em contato com Sarah e perguntou se ela gostaria de transformar seus *insights* num livro e lançar uma campanha na Unbound. Aquilo a deixou intrigada. Embora nunca tivesse pensado em escrever um livro nem nunca tivesse ouvido falar da Unbound, ela procurou se informar, fez algumas pesquisas e se interessou pela ideia: "Quanto mais pesquisava, mais eles pareciam um parceiro ideal para o que eu estava fazendo. Para começo de conversa, nunca pretendi escrever um livro, e aquilo tudo tinha começado no Twitter. Eu ia voltar ao Twitter e dizer às pessoas que tinha compartilhado aquele material de graça com elas, e que agora, se elas quisessem me fazer um favor e comprar o material em forma de livro, eu ficaria muito agradecida. Pareceu-me uma bela proposta, considerando a origem do material". Ela então decidiu arriscar. O pessoal da Unbound a orientou durante o processo e a ajudou a montar uma campanha de financiamento com um conjunto de objetivos e incentivos, e também a ajudou a fazer um vídeo. Em pouco tempo, ela estava pronta para lançar a campanha. Começou tuitando para os seus seguidores com detalhes sobre a operação e um *link* da página do financiamento coletivo. Tudo aconteceu muito rápido, e depois de três dias a meta tinha sido atingida. A campanha ficou no ar durante mais alguns meses, e ela arrecadou quase três vezes o valor estabelecido. O livro entrou em produção, o resultado foi magnífico e ele vendeu bem – além dos mil e poucos exemplares destinados às pessoas que financiaram o projeto, a edição comercial vendeu mais mil exemplares em capa dura e alguns milhares em brochura. Foi uma história de financiamento coletivo com final feliz: autor feliz, editores felizes e milhares de leitores que podiam comprar e ler um livro que não teria existido sem essa plataforma de financiamento coletivo e a iniciativa dos seus funcionários.

Estimulada pelo sucesso do primeiro livro e pela experiência, no geral positiva, de trabalhar com a Unbound, Sarah logo começou a pensar em lançar outro livro – "no mesmo estilo do anterior, organizando outra coletânea, provavelmente através da Unbound". Mas, agora que o primeiro livro fora lançado e apresentava um desempenho razoável, os agentes começaram a entrar em contato com ela. "Uma agente, Lucy, me escreveu e sugeriu que nos encontrássemos e conversássemos a respeito dos meus planos para o futuro. Eu então me encontrei com ela e disse: 'Bem, na verdade, não tenho nenhum plano, além do que estou fazendo atualmente'. Ela me disse: 'Bem, acho que você deveria ser mais ambiciosa e pensar em escrever algo além do que está fazendo'. Então ela me deu algumas ideias e fiquei pensando nelas." Quanto mais Sarah pensava no assunto, mais ela gostava das ideias de Lucy, e, assim, decidiu assinar um contrato com a agente. Embora a Unbound também estivesse em contato com Sarah para tratar de uma continuação do livro, ela agora estava indo em outra direção. Lucy tinha suas próprias ideias a respeito do que Sarah deveria publicar e com quem deveria fazê-lo, e a Unbound estava no fim da sua fila de editoras preferidas. "Desde o começo, Lucy tinha uma opinião formada sobre quem poderíamos abordar, e gostava muito de uma editora em particular – ela tinha trabalhado com a editora no passado e gostava da equipe." Com a orientação e os comentários de Lucy, Sarah produziu um novo original, e elas concordaram em dar à editora preferida de Lucy, "Pacific", a opção de uma semana. A Pacific adorou o texto, fez uma proposta vantajosa, com um adiantamento considerável de cinco dígitos, e pronto – Sarah passou a publicar com uma editora de interesse geral convencional.

Portanto, o que afastou Sarah da inovadora *start-up* de financiamento coletivo que tinha sido a sua porta de entrada para o mundo da publicação? Por que não publicar outro livro com eles – eles queriam que ela ficasse, e a divisão de lucros meio a meio parecia melhor, à primeira vista, que a proposta de direitos autorais que ela receberia de qualquer editora convencional. Embora ela fosse grata à Unbound por ter lhe dado a oportunidade de publicar seu primeiro livro, foi difícil resistir ao fascínio de assinar um contrato com uma agente e se transferir para uma editora convencional. Em primeiro lugar, gostava de ter uma agente opinando sobre o que ela devia fazer, fazendo comentários úteis sobre a sua obra e querendo administrar seus textos e sua carreira. Na verdade, Sarah não recebia muitas avaliações editoriais da Unbound – apenas algumas sugestões irrelevantes, "uma palavrinhas aqui e ali". Lucy, por sua vez, não se furtava de lhe fazer comentários bem radicais. "No começo eu resisti muito. Depois pensei bastante e disse, bem, vamos tentar e ver o que acontece. Daí percebi que ela estava absolutamente certa. Eu nunca teria chegado aonde cheguei sozinha." Ela também gostou da ideia de publicar com uma editora comercial que valorizava muito o marketing e a divulgação – algo inexistente na Unbound, o que a deixava realmente incomodada. "Provavelmente um aspecto negativo tinha a ver com marketing e divulgação, porque parecia que eu era a autora, a profissional de marketing e a divulgadora, e não havia mais ninguém. E acho que isso provavelmente está relacionado à falta de recursos, porque eles ainda eram uma editora relativamente pequena, que dependia das plataformas dos próprios autores, em vez de eles mesmos impulsionarem as vendas. Quando o livro finalmente saiu, ele não foi muito além daquele círculo do Twitter. Houve uma ou duas resenhas, e a coisa ficou por aí." Com seu novo livro, Sarah esperava algo diferente. "Eu realmente não quero ser responsável pelo marketing e pela divulgação do meu próprio livro", explicou Sarah, certa de que a Pacific teria um alcance maior: "A diretora de divulgação está realmente entusiasmada com o livro e ela conta com uma gerente de divulgação muito poderosa no mundo dos negócios." Além disso, é claro, havia o contrato com a editora e o adiantamento. Embora os primeiros dias da sua campanha de financiamento coletivo na Unbound tivessem sido divertidos, e ela tivesse ficado impressionada com a quantidade de pessoas que responderam de forma tão positiva e que estavam dispostas a apoiar o livro, seria difícil recusar um contrato no qual a editora oferecia um adiantamento significativo e prometia investir todos os recursos necessários para produzir e publicar o livro, sem exigir que a autora fizesse uma campanha de arrecadação de fundos.

Isso não era tudo. Não se tratava apenas de orientação editorial, de divulgação e de dinheiro – havia também um elemento simbólico, a sensação de que ela ganharia certo reconhecimento no mundo literário ao se transferir para uma editora convencional. "Penso que, provavelmente, a outra coisa – e me dói um pouco dizer isso – tem a ver com credibilidade. Não que a Unbound não tenha credibilidade – já tinha superado meus temores a esse respeito –, mas a Pacific tem um nome mais importante. Basta ver os outros autores do catálogo da editora que publicam regularmente com ela. E embora eu sempre tenha evitado me associar a outros escritores e à cena literária, uma parte minha quer participar disso, guardar o bolo e comê-lo." Embora hesitasse um pouco em admitir, Sarah valorizava o reconhecimento e o capital simbólico que ela obteria ao publicar com a Pacific e desfrutar da companhia de todos os grandes escritores presentes no catálogo. Era uma sensação agradável, como se ela estivesse sendo admitida em um clube exclusivo, convidada a compartilhar a mesa com outros escritores famosos e respeitados, sabendo que parte daquele respeito se transferiria para ela pelo simples fato de ela estar ali na companhia deles. Embora a Unbound também tivesse publicado muitos autores excelentes, seu catálogo não era nada comparado ao catálogo da Pacific. Quanto a isso, não havia concorrência possível.

Rememorando, Sarah se sentia feliz por ter publicado seu primeiro livro pela Unbound, mas também se sentia feliz por ter seguido em frente. "Eles foram uma espécie de facilitadores – não que eu soubesse que precisava de ajuda, mas porque, como com o seu modelo o risco é pequeno, eles estavam dispostos a arriscar em alguém como eu." Também combinou muito bem com o tipo de coisa que ela estava fazendo à época, quando era ativíssima no Twitter e postando algo quase todos os dias – "o casamento da comunidade *on-line* com o projeto funcionou perfeitamente". Mas agora ela estava em outra fase da vida. Queria construir uma carreira de escritora, e criar um relacionamento com uma agente e uma editora maior parecia uma decisão adequada. Isso não significa que ela não publicaria novamente na Unbound no futuro – no geral, foi uma experiência positiva, ela tinha um grande respeito pela equipe da editora e consegue imaginar as circunstâncias em que faria sentido para ela publicar outro livro com a Unbound, quem sabe sobre assuntos relacionados à sua vida no Twitter. "Portanto, eu não diria que os descarto completamente, mas não consigo vê-los fazendo parte do meu futuro imediato." Hoje ela acredita que a Unbound foi um trampolim, não um destino final.

É claro que estamos falando de uma autora, uma história e uma vida específicas: outros autores têm histórias diferentes para contar, e nem todo autor terá o mesmo sucesso que Sarah – na verdade, sua história é mais a exceção que a regra. Mas ela provoca, de fato, algumas reflexões importantes. Primeiro que, embora o financiamento coletivo possa ser, para alguns autores, um modo eficaz de publicar um livro, ele não é necessariamente o caminho que eles escolheriam se tivessem outras oportunidades. Dá muito trabalho, e o autor precisa explorar as redes de possíveis apoiadores para que o projeto dê certo. Por dispor de um grande número de seguidores no Twitter, Sarah ocupava uma posição ideal para garantir o êxito do projeto. Mas mesmo ela preferiu se transferir para uma editora convencional quando surgiu a oportunidade. Segundo, a história de Sarah ressalta o fato de que as escolhas que os autores fazem também dependem do momento em que se encontram em suas carreiras, e uma escolha que pode parecer sensata numa etapa da carreira não é necessariamente a escolha que fariam numa etapa diferente. À medida que o setor editorial se modifica e se torna mais diversificado, com novos concorrentes entrando no campo e oferecendo uma série de opções, os autores passam a ter mais alternativas, e as trajetórias que traçam para si mesmos podem conter várias opções, escolhidas em diferentes momentos, exatamente como aconteceu com Sarah. E, por fim, como a história de Sarah nos recorda, os movimentos que o autor faz nesse setor novo e mais diversificado podem envolver a passagem de uma organização editorial nova e inovadora – seja ela uma editora baseada no financiamento coletivo como a Unbound ou a Inkshares, ou uma plataforma de autopublicação como a Smashwords ou a KDP – para uma editora mais tradicional e convencional como a Pacific, assim como pode implicar o movimento inverso. Organizações e plataformas diferentes oferecem coisas diferentes – cada uma delas tem seus prós e contras, e os autores que estão em condição de escolher devem avaliar esses fatores e traçar uma rota que pareça oferecer o que mais lhes importa naquele momento da vida.

– 9 –

BOOKFLIX

A revolução digital nas indústrias de mídia não somente permitiu que os indivíduos e as organizações produzissem e distribuíssem conteúdo em novas formas: ela também abriu novos modos de consumir o conteúdo. Um dos avanços mais importantes a esse respeito foi o surgimento dos serviços de *streaming* sob demanda com base na internet em diversos setores da mídia. A Netflix tem sido uma das principais inovadoras no cinema e na televisão. Fundada na Califórnia em 1997 por Reed Hastings e Marc Randolph, a Netflix começou vendendo e alugando DVDs, utilizando o serviço postal americano para enviar e receber DVDs, e competindo diretamente com a Blockbuster.[1] Ela introduziu um serviço de assinatura em 1999, e em 2007 começou a fornecer vídeo sob demanda através da internet. O negócio de *streaming* de vídeo logo decolou: em 2011, a Netflix tinha mais de 23 milhões de assinantes nos Estados Unidos; em 2018, tinha mais de 58 milhões de assinantes naquele país e 137 milhões de assinantes em todo o mundo. A Blockbuster, sua principal concorrente no início dos anos 2000, pediu falência em 2010, enquanto outros

---

1 Para um relato completo da história da Netflix, ver Keating, *Netflixed*.

serviços de *streaming* de vídeo surgiram para concorrer com a Netflix, como a Hulu e a Amazon Video (disponível para todos os assinantes do Amazon Prime). Os serviços de *streaming* proporcionaram aos consumidores uma nova forma de consumir filmes, programas de TV e, cada vez mais, séries originais produzidas pelos próprios serviços de *streaming*: pagando uma taxa mensal, eles podiam consumir esse conteúdo sob demanda, quando quisessem e o quanto quisessem, assistindo-o em seus aparelhos de TV, computadores ou dispositivos móveis. O consumo de filmes, programas de TV e séries tinha se tornado muito mais flexível, permitindo que os consumidores escolhessem ao que queriam assistir, a partir de um grande conjunto de conteúdos audiovisuais que estavam disponíveis instantaneamente e em qualquer lugar com o toque de um botão.

Um avanço similar ocorreu no mundo da música. Enquanto o iTunes da Apple foi o precursor do negócio de *download* digital de música no início dos anos 2000, permitindo que os consumidores comprassem *singles* de canções por 99 centavos de dólar, bem como álbuns, baixando-os diretamente para os seus aparelhos, outros assumiram a liderança no desenvolvimento de serviços de *streaming* de música por meio de assinatura. Nesse caso, um dos protagonistas foi a Spotify, uma plataforma de *streaming* de música fundada em 2006 por dois suecos, Daniel Ek e Martin Lorentzon. Por terem crescido com a Napster, Ek e Lorentzon conheciam as vantagens de navegar por coletâneas musicais *on-line*, mas queriam embutir essa experiência numa estrutura legal que oferecesse uma alternativa legítima à pirataria e que tivesse o apoio dos artistas e das gravadoras.[2] Eles criaram um serviço, lançado em outubro de 2008, que permitia que os usuários tivessem acesso a conteúdo protegido por DRM[3] das gravadoras, das empresas de mídia e dos artistas independentes. Os usuários podiam ouvir música emitida para os seus aparelhos por meio de um modelo "freemium", em que os serviços básicos eram gratuitos e patrocinados por anúncios, e os serviços premium – que incluíam ouvir música sem anúncios e uma qualidade sonora superior – estavam disponíveis por meio de assinatura. Em março de 2011, eles tinham 1 milhão de assinantes pagos na Europa; em novembro

---

2 Lacy, "How Daniel Became Goliath: Interview with Daniel Ek", *startups.com*, 10 nov. 2020, disponível em: <https://www.startups.co/articles/how-daniel-became-goliath>.

3 Tecnologias de Gestão de Direitos Digitais (Digital Rights Management – DRM) são um conjunto de ferramentas que permitem que os proprietários de direitos especifiquem e controlem as formas pelas quais a propriedade intelectual pode ser usada – por exemplo, permitindo que o conteúdo seja acessado unicamente por usuários autenticados, seja usado somente em um número limitado de aparelhos, não seja copiado etc.

de 2018, tinham 87 milhões de assinantes pagos e 191 milhões de usuários ativos em todo o mundo, tornando a Spotify o maior serviço de *streaming* de música por assinatura. Contudo, atualmente, ela enfrenta uma concorrência difícil da Apple Music, que foi lançada em junho de 2015, do Google, que agora oferece dois serviços de *streaming* por assinatura, e da Amazon, bem como de outros serviços exclusivos de *streaming* por assinatura que existem há mais tempo, como o Deezer. Tal como a Netflix, esses serviços de *streaming* de música permitiram que os usuários tivessem acesso à música de novas maneiras, examinando e selecionando músicas a partir de grandes bancos de dados e ouvindo-as como e quando desejassem. O relacionamento do indivíduo com a música que ouvia estava mudando: ele estava acessando ou "alugando" música, em vez de possuí-la, e não precisava mais comprar a música imediatamente. Como uma proporção considerável de usuários estava disposta a pagar uma taxa de assinatura para ter acesso aos serviços premium (sem anúncio), esses serviços também conseguiram gerar fluxos de receita duradouros.

Serviços de *streaming* são particularmente atraentes em relação a conteúdos como filmes e música porque estes são aquilo que os economistas chamam de "bens de experiência".[4] Um bem de experiência é um produto ou serviço cujas características são difíceis de identificar antecipadamente: o consumidor tem de testar ou experimentar o bem ou serviço para obter o tipo de informação necessária para orientar suas escolhas. É claro que os consumidores também podem usar, e usam, outras fontes de informação, como reputação, divulgação boca a boca por pessoas confiáveis (como familiares e amigos) e resenhas do produto, mas a fonte de informação mais confiável é realmente a experiência pessoal com o bem ou serviço. Os tipos de bens e serviços que costumam ser descritos como bens de experiência são os restaurantes, os bares, os cabeleireiros, as férias etc., mas muitos produtos de mídia também poderiam ser descritos como bens de experiência: é difícil que o consumidor saiba se quer assistir a um filme ou comprar um LP novo a menos que possa experimentar ou testar, de alguma forma, o filme ou a música – por exemplo, assistindo a um *trailer* ou ouvindo algumas faixas do LP. Devido às características dos produtos de mídia, faz muito sentido poder acessá-los por meio de um serviço de *streaming*, que permite que o consumidor teste uma grande quantidade de produtos e decida assistir ou

---

4 Nelson, "Information and Consumer Behavior", *Journal of Political Economy*, v.78, n.2, p.311-29, 1970.

ouvir do começo ao fim (ou de forma repetida) somente aqueles dos quais ele realmente gosta.

Como os serviços de *streaming* não são proprietários do conteúdo que disponibilizam para os consumidores, a atratividade e a sustentabilidade do serviço depende da sua capacidade de adquirir uma grande variedade de conteúdo desejável em condições viáveis. Dois modelos de negócio são geralmente usados para adquirir conteúdo. Um deles é o modelo de licenciamento com taxa única paga antecipadamente: o serviço de *streaming* paga antecipadamente uma taxa de licenciamento para os proprietários do conteúdo, e em troca pode disponibilizar o conteúdo para os seus assinantes de forma ilimitada durante um determinado período. A taxa é consideravelmente maior se os direitos forem exclusivos. Esse é o modelo usado pela Netflix e por outros serviços de *streaming* de vídeo. Nos primórdios do *streaming* de vídeo, a Netflix conseguia adquirir licenças para um conteúdo de alta qualidade por preços relativamente baixos. Porém, com o aumento da concorrência, os estúdios e as empresas de mídia passaram a cobrar preços mais altos e a acrescentar condições mais restritivas. Adquirir conteúdo usando o modelo de taxa de licenciamento antecipado ficou cada vez mais caro, criando um forte estímulo para que a Netflix e outros serviços de *streaming* produzissem seu próprio conteúdo original, para ter um controle maior dos custos de aquisição de conteúdo. Outro modelo é o de fundo fixo de direitos autorais: em vez de pagar uma taxa de licenciamento antecipada, o serviço de *streaming* transfere uma proporção da sua receita a um fundo de direitos autorais que ele paga aos proprietários de conteúdo segundo uma determinada fórmula. Esse é o modelo usado pela Spotify e por outros serviços de *streaming* de música: o serviço de assinatura decide qual proporção da sua receita será transferida para um fundo de direitos autorais (no caso da Spotify, a quantia é de cerca de 70%), calcula a proporção de execuções ou exibições representada por cada artista e, depois, paga à gravadora essa proporção da receita que foi transferida para o fundo. Quanto o artista recebe depende do acordo que ele fez com a gravadora. Como os pagamentos do fundo de direitos autorais são proporcionais ao número total de execuções e esse número pode ser muito grande (na verdade, ilimitado), a quantia paga por execução pode ser muito pequena – segundo a Spotify, ela paga em média de 0,006 a 0,0084 dólar por reprodução aos detentores de direitos, embora outros calculem que o valor fique geralmente entre 0,004 e 0,005 dólar por reprodução. Além disso, esse tipo de modelo de pagamento proporcional tende a favorecer os selos principais e os artistas mais populares. Artistas de nicho que concorrem com artistas muito populares acabam recebendo uma fatia

AS GUERRAS DO LIVRO

mínima do fundo de direitos autorais. A assimetria de pagamentos em favor dos selos principais e dos artistas mais populares, somado ao fato de que o valor de cada pagamento é muito pequeno, provocou nos últimos anos um coro crescente de críticas da parte dos artistas, entre outros, e ganhou destaque em 2014 com a decisão de Taylor Swift de remover todas as suas músicas da Spotify, em meio a um surto de propaganda negativa da empresa.[5]

Se os serviços de *streaming* eram populares entre os consumidores de filme e de música, por que não o seriam entre os leitores? Como os serviços de *streaming* estavam decolando ao mesmo tempo que as vendas de livros digitais cresciam exponencialmente, era totalmente plausível pensar que os livros poderiam ser acessados digitalmente através de um serviço de assinatura, do mesmo modo que os filmes e as músicas – por que não? A exemplo dos filmes e das músicas, os livros são bens de experiência: você só sabe que vai gostar de ler um livro específico depois de começar a lê-lo, embora existam, naturalmente, diversas maneiras de reduzir o risco (p. ex., se você gosta dos livros de Stephen King ou Lee Child, então não tem muita dúvida de que vai gostar de um novo lançamento desses autores). Além disso, a possibilidade de ler o quanto quiser por uma taxa de assinatura mensal reduzida pode ser uma proposta financeira difícil de resistir para alguns leitores inveterados. Essas foram algumas das reflexões que levaram ao surgimento de uma série de serviços de assinatura de conteúdo de livros digitais a partir de 2010.

A APOSTA DA SCRIBD

Trip Adler e Jared Friedman se conheceram quando estudavam em Harvard no início dos anos 2000. Jared estava estudando Ciência da Computação e Trip estava se especializando em Física e Arte. Queriam fundar uma empresa juntos, mas não sabiam ao certo de que tipo seria. Experimentaram um punhado de projetos, tentando compreender o panorama das *start-ups* e o estado da internet naquele momento, e acabaram tendo a ideia que se transformaria na Scribd. O pai de Trip, que era professor em Stanford,

---

5 Ellis-Petersen, "Taylor Swift Takes a Stand over Spotify Music Royalties", *The Guardian*, 5 nov. 2014, disponível em: <www.theguardian.com/music/2014/nov/04/taylor-swift-spotify-streaming-album-sales-snub>. Para uma visão geral da controvérsia entre os artistas e a Spotify, ver Marshall, "'Let's Keep Music Special. F--- Spotify': On-Demand Streaming and the Controversy over Artist Royalties", *Creative Industries Journal*, v.8, p.177-89, 2015.

reclamava que não havia uma maneira mais simples de publicar um ensaio médico que ele acabara de escrever. "Então tivemos a ideia de criar um serviço que lhe permitiria pegar o ensaio, publicá-lo facilmente e compartilhá-lo na internet", explicou Trip. "Depois ampliamos rapidamente o serviço para além dos ensaios médicos, incluindo todos os tipos de conteúdo escrito. Portanto, nós nos transformamos, basicamente, naquilo que chamamos de YouTube dos documentos – você pode pegar qualquer tipo de documento e publicá--lo na internet." Eles se mudaram para a região da baía de São Francisco, levantaram 12 mil dólares com a incubadora Y Combinator, mais 40 mil dólares com um investidor anjo e então, logo depois, 3,5 milhões de dólares com capitalistas de risco, e lançaram a Scribd no dia 6 de março de 2007. A exemplo de inúmeras *start-ups* da época, o mantra era construir a base de usuários e crescer o mais rapidamente possível, deixando a preocupação com a monetização do negócio para depois – "como foi assim que o Google e o Facebook começaram, nós tínhamos a mesma postura". O essencial era se concentrar numa métrica que refletisse as especificidades da empresa e continuar otimizando essa métrica. "A métrica para nós era o número de documentos subidos e o tráfego para esses documentos. Promovemos então um círculo viral no qual conseguimos que as pessoas subissem documentos, os documentos gerassem tráfego, e então parte do tráfego subisse seus próprios documentos. Foi assim que o círculo começou."

No início, a Scribd era gratuita: os usuários podiam subir e acessar documentos sem pagar nada. Trip e Jared só começaram a pensar seriamente em receita um ou dois anos depois da abertura. Como acontece com muitas *start-ups* de tecnologia, grande parte da atividade é experimental: você tenta algo e vê se funciona – se funcionar, você desenvolve o projeto, se não funcionar, você deixa de lado e tenta outra coisa. Em 2008, puseram anúncios no *site* e geraram um fluxo de receita modesto. Em seguida, tentaram vender conteúdo, especialmente livros. "Como percebemos, desde o começo, que as editoras de livros estavam compartilhando trechos de livros em nosso serviço para promover seus livros, imaginamos que também poderíamos permitir que elas os vendessem." Lançaram a Scribd Store, e não tardou para as Cinco Grandes marcarem presença na loja. Eles estavam atuando como um varejista de livros digitais, vendendo-os com base no modelo de inter-mediação. Mas isso não funcionou muito bem. Seus usuários não queriam pagar por conteúdo, e, se quisessem, era mais provável que recorressem à Amazon. A experiência, então, chegou a um impasse – "na verdade, ela nunca deu em nada". Em seguida, começaram a testar um modelo premium, que era o outro modelo popular na época. A ideia era cobrar uma taxa de 8,99 dólares por uma assinatura mensal com algumas características premium, como experiência livre de anúncios, acesso ilimitado, *download* ilimitado, impressão ilimitada de conteúdo etc. Começaram a testar o modelo em 2010 – naquela época, tinham cerca de 80 milhões de visitantes por mês. Alguns usuários reagiram mal: eles receberam alguns e-mails enraivecidos e alguns usuários manifestaram sua raiva em fóruns da internet. Muitos deles saíram e nunca mais voltaram. Mas muitos permaneceram, e decidiram optar pelo serviço premium. Trip atribui isso à combinação entre conteúdo de qualidade e experiência agradável do usuário: "Realmente, foram esses dois elementos: tínhamos uma biblioteca de conteúdo que ninguém mais tinha, e criamos uma experiência única de pesquisa e análise de conteúdo". Como um instrumento de geração de receita, o modelo de assinatura premium estava funcionando muito melhor que os anúncios, e muito melhor que a tentativa de vender conteúdo no *site*. Em 2012, eles tinham um negócio rentável.

Contudo, embora a empresa fosse lucrativa, ela não estava crescendo muito rápido. Precisaram sustentar o modelo de assinatura acrescentando mais conteúdo de qualidade ao serviço premium. Sabiam que a Netflix e a Spotify estavam tendo um bom desempenho, e que elas tinham conseguido pegar indústrias de mídia em que o conteúdo era revendido *à la carte* e transformá-las em serviços baseados em assinatura. A Scribd tinha uma grande quantidade de livros digitais encalhados em sua loja, e eles perceberam que estavam ganhando muito mais dinheiro com conteúdo promovendo as características premium do que tentando vendê-lo. Portanto, pensaram que, se pudessem fazer uma parceria com as editoras de livros e colocar seus livros no serviço de assinatura para disponibilizá-los aos usuários premium, então poderiam ganhar um monte de dinheiro – eles e as editoras. Poderiam fazer pelo livro o que a Netflix tinha feito pelo filme e pela TV, e a Spotify tinha feito pela música: oferecer um serviço de assinatura de livros digitais em que os usuários, em troca da taxa mensal, teriam acesso ilimitado aos livros disponíveis no serviço. Eles já tinham muitos dos elementos prontos: a plataforma de leitura, um número grande de visitantes do *site*, um serviço de assinatura com uma grande quantidade de assinantes pagos, uma grande demanda por livros digitais e relacionamentos efetivos com muitas editoras, incluindo as Cinco Grandes.

O desafio agora era imaginar uma forma de convencer as editoras a licenciar seus livros digitais para um serviço de assinatura. Como ninguém jamais criara um serviço de assinatura de livros digitais, não estava claro como ele funcionaria, se alguma editora lhes cederia os direitos para poderem criar o serviço, nem se poderiam adquirir os direitos sob condições que tornariam o empreendimento financeiramente vantajoso para as editoras e financeiramente viável para eles. Portanto, foram conversar com as editoras. O fato de a Netflix e a Spotify já existirem facilitou as coisas: podiam usar esses exemplos para mostrar que o modelo tinha funcionado em outros setores da mídia. Mas, mesmo assim, não foi fácil. A maioria dos editores com quem conversaram disseram: "De jeito nenhum, nem pensar, serviços de assinatura de livros digitais nunca vão dar certo". Eles tinham inúmeros motivos para pensar assim – como as pessoas leem menos livros do que ouvem música, a proposta de valor para o cliente não é tão convincente no caso dos livros; a questão dos direitos era insuperável e seria impossível estruturar um negócio de uma forma que fosse justa para os autores; a leitura por assinatura canibalizaria as vendas dos livros digitais e as editoras seriam prejudicadas; e assim por diante. Em suma, eles não tiveram uma boa acolhida. "Conversamos com muita gente do setor editorial", recorda Jared. "Eu diria que provavelmente nove de cada dez pessoas nos disseram que a ideia nunca iria dar certo, que éramos loucos e que deveríamos desistir." Mas eles perseveraram, e alcançaram uma pequena vitória quando duas pequenas editoras da região da baía de São Francisco, Berrett-Koehler e Inner Traditions, decidiram arriscar. Mas eles sabiam que, para o negócio dar certo, teriam de descobrir um jeito de fazer que algumas das grandes editoras de interesse geral convencionais comprassem a ideia. Muito dependeria do modelo financeiro que usariam para pagar as editoras. Conheciam o modelo de taxa de licenciamento antecipado usado pela Netflix e o modelo de fundo de direitos autorais usado pela Spotify, mas parecia claro que nenhum desses modelos funcionaria com os livros digitais: mesmo se fosse possível convencer as editoras a usar o modelo de taxa de licenciamento antecipado (algo improvável), as taxas que eles teriam de pagar para licenciar conteúdo dessa forma seriam demasiado altas. E as editoras convencionais se opunham firmemente a um modelo de fundo de direitos autorais, que transfere inteiramente o risco para os proprietários do conteúdo. Um de seus consultores da indústria editorial – alguém que tinha trabalhado como executivo sênior em uma das Cinco Grandes e estava bem a par das suas preocupações – sugeriu um modelo diferente, que poderia ser chamado de modelo de "patamar" ou de "pagamento pelo uso": quando o usuário ultrapassasse um determinado patamar de leitura do livro, a Scribd pagaria imediatamente à editora como se o livro tivesse sido comprado. A proposta, então, ficou assim: a Scribd pagaria 80% do preço do livro sempre que 20% dele fosse lido. O patamar era variável – podia variar de uma editora para outra, mas a meta era 20%.

O modelo de patamar ou de pagamento pelo uso atraía as editoras por um motivo óbvio: ele transferia o risco da editora para o provedor do serviço, garantindo que as editoras seriam pagas como se o livro tivesse sido vendido quando o usuário tivesse lido 20% do livro. Não importava se o usuário terminava o livro ou se lia mais uma frase: o patamar de 20% tinha sido alcançado, e isso gerava o pagamento. O modelo trazia ainda o risco de canibalização, já que os leitores podiam começar a ler vários livros e nunca atingir o patamar de 20%, e, consequentemente, as editoras não receberiam nada pela atividade de leitura abaixo do patamar. Mas o risco era muito inferior ao do modelo de fundo de direitos autorais, e, mais importante, a quantia paga às editoras quando os leitores atingiam o patamar de 20% era provavelmente muito maior, além de ser controlada pelas editoras, já que os preços dos livros eram fixados por elas. Porém, o modelo de patamar continha um risco significativo para o provedor do serviço – nesse caso, a Scribd –, porque ele pressupunha que os assinantes do serviço leriam, em média, um número muito reduzido de livros. Se todos os assinantes, ou a maioria deles, lessem vários livros por mês, ou mesmo se lessem mais de 20% de vários livros por mês, então os pagamentos às editoras excederiam em muito as receitas auferidas pela Scribd através da taxa mensal de assinatura de 8,99 dólares. Portanto, do ponto de vista da Scribd, a viabilidade desse modelo dependia do pressuposto de que um número relativamente reduzido de assinantes seriam leitores inveterados, e que estes seriam compensados por um grande número de leitores eventuais, que liam poucos livros e/ou raramente ultrapassavam o patamar de 20%. Em outras palavras, era o modelo da academia de ginástica aplicado aos livros: existem alguns usuários assíduos que vão diariamente à academia, mas uma proporção considerável das pessoas que se matriculam numa academia de ginástica raramente – ou nunca – a frequenta. A regra geral do negócio de assinaturas é que é preciso haver dois terços de usuários eventuais para subsidiar um terço de usuários assíduos – se o padrão geral for o uso assíduo, o modelo não funciona, seja na administração de uma academia ou de um serviço de assinatura de livros.

A Scribd adotou o modelo plenamente consciente dos riscos: sabia que ele daria certo financeiramente somente se o modelo da academia funcionasse com os livros, e a maioria dos assinantes fosse do tipo de gente bem-intencionada que se matricula numa academia e raramente, ou nunca, aparece. Mas ela também sabia que não tinha muita opção: se quisesse contar com a adesão das editoras de interesse geral convencionais, parecia claro que aquele era o único modelo que funcionaria. Era um jogo, um desafio, uma aposta calculada. Seus diretores não tinham a menor ideia se iria funcionar, mas sabiam que só descobririam se tentassem. "Portanto, decidimos arriscar", disse Trip. "Percebemos que havia espaço para aperfeiçoar o modelo mais tarde." Primeiro, atraíram uma série de pequenas e médias editoras, além de acrescentar um monte de livros autopublicados, especialmente da Smashwords. Então a HarperCollins, uma das Cinco Grandes, aderiu, disponibilizando todo o seu fundo de catálogo de livros digitais: tudo que tinha sido lançado havia um ano ou mais. Com a adesão da HarperCollins, eles acharam que tinham conteúdo e credibilidade suficientes para lançar o serviço de assinatura de livros digitais, o que aconteceu no dia 1º de outubro de 2013. Em maio de 2014, a Simon & Schuster decidiu disponibilizar seu fundo de catálogo de livros digitais na Scribd, no que foi seguida, em janeiro de 2015, pela Macmillan. Portanto, eles agora contavam com a adesão de três das Cinco Grandes. Em alguns desses casos, pagaram adiantamentos relativamente altos para estimular a participação das principais editoras. Em novembro de 2014, acrescentaram 30 mil audiolivros, cujo acesso ilimitado aos assinantes estava incluído na taxa de assinatura de 8,99 dólares. O projeto estava atingindo rapidamente uma escala impressionante.

Mas os problemas não tardaram a aparecer. Eles tiveram origem no paradoxo que está no centro do modelo de patamar: os melhores e mais fiéis usuários são também os menos lucrativos. Quanto mais consomem, mais eles custam, o que faz que os usuários assíduos sejam a maior fonte de prejuízo. Isso gera uma "estrutura de incentivo reverso", na qual o provedor começa a buscar formas de limitar ou desestimular o uso por parte dos usuários mais assíduos. Depois do lançamento do serviço de assinatura de livros digitais e audiolivros, a situação financeira da Scribd piorou rapidamente, e a empresa deixou de ser um negócio rentável e se tornou extremamente deficitária. Era preciso encontrar uma maneira de estancar as perdas. Ao examinar os padrões de uso, descobriram que havia duas áreas em que o paradoxo do usuário assíduo era particularmente pronunciado: ficção romântica e audiolivros. "O que acontece é que os leitores de romance leem muito mais que a maioria dos tipos de leitor, eles leem cem livros por mês", explicou Trip. "Como eles iriam quebrar a empresa, tivemos de fazer alguns ajustes." Eles tomaram a decisão drástica de remover 90% dos livros de ficção romântica a partir de 15 de junho de 2015. "Retiramos todos os livros caros. O que aconteceu é que, em razão do acordo feito com a Harlequin, tínhamos disponibilizado quase todo o seu catálogo, o que fez que começasse a haver um crescimento exponencial dos pagamentos à editora." Ocorreu o mesmo problema com os audiolivros: "Havia tanta gente ouvindo os audiolivros que, alguns meses depois, estávamos com um prejuízo de

AS GUERRAS DO LIVRO

cerca de 1 milhão de dólares por mês só nesse segmento". Por isso, eles também mudaram a regra referente aos audiolivros: em agosto, limitaram o serviço a um título por mês.

Embora essas duas mudanças tenham sido importantes e tenham estancado a perda de recursos, o serviço continuava dando prejuízo. Naquele momento, então, tiveram de tomar uma decisão: tentar captar capital de risco para financiar o modelo de uso ilimitado ou alterar o modelo para torná-lo lucrativo. Escolheram a segunda opção, e, na primavera de 2016, passaram a adotar o sistema de três livros por mês. "O que descobrimos", explicou Trip, "é que, tirando a categoria romance, apenas 3% dos assinantes liam mais que três livros por mês." Portanto, em vez de reduzir ainda mais o catálogo e continuar oferecendo acesso ilimitado a um catálogo menor, decidiram limitar o acesso a três livros por mês e oferecer um catálogo mais extenso a todos, correndo o risco de desapontar os 3% que normalmente liam mais.

As mídias sociais e a imprensa não reagiram bem às mudanças relacionadas ao serviço. "Estou profundamente decepcionado com as suas táticas de 'propaganda enganosa'", reclamou um usuário. "Não sou um leitor insaciável de ficção, costumo ler de 1 a 3 livros por mês, mas gosto de usar livros de não ficção como referência. Não vou usar mais o 'serviço' deles, e vou chamar a atenção dos outros para a minha experiência, o que provavelmente vai lhes custar uma perda de receita."[6] "Por ser um leitor insaciável, eu finalmente tinha feito a assinatura, e um mês depois recebo essa notícia. Fiquei muito irritado", reclamou outro.[7] Trip admite que foi difícil: "Você desagrada todo mundo porque, em razão do que aconteceu com o vídeo e a música, existe uma expectativa de uso ilimitado. No longo prazo, eu adoraria ter um modelo realmente ilimitado, mas preciso da adesão das editoras para que ele funcione". Em outras palavras, na visão de Trip, o acesso ilimitado só funcionaria se as editoras estivessem dispostas a aceitar um modelo de fundo de direitos autorais, que permitiria que a Scribd tivesse um controle maior dos seus gastos. Na falta dele, e se a Scribd é obrigada a usar um modelo de pagamento baseado em um patamar, então o uso restritivo parecia a única forma viável de fazer o serviço funcionar. E, na prática, apesar da reclamação de alguns usuários, o número de cancelamentos foi relativamente pequeno. "Se analisarmos os dados concretos, a decisão

---

6 Comentário de Jay em artigo de Harrison, "Scribd Adds New Content Limits", *eBook Evangelist*, 16 fev. 2016, disponível em: <https://ebookevangelist.com/2016/02/16/scribd-adds-new-content-limits>.

7 Comentário de Michelyn Coffer, ibid.

reduziu de fato o crescimento, houve cancelamentos e um número menor de novos assinantes. Mas não houve uma enorme redução de crescimento."

Depois de fazer esses ajustes importantes nas condições do serviço, a Scribd voltou a dar lucro e prosseguiu na missão de ampliar seu conteúdo, aperfeiçoando a experiência do usuário e aumentando a base de assinantes. Além de documentos, livros e audiolivros, em novembro de 2016 eles acrescentaram as revistas, oferecendo aos usuários acesso ilimitado a várias delas, entre as quais *Time, Fortune, People, Bloomberg Businessweek, Foreign Policy* e *New York Magazine*, além de outras que foram acrescentadas posteriormente. Então, em maio de 2017, acrescentaram uma seleção de artigos de alguns jornais importantes e de alguns *sites* de notícias populares, entre os quais *New York Times, Wall Street Journal, Guardian, Financial Times*, NPR e ProPublica.* O objetivo era oferecer aos usuários acesso a diferentes tipos de conteúdo, documentos, livros, audiolivros, revistas e artigos de jornal, tudo pelo preço de uma assinatura e todos eles interligados para aumentar a "descobertabilidade" e permitir que os usuários passassem tranquilamente de um conteúdo para o outro.

Na primavera de 2017, a Scribd tinha mais de 500 mil assinantes pagos, e a sua base de assinantes estava crescendo cerca de 50% ao ano. Dois anos depois, em janeiro de 2019, tinha mais de 1 milhão de assinantes. Ao contrário de muitos serviços de assinatura que precisavam usar publicidade, entre outros métodos, para conquistar novos assinantes, a grande maioria dos novos assinantes da Scribd tinha origem nos 150 milhões de visitantes mensais do seu *site*. Uma vez que o visitante tivesse se registrado ou iniciado o teste grátis, o fundamental era mantê-lo, e, para isso, era necessário acrescentar mais conteúdo e personalizar a experiência do usuário. "É preciso ter o conteúdo certo diante do usuário certo na primeira sessão de utilização do serviço, para fazê-lo decidir ficar", explicou Trip. "Descobrimos que o principal indicador de que o usuário foi capturado é o fato de ele usar o serviço e ler livros. Portanto, o que tentamos, basicamente, é otimizar o número de assinantes que vão descobrir o serviço num determinado mês, mas particularmente em seu primeiro mês ou em sua primeira semana, ou até em seu primeiro dia. Tentamos otimizar isso ininterruptamente, tanto na interface com o usuário, que é a experiência que ele tem ao descobrir e ler as coisas, como na estrutura de apoio, que é o conteúdo que levamos até ele

---

* *Site* de notícias sem fins lucrativos, mantido basicamente por meio de doações, que afirma praticar um jornalismo investigativo voltado à exposição de desmandos do setor público e privado. (N. T.)

em nossas recomendações." A exemplo de todos os serviços de assinatura, o algoritmo utilizado no motor de recomendação é uma parte crucial dessa personalização. "As recomendações são feitas de diversas maneiras", prossegue Trip. "Se alguém lê um determinado livro, verificamos que outros livros os leitores daquele livro normalmente leem – observamos as semelhanças textuais –, sabe, se o livro fala muito em energias renováveis, descobrimos outro livro que também aborde o mesmo assunto e combinamos os dois. Existem inúmeros sistemas diferentes, e estamos sempre otimizando o processo." Um aspecto que tem um papel importante na Scribd são as recomendações de conteúdos transversais – isto é, se você está lendo um documento, a Scribd recomenda livros relacionados ao tema; se está lendo um livro, ela recomenda artigos relacionados ao tema, e assim por diante. "É essa recomendação de conteúdos transversais que nos dá uma posição privilegiada."

A Scribd conseguiu desenvolver um serviço de assinatura de livros digitais e audiolivros lucrativo e que, ao mesmo tempo, apresentava um ótimo crescimento, embora modesto em tamanho se comparado a serviços de assinatura como os da Netflix e da Spotify. Tinha convencido um bom número de editoras a disponibilizar seu fundo de catálogo de livros digitais, entre elas três das Cinco Grandes, e tinha descoberto uma forma de fazer que o modelo de patamar funcionasse – mais por tentativa e erro e repetição contínua do que em virtude de um plano minuciosamente concebido que os guiasse desde o começo. "Pode parecer que existe um grande projeto, mas a nossa visão estratégica é fruto de muita repetição", explicou Trip. Com uma *start-up* como essa, é preciso estar disposto a arriscar e depois ajustar as coisas continuamente para tentar fazê-la funcionar. Graças a uma mistura de senso de oportunidade, decisões prudentes em momentos críticos e uma dose de sorte, a Scribd deu certo, pelo menos até agora. Mas eles não estavam sozinhos, e alguns não tiveram a mesma sorte.

A ASCENSÃO E A QUEDA DA OYSTER

Mais ou menos na mesma época em que Trip e Jared tentavam descobrir uma forma de ampliar seu serviço de assinatura de documentos por meio da inclusão de livros digitais, um jovem de 23 anos recém-formado seguia uma linha de raciocínio semelhante em Nova York. Eric Stromberg se formara em História e Economia na Universidade Duke e tinha ingressado numa *start-up* de tecnologia de Nova York chamada Hunch, que estava desenvolvendo a tecnologia do motor de recomendação. Quando a empresa foi vendida para a eBay em 2011, Eric decidiu fundar seu próprio negócio. Era a época em que os livros digitais estavam começando a decolar, e Eric, inspirado pelo que tinha visto na Spotify ("mudou o meu jeito de ouvir música"), começou a juntar os dois e a pensar numa maneira de desenvolver um serviço de assinatura de livros digitais. O que lhe agradava particularmente na Spotify era o modo com que ela tinha incorporado o motor de recomendação à experiência de audição: para ele, isso era muito mais interessante do que o fato de se tratar de um serviço de assinatura. "O interessante não é a assinatura", refletiu. "O que é realmente interessante é aquilo que a assinatura permite, ou seja, descobrir algo, receber uma recomendação e, com um clique, testar aquilo, tudo num único lugar. O que me inspirou no modelo de assinatura foi a possibilidade de ter tudo num único lugar." Era essa experiência "tudo em um" que ele queria reproduzir no mundo emergente dos livros digitais.

Em fevereiro de 2012, ele começou a conversar com gente da indústria editorial – editores, agentes e autores, entre outros – para tentar compreender o funcionamento do setor e para descobrir se eles seriam simpáticos à ideia de um serviço de assinatura de livros digitais. Como Trip e Jared, Eric não encontrou muito entusiasmo pela ideia entre as editoras: "Em 2012, muita gente ainda estava tentando entender o digital. Acrescentar assinatura à mistura era tornar um tabuleiro de xadrez bidimensional que já era complexo num tabuleiro de xadrez tridimensional extremamente complexo. As pessoas não estavam buscando mais complexidade". Sem se deixar abater por essa falta de entusiasmo inicial, Eric não desistiu. Dois parceiros vieram se juntar a ele, Andrew Brown e Willem van Lancker, e os três montaram um plano de negócio e foram para o Vale do Silício apresentar a ideia aos investidores. "Tínhamos de provar que éramos gente séria", explicou Eric, "e acho que era fundamental contar com investimento por trás da gente, para que as editoras soubessem que estaríamos no mercado pelo menos durante alguns anos." Em outubro de 2012, arrecadaram 3 milhões de dólares de financiamento semente do Founders Funds, de Peter Thiel, com sede em São Francisco, entre outros. Contando com esse financiamento inicial, eles começaram a construir o aplicativo e a assinar com editoras.

Não foi fácil convencer as editoras a ceder seus livros digitais. Eric contratou Matt Shatz, que tinha trabalhado na indústria editorial durante muitos anos, era conhecido e contava com a confiança de muitas pessoas do setor, para fazer a ponte com as editoras e ajudar a convencê-las. Seu discurso para as editoras tinha dois argumentos principais. O primeiro era um modelo de negócio atraente. Como a Scribd, a Oyster decidira usar o

AS GUERRAS DO LIVRO

modelo de patamar, ou pagamento por uso, para convencer as editoras a lhes entregar seu conteúdo. Como não dispunham de recursos para pagar um adiantamento para licenciar conteúdo (*à la* Netflix), e sabiam que as grandes editoras não teriam aderido se eles tivessem proposto um modelo de fundo de direitos autorais (*à la* Spotify), o modelo de pagamento por uso era a única opção realista se quisessem contar com a adesão das grandes editoras. Os números exatos que comporiam o patamar e acarretariam o pagamento foram negociados diretamente com cada editora – não era um percentual fixo, mas ficava geralmente entre 10% e 20%. Quando um leitor tinha lido mais que o percentual combinado de qualquer título, então a Oyster pagava à editora o preço cheio daquele livro digital, com um desconto que era acertado, caso a caso, com cada editora.

O segundo argumento que usaram era que a participação num modelo de assinatura seria uma forma excelente de lidar com o problema da descoberta. Eles sabiam que as editoras estavam preocupadas com isso: com o fim da Borders e a pressão constante sobre as livrarias físicas, além do declínio dos suplementos literários e de outros espaços de mídia em que os livros eram discutidos e resenhados, havia cada vez menos lugares em que os leitores podiam descobrir livros. Como tomariam conhecimento dos livros de uma editora se esses espaços de descoberta estavam em declínio? Parte do discurso da Oyster era que, nessas circunstâncias, um serviço de assinatura de livros digitais favoreceria as editoras ao facilitar a descoberta de novos livros pelos leitores. "A principal estatística que me entusiasma", explicou Eric, "é que na Netflix cerca de 80% do conteúdo é conteúdo mais antigo que é encontrado por meio de descoberta, não de busca. Na Spotify, cerca de 80% do que é ouvido é material que não é novidade, ao passo que nas plataformas de varejo, sejam elas a Apple ou a Amazon, só 20% é encontrado por meio de descoberta e 80% é encontrado por meio de busca. Portanto, a assinatura é realmente muito eficaz para ajudar as pessoas a descobrir coisas." Os clientes podem encontrar coisas novas tanto sabendo exatamente o que querem e usando um motor de busca para encontrá-las (e a Amazon faz um trabalho excelente ao permitir que encontremos algo se sabemos o que queremos), como sabendo que querem algo "de um certo tipo", embora não saibam exatamente o quê. Neste último caso, existe uma lacuna entre "querer algo de um certo tipo" e "querer uma coisa específica", e é aí que um motor de recomendação bem concebido pode ser muito valioso. Além disso, se o motor de recomendação estiver ligado a um modelo de assinatura, ele tem o potencial de ser particularmente eficaz, pela simples razão de que o modelo de assinatura remove a barreira da compra: o leitor (ou ouvinte) pode pesquisar um livro (ou um álbum) e ler (ou ouvir) o quanto quiser antes de decidir se continua; e, se decidir não continuar, pode experimentar outra coisa – não é preciso comprar o livro (ou o álbum) para decidir se gosta dele o suficiente a ponto de lê-lo (ou ouvi-lo) inteiro. A barreira da compra gera um certo atrito que desestimula as pessoas a experimentar coisas novas, e, se você remover essa barreira, é provável que as pessoas experimentem mais. "O modelo de assinatura está criando a melhor experiência de pesquisa do mundo", afirmou Eric. Ele é particularmente eficaz para ajudar os clientes a descobrir conteúdo mais antigo, como títulos de fundo de catálogo, e livros que não são *best-sellers*, porque o motor de recomendação pode ser ajustado para levar os clientes a penetrar cada vez mais no fundo de catálogo e a chegar aos livros que não fazem parte das listas de mais vendidos. Isso foi muito bem recebido por vários editores preocupados com o declínio das livrarias e das mídias de crítica literária, e que estavam ansiosos para experimentar novas formas de aumentar a "descobertabilidade" dos seus livros e extrair mais valor dos seus fundos de catálogo.

As primeiras editoras a aderir foram as de pequeno porte e as editoras de interesse geral mais especializadas. Embora tenha sido muito mais difícil convencer as Cinco Grandes, isso era crucial para a escala e a credibilidade do serviço. Só quando a HarperCollins concordou em ceder 10% do seu fundo de catálogo é que eles sentiram que tinham conteúdo suficiente para o lançamento. "Sabíamos que a primeira pergunta que nos fariam seria: 'Vocês estão trabalhando com uma das Cinco Grandes?' E existe uma diferença enorme entre responder Não e Sim". Com a adesão da HarperCollins, a Oyster lançou seu serviço de assinatura no dia 5 de setembro de 2013, apenas algumas semanas antes de a Scribd lançar seu serviço de assinatura de livros digitais na Costa Oeste. Saudada como a Netflix dos livros,[8] a Oyster oferecia aos assinantes o acesso a 100 mil livros por 9,95 dólares ao mês – não apenas aos 10% da HarperCollins, mas também a títulos da Houghton Mifflin Harcourt, da Workman, da Rodale e de outras pequenas editoras, além de uma grande quantidade de livros autopublicados da Smashwords.

A Oyster continuou expandindo seu serviço ao longo do final de 2013 e início de 2014, aperfeiçoando a interface do usuário e estendendo-a para outras plataformas, aumentando o número de assinantes e acrescentando

---

8 Bertoni, "Oyster Launches Netflix for Books", *Forbes*, 5 set. 2013, disponível em: <https://www.forbes.com/sites/stevenbertoni/2013/09/05/oyster-launches-netflix-for-books/?sh=6f406d1b4ce1>.

mais conteúdo. No final de 2013, ela conseguiu mais 14 milhões de dólares de empresas de capital de risco lideradas pela Highland Capital Partners. Em maio de 2014, o acordo com a HarperCollins foi ampliado, passando a incluir 100% do fundo de catálogo da editora, e no mesmo mês a Simon & Schuster disponibilizou todo o seu fundo de catálogo. Em janeiro de 2015, a Macmillan anunciou que estava pondo mil títulos do fundo de catálogo na Oyster, e no final daquele mês a Oyster anunciou que tinha feito um acordo com a Pottermore para disponibilizar todos os dez títulos de Harry Potter em seu serviço de assinatura. Em março de 2015, quando eu me encontrei com Eric na sede da Oyster, localizada em um apartamento adaptado no centro de Manhattan, o entusiasmo era visível: eles dispunham então de 1 milhão de livros, três das Cinco Grandes e oito das dez maiores editoras tinham aderido, a chegada de Harry Potter tinha sido um sucesso ("uma sensação inacreditável – até eu subestimei a importância do acordo para as pessoas"), eles tinham criado um produto que fora bem recebido, o negócio estava crescendo e estavam contratando mais funcionários. A *start-up* parecia estar decolando, o modelo de assinatura de livros digitais parecia estar funcionando e o céu era o limite. Ou assim parecia.

Então, no dia 21 de setembro de 2015, apenas seis meses depois da nossa conversa e dois anos depois da inauguração, a Oyster anunciou o fim do serviço. Foi informado que Eric e alguns membros da equipe da Oyster ingressariam no Google, e que o Google pagaria entre 15 milhões e 20 milhões de dólares pelo direito de contratar parte da equipe – em outras palavras, o serviço seria encerrado e o Google "compracontrataria" parte da sua equipe.[9] O Google não estava comprando uma empresa, estava comprando um produto e uma equipe técnica e editorial que ele podia incorporar para aperfeiçoar seus próprios negócios. O que deu errado, então? Por que uma *start-up* que parecia estar prestes a decolar subitamente bateu as botas?

Para o observador externo, talvez fosse evidente que o problema era o modelo de negócio: o modelo de patamar, ou pagamento por uso, certamente era o furo que tinha afundado o navio. Ao concordar em pagar à editora o preço do livro digital uma vez que o leitor tivesse lido 10% ou 20% do livro, a Oyster certamente estava se comprometendo com um modelo de negócio que a obrigava a pagar às editoras mais do que ela arrecadava com as taxas de assinatura, esgotando suas reservas financeiras e destruindo qualquer

---

9 Bergen; Kafka, "Oyster, a Netflix for Books, Is Shutting Down. But Most of Its Team Is Heading to Google", *Recode*, 21 set. 2015, disponível em: <www.recode.net/2015/9/21/11618788/oyster-books-shuts-down-team-heads-to-google>.

esperança de se tornar lucrativa. Por mais que pareça provável, esse não foi o principal motivo da falência da Oyster. A Oyster era, até certo ponto, lucrativa. O problema principal era que a Oyster não estava aumentando suficientemente rápido a sua base de assinantes, e estava gastando demais para conquistar novos clientes.

Como todos os negócios de assinatura, a viabilidade da Oyster dependia da proporção entre o assim chamado custo por aquisição (CPA) e o valor vitalício do cliente (VVC). O custo por aquisição é calculado examinando o quanto é gasto mensalmente para captar novos clientes (através da propaganda e de outros métodos) e dividindo esse montante pelo número líquido de novos assinantes (isto é, aqueles que se registram menos os que cancelam a assinatura). O valor vitalício é determinado calculando o quanto é faturado mensalmente com cada usuário e multiplicando isso pelo número de meses que, em média, o usuário mantém a assinatura (baseado na taxa de evasão real). Os investidores numa empresa de assinatura como a Oyster geralmente buscam uma proporção de 1:3 ou 1:4, o que significa que, para cada dólar gasto na captação de um novo assinante, devem ser gerados 3 ou 4 dólares de valor vitalício.

Na verdade, a Oyster estava tendo um pequeno lucro bruto com cada usuário – para cada 10 dólares que recebia em taxas de assinatura, cerca de 8 dólares iam para as editoras, deixando-a com um pequeno superávit de 2 dólares. Estava usando o motor de recomendação de maneira bastante eficaz, direcionando os usuários para os livros que custavam menos à empresa – 3 dólares em vez de 9 dólares, por exemplo –, mas que, aparentemente, também satisfaziam os leitores. Portanto, tinha uma margem bruta positiva, embora pequena. Por outro lado, a Oyster estava gastando muito tentando construir sua base de assinantes e captar novos clientes. Estava fazendo anúncios *on-line*, principalmente no Facebook e no Google, que custavam caro. Embora os diretores tivessem o cuidado de gastar de forma inteligente – experimentando mensagens diferentes, anunciando em momentos diferentes, gastando mais nos meses em que a publicidade era mais barata etc. –, cada novo usuário ainda estava lhes saindo muito caro: de 40 a 50 dólares por usuário. O resultado era que a proporção entre o CPA e o VVC estava muito distante de 1:3 ou 1:4 – na verdade, ela estava ligeiramente negativa. "Isso não quer dizer que os assinantes dessem prejuízo – eles davam lucro", explicou um ex-funcionário. "Mas o volume de dinheiro que estávamos gastando para captá-los ainda era excessivo." Para ele, o erro da Oyster foi ter confiado demais na publicidade e ignorado a "captação orgânica" – isto é, o boca a boca, "fazer as pessoas partilharem sua história por iniciativa própria, em vez de simplesmente comprar cada cliente". Priorizou a tentativa de aumentar a base de assinantes o mais rápido possível, usando, para isso, a publicidade, em vez de assegurar a obtenção do tipo de proporção CPA-VVC que agradasse os possíveis investidores. Essa proporção era uma métrica fundamental para os investidores. Se a Oyster tivesse sido capaz de demonstrar que estava aumentando a sua base de assinantes numa velocidade razoável e com uma proporção CPA-VVC de acordo com as expectativas do setor, talvez tivesse encontrado investidores dispostos a participar de uma segunda rodada de financiamento. Como se viu, ela não conseguiu organizar uma segunda rodada, e a sua situação financeira se tornou insustentável sem o novo financiamento. Portanto, a etapa seguinte era procurar por aquilo que é chamado eufemisticamente de "dinheiro estratégico", ou seja, empresas que podem ter interesse em adquirir o negócio para incorporá-lo, ou partes dele, à sua própria operação. Daí o acordo com o Google.

Isso também explica por que a Scribd sobreviveu e a Oyster faliu. Como a Scribd era uma empresa que lidava com documentos antes de criar um serviço de assinatura de livros digitais, já dispunha de uma grande base de usuários de cerca de 150 milhões de visitantes mensais e de um serviço de assinatura, e podia vender seu novo serviço de assinatura de livros digitais para a sua base de usuários existente. A captação de cada novo assinante não custou praticamente nada à Scribd, porque ela concentrou seus esforços na conversão de alguns dos usuários e visitantes existentes em assinantes pagos. A Oyster, por outro lado, estava usando publicidade paga para contatar e captar novos assinantes, gastando entre 40 e 50 dólares por cada um deles. A maioria dos serviços de assinatura bem-sucedidos teve algo que lhes servira de ajuda no começo – a Netflix fez acordos com fabricantes de produtos eletrônicos para colocar cupons de assinatura de avaliação gratuita nos aparelhos de DVD, e fez um acordo com o Walmart que direcionava seus clientes para ela. A Spotify fez um acordo com o Facebook que lhe permitiu entrar em contato com milhões de possíveis usuários. E a Scribd já atuava no setor de documentos. A Oyster estava começando do zero. Em suma, foi o alto custo de aquisição por assinante da Oyster e o baixo custo da Scribd que afundaram a Oyster e permitiram que a Scribd sobrevivesse.

Embora o alto custo de aquisição por assinante da Oyster fosse o principal motivo da sua ruína, suas chances de sucesso certamente não aumentaram com a chegada de outro ator importante no espaço de assinatura de livros digitais.

O KINDLE UNLIMITED ENTRA EM CENA

Fazia cerca de 9 a 10 meses que a Scribd e a Oyster tinham sido fundadas quando a Amazon anunciou, em julho de 2014, que estava lançando seu próprio serviço de assinatura de livros digitais, o Kindle Unlimited (KU). Ele seria um serviço de assinatura autônomo, diferente da Kindle Owners' Lending Library (Koll), que tinha sido criada em 2011 (ver Capítulo 5) para permitir que os membros do Amazon Prime que tinham um Kindle emprestassem um livro digital por mês na Kindle Store, um privilégio oferecido pelo Amazon Prime a seus membros. Os assinantes do KU pagariam uma taxa de assinatura mensal de 9,99 dólares e teriam acesso ilimitado a cerca de 600 mil livros digitais e 2 mil audiolivros. Os livros digitais poderiam ser lidos no Kindle, ou em outros aparelhos através do aplicativo do Kindle. Devido à escala da Amazon e ao fato de que muitos leitores já estavam usando o Kindle para ler livros, essa nova oferta da Amazon parecia representar uma séria ameaça às duas novas *start-ups* de serviço de assinatura. Embora, à primeira vista, o Kindle Unlimited se parecesse muito com a Scribd e a Oyster – mesma taxa de assinatura abaixo de 10 dólares, mesmo cardápio "coma à vontade" etc. –, na verdade havia diferenças fundamentais. Duas eram particularmente significativas.

Em primeiro lugar, o KU usava um modelo de negócio muito diferente. Na verdade, a Amazon estava usando um modelo misto: ela fechou uma série de acordos especiais com algumas editoras para adquirir conteúdos badalados para a Koll – e, por conseguinte, para o KU – como *Lord of the Rings* [*O Senhor dos Anéis*], *The Hunger Games* [*Jogos vorazes*], a série Harry Potter etc. Em relação a esses títulos excepcionais publicados por editoras convencionais, a Amazon usava uma versão do modelo de patamar, ou pagamento por uso. Mas, em relação à grande maioria do conteúdo do KU – em geral livros autopublicados através do Kindle Direct (os livros registrados no KDP Select eram automaticamente registrados no KU) e livros publicados pelos próprios selos da Amazon –, o modelo usado pela Amazon era uma versão do modelo de fundo permanente de direitos autorais: a Amazon criou um fundo para o KU, e se alguém lesse 10% ou mais de um livro então o autor receberia um pagamento proporcional do fundo do KU (a Amazon já tinha instituído um sistema desse tipo para a Koll). O volume do fundo mudava todo mês; quando o KU foi lançado, em julho de 2014, o fundo foi fixado em 2,5 milhões de dólares. O modelo de fundo de direitos autorais permitiu que a Amazon mantivesse reduzidos os custos do conteúdo de uma forma que a Scribd e a Oyster não tinham conseguido fazer, mas também fez que os pagamentos globais aos proprietários de conteúdo fossem muito mais baixos.

Em julho de 2015, um ano depois de lançar esse modelo de pagamento, a Amazon o modificou, passando a pagar aos autores direitos autorais com base nas páginas lidas, em vez de pagar direitos autorais sempre que o leitor lia 10% de um livro. Alguns observadores sugeriram que a Amazon fez essa mudança em parte como uma resposta à enxurrada de livros curtíssimos de 20 a 30 páginas que inundaram o KU, os quais, de acordo com a regra dos 10%, recompensariam o autor depois que um leitor tivesse lido apenas 2 ou 3 páginas, ao passo que o autor de um livro de 300 páginas só seria recompensado se o leitor fosse além da página 30. O modelo original do KU representava um forte estímulo para que os autores autopublicassem um grande número de contos curtos e os acrescentassem ao fundo. Como observou o autor autopublicado C. E. Kilgore: "Os autores de textos longos estão desaparecendo, enquanto um número cada vez maior de autores está acrescentando contos curtos ao fundo, aumentando o problema. Era apenas uma questão de tempo para que o KU começasse a se afogar no fundo superlotado e raso em que leitores que pagavam 10 dólares por mês liam 30 livros de 25 páginas cada, custando ao KU quase 80 dólares/mês em taxas de empréstimo".[10] Mas a modificação nas condições de pagamento significou que os autores recebiam uma pequena taxa por página, geralmente menos de meio centavo de dólar por página. Por isso, um autor que autopublicasse um livro de 250 páginas receberia cerca de 1,25 dólar se alguém lesse o livro inteiro, e receberia menos se o leitor não terminasse o livro (se parasse depois da página 50, ele receberia apenas 25 centavos de dólar). Por outro lado, se o leitor tivesse comprado o livro digital por 3,99 dólares, o autor teria recebido 2,79 dólares de direitos autorais, independentemente de o leitor ter lido o livro. A mudança nas condições de pagamento, aliada ao fato de que a Amazon exigia que os autores registrassem os livros no Kindle Select para dar exclusividade ao Kindle, bastou para convencer alguns autores a retirar seus livros do KU e do KDP Select. Porém, para muitos outros autores autopublicados, o KU se tornara apenas mais uma fonte de receita no ambiente em expansão e cada vez mais diversificado da Amazon, e eles estavam dispostos, ao menos por ora, a registrar seus livros no KU para ver o que acontecia.

---

10 C. E. Kilgore, citado em Reach, "You don't Get Paid Unless People Actually Read your Book: The New Kindle Unlimited Royalties", *MobyLives*, 16 jun. 2015, disponível em: <www.mhpbooks.com/you-dont-get-paid-unless-people-actually-read-your-book-the-new-kindle-unlimited-royalties>.

A outra grande diferença era que muito poucas editoras convencionais, e nenhuma das Cinco Grandes, estavam dispostas a pôr seus livros no KU. O principal motivo era que o modelo de fundo de direitos autorais deixava as editoras sem qualquer controle sobre o montante que elas e seus autores receberiam quando seus livros fossem emprestados e lidos. Todo mês, a Amazon decidia sozinha o tamanho do fundo de direitos autorais, e se uma editora recebia 1,25 dólar toda vez que um livro de 250 páginas era lido do começo ao fim (menos, se a leitura não terminasse), essa quantia teria de ser dividida com o autor, deixando ambos, editora e autor, com uma fração do que teriam recebido de uma venda regular. Do ponto de vista da editora, e também do ponto de vista de muitos autores, esse modelo era muito menos atraente que o modelo de patamar ou de pagamento por uso que estava sendo usado pela Scribd e pela Oyster, e a maioria das editoras, incluindo todas as Cinco Grandes, não estavam dispostas a aceitar as condições da Amazon. Algumas editoras podem muito bem ter tido, e continuar tendo, outros motivos para não querer participar do KU – algumas porque desconfiavam do poder crescente da Amazon e queriam estimular a concorrência no mercado, outras porque desconfiavam do sistema de assinatura *tout court*. Mas o modelo de fundo de direitos autorais apoiado pela Amazon representou um forte desestímulo à participação de qualquer editora convencional.

O resultado foi que a grande maioria dos livros do KU acabou sendo composta por livros autopublicados através do KDP e de livros publicados pelos próprios selos da Amazon – em outras palavras, no referente ao conteúdo, o KU apresentava uma forte distorção no sentido dos livros publicados e autopublicados pela Amazon. Desse modo, quanto ao conteúdo, o KU representava uma proposta muito diferente da Scribd e da Oyster: elas se orgulhavam de dar acesso aos títulos de fundo de catálogo de muitas das editoras convencionais, incluindo várias das Cinco Grandes, ao passo que o KU se limitava basicamente aos livros publicados ou autopublicados pela Amazon. Dos mais de 1,4 milhão de livros disponíveis no KU em 2018, quase 1,3 milhão, ou 92%, eram exclusivos da Amazon, o que significa que eram autopublicados através da Amazon ou publicados por um dos seus próprios selos. Isso deixava somente 100 mil livros não exclusivos, dos quais grande parte também era autopublicada. Apenas uma pequena proporção do 1,4 milhão de livros era de outras editoras, quase todos de editoras pequenas.[11]

---

11 Price, "5 Reasons Why a Kindle Unlimited Subscription Isn't Worth It", *makeuseof.com*, atualizado em 19 maio 2021, disponível em: <www.makeuseof.com/tag/kindle-unlimited-worth-money-why>. Acesso em: 11 ago. 2021.

Apesar da preponderância de conteúdo publicado através da Amazon e da falta de títulos das editoras convencionais, o serviço de assinatura do KU parecia estar ganhando terreno. Ele tinha a grande vantagem de ser o único serviço de assinatura que funcionava no Kindle, que era (e continua sendo) o leitor digital mais popular. A Amazon, como sempre, protege cuidadosamente os seus dados, mas é possível ter uma ideia do crescimento do KU examinando a mudança de tamanho do fundo de direitos autorais. A Figura 9.1 mostra o Fundo Global do KU, do qual os direitos autorais são pagos, de julho de 2014 – quando o KU foi fundado – até o final de 2019.

Figura 9.1 – Fundo Global do KU
Fonte: Written Word Media.

O gráfico mostra que o fundo de direitos autorais se expandiu rapidamente nos primeiros dezoito meses, passando de 2,5 milhões de dólares, em julho de 2014, para 15 milhões de dólares, em janeiro de 2016, um aumento de 600% em dezoito meses. A partir daí, o padrão foi mais errático e o crescimento foi mais lento: nos quatro anos seguintes, o fundo aumentou 75%, passando de 15 milhões de dólares, em janeiro de 2016, a 26,2 milhões de dólares, em dezembro de 2019. Isso sugere uma certa estabilização da base de assinantes do início de 2016 em diante. Embora a Amazon nunca tenha revelado o número de assinantes, alguns observadores utilizaram dados sobre o tamanho do fundo de direitos autorais, o pagamento médio por página e o número médio de livros que os assinantes normalmente liam para calcular o número total de assinantes: chegaram a cerca de 2,5 milhões em

2017.[12] Trata-se, na melhor das hipóteses, de um cálculo aproximado, mas uma base de assinantes entre 2 milhões e 3 milhões em 2017 provavelmente seria um palpite seguro. Alguns indícios sugerem que os assinantes do KU tendem a ler mais livros que os leitores que não assinam o KU, e que uma proporção significativa deles é composta por leitores inveterados que leem mais de vinte livros por mês.[13] Alguns indícios também sugerem que os assinantes do KU têm uma probabilidade maior de considerar o romance como o gênero que mais lhes interessa.[14]

Embora o KU seja o principal serviço de assinatura da Amazon, ela também ampliou seu mais importante programa de filiação, o Amazon Prime, que passou a incluir livros digitais. Em outubro de 2016, a Amazon lançou o Prime Reading, que oferece a todos os membros do Amazon Prime acesso grátis e ilimitado a mais de mil livros, quadrinhos e revistas digitais. A seleção de títulos é regularmente modificada e atualizada. Com mais uma oferta de livros digitais feita pela Amazon, seria compreensível que os leitores ficassem confusos: qual é a diferença entre o Prime Reading, o KU e o Koll? O Prime Reading faz parte do serviço de assinatura com vantagens múltiplas do Amazon Prime. Quem se torna membro do Amazon Prime automaticamente tem acesso grátis aos mil livros, quadrinhos e revistas digitais que estão disponíveis no Prime Reading (também tem acesso a alguns filmes, programas de TV e músicas). O KU é um serviço de assinatura totalmente separado e independente, dedicado aos livros digitais e audiolivros, pelo qual é preciso pagar uma taxa de assinatura separada (em 2019, o KU custava 9,99 dólares/7,99 libras por mês; o Amazon Prime custava 12,99 dólares/7,99 libras, ou 119 dólares/79 libras por ano). O KU oferece um catálogo muito maior de livros digitais – mais de 1,4 milhão de títulos, contra os mil títulos disponíveis no Prime Reading. Como o Amazon Prime, o Koll também está disponível gratuitamente aos membros do Amazon Prime. O Koll permite que os leitores tenham acesso a um catálogo de mais de 800 mil

---

12 "How Do Kindle Unlimited Subscribers Behave (and How Does it Impact Authors)?", *Written Word Media*, 13 abr. 2017, disponível em: <www.writtenwordmedia.com/2017/04/13kindle-unlimited-subscribers/#>.

13 Ibid. A base é uma pesquisa feita com cerca de mil leitores, alguns dos quais são assinantes do KU e outros não. A pesquisa revelou que mais de 71% dos assinantes do KU disseram ler cinco livros ou mais por mês, em comparação com 57% de leitores não assinantes do KU, e 20% dos assinantes do KU disseram ler mais de vinte livros por mês. Mas esses são resultados espontâneos extraídos da base de leitores da Written Word's. É improvável que eles constituam uma amostra representativa, e talvez não representem um retrato preciso dos hábitos de leitura dos assinantes do KU.

14 Ibid. A pesquisa revelou que 35% dos assinantes do KU disseram que o romance era seu gênero principal, em comparação com 25% de leitores não assinantes do KU.

títulos – o catálogo do Koll se parece, em muitos aspectos, ao catálogo do KU. Mas no Koll o leitor pode emprestar apenas um livro por mês, enquanto no KU ele tem acesso ilimitado à biblioteca de 1,4 milhão de títulos.

A ASSINATURA NO ECOSSISTEMA DOS LIVROS

A entrada da Amazon no ramo de assinatura de livros digitais mudou a natureza do jogo. Até então, o que havia basicamente era uma guerra entre duas *start-ups*, ambas impulsionadas por capital de risco e concorrendo entre si por assinantes com base em estratégias e ofertas muito similares. "O Kindle Unlimited mudou tudo", observou um alto executivo de uma dessas *start-ups*. "Sempre esperamos que a Amazon entrasse no mercado depois que a Scribd e a Oyster começaram a ficar em evidência. Imaginamos que eles sentiriam a necessidade de combater a nova ameaça ao seu negócio. Acho que ficamos todos surpresos com a rapidez com que ela conseguiu reagir – para uma grande empresa, nove meses é um espaço de tempo muito curto –, com a agressividade da resposta e com a disposição de canibalizar seus próprios negócios para liquidar a ameaça potencial vinda da Scribd e da Oyster." Essas *start-ups* se viram então diante de um concorrente com uma ordem de grandeza muito diferente, que tinha a escala e os recursos para mudar a natureza do jogo, ao menos em princípio.

Numa luta aparentemente muito desigual, a Amazon contava com inúmeras vantagens. Em primeiro lugar, ela era o principal concorrente no mercado do livro digital, e, portanto, dispunha de uma plataforma extremamente poderosa para vender seu novo serviço de assinatura de livros digitais. Promoveu o KU em todos os seus principais *sites*; ele figurou durante muito tempo em sua página inicial, voltando a ela várias vezes depois do lançamento original. E o simples fato de que a edição Kindle de todo livro no KU aparecia no *site* da Amazon como estando disponível gratuitamente no Kindle Unlimited era, em si mesmo, uma forma eficaz e extremamente visível de promoção do KU. Outra grande vantagem era que somente o KU estava disponível nos leitores Kindle – nem a Scribd nem a Oyster podiam dar aos seus assinantes a opção de ler seus livros no Kindle. Como o Kindle era o principal aparelho de leitura de livros digitais, o circuito fechado entre o KU e o Kindle deu ao KU uma vantagem decisiva sobre seus rivais. A Amazon explorou isso criando "pacotes" do KU com os aparelhos Kindle e fazendo promoções especiais com Kindles em períodos importantes como o Natal. A terceira vantagem era que, como uma grande quantidade de conteúdo do KU vinha dos próprios programas de autopublicação e publicação da Amazon, ela conseguia controlar os custos de aquisição desse conteúdo utilizando um modelo de fundo de direitos autorais, o que lhe permitia manter reduzido o custo médio de aquisição de conteúdo de uma forma que nem a Scribd nem a Oyster conseguiam fazer – em suma, a Amazon conseguia tornar o KU mais lucrativo que a Scribd e a Oyster reduzindo o custo de aquisição do conteúdo.

Mas essa última vantagem também era o principal ponto fraco do KU. Embora o KU fosse excelente para quem queria ler muitos livros autopublicados através do KDP ou publicados por um dos selos próprios da Amazon, ele não era muito útil para quem queria ler livros publicados pelas editoras convencionais. A Amazon tinha feito alguns acordos especiais com um punhado de editoras para permitir que ela disponibilizasse alguns títulos famosos, como os livros de Harry Potter, mas a maioria das editoras convencionais, incluindo todas as Cinco Grandes, tinham se recusado a participar do KU. "O Kindle Unlimited tem muito conteúdo autopublicado", observou Jared, um dos fundadores da Scribd, "mas se você considerar a totalidade do catálogo do ponto de vista da demanda, a Scribd tem um percentual muito maior dos livros do mundo, do ponto de vista da demanda, em seu serviço que o Kindle Unlimited." Por ser capaz de oferecer aos leitores o acesso a livros digitais publicados por muitas editoras convencionais, incluindo títulos de fundo de catálogo de três das Cinco Grandes, a seleção de títulos oferecida pela Scribd e pela Oyster era muito diferente da seleção disponível no KU, mesmo que os leitores tivessem de pagar mais por esse privilégio. Outra vantagem que a Scribd e a Oyster tinham era na área de *design* do produto. É verdade que o KU operava num circuito fechado com o Kindle, mas nenhum deles tinha sido criado como um serviço de *streaming*. "Se você analisar os serviços de *streaming*, perceberá que a forma como os produtos foram concebidos é muito diferente das experiências do comércio eletrônico", explicou Jared. "Se você comparar o iTunes com o Spotify, verá que não existe apenas uma diferença na maneira em que os usuários são cobrados: os produtos têm uma aparência muito diferente. E o Kindle Unlimited está estruturado apenas como uma forma de comprar um livro na Kindle Store sem pagar por ele, ao passo que a Scribd e a Oyster foram realmente desenvolvidas como experiências de *streaming* de primeira classe."

Com o desaparecimento da Oyster, o espaço de serviços de assinatura de livros digitais agora está polarizado entre duas propostas principais: de um lado, a Scribd, do outro, o Kindle Unlimited (junto com as outras propostas da Amazon, a Koll e o Prime Reading). A diferenciação de conteúdo entre os dois serviços deixa os consumidores diante de duas opções totalmente opostas: quem quer um serviço de assinatura que lhe dê acesso aos livros de fundo de catálogo publicados por editoras convencionais, deve escolher a Scribd. Por outro lado, quem quer um serviço de assinatura que dê acesso a ficção romântica e a centenas de milhares de livros autopublicados através da Amazon ou publicados pelos próprios selos da Amazon deve escolher o KU. Dada a recusa das editoras convencionais em participar do KU, e dada a condição de exclusividade do KDP Select, a sobreposição do conteúdo disponível nos dois principais serviços de assinatura é mínima. É quase certo que o KU tenha muito mais assinantes que a Scribd, provavelmente o dobro ou o triplo, mas a Scribd está se aguentando e continua crescendo. Em fevereiro de 2018, a Scribd também retomou a prática de oferecer acesso ilimitado à maioria dos assinantes, embora limitasse o acesso aos títulos mais caros para um pequeno percentual de leitores inveterados. Somando-se os dois serviços pode haver de 3 a 4 milhões de usuários que pagam uma taxa mensal de 8,99 ou 9,99 dólares para ter acesso a um serviço de assinatura de livros digitais e audiolivros.

Tendo em vista as tendências recentes, parece provável que os serviços de assinatura de livros digitais continuem representando uma parcela crescente, mas relativamente secundária, do varejo de livros no futuro próximo. Supondo que, juntos, esses dois serviços tivessem de 3 a 4 milhões de usuários que pagavam aproximadamente 10 dólares mensais por assinatura, isso representaria uma receita total de 360 a 480 milhões de dólares por ano, num setor que, só nos Estados Unidos, faturou mais de 26 bilhões de dólares em 2017 e cerca de 16 bilhões de dólares em livros de interesse geral (i. e., excluindo os livros educativos, técnicos e didáticos). Embora as cifras não sejam insignificantes, ainda assim elas representam um pequeno percentual do mercado livreiro – só 3% das vendas de livros de interesse geral nos Estados Unidos, e menos de 2% da receita global da indústria editorial americana (e, se levarmos em conta que nem todos os assinantes residem nos Estados Unidos, as proporções reais provavelmente são ainda menores). Comparado à importância crescente dos serviços e assinatura nas indústrias da música e do audiovisual, o papel dos serviços de assinatura na indústria editorial é marginal (os serviços de *streaming* geraram cerca de dois terços de toda a receita da indústria americana da música em 2017,[15] e, em 2018, 69% de todos os lares americanos tinha um serviço de assinatura de vídeo

---

15 Friedlander, "News and Notes on 2017 RIAA Revenue Statistics", disponível em: <www. riaa.com/wp-content/uploads/2018/03/RIAA-Year-End-2017-News-and-Notes.pdf>.

sob demanda da Netflix, Amazon Prime e/ou Hulu).[16] Como os livros não têm o tipo de apelo popular generalizado da música, dos filmes e da TV, é improvável que a penetração de mercado de um serviço de assinatura consagrado aos livros seja tão alta como a dos serviços cujo foco é a música e o entretenimento audiovisual. Neste caso, porém, a reflexão importante não é a penetração geral do serviço de assinatura, e sim o fato de que, dentro da própria indústria do livro, a receita gerada pelos serviços de assinatura continue representando uma pequena parcela da receita global do setor. Isso não quer dizer que será sempre assim – a situação pode mudar no futuro. Vai depender de inúmeros fatores, dos quais os mais importantes são, provavelmente, os quatro apresentados a seguir.

O primeiro fator, que é o mais evidente, é que o apelo dos serviços de assinatura de livros digitais dependerá de quanto os leitores desejem ler livros em formato digital, na tela, em vez de lê-los no formato físico. Nesse aspecto, os serviços de assinatura da indústria do livro não são diretamente comparáveis aos serviços de assinatura de música, filmes e séries de TV, simplesmente porque o livro impresso continua sendo o formato preferido de muitos leitores, de um modo que não encontra paralelo nas indústrias da música, do cinema e da TV. Atualmente, a grande maioria dos consumidores escuta música em algum formato digital (mesmo com a popularidade renovada do vinil, que, apesar da sua admirável retomada, ainda representava menos de 5% da receita da indústria americana de música em 2017), e os filmes e as séries de TV sempre são assistidos numa tela. Portanto, os serviços de assinatura de música, filmes e TV estão explorando mercados em que normal e preponderantemente o conteúdo é distribuído de forma digital, e, no caso dos filmes e da TV, consumido em telas – simplesmente não existe outra maneira de consumi-lo. Contudo, no caso dos livros, o impresso continua soberano, e, para os leitores que preferem o meio impresso, um serviço de assinatura de livros digitais não representa um verdadeiro atrativo. São nas áreas e nos gêneros em que a leitura de livros digitais é particularmente predominante – p. ex., romance, fantasia e suspense – que os serviços de assinatura ganharam impulso e têm uma probabilidade de prosperar no futuro, tanto porque esses são gêneros em que as proporções digital/impresso se inclinam em favor dos livros digitais como porque os leitores inveterados desses gêneros provavelmente sejam sensíveis às vantagens financei-

---

16 "69% of U. S. Households Have an SVOD Service", Leichtman Research Group, 27 ago. 2018, disponível em: <www.leichtmanresearch.com/wp-content/uploads/2018/08/LRG-Press-Release-08-27-18.pdf>.

ras de acessar conteúdo através de um modelo de assinatura. Mas, se a venda de livros digitais não está aumentando em relação ao impresso, se ela está se estabilizando ou mesmo declinando, então a perspectiva de um aumento significativo do número de assinantes pode ser limitada – as empresas podem chegar a um ponto em que a capacidade de captar novos assinantes pode se chocar com a preferência arraigada de ler na página impressa.

O segundo fator que tem tido um papel importante no desenvolvimento dos serviços de assinatura na indústria editorial é o fato de que, na maioria das vezes, os proprietários de conteúdo – as editoras – têm estado dispostos a disponibilizar seu conteúdo somente com base em um modelo de negócio que transfira a maior parte do risco para o serviço de assinatura. Os modelos de negócio que eram usados pelos serviços de assinatura nas indústrias da música e do audiovisual simplesmente não serviam para os serviços de assinatura que queriam adquirir conteúdo das editoras convencionais, seja porque esses serviços não dispunham dos recursos necessários para pagar taxas de licenciamento adiantadas, ou porque as editoras não aceitavam um modelo de fundo de direitos autorais fixo. A Scribd e a Oyster se viram forçadas a usar um modelo de patamar ou de pagamento por uso para adquirir livros das editoras convencionais, um modelo que reduzia suas margens e lhes deixava pouquíssimo espaço de manobra em termos financeiros. Embora a Amazon tenha feito acordos especiais para adquirir alguns títulos famosos, a maior parte do conteúdo do KU é autopublicada ou pertence a selos da Amazon, e esse conteúdo é remunerado por meio de um modelo de fundo de direitos autorais, o que permite que a Amazon determine o quanto paga por ele. Essa bifurcação de modelos de negócio está na base da polarização do setor e limita o tamanho do crescimento dos dois principais concorrentes.

O terceiro fator que tem inibido o crescimento do setor é a resistência de algumas editoras convencionais em ter qualquer tipo de participação, independentemente do modelo de negócio. Embora algumas editoras, incluindo três das Cinco Grandes, tenham disponibilizado seus fundos de catálogo na Scribd (e na Oyster, quando ela existia), outras editoras se abstiveram de fazê-lo, e a maioria das editoras convencionais, incluindo todas as Cinco Grandes, se recusaram a participar do KU. A resistência das editoras em participar do KU é compreensível, quando se leva em conta o modelo de fundo de direitos autorais preferido pela Amazon e o seu predomínio no mercado. Mas por que elas se recusariam a participar de um esquema de assinatura como o da Scribd, no qual receberiam o preço digital cheio de uma venda sempre que 10% ou 20% do livro fosse lido? Um alto executivo de uma das grandes editoras não participantes expressou assim as suas preocupações: "Não estamos participando porque achamos que os riscos desse modelo no momento são maiores que as vantagens que oferece". Ele explicou que, em qualquer modelo de assinatura, são os usuários assíduos que têm mais a ganhar com a adesão ao serviço de assinatura. Porém, quanto mais os usuários assíduos passam a fazer parte do serviço de assinatura, maior o risco de queda da receita global das editoras. "No caso dos livros, o nosso temor é que os leitores inveterados, que representam de 70% a 80% da receita do setor, se sintam desproporcionalmente atraídos por um modelo de assinatura em relação aos usuários eventuais, e a razão é: por que, se eu compro um livro por ano, precisaria me filiar a um serviço de assinatura de livros? Portanto, devido a essa dinâmica, achamos que o risco de que haja uma queda da receita global é maior no modelo de assinatura do que no modelo atual". Se um leitor inveterado compra 4-5 livros por mês, ele pode estar gastando 700-800 dólares por ano com livros; se, em vez disso, toda a sua atividade de leitura se dá através de um serviço de assinatura, seu gasto anual com livros poderia cair para 120 dólares. É claro que as duas formas de consumo de livros não são necessariamente excludentes entre si: um leitor pode ler alguns livros através de um serviço de assinatura e também comprar alguns livros que não estavam disponíveis naquele serviço. Mas ainda existe o risco de que o gasto geral dos leitores inveterados diminua. Também existe uma oportunidade aqui: se muitos leitores que gastam muito menos de 120 dólares por ano com livros pudessem ser convencidos a se filiar a um serviço de assinatura, isso compensaria o declínio do gasto global dos leitores inveterados. No momento, porém, é difícil imaginar por que uma grande quantidade de leitores esporádicos faria isso. "Portanto, achamos apenas que o risco é maior que a oportunidade, porque não vemos muita oportunidade ali." E, mesmo que a Amazon lhes pagasse uma quantia superior aos pagamentos oriundos do fundo de direitos autorais, essa quantia ainda representaria uma fração do que ela paga por uma venda direta. "Desse modo, das duas perspectivas, da perspectiva do setor como um todo e da perspectiva da divisão entre nós e a plataforma, simplesmente consideramos esse modelo extremamente arriscado."

Nem todos os funcionários das grandes editoras compartilham essa visão cautelosa. Uma alta executiva de outra editora explicou que, em sua empresa, a assinatura era considerada mais uma oportunidade que um risco. Quando se observam os consumidores em outros setores da mídia, como a música, e especialmente os consumidores jovens, percebe-se que muitos preferem o acesso em vez da propriedade. Por isso, é importante atuar nesse espaço e procurar aprender o que funciona e o que não funciona – "Se você se omite, não vai aprender e não terá voz, e os modelos serão definidos sem a sua participação." Por exemplo, você pode descobrir que os modelos de assinatura atraem mais leitores para os títulos de fundo de catálogo, os quais, com o declínio das lojas físicas, têm se tornado cada vez mais invisíveis. Portanto, desde que o serviço de assinatura use um modelo de patamar ou de pagamento por uso, então, segundo ela, vale a pena testar a assinatura para ver o que funciona e o que não funciona. Ela sabe muito bem que existem riscos – especialmente o risco de perda de receita associada à transformação de leitores inveterados em assinantes. Mas avalia que os ganhos potenciais superam os riscos, ao menos nesta etapa inicial da evolução dos modelos de assinatura. A indústria editorial está dividida a esse respeito e ainda não se sabe se outras editoras irão adotar essa abordagem "tente e veja o que acontece". E, caso a adotem, se a sua experiência será suficientemente positiva a ponto de levá-las a prosseguir com a experiência.

O quarto fator que irá desempenhar um papel importante na configuração do futuro dos serviços de assinatura é aquilo que a Amazon decidir fazer. Por mais impressionante que seja a façanha da Scribd (e ela é impressionante: seus fundadores realizaram a proeza, bastante rara entre as *start-ups* de tecnologia, de aumentar sua base de assinantes numa velocidade expressiva ao mesmo tempo que administravam um negócio lucrativo), ela continua sendo uma operação de nicho. É provável que o papel da Amazon seja muito mais importante que o da Scribd simplesmente porque a Amazon tem um alcance muito maior – ela tem um número muito maior de clientes que a Scribd, mesmo que o KU seja relativamente pequeno. Até aqui, o crescimento do KU foi limitado pelo fato de que seu conteúdo é composto basicamente de livros autopublicados através do KDP ou publicados por um dos selos da própria Amazon – até o momento, o KU tem sido mais uma parte do ecossistema da Amazon do que do ecossistema do livro como um todo. Mas isso poderia mudar, se a Amazon decidisse, por um motivo qualquer, priorizar o KU, e usasse a influência que tem no mercado para pressionar as editoras a participar. A oferta de livros do KU se tornaria então muito mais variada e atraente para os leitores, e isso poderia mudar o jogo. Mas será que as editoras não poderiam simplesmente recusar? Poderiam, mas esse é um jogo de poder, e um varejista que controla metade das vendas de uma editora tem um monte de cartas na manga. "A Amazon pode dizer: 'Bem, se vocês agirem assim, então talvez deixemos de vender seus livros. Eles vão sumir da plataforma'. É esse o poder que eles têm", refletiu um executivo sênior de uma das grandes editoras. Ele era um profissional experiente, e seus comentários se baseavam numa avaliação sensata da realidade do mercado, não em paranoia. "Isso só aconteceria se achassem que seria uma prioridade suficientemente importante para eles, e não sabemos se esse é o caso." Mas o simples fato de ele ter evocado a possibilidade é uma prova da angústia que muitas editoras sentem em relação ao poder de varejo da Amazon e à forma como ela poderia usá-lo para moldar a evolução do setor.

Outra opção disponível para a Amazon seria ampliar o Prime Reading como uma forma de tornar a filiação ao Amazon Prime mais atraente, expandindo o Amazon Prime como um serviço de assinatura com vantagens múltiplas em que os livros digitais teriam uma participação fundamental e crescente. "Suponhamos que a Amazon imagine que as pessoas que leem muito no Prime Reading tenham uma probabilidade muito maior de renovar sua filiação ao Prime do que as pessoas que não leem no Prime Reading", prosseguiu o executivo da editora. "E que então ela queira tornar essa oferta atraente porque vai monetizar as pessoas através de outros recursos da sua plataforma, e que depois ela possa usar sua influência para forçar as editoras a acrescentar mais livros de qualidade em algo desse tipo" – de novo, um cenário hipotético, mas dentro dos limites da possibilidade. Qualquer movimento nessa direção seria visto com temor por muitos editores, inclusive este referido há pouco, porque nesse ambiente os livros seriam usados como uma isca para atrair os clientes para a plataforma da Amazon, onde eles gastariam dinheiro com outros produtos. E se os consumidores puderem obter livros grátis, como um benefício adicional por ser membro do Prime, então podem estar menos dispostos a pagar por eles, especialmente quando seu tempo de leitura é limitado.

Tendo em vista a desconfiança das editoras em relação às intenções da Amazon, somada ao fato de que a principal alternativa à Amazon no universo das assinaturas continua sendo a de um concorrente de nicho, parece provável que a assinatura continuará desempenhando um papel relativamente secundário na evolução do ecossistema do livro no mundo anglo-americano. Apesar dos inúmeros anúncios da chegada da Netflix dos livros, os serviços de assinatura na indústria editorial não alcançaram nada parecido à importância que eles têm nas indústrias da música, do cinema e da televisão. Mas isso poderia mudar – o ambiente do varejo de livros tem sido transformado desde a virada do milênio, e é bem possível que outras mudanças significativas no modo como os indivíduos compram e consomem livros possam ocorrer nos anos e décadas futuros.

– 10 –

A NOVA ORALIDADE

Na década de 1970, o crítico literário Walter Ong, discípulo de Marshall McLuhan, observou que o rádio, a televisão e outras formas de tecnologia eletrônica estavam anunciando uma nova era, que ele chamava de "oralidade secundária", ou seja, uma era em que a palavra falada assume uma nova vida ao ser processada eletronicamente e disponibilizada para plateias muito maiores e mais dispersas que as plateias existentes na cultura oral primitiva.[1] Embora muitas características da nossa cultura tenham sido profundamente moldadas pela escrita e pela imprensa, como defendeu McLuhan,[2] as mídias eletrônicas estavam criando espaços nos quais a palavra falada estava sendo reabilitada como uma característica fundamental da vida moderna. Os tipos de espaços que Ong tinha em mente nesse caso eram, acima de tudo, os espaços criados pelo rádio e pela televisão, em que ganha vida um novo tipo de oratória que é diferente da oratória do passado, tal como um debate

---

1 Ong, *Rhetoric, Romance, and Technology*; id., *Interfaces of the Word*; id., *Orality and Literacy*, p.135-40.
2 McLuhan, *The Gutenberg Galaxy*.

televisionado entre candidatos a presidente é diferente dos debates de 1858 entre Lincoln e Douglas. Nos debates antigos, os oponentes tinham de projetar a voz diante de plateias enormes, que, por sua vez, marcavam presença por meio de gritos, perguntas e aplausos, ao passo que os atuais debates para presidente na televisão são mais controlados e administrados: quase não há plateia, e os candidatos tendem a seguir o roteiro – "Apesar da aparência de refinada espontaneidade, essas mídias são totalmente controladas por uma sensação de enquadramento que foi herdada da imprensa",[3] nas palavras de Ong. Embora as observações de Ong estivessem voltadas principalmente para o novo tipo de oralidade que surgiu nas mídias eletrônicas do rádio e da televisão, seus argumentos a respeito do surgimento de uma oralidade secundária ajuda a esclarecer um dos aspectos mais surpreendentes e inesperados da revolução digital na indústria editorial: o avanço extraordinário do audiolivro.

É claro que não existe nada de novo acerca da ligação entre a palavra escrita e a palavra falada. Na Antiguidade, na Idade Média e até nos séculos XVIII e XIX, textos escritos e impressos eram lidos frequentemente em voz alta: a capacidade de ler e escrever era algo raro, privilégio de poucos, e o texto lido em voz alta podia ser ouvido e apreciado por quem não sabia ler.[4] Nos círculos religiosos e monásticos primitivos, os textos geralmente eram lidos de uma forma mais solitária e meditativa; mas, mesmo então, a leitura costumava ter um caráter semioral – uma leitura sussurrada, como o zumbido das abelhas. O hábito de ler silenciosamente – usando apenas os olhos, sem mover os lábios – é uma forma particular de leitura que se tornou cada vez mais predominante a partir do final da Idade Média, e existiu ao lado de outras formas de leitura ao longo de todo o início do período moderno. Atualmente, tendemos a supor que o texto impresso é uma coisa e a palavra falada, outra, mas, durante a maior parte da história dos textos escritos e impressos, houve uma ligação muito mais próxima entre as palavras escritas e impressas na página e a articulação dessas palavras no discurso.

No entanto, o audiolivro cria um tipo de relação diferente entre a palavra impressa e a palavra falada. Com os audiolivros, as palavras impressas na página são transformadas em discurso, que é gravado num meio durável para que possa ser ouvido por outras pessoas em momentos e lugares diferentes. Este é um tipo especial de oralidade secundária, para usar as

---

3 Ong, *Orality and Literacy*, p.137.
4 Cavallo; Chartier (orgs.), *The History of Reading in the West*; Manguel, *A History of Reading*; Saenger, *Space Between Words*.

palavras de Walter Ong, uma oralidade que contém três características fundamentais. Primeiro, nesse caso, o oral é derivado da cultura do impresso e depende dele – nesse sentido, é uma oralidade literária ou baseada no texto. Não se trata simplesmente do ressurgimento da palavra falada num espaço eletronicamente mediado, como um debate televisionado: em vez disso, se trata de uma transformação específica das palavras de um meio para outro, de palavras impressas numa página para palavras faladas que são gravadas eletronicamente. Em outras palavras, é uma forma específica de "re-mediação" – uma transformação controlada do texto impresso para o texto gravado. É claro que a relação específica entre o texto impresso e o discurso gravado não é fixa, e permite uma grande variabilidade: todo ato de leitura é, em si mesmo, uma interpretação, e a história dos audiolivros está repleta de diretrizes e debates acerca da precisão com que os textos devem ser lidos, se podem ser condensados ou adaptados, como as diferentes vozes devem ser reproduzidas oralmente, como a pontuação e outras características textuais devem ser tratadas, e assim por diante – retomaremos algumas dessas questões mais adiante. Além disso, depois que o audiolivro foi inventado e o gênero se transformou num setor semi-independente, ele ganhou certo reconhecimento como uma forma de arte de pleno direito, com seus próprios especialistas e seu próprio sistema de honrarias e prêmios (os "Audies").* O audiolivro ganhou, assim, certo grau de independência do livro impresso que lhe deu origem.

A segunda característica da oralidade do audiolivro é que, por serem gravadas num meio durável, as palavras faladas adquirem uma permanência que as palavras proferidas num ambiente presencial não têm, e o discurso gravado pode ser reproduzido e disponibilizado para muitas outras pessoas que não estavam presentes para ouvir as palavras faladas. Os discursos gravados ganham vida própria, livres do contexto no qual as palavras foram originalmente proferidas – "distanciados", para usar o termo adequado empregado por Ricoeur[5] – e perenizados de uma forma que supera a efemeridade da palavra falada. A natureza do meio no qual as palavras faladas são registradas desempenha um papel importante na configuração do que pode e não pode ser feito com os audiolivros, e grande parte da história dos audiolivros é a história da trajetória pelos diferentes formatos, dos discos de

---

* Prêmio anual concedido pela Audio Publishers Association a audiolivros e espetáculos falados. (N. T.)

5 Ricoeur, "The Hermeneutical Function of Distanciation", em *Hermeneutics and the Human Sciences*, p.131-44.

vinil ao MP3 – cada novo formato permitiu a abertura de novas possibilidades que simplesmente não eram concebíveis anteriormente.

A terceira característica é que essa transformação do texto em discurso gravado tem um objetivo. O objetivo pode variar – e tem variado ao longo do tempo. Inicialmente, o objetivo era disponibilizar os livros para um segmento específico da população que era incapaz de ler – a saber, os cegos e as pessoas com deficiência visual. Porém, depois do desenvolvimento da tecnologia, as empresas começaram a utilizá-la com um objetivo diferente: reembalar o conteúdo dos livros e vendê-los de outra forma. Com a produção de um audiolivro, o livro publicado originalmente no formato impresso podia ser recomercializado em outro meio – no meio do som gravado. Esse é o aspecto essencial que serve de base ao desenvolvimento da indústria do audiolivro.

O DESENVOLVIMENTO DOS AUDIOLIVROS

A ideia de gravar a leitura de livros tem uma longa história, que remonta às próprias origens da tecnologia de gravação sonora.[6] Desde que Thomas Edison gravou "Mary Had a Little Lamb" no fonógrafo em 1877, as pessoas começaram a especular a respeito da possibilidade de gravar livros inteiros, para que eles pudessem ser ouvidos em vez de lidos. O próprio Edison pensou que atingiria novos públicos através dos "Livros fonográficos" – cada um deles continha 40 mil palavras gravadas numa placa metálica de 25 cm quadrados.[7] Ele chegou a fundar uma editora em Nova York com o objetivo de gravar romances, mas não realizou seu objetivo: os textos eram simplesmente longos demais, e, à época, a tecnologia dos aparelhos de gravação era muito limitada para tornar o processo factível. O sonho do livro gravado teria de esperar mais cinquenta anos para se tornar realidade.

O principal impulso para o desenvolvimento do audiolivro nasceu da preocupação de fazer livros acessíveis aos cegos e aos deficientes visuais. No início da década de 1930, depois que a Fundação Americana para os Cegos, entre outros grupos, pressionou o Congresso a tomar a iniciativa de explorar maneiras de tornar os livros acessíveis aos deficientes visuais numa forma diferente do braile, o Congresso reagiu concedendo um financiamento anual de 100 mil dólares ao Projeto Livros para os Adultos Cegos da Biblioteca do

---

6 Para uma versão primorosa da história do audiolivro, ver Rubery, *The Untold Story of the Talking Book*. Os próximos parágrafos devem muito à obra de Rubery.

7 Ibid., p.31.

AS GUERRAS DO LIVRO

Congresso.[8] Naquela época, a tecnologia de reprodução de discos de vinil tinha se desenvolvido o suficiente para permitir que um romance-padrão fosse gravado em cerca de vinte discos. Os discos eram tocados numa "máquina de livro sonoro" especial parecida com um toca-discos, com controles para ajustar a velocidade, o tom e o volume. Em 1934, a Biblioteca do Congresso criou a primeira biblioteca sonora, para fornecer material de leitura aos deficientes visuais. Em junho de 1935, a biblioteca sonora tinha 27 títulos – uma seleção de literatura clássica e contemporânea –, e, dali em diante, nunca mais parou de se expandir.[9] Um acontecimento análogo ocorreu no Reino Unido com a fundação da Biblioteca Sonora em 1935, por iniciativa do Instituto Nacional para o Cego e dos Veteranos Cegos do Reino Unido (outrora denominado St. Dunstan's).[10]

Embora o desenvolvimento do livro sonoro tenha sido liderado por organizações dedicadas ao bem-estar dos cegos e dos deficientes visuais, não tardou para que as oportunidades abertas pelas tecnologias de gravação fossem aproveitadas por pessoas com ambições comerciais. Entre elas estavam Barbara Holdridge e Marianne Mantell, duas jovens formadas pelo Hunter College que, insatisfeitas com os empregos iniciais nas editoras e gravadoras, juntaram 1.500 dólares e fundaram a Caedmon Records em 1952. Impressionadas com o grande número de pessoas que comparecia para ouvir Dylan Thomas ler seus poemas na rua 92, em Nova York, elas perceberam que havia ali uma oportunidade comercial e não a deixaram escapar: combinaram um almoço com o poeta no Chelsea Hotel e lhe ofereceram 500 dólares de adiantamento, mais 10% de direitos autorais depois dos primeiros mil discos, pelo direito de reproduzi-lo lendo sua poesia durante uma hora. Lançado no dia 2 de abril de 1952, o disco foi um tremendo sucesso, vendendo mais de 400 mil cópias até 1960. A Caedmon passou a gravar vários outros autores e livros, entre os quais William Faulkner, W. B. Yeats e T. S. Eliot, e em 1959 a empresa tinha uma receita anual de 500 mil dólares.[11] O sucesso da Caedmon e dos selos concorrentes que surgiram mais ou menos na mesma época, como a Audio Book Company, nos Estados Unidos, e a

---

8 Ibid., p.62.
9 Ibid., p.84, 109.
10 Ibid., p.129-57.
11 Ibid., p.186; Maughan, "A Golden Audio Anniversary", *Publishers Weekly*, v.249, n.9, 4 mar. 2002, disponível em: <www.publishersweekly.com/pw/print/20020304/38379-a-golden-audio-anniversary.html>; Cheever, "Audio's Original Voices", *Publishers Weekly*, v.252, n.42, 21 out. 2005, disponível em: <www.publishersweekly.com/pw/print/20051024/33210-audio-s-original-voices.html>.

Argo Records, no Reino Unido, se deveu em parte ao desenvolvimento do disco de vinil de longa duração, ou LP, que foi introduzido pela Columbia em 1948 e que não só tocava durante mais tempo como tinha uma qualidade sonora melhor que a do velho disco de 78 rotações.[12]

Embora o vinil tenha criado as condições para o surgimento da indústria do audiolivro, foi o desenvolvimento do cassete compacto de áudio que permitiu que os audiolivros decolassem. O cassete compacto é um formato de gravação em fita magnética que foi inventado pela Philips em 1962. Ele foi desenvolvido originalmente para gravar ditados, porém, com o aperfeiçoamento da fidelidade, os cassetes logo passaram a ser usados também em música: eram pequenos e fáceis de usar, e podiam ser tocados num aparelho compacto. A ideia de usar cassetes para os audiolivros foi desenvolvida por um ex-remador olímpico que trabalhava numa corretora de Los Angeles. Duvall Hecht viajava diariamente da sua casa, em Newport Beach, para o escritório em LA, e achava o trajeto muito cansativo. O rádio não ajudava muito – ele não aguentava mais ouvir música e noticiário –, queria algo mais estimulante. Foi então que lhe ocorreu que ouvir livros seria a maneira ideal de passar o tempo. O único problema era que, no início da década de 1970, havia um número muito pequeno de livros inteiros disponíveis em cassete. Assim, em 1974, ele fundou a Books on Tape para preencher a lacuna.[13] No começo, a empresa foi dirigida por Hecht e pela esposa, Sigrid, ambos trabalhando de casa. Seu alvo eram as pessoas que viajavam diariamente entre a casa e o trabalho, para as quais eles alugavam cassetes por um período fixo. Elas devolviam depois os cassetes numa caixa com a postagem paga. Com o aumento do número de pessoas que faziam longos deslocamentos entre a casa e o trabalho e de toca-fitas nos carros, o mercado dos Hecht se expandiu rapidamente. Embora os viajantes diários fossem a sua principal clientela, a introdução do Walkman da Sony em 1980 ampliou ainda mais o mercado. Os audiolivros tinham se tornado realmente versáteis – podiam ser ouvidos no carro, na academia ou durante a corrida ou a caminhada no parque. Os cassetes eram uma forma excelente de ouvir audiolivros sempre que a pessoa estava ocupada com alguma coisa, mas não estava envolvida intelectualmente com ela – quando os olhos e as mãos estavam ocupados, mas a mente não. A Books on Tape aumentou de tamanho para atender à demanda crescente, e muitas outras editoras de audiolivros entraram na briga. Em setembro de 1985, a *Publishers Weekly* identificou 21 editoras

---

12 Millard, *America on Record*, p.202-7.
13 Rubery, *The Untold Story of the Talking Book*, p.217-21.

de audiolivros.[14] No final da década de 1980, muitas das grandes editoras tinham aberto seus próprios departamentos de audiolivros – a Random House e a Bantam foram as primeiras, e logo outras as seguiram. "Foi uma época maravilhosa", recordou um editor que tinha implantado um desses departamentos. "Percebemos subitamente que havia uma forma diferente de interpretar as palavras do autor e uma maneira inteiramente nova de atingir os leitores." Os audiolivros tinham se tornado um subsetor independente da atividade editorial, sendo vendidos em livrarias e disponibilizados nos acervos das bibliotecas, e os direitos autorais dos audiolivros eram comprados e vendidos ao lado dos outros direitos subsidiários.

Os audiolivros se consolidaram no final da década de 1980, e a incipiente indústria do audiolivro foi transformada posteriormente pela revolução digital. A gravação digital melhorou muito a qualidade sonora e possibilitou o armazenamento e a transmissão de gravações em formatos muito mais compactos. A introdução comercial do disco compacto (CD) pela Philips e pela Sony em 1982 foi a primeira medida importante nessa direção: diferente do LP de vinil e das fitas cassetes, o CD permitia uma gravação muito clara, sem ruídos externos – não se ouvia o som arranhado da agulha em contato com a superfície do sulco nem o assobio da fita passando pelo cabeçote.[15] Igualmente importante, os CDs eram muito mais resistentes que os LPs e as fitas cassetes – não estragavam com facilidade e a gravação digital armazenada no CD não piorava com o passar do tempo. Com a popularização do toca-CD, os audiolivros seguiram o caminho da música e trocaram as fitas cassete pelos CDs. No entanto, com o crescimento da internet nos anos 1990 e início dos anos 2000, e com o desenvolvimento do formato de arquivo MP3, que usava a condensação de dados para reduzir sensivelmente o tamanho dos arquivos, estava aberto o caminho para que as editoras e distribuidoras de audiolivros os disponibilizassem na forma de *downloads* digitais – isto é, arquivos digitais que podiam ser comprados e baixados num aparelho de escuta ou transmitidos através da internet. À medida que aparelhos cada vez mais compactos e sofisticados eram introduzidos no mercado de consumo – do primeiro iPod, em 2001, à proliferação de *smartphones* que se seguiu à introdução pela Apple do primeiro iPhone em 2007 –, estavam criadas as condições técnicas para uma mudança radical na forma como os audiolivros eram armazenados, distribuídos e consumidos. Não era mais necessário armazenar os audiolivros num suporte material e

---

14 Blake, "Something New Has Been Added: Aural Literacy and Libraries", em *Information Literacies for the Twenty-First Century*, p.206, disponível em: <https://archive.org/details/ SomethingNewHasBeenAdded>.

15 Millard, *America on Record*, p.251-5.

adquiri-los como um objeto físico, fosse ele um LP, uma fita cassete ou um CD: a exemplo da música gravada, o audiolivro agora podia ser armazenado como um arquivo de MP3 e baixado ou transmitido diretamente para o aparelho de escuta do consumidor, que podia ser algo tão onipresente e multifuncional como o *smartphone*, que está sempre ligado, sempre conectado e sempre no bolso ou na bolsa do consumidor. Graças à revolução digital, os audiolivros tinham finalmente encontrado um caminho relativamente suave até os ouvidos dos ouvintes.

Tabela 10.1 – Produção de audiolivros em número de títulos

Títulos publicados	
2004	3.430
2005	2.667
2006	3.098
2007	3.073
2008	4.685
2009	4.602
2010	6.200
2011	7.237
2012	16.309
2013	24.755
2014	25.787
2015	35.944
2016	42.960
2017	46.089

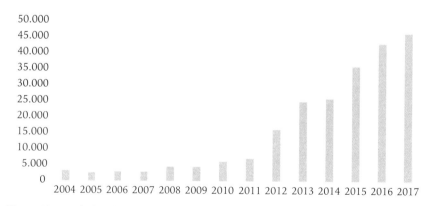

Figura 10.1 – Títulos de audiolivros publicados nos Estados Unidos, 2004-2017
Fonte: Audio Publishers Association [Associação de Editoras de Áudio].

Foram essas as condições técnicas que serviram de suporte para o crescimento impressionante dos audiolivros desde o início dos anos 2000. Em 2004, um pouco mais de 3 mil audiolivros foram publicados nos Estados Unidos. Em 2017, esse número tinha subido para mais de 46 mil – um aumento de cerca de 1.300% em treze anos. A produção permaneceu razoavelmente estável entre 2004 e 2011, mas, a partir de 2011, o número de novos audiolivros aumentou consideravelmente ano após ano, subindo de 7.237 em 2011 para 46.089 em 2017 – um aumento de 600% em seis anos (ver Tabela 10.1 e Figura 10.1). As receitas também cresceram. Entre 2003 e 2012, o gasto total do consumidor com audiolivros nos Estados Unidos foi calculado entre 800 milhões e 1 bilhão de dólares por ano (ver Tabela 10.2 e Figura 10.2).[16] Em 2013, o gasto do consumidor com audiolivros começou a aumentar acentuadamente, passando de aproximadamente 1,1 bilhão de dólares em 2012 para aproximadamente 2,5 bilhões de dólares em 2017 – mais que dobrando em cinco anos. Só em 2017, o gasto dos consumidores com audiolivros aumentou quase 20% em relação ao ano anterior. Num momento em que a receita global da indústria editorial americana estava claramente estagnada e a receita do livro digital da maioria das editoras importantes estava declinando, o forte crescimento do gasto do consumidor com livros digitais representou uma tendência surpreendentemente

---

16 Os números dessa tabela e dessa figura representam estimativas do gasto total dos consumidores baseadas na receita das editoras, levando em conta os descontos médios e calculando a parte do mercado abarcado pelas editoras que não deram informações. As estimativas estão provavelmente acima da média. Em 2018, a Audio Publishers Association (APA) modificou o seu método de apresentação do tamanho do mercado, trocando o cálculo dos dólares gastos pelo consumidor pela receita informada pelas editoras, para ficar mais alinhada com outros relatórios estatísticos da indústria editorial. Vinte editoras forneceram dados, entre elas Audible Inc., Hachette Audio, HarperCollins, Macmillan, Penguin Random House e Simon & Schuster. Como resultado dessa mudança de método, os cálculos do total de vendas e da produção de títulos foram revisados significativamente para baixo. Enquanto o gasto total dos consumidores com audiolivros em 2017 foi calculado em 2,5 bilhões de dólares usando o método antigo, as vendas de audiolivros em 2018 atingiram 940 milhões de dólares usando o novo método, que leva em conta a receita informada pelas editoras. Segundo o que foi informado, esse número de 940 milhões de dólares representou um aumento de 24,5% sobre o ano anterior, o que significa que as vendas de audiolivros em 2017 teria sido de 755 milhões de dólares usando o novo método (não 2,5 bilhões de dólares). Do mesmo modo, enquanto em 2017 a APA informou que tinha sido produzido um total de 46.089 títulos de audiolivros, em 2018 ela informou que esse total era de 44.685. Segundo o que foi informado, isso representou um aumento de 5,8% sobre o ano anterior, o que significa que a produção de títulos em 2017 teria sido de 42.235 títulos usando o novo método (não 46.089 títulos). Como, a partir de 2018, a APA não forneceu mais estimativas de gasto total do consumidor, os dados a partir desse ano não serão diretamente comparáveis aos dados da APA para 2016 e para os anteriores.

positiva num mercado no geral apático. Para muitas das grandes editoras, o único crescimento perceptível na categoria digital era representado pelos audiolivros (ver Figura 10.3).

Tabela 10.2 – Gasto aproximado dos consumidores com audiolivros nos Estados Unidos, 2003-2017 (em milhões de dólares)

	Gasto total em milhões de dólares
2003	800
2004	832
2005	871
2006	923
2007	1.033
2008	1.000
2009	900
2010	900
2011	1.000
2012	1.100
2013	1.300
2014	1.470
2015	1.770
2016	2.100
2017	2.500

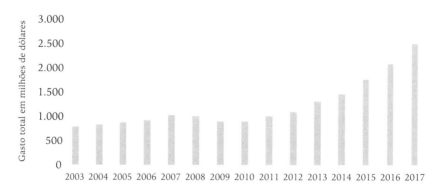

Figura 10.2 – Gasto aproximado dos consumidores com audiolivros nos Estados Unidos, 2003-2017

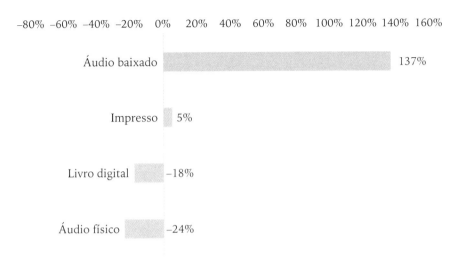

Figura 10.3 – Mudança nas receitas das editoras americanas por formato, de 2012 a 2016
Fonte: Association of American Publishers e *Bloomberg Businessweek*.

O crescimento da produção e das vendas de audiolivros foi acompanhado por uma clara mudança nos formatos. Os cassetes compactos eram o formato predominante dos audiolivros na década de 1990, mas os CDs estavam ganhando terreno rapidamente. Em 2003, os cassetes e os CDs tinham mais ou menos a mesma proporção de audiolivros vendidos. Porém, dessa data em diante, os CDs ultrapassaram os cassetes e estes declinaram rapidamente (ver Tabela 10.3 e Figura 10.4). Entre 2003 e 2010, os CDs eram o meio predominante dos audiolivros, mas os *downloads* estavam conquistando uma fatia crescente do mercado à custa deles. Em 2007, os CDs representaram quase 80% das vendas de audiolivros, e os *downloads* representaram menos de 20%. Em 2016, esses percentuais tinham se invertido e os *downloads* representaram mais de 80% das vendas de audiolivros, com os CDs representando menos de 20%. Em 2017, os *downloads* representaram quase 90% das vendas de audiolivros. Foi uma mudança de formato decisiva: um formato físico (cassete) foi ofuscado por outro formato físico (CD), que, por sua vez, foi substituído em grande medida pelo *download* digital. A grande maioria dos consumidores acessa atualmente os audiolivros como arquivos digitais, que são baixados ou transmitidos pela internet, e os audiolivros que ainda são vendidos em formato físico, como CDs, são vendidos principalmente para as bibliotecas.

Tabela 10.3 – Percentual do total de vendas por formato de audiolivro, 2003-2017

	Cassete	CD	Download	Outros
2002	58	35		
2003	49	45		
2004	30	63	6	2
2005	16,1	73,7	9,1	1
2006	7	77	14	1,4
2007	3	78	17	2
2008	3	73	21	4
2009	0,8	65,3	28,6	5,4
2010	0,6	58,4	36	4,6
2011	1	54	42	3,4
2012	0	43	54,4	2,6
2013	0	35,5	61,7	2,8
2014	0	29	69,1	2,1
2015	0	21,8	76,8	1,4
2016	0	16,2	82,4	1,4
2017	0	11,3	87,5	1,2

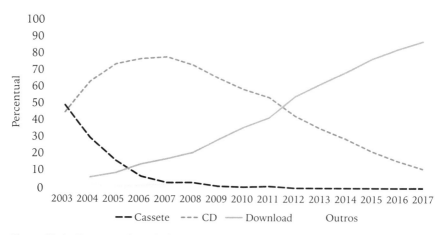

Figura 10.4 – Formatos de audiolivros, 2003-2017

Embora tenha havido uma mudança nítida no formato dos audiolivros, os tipos de livro que são publicados como audiolivros permaneceram mais ou menos os mesmos desde o início dos anos 2000. Entre 2013 e 2018, de 70% a 80% dos audiolivros vendidos eram de ficção, e de 20% a 30%

eram de não ficção. Os gêneros mais populares adquiridos em 2017 foram mistério/suspense, ficção científica e romance. Essa classificação não tinha mudado muito desde 2008, quando se soube que os cinco gêneros favoritos de audiolivros eram mistério/suspense, ficção geral, ficção científica/fantasia, biografia/memória e ficção clássica.[17] Escutar audiolivros ao volante sempre foi uma atividade popular – numa pesquisa realizada em 2008, 58% dos ouvintes de audiolivros disseram que os ouviam durante o trajeto entre a casa e o trabalho ou em viagens longas. Em 2018, esse percentual foi de 65%. No entanto, nos últimos anos ficou cada vez mais popular ouvir audiolivros em casa: em 2018, 45% dos ouvintes disseram que ouviam audiolivros enquanto faziam as tarefas domésticas, e 52% disseram que os ouviam enquanto faziam um relaxamento antes de dormir. Também houve uma mudança acentuada para o *smartphone* como o aparelho preferido para ouvir audiolivro: em 2018, 73% dos ouvintes usavam *smartphone*, e 47% usavam esse aparelho com uma frequência maior, comparados aos 29% em 2017 e 22% em 2015.[18] Como muitas pessoas estão o tempo todo com o celular, elas podem ouvir os audiolivros enquanto fazem outras coisas – ir e voltar do trabalho, exercitar-se na academia, relaxar em casa etc. –, retomando a história no lugar que a deixaram. Com o *smartphone*, deixou de ser necessário ter um aparelho de áudio exclusivo, como um toca-fitas, um toca- -CD ou um aparelho de MP3: ouvir audiolivros se tornou apenas mais uma das atividades possibilitadas pela multifuncionalidade do celular, que está sempre com você. Graças ao *smartphone* e ao fato de ele estar sempre ligado e sempre com você, o hábito de ouvir audiolivros se incorporou facilmente às atividades práticas da vida diária. A leitura se transforma em escuta, e a cultura impressa é absorvida através dos ouvidos em lugar dos olhos – não porque o ouvinte é analfabeto, como acontecia na Idade Média e no início do período moderno, mas porque os olhos estão ocupados fazendo outras coisas.

A capacidade de compactar e baixar arquivos de áudio e tocá-los em aparelhos compactos e portáteis foi decisiva para a mudança estrutural na indústria do audiolivro no início dos anos 2000, afastando-a da fabricação e distribuição de objetos físicos, fossem eles cassetes ou CDs, e direcionando-a para uma atividade centrada principalmente nas plataformas e nos *downloads* digitais. Contudo, era preciso que os indivíduos e as empresas percebessem

---

17 Audio Publishers Association, Resultados de Pesquisa do Consumidor referentes a 2008 e 2018, disponível em: <www.audiopub.org>.

18 Ibid.

e agarrassem as oportunidades trazidas por esses avanços – e houve alguém que desempenhou um papel particularmente importante na realização dessa mudança: Don Katz, o fundador da Audible.

A ASCENSÃO DA AUDIBLE

Don Katz era um escritor e jornalista que tinha estudado Literatura na Universidade de Nova York na década de 1970. No início dos anos 1990, ele estava trabalhando num livro sobre as tecnologias emergentes que iriam transformar o universo da mídia quando decidiu fazer uma pausa e fundar uma empresa de audiolivros – ele tinha sido aluno do escritor Ralph Ellison na universidade, e a ênfase que Ellison dava à força da tradição oral americana o marcara para sempre.[19] A ideia de Katz era simples, mas radical: seria possível criar um negócio que permitisse o acesso quase universal a um catálogo de audiolivros, que funcionasse 24 horas por dia, que não se limitasse ao que havia nas estantes das livrarias, e que eliminasse todos os custos e todas as características disfuncionais do mercado físico? Foi essa ideia que inspirou a Audible, fundada por Katz em 1995. Depois de levantar 3 milhões de dólares de financiamento, ele começou a construir um mecanismo tecnológico para distribuir audiolivros diretamente ao usuário final na forma de arquivos seguros. Não queria montar uma operação que dependesse do usuário de computador de mesa porque, sabendo que muita gente ouvia audiolivros durante o trajeto entre a casa e o trabalho, percebeu que esse era o mercado fundamental – ele precisava estar presente no ambiente móvel. Mas, como naquela época não existia *smartphone* nem iPod, ele começou a construir um aparelho dedicado, o Audible Mobile Player, lançando-o em novembro de 1997. Seu preço era de 215 dólares e ele tinha a capacidade de armazenar duas horas de áudio de péssima qualidade. O aparelho não durou muito, sendo logo ofuscado pelo iPod, que foi lançado em 2001. Mas a proliferação de iPods fez o que a Audible nunca teria conseguido fazer sozinha: criou um mercado de massa de *download* de arquivos de áudio para serem ouvidos em aparelhos móveis, os quais podiam ser transportados facilmente no bolso ou na bolsa. Paradoxalmente, a existência breve e a morte precoce do Audible Mobile Player não representaram o fim da Audible, mas

---

19 Smith, "The Spoken Word with Audible Founder & CEO Donald Katz", *Urban Agenda Magazine*, fev. 2017, disponível em: <www.urbanagendamagazine.com/audible-founder-ceo-donald-katz>.

seu verdadeiro começo, pois permitiram que ela encontrasse realmente seu nicho. Pôde deixar o ramo dos aparelhos para quem era muito maior e mais bem equipado para desenvolvê-los e concentrar suas energias na aquisição de direitos de áudio, construindo um catálogo de conteúdo de áudio e criando uma experiência de usuário que seria atraente e valorizada pelos ouvintes.

No início, a Audible adquiria diversos tipos de conteúdo de áudio – audiolivros, obviamente, mas também esquetes cômicos, conferências, discursos e representações artísticas – e os reutilizava na forma de arquivos digitais, que eram otimizados para a escuta da palavra falada. As pessoas podiam baixar audiolivros da Audible por cerca de 8 dólares – muito abaixo dos 20 dólares normalmente cobrados por um audiolivro ou CD. Mas Katz sabia que, do ponto de vista do indivíduo, a importância de colecionar audiolivros era muito limitada – não era igual a um livro físico, que alguém pode querer guardar como parte de uma coleção, exibir o livro na estante de casa como um sinal dos seus valores e preferências, e até mesmo lê-lo novamente mais tarde. Também não era igual a uma música, que a gente quer tocar várias vezes: depois de ouvir um audiolivro, a pessoa provavelmente não vai querer ouvi-lo de novo. Portanto, no ano 2000, a Audible adotou o modelo de assinatura baseada em crédito: embora continuasse a vender audiolivros na forma de *downloads* individuais, ela também introduziu um sistema de adesão no qual, pagando uma taxa de assinatura mensal, a pessoa tinha o direito a um certo número de créditos que lhe permitiam baixar um ou dois audiolivros por mês (dependendo do plano). Além disso, se os créditos acabassem, ela podia adquirir mais. Isso não apenas produziu uma fonte de receita mais confiável, mas também permitiu que a Audible desenvolvesse um relacionamento duradouro com seus clientes, que agora estavam ligados à empresa através do pagamento de uma assinatura mensal. As editoras que forneciam audiolivros à Audible eram remuneradas quando seus audiolivros eram baixados, em condições que variavam de editora para editora e que dependiam da natureza do seu acordo com a Audible.

Em 2003, a Audible fez um acordo com a Apple que a transformaria no fornecedor exclusivo dos audiolivros vendidos através da loja iTunes. Foi um avanço importante para a Audible porque lhe deu acesso exclusivo ao iPod, o aparelho móvel que iria revolucionar a forma como as pessoas ouviam música. Agora elas podiam adquirir e baixar audiolivros do mesmo modo e no mesmo ambiente *on-line* em que adquiriam e baixavam música, e podiam levar consigo esses audiolivros nos pequenos aparelhos portáteis que traziam no bolso ou na bolsa. A Audible passava a ter acesso a um verdadeiro mercado de massa.

Com uma plataforma otimizada para a escuta de audiolivros e um modelo de assinatura que transformava ouvintes em clientes pagos de longo prazo, com um acordo exclusivo para fornecer audiolivros para o iTunes e com a popularidade crescente do iPod e de outros tocadores de MP3, a Audible estava bem posicionada para crescer – e foi o que aconteceu. As receitas passaram de 4,5 milhões de dólares em 2000 para 63 milhões de dólares em 2004, um aumento de 1.400% em cinco anos.[20] Embora a empresa estivesse numa trajetória de crescimento da receita fortemente ascendente, ela tinha perdido dinheiro em todos os anos com a exceção de um (2004 foi o primeiro ano em que deu lucro, 2 milhões de dólares, mas voltou a perder dinheiro novamente no ano seguinte). Em 2006, Katz começou a conversar com Jeff Bezos sobre a venda da empresa para a Amazon, que já tinha uma pequena participação na Audible, e em 2008 a venda se concretizou por 300 milhões de dólares. A aquisição da Audible consolidou ainda mais a posição da Amazon como o principal concorrente no crescente mercado de audiolivros (a Amazon já tinha adquirido em 2007 a Brilliance Audio, a maior editora independente de audiolivros dos Estados Unidos). A operação permitiu que a Amazon tivesse acesso aos assinantes, aos contratos com as editoras e a mais de 80 mil gravações de textos sonoros da Audible. E permitiu à Audible ter acesso a reservas financeiras muito maiores, à enorme base de clientes da Amazon e às sinergias e oportunidade de crescimento decorrentes do fato de ela estar integrada ao ecossistema da Amazon.

Embora inicialmente a Audible reutilizasse conteúdo de áudio produzido por terceiros e o disponibilizasse em formato de arquivo otimizado para audição, em 2007 ela começou a fazer suas próprias gravações. Isso ocorreu em parte devido à necessidade de aumentar a oferta de audiolivros no mercado: simplesmente não havia uma quantidade suficiente de novos conteúdos de audiolivro em produção no mercado para manter as pessoas interessadas. A Audible avaliou que, se houvesse mais opções de conteúdo, haveria mais ouvintes potenciais e mais assinantes potenciais. Portanto, ela começou a adquirir direitos para audiolivro e se transformou, ela mesma, numa editora. Embora inicialmente tenha terceirizado a produção para os estúdios, também construiu alguns estúdios em seus escritórios de Newark, Nova Jersey, para ela mesma poder produzir as gravações. Então, em 2011, a Audible lançou a Audiobook Creation Exchange (ACX), uma plataforma on-line que permite que os detentores de direitos de áudio – autores, agentes e editoras – mantenham contato com narradores e produtores para criar novos

---

20 Disponível em: <www.referenceforbusiness.com/history2/20/Audible-Inc.html>.

audiolivros. Qualquer autor, ou outro detentor de direitos, pode se inscrever na ACX, escolher um narrador e um produtor que estejam oferecendo seus serviços no *site* (ou decidir narrar e produzir ele mesmo o audiolivro) e pagar um adiantamento pela narração e pela produção, ou optar por uma participação meio a meio nos direitos autorais. Quando o audiolivro fica pronto, a pessoa pode distribuí-lo através da Audible, ganhando 40% de direitos autorais das vendas na Audible, na Amazon e no iTunes – se fizer um acordo de exclusividade com a Audible –, ou 25% se quiser manter o direito de distribuir o audiolivro em outro lugar. A ACX visava inicialmente qualquer detentor de direitos, fosse ele uma editora ou o autor, mas, na prática, ela se tornou uma plataforma que permite que os autores produzam seus próprios audiolivros – basicamente, uma plataforma de autopublicação de audiolivros. A relação com a autopublicação ficou mais forte devido à ligação com o KDP – a plataforma de autopublicação da Amazon – no ecossistema da Amazon. Fundada com o objetivo de aumentar a circulação de audiolivros no mercado, a ACX certamente atingiu esse objetivo: só em 2013, ela produziu mais de 10 mil títulos.[21]

OS AUDIOLIVROS VIRAM ROTINA

Com a ampliação do mercado de audiolivros, as grandes editoras passaram a se mostrar cada vez mais relutantes em vender os direitos de áudio e começaram a tratar a criação de audiolivros como um elemento rotineiro do seu próprio processo de produção. No início dos anos 2000, as grandes editoras ainda eram muito seletivas a respeito dos títulos que iriam produzir no formato de audiolivro. Cathy, a diretora da divisão de audiolivros da "Everest", uma grande editora de Nova York, explicou que a regra de ouro tradicional da indústria de audiolivros no início dos anos 2000 (conversamos em 2007) era que as vendas de áudio nunca representariam mais que 10% das vendas da versão impressa. Portanto, se um título vendesse 100 mil exemplares em capa dura, a expectativa era que ele vendesse cerca de 10 mil audiolivros. Considerando a regra dos 10% e o custo de produzir audiolivros, uma editora grande como a Everest só selecionava um título para ser produzido em formato de audiolivro se achasse que iria vender no

---

21 Maughan, "Audible's DIY Audiobook Platform Turns Three", *Publishers Weekly*, 11 abr. 2014, disponível em: <www.publishersweekly.com/pw/by-topic/industry-new/audio-books/article/61830-audible-s-diy-audiobook-platform-turns-three.html>.

mínimo 50 mil exemplares em capa dura – se vendesse menos que isso provavelmente não valeria a pena lançar o audiolivro. É claro que sempre havia exceções. "Certamente haverá casos em que pensamos que a tiragem deve ser só de 25 mil exemplares, mas, como existe um certo zum-zum-zum por aí, achamos que o livro vai ultrapassar esse teto", explicou Cathy. "Portanto, é claro que todo catálogo tem livros que a gente faz na expectativa de que acabem tendo um desempenho melhor que o previsto." Mas a regra de ouro geral era que, se a venda em capa dura ia ser inferior a 50 mil exemplares, então não valia a pena fazer o audiolivro. Eles começavam, então, com um número – qual seria a tiragem do livro? Depois levavam em conta outros aspectos, por exemplo, se era o tipo de livro que funcionaria bem em áudio. Excluíam livros de receitas culinárias e de dietas, exceto em casos raros. Excluíam livros ricamente ilustrados e obras de referência. Ficção comercial, com ênfase na trama, funciona particularmente bem em áudio, assim como livros de memórias e algum tipo de não ficção narrativa – história de interesse geral, biografia de interesse geral, livros de grandes ideias etc. Depois de levar em conta todos esses fatores, chegava-se a uma pequena seleção de títulos novos que seriam produzidos em formato de audiolivro. No caso de Cathy, ela acabou com cerca de 100 títulos por temporada, ou 300 títulos por ano – incluindo os títulos em que os direitos de áudio foram comprados de outras editoras. A Everest publicava quase 5 mil títulos por ano na versão impressa, portanto isso representava uma pequena fração da produção total de títulos – menos de 5% do total quando se considera que alguns dos audiolivros vieram de fora. Isso não era raro em algumas grandes editoras no início dos anos 2000 – na verdade, era a regra.

Uma década depois, a situação estava bem diferente. Sarah sucedera Cathy como diretora de audiolivros na Everest, onde o programa de audiolivros é muito maior atualmente. Ela explicou que hoje (nossa conversa ocorreu dez anos mais tarde, em 2018) ela produzia entre 1.000 e 1.100 títulos por ano – ou seja, de três a quatro vezes o que a sua antecessora produzia. "Publico três audiolivros por dia", disse ela, "tudo que a [Everest] publica que é adequado para o formato." Parte do motivo dessa importante expansão do seu programa de audiolivros é que o mercado mudou, e, com a proliferação de *smartphones*, a demanda por audiolivros cresceu: eles agora representavam uma fonte de receita muito mais significativa e crescente. Mas também havia outros motivos. A exemplo de outras editoras, a Everest queria incluir os direitos de áudio quando adquiria um livro – hoje em dia, ela raramente compra um livro sem os direitos de áudio. "Seria o mesmo que comprar um livro e não adquirir os direitos das versões em brochura e digital. É algo inimaginável", disse Sarah. Porém, se a editora insiste em ter os direitos de áudio, então tem de produzir o audiolivro: "Os direitos de áudio se tornaram muito valiosos, e os agentes e autores dizem, corretamente, que, se eles nos venderem os direitos de áudio, então teremos de produzir o audiolivro". Além disso, a antiga regra prática dos 10% era muito arriscada: era razoável como uma orientação geral, mas a edição de livros de interesse geral é um negócio que lida com o imponderável, e os livros podem nos surpreender – podem ter um desempenho muito melhor, ou muito pior, que o esperado. E isso também vale para os audiolivros. Sarah contou a história de um livro que tinham publicado em formato impresso: ele vendeu bem, mas, nesse caso, o agente detinha os direitos de áudio. Eles pensaram em adquirir esses direitos, calcularam tudo direitinho e chegaram à conclusão de que não valia a pena pagar o que estava sendo pedido. Portanto, abriram mão do negócio. Os direitos de áudio foram adquiridos por outra editora e o audiolivro se tornou o título mais vendido em sua categoria. A lição foi dolorosa e clara: simplesmente faça tudo. "Se você não abre mão e faz tudo, é claro que alguns audiolivros podem representar apenas 1% das vendas do título. Mas existem títulos atualmente cujas vendas em áudio podem representar 50% do total." Nesse novo ambiente, é arriscado demais se guiar pela antiga regra dos 10%.

Assim como os livros digitais tinham se tornado um produto normal do processo de produção, apenas mais um produto ao lado do arquivo que ia para a impressão, os audiolivros também passaram a ser mais um produto normal para as grandes editoras de interesse geral – ao menos quanto aos tipos de livro que funcionam em áudio. É claro que produzir audiolivros não era tão simples e fácil como produzir arquivos de livros digitais: seu processo de produção era totalmente diferente, e, além de ser caro, era demorado. Mas, para as grandes editoras de interesse geral, a criação de audiolivros tinha se tornado parte da rotina do processo de produção.

Na mesma época ocorreu outra mudança significativa. No início dos anos 2000 e antes, a maioria das editoras de áudio produzia duas versões diferentes do audiolivro: uma versão resumida para os clientes individuais, e uma versão integral para as bibliotecas. O mercado do audiolivro estava dividido em versões resumidas e integrais. Os bibliotecários preferiam claramente os audiolivros integrais, e o custo extra da versão integral não era um obstáculo para as bibliotecas que dispunham de um orçamento de compra. Mas, para o mercado varejista, onde os audiolivros que os clientes individuais compravam nas livrarias vinham na forma de conjuntos de CDs dentro de uma caixa, o preço era uma questão mais sensível – os clientes individuais podiam se dispor a pagar 29,95 dólares por um audiolivro resumido, mas se recusariam a pagar de 80 a 90 dólares por uma versão integral. Por isso, muitas editoras de audiolivros, entre as quais a Everest, produziam duas gravações diferentes: uma versão integral para o mercado de bibliotecas e uma versão resumida para o mercado varejista. Isso também significava dois processos de produção diferentes, que corriam em paralelo um ao outro. As versões resumida e integral muitas vezes eram produzidas por estúdios diferentes, com narradores diferentes etc. Porém, quando o *download* digital se tornou o modo preferido de acesso aos audiolivros, o argumento para produzir uma versão resumida se tornou cada vez menos atraente. As editoras de audiolivros interromperam gradualmente a produção de versões resumidas, ou reduziram drasticamente seu número. "A versão resumida já era", explicou Sarah. "Ainda fazemos algumas, acho que menos de uma dúzia por ano, de um total de mil livros. A mudança veio com o digital, porque, quando se trata de arquivo digital, tanto faz se a versão é integral ou resumida. E os consumidores realmente queriam ouvir a história toda – eles não queriam a versão resumida." Os poucos casos em que eles fazem a versão resumida visa aos clientes específicos que querem essa versão em CDs e precisam que o preço seja baixo. Trata-se geralmente de livros de autores comerciais cujos audiolivros sempre estiveram disponíveis em formato resumido – autores como John Grisham, Lee Child, Stephen King etc. E o cliente, seja ele a Walmart, o Costco ou outro varejista de massa, precisa do preço baixo para girar o estoque. Mas, atualmente, essas são exceções raras. Atualmente, a única versão produzida da grande maioria de audiolivros é a versão integral.

No início dos anos 2000, algumas grandes editoras construíram ou adquiriram estúdios para produzir audiolivros, muitas vezes produzindo uma parcela dos seus audiolivros elas mesmas e terceirizando o restante para estúdios independentes. A maioria dos estúdios ficava em Nova York e Los Angeles, porque é aí que existe a maior concentração de atores – e a maioria dos estúdios preferia, e ainda prefere, usar atores no processo de gravação. À medida que as vendas de audiolivros aumentaram e as editoras começaram a ampliar sua produção, elas expandiram sua capacidade produtiva construindo ou adquirindo mais estúdios, embora ainda continuassem terceirizando parte da produção de audiolivros. Ao mesmo tempo, as cadeias de suprimento do audiolivro se tornaram mais ramificadas e complexas com o surgimento de uma infinidade de novos participantes para concorrer com a Audible, oferecendo às editoras de audiolivros mais canais para atingir o mercado e oferecendo aos consumidores novas formas de acesso aos audiolivros. Aquilo que tinha sido uma pequena indústria caseira dominada por um único varejista – a Audible – estava se transformando rapidamente num subsetor extremamente complexo.

A CADEIA DE SUPRIMENTOS DO AUDIOLIVRO

Existe atualmente um número muito grande de concorrentes atuando no espaço do audiolivro, e muitos deles desempenham papéis diferentes. A entrada de novos concorrentes e a expansão dos serviços dos antigos concorrentes – que também assumem novos papéis – mantém o espaço em constante evolução. A maneira mais fácil de compreender esse espaço é separar os papéis fundamentais na cadeia de suprimentos do audiolivro e depois posicionar os diversos participantes dentro dessa cadeia de suprimentos, reconhecendo, ao mesmo tempo, que muitos participantes ocupam atualmente mais de uma posição. A Figura 10.5 apresenta um breve resumo da cadeia de suprimentos do audiolivro. É possível identificar cinco papéis fundamentais nessa cadeia de suprimentos: detentores de direitos, editoras, produtoras, distribuidoras e atacadistas/serviços de assinatura/agregadores.

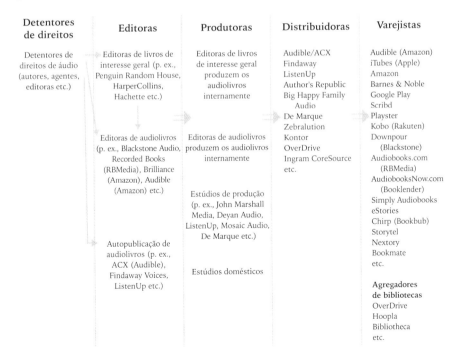

Figura 10.5 – Cadeia de suprimentos do audiolivro

Os detentores dos direitos de áudio são os autores, os agentes ou as editoras que detêm esses direitos. Quando um autor assina um contrato com uma editora, geralmente cede todos os direitos subsidiários a ela, e esses direitos normalmente incluem os direitos de áudio (embora nos contratos mais antigos os direitos de áudio possam não estar mencionados explicitamente, o que pode deixar indefinida a situação deles, como foi o caso dos direitos digitais antes de as editoras alterarem seus contratos). Alguns agentes podem tentar reter os direitos de áudio em certos casos, para poder vendê-los separadamente; porém, como foi observado anteriormente, a maioria das editoras importantes que possuem um departamento de audiolivros não adquirem um livro hoje em dia sem que os direitos de áudio estejam incluídos. Uma editora que adquire os direitos de áudio como parte do contrato com o autor pode não exercer necessariamente esses direitos – isso acontece em muitos casos. Elas podem deter os direitos de forma passiva, sem tomar nenhuma providência para produzir o audiolivro. Mas, se uma editora de audiolivros se interessar em produzir o audiolivro, terá de conseguir a autorização da editora que detém os direitos de áudio.

O segundo papel fundamental na cadeia de suprimentos do audiolivro é o da editora de audiolivros. Existem, basicamente, três tipos de editoras de audiolivros. Em primeiro lugar, muitas editoras de livros convencionais também são editoras de audiolivros. No caso das grandes editoras, elas podem ter um departamento de audiolivros exclusivo com seus próprios estúdios, como acontece com editoras como Penguin Random House, HarperCollins e Hachette, que fazem parte das Cinco Grandes. Em alguns casos, essas editoras podem ter adquirido editoras de audiolivros e as incorporado em suas operações editoriais, como aconteceu quando a Harper & Row (atualmente HarperCollins) adquiriu a Caedmon em 1987, e a Random House adquiriu a Books on Tape em 2001. Grandes editoras com departamentos de audiolivros produzem versões em áudio de muitos dos livros que elas publicam no formato impresso, mas esses departamentos normalmente também operam como empresas editoriais semi-independentes que adquirem direitos de áudio de livros publicados em formato impresso por outras editoras – em outras palavras, eles participam ativamente do mercado de direitos de áudio. Algumas editoras menores também publicam seus próprios audiolivros. Embora não disponham de estúdios próprios, trabalham com estúdios independentes ou com produtores e narradores *freelancers* para produzir versões em áudio de alguns dos livros do seu catálogo.

O segundo tipo de editora de audiolivro é composto pelas organizações editoriais que foram criadas com o objetivo de publicar audiolivros. Não são editoras de interesse geral que acrescentaram audiolivros ao seu repertório editorial, e sim editoras especializadas cujo objetivo principal é publicar audiolivros. Elas geralmente adquirem direitos de áudio das editoras ou de outros detentores de direitos por um período específico, e então produzem e publicam os audiolivros com seu próprio selo. Também produzem e publicam versões em áudio de livros clássicos que estão em domínio público. A Caedmon Records e a Books on Tape começaram publicando audiolivros dessa maneira, e o mesmo aconteceu com a Recorded Books, a Blackstone Publishing, a Brilliance Audio e outras empresas editoriais que publicam exclusivamente audiolivros.

A Recorded Books foi fundada em 1978 em Charlotte Hall, Maryland, por Henry Trentman, um caixeiro-viajante que passava muito tempo viajando e achava que os audiolivros poderiam ser uma alternativa para o rádio. Ele pretendia produzir gravações integrais em cassetes que poderiam ser adquiridas pelo reembolso postal – um modelo semelhante fora introduzido alguns anos antes por Duvall Hecht, da Books on Tape. A Recorded Books se expandiu nos anos 1980 e 1990, e foi adquirida pela Haights Cross Communications em 1999. Depois de mudar de mão algumas vezes, foi adquirida em 2015 por uma empresa de *private equity*, a Shamrock Capital Advisors. Atualmente, a Recorded Books opera como um selo da RBMedia, ao lado de vários outros selos, entre os quais a HighBridge Audio, que fora fundada pela Minnesota Public Radio no início dos anos 1980 para produzir gravações de *A Prairie Home Companion*, de Garrison Keillor, e foi adquirida pela Recorded Books Books em 2014; a Tantor Media, também adquirida em 2014, que tinha sido fundada em San Clemente, Califórnia, no ano 2000 por Kevin, Laura e Allen Colebank; a ChristianAudio, fundada em 2004 com o nome de Hovel Audio; e a GraphicAudio, também fundada em 2004. Com uma produção global de cerca de 3 mil títulos por ano, a RBMedia é atualmente uma das maiores editoras de audiolivros do mundo. Em 2018, ela foi vendida pela Shamrock Capital Advisors para a KKR, outra empresa de *private equity* com investimentos consideráveis nos setores de mídia e de tecnologia.

A Blackstone Publishing foi fundada em Ashland, Oregon, em 1987 por Craig e Michelle Black, originalmente com o nome de Classics on Tape. A exemplo de muitas editoras de audiolivros, a Blackstone tinha surgido da experiência de se deslocar de casa para o trabalho e do trabalho para casa: nos anos 1980, Craig passava três horas por dia no trajeto de casa para o trabalho e do trabalho para casa. Quando, para ajudar a passar o tempo, um amigo lhe deu o audiolivro *1984*, de George Orwell, ele percebeu imediatamente o potencial do negócio. Como Ashland promovia um festival anual de Shakespeare, Craig e Michelle Black tinham a oportunidade de entrar em contato com um grupo de pessoas de talento e recrutar, entre elas, narradores para gravar os audiolivros. Eles produziram trinta audiolivros em 1988, seu primeiro ano de atividade; trinta anos depois, em 2018, estavam produzindo 1.200 audiolivros por ano, transformando-se na maior editora independente de audiolivros dos Estados Unidos.

A Brilliance Audio foi fundada em Grand Haven, Michigan, em 1984 por Michael Snodgrass. Ela tinha se tornado uma das maiores produtoras de audiolivros gravados em CD no momento em que foi comprada pela Amazon em 2007, logo antes de esta adquirir a Audible.

Embora as editoras de audiolivros normalmente tenham começado como organizações que adquiriam direitos de editoras tradicionais e de outros detentores de direitos e produziam e publicavam audiolivros, muitas delas diversificaram suas atividades ao longo dos anos. Em alguns casos, essa diversificação nasceu da necessidade de aumentar a oferta de conteúdo de qualidade. À medida que um número cada vez maior de editoras tradicionais começou a produzir seus próprios audiolivros, as linhas de suprimento para as editoras de audiolivros começaram a minguar. As editoras de audiolivros se viram na mesma situação das editoras de livros em brochura várias décadas antes quando as editoras de livros em capa dura tradicionais começaram a desenvolver suas próprias linhas de livros em brochura. Desse modo, algumas das maiores editoras de audiolivros começaram a se transformar em editoras de interesse geral, contratando livros com todos os direitos incluídos e publicando livros impressos e digitais, além de audiolivros – a Tantor Media acrescentou uma linha impressa em 2012, e a Blackstone lançou um selo de livros impressos em 2015. Além disso, com a mudança para os *downloads* digitais, algumas editoras de audiolivros desenvolveram suas próprias plataformas para fornecer seu conteúdo para as bibliotecas ou diretamente para os consumidores. Em 2013, a Blackstone lançou a Downpour.com, uma loja de audiolivros *on-line* que se posicionou como uma concorrente direta da Audible, oferecendo um serviço de assinatura que permite que os usuários baixem audiolivros da Blackstone e de outras editoras de audiolivros por 12,99 dólares por mês. Em 2018, a Recorded Books lançou o RBdigital, um aplicativo para bibliotecas que permitia que os usuários da biblioteca tivessem acesso a conteúdo de audiolivros e vídeos através de um serviço de *streaming*. E, assim como as organizações que tinham sido fundadas como editoras de audiolivros estavam se diversificando numa direção, implantando operações de varejo e de distribuição que criavam novos canais de acesso ao mercado, também a Audible, que tinha surgido como um serviço de varejo e de assinatura, estava expandindo suas operações na direção oposta, como uma editora de audiolivros, adquirindo direitos de áudio de editoras tradicionais e criando conteúdo de áudio original. Os limites entre editoras de audiolivros, produtoras, distribuidoras e varejistas estavam ficando cada vez mais indefinidos.

O terceiro tipo é a autoeditora de audiolivros – o equivalente, no espaço do audiolivro, ao grande número de indivíduos que decidem autopublicar seus livros no universo da publicação impressa e digital. Do mesmo modo que é possível abrir mão das editoras tradicionais e autopublicar seu livro impresso e digital, também é possível abrir mão das editoras de audiolivros e autopublicar seu audiolivro – não é preciso depender das editoras de audiolivros consagradas, é possível fazer tudo sozinho. No caso dos audiolivros, se você detiver os direitos de áudio de um determinado livro, é possível, de fato, produzir sozinho o audiolivro inteiro – basta arranjar um microfone, encontrar um lugar silencioso, produzir uma gravação digital e subir o audiolivro para um sistema de distribuição adequado. O autor ousado que deseja narrar e produzir seu próprio audiolivro encontra inúmeros conselhos e orientações *on-line* e impressos, tanto de autores que gravaram seus próprios audiolivros como de indivíduos e organizações envolvidos na indústria do audiolivro.[22] Mas a aparente simplicidade de gravar a leitura de um texto dá uma ideia falsa da complexidade envolvida na criação de um audiolivro de qualidade. Narrar um texto é, por si só, uma arte, e muitas vezes é melhor procurar um narrador experiente para gravar o audiolivro do que fazê-lo sozinho. E, mesmo quando o autor decide gravar seu audiolivro, ele pode aumentar sua qualidade por meio de suporte profissional. A exemplo do que acontece com os livros impressos e digitais, existem inúmeras plataformas de autopublicação de audiolivros que o autor pode usar para autopublicar seu audiolivro. Dentre elas, a maior e mais conhecida é a Audiobook Creation Exchange (ACX), criada pela Audible em 2011 (ver anteriormente). Depois que o audiolivro é criado em sua plataforma, a ACX cuida da distribuição através da Audible,

---

22 Ver, por exemplo, Bolt, "How to Make an Audiobook: What Every Author Should Know", *Self-Publishing School*, disponível em: <https://self-publishingschool.com/creating-audiobook-every-author-know>; Wolman, "How to Publish an Audiobook: Your Guide to Audiobook Production and Distribution", *Written Word Media*, 24 abr. 2020, disponível em: <www.writtenwordmedia.com/self-publish-audiobook-production-and-distribution>; Cobb, "Creating an Audiobook as a Self-Published Author", *BookBaby*, 1º jun. 2018, disponível em: <https://blog.bookbaby.com/2018/06/creating-an-audiobook-as-a-self-published-author>; e assim por diante. O maior guia impresso de produção de audiolivros é o de Kaye, *The Guide to Publishing Audiobooks*.

da Amazon e do iTunes – e, por um percentual menor de direitos autorais, também é possível distribuir através de outros canais do varejo. Mas a ACX não é a única opção.

A principal concorrente da ACX é a Findaway Voices, que foi lançada em julho de 2017 pela Findaway, uma das principais distribuidoras de audiolivros, em parte como uma forma de aumentar o fluxo de conteúdo em áudio que eles podiam oferecer aos varejistas. Assim como a ACX, a Findaway Voices é voltada principalmente aos autores independentes e à comunidade da autopublicação, mas também pode ser utilizada pelas editoras. Embora ofereça aos que desejam criar audiolivros um conjunto de opções que, no geral, se assemelha ao que é oferecido pela ACX, ela se diferencia da ACX em diversos aspectos. Em primeiro lugar, a ACX é restrita aos residentes dos Estados Unidos, do Reino Unido, do Canadá e da Irlanda, enquanto a Findaway Voices é acessível a autores do mundo inteiro. Segundo: a ACX é um *marketplace* aberto em que os autores podem procurar qualquer narrador que pareça adequado para o seu livro, enquanto a Findaway Voices se responsabiliza pela seleção de narradores para um determinado autor, reunindo informações do autor e depois lhe apresentando uma seleção de cinco a dez narradores que pareçam particularmente adequados para o projeto. Terceiro: a Findaway Voices dá aos autores e editoras o controle total da precificação dos seus audiolivros. Com a Findaway Voices, o autor ou a editora define o preço do audiolivro, ao passo que com a ACX quem define o preço é o varejista (e, na Audible, o preço geralmente é definido com base na duração do audiolivro). Uma quarta, e importante, diferença é que a Findaway Voices distribui para inúmeros varejistas de audiolivros e serviços de assinatura, enquanto a ACX distribui apenas para a Audible, a Amazon e o iTunes – embora seja possível, como foi observado anteriormente, optar pela não exclusividade com a ACX e utilizar outro distribuidor, como Findaway ou Author's Republic, para distribuir para outros canais de varejo. A Findaway Voices se mostrou atraente para a comunidade de autopublicação, em parte porque ela representa uma alternativa independente do ecossistema da Amazon, ao qual a ACX pertence, e diversas plataformas de autopublicação de livros digitais, entre as quais Smashwords e Draft2Digital, fecharam acordos com a Findaway Voices para dar aos autores autopublicados acesso integrado aos serviços de produção e distribuição de audiolivros.

Embora a ACX e a Findaway Voices sejam as principais plataformas de autopublicação de audiolivros, existem empresas no espaço do audiolivro que abriram novos caminhos para que os autores independentes e as editoras possam produzir seus próprios audiolivros. A ListenUp Audiobooks foi fundada em 2016 pela ListenUp, uma empresa de produção de áudio com sede em Atlanta, Geórgia. Ela oferece aos autores e às editoras uma solução completa que inclui um diretor, a escolha do narrador, gravação em estúdio profissional, edição completa e masterização final. Também oferece uma opção de distribuição que atinge uma ampla gama de pontos de varejo e bibliotecas, incluindo a Audible. A Author's Republic é uma distribuidora de audiolivros que foi fundada pela Audiobooks.com em 2015; embora não ofereça um serviço próprio de produção de audiolivro, fornece aos autores uma orientação passo a passo sobre como criar um audiolivro e recomenda diversas produtoras que podem administrar o processo de criação do audiolivro.[23]

O terceiro papel fundamental na cadeia de suprimentos do audiolivro é do produtor (ou empresa produtora) de audiolivro. É útil distinguir quatro tipos diferentes de produtor de audiolivro. O primeiro tipo é a editora de livros tradicional que criou um departamento de audiolivros e realiza internamente a totalidade ou parte da sua produção de audiolivros, em estúdios de produção personalizados que ela construiu ou adquiriu. Como observamos anteriormente, a maioria das grandes editoras possui atualmente suas próprias instalações de produção de audiolivros, embora ainda terceirizem parte dessa produção para estúdios independentes. Em segundo lugar, temos o grande número de editoras de audiolivros que têm seus próprios estúdios de produção e produzem internamente a totalidade (ou parte) dos seus audiolivros. No entanto, existem muitas produtoras de áudio que não são editoras, mas que se especializaram em produzir áudio de qualidade; elas fornecem estúdios de gravação e serviços de produção de áudio para uma série de clientes, de músicos a editoras – este é o terceiro tipo de produtor de audiolivro. Duas das produtoras de áudio mais conhecidas em atividade no espaço do audiolivro são a John Marshall Media e a Deyan Audio. A primeira foi fundada em 1995 por John Marshall Cheary, um engenheiro de áudio formado na Faculdade Berklee de Música. Sediada em Nova York, onde tem acesso a um grande banco de narradores talentosos, ela se firmou como uma das principais produtoras de audiolivros e oferece uma ampla gama de serviços às editoras, de aluguel de estúdio à produção completa do audiolivro (da escolha dos narradores à distribuição final). A Deyan Audio foi fundada por Bob e Debra Deyan em 1990 com o objetivo de produzir audiolivros, numa época em que os audiolivros ainda eram basicamente um produto de nicho. Começaram gravando em sua casa, em Van

---

23 Ver <www.authrosrepublic.com/creation>.

Nuys, Califórnia, e mais tarde, com a ampliação do negócio, transferiram as gravações para um conjunto de estúdios em Tarzana, Califórnia. Por serem sediados em Los Angeles, puderam ter acesso a um grande banco de atores com talento narrativo. Embora a John Marshall Media e a Deyan Audio sejam duas das produtoras de áudio mais conhecidas que se especializaram na produção de audiolivros, existem muitas outras produtoras de áudio que oferecem serviços de produção – Mosaic Audio, De Marque, Edge Studio, Verity Audio, Audio Factory e Listening Books, para citar apenas algumas.

O quarto tipo de produtor de audiolivro é o estúdio caseiro. Estúdios caseiros são espaços domésticos – p. ex., um quarto, *closet* ou canto de sala – que foram equipados para servir de estúdio de gravação. Foram criados inicialmente por gente que fazia sobreposição de voz e narração e que queria evitar os longos deslocamentos para o trabalho. Em alguns casos, as produtoras de áudio ajudavam a equipar os estúdios domésticos e forneciam equipamentos e *softwares*. Com o crescimento dos audiolivros e a ascensão das plataformas de autopublicação de audiolivros como a ACX, os estúdios domésticos têm se tornado cada vez mais populares entre os narradores *freelancers*, que montam seus próprios estúdios de gravação e trabalham de casa. O isolamento sonoro improvisado pode ser feito com um gasto mínimo e eles podem montar o estúdio com equipamentos básicos – microfone, *laptop*, *software* de edição etc. – num nível que seja compatível com seu orçamento. Existem inúmeros recursos *on-line* com sugestões para os futuros narradores sobre como montar um estúdio doméstico e com orientações básicas sobre narração e edição.[24]

O quarto papel na cadeia de suprimentos do audiolivro é a distribuidora. As distribuidoras são intermediárias na cadeia de suprimentos, e sua função é fazer que os fornecedores possam entregar seu conteúdo mais facilmente a um grande número de canais de varejo e que os varejistas possam adquirir conteúdo mais facilmente de um grande número de fornecedores. Se houvesse apenas um fornecedor e um varejista, as distribuidoras não seriam necessárias – o fornecedor poderia atender diretamente o varejista. Porém, quanto maior o número de fornecedores e varejistas, mais importantes se tornam as distribuidoras como intermediárias na cadeia de suprimentos, permitindo que os fornecedores tenham acesso ao maior número possível de varejistas e que os varejistas adquiram conteúdo num único lugar. A cadeia de suprimentos do audiolivro é distorcida pelo fato de que a Audible

---

24 Ver, por exemplo, os cinco vídeos de aulas sobre narração caseira de audiolivro produzidos pela ACX, disponíveis em: <www.acx.com/help/setup/202008260>.

é, de longe, a principal varejista, além de ser uma importante editora e produtora de audiolivros que distribui diretamente para o iTunes e a Amazon. Isso significa que ela atua em toda a cadeia de suprimentos, de editora e produtora de audiolivros a distribuidora e varejista, sendo responsável por uma grande proporção da produção e da venda de audiolivros. Isso cria um grande canal na cadeia de suprimentos do audiolivro que é controlado por uma única organização – a Audible, que, por sua vez, pertence à Amazon, que tem a ACX como a sua plataforma de autopublicação de audiolivros. A importância desse canal aumentou pelo fato de que, a partir de 2003, a Audible também passou a ser a fornecedora exclusiva de audiolivros para o iTunes, o que significou que qualquer editora que quisesse ter acesso à loja do iTunes tinha de passar pelo canal da Audible. Após reclamações da Associação Alemã de Editoras e Livrarias, esse acordo passou a ser investigado pela Comissão Europeia e pelo regulador antitruste alemão, o Bundeskartellamt. Em janeiro de 2017, a Audible e a Apple anunciaram que o seu acordo de exclusividade para o fornecimento de audiolivros para o iTunes deixaria de existir. Dali em diante, as editoras podiam fornecer seus audiolivros diretamente ao iTunes, ou fornecer seu conteúdo ao iTunes através de outra distribuidora.

Surgiram inúmeras distribuidoras de audiolivros no espaço entre as editoras e produtoras de audiolivros, de um lado, e os varejistas de audiolivros, do outro – Findaway, Author's Republic, Big Happy Family, De Marque, Kontor, Zebralution etc. Algumas editoras e produtoras de audiolivros, como a ListenUp, também oferecem serviços de distribuição para os seus clientes. Cada uma dessas distribuidoras tem sua própria história e ênfase específica. Com sede em Solon, Ohio, a Findaway ganhou fama ao criar o tocador de áudio digital pré-gravado Playaway no início dos anos 2000, ampliando posteriormente suas atividades para a distribuição digital e se tornando uma das maiores distribuidoras de audiolivros do mundo. A Author's Republic foi fundada em 2015 pela Audiobooks.com, um serviço de assinatura de audiolivros, para ajudar os criadores de audiolivros autopublicados a distribuir sua obra. A Big Happy Family foi fundada em 2006 por Jessica Kaye, uma ex-editora de audiolivros, com o objetivo de ajudar as pequenas e médias editoras a chegar até as lojas de varejo de audiolivros. E assim por diante. As distribuidoras variam quanto à importância das suas atividades e aos mercados a que elas atendem, mas em todos os casos o objetivo é o mesmo: atuar como intermediárias, pegando conteúdos digitais – neste caso, audiolivros – das grandes e pequenas editoras, agregando-os num catálogo integrado e disponibilizando-os para o maior número possível de lojas de varejo, serviços de assinatura e *sites* e bibliotecas de *download*, e depois transferindo os pagamentos de direitos autorais e as receitas de volta para as editoras. Dessa forma, as lojas de varejo podem negociar com um único fornecedor em vez de centenas de editoras e autopublicadoras, e as editoras – especialmente as editoras e autopublicadoras pequenas – têm acesso às lojas de varejo, o que não conseguiriam fazer sozinhas. A distribuidora simplifica a vida de ambas as partes e recebe um percentual da receita pelo serviço.

O quinto e último papel na cadeia de suprimentos do audiolivro é o da loja de varejo. Os últimos anos assistiram a uma verdadeira explosão de lojas de varejo de audiolivros, de serviços de assinatura e lojas *on-line* a agregadores e fornecedores de bibliotecas. Não há nenhuma dúvida de que, desde o início dos anos 2000, a Audible tem sido, de longe, o principal varejista no espaço do audiolivro. Com seu serviço de assinatura de *downloads* digitais baseado em créditos, sua relação de sinergia com a Amazon e seu acordo de distribuição exclusiva com o iTunes, a Audible está bem posicionada para se beneficiar plenamente do declínio dos CDs e da ascensão dos *downloads* digitais como o principal meio no consumo de audiolivros. No início dos anos 2010, a Audible era praticamente sinônimo de audiolivro, ao menos para muitos consumidores americanos. Porém, novos concorrentes estavam surgindo no varejo, e algumas lojas de varejo de livros digitais e de outros conteúdos digitais começaram a acrescentar audiolivros ao seu estoque. A Scribd acrescentou audiolivros ao seu serviço de assinatura em 2015, assim como a Playster, serviço de assinatura de entretenimentos com sede em Toronto. Em 2014, a Barnes & Noble lançou um novo aplicativo de audiolivro que permitia que o usuário comprasse e baixasse audiolivros no Nook. Em 2017, a Kobo acrescentou audiolivros à sua oferta e introduziu um serviço de assinatura baseado num crédito de 10 dólares ao mês semelhante ao da Audible. Em 2018, o Walmart se juntou à Kobo para lançar o Walmart eBooks, que incluía um serviço de assinatura de audiolivros no qual o cliente recebe um audiolivro por mês pagando uma taxa de assinatura de 9,99 dólares. E, em 2018, o Google acrescentou audiolivros à Google Play Store. Algumas editoras e distribuidoras de audiolivros criaram suas próprias lojas de varejo, que interagem diretamente com o cliente, e foi lançado também um grande número de serviços de assinatura de audiolivros, entre os quais Audiobooks. com, um serviço de assinatura baseado em crédito fundado em 2012 para concorrer com a Audible, e adquirido em 2017 pela RBMedia, proprietária da Recorded Books; AudiobooksNow.com, um serviço de *download* e *streaming* fundado em 2012 pela Booksfree, uma empresa de varejo de livros *on-line* criada no ano 2000 cujo nome mudou para Booklender em 2016; eStories, um serviço de assinatura de audiolivros lançado em 2016 pela eMusic, serviço de assinatura de música *on-line* que surgiu no final dos anos 1990; Libro.fm, um serviço de audiolivros fundado em 2013 que permite que as livrarias independentes obtenham uma fatia do mercado de audiolivros por meio de uma parceria com o serviço; Chirp, um serviço de audiolivros fundado em 2019 pela Bookbub que oferece diariamente aos consumidores uma seleção de ofertas de audiolivros por tempo limitado, que podem ser adquiridos *à la carte*; e assim por diante. Muitos desses serviços de assinaturas operam predominantemente – ou até exclusivamente – nos Estados Unidos, mas um grande número deles abriu na Europa e em outros lugares. O líder na Europa tem sido a empresa sueca Storytel, que é o maior serviço de assinatura de audiolivros da Escandinávia e está presente em vinte países, mas a Nextory (cuja sede também fica na Suécia) e a Bookmate (sediada em Londres e Moscou) são concorrentes importantes no mercado de audiolivros fora da América do Norte. Também existem diversos serviços especializados na agregação e no fornecimento de audiolivros para bibliotecas – embora o principal concorrente tenha sido a OverDrive, existem outros, como Hoopla e Bibliotheca.

A infinidade de serviços de audiolivros voltados ao consumidor e de serviços de fornecimento de audiolivros para bibliotecas produz um quadro confuso: à medida que as vendas de audiolivros crescem, um número cada vez maior de concorrentes adentra o espaço do audiolivro ou expande suas atividades dentro desse espaço, criando um cenário em constante transformação. Mas, embora o número de lojas de varejo tenha aumentado consideravelmente nos últimos anos e continue a crescer, muitas dessas lojas continuam sendo de pequeno porte; nos Estados Unidos, o mercado varejista de audiolivros continua sendo dominado pela Audible e por sua proprietária, a Amazon, que também vende audiolivros em seu *site* principal. De acordo com o Codex Group, a participação total da Amazon nas vendas unitárias de audiolivros nos Estados Unidos em maio de 2019 (incluindo a Audible) foi de 54%, um crescimento em relação aos 42% do mês de junho do ano anterior – em outras palavras, por esse cálculo, mais da metade de todas as vendas unitárias de audiolivros são canalizadas atualmente através da Amazon/Audible. O Codex calculou que, sozinha, a Audible tinha uma participação de mercado de 34% em maio de 2019, um crescimento em relação aos 29% do ano anterior. Durante o mesmo período, a participação da Barnes & Noble no mercado de audiolivros caiu de 18% para 11%, e todos os outros varejistas de audiolivros caíram de 26% para 22% – parecia que a participação de mercado da Amazon/Audible estava crescendo à custa dos seus concorrentes.[25] Outros situaram a participação no mercado de audiolivros da Amazon/Audible num patamar muito superior – para um analista, ela é de mais de 90%.[26] O fim do acordo de exclusividade entre a Audible e o iTunes pode ter reduzido parte dos privilégios de mercado da Audible, mas ela continua sendo, de longe, o mais importante canal de varejo de audiolivros, e a maioria das grandes editoras de áudio continua a distribuir para o iTunes através da Audible. O papel crucial da Audible nos diferentes estágios da cadeia de suprimentos do audiolivro, sua integração com a Amazon e seu investimento crescente na criação de conteúdo original exclusivo – os chamados Audible Originals – provavelmente irão lhe assegurar o posto de principal concorrente no espaço do audiolivro no futuro próximo.

O tipo de trabalho que é feito por qualquer organização ou indivíduo específico depende do lugar em que ele se situa na cadeia de suprimentos do audiolivro – o trabalho que é feito por uma editora de audiolivros é diferente do trabalho feito por um narrador, e uma distribuidora trabalha de forma diferente de um *site* de assinatura que interage diretamente com o consumidor. Podemos ter uma ideia de como os audiolivros são produzidos examinando por alto alguns pontos diferentes dessa cadeia de suprimentos.

A PRODUÇÃO DE AUDIOLIVROS

Richard dirige a divisão de audiolivros da "Horizon", uma grande editora de Nova York. Como começou a trabalhar com audiolivros na mesma empresa no início dos anos 2000, ele vivenciou tanto a mudança de formato – dos cassetes e CDs para os *downloads* digitais – como o crescimento do

---

25 *U. S. Audiobook Participation and Market Unit Share, May 2019.* Os cálculos de participação de mercado do Codex se baseiam numa pesquisa nacional *on-line* do consumidor, realizada de 25 de abril a 13 de maio de 2019, com 4.151 pessoas de 18 anos ou mais que compraram livros no mês anterior, distribuídas proporcionalmente por idade e região. A pessoa teria de ter adquirido pelo menos um audiolivro no mês anterior e pelo menos três nos últimos doze meses.

26 Paul Abbassi (outrora conhecido como Data Guy) da Bookstat avalia que 95% dos 130 milhões de audiolivros vendidos nos Estados Unidos em 2019 foram distribuídos pela Audible através da Audible.com, da Amazon.com e do iTunes – um percentual muito superior aos 54% calculados pelo Codex Group com base em sua pesquisa do consumidor. Os cálculos de Abbassi se baseiam no acompanhamento das classificações nas listas dos mais vendidos e utilizam métodos similares aos que ele desenvolveu como Data Guy (ver Capítulo 7, p.296-310). No entanto, esses cálculos podem estar superestimados, já que algumas lojas de audiolivros, como a Scribd e os fornecedores de audiolivros para bibliotecas como OverDrive, não estão incluídos em sua análise.

negócio do audiolivro. "Quando comecei aqui, no início dos anos 2000, a gente publicava entre 50 e 65 audiolivros por ano, uns 20% a 30% da produção total, e a maioria era em versão resumida", explicou Richard. "Neste ano vamos publicar 700 audiolivros, todos em versão integral, e isso representa quase 80% de todos os nossos livros de capa dura." A venda dos audiolivros representou entre 5% e 10% da receita total da Horizon em 2018 – entre um terço e metade do montante representado pelos livros digitais. Porém, com a estagnação das vendas de livros digitais e o crescimento da receita dos audiolivros, a diferença estava diminuindo. Quanto à receita das vendas digitais, os audiolivros eram o novo raio de esperança.

Em razão do número de livros que o departamento de Richard administra, ele teve de organizar o processo de seleção e produção de audiolivros. Não se trata mais de simplesmente escolher os prováveis *best-sellers* e publicá-los em áudio – hoje em dia, praticamente tudo tem de ser considerado um audiolivro potencial. Richard começa examinando o que está na linha de produção do ano seguinte e dividindo o material em três grupos:

> Os que recebem luz verde são os livros aprovados automaticamente. Os que recebem luz vermelha são os livros pequenos demais, de nicho, como os livros de receitas culinárias, algo que não funciona em áudio. A luz laranja vai para aqueles em que procedemos com cautela – na nossa programação eles são destacados em laranja. Com eles, começamos fazendo uma análise aprofundada. Avaliamos primeiro a possibilidade de fazer campanhas de marketing e de divulgação, se o autor vai fazer turnês ou não. Às vezes entro em detalhes, converso com o editor, peço amostras de páginas – será que posso ver o *layout*? Posso ler um trecho do livro? Examinamos o orçamento das versões impressa e digital – não examinamos apenas um único formato. Quantos exemplares a versão digital vai vender? Ou seja, o setor laranja engloba muito mais coisas.

Os sinalizados com a cor laranja que não são selecionados para a produção de audiolivro são então encaminhados para o departamento de direitos subsidiários para ver se o departamento consegue vender os direitos de áudio para outra editora – como pagaram por esses direitos, querem explorá-los mesmo se o audiolivro não for feito por eles.

Uma vez decidido quais os audiolivros que serão feitos, eles os inserem no sistema e designam um produtor para cada projeto. O produtor pega o livro, ou uma prova do livro, lê e conversa com o autor sobre a distribuição de papéis. Vai ter um narrador só ou vários narradores? O narrador precisa ter uma voz ou sotaque específico – por exemplo, inglês ou escocês, em vez de americano? Essa conversa pode ocorrer antes de se ter o texto final – nessa etapa, podem trabalhar com um texto preliminar ou com aquilo que chamam de "roteiro preliminar". Mas só podem começar a gravar depois de receber o roteiro final. O prazo é apertado, porque querem que o audiolivro seja lançado junto com o livro impresso e o livro digital. Esse sincronismo é novo. "Antigamente, quando o áudio não tinha adquirido esse destaque todo, isso não era importante", explicou Richard. "A gente publicava o audiolivro seis meses depois. Agora, no caso dos autores importantes, o audiolivro tem de acompanhar rigorosamente a versão impressa e a digital, e aparecer juntos nas prateleiras das lojas." Por isso trabalham com a maior antecipação possível, usando o roteiro preliminar para distribuir os papéis, recorrendo aos narradores, ou a seus agentes para que escalem o(s) narrador(es), reservando tempo de estúdio etc. Embora a consulta aos autores faça parte do processo, é raro eles participarem da narração. As únicas ocasiões em que os autores narram seus próprios livros é quando são oradores ou atores populares, e a sua voz é tão conhecida que não se poderia imaginar outra pessoa lendo o livro, particularmente quando se trata de uma história pessoal – você vai querer que Bill Clinton narre sua autobiografia *Minha vida*, que Barack Obama narre *Sonhos do meu pai*, que Michelle Obama narre *Minha história*, e assim por diante. Mas, para a grande maioria das gravações, Richard e sua equipe preferem usar atores profissionais como narradores, especialmente aqueles que decidiram se concentrar na narração de audiolivros como parte do seu portfólio de atividades. Atores profissionais que tiveram formação de teatro dão ótimos narradores, explicou Richard, porque têm o tipo de concentração, atenção, treino vocal e treino dramático que produz narradores de primeira. Também ajuda se têm o hábito de ler livros e se os leem por prazer. No entanto, nem todos os atores profissionais são bons narradores. A narração de audiolivros exige paciência e pode ser cansativa. A pessoa tem de aguentar ficar sentada num estúdio durante longos períodos e ler textos contínuos com poucos intervalos e interrupções. "O sujeito pode ser um grande ator de televisão, um grande ator de *stand up* que faz espetáculos ao vivo e concluir que passar cinco dias isolado numa cabine talvez não seja a sua praia."

Embora a maioria dos narradores usados por Richard e sua equipe seja composta de atores profissionais, eles às vezes recorrem a celebridades. O uso de uma celebridade pode ter algumas vantagens em termos de marketing e vendas – às vezes é possível conseguir um *press release* e alguns clientes por ter uma celebridade conhecida como narradora. Mas o custo é maior e nem sempre vale a pena, diz Richard. Além disso, pode criar problemas para a produção. "Contratamos narradores que achavam que iam estar livres e, de repente, eles recebem uma proposta para fazer um filme em Xangri-lá e desaparecem. É muito complicado. A distribuição de papéis é trabalhosa e a locação, além de difícil, pode aumentar a despesa." Atores profissionais que decidiram tornar a narração de audiolivros parte do seu portfólio são uma aposta muito mais segura.

A Horizon usa seus próprios estúdios, porém, em vista do volume de produção, também precisa alugar estúdios – não é possível fazer tudo internamente. Richard precisa ter um diretor e um engenheiro no estúdio, além do narrador, separados por uma divisória de vidro durante a gravação para que o narrador fique isolado. O diretor está presente para garantir que não ocorram enganos durante o processo de gravação, não se pule nenhuma linha, nenhuma palavra seja mal pronunciada, não se escute o ronco do estômago de ninguém ao fundo, que a voz de um personagem não mude sensivelmente de um capítulo para o outro etc. "Para fazer um audiolivro sem nenhum reparo é preciso ter alguém acompanhando", explicou Richard. São necessárias aproximadamente 3 horas de estúdio para se obter 1 hora de gravação final, e a regra geral no ramo do audiolivro é que cerca de 9.300 palavras de texto equivalem a 1 hora de áudio final. Portanto, um livro de 90 mil palavras corresponderia a cerca de 9 horas e 45 minutos de áudio final, o que significa que seriam necessárias cerca de 29 horas de tempo de estúdio – em outras palavras, uma semana inteira com 6 horas diárias de estúdio.

Quanto aos custos, os narradores são pagos por hora final (PHF) de áudio. Os valores variam conforme o narrador, mas, como muitos atores profissionais são membros do sindicato dos atores, SAG-Aftra [Screen Actors Guild-American Federation of Television and Radio Artists – Associação dos Atores de Cinema-Federação Americana dos Artistas de Televisão e Rádio], seus valores são negociados pelo sindicato com as diversas editoras e produtoras de audiolivros. O valor mínimo de um membro da SAG-Aftra para a maioria das editoras está por volta de 200-250 dólares PHF. Portanto, só o custo do narrador de um livro de 90 mil palavras poderia ficar entre 2.000 e 2.500 dólares. A edição e a revisão – o controle de qualidade que implica ouvir o áudio final e assegurar que todos os erros foram detectados e corrigidos – também são pagas por hora. Se a editora utilizar seus próprios estúdios e se o produtor, o diretor e o engenheiro fizerem parte da equipe, ela vai evitar alguns custos, mas, se precisar alugar um estúdio, o custo vai aumentar – como o aluguel de um estúdio em Nova York pode custar de 100 a 150 dólares por hora, as 30 horas de tempo de estúdio custariam entre 3 mil e 4.500 dólares. Os custos crescem rapidamente; produzir audiolivros não é barato.

Quando você produz um audiolivro em seu próprio estúdio com sua própria equipe (sem contar o narrador), obtém um retorno financeiro se conseguir vender no mínimo 500-600 cópias, explicou Richard. "Se vender quinhentas ou menos, é muito duvidoso que consiga." Porém, se precisar utilizar um estúdio externo e terceirizar parte do trabalho, "a probabilidade de lucrar vendendo menos de mil cópias é muito menor". Richard planeja tudo isso mentalmente quando está definindo o catálogo. "Faço cálculos mentais rápidos de lucros e perdas quando decido o catálogo, ponho os custos de produção e as vendas um ao lado do outro, assim a gente sabe o que acrescentar, o que não acrescentar e se vale a pena ir em frente com o projeto."

A Horizon oferece um serviço de audiolivro premium: uma produção de áudio de qualidade superior, com estúdios próprios construídos sob medida (ou estúdios alugados), equipe experiente e narradores profissionais. Mas é possível produzir audiolivros gastando menos. Na outra ponta do espectro temos o modelo "faça você mesmo" da ACX, no qual os narradores podem ser contratados por um valor entre 50 e 100 dólares PHF (embora narradores mais experientes custem mais caro) ou no qual o adiantamento para o narrador pode ser inteiramente evitado optando-se por uma participação nos direitos autorais. Entre esses dois extremos existe uma série de modelos intermediários; além disso, diversas editoras e produtoras de audiolivros desenvolveram métodos e sistemas próprios. Particularmente importante nesse ecossistema de produção de audiolivros em constante evolução é o desenvolvimento dos estúdios domésticos, que permite que os narradores trabalhem como *freelancers* em sua própria casa e que as editoras e produtoras não precisem fornecer ou alugar um estúdio profissional. Grande parte do trabalho de narração – seja para editoras convencionais ou para autores que pretendem produzir seu próprio audiolivro na ACX ou Findaway Voices – ocorre atualmente na economia oculta do lar.

A INTERPRETAÇÃO DO TEXTO

Stuart se formou como ator e começou a carreira viajando com uma companhia que encenava Shakespeare, trabalhando no teatro e dando aulas de interpretação em parte do tempo. Mas, quando decidiu se instalar em Nova York e constituir família, sentiu que precisava de outra opção que utilizasse o mesmo conjunto de habilidades. Gravou alguns comerciais para a TV – que eram bem pagos, mas com os quais não podia contar, pois as escalas eram feitas semanalmente e nunca se sabia exatamente quanto se ia ganhar. Precisava de uma fonte de renda mais estável. Como gostava de ler e costumava ouvir audiolivros, especialmente durante os longos percursos entre a casa e a faculdade e durante as turnês com a companhia de teatro, decidiu se informar a respeito da narração de audiolivros. Como precisasse saber mais sobre o assunto e a maneira de dar os primeiros passos na profissão, fez como muita gente nessa situação: "encontrar um amigo da faculdade que seja um narrador de audiolivro bem-sucedido, convidá-lo para um café e obter o máximo de informações possível". O amigo ajudou-o a perceber que, embora o mundo dos audiolivros esteja organizado em moldes um pouco semelhantes aos do teatro ou do cinema e da narração na TV ou em comerciais, as redes de contato eram completamente diferentes – havia muito pouca superposição entre elas. E, como o universo dos audiolivros era muito menor que esses outros setores, os relacionamentos pessoais diretos com os produtores e os editores eram particularmente importantes. O amigo lhe deu algumas dicas boas para começar a montar uma rede de contatos nesse universo, como participar dos eventos e convenções organizados pela Audio Publishers Association – a associação comercial que representava os interesses das editoras de áudio –, onde ele poderia conhecer editores e produtores, além de outros narradores, no bar e em outros ambientes ("ser, literalmente, uma pessoa sociável"), bater papo sobre vários assuntos, distribuir seu cartão e procurar passar uma boa impressão ("o segredo é conversar sobre tudo, menos a indústria editorial, e estabelecer um verdadeiro contato humano com essas pessoas"). É preciso pensar a longo prazo, disse Stuart. "Eu chegava a passar anos me encontrando e conversando com editores e produtores antes de trabalhar com eles em algum lugar. Mas você desenvolve esses relacionamentos e se mantém em contato com eles por e-mail – mas sem demonstrar um interesse exagerado", advertiu Stuart, "senão você acaba virando um chato."

O amigo de Stuart também lhe deu algumas sugestões úteis sobre quem procurar para obter orientação e de quais *workshops* participar para aprender algumas das técnicas narrativas. Embora muitas técnicas narrativas sejam semelhantes às que se adquire na formação de teatro, como o estudo dos sotaques e a manutenção da voz (ser capaz de falar durante um longo período sem prejudicar a voz), existem algumas técnicas específicas da narração de audiolivro que podem ser aprendidas em *workshops* e sessões de treinamento. Ele também lhe deu alguns conselhos práticos sobre como montar um estúdio doméstico e começar a operação do ponto de vista técnico. Como

Stuart estivesse morando na época em um apartamento que tinha um pequeno *closet*, ele equipou o espaço de uma forma que lhe permitia trabalhar ininterruptamente num lugar sossegado durante longos períodos do dia. Não era tanto uma questão de isolamento sonoro – "não existe essa ideia de isolamento sonoro", explicou. "Nesse tipo de contexto, o principal é o tratamento acústico." Para começar, você precisa, basicamente, de um lugar tranquilo, e precisa equipá-lo de uma forma que lhe permita produzir um som claro, agradável e uniforme – "sem superfícies refletoras, o que inclui também o seu monitor". É preciso ter alguns equipamentos básicos – um *laptop*, *softwares* de gravação, microfone de qualidade etc., tudo arrumado de maneira adequada. Você também precisa aprender a operar o computador com perfeição, para produzir uma gravação precisa, clara e consistente. Como já tinha um *laptop* e um iPad de onde ler, Stuart emprestou um microfone e outros equipamentos de um amigo. Ele contava com o básico e estava pronto para começar. Mas como começar a fazer *freelances* de narração num setor no qual você nunca trabalhou?

Como acontece com a maioria dos narradores estreantes, a ACX foi a porta de entrada de Stuart. Ele se inscreveu na ACX como produtor e criou um perfil. Como o *workshop* do qual tinha participado incluía algumas gravações, elas se tornaram os primeiros *demos* que pôs na ACX. Começou depois de ter participado de testes com alguns livros. Como não soubesse muito bem o quanto cobrar no primeiro livro, fez por 150 dólares PHF, embora no segundo tenha pedido 200 dólares PHF, que era o padrão do setor na época. Depois de fazer quatro livros na ACX, chamou a atenção da Audible Studios e ganhou uma chance. A Audible estava dirigindo um *workshop* sobre produção em uma das convenções de audiolivros, e Stuart foi para o *workshop* e fez um teste. A produtora da Audible gostou do que ouviu ("Dá para ver que você não tem muita experiência, mas com certeza você conhece muito bem a sua voz") e o contratou como leitor de não ficção. Ele fez os dez livros seguintes na Audible, trabalhando nos estúdios da empresa e não em casa. Sua carreira de narrador de audiolivro parecia estar decolando, mas então a Audible Studios fechou vários estúdios próprios e iniciou uma reestruturação de longo prazo, deixando Stuart e um monte de narradores sem emprego. Ele voltou à ACX e fez testes para trabalhos de narrador; entrou em contato com pessoas que tinha conhecido nos eventos sociais, na expectativa de que elas poderiam estar interessadas em contratá-lo. Até começou a ler livros e a pesquisar se já existia uma versão em áudio deles, e, se não existia, tentava encontrar o detentor dos direitos de áudio e conversava com a pessoa para saber se ela estaria interessada em fazer um audiolivro, ou através de uma editora ou, de forma independente, através da ACX. Para preencher o tempo, ele produziu alguns audiolivros de domínio público com uma pequena editora especializada em obras desse segmento. Ao fazer coisas diferentes, continuou ampliando o seu portfólio e aprimorando a qualidade do seu trabalho, na expectativa de que estaria no lugar certo na hora certa quando uma editora pensasse nele e precisasse dele. Mas "foi um começo lento e cansativo", refletiu Stuart.

Finalmente, Stuart começou a trabalhar com outras editoras de audiolivros, como a Tantor, além de ter voltado a trabalhar para a Audible quando seus estúdios foram reabertos e a situação melhorou. Isso coincidiu com a mudança de casa, que foi uma oportunidade para incrementar o estúdio doméstico. Stuart decidiu investir numa cabine de gravação profissional, a StudioBricks One, e instalou-a num canto de uma salinha do novo apartamento do Brooklyn. Foi um investimento considerável – uma cabine de gravação profissional como essa custa cerca de 10 mil dólares –, mas melhorou muito o ambiente de trabalho: "Estou num espaço ventilado, silencioso e exclusivo. O som que consigo criar é acusticamente superior ao que conseguia antes. E também é algo que posso comentar com as pessoas: 'Ah, eu tenho um StudioBrick'. Se digo isso a um editor, ele sabe que sou uma pessoa séria e profissional". A decisão de fazer esse investimento foi um sinal de que a narração de audiolivros tinha se transformado no núcleo da carreira de Stuart. A narração não era mais uma atividade suplementar que estava desenvolvendo para ganhar uma renda extra: ela era o foco principal da sua vida profissional. Stuart ainda se considera ator, e gosta de pegar trabalhos para a TV sempre que possível, mas sua prioridade agora é desenvolver a carreira de narrador. Ele consegue encaixar trabalhos para a TV porque normalmente gasta meio dia no teste e um ou dois dias na filmagem, mas teatro é muito mais difícil, porque é um compromisso de longo prazo e ele teria de romper contratos com as editoras para poder se dedicar ao teatro, algo que atualmente reluta em fazer. Embora ainda se considere um ator, a narração de audiolivros é o que lhe permite ganhar a vida e sustentar a família e a carreira. "Se alguém me pergunta o que eu faço, normalmente respondo: 'Sou ator, narro audiolivros'. Apareci seis vezes na TV no ano passado, portanto, não estou deixando isso de lado. Pode ser que eu volte a fazer teatro um dia, quando os filhos estiverem mais velhos, mas, por ora, fico contente em preencher ao máximo a minha agenda com audiolivros."

Por ser um narrador *freelancer* em tempo integral, Stuart tem de planejar cuidadosamente sua agenda. Para ele, o ideal é que a agenda esteja lotada com dois meses de antecedência, como garantia. Quando inicia um novo projeto, precisa reservar pelo menos um dia, talvez dois, para ler e preparar o livro antes de começar. Em seguida, separa normalmente de quatro a cinco dias para a narração, a menos que saiba que é um livro muito mais curto e que ele pode narrá-lo em dois ou três dias. A editora lhe envia o roteiro preliminar, que ele lê e marca utilizando o aplicativo iAnnotate. Quando um personagem aparece pela primeira vez, ele o destaca em azul, e, depois de decidir que voz ele deseja atribuir àquele personagem, faz um memorando de voz e o arquiva numa pasta, para poder manter uma voz compatível toda vez que o personagem aparece. Faz o mesmo com palavras ou frases atípicas de cuja pronúncia não tem certeza, pesquisando-as na internet e fazendo um memorando de voz para futura referência. Às vezes, os autores informam como querem que seja a voz dos seus personagens, mas, na maioria dos casos, fica a critério do narrador decidir qual é a voz da pessoa, com base na descrição do personagem. A voz tem de ser compatível com o personagem, mas também – o que é fundamental – tem de ser suficientemente diferente das outras vozes para que o ouvinte possa perceber a diferença – "O princípio básico", explicou Stuart, "é que o ouvinte sempre saiba claramente quem está falando". Isso pode ser complicado quando existe meia dúzia de personagens e, digamos, três deles são garotos adolescentes. Porém, gravar amostras para poder retomá-las e se lembrar da voz que você atribuiu a cada personagem é uma forma adequada de conservar a coerência e evitar confusão.

Uma vez concluído o trabalho preparatório, Stuart está pronto para começar a gravar. Todo narrador tem sua própria maneira de pensar sobre o que procura alcançar com a narração do livro: ele transforma um texto impresso com dicas visuais para o leitor – como parágrafos e sinais de pontuação – em palavras faladas com dicas orais para o ouvinte. Essa transição exige que ele tome inúmeras decisões – algumas importantes, como decidir que voz atribuir a um personagem, algumas secundárias, mas, não obstante, significativas, como decidir a forma de transmitir uma vírgula, dois pontos ou parênteses no fluxo das palavras faladas. Nada disso é obvio. O narrador não pode ler o livro com uma voz monótona – seria insuportavelmente enfadonho. A leitura precisa ter um certo ritmo ou cadência, o narrador tem de modular a voz em determinadas passagens para expressar humor, sentimento, intenção, suspense ou dúvida, e cada inflexão tem de ser cuidadosamente avaliada – pouco acentuada, e a narração não conseguirá envolver o ouvinte; exagerada, e ela pode passar a impressão de uma dramaticidade excessiva e afugentá-lo. É preciso tentar descobrir o equilíbrio perfeito entre o quase suficiente e o não demasiado. A narração de audiolivros é um processo complexo com códigos e convenções próprios, uma forma de arte por si só, e o universo da narração de audiolivros está cheio de vídeos e painéis de conferencistas com narradores famosos que oferecem dicas e conselhos interessantes sobre como lidar com os aspectos mais traiçoeiros da arte da narração – como lidar com a voz dos homens se você é mulher e com a voz das mulheres se você é homem, como lidar com os sotaques, a pontuação etc.[27]

A narração de audiolivros também é uma atuação, e, como em todas as atuações, sua realização também contém um elemento de criatividade e interpretação, tal como acontece quando uma peça se transforma numa produção teatral ou uma composição musical é executada por uma orquestra. Esse é um dos motivos pelos quais um ator experiente como Stuart encontra uma grande afinidade entre a representação no palco e a narração de um audiolivro. "O principal objetivo de qualquer ator diante de um determinado texto é criar uma relação humana com ele, uma ligação emocional e intelectual, e, então, interpretá-lo, fazer escolhas artísticas acerca do que acontece num momento qualquer, e se envolver de tal maneira com o texto que o público também sinta uma ligação humana com ele. Você cria uma ponte entre o texto impresso e o público." E quando você narra um audiolivro está fazendo basicamente a mesma coisa. "Se estou lendo um livro ou interpretando um personagem, tenho de descobrir uma parte de mim mesmo que evoque aquele livro ou personagem e seja capaz de se expressar de forma precisa, mas, ao mesmo tempo, com a liberdade que resulta daquela perspectiva emocional ou intelectual, de um modo claro e envolvente para o ouvinte." No entanto, embora o narrador tenha de fazer inúmeras escolhas, explícita ou implicitamente, ao longo da narração do livro, ele não é livre para fazer o que quiser, porque está lendo um texto que foi escrito por outra pessoa. Tem de ler as palavras que aparecem na página e extrair as deixas do texto escrito. Portanto, a criatividade do narrador é sempre limitada pelas palavras e deixas embutidas no texto. Como diz Stuart:

> A narração faz parte de uma colaboração artística entre mim e o autor. Extraio o máximo de deixas possíveis do que ele escreveu, mas também acrescento minhas próprias escolhas e interpretações artísticas. Existe sempre uma história, intenção ou ponto de vista que o autor tenta transmitir, e meu trabalho é compreender esse ponto de vista, traduzi-lo através da minha própria compreensão das coisas e demonstrar esse ponto de vista da maneira mais eficaz, clara e interessante possível, para que eu transmita ao ouvinte o conteúdo da

---

27 Ver, por exemplo: <www.youtube.com/watch?v=eMnIwAaFx3o>.

melhor forma possível. Procuro descobrir o tom de narração que combine com o livro e que o torne o mais inconfundível possível para o ouvinte. Embora eu extraia a deixa do texto, cabe a mim executá-la de uma forma verossímil. Portanto, faço escolhas, mas as ajusto às escolhas do autor, às vezes deixando-as mais explícitas, mas nunca as desvirtuando. O audiolivro é o resultado da união desses dois conjuntos de escolhas.

Na prática, a diferença entre as escolhas do autor, tal como inseridas no texto, e as escolhas do narrador nem sempre é tão clara, uma vez que alguns autores se envolvem diretamente nas decisões que o narrador toma antes e durante a narração do livro. Isso varia de autor para autor; alguns autores não têm envolvimento algum, enquanto outros gostam de participar, às vezes de maneira entusiástica, de responder e-mails e até mesmo de falar pelo telefone. Alguns autores têm uma ideia clara sobre como a voz de um personagem deve soar, e comunicam ao editor e ao narrador sua opinião desde o começo. Às vezes, se o narrador se sente inseguro com algum aspecto do texto, ele manda um e-mail para o autor. Geralmente é um problema de pronúncia – um nome estranho, por exemplo –, mas também pode ser porque, aparentemente, o narrador encontrou um erro ou uma gralha e quer saber se pode corrigir o texto: "'Ei, encontrei esta gralha, a correção está certa?', disparo a mensagem para o autor e geralmente tenho uma resposta rápida dizendo: 'ah, tudo bem, esta é a correção que me agrada', a gente aprova e vamos em frente". Às vezes, porém, não dá tempo de examinar cada escolha desse jeito, então o narrador tem de tomar uma decisão e tocar o barco. "Portanto, não é igual a uma colaboração recíproca, é um tipo diferente de colaboração", explicou Stuart. "É uma forma de colaboração que acontece por etapas. Pode haver uma contribuição, seguida de uma contribuição secundária relacionada à primeira, e então esse processo conduz ao produto final. Eu trabalho a partir do material e quero respeitá-lo, mesmo que não o desenvolva junto com o autor até o produto final." O produto final, o audiolivro, não é igual ao livro impresso no qual ele se baseia, ainda que esteja intimamente ligado ao livro impresso, porque a criação do audiolivro é um processo independente que é moldado por seus próprios códigos e convenções e que exige inúmeras decisões – muitas vezes tomadas só pelo narrador, ou pelo diretor e o narrador juntos – para que se possa transformar um texto impresso com suas deixas visuais numa longa sequência de palavras faladas.

Em termos práticos, Stuart divide o tempo entre as gravações nos estúdios das editoras e as gravações em seu estúdio doméstico. A grande diferença entre gravar em casa e gravar no estúdio é que no estúdio você trabalha com um engenheiro e um produtor e/ou diretor que o orienta, que lhe dá algumas instruções e que o avisa se você deixou escapar algo e precisa voltar e gravar novamente, ao passo que em casa você é o seu próprio produtor e diretor e tem de operar seu próprio equipamento sozinho. Por ter experiência como ator, Stuart está acostumado a fazer escolhas – a atuação envolve muita autodireção, a todo momento fazer escolhas, em vez de esperar que lhe digam o que fazer. Por isso, ele não teve dificuldade em dirigir seu próprio trabalho de narrador. Porém, é preciso desenvolver um método de trabalho autônomo que dê muita atenção à coerência e aos detalhes, porque não tem mais ninguém no estúdio que vai acompanhar a gravação e dizer: "Ah, vamos fazer isso de novo por causa disso e daquilo". Cabe a você se manter concentrado e comprometido "a continuar escolhendo formas de atuação para todos os personagens, a fazer que os diálogos sejam verossímeis mesmo que se trate de uma situação imaginária bizarra, ou, no caso da não ficção, a ser a pessoa que tem em tão alta conta um determinado assunto a ponto de querer escrever um livro sobre ele. Esse é o personagem que eu incorporo. Portanto, tenho de sustentar isso, senão o ouvinte perde o interesse". Mas Stuart também é seu próprio produtor, o que significa que ele estabelece seus horários, administra seu tempo e é responsável por manter os objetivos de produção combinados com a editora.

Quanto aos aspectos práticos da gravação, existem duas técnicas principais, explicou Stuart. A primeira é chamada de "gravação aberta", em que você simplesmente deixa a fita rodar, relê as linhas se cometer um engano ou fizer uma escolha infeliz e depois repassa a gravação e elimina os erros. O principal problema dessa técnica é que ela pode tomar muito tempo, pois você talvez tenha de fazer centenas de correções depois de terminar a gravação. A outra técnica, conhecida como "punch and roll", acelera o processo ao permitir que você edite enquanto está gravando. Nessa técnica, se cometer um engano durante a gravação, você para, arrasta o cursor de volta a um momento anterior ao engano – é possível ver o que você disse a partir da forma ondulada na tela – e o programa volta automaticamente três segundos, reproduz o que você acabou de dizer para que possa ouvir o ritmo e o tom da sua voz e, quando chega ao lugar da nova gravação, começa automaticamente a gravar de novo e você simplesmente retoma e segue em frente. Essa técnica produz um resultado muito melhor e mais bem acabado, mas exige alguma prática para utilizá-la com naturalidade e sem esforço. "São habilidades que você aperfeiçoa ao longo do tempo e com o desenvolvimento da aprendizagem motora. Eu não penso, conscientemente:

'Ah, me confundi, por isso vou ter de fazer isso, isso e aquilo". É mais como um tap, tap, tap. A esta altura, é um gesto físico que se tornou uma rotina para mim, e que mantém um fluxo de trabalho satisfatório e uma proporção baixa entre hora de gravação e hora final."

Embora os narradores normalmente sejam pagos por hora final, sempre se gasta mais de uma hora para produzir uma hora de áudio final, e, para o narrador, as vantagens financeiras do trabalho de narração não dependem apenas da proporção por hora final, mas também, o que é crucial, da eficiência do narrador – ou seja, da proporção entre o volume de tempo investido no processo de gravação em relação à hora final pela qual ele está sendo pago. À medida que os narradores ficam mais eficientes, em razão do tempo e da experiência, conseguem reduzir essa proporção. Stuart se tornou muito mais eficiente ao longo do tempo, e atualmente a sua proporção normal é de 2:1. "Às vezes estou numa maré boa e tenho um desempenho um pouco acima disso, às vezes o rendimento fica abaixo disso", mas, na média, para cada duas horas de trabalho, obtém uma hora de gravação final. Assim, se fica na cabine de gravação das 10h às 17h, com uma hora de intervalo para o almoço (embora sempre um almoço leve, para que o estômago não comece a roncar quando ele volta para a cabine), essas seis horas de trabalho resultam em três horas de gravação final. E se ele produz três horas finais por dia e o livro tem dez horas, "Lá se foram quatro dias". Mas alguns livros são mais longos, talvez entre doze e catorze horas, outros um pouco mais curtos – "Portanto, eu diria que, na média, reservo de quatro a cinco dias". No entanto, isso não leva em conta o tempo de preparação. Se acrescentar o tempo de preparação, a proporção está mais para 3:1. Desse modo, se Stuart pega um trabalho em que lhe pagam 200 dólares PHF, então isso perfaz cerca de 100 dólares por hora de tempo de estúdio e 67 dólares por hora de trabalho efetivo da parte de Stuart, incluindo o tempo de preparação. Se receber uma remuneração mais alta, digamos 250 dólares PHF, então seu ganho por hora efetiva sobe proporcionalmente para cerca de 125 dólares por hora de tempo de estúdio e 83 dólares por hora efetiva de trabalho, incluindo o tempo de preparação.

A narração de audiolivros não paga tão bem como os filmes de TV e a locução nos comerciais, mas permite que Stuart mantenha um bom nível de vida – na verdade, hoje ele ganha muito mais do que antes, quando a sua renda vinha de uma mistura de teatro, trabalhos na TV e magistério. É verdade que consegue ganhar mais num dia de filmagem para TV do que ganha em quatro ou cinco dias narrando um livro, e com muito menos esforço – a narração de audiolivros é uma atividade que toma muito tempo ("trabalhamos o tempo que for necessário"). Mas trabalho de TV é, por definição, imprevisível: nunca se sabe quando vai pintar o próximo trampo. Com a narração, você pode planejar com antecedência, algo impossível de fazer quando se vive, diariamente, no mundo dos trabalhos de TV e da locução de comerciais. Para Stuart, o principal risco agora é que ele pode não ter um número suficiente de trabalhos de audiolivro para manter a agenda cheia; o desafio, portanto, é tentar diversificar o conjunto de empresas para quem trabalha. Isso significa que precisa continuar conhecendo gente nova nas convenções, se manter em contato com os produtores que conhecer ali e continuar batendo na porta das empresas que produzem audiolivros. A experiência de ter sido dispensado pela Audible quando ela fechou seus estúdios para reforma foi difícil de esquecer. "Quero ter a segurança de trabalhar para o maior número possível de editoras, sem precisar depender de uma única editora para conseguir um volume maior de trabalho." Ao diversificar sua lista de produtores, ele aumenta a possibilidade de manter a agenda cheia e reduzir a dependência de uma única editora.

Stuart sabe muito bem que seu *timing* foi perfeito – "Acho que tive sorte por ter entrado no setor no melhor momento possível no que diz respeito ao seu crescimento, à oferta de livros e ao número de atores participantes". Embora costume disputar o mesmo livro com outros atores, não falta trabalho; por isso, não se importa de perder de vez em quando. Mas sabe que isso não pode acontecer toda hora – "Estamos sempre nos preparando para a mudança do vento".

OS LIVROS NO COMPLEXO DO AUDIOVISUAL

Stuart não é o único que se pergunta quanto tempo a onda do audiolivro vai durar: todos os integrantes da indústria editorial fazem a mesma pergunta. Por ora, eles estão gostando da atenção recebida por serem o único setor da indústria do livro que apresenta um crescimento de dois dígitos ano após ano. Mas sabem que é improvável que essa situação perdure. A onda do audiolivro ainda está no começo – o audiolivro começou a decolar em 2013-2014, e, com o salto de produção de muitas editoras, a onda ainda pode continuar por algum tempo. Porém, em algum momento, a curva de crescimento certamente começará a se estabilizar, exatamente como aconteceu com o livro digital, embora por ora não se saiba quando e em que nível. Tentar prever o futuro do audiolivro seria algo tão inútil como as tentativas de prever o futuro do livro digital no início dos anos 2000.

Independentemente do que aconteça às vendas do audiolivro, ele já alcançou algo admirável no referente à cultura geral do livro: viabilizou uma forma única, flexível e barata de incorporar o livro – o paradigma da cultura impressa – à cultura audiovisual da era digital. Existem, é claro, outras maneiras de fazer isso: a adaptação para o cinema ou TV de um livro tem um longo histórico. Porém, transformar livros em filmes ou séries de TV é uma atividade dispendiosa que exige um investimento considerável e prazos longos de produção; transformar livros em audiolivros é relativamente rápido e barato. Falta ao audiolivro o componente visual do filme ou da série de TV, mas a ausência do registro visual é compensada pela riqueza e perenidade do áudio, e pela fidelidade ao texto impresso. Além disso, a ausência do registro visual pode ser tanto uma virtude como uma limitação, pelos motivos expostos anteriormente: o audiolivro ocupa apenas os ouvidos (e parte da mente), liberando os olhos, as mãos e todos os outros componentes do corpo (com exceção, em parte, da mente) para fazer outras coisas, seja dirigir um veículo, correr, cozinhar, realizar os trabalhos domésticos ou simplesmente relaxar em casa no final da tarde. Graças ao *smartphone* e a outros aparelhos digitais (como a caixa de som inteligente doméstica – Amazon Echo, Google Home etc.), os livros estão virando um elemento do complexo audiovisual da cultura digital de uma forma que se incorpora perfeitamente ao fluxo concreto da vida cotidiana.

Porém, no momento mesmo em que os livros passam a integrar o complexo audiovisual da cultura digital, também se veem diante do maior desafio que todo bem cultural enfrenta nesse espaço: a competição pela atenção do consumidor. E essa competição é acentuada pelo fato de que o *smartphone* se tornou o aparelho mais utilizado para ouvir audiolivros e agora todo mundo tem um monte de coisas diferentes dentro dele: ele funciona como tocador de música portátil pessoal, console de game, sala de cinema, aparelho de TV, rádio, jornal, revista, leitor de livro digital e tocador de audiolivro, sem mencionar motor de busca na internet, plataforma de mídias sociais, aparelho de mensagens de texto, aparelho de e-mail e, por último, mas não menos importante, telefone. "Esse é o maior desafio que enfrentamos", refletiu Sarah, diretora do departamento de audiolivros da Everest. "Com tanto conteúdo em um único aparelho, no qual o consumidor pode ir para onde quiser, como chamar a atenção para os audiolivros, e para um título e um autor específicos, e atrair mais gente para que use suas duas horas antes de dormir ouvindo um livro em vez de maratonando *Billions* no Showtime? Como fazer para que o consumidor gaste essas horas com o seu produto? Esse é o desafio que nós e todos os tipos de mídia enfrentamos hoje." Mesmo levando em conta apenas o segmento de áudio desse complexo audiovisual, os audiolivros são apenas uma entre as várias opções disponíveis aos consumidores: eles podem ouvir música, seja da sua biblioteca de música pessoal no *smartphone* ou de um serviço de *streaming* como o Spotify, e podem ouvir um sem-número de estações de rádio, que agora transmitem *on-line* e que dispõem de uma enorme e crescente variedade de serviços de *podcast* apoiados por anunciantes e gratuitos para os ouvintes. O futuro do audiolivro vai depender, em grande medida, da sua capacidade de estabelecer uma presença duradoura no complexo audiovisual da cultura digital para um número significativo de pessoas, e do crescimento, da diminuição ou da estagnação dessa presença diante da concorrência criada pela enxurrada cada vez maior de conteúdo audiovisual implorando pela atenção dos consumidores.

– 11 –

CONTAÇÃO DE HISTÓRIA
NAS MÍDIAS SOCIAIS

A contação de histórias nunca foi uma exclusividade da indústria editorial. Contar histórias é algo tão antigo como a vida humana em sociedade, e, desde tempos imemoriais, os seres humanos vêm descobrindo maneiras de compartilhar suas histórias além da sua publicação através de instituições estabelecidas e dos canais da indústria editorial. Portanto, não existe nada de novo em compartilhar histórias de maneiras que prescindem das editoras: as editoras sempre foram apenas um grupo de participantes – um grupo relativamente pequeno que surgiu há relativamente pouco tempo – no universo muito maior da contação de histórias. Porém, a revolução digital e o desenvolvimento da internet trouxeram algo novo, facilitando muito a criação e o compartilhamento de histórias com centenas, milhares ou mesmo milhões de pessoas desconhecidas com as quais não interagimos no dia a dia. O desenvolvimento da internet foi acompanhado por uma proliferação de *sites* e espaços *on-line* onde os indivíduos podem postar histórias, ou capítulos de histórias, e disponibilizar seu texto para que os outros leiam e comentem – de *blogs* e *sites* pessoais a um conjunto variado de *sites* e plataformas que hospedam diversos tipos de histórias e de ficção. Alguns desses *sites* se tornariam incubadoras para a criação de novos conteúdos que acabariam alimentando o setor editorial convencional, da mesma forma que as entradas que Andy Weir fez em seu *blog* sobre um astronauta retido em Marte se tornariam um romance de sucesso. O exemplo mais famoso de migração dos *sites* de ficção *on-line* para o mundo dos *best-sellers* é, certamente, *Cinquenta tons de cinza*, que começou como uma série de *fanfiction* de *Crepúsculo* em FanFiction.net antes de ser descoberta pela Random House e de se transformar num *best-seller* internacional.[1] Naturalmente, sucessos como esse são extremamente raros, e muitos dos *sites on-line* são espaços de nicho em que um pequeno número de indivíduos compartilha histórias com um punhado de leitores que pensam como eles, alimentando as suas preferências por subgêneros específicos de ficção. Mas nem todos são assim. Alguns são enormes, atraindo centenas de milhares, até mesmo milhões de indivíduos para os espaços de contação de histórias *on-line* que se tornaram mundos em si mesmos, com seus próprios códigos, convenções e estrelas – mundos que são praticamente desconectados do mundo editorial convencional. Nesses mundos, os autores escrevem e os leitores leem, e às vezes comentam o que leram, e toda essa atividade acontece sem a mínima contribuição das editoras tradicionais.

Outra característica inconfundível desses mundos é que, com o desenvolvimento das mídias sociais, eles normalmente exigem um grau de interatividade e de participação do usuário que simplesmente não era possível nos primórdios da internet, sem falar das indústrias de mídia tradicionais como a indústria editorial. Os leitores não são apenas leitores: eles podem fazer comentários sobre o texto que leem de uma forma que esses comen-

---

1 A história verdadeira é um pouco mais complexa. Erika Leonard, também conhecida como E. L. James, uma londrina de quarenta e poucos anos de idade, admirava a série de romances sobre vampiros *Crepúsculo*, e, em 2009, escreveu um texto inspirado na série. Ela o chamou de *Master of the Universe* [Senhor do Universo] e o postou no *site* de *fanfiction* FanFiction.net sob o pseudônimo de Snowqueen's Icedragon. O texto apresentava personagens cujos nomes eram iguais aos dos personagens de *Crepúsculo*, Edward Cullen e Bella Swan. Depois de receber reclamações acerca do caráter sexual do material, E. L. James removeu o texto do *site* de *fanfiction* e o pôs em seu próprio *site*, 50Shades. com. Posteriormente, ela reescreveu o texto, renomeando os personagens principais Christian Grey e Anastasia Steele, e publicou o primeiro volume de *Cinquenta tons de cinza* numa pequena editora australiana, The Writer's Coffee Shop Publishing House, em maio de 2011; ao longo dos oito meses seguintes, dois outros volumes vieram se juntar ao primeiro. Divulgadas pelas mídias sociais e pelo boca a boca, as notícias sobre o livro chamaram a atenção das editoras convencionais, e a Random House adquiriu os direitos da obra e republicou a trilogia em 2012. Em 2015, os livros tinham sido traduzidos em 52 idiomas e vendido mais de 125 milhões de exemplares em todo o mundo. Apesar de malhada pela crítica, a trilogia se transformou numa série de filmes cuja bilheteria global chegou a mais de 1 bilhão de dólares.

tários estejam disponíveis tanto ao autor como aos outros leitores. E, mais importante, os leitores também podem se tornar autores: nesses mundos *on-line*, a porta que separa os leitores dos autores está escancarada, não é preciso de chave para destrancá-la nem de uma autorização especial para passar de um papel para o outro. Basta cruzar a porta e começar a postar sua própria história para os outros lerem. É tão fácil como escrever um texto e clicar "publicar".

Embora existam atualmente inúmeros *sites*, plataformas e arquivos de leitura de ficção *on-line*,[2] existe uma plataforma que tem sido particularmente bem-sucedida, especialmente entre os jovens – a Wattpad. Em agosto de 2019, a Wattpad tinha mais de 80 milhões de usuários mensais em todo o mundo, e havia mais de 565 milhões de histórias postadas no *site*. Porém, por mais que os números sejam surpreendentes, eles não explicam o que é a plataforma. A Wattpad não é apenas mais um repositório de ficção *on--line* – embora ela seja um repositório e lide com ficção. Ela também não tem muito em comum com a autopublicação, porque, na maioria das vezes, não lida com obras acabadas que os autores querem publicar em forma de livro e vender aos leitores através dos canais convencionais de distribuição de livros, digitais e físicos. A Wattpad é algo totalmente diferente: é uma plataforma de mídia social na qual leitores e autores interagem em torno da atividade compartilhada de escrever e ler histórias. A Wattpad é uma contação de histórias em capítulos que é acessada basicamente por meio de aparelhos móveis, e são essas três características – contação de histórias em capítulos, mídia social e aparelhos móveis – que a definem e que são as chaves do seu sucesso.

A CRIAÇÃO DO YOUTUBE DE HISTÓRIAS

A Wattpad foi fundada por Allen Lau e Ivan Yuen, engenheiros de *software* especializados em comunicação móvel. Depois de terminar a faculdade, Allen entrou numa incubadora de tecnologia em Toronto e criou sua

---

2 Para uma pequena seleção de alguns *sites on-line* de ficção em geral, ver: <https://medium.com/@axp/the-best-6-web-novel-sites-to-read-fiction-online-d901fbb3eec8>; para uma mais completa, ver: <https://www.fictionontheweb.co.uk/p/resources.html>; para *sites fanfiction*, ver: <https://ebookfriendly.com/fan-fiction-websites/>; para sci-fi, fantasia e terror, ver: <https://www.kirkusreviews.com/news-and-features/articles/best-websites-read-free-and-good-science-fiction-f/>; para alguns aplicativos mais recentes e especializados em contação de histórias, ver: <https://www.nytimes.com/2017/05/12/books/review/new-apps-provide-a-world-of-literature-one-chapter-at-a-time.html>.

própria empresa, a Tira Wireless, especializada em jogo de games móvel no telefone da Nokia. No entanto, como estava mais interessado em leitura do que em games, em 2002 ele construiu um protótipo de aparelho de leitura móvel que funcionava no telefone da Nokia. Mas, como a tela do Nokia era minúscula – só dava para ler quatro ou cinco linhas de texto –, ele decidiu postergar o projeto. Alguns anos mais tarde, em 2006, Allen começou a trabalhar novamente no projeto no porão da sua casa. Mais ou menos na mesma época, Ivan Yuen, seu amigo e colaborador, que tinha trabalhado para a Tira Wireless e morava então em Vancouver, mandou uma mensagem para Allen dizendo que tinha desenvolvido um novo protótipo que permitia que as pessoas compartilhassem e lessem histórias em telefones móveis – muito parecido com aquilo em que Allen vinha trabalhando nas horas vagas. Allen pegou um avião para Vancouver, se encontrou com Ivan no aeroporto e, duas horas depois, começaram a Wattpad juntos.

O primeiro produto foi um aplicativo de leitura para o Motorola Razr, um telefone dobrável muito popular no começo dos anos 2000, antes do advento do *smartphone*. A tela era pequena, mas suficientemente grande – na medida – para ver meia dúzia de linhas de texto de cada vez. Mas eles também precisavam de conteúdo – os leitores precisavam ter alguma coisa para ler. Como Allen e Ivan não conhecessem muito de edição e não quisessem licenciar conteúdo das editoras, basearam-se inicialmente em obras de domínio público: Michael Hart, que criara o Projeto Gutenberg, os ajudou a importar cerca de 20 mil obras de domínio público, como *A Christmas Carol*, de Charles Dickens, e *Pride and Prejudice*, de Jane Austen. Porém, sabendo que as obras de domínio público não seriam suficientes para atrair um grande número de leitores, começaram a procurar outras formas de agregar conteúdo. Naquela época – 2006 –, o YouTube estava crescendo e em vias de ser adquirido pelo Google. Eles então pensaram: "'Em que mais a metodologia do YouTube pode ser aplicada?' Para nós, fazia todo o sentido construir um modelo semelhante ao YouTube em torno do livro, e estávamos otimistas quanto ao resultado".[3] Avaliando que um número cada vez maior de pessoas acessaria conteúdo por meio de aparelhos móveis, e que um número cada vez maior de pessoas passaria a criar conteúdo, fixaram a meta de juntar os dois grupos em torno da leitura e da escrita de histórias. Desse modo, construíram um *site* que permitia que as pessoas escrevessem histórias que

---

3 Allen Lau, citado em Rochester, "Wattpad: Building the World's Biggest Reader and Writer Community", *The Literary Platform*, out. 2012, disponível em: <http://theliteraryplatform.com/magazine/2012/10/wattpad-building-the-worlds-biggest-reader-and-writer-community>.

poderiam, então, ser baixadas e lidas num telefone móvel. Queriam criar uma rede que unisse leitores e autores, permitindo que os indivíduos lessem conteúdo gerado por usuários em aparelhos móveis.

A ideia era ótima, mas a demanda nos primeiros anos foi extremamente baixa. "Havia crescimento", relembra Allen, "mas, quando se parte de 100 usuários, é muito desanimador." Contudo, eles persistiram, e, em meados de 2009, chegaram a quase meio milhão de usuários – um crescimento substancial, apesar do ponto de partida modesto. O ambiente estava se transformando – as pessoas estavam se habituando a usar as mídias sociais e, com o lançamento do iPhone em 2007, a experiência de ler textos num aparelho móvel tinha melhorado muito. No início de 2010, levantaram uma pequena quantia de investimento, meio milhão de dólares, alugaram um pequeno escritório e contrataram dois desenvolvedores para acelerar o processo. Em meados de 2011, cinco anos depois da fundação, tinham cerca de 3 milhões de usuários por mês, e foi então que procuraram organizar a primeira rodada de captação de capital de risco. Sua apresentação para os investidores de risco foi ao mesmo tempo simples e surpreendentemente ambiciosa:

> Existem cerca de 5 bilhões de pessoas no mundo que sabem ler e escrever, e mais de 3 bilhões com acesso à internet. E a leitura e a escrita estão entre as principais atividades humanas – as pessoas assistem a vídeos, ouvem música, observam fotos e imagens, e aí vem a palavra escrita. Portanto, é um mercado muito, muito grande, e ninguém está construindo uma rede para esse tipo de mídia. As pessoas constroem redes de vídeo, como o YouTube, constroem redes de fotos, como o Instagram. Mas ninguém estava trabalhando com a palavra escrita, ninguém estava construindo uma rede de apoio à contação de histórias – nós éramos, e ainda somos, os únicos. Portanto, queremos construir a maior rede do mundo dedicada à leitura e à escrita.

Os investidores de risco os levaram a sério. Em 2011, eles arrecadaram 3,5 milhões de dólares com a Union Square Ventures, e, em 2012, arrecadaram mais 17 milhões de dólares com a Khosla Ventures e com Jerry Yang, cofundador do Yahoo!. Esses recursos permitiram a mudança para escritórios maiores em Toronto, a contratação de mais funcionários e a ampliação do negócio.

Entre 2011 e 2015, a base de usuários da Wattpad passou de 3 milhões para 45 milhões – um aumento de quinze vezes em apenas quatro anos. Em 2015, Allen esperava que esse crescimento rápido continuasse, e previa que chegariam a meio bilhão de usuários em 2020. Como se viu, a previsão era otimista demais: em 2019, a Wattpad tinha 80 milhões de usuários por mês. A taxa de crescimento tinha diminuído de forma significativa. Embora o número de usuários tivesse quase dobrado nos quatro anos desde 2015, essa taxa de crescimento era muito inferior ao aumento de quinze vezes nos quatro anos anteriores, e o total estava muito aquém de meio bilhão. Não obstante, o número é espantoso: são 80 milhões de pessoas, espalhadas em vários continentes, que tinham baixado o aplicativo da Wattpad e estavam lendo histórias em seus aparelhos móveis, a maioria em seus celulares. Com 14 milhões de usuários, os Estados Unidos eram, individualmente, o maior mercado – cerca de 20% do total –, mas o Wattpad também tinha uma presença forte na Ásia, com grandes bases de usuários nas Filipinas e na Indonésia, e mercados em crescimento na Índia, na Turquia e em outros lugares.

A maioria dos usuários do Wattpad é composta de jovens e mulheres. "E por jovem eu quero dizer abaixo dos 30", explicou Sophie, uma das funcionárias do Wattpad que supervisiona a produção de conteúdo. "Cerca de 45% estão entre 13 e 18 anos, outros 45% entre 18 e 30 e o restante acima disso." A divisão mulher-homem é cerca de 60:40. "Somos muitos populares entre as adolescentes", disse Sophie. Como acontece com outras plataformas em que o conteúdo é gerado pelo usuário, a maioria das pessoas que se inscreve no Wattpad não o faz para se tornar escritora: elas se inscrevem para ler histórias e se relacionar com os amigos e com os outros *on-line*. A participação tende a obedecer à regra 100-10-1: dos 100% da base de usuários, cerca de 10% interagem com o conteúdo escrevendo comentários, mas apenas 1% – os "super-usuários" – contribui ativamente com novos conteúdos; os 90% de usuários restantes só leem. No caso do Wattpad, a proporção de usuários ativos tende a ser superior à regra de praxe do 1%: ela está mais próxima de 5% – cerca de 4 milhões dos 80 milhões de usuários por mês são autores ativos. A maioria dos autores ativos no Wattpad começou lendo histórias. As histórias no Wattpad geralmente são serializadas: os autores postam capítulos ou atualizações, e os leitores podem acompanhar a história enquanto ela está sendo escrita, e, se quiserem, fazer comentários sobre ela. Além da história, os outros leitores também podem ler os comentários. "E é geralmente no período entre as atualizações, em que talvez não encontrem algo que queiram ler, que alguns usuários decidem escrever algo de sua autoria", disse Sophie. Podem começar devagar, postar algumas páginas e ver a reação; é muito menos intimidante do que tentar escrever um livro inteiro, e isso faz parte da atração. "Escrever é um exercício muito solitário", prosseguiu Sophie. "Mas a capacidade de subir um capítulo e receber retorno sobre ele motiva bastante a pessoa a continuar. Quando você percebe que alguém está escutando e alguém está lendo, reagindo e gostando daquilo."

A maioria das pessoas que escreve no Wattpad não pensa em seguir a carreira de escritor. Para a grande maioria delas, escrever não é uma profissão a que elas aspiram, e sim um *hobby* do qual gostam: só querem contar a sua história e ser lidas, e o Wattpad lhes proporciona um jeito fácil de fazer isso. Querem perceber que os outros estão lendo a sua obra e reagindo a ela – o componente da mídia social não é um complemento do processo de escrita, e sim uma parte importante dele. Também querem ser populares, e uma forma de ganhar popularidade *on-line* é recebendo *likes* e comentários a respeito das suas histórias. "Elas comparam quem está conseguindo o maior número de *likes*, quem está gostando da obra de quem – é uma moeda social, todos eles são sinais de popularidade." Para a fração muito pequena de autores do Wattpad que conquista um número significativo de seguidores e pensa em publicar ou autopublicar sua história em outro lugar, a ideia mesma de remover a sua história do ambiente do Wattpad pode ser penosa, porque os comentários e os *likes* fazem parte da própria história – eles são as formas de validação que os mantiveram escrevendo e os fizeram sentir que aquilo tudo valia a pena. Remover essas formas de validação é arrancar a história da comunidade de leitores e seguidores que lhe deu vida.

Assim como os autores do Wattpad não são aquilo que muitas pessoas imaginam como "autores", muitos dos leitores do Wattpad também são um pouco diferentes dos tipos de leitor que leem um texto impresso. Como a maioria das histórias no Wattpad é serializada e muitos leitores fazem comentários sobre as histórias à medida que elas se desenvolvem, esses leitores se envolvem com as histórias de uma forma que não acontece normalmente com os textos impressos. Embora de maneira secundária, os leitores do Wattpad podem ajudar a moldar os personagens e os acontecimentos da história através dos seus comentários. Também podem interagir diretamente com o autor – podem mandar uma mensagem privada e marcar uma conversa. Não é possível fazer isso num Kindle, muito menos com um livro impresso. Portanto, do mesmo modo que o componente da mídia social é essencial para quem decide escrever no Wattpad, ele também é essencial para muitos daqueles que decidem ler e seguir histórias no Wattpad.

Considerando o perfil da comunidade de usuários, não surpreende que as histórias mais populares estejam nas áreas de ficção adolescente, *fanfiction* e romance. "No Wattpad encontramos um monte de *fancfiction* com personagens reais, que é a ficção sobre bandas e celebridades", explicou Sophie. "Encontramos coisas como ficção de universos alternativos, que é o que *Cinquenta tons de cinza* era – sabe, e se a gente pegasse esses dois personagens, só que, em vez de vampiro, ele fosse um executivo, e ela fosse uma estudante que o estava entrevistando, e visse o que acontecia." Existe também uma grande quantidade de romance adolescente, assim como os gêneros paranormal e terror, incluindo vampiros, lobisomens e "creepypasta".[4] Alguns podem zombar do amadorismo do texto, mas Sophie não tem muito tempo para esse tipo de julgamento normativo. Ela assume uma posição firmemente imparcial: "Procuramos não fazer julgamentos, deixamos que o coletivo decida. Se um monte de gente quer ler o material, ele certamente tem algo de bom. Pode não ter uma boa técnica de escrita, mas, quando examinamos muitas das principais histórias, elas em geral são atraentes, com um enredo ou um arco narrativo interessante". Porém, também existe um certo empoderamento no fato de não ver problema em subir um texto com defeito. As pessoas percebem que não precisam ser formadas em escrita criativa para escrever coisas que os outros podem querer ler. Esse é um espaço no qual alguém que nunca se imaginou escritor e não tem educação formal pode começar a escrever, a fazer experiências com a escrita e a receber comentários e estímulos dos outros, e talvez até mesmo aperfeiçoar sua técnica de escritor – e tudo isso sem uma editora, sem um guardião e sem que o dinheiro troque de mão.

Embora não exista nenhum guardião, existem regras – não se pode subir qualquer coisa. O Wattpad tem diretrizes de conteúdo que especificam o que pode e o que não pode ser postado no *site*. Entre os conteúdos proibidos estão material que viole direitos autorais, pornografia, conteúdo sexual não consensual e conteúdo que elogie ou exalte a violência, o terrorismo, grupos de ódio ou organizações extremistas.[5] Eles utilizam dois métodos principais para fazer cumprir essas diretrizes. Primeiro, utilizam um filtro que faz a triagem do conteúdo indesejável – "que filtra talvez 90% do conteúdo indesejável", explicou Allen. Além disso, confiam que os usuários vão alertá-los a respeito de qualquer conteúdo que não pareça adequado. Também possuem um rígido código de conduta cujo objetivo é estimular determinados tipos de linguagem e de expressão na comunicação com os

---

4 *Creepypasta* é um gênero de ficção de terror baseado na internet. O termo tem origem em "copy and paste" [copiar e colar], já que, originalmente, implicava a cópia e a colagem de trechos de texto *on-line* que contam uma história de terror, embora atualmente seja usado mais comumente para se referir à ficção de terror baseada na internet que tem origem *on-line* e um personagem convincente. Ver Peters, "What Is Creepypasta, Anyway?", *Bustle*, 25 dez. 2015, disponível em: <www.bustle.com/articles/130057-what-is-creepypasta-heres-everything-you-need-to-know-about-the-internets-spookiest-stories>.

5 Ver <https://support.wattpad.com/hc/en-us/articles/200774334-Content-Guidelines>.

outros.[6] "Nós nos esforçamos bastante para construir uma comunidade muito positiva", prosseguiu Allen. "Fazemos um esforço monumental para assegurar que a comunidade tenha um astral muito positivo e estimulante. Quando há comentários ofensivos, nós os removemos, e bloqueamos os usuários com comportamento ofensivo. Se persistem nesse tipo de comportamento, removemos suas contas." Allen sabe muito bem que, não obstante a visão imparcial deles quanto à qualidade de conteúdo, essas diretrizes de conteúdo e de conduta significam que o Wattpad é uma comunidade *on-line* normativamente regulada na qual os limites do que é permitido são traçados de uma forma muito mais restrita que os limites do que é legal. Certos tipos de conteúdo que não seriam ilegais são excluídos como inadequados nessa comunidade. "Falar alto e gritar não é ilegal, e todo mundo tem o direito de falar alto e de gritar. Mas, se sou o dono de um restaurante e você entra no meu restaurante e começa a falar alto e gritar, eu me reservo o direito de mandá-lo sair", disse Allen. "A questão toda é definir o princípio. Uma vez definido o princípio – não queremos isso, não queremos aquilo –, e tendo estabelecido os fundamentos de maneira adequada, então as diretrizes de conteúdo e a cultura se sustentam sozinhas." Em outras palavras, não existem guardiões no Wattpad, no sentido de que qualquer um pode subir suas histórias, mas elas têm de satisfazer determinadas condições, tanto legais como normativas, e os usuários têm de respeitar determinados códigos de conduta. O descumprimento dessas condições pode resultar na remoção do conteúdo, e a violação dos códigos de conduta pode levar à exclusão do *site*. Essas regras são aplicadas rigorosamente, o que pode provocar alguma mágoa nos casos em que as contas foram deletadas, justamente porque a remoção de uma conta não é apenas a remoção do conteúdo de um autor, mas também a remoção de todos os comentários daqueles com quem o autor criou um determinado vínculo – representa a expulsão de uma comunidade.[7] Portanto, é a ausência de guardiões mas com limites.

COMPARTILHAMENTO GRATUITO DE HISTÓRIAS

Uma característica digna de nota do Wattpad é que a maior parte da atividade de contação de história – a subida frequente de capítulos, a leitura

---

6 Disponível em: <https://support.wattpad.com/hc/en-us/articles/200774234-Code-of-Conduct>.

7 Para uma ideia de como isso pode ser angustiante para uma pessoa, ver: <https://www.youtube.com/watch?v=HnbPxNLBsfQ&list=RDgRxxKVaR5u8&start_radio=1>.

de histórias e a postagem de comentários – acontece sem custo, sem que haja circulação de dinheiro: a inscrição no Wattpad é gratuita, e, depois de se inscrever, você pode ler o quanto quiser durante o tempo que quiser. A maioria dos autores do Wattpad não recebe nada, e a maioria dos leitores do Wattpad não paga nada para ler as histórias. Como isso é possível? Como uma empresa dessas sobrevive, empregando 160 funcionários em seus escritórios de Toronto, sem cobrar um centavo dos usuários?

Como muitas outras *start-ups* de tecnologia, o Wattpad sobreviveu até aqui baseado, em grande medida, em capital de risco. Quando Allen e Ivan fundaram a empresa, não se preocuparam demais com dinheiro porque supunham que, se o produto decolasse, não seria muito difícil encontrar formas de ganhar dinheiro. "Não pensamos de fato no modelo de negócio porque acreditávamos que a empresa iria criar, até certo ponto, um novo comportamento, e se esse novo comportamento se espalhasse e pudéssemos conseguir milhões de usuários, então haveria inúmeras formas atraentes de ganhar dinheiro. Portanto, a ideia era assegurar que o produto funcionasse, conseguir alguns usuários e, se as pessoas estivessem usando o produto, poderíamos imaginar uma forma de ganhar dinheiro." Essa maneira de raciocinar também estava muito alinhada com a da maioria dos investidores de risco. Para uma empresa baseada na internet como a Wattpad, o crescimento era fundamental: foque no crescimento, aumente a escala, cresça o quanto puder o mais rapidamente possível e, depois, você pode começar a se preocupar com uma forma de ganhar dinheiro. Em algum momento você terá de começar a pensar em receita e lucratividade, mas pode ser um equívoco fazê-lo cedo demais: é muito mais fácil começar a gerar receita quando você tem centenas de milhões de usuários do que quando tem apenas um milhão ou dois. Portanto, investir para aumentar a oferta e construir a base de usuários sem esperar um retorno financeiro imediato pode ser a estratégia mais inteligente no longo prazo. Depois de arrecadar 3,5 milhões de dólares em 2011 e 17 milhões em 2012, o Wattpad arrecadou outros 46 milhões em abril de 2014 e mais 51 milhões em janeiro de 2018, neste último caso da gigante chinesa de tecnologia Tencent, entre outros, fazendo o total arrecadado chegar a mais de 117 milhões de dólares desde 2011.

Allen começou a refletir seriamente sobre o modelo de negócio por volta de 2015, quando a sua base de usuários tinha alcançado 45 milhões de nomes. Nos anos seguintes, o modelo de negócio passaria a ter três componentes principais: geração de receita com usuários gratuitos através da publicidade; geração de receita com usuários dispostos a pagar; e geração de receita com atividades fora da plataforma. Examinemos brevemente cada um desses componentes.

Para Allen, era importante permitir que os usuários continuassem a compartilhar e ler histórias na plataforma gratuitamente – era assim que milhões de usuários em todo o mundo usavam o Wattpad, e ele não queria mudar aquilo. Porém, à medida que a base de usuários crescia, a publicidade no Wattpad ficava mais atraente para as empresas e permitia que o *site* gerasse alguma receita enquanto mantinha a plataforma gratuita para os usuários. O Wattpad introduziu *banners* publicitários no *site* e começou a inserir vídeos publicitários nas histórias – eles apareciam entre os capítulos e a intervalos regulares durante a sessão de leitura. Também desenvolveram um tipo diferenciado de "publicidade nativa" (o tipo de publicidade que combina com a forma e o conteúdo da plataforma em que aparece ou que os imita), que eles chamaram de Wattpad Brand Partnerships. Nesse caso, a publicidade nativa se traduziu num contato com empresas que produzem filmes ou bens de consumo embalados, como Sour Patch Kids* ou creme de espinhas, pedindo que elas contem a história da marca como se fosse uma história do Wattpad, de modo que a história se desenvolva e promova a imagem da marca. Eles podem contratar autores do Wattpad para escrever a história e, com isso, remunerá-los. O Wattpad fica com a receita publicitária e a empresa desenvolve a sua marca num ambiente bem direcionado. "É um ganha, ganha, ganha para todo mundo", arriscou Allen. "O anunciante consegue a promoção e constrói a imagem da marca que deseja, nós somos remunerados e os nossos autores são compensados." Ele se preocupa que pode existir uma questão ética questionável nesse tipo de mercantilismo tácito? Sinceramente, não. "Somos muito transparentes", disse ele, "dizemos a todos que aquilo chegou até você graças à AT&T, à Sony Pictures, e assim por diante." Além disso, isso é diferente da publicidade tradicional, que rouba o tempo e a atenção das pessoas. "Como também estamos oferecendo entretenimento durante o tempo da publicidade, há um ganho líquido, não uma perda líquida." E, naturalmente, a pessoa não é obrigada a ler, pode simplesmente ignorar qualquer história patrocinada por uma empresa.

À medida que a publicidade se tornou mais presente no *site*, surgiu a oportunidade de criar um serviço premium que permitiria que os usuários evitassem os anúncios se estivessem dispostos a pagar por isso. Assim, em outubro de 2017, o Wattpad introduziu um serviço de assinatura opcional: pagando uma taxa de assinatura mensal de 5,99 dólares por mês ou 50 dólares por ano, os usuários podiam ler num ambiente livre de anúncios

---

* Marca de gelatina com cobertura de açúcar invertido, açúcar, ácido cítrico e ácido tartárico. (N. T.)

e ter acesso a alguns itens exclusivos dos assinantes. O Wattpad também introduziu diversos esquemas que permitem que os autores ganhem algum dinheiro com as suas histórias. Em agosto de 2016, iniciou o programa Wattpad Futures, que permitiu que uma seleção de autores ficasse com parte da receita publicitária gerada quando os vídeos publicitários inseridos em suas histórias fossem visualizados. Então, em outubro de 2018, o Wattpad introduziu o programa Wattpad Next, que permitiu que alguns autores colocassem suas histórias atrás de um *paywall*, de modo que os leitores teriam de comprar suas histórias, por capítulo ou a obra completa, utilizando a moeda virtual do Wattpad ("Wattcoins"). Em março de 2019, o programa Wattpad Next foi substituído por um novo programa chamado Paid Stories, com princípios similares, permitindo que uma pequena seleção de autores colocasse suas histórias atrás de um *paywall* e cobrasse dos leitores por capítulo ou pela obra completa. Parte do motivo da introdução do programa Paid Stories foi a constatação de que precisavam de mais conteúdo para atrair mais leitores e que precisavam manter os autores mais populares na plataforma, e, "para ter mais conteúdo e manter nossos autores, temos de lhes oferecer ferramentas de monetização. Portanto, Paid Stories não é apenas para nós", explicou Allen. "Dividimos a maior parte da receita com os autores."

No entanto, a publicidade, o Serviço Premium e a Paid Stories eram apenas as linhas mais "locais" baseadas na plataforma da estratégia de geração de receita do Wattpad. Talvez mais importantes no longo prazo fossem as linhas externas à plataforma. Com a evolução do Wattpad, ficou cada vez mais claro que o conteúdo que estava sendo criado na plataforma tinha potencial comercial fora do ecossistema do Wattpad. O desafio para o Wattpad era imaginar como fazer para desenvolver esse potencial e assegurar que ele estivesse envolvido nesse desenvolvimento, sem prejudicar a plataforma nem permitir que ela se enfraquecesse pela migração de conteúdo para fora do ecossistema do Wattpad. Uma vez que os autores que criam histórias no Wattpad detêm os direitos delas, o Wattpad não está na posição de uma editora tradicional que, ao assinar um contrato com um autor ou um agente, adquire os direitos de explorar aquele conteúdo em diversas formas e formatos. A primeira vez que os funcionários do Wattpad se deram conta dos riscos foi quando Beth Reekles, uma adolescente de South Wales, fez um acordo em 2013 para escrever três livros para a Random House enquanto ainda estudava para o vestibular. Beth tinha começado a escrever uma história no Wattpad chamada "The Kissing Booth" em 2011, com 15 anos de idade. "The Kissing Booth" ganhou um "Watty Award" em 2011 como

Ficção Adolescente Mais Popular e foi lido 19 milhões de vezes no Wattpad. O livro chamou a atenção de um editor da Random House, que entrou em contato com Beth por meio de uma mensagem privada no Wattpad, marcou um encontro em seu escritório de Londres e ofereceu-lhe um contrato para escrever três livros. Mas, quando a autora fechou o negócio, a editora insistiu que "The Kissing Booth" fosse removido do *site*, e o Wattpad perdeu uma de suas histórias mais populares. "Todo mundo que escreve no Wattpad é dono da sua obra e pode fazer o que quiser com ela a qualquer momento", explicou Sophie. "O problema que estamos enfrentando com a indústria editorial tradicional é que, para eles, a aquisição dessa obra significa que temos de removê-la daqui, e estamos argumentando que isso é uma restrição um pouco artificial. Não tem de ser ou/ou – existem outras maneiras que permitem que os autores possam fazer ambas as coisas. É possível criar um novo produto a partir de um livro existente, é possível contratar os autores para escreverem outra coisa, pegar contos curtos que eles escreveram e adaptá-los." E foi em parte para se antecipar a essa situação que o Wattpad começou a assumir um papel mais proativo.

Anna Todd era outra jovem autora do Wattpad que conseguiu uma grande quantidade de seguidores. Em abril de 2013, quando cuidava do filho e fazia bicos em Fort Hood, Texas, ela começou a postar uma história no Wattpad chamada "After", que escrevia no telefone celular nas horas vagas.[8] "After" era uma história de *fanfiction* na qual uma universitária inocente de 18 anos de idade chamada Tessa conhece um jovem grosseiro e tatuado chamado Harry, baseado no vocalista do One Direction, Harry Styles. No início de 2014, os funcionários do Wattpad perceberam que Anna estava atraindo um grande número de seguidores, e que a sua atratividade estava aumentando rapidamente – "ela estava atraindo cerca de 5% do nosso tráfego total", recorda Sophie, "gente que vinha só para ler a sua história. Desde o começo ficou muito claro que ela era fora da média, e, por ser fora da média, pensávamos que havia um risco maior de que fosse abordada por editores externos. Portanto, queríamos criar um relacionamento com ela." Em outras palavras, não queriam perdê-la. Então entraram em contato com Anna, perguntaram quais eram seus objetivos e suas ambições e o que ela pretendia com a escrita. "Por ser uma escritora de *fanfiction*, ela não tinha pensado realmente em publicar. Para ela, aquilo era apenas um *hobby*." Porém,

---

8 Para mais detalhes a respeito do contexto de "After", ver Bosker, "The One Direction Fan-Fiction Novel that Became a Literary Sensation", *The Atlantic*, dez. 2018, disponível em: <www.theatlantic.com/magazine/archive/2018/12/crowdsourcing-the-novel/573907>.

percebendo o potencial – e também o risco –, os funcionários do Wattpad resolveram ser proativos: organizaram entrevistas dela com os meios de comunicação e a levaram a Nova York para conhecer editoras. Queriam ver se conseguiriam fechar um acordo que fosse vantajoso para a autora, para a editora e também para o Wattpad – em parte conseguindo que "After" continuasse na plataforma do Wattpad. Encontraram uma editora, Simon & Schuster, que demonstrou muito interesse em transformar "After" numa série de quatro livros e concordou que a história original continuasse no Wattpad. O primeiro livro foi publicado em outubro de 2014 e entrou na lista de mais vendidos do *New York Times*. O livro foi traduzido em 35 idiomas e alcançou o primeiro lugar em vendas na França e na Espanha. A autora conseguiu um contrato de publicação lucrativo, o Wattpad ganhou uma bela comissão e a Simon & Schuster adquiriu um *best-seller*. E "After" continua sendo uma história no Wattpad, somando, em 2019, 572 milhões de leituras, enquanto as cinco histórias da série "After" tinham sido lidas 1,5 bilhão de vezes.

Mas a transformação de histórias do Wattpad em livros de sucesso foi apenas o começo.

DAS HISTÓRIAS AOS ESTÚDIOS

Se as histórias escritas no Wattpad podem ser transformadas em *best-sellers*, por que não transformá-las também em programas de televisão e filmes? Por que não pensar no Wattpad como uma incubadora de conteúdo em que qualquer um que queira escrever crie histórias que possam ser apreciadas em diferentes mídias, não apenas lendo a história num aplicativo de um aparelho móvel? Afinal de contas, nem todos querem ler, e as histórias podem ser compartilhadas de inúmeras formas além da palavra escrita. É essa percepção que está por trás de um conjunto de novas iniciativas que começam a brotar do Wattpad. "A forma de consumir conteúdo do Wattpad se ampliou", explicou Allen. "Não somos mais *apenas* uma comunidade de leitura e de escrita", disse ele, com ênfase no "apenas". "Somos uma empresa multiplataforma. Incentivamos a comunidade de leitores e autores a gerar o conteúdo original, como uma fábrica, e depois imaginamos maneiras de monetizar esse conteúdo, na plataforma ou fora dela, em inúmeros formatos diferentes."

A primeira iniciativa importante nessa direção foi o Wattpad Presents, uma parceria com a TV5 Network das Filipinas para criar um programa semanal de TV adaptado de uma história popular do Wattpad e voltado ao público adolescente. O Wattpad é muito popular nas Filipinas – ao lado da

Indonésia, o país é um dos dois maiores mercados da plataforma fora dos Estados Unidos. O Wattpad Presents começou como um experimento em 2014, e alcançou muito sucesso, atraindo uma audiência semanal de 2 a 3 milhões de espectadores. O Wattpad fez um acordo com a TV5 no qual ele fica com parte da receita publicitária e de *merchandising* da TV. E se o Wattpad podia fazer negócio com um canal de TV das Filipinas, por que não reproduzir essa ideia em outros lugares?

Os primeiros sinais de que isso poderia ser uma possibilidade realista foram propiciados pela adaptação para o cinema de duas histórias de sucesso do Wattpad, "The Kissing Booth" e "After". No caso de "The Kissing Booth", um pequeno estúdio adquiriu os direitos cinematográficos da autora em 2011, ano em que a obra recebeu o "Watty Award" como Ficção Adolescente Mais Popular. O estúdio não fez nada com os direitos durante cinco anos, mas então, em 2016, a Netflix descobriu o livro, adquiriu os direitos e deu sinal verde ao filme, que foi lançado na Netflix [no Brasil, recebeu o título *A barraca do beijo*] em maio de 2018 e logo se tornou um dos filmes de maior sucesso do canal, ficando em primeiro lugar na lista dos filmes vistos várias vezes em 2018.[9] Embora o filme tenha sido malhado pela crítica, recebendo resenhas favoráveis de apenas 17% dos críticos do Rotten Tomatoes,* ele representou um enorme sucesso comercial para a Netflix, que anunciou em janeiro de 2019 que haveria uma sequência.

Os direitos cinematográficos de "After" foram vendidos inicialmente à Paramount, mas a empresa enfrentou dificuldades e devolveu os direitos ao Wattpad, que encontrou investidores independentes para financiar o filme. Nesse caso, o Wattpad se envolveu diretamente na produção do filme, junto com a CalMaple Media e a Offspring Entertainment, entre outros – o Wattpad se envolveu na adaptação e tinha representantes presentes no estúdio durante as filmagens. Lançado no dia 12 de abril de 2019, o filme foi um sucesso comercial imediato: na terceira semana de maio, tinha arrecadado mais de 50 milhões de dólares na bilheteria internacional e mais de 12 milhões de dólares nos Estados Unidos, depois de ocupar o primeiro lugar em dezessete países. Uma sequência foi prontamente anunciada.[10]

---

9 MacLeod, "The Kissing Booth Tops Netflix's Most Re-Watched Films of 2018", *The Telegraph*, 12 dez. 2018, disponível em: <www.telegraph.co.uk/on-demand/2018/12/12/kissing-booth-tops-netflixs-re-watched-films-2018>.

* Conhecido *site* americano que reúne críticas de filmes e programas de TV. (N. T.)

10 Barraclough, "Sequel to Independent Movie Hit 'After' Launches in Cannes", *Variety*, 20 maio 2019, disponível em: <https://variety.com/2019/film/news/sequel-after-cannes-1203220820>.

Uma vez mais, o filme não agradou à crítica, com uma taxa de aprovação de apenas 15% no Rotten Tomatoes. Porém, não havia dúvida de que ele tinha encontrado um mercado.

A adaptação para o cinema de "After" serviu de modelo para a ampliação das atividades de criação de conteúdo pelo Wattpad que fossem além da escrita e da leitura de histórias na plataforma. Em abril de 2016, eles fundaram o Wattpad Studios, cujo objetivo era construir parcerias com empresas das indústrias de entretenimento para coproduzir histórias do Wattpad para o cinema, a televisão e outras mídias. Mas por que os estúdios de cinema e de TV teriam interesse em fazer parceria com o Wattpad? O que o Wattpad poderia oferecer que eles não pudessem descobrir sozinhos? Três coisas.

Em primeiro lugar, o Wattpad pode oferecer conteúdo original e propriedade intelectual original. Mas não simplesmente um conteúdo velho qualquer: estamos falando de conteúdo pré-testado. As histórias foram escritas no Wattpad e, uma vez que todas as leituras e todos os comentários ocorrem em sua plataforma, a empresa sabe muito bem como essas histórias foram recebidas pelos leitores – não apenas quantas vezes foram lidas, mas quantas pessoas seguiram a história e leram os capítulos à medida que eram postados, quantas pessoas fizeram comentários, de que partes gostaram e de que partes não gostaram e assim por diante. Em outras palavras, o Wattpad tem um bocado de informações a respeito do modo como essas histórias foram recebidas pelos leitores. A plataforma pode selecionar as histórias que têm um grande número de seguidores, sabendo que foram "validadas" ou "pré-testadas" em seu ecossistema, e oferecer essas histórias para os estúdios e assegurar: "São todas testadas, têm público garantido." Normalmente, o Wattpad também revisa as histórias selecionadas para assegurar que funcionam bem num formato audiovisual como programa de TV e filme: isto é, que se prestam à adaptação visual e funcionam bem na tela. "Desse modo, asseguramos que, além de excelente, a história também seja visualmente atraente", explicou Allen.

A segunda coisa que o Wattpad pode oferecer são informações confiáveis baseadas em dados na adaptação das histórias para a tela. Sua abordagem preferida não é simplesmente vender os direitos de cinema ou TV e depois deixar a adaptação da história para a tela a cargo do estúdio, porque o Wattpad acha que conhece o modo como a história foi recebida pelos leitores, e que isso seria extremamente útil no processo de adaptação. Como diz Allen:

> Quantas vezes você assiste a um filme baseado num livro e diz: "Ah, que adaptação péssima, o livro é muito melhor"? Um dos motivos é que o livro

tem normalmente entre 400 e 500 páginas, e um roteiro tem apenas 90 páginas. Portanto, você tem de cortar 80% do conteúdo. Mas como saber o que cortar? Historicamente, os roteiristas não dispõem de dados que lhes sirvam de suporte. Não existe critério, é baseado na imaginação deles. E você há de convir que é muito provável que eles se enganem porque talvez não façam parte do público-alvo. Mas, com o Wattpad, eles dispõem do suporte de todos os números e de todos os *insights*. Podemos dizer ao roteirista: "mantenha o capítulo um, o capítulo cinco e o capítulo sete, mas no capítulo sete mantenha apenas os dois primeiros parágrafos porque eles são os mais emocionantes da história, com base nos 200 mil comentários que nós recebemos. E, a propósito, baseado nos comentários a respeito da história como um todo, pode cortar o segundo personagem principal. Ninguém gosta dele. Economize no orçamento".

O Wattpad pode utilizar os dados reunidos em seu ecossistema – todos os comentários dos leitores, os *likes* e os *dislikes* etc. – para inspirar e orientar o processo de roteirização. Nesse caso, o uso da aprendizagem automática se torna imprescindível. Como algumas histórias têm centenas de milhares de comentários, seria simplesmente inviável que um membro da equipe, ou mesmo vários membros da equipe, lesse de cabo a rabo todos os comentários e os assimilasse – "pedir a um ser humano que leia manualmente 400 mil comentários é uma Missão Impossível", disse Allen. "Mas as máquinas podem fazer isso num segundo." Além disso, elas podem analisar a linguagem dos comentários. Você pode usar o processamento de linguagem natural para dissecar os comentários, e depois a máquina pode receber a tarefa de analisar o arco emocional da história. "Desse modo, podemos perceber gráfica e visualmente como a história está sendo desenvolvida, como ela se delineia do ponto de vista emocional. E toda essa informação não era humanamente possível antes. Portanto, esse é o nosso tempero secreto."

A terceira coisa que o Wattpad pode oferecer é um acesso interno ao mercado. As histórias do Wattpad que estão sendo transformadas em filmes ou séries de TV já possuem uma base consolidada de fãs – existem centenas de milhares de pessoas, em alguns casos milhões de pessoas, que já são fãs das histórias e que estarão muito interessadas em assistir ao filme ou à série de TV por ocasião do seu lançamento. Além disso, o Wattpad pode trabalhar com os estúdios para desenvolver campanhas de marketing direcionadas, entre as quais publicidade nativa na forma de histórias patrocinadas voltadas para os indivíduos que fazem parte da comunidade do Wattpad – que, com 80 milhões de usuários em todo o mundo, representa um público potencial extremamente grande. O Wattpad pode citar alguns exemplos desse tipo de campanha de marketing que deram certo. Quando a Sony Pictures lançou o filme *Orgulho e preconceito e zumbis* em 2016, uma adaptação do romance de Seth Grahame-Smith de 2009 que era uma paródia do livro de Jane Austen, o estúdio trabalhou junto com o Wattpad para contratar um autor que escrevesse uma *fanfiction* de "After" que girasse em torno de zumbis. A ideia era atrair os fãs de "After" para essa história do Wattpad, e, enquanto eles liam a história, assistiriam a *trailers* do filme *Orgulho e preconceito e zumbis*. O Wattpad podia aproveitar a base de fãs de "After" para ajudar a criar um mercado para o filme – e, dessa forma, o Wattpad obteria receita publicitária, o autor da *fanfiction* seria remunerado e a Sony conseguiria atrair a atenção de possíveis espectadores.

Ao fornecer todos os três elementos – propriedade intelectual original pré-testada, processo de adaptação baseado em dados e mercado –, o Wattpad Studios pode oferecer uma colaboração muito mais efetiva com os estúdios do que no caso de simplesmente vender os direitos de cinema ou TV. "É um ciclo completo e perfeito", diz Allen. "E estamos envolvidos comercialmente em cada uma das etapas do processo." É claro que isso ainda está no começo – o Wattpad Studios foi fundado em abril de 2016. Mas o fato de as sequências de *A barraca do beijo* e *After* já terem sido lançadas parece indicar que o Wattpad pode estar no caminho certo. Essa impressão é reforçada pelo fato de eles terem várias iniciativas em andamento com estúdios das Filipinas, da Indonésia, de Singapura, da Coreia do Sul, da Itália, da Alemanha e da França, entre outros lugares ("estamos rodando 26 filmes na Indonésia", mencionou Allen de passagem, sem se abalar). Também é animador o fato de a Hulu ter escolhido "Light as a Feather, Stiff as a Board" – uma história de suspense sobrenatural adolescente de Zoe Aarsen com 4,1 milhões de leituras no Wattpad – e a transformado numa série de TV com dez capítulos, *Light as a Feather*, que foi produzida pela Awesomeness TV, da Viacom, e estreou na Hulu em outubro de 2018. Em fevereiro de 2019, foi anunciado que a série tinha sido prorrogada e a nova temporada teria dezesseis episódios. Nesse caso, o Wattpad tirou "Light as a Feather, Stiff as a Board" da sua plataforma quando percebeu que ela tinha alcançado um milhão de leituras em menos de seis meses, ofereceu-a aos estúdios e a Hulu a escolheu – o modelo funcionou exatamente como esperado. Só uma coisa escapou parcialmente do seu controle: o Wattpad assinou um contrato com a Simon & Schuster para que a editora publicasse uma versão em livro de "Light as a Feather" que coincidisse com o lançamento da série de TV. Mas por que deixar a Simon & Schuster publicar o livro quando, com uma pequena mudança administrativa, o próprio Wattpad poderia fazê-lo?

DE HISTÓRIAS A LIVROS

Foi essa linha de raciocínio que levou Allen a lançar o Wattpad Books em 2019, um selo editorial dentro do Wattpad Studios. Embora talvez seja um pouco irônico que uma empresa criada com base na escrita e na leitura de histórias tenha migrado para os filmes e os programas de TV antes de passar para os livros, se considerarmos seu foco inicial, essa passagem foi um acontecimento natural para o Wattpad, mesmo que tenha ocorrido tardiamente no ciclo de inovação. Na época, fazia cinco anos que o Wattpad colaborava com as editoras, entre as quais a maioria das Cinco Grandes, tendo fechado vários contratos, em alguns casos como agente e em outros como coeditor. Duas coisas tinham ficado claras nesse processo. Primeiro, as editoras tradicionais são muito lentas e cautelosas. "Elas não dão tanta importância aos dados como nós", disse Allen. "Muitas vezes, dão muita ênfase ao lado criativo. Muito subjetivo. Tomam decisões baseadas na intuição. Portanto, tínhamos de convencê-las de que uma determinada história venderia." Apesar das evidências disponíveis comprovando que algumas das suas histórias eram muito populares entre os seus usuários, o Wattpad recebeu várias recusas da parte de editoras convencionais. A segunda coisa que eles perceberam é que os autores do Wattpad tinham uma probabilidade muito maior de receber adiantamento que os outros autores: seus dados mostravam que 90% dos autores do Wattpad recebiam adiantamento, ao passo que a média do setor é muito inferior a isso.[11] "Sabemos, portanto, que a nossa média é muito superior à média do setor", o que sugere que os autores do Wattpad poderiam ter um desempenho superior ao dos outros autores se tivessem mais obras publicadas no formato impresso.

Portanto, a criação da sua própria divisão de publicação de livros permitiria que o Wattpad realizasse várias coisas ao mesmo tempo. Primeiro, poderiam atuar com muito mais agilidade, já que as decisões de publicação seriam tomadas por eles mesmos, sem ter de gastar tempo e energia tentando convencer as editoras tradicionais a apostar em seu conteúdo. Segundo, poderiam publicar um número maior de histórias em formato impresso, porque não precisariam se associar a outra editora em cada projeto de livro. E terceiro, poderiam ter mais lucro, porque seriam a editora, não o agente nem um parceiro. Fazia sentido.

---

11 As estimativas da média do setor variam, ficando entre 10% e 20%, 30% e "menos da metade".

Mas isso também significava que o Wattpad – que sempre fora uma comunidade virtual em que autores e leitores compartilhavam histórias e comentários num ambiente *on-line*, geralmente por meio do aplicativo no celular, e nunca tinha produzido um produto físico nem demonstrado qualquer interesse em fazê-lo – agora teria de reinventar a roda da publicação e montar a infraestrutura de uma editora tradicional. Nem Allen, nem seu sócio Ivan tinha qualquer experiência com publicação de livros, embora alguns funcionários do Wattpad tivessem trabalhado na indústria editorial e a conhecessem um pouco. Adquirir conteúdo era o de menos – isso era o que não faltava no Wattpad, justamente porque ele contava com milhares de autores que já produziam conteúdo em sua plataforma. O desafio, portanto, era selecionar esse conteúdo: como utilizar os dados que conseguiam reunir a respeito da popularidade das histórias para orientar o processo decisório. Em seguida, havia a questão da edição e do desenvolvimento de conteúdo, em que, uma vez mais, o Wattpad poderia trazer algo de novo ao processo de publicação: utilizar os dados que tinha a respeito da reação dos leitores à história na plataforma para influenciar e orientar o processo de edição. Muitas das histórias mais populares do Wattpad são muito mais longas que um livro-padrão – uma vez que as histórias existem no Wattpad apenas como textos digitais, não é necessário limitar o tamanho nem a quantidade dos capítulos. Para transformar uma história longa do Wattpad num livro de mais ou menos 300-400 páginas, é preciso cortar um bocado de conteúdo. Porém, como saber o que cortar? Nesse caso, podem ser usados os dados sobre as respostas dos leitores para ajudar a decidir o que manter e o que cortar. "É por isso que o resultado do que fazemos pode parecer igual a um exemplo de conteúdo tradicional – pode parecer igual a um filme tradicional de cinema e a um livro tradicional de papel. Mas existe uma grande quantidade de dados científicos por trás, é tudo fruto da aprendizagem automática", explicou Allen. O restante dos elementos editoriais é bastante comum: a exemplo de muitas editoras pequenas, eles têm um gerente de produção interno e terceirizam a impressão, as vendas e a distribuição. O marketing é tratado internamente, usando as técnicas e o *know-how* desenvolvidos nas campanhas publicitárias no Wattpad e na colaboração com os estúdios. Portanto, tirando as peculiaridades da atividade editorial, a estratégia do Wattpad Books é basicamente igual à das parcerias com o cinema e a TV: começar com um conteúdo pré-testado que tenha um público consolidado, utilizar dados e aprendizagem automática para orientar a adaptação do conteúdo para o meio em questão e depois comercializá-lo – "o ciclo completo".

Os seis primeiros títulos do Wattpad Books foram publicados no outono de 2019, todos de ficção adolescente (ou Jovem Adulto, na terminologia da indústria editorial). Entre eles estava *The QB Bad Boy and Me*, de Tay Marley, a história do romance entre um defensor de futebol americano valentão e uma chefe de torcida, o qual, com 26,2 milhões de leituras, foi o livro mais popular do Wattpad em 2018; *Saving Everest*, de Sky Chase, a história de um relacionamento entre um sujeito popular, mas infeliz, chamado Everest e uma garota tímida chamada Beverly, que tinha somado mais de 17 milhões de leituras no Wattpad; e *Cupid's Match*, um romance adolescente sobrenatural de Lauren Palphreyman que tinha acumulado mais de 46 milhões de leituras no Wattpad. O tempo dirá o quanto essas histórias serão bem-sucedidas em formato de livro, mas existe algo admirável – revolucionário até – no modelo de publicação criado pelo Wattpad: ele vira de ponta-cabeça o modelo em que se baseou a publicação de livros nos últimos quinhentos anos.

A publicação de livros, e especialmente a publicação de livros de interesse geral, sempre foi um negócio ligado ao acaso: os donos de editora e os editores têm um pressentimento a respeito do que pode vender e podem utilizar alguns tipos frágeis de evidência para ajudar a orientar suas decisões (como o histórico do autor ou as vendas de livros semelhantes), mas, em geral, seu pressentimento é apenas isso, um pressentimento. Então fazem uma aposta – decidem ir em frente com alguns projetos de livro e descartam outros, esperando ter acertado, mas sem nunca estar inteiramente seguros até ver o que realmente acontece quando o livro é publicado. A publicação de livros, principalmente livros de interesse geral, sempre foi um negócio que funciona de cima para baixo: as editoras decidem o que acham que pode dar comercialmente certo, investem no livro, produzem e lançam-no e veem o que acontece. É claro que essa regra geral tem inúmeras exceções. Autores consagrados, por exemplo, têm uma base consolidada de fãs na qual se pode confiar que irá comprar seu novo romance. É justamente por isso que esses autores são tão valiosos para as editoras e podem exigir adiantamentos tão altos no mercado de conteúdo: num negócio baseado no acaso, autores consagrados são o que há de mais parecido com um tiro certo. Porém, para a maioria dos livros, e para quase todos os autores estreantes, publicar é um jogo de dados – ninguém realmente sabe qual será o desempenho do livro.

O que é tão inteligente e original no Wattpad Books é que ele substituiu o modelo decisório de cima para baixo por um modelo de baixo para cima: nele, as decisões sobre quais livros publicar são tomadas com base na popularidade real das histórias na plataforma do Wattpad. Como o Wattpad consegue rastrear quem está lendo o que na plataforma e registra todo comentário que é feito, é capaz de produzir um retrato detalhado das histórias que são populares com quais tipos de leitores; sabe se elas estão se tornando mais populares e, em caso afirmativo, com que rapidez, ou se, ao contrário, muitos leitores estão se cansando da história e desistindo; e pode usar os comentários para ajudar a identificar os capítulos, os personagens ou as reviravoltas na história que funcionam para muitos leitores, e aqueles que não funcionam. Tendo em conta o número de pessoas que leem e fazem comentários a respeito das histórias mais populares, o Wattpad precisa recorrer a métodos computadorizados de aprendizagem automática para processar toda essa informação. Porém, esses métodos lhe oferecem uma base única e valiosa de dados razoavelmente concretos – muito mais concretos, pelo menos, do que os dados de que a maioria das editoras dispõe –, que ele pode utilizar para orientar suas decisões sobre que histórias publicar como livro, e como resumir e adaptar essas histórias para que funcionem de maneira extremamente eficaz no formato de livro. O Wattpad não é o único que procura desenvolver esse tipo de publicação de cima para baixo – como vimos no Capítulo 8, editoras de financiamento coletivo como a Unbound e a Inkshare desenvolveram formas similares de raciocínio. Mas a grande diferença entre o Wattpad e as editoras de financiamento coletivo é a escala: a Inkshare pode ter mais de 100 mil usuários em seu sistema, mas o Wattpad tem mais de 80 milhões, um número cerca de oitocentas vezes maior. E quando se utilizam dados dessa forma para avaliar popularidade e analisar padrões, o tamanho faz diferença.

O modelo de publicação de baixo para cima do Wattpad surgiu naturalmente da sua abordagem baseada em rede para criar uma comunidade *on-line* de leitura e escrita. Allen e Ivan não começaram publicando livros – não conheciam absolutamente nada a respeito de publicação de livros quando partiram para construir o aplicativo e o *site* que iria se tornar o Wattpad. Começaram com algo mais básico: o desejo humano de criar histórias – de criá-las, compartilhá-las e consumi-las. Acontece que, ao facilitar bastante a criação, o compartilhamento e os comentários de histórias por parte das pessoas num ambiente *on-line*, e especialmente em aparelhos móveis que elas agora carregam o tempo todo, eles construíram uma plataforma que pode questionar alguns dos pressupostos e práticas das instituições que, nos últimos quinhentos anos, tiveram um papel fundamental na escolha das histórias que seriam compartilhadas, e no modo como elas seriam compartilhadas, em nossa cultura. "A coisa que a maioria dos indivíduos disruptivos têm em comum", refletiu Allen, "é que eles agem de baixo para cima, não de cima para baixo. Seu ponto de partida não é a indústria tradicional. Seu ponto de partida é uma folha de papel em branco. Se você prestar atenção em nós, no YouTube e na Netflix, é a mesma coisa – a Netflix não começou com os estúdios."

É claro que o modelo de publicação do Wattpad e, de maneira mais geral, a sua estratégia de desenvolvimento fora da plataforma, embora de concepção radical, tem um alcance muito limitado, simplesmente porque o conteúdo extraído do Wattpad reflete o perfil demográfico da comunidade que o frequenta – jovem, majoritariamente adolescente e predominantemente feminina. Se você publica ficção para jovens adultos, então tem de ficar de olho no selo Wattpad Books: ele pode muito bem se tornar um concorrente temível, e a sua capacidade de criar sinergias em todas as indústrias de mídia – de livros a filmes e séries de TV – pode ultrapassar em muito tudo que você jamais conseguirá fazer. Porém, para o restante da indústria editorial, a questão é saber se é possível aprender algo com o modelo de baixo para cima desenvolvido de forma tão brilhante pelo Wattpad – e, se for possível, o quê, exatamente. Retomaremos essa questão.

– 12 –

VELHAS E NOVAS MÍDIAS

Para empresas consolidadas que fazem a mesma coisa há muito tempo, uma revolução tecnológica pode ser algo assustador. De repente, elas se veem diante da perspectiva de que as suas práticas tradicionais podem ser ofuscadas por novas formas de fazer as coisas, ou, ainda mais inquietante, de que seus produtos ou serviços deixem de ser necessários nas novas economias e cadeias de suprimento que as novas tecnologias anunciam. Podem ter de se adaptar rapidamente para sobreviver – tentar se reposicionar numa nova economia emergente enquanto continuam prestando serviços à velha economia, já que grande parte da sua receita pode continuar vindo desta última, mesmo que o futuro pareça estar em outro lugar. Isso se aplica a todos os setores, mas particularmente à mídia ou às indústrias criativas que enfrentam a revolução digital, justamente porque, como mencionei anteriormente, essas indústrias lidam com um tipo de conteúdo – o conteúdo simbólico – que pode, em grande medida, ser digitalizado e transformado em sequências de 0s e 1s, que, por sua vez, podem ser processados por computadores, armazenados em aparelhos e transmitidos eletronicamente. O meio físico ao qual o conteúdo simbólico tradicionalmente se incorporava para ser comprado e vendido no mercado – quer esse meio assumisse a forma do jornal ou da revista impressa, do LP de vinil ou do livro impresso – pôde ser marginalizado por novos aparelhos e novos canais que permitem que o conteúdo simbólico seja trocado sem estar incorporado num objeto físico. De qualquer modo, era esse o temor perfeitamente compreensível compartilhado por muita gente que trabalhava na mídia e nas indústrias criativas quando o furacão digital veio bater em suas praias.

Entretanto, se existe uma lição que aprendemos – ou que deveríamos ter aprendido – por termos vivenciado as primeiras décadas da revolução digital, é que essa revolução não tem o mesmo impacto em todos os lugares. E, se existe uma segunda lição, é que os resultados aparentemente benéficos da revolução digital são menos favoráveis do que os defensores dessa revolução gostariam que acreditássemos. Nada é tão bom como parece.

DISRUPÇÃO DIGITAL NAS INDÚSTRIAS CRIATIVAS

Embora seja tentador imaginar que a revolução digital vai ter consequências similares em muitos setores da mídia e das indústrias criativas, ou mesmo em todos eles, isso nem de longe é verdade. Por uma simples razão: o impacto que as novas tecnologias têm em setores específicos da indústria ou em esferas específicas da vida não depende apenas das próprias tecnologias e do que elas podem fazer (seus "recursos" [*affordances*], para usar a expressão feliz de Gibson),[1] mas também, de maneira decisiva, dos contextos em que elas são desenvolvidas, implementadas e utilizadas, contextos que incluem os agentes e as organizações que têm interesse em promover ou obstruir essas tecnologias, as relações entre essas organizações e seu poder relativo num mercado ou campo específico e o grande número de indivíduos com interesses, práticas, preferências e gostos variados, que podem ou não querer utilizar essas tecnologias e incorporá-las em suas vidas. Contextos sociais são espaços complexos e caóticos, variando enormemente de um setor da mídia e das indústrias criativas para outro. Tecnologias que funcionam muito bem num contexto podem funcionar muito mal em outro – e isso pode ter menos a ver com a própria tecnologia do que com as características dos contextos em que elas estão sendo desenvolvidas, implementadas e utilizadas (ou não utilizadas, como pode ser o caso). Do mesmo modo, o padrão de disrupção provocado pela transformação digital num setor da mídia e das indústrias criativas pode ser muito diferente do padrão

---

1 Gibson, "The Theory of Affordances", em *The Ecological Approach to Visual Perception*.

de disrupção em outro – e, de novo, isso pode ter menos a ver com as próprias tecnologias do que com as características dos setores e as diferentes práticas, preferências e gostos dos indivíduos que podem, ou não, querer utilizar essas tecnologias nas esferas específicas em que elas estão sendo aplicadas.

Visto dessa maneira, o fato de que a transformação digital na indústria editorial tenha tomado um rumo que, pelo menos até agora, é muito diferente do que tomou em outras mídias e indústrias criativas, como a indústria da música ou do jornal, é menos surpreendente do que pode parecer à primeira vista. Como vimos na Introdução, a receita da indústria de música gravada americana despencou na primeira década do século XXI, um efeito conjunto da passagem da venda de LPs e CDs para os *downloads* digitais e do compartilhamento desenfreado de arquivos: em 2009, a receita total da indústria de música gravada foi aproximadamente metade do que tinha sido na década anterior. A indústria do jornal também sofreu um declínio acentuado de faturamento durante a primeira década do século XXI, com a circulação diária dos jornais caindo de mais de 60 milhões nos anos 1980 e início dos anos 1990 para 40 milhões em 2010, e a receita publicitária caindo de cerca de 50 bilhões de dólares em 2004 para cerca de 25 bilhões de dólares em 2012 – metade do que tinha sido na década anterior.[2] Para muitos integrantes da indústria editorial que assistiam a esses acontecimentos com uma inquietação crescente, parecia claramente possível que o seu setor se encaminharia para um destino semelhante. Por que não? Tal como a indústria da música, a do livro também era baseada no controle e na comercialização de conteúdo simbólico, e, assim como a indústria da música constatou que a digitalização dificultou muito o controle do conteúdo simbólico e, mesmo quando ela conseguiu controlá-lo, não pôde impedir a redução do seu preço, as editoras de livros também poderiam muito bem constatar que o conteúdo simbólico que elas controlavam estaria sujeito às mesmas pressões poderosas da pirataria e da redução de preços – pressões que poderiam minar totalmente o modelo de geração de lucro no qual a indústria se baseava, sem falar do ganha-pão e das carreiras de tantos funcionários. A incerteza era inquietante e a ansiedade, profunda. Muitos integrantes da indústria editorial esperavam, com alguns calafrios, por seu momento iPod.

Quando o Kindle foi lançado em novembro de 2007 e as vendas de livros digitais finalmente começaram a decolar, muitos tiveram a impressão de que

---

2 Barthel, "Despite Subscription Surges for Largest U. S. Newspapers, Circulation and Revenue Fall for Industry Overall", *Pew Research Center*, 1º jun. 2017, disponível em: <https://www.pewresearch.org/fact-tank/2017/06/01/circulation-and-revenue-fall-for-newspaper-industry/>.

o seu momento iPod tinha finalmente chegado. O Kindle faria para a indústria do livro o que o iPod tinha feito para a indústria da música: tornaria fácil e legal que as pessoas baixassem livros no formato de arquivos digitais e os lessem num aparelho compacto, portátil, barato e fácil de usar e que era capaz de armazenar uma pequena biblioteca. Quando o pessoal do setor observou o ritmo impressionante de crescimento das vendas de livros digitais entre 2008 e 2012, muitos pensaram, de forma compreensível, que era o começo do fim do antigo livro impresso em papel. Era só uma questão de tempo, pensaram, para que os livros digitais passassem a representar a maior parte das vendas de livros, o que, por sua vez, traria sérias consequências para as cadeias de suprimentos tradicionais baseadas na impressão, incluindo os varejistas físicos, que perderiam uma parcela considerável da sua clientela. O temor de um colapso do setor era generalizado. Porém, como vimos, a ascensão do livro digital estancou subitamente em 2013 – muito antes e de forma bem mais abrupta do que muitos esperavam. O temor de que os livros digitais ofuscassem o tradicional livro impresso, relegando-o a um lugar no museu das tecnologias obsoletas ao lado do LP de vinil, se mostrou infundado – ao menos até o momento.

Não apenas o livro impresso se mostrou mais resistente do que muitos esperavam, como também a indústria editorial tem enfrentado, até o momento, a tempestade digital de forma mais eficaz que a indústria da música. Na Introdução, examinamos um gráfico que mostra o colapso da receita da indústria de música gravada entre 1998 e 2010 (Figura 0.1, p.28). Comparem com a Figura 12.1, que mostra a receita global da indústria editorial americana de interesse geral entre 2008 e 2015, e com a Figura 12.2, que mostra a receita global da indústria editorial americana de forma mais geral. Essas figuras mostram que a receita da indústria editorial americana como um todo permaneceu basicamente inalterada ao longo desse período, enquanto a receita da indústria editorial americana de interesse geral continuou a crescer, embora timidamente. Os livros digitais representaram uma proporção crescente dessa receita até 2014, embora o impresso continuasse respondendo pelo grosso da receita. Durante esse período, a receita da indústria editorial americana de interesse geral aumentou cerca de 2,6 bilhões de dólares no total, passando de 13,2 bilhões de dólares em 2008 para 15,8 bilhões de dólares em 2015, um aumento de cerca de 20% em oito anos, enquanto a receita da indústria editorial americana em termos gerais aumentou 1,3 bilhão de dólares no total, passando de 26,5 bilhões de dólares para 27,8 bilhões de dólares, um aumento de aproximadamente 5% no mesmo período. Comparem isso com a experiência da indústria de música gravada americana, em que a receita global caiu de 13,8 bilhões de dólares para 5,6 bilhões de dólares entre 2000 e 2010 – ou seja, apenas 40% do que tinha sido uma década antes. Ao contrário do exemplo da música, em que o crescimento da receita dos *downloads* digitais não compensou plenamente o declínio acentuado da receita com a venda de CDs, no caso da indústria editorial de interesse geral, o declínio da receita decorrente das vendas de livros impressos foi muito mais modesto, e a perda de receita com essas vendas foi mais que compensada pela receita decorrente das vendas de livros digitais e audiolivros. O vigor ininterrupto das vendas de livros impressos, que ainda respondiam por 80% da receita das editoras de interesse geral em 2015, serviu de anteparo ao setor, impedindo que as receitas despencassem.

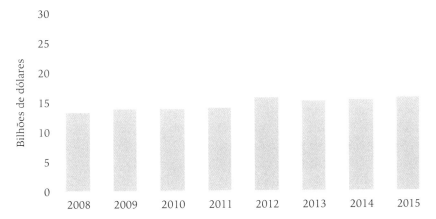

Figura 12.1 – Receitas da indústria editorial americana de interesse geral, 2008-2015
Fonte: Association of American Publishers.

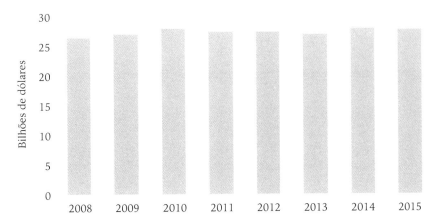

Figura 12.2 – Receitas da indústria editorial americana, 2008-2015
Fonte: Association of American Publishers.

Além disso, a maioria das editoras de livros também descobriu que, embora suas receitas globais estivessem se mantendo razoavelmente constantes, na verdade seu resultado final estava melhorando. Mesmo que os livros impressos ainda respondessem pelo grosso das vendas, a mudança para o digital estava permitindo a eliminação de alguns custos da cadeia de suprimentos, melhorando, assim, a lucratividade. A Tabela 12.1 e a Figura 12.3 mostram o total de vendas, o lucro operacional e a margem de uma das Cinco Grandes editoras americanas de interesse geral, a Simon & Schuster, de 2008 a 2018. O total de vendas permaneceu estável durante esse período, caindo 7% em 2008 e 2009, mas, depois, permanecendo basicamente inalterado durante os nove anos seguintes. Por outro lado, o lucro operacional e as margens aumentaram durante o mesmo período. Embora o lucro e as margens tenham declinado em 2008 e 2009, de 2009 a 2018 eles cresceram consideravelmente: o lucro quase triplicou de 2009 a 2018, e a margem passou de 6,2% em 2009 a 17,4% em 2018. Isso se deveu em parte a um aumento de eficiência e ao crescimento das vendas de livros de fundo de catálogo, mas o fato de que os produtos digitais – principalmente livros digitais, mas, cada vez mais, audiolivros também – estavam respondendo por 25% das vendas da Simon & Schuster em 2015 desempenhou um papel importante no aumento da lucratividade, uma vez que os livros digitais têm um custo mais baixo de produção e de distribuição e não existe devolução.

Tabela 12.1 – Total de vendas, lucro operacional e margem da Simon & Schuster, 2008-2018

	Total de vendas (em milhões de dólares)	Lucro (em milhões de dólares)	Margem (%)]
2008	857	88	10,2
2009	795	50	6,2
2010	791	72	9,1
2011	787	85	10,8
2012	790	80	10,1
2013	809	106	13,1
2014	778	100	12,8
2015	780	114	14,6
2016	767	119	15,5
2017	830	136	16,4
2018	825	144	17,4

Fonte: Publishers Weekly.

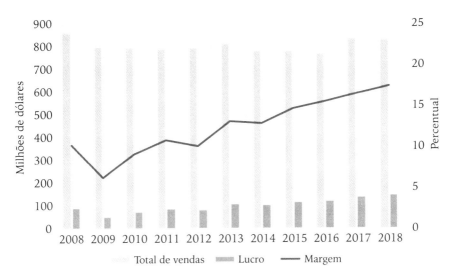

Figura 12.3 – Total de vendas, lucro operacional e margem da Simon & Schuster, 2008-2018
Fonte: Publishers Weekly.

A experiência das outras grandes editoras de interesse geral foi semelhante à da Simon & Schuster: o que se constata no período de 2008 a 2018 é o achatamento da receita global e o crescimento da lucratividade. Como as vendas de livros digitais eram basicamente de substituição em vez de incrementais (isto é, elas basicamente substituíam as vendas de livros impressos em vez de se somarem a elas), e como os livros digitais normalmente tinham um preço mais baixo que os livros impressos, o crescimento e a estabilização dos livros digitais a partir de 2008 significou que uma proporção importante das vendas das editoras estava gerando menos valor por unidade de venda, o que tendia a provocar um efeito estabilizador ou depressivo na receita global de um ano para o outro. Por outro lado, como as vendas de livros digitais são mais lucrativas que as de livros impressos, porque o custo das vendas é muito menor e não existe devolução, a lucratividade aumentou enquanto as vendas globais permaneceram razoavelmente estáveis. Esse é o novo perfil comercial de uma grande editora de interesse geral na era digital – bem diferente dos anos 1980, 1990 e início dos anos 2000, quando a preocupação das editoras, pressionadas por seus proprietários corporativos, era alcançar um crescimento anual significativo, normalmente de 10% ao ano, junto com aumentos constantes de lucratividade.[3]

---

3 Ver Thompson, *Mercadores de cultura*, cap.6.

Esse desdobramento também estimulou novos pedidos da parte de autores, associações de escritores e agentes para que os autores recebessem uma parcela maior do lucro das editoras, inesperadamente aumentados por um "dividendo digital" – isto é, pelo aumento de produtividade e pela redução de custos gerados pela revolução digital.[4]

O mistério é: por que as tecnologias digitais impactaram a indústria do livro de modo tão diferente do que ocorreu na música e em outras mídias e indústrias criativas – como podemos explicar isso? A resposta a essa pergunta varia dependendo da indústria com a qual a comparação é feita, porque os elementos que moldaram o curso da transformação digital nas indústrias de mídia variam de uma indústria para outra. Certamente existem muitos fatores relevantes que explicam por que a experiência da indústria do livro tem sido tão diferente da experiência da indústria da música (pelo menos até o momento), mas seis deles me parecem particularmente importantes.

Em primeiro lugar, a revolução digital começou a ter um impacto importante na indústria da música alguns anos antes da onda do livro digital. O Napster, serviço de compartilhamento de arquivos computador a computador que permitia que os usuários compartilhassem arquivos MP3, começou a funcionar em junho de 1999 e continuou operando até julho de 2001, quando foi fechado por uma decisão judicial, no momento em que contava com mais de 26 milhões de usuários em todo o mundo. A Apple lançou a primeira versão do iTunes em janeiro de 2001 e abriu a iTunes Store em abril de 2003, criando assim um mercado legal de música digitalizada que permitia que os usuários baixassem, organizassem e ouvissem legalmente arquivos de música digital. Cinco anos mais tarde, em abril de 2008, a iTunes Store tinha ultrapassado o Walmart, tornando-se o maior varejista de música dos Estados Unidos, com mais de 50 milhões de clientes e um catálogo musical de mais de 6 milhões de músicas.[5] Na época em que os livros digitais começaram a decolar, em 2008 e 2009, a transição para o

---

4 Ver, por exemplo, Solomon, "The Profits from Publishing: Authors' Perspective", *The Bookseller*, 2 mar. 2018, disponível em: <www.thebookseller.com/blogs/profits-publishing-authors-perspective-743226>; Flood, "Philip Pullman Calls for Authors to Get Fairer Share of Publisher Profits", *The Guardian*, 5 mar. 2018, disponível em: <www.theguardian.com/books/2018/mar/05/philip-pullman-calls-for-authors-to-get-fairer-share-of-publisher-profits>. Há anos alguns agentes pedem que os autores recebam direitos autorais mais elevados sobre os livros digitais, e algumas editoras admitem (em privado, se não em público) que se trata de uma demanda justificada.

5 Neumayr; Roth, "iTunes Store Top Music Retailer in the US", *Apple Newsroom*, 3 abr. 2008, disponível em: <www.apple.com/newsroom/2008/04/03iTunes-Store-Top-Music-Retailer-in-the-US>.

download digital na indústria da música já estava bem adiantada. E, como o impacto da revolução digital foi sentido cinco a dez anos antes na indústria da música, os executivos e os altos executivos da indústria do livro puderam aprender com o que tinha acontecido lá e tentaram evitar a repetição dos mesmos erros quando a revolução digital começou a se implantar em seu setor – uma espécie de vantagem de quem chega depois.

Houve duas áreas em que essa vantagem se mostrou particularmente significativa – e esses são o segundo e o terceiro fatores. Uma era a área do compartilhamento ilícito de arquivos. Os altos executivos da indústria do livro sabiam muito bem que a relutância de muitos membros da indústria da música em aceitar a revolução digital e disponibilizar suas músicas por meio de *downloads* de arquivos tinha ajudado a criar uma demanda reprimida que foi explorada de forma extremamente eficaz pelo Napster. Assim como a Lei Seca, a indisponibilidade de conteúdo desejável por meio de canais legítimos serviu de estímulo ao comércio ilegal de produtos contrabandeados. Os administradores da indústria do livro aprenderam a lição e investiram um bocado de tempo e dinheiro para assegurar: (a) que eles detivessem os direitos autorais do seu conteúdo; e (b) que o convertessem em formatos digitais adequados para que tivessem condições de abastecer o mercado se e quando a demanda por conteúdo digital aparecesse. Como um alto executivo de uma grande editora de interesse geral explicou em 2007, antes do surgimento de um aparelho de leitura realmente eficaz: "Só queremos assegurar, quando isso acontecer, que a indústria vai apoiar o tipo adequado de comercialização desse aparelho para que, em vez de ser atendido pelo setor legal, não acabemos dominados pela pirataria." Graças em parte à experiência da indústria da música, ele sabia que essa relutância da parte das editoras em disponibilizar seu conteúdo em formatos digitais adequados só as prejudicaria no longo prazo. É melhor seguir a corrente do que nadar contra a maré.

A segunda área em que os administradores da indústria do livro aprenderam com a experiência de seus homólogos da indústria da música foi a relacionada à espinhosa questão do preço. Como regra geral, a digitalização do conteúdo tende a pressionar os preços para baixo. Isso decorre de duas características da economia da informação. A primeira característica é que, embora possa ser caro produzir informação, o custo marginal de reproduzi--la é próximo de zero: uma vez produzida a informação e convertida num formato digital adequado, é muito fácil e barato reproduzi-la. A segunda característica é que os principais intermediários que distribuem conteúdo *on-line* geralmente não o produzem, e, consequentemente, não arcam com os custos de produção. Seu interesse é maximizar a distribuição para o maior número possível de usuários e reforçar sua posição como o principal canal de distribuição, e esses interesses frequentemente são mais bem atendidos reduzindo o máximo possível os preços. Quando a Apple lançou a iTunes Store, a maioria das músicas custava 99 centavos de dólar – um preço chamativo que foi fixado logo abaixo do patamar de 1 dólar para maximizar as vendas. Porém, quanto mais a música era vendida a preços mais baixos, maior a probabilidade de que a receita global auferida pela indústria diminuísse ao longo do tempo – a menos, é claro, que as vendas unitárias aumentassem a um ritmo que compensasse o declínio da receita por unidade (os defensores da redução de preço alegam frequentemente que isso vai acontecer, embora, na prática, muitos mercados sejam menos elásticos do que eles pensam). Em outras palavras, tudo indicava que a deflação de preços levava a uma perda de valor da indústria. Quando a revolução digital tomou conta da indústria da música durante a primeira década do século XXI, era exatamente isso que parecia estar acontecendo. Portanto, não surpreende que o alto escalão da indústria do livro tenha tido uma reação tão contundente diante da notícia – que os pegou totalmente de surpresa – de que os livros mais vendidos do *New York Times*, entre outros lançamentos, custariam 9,99 dólares no Kindle, por ocasião do seu lançamento em 2007: como a Apple, a Amazon fixou o preço de alguns dos conteúdos mais valiosos logo abaixo de um patamar simbólico – 10 dólares, nesse caso –, e bem abaixo do preço pelo qual esses livros seriam vendidos em sua edição impressa. Não surpreende também que as principais editoras de interesse geral estivessem ansiosas em mudar para o modelo de intermediação em relação à venda dos livros digitais (muito embora o litígio custasse caro a algumas delas, como vimos no Capítulo 5). As principais editoras de interesse geral queriam mudar para o modelo de intermediação por um simples motivo: segundo elas, essa era a única maneira pela qual poderiam manter o controle de preço do seu conteúdo e impedir que ele fosse vendido com desconto, assegurando, assim, a existência de um piso para a deflação de preços que ocorreria à medida que um número cada vez maior dos seus livros fosse vendido em formatos digitais. Embora elas pudessem ganhar menos por unidade vendida com o modelo de intermediação, no longo prazo manteriam o controle do preço e estariam em melhores condições para tentar evitar – ou, pelo menos, limitar – o tipo de perda de valor que tinha ocorrido na indústria da música. E, quanto a isso, deixando de lado quaisquer deslizes que possam ter cometido nesse período, as editoras de interesse geral provavelmente estavam certas.

À parte essas considerações estratégicas, também é verdade que a indústria da música e a do livro estavam lidando com tipos muito diferentes de bens simbólicos – este é o quarto fator. Na indústria da música, o álbum era um produto muito artificial, compondo-se normalmente de uma coletânea de canções variadas que eram agrupadas e vendidas como um álbum único. Porém, do ponto de vista do ouvinte, nem todas as canções tinham o mesmo valor. Não era raro o consumidor comprar um álbum por causa de uma ou duas músicas que eram do seu agrado e depois descobrir que o restante do álbum continha dez ou doze músicas que não significavam nada para ele. Uma das grandes inovações da iTunes Store foi que ela desmembrou o álbum e passou a vender músicas individuais por 99 centavos de dólar: ninguém mais era obrigado a adquirir as outras dez ou doze músicas que, de todo modo, não queria ouvir. Isso foi algo extremamente atraente para os consumidores, que passaram a poder criar suas próprias seleções musicais sem ter de ouvir uma sequência de músicas indesejáveis. Na indústria do livro, porém, o desmembramento nunca teria o mesmo apelo, simplesmente porque a maioria dos livros não é uma coletânea arbitrária de capítulos, mas textos integrados em que um capítulo segue o outro numa sequência estruturada que acompanha os desdobramentos da narrativa, do enredo ou do tema. Não faria sentido comprar um capítulo de um romance de Agatha Christie e descartar o resto. É claro que era muito vantajoso poder separar capítulos ou trechos do texto e disponibilizá-los aos leitores como amostras, uma prática que se tornou comum na indústria do livro. Mas produzir amostras não era o mesmo que desmembrar o livro e vender capítulos individuais *à la carte*. O desmembramento digital do conteúdo simplesmente não tinha o mesmo tipo de potencial na indústria do livro que na da música.

Talvez mais importante, a mudança do impresso para o digital tinha mais aspectos negativos para o consumidor de livros do que a mudança do analógico para o digital tinha para os ouvintes de música. Para ouvir os LPs de vinil era preciso dispor de um tocador exclusivo, e o ouvinte não tinha muita flexibilidade. Os LPs riscavam com facilidade, não podiam ser ouvidos em movimento e não era fácil pular as faixas que não se queria ouvir. Os CDs proporcionaram ao ouvinte alta fidelidade e maior flexibilidade e mobilidade, e os *downloads* digitais proporcionaram ainda mais flexibilidade e mobilidade ao ouvinte, ao mesmo tempo que também permitiram que o álbum fosse desmembrado para que as músicas pudessem ser compradas *à la carte* ou ouvidas através de um serviço de *streaming* – em suma, a transição para a música digital trouxe inúmeras vantagens e pouquíssimas desvantagens para o consumidor. Contudo, no caso dos livros, a situação era muito menos clara. A leitura de textos longos numa tela certamente trouxe algumas vantagens – os livros podiam ser comprados facilmente e baixados rapidamente, o preço geralmente era mais baixo, o tamanho do corpo podia ser ajustado para se adaptar ao usuário, era possível transportar vários livros num único aparelho etc. –, mas também trouxe algumas desvantagens concretas, das quais uma das mais importantes era o fato de que, para muitos leitores, a experiência de ler textos longos na tela não era tão agradável como a experiência de lê-los na página impressa. Essa desvantagem pode ter sido menos pronunciada para os leitores de romance e ficção comercial, mas para muitos leitores de ficção literária e não ficção – especialmente de livros que exigiam muita concentração, livros ilustrados e aqueles que eram utilizados como obras de referência – havia vantagens claras em ler na página impressa em vez de ler na tela: é mais confortável para os olhos, é mais fácil avançar e voltar no texto ou mergulhar num trecho específico por um motivo específico. Além disso, existe o prazer, tanto tátil como estético, de segurar, virar as páginas e ler um livro impresso bem concebido e bem produzido. É claro que algumas dessas vantagens percebidas e sentidas podem ter origem nos costumes e no hábito: indivíduos acostumados a ler livros de uma certa maneira podem achar difícil mudar, e as novas gerações podem estar menos apegadas aos costumes e às práticas do que aquelas que cresceram com o livro impresso. Mas também é provável que a resistência admirável do livro impresso tenha origem, em parte, nas vantagens e benefícios muito concretos decorrentes da leitura de livros na página impressa. Além de ser um excelente instrumento que permite uma experiência de leitura de alta qualidade – melhor, aos olhos de muitos, que a experiência de leitura de textos longos na tela –, o livro impresso também é um objeto cultural esteticamente agradável que é valorizado em si e por si como algo a ser manuseado, admirado e desfrutado. Qualquer que fosse o valor do LP de vinil (ele certamente também tinha um valor estético, e a criação de capas se tornou uma forma de arte em si), a comparação entre as vantagens e as desvantagens no caso da música pendia fortemente em favor da transição para o digital, ao passo que, no caso dos livros, os prós e os contras eram muito mais equilibrados, e, para alguns tipos de livros, pendiam em favor do impresso.

Nesse caso, existe outro fator relevante – aquilo que chamei, no primeiro capítulo, de valor de posse do livro. O que quero dizer com isso é que alguns livros são objetos que o indivíduo não deseja apenas ler, mas também possuir, pôr na estante, consultar mais tarde, compartilhar com outras pessoas, quem sabe dá-los de presente, talvez exibi-los na sala de estar como um significante, um sinal simbólico de quem ele é e os tipos de livro que aprecia e valoriza (ou gostaria que os outros pensassem que ele aprecia e valoriza). Tudo isso é muito mais fácil de fazer com um livro impresso do que com um livro digital. Quando compramos um livro impresso, tornamo-nos proprietários dele e podemos fazer o que quisermos com ele (lê-lo, exibi-lo, compartilhá-lo, dá-lo de presente, até mesmo revendê-lo), ao passo que, quando compramos um livro digital, nós o licenciamos, e as condições de licenciamento normalmente restringem o que podemos fazer com o conteúdo (por exemplo, o licenciamento pode limitar o número de aparelhos nos quais podemos lê-lo, pode não permitir que ele seja compartilhado etc.). Portanto, possuir um livro como um objeto físico tem benefícios e vantagens concretos. A música também tem valor de posse, mas de uma maneira diferente. Embora os indivíduos também tenham coletâneas musicais, seja na forma de biblioteca do iTunes ou de coleção de CDs ou LPs de vinil, os CDs e os LPs não são exibidos da mesma forma que os livros, e a música pode ser facilmente compartilhada ou oferecida de presente em formatos digitais (CDs, por exemplo). Além disso, à medida que os serviços de *streaming* como Spotify e Apple Music se tornam mais populares, é bem possível que, para muitos ouvintes, o acesso esteja se tornando mais importante que a posse: possuir música pode ser menos importante que ter um acesso contínuo sob demanda a ela. É bem provável que o fato de os livros impressos serem objetos culturais que muita gente quer possuir, guardar, exibir, compartilhar e dar de presente – ou seja, eles têm um alto valor de posse – tenha contribuído para a resiliência do livro impresso.

Esses seis fatores ajudam a explicar, de alguma forma, por que as coisas ocorreram de maneira tão diferente na indústria do livro quando comparada à indústria da música, apesar dos temores da indústria editorial, que pensava que teria o mesmo destino da indústria da música. E também ressaltam por que é tão perigoso e enganador supor que o que acontece em um setor da mídia e das indústrias criativas pode servir de guia para o que vai acontecer em outros setores: existem inúmeros fatores específicos a cada campo, e às formas de produção e consumo cultural que têm lugar naquela área, para que se generalize dessa maneira.

Esses fatores, juntamente com as tendências dos últimos anos, também sugerem que o modo como as coisas vão evoluir nos próximos anos na indústria do livro pode ser muito diferente de como as coisas se passaram na indústria da música e em outros setores da mídia e das indústrias criativas. É claro que prever o futuro é uma perda de tempo – basta ver quantos observadores erraram feio ao especular sobre o futuro do livro para perceber que não seria aconselhável repetir a dose. Mas podemos refletir sobre os padrões dos últimos anos e extrapolar a partir deles, embora mesmo assim devamos reconhecer que qualquer visão sobre o futuro desenvolvida dessa maneira nunca vai passar de um pressentimento: é impossível conhecer o futuro, e simplesmente não sabemos se os padrões que surgiram nos últimos anos continuarão em vigor futuramente ou se alguns novos avanços, ainda imperceptíveis, vão interferir e alterar o curso dos acontecimentos. Com base nos padrões recentes, minha opinião é que o futuro da indústria do livro, ao menos nos próximos anos, não será uma mudança unilateral do impresso para o digital, e sim uma economia mista do impresso e do digital. Provavelmente assistiremos, na esfera da indústria do livro, à *coexistência entre as culturas do impresso e do digital*: na era digital, os livros vão florescer numa cultura híbrida na qual o impresso e o digital coexistirão lado a lado, e não um ofuscando o outro. E as proporções de vendas representadas pelo impresso e pelo digital irão variar de acordo com a categoria do livro. Como argumentei no Capítulo 1, o livro digital é considerado apenas mais um formato no qual o conteúdo do livro pode ser fixado e entregue ao leitor – nesse aspecto, ele não é diferente do livro em brochura, que também representou uma inovação radical por ocasião do seu surgimento, mesmo que isso seja difícil de imaginar hoje. A exemplo do livro em brochura, o livro digital vai encontrar seu lugar dentro do conjunto de formatos disponíveis para as editoras e para aqueles que criam livros e os disponibilizam para que outros possam comprar, emprestar ou adquirir de outra maneira para ler. Porém, no futuro próximo, é improvável que ele ofusque o livro impresso, que continuará sendo o instrumento de transmissão de conteúdo preferido de muitos leitores. No entanto, embora este pareça o cenário mais provável a partir do lugar em que nos encontramos hoje, sou o primeiro a admitir que posso estar enganado. Por sua própria natureza, essas tendências são imprevisíveis, dependendo de inúmeros fatores imponderáveis, das inovações tecnológicas desconhecidas até o momento aos hábitos e predileções dos leitores, e ninguém pode saber ao certo como essas tendências vão se comportar nos próximos anos.

O PODER DOS DADOS

Embora seja compreensível que grande parte do debate a respeito do impacto da revolução digital na indústria do livro tenha se concentrado na questão do livro digital e do tamanho do espaço que ele irá ocupar em

AS GUERRAS DO LIVRO

substituição ao livro impresso, concentrar toda a atenção no livro digital seria perder de vista outros avanços de natureza muito mais importante e fundamental. Avaliamos muitos desses avanços nos capítulos anteriores, mas agora preciso me afastar dos detalhes e situá-los num contexto mais amplo. A mudança tecnológica não acontece no vácuo. Ela está inextricavelmente mesclada a processos sociais e econômicos mais amplos, que as novas tecnologias podem repercutir e amplificar, mas que também podem corroer e solapar. Quero me concentrar agora em alguns desses processos sociais e econômicos mais amplos.

A revolução digital e a ascensão da internet estavam entrelaçadas a dois processos mais amplos que são típicos das sociedades ocidentais modernas: de um lado, a ênfase crescente no indivíduo e em sua capacidade de moldar seu destino, que Ulrich Beck, entre outros, chamou de "individualização".[6] E, de outro, a expansão e a transformação do capitalismo, quando ele se libertou de algumas das estruturas políticas e legais que o tinham contido nos anos 1950 e 1960 e foi revigorado pelas novas oportunidades surgidas com a união entre globalização e revolução digital. Quando a revolução digital se consolidou a partir dos anos 1970, sua imbricação com esses dois processos mais amplos foi inequívoca. As tecnologias digitais e a internet eram defendidas frequentemente como ferramentas que iriam empoderar os indivíduos e ampliar suas oportunidades: elas permitiriam que os indivíduos fizessem coisas sozinhos ou em cooperação com outros, evitando as instituições tradicionais e as suas estruturas hierárquicas de poder. As tecnologias digitais e a internet se tornariam os elementos-chave da cultura do faça você mesmo, que era parte da ênfase crescente no indivíduo das sociedades modernas, na qual o eu se torna um projeto de autocriação reflexivo e ilimitado, uma biografia do tipo faça você mesmo em que a iniciativa do indivíduo que assume a responsabilidade por seus próprios projetos é simultaneamente estimulada e louvada. A ênfase na liberdade individual e na capacidade pessoal de moldar a própria vida e o próprio futuro era um tema comum das ideias libertárias e contraculturais que moldaram o desenvolvimento inicial da internet e influenciaram muitos dos primeiros empreendedores do Vale do Silício, que costumavam apresentar o que estavam fazendo como uma forma de empoderamento do indivíduo diante das grandes corporações e de um Estado autoritário.[7] Por outro lado, as

---

6 Beck, *Risk Society*; Beck; Beck-Gernsheim, *Individualization*; Giddens, *Modernity and Self-Identity*; Bauman, *Liquid Modernity*.

7 Ver Turner, *From Counterculture to Cyberculture*.

tecnologias digitais e a internet também foram capturadas e desenvolvidas pelas organizações – tanto as organizações comerciais, ou empreendedores e capitalistas de risco que procuravam construir organizações comerciais, como os Estados – para expandir suas atividades e abrir novas oportunidades. Para o primeiro grupo, as tecnologias digitais e a internet representavam um território novo, vasto e inexplorado de experimentações e investimento no qual muitas das velhas regras e regulações não se aplicavam mais, no qual novas formas de receita podiam ser geradas e no qual, fazendo a coisa certa, era possível gerar muita riqueza. Mas grandes volumes de capital também seriam desperdiçados, e o território inexplorado da internet se tornaria o túmulo da maioria das novas empresas criadas no setor.

Grande parte da trajetória da revolução digital, que se estende dos anos 1970 até o presente, bem como a percepção pública dos seus principais atores, pode ser compreendida em termos da interação entre esses dois processos sociais mais amplos e das formas complexas por meio das quais eles interagiram com o desenvolvimento da economia baseada na internet. À medida que a escala de riqueza e poder que estava sendo criada pelas grandes empresas de tecnologia se tornou cada vez mais clara e os abusos de poder começaram a vir à tona (seja na forma de abusos de poder por parte do Estado, como foi revelado por Edward Snowden, entre outros, seja na forma de abusos ou omissões por parte das próprias gigantes da tecnologia, como foi revelado pelo escândalo da Cambridge Analytica, entre outras coisas), as visões mais antigas e mais otimistas da revolução digital e da internet – que tendiam a enfatizar seu caráter libertador e contracultural, seu estímulo às relações horizontais de poder em vez das relações verticais de poder, e assim por diante – começaram a se transformar numa visão mais sombria e muito mais pessimista que ressaltava os aspectos mais insidiosos da revolução digital. Por trás das belas palavras dos *slogans* das empresas do Vale do Silício ("Não seja mau", do Google, "Tornando o mundo mais aberto e conectado", do Facebook etc.) havia uma poderosa máquina corporativa defendendo seus interesses de forma implacável e gerando uma riqueza jamais vista para os seus fundadores e acionistas. À medida que esse quadro foi ficando cada vez mais claro, o tecno-otimismo dos primeiros anos da internet começou a se transformar em tecno-pessimismo, e as vozes críticas que se manifestavam contra o poder descontrolado do Vale do Silício começaram a subir o tom – era o começo da *techlash*.* Embora o clima cultural e

---

* Neologismo formado a partir das palavras *technology* (tecnologia) e *backlash* (forte reação). (N. T.)

político estivesse mudando, a dinâmica fundamental continuou praticamente a mesma. Os processos sociais mais gerais com os quais a revolução digital se entrelaçava desde o começo ainda estavam em ação e ainda moldavam o desenvolvimento da economia baseada na internet, embora o tamanho descomunal dos gigantes corporativos gerados pela revolução digital e o vislumbre das suas transações, em grande medida secretas, possibilitado pelos escândalos recentes alterassem a percepção política das suas virtudes e dos seus vícios.

Quando a revolução digital tomou de assalto a indústria do livro, sua imbricação com esses dois processos mais amplos também ficou evidente. Embora muitas editoras assumissem inicialmente uma postura cautelosa em relação à revolução digital e temessem as mudanças que ela poderia gerar, não tardou para que a maioria delas reconhecesse que precisaria reestruturar sua organização e rever alguns aspectos da sua atividade para se adaptar à mudança do ambiente e tirar partido das novas oportunidades que estavam surgindo. Ao mesmo tempo, houve um aumento de atividade empresarial no campo editorial à medida que os indivíduos e as organizações tentavam utilizar as novas tecnologias e a internet para criar ou facilitar novos tipos de negócio num espaço até então dominado por um grupo específico de participantes. A exemplo de outros setores, a maior parte dessa atividade empresarial terminaria em fracasso. Haveria, certamente, alguns sucessos impressionantes, mas a história da inovação tecnológica tende a olhar o passado através de lentes distorcidas que dão ênfase aos sucessos e escondem ou suprimem os fracassos, que normalmente são muito mais numerosos.[8] Uma

---

8 Segundo o senso comum, 90% das *start-ups* da internet acabam em fracasso, embora a situação real provavelmente seja muito mais complexa do que essa simples estatística sugeriria, dependendo em parte de como se define "fracasso". Pesquisas realizadas por Shikhar Ghosh, da Faculdade de Administração de Harvard, sugere que cerca de três quartos das empresas americanas financiadas por capital de risco não retornam o capital investido, e de 30% a 40% acabam liquidando todos os ativos, com a perda total do dinheiro dos investidores. Esses números se baseiam em 2 mil empresas que receberam financiamento de risco entre 2004 e 2010 (Gage, "The Venture Capital Secret: 3 de 4 Star-Ups Fail", *The Wall Street Journal*, 20 set. 2012, disponível em: <https://www.wsj.com/articles/SB10000872396390443720204578004980476429190>). Dados reunidos da empresa de capital de risco Horsley Bridge Partners, baseados em pouco mais de 7 mil investimentos feitos por fundos nos quais ela investiu de 1985 a 2014, mostrou que quase metade dos investimentos tiveram um retorno inferior à metade da soma investida; um percentual mínimo – 6%, baseado nos dados – obteve um sucesso importante de no mínimo 10 vezes de retorno (Evans, "In Praise of Failure", *blog*, 10 ago. 2016, disponível em: <www.ben-evans.com/benedictevans/2016/4/28/winning-and-losing>). Capitalistas de risco "enterram seus mortos sem fazer alarde", disse Ghosh. "Embora ressaltem o sucesso, eles nem mencionam os fracassos."

parcela dessa atividade empresarial também seria bem recebida pela cultura do faça você mesmo que estava relacionada à ênfase crescente no indivíduo nas sociedades modernas: a explosão da autopublicação ilustra perfeitamente essa cultura do faça você mesmo no campo da indústria do livro, embora muitos outros avanços também tenham sido bem recebidos por essa ênfase no indivíduo, como o financiamento coletivo de livros e a criação de plataformas nas mídias sociais para que autores e leitores pudessem interagir. O desenvolvimento das plataformas de autopublicação ofereceu às pessoas as ferramentas para que elas publicassem seus próprios livros sozinhas, sem precisar depender das empresas editoriais convencionais, e a cultura da publicação independente que se desenvolveu em torno dessas plataformas enaltece essa atividade como uma escolha positiva, como um caminho que os indivíduos podem escolher ativamente para assumir o controle das suas próprias decisões editoriais e do seu próprio destino como autor.

Embora parte da atividade empresarial no campo da publicação de livros tenha sido bem recebida pela individualização das sociedades modernas, havia outros aspectos que estavam mais sintonizados com a forma pela qual as tecnologias digitais e a internet facilitavam, e estavam entrelaçadas com, o surgimento de novos tipos de acumulação de capital e de poder. Até o momento, a consequência mais importante da revolução digital no campo da indústria editorial anglo-americana de interesse geral não foi a explosão da autopublicação (por maior que seja a sua importância), nem a ascensão do livro digital e a proliferação de novas formas de conteúdo digital (novamente, por maior que seja a sua importância). Foi, em vez disso, seu impacto transformador no setor do varejo, exemplificado, acima de tudo, pela ascensão de um novo e poderoso concorrente no campo editorial que é um produto exclusivo da revolução digital – a Amazon. É difícil exagerar o significado da ascensão da Amazon para o universo editorial anglo-americano. A Amazon responde hoje por cerca de 45% de todos os livros impressos vendidos nos Estados Unidos[9] e por mais de 75% de todos os livros digi-

---

9 De acordo com Paul Abbassi, da Bookstat, 339 milhões, ou 49%, dos 690 milhões de livros em capa dura e brochura vendidos que constam do relatório de 2019 da NPD Bookscan (ex-Nielsen Bookscan) foram vendidos através da Amazon.com. Esse número total de 690 milhões de unidades não inclui as vendas para bibliotecas, as vendas diretas da editora e do autor e as vendas através de canais de distribuição menores, mas inclui Amazon.com, Barnes & Noble, Books-A-Million, Hudson News, os hipermercados (Walmart, Target etc.) e mais de 700 livrarias independentes mais importantes que constam do relatório da ABA (American Booksellers Association), e existe um consenso de que ele representa cerca de 85% do total de vendas de livros impressos nos Estados Unidos. Se levarmos em conta esse adicional de 15% de vendas não cobertas pelo NPD Bookscan, Abbassi calcula que

tais vendidos.[10] Além disso, cerca de metade – em alguns casos mais – das vendas de muitas editoras são feitas por um único cliente, a Amazon. Nos quinhentos anos de história da indústria do livro nunca houve um varejista com esse tipo de participação de mercado. E com a participação de mercado vem o poder – incluindo o poder de negociar condições com os fornecedores e o poder de controlar a atenção dos leitores. Além do mais, a Amazon não tem uma posição dominante apenas no varejo do livro, mas também em outros setores emergentes da indústria editorial – ela é a principal empresa de autopublicação, com o Kindle Direct, e, com a aquisição da Audible,[11] a principal empresa de audiolivro, e assim por diante. É provável que o poder da Amazon aumente à medida que a posição de livrarias físicas tradicionais, como a Barnes & Noble, se enfraqueça. Não surpreende que o diretor executivo de uma grande editora tenha afirmado que "o poder da Amazon é, hoje, o principal problema da indústria editorial". Ele tinha razão.

Mas em que se baseia exatamente o poder da Amazon, e como ela conseguiu conquistar uma posição aparentemente tão incontestável na indústria do livro? É claro que, como vimos no Capítulo 5, o varejo de livros foi o ponto de partida de Jeff Bezos, e os livros eram um produto ideal para o tipo de negócio de varejo baseado na internet que ele queria criar quando fundou a Amazon nos anos 1990. Ao oferecer uma enorme variedade de títulos que excedia em muito tudo que qualquer livraria física podia oferecer, ao dar descontos agressivos e ao prestar um excelente e inigualável serviço de atendimento ao cliente, ao desenvolver o mais eficiente aparelho de leitura de livros digitais do mercado e criar um circuito fechado com os livros digitais vendidos na Kindle Store, ao estabelecer uma forte presença nos audiolivros através da aquisição da Audible e da Brilliance, e ao incorporar essas e muitas outras linhas de produtos e serviços a uma plataforma em que os livros faziam parte de um ecossistema maior que concedia vantagens

---

a participação real da Amazon no mercado do livro impresso americano fique entre 43% e 45%. Esta é, de longe, a participação de mercado dominante, sendo mais que o dobro da participação do segundo maior varejista (Barnes & Noble, que responde por cerca de 21% das vendas de livros impressos nos Estados Unidos). A participação de mercado da Amazon nas vendas unitárias de livros impressos do NPD Bookscan também aumentou significativamente nos últimos anos, passando de 38% em 2015 para 49% em 2019 (comunicação pessoal). É provável que essa tendência se acentue com os *lockdowns* durante a pandemia do coronavírus em 2020, que poderiam assistir à participação da Amazon nas vendas de livros impressos aumentar de 5% a 10% em 2020. Se os *lockdowns* resultarem no fechamento definitivo de algumas livrarias, então parte do aumento de 2020 poderia se transformar num ganho permanente de participação de mercado para a Amazon.

10 Ver Capítulo 5, p.178-9.
11 Sobre a participação da Audible no mercado de audiolivros, ver Capítulo 10, p.415-6.

concretas a seus usuários e membros, a Amazon conseguiu atropelar seus principais concorrentes – as redes de megalivrarias –, que estavam, em sua maioria, presos a uma era pré-internet de varejo de rua em que grandes e cavernosas livrarias eram consideradas templos comerciais que atrairiam as multidões. Mas esses templos se transformaram rapidamente em túmulos quando os compradores de livros perceberam que podiam encontrar *on-line* uma variedade muito maior de livros por preços melhores. A Amazon se tornou o destino preferido de um número cada vez maior de compradores de livros, que preferiam a simplicidade de um pedido *on-line*, muitas vezes com desconto, e receber os livros em casa com envio gratuito, à chatice de ir a uma livraria para comprar um livro sabendo que, se fosse um título de fundo de catálogo ou mais especializado, ele provavelmente não estaria disponível.

No entanto, embora a atração que a Amazon provocava nos clientes fosse decisiva para a rapidez do seu crescimento e do seu sucesso, essa não era a verdadeira fonte do seu poder. Como muitas outras empresas de tecnologia dos anos 1990 e início dos anos 2000, a Amazon logo percebeu que a internet não só possibilitava o crescimento extremamente rápido do negócio, mas também a coleta de informações sobre os usuários dos seus serviços – nesse caso, indivíduos que estavam navegando e comprando livros e outros produtos em sua plataforma e que estavam utilizando seus diversos serviços – e a criação de um grande estoque de dados confidenciais que era extremamente rico devido à forma minuciosa com que ela registrava os gostos, as preferências e o comportamento de seus usuários, além de dados pessoais como endereços, códigos postais e detalhes do cartão de crédito. O comportamento *on-line* dos indivíduos – cada clique, cada busca, cada visualização de página, cada compra – se traduziu numa quantidade enorme de dados brutos dentro de uma gigantesca operação de extração de dados que estava sendo criada pelas grandes empresas de tecnologia. O volume enorme de dados reunidos dessa maneira indicava que os dados não eram particularmente úteis por si sós – havia um excesso de dados, e cada registro de dados era específico demais. Porém, com o uso dos algoritmos, da aprendizagem automática e da computação de alta potência, esses dados podiam ser transformados em formas de conhecimento extremamente valiosas a respeito das preferências, dos desejos e do provável comportamento – presente e futuro – dos indivíduos. A transformação de grandes volumes de dados brutos nesse tipo de conhecimento comportamental pode ser, e foi, utilizada com diversas finalidades, incluindo a comercialização e a venda de uma quantidade maior de produtos de forma mais eficaz para a base de clientes existente. Mas as empresas de tecnologia logo se deram conta de que esse conhecimento era, em si mesmo, uma mercadoria valiosa que poderia ser negociada em um novo tipo de mercado, no qual as empresas estariam dispostas a pagar pelo acesso a ele a fim de criar uma publicidade extremamente segmentada dos seus produtos e serviços.

Esses "mercados de comportamentos futuros" são a base do que Shoshana Zuboff chama corretamente de "capitalismo de vigilância" – uma nova forma de capitalismo, ou melhor, uma nova forma de acumulação de capital que não se baseia na produção e na venda de produtos, e sim na manipulação e venda de dados extraídos da experiência humana.[12] O acesso a esses dados, devidamente transformados em conhecimento comportamental, permitiria que as organizações direcionassem seus produtos e serviços de modo muito mais detalhado e eficaz que as formas tradicionais de publicidade, e também permitiria, por meio disso, que elas influenciassem e moldassem o comportamento das pessoas, ou ao menos procurassem fazê-lo, fosse esse comportamento uma decisão de comprar ou consumir um produto ou serviço ou uma decisão de agir de outra maneira (p. ex., votar num candidato específico). Como Zuboff demonstrou, a extração, manipulação e venda de dados pessoais é a lógica econômica oculta que está na base da riqueza espantosa dos gigantes da tecnologia como Google e Facebook, que se tornaram algumas das corporações mais valiosas do mundo a partir da transformação de enormes quantidades de dados pessoais em conhecimento comportamental e da negociação desse conhecimento em mercados de comportamentos futuros em que terceiros se dispõem a pagar quantias consideráveis para anunciar seus produtos e serviços. Embora o Google tenha sido pioneiro nesse processo, ele logo foi seguido pelo Facebook, pelo Twitter e por outras empresas de tecnologia, por um simples motivo: era uma forma muito eficaz de gerar receitas significativas sem cobrar diretamente dos usuários pelo privilégio de usar seus serviços. Os usuários poderiam usá-los gratuitamente, com uma condição – que lhe dessem acesso a seus dados pessoais (e, na prática, muito poucos usuários se davam ao trabalho de ler as condições ou pareciam se importar muito com elas). Seus dados pessoais, cedidos sem muita hesitação, podiam ser transformados em conhecimento comportamental e depois vendidos em mercados de comportamentos futuros, onde o preço dependia, entre outras coisas, do volume e do detalhamento dos dados e do tamanho da rede. As empresas que acumulavam mais dados podiam vender publicidade segmentada pelo maior preço. Consequentemente, a melhor maneira de maximizar sua po-

---

12 Zuboff, *The Age of Surveillance Capitalism*.

sição nos mercados de comportamentos futuros era expandindo sua rede e sua base de usuários da forma mais agressiva possível, para poder reunir mais dados que os seus concorrentes. Na economia da internet, "os dados são o novo petróleo", para usar uma frase que se tornou lugar-comum.[13]

Para muitas das grandes empresas de tecnologia, os dados dos usuários não são apenas um ativo entre outros: são o ativo mais valioso que elas possuem, e a principal fonte do seu poder. Sem esse ativo, e sem a capacidade de transformá-lo em conhecimento comportamental – que pode ser utilizado para as suas próprias operações de venda e de marketing e vendido para a publicidade em mercados de comportamentos futuros –, elas teriam uma capacidade muito menor de gerar receita e muito menos poder. Simples assim. Tendo em vista a importância dos dados dos usuários na economia da internet, é útil lhes dar um nome: vou chamá-los de "capital informacional", e usarei o termo "poder dos dados" para me referir à forma específica de poder que se baseia no capital informacional. Como expliquei anteriormente,[14] o capital informacional é um tipo específico de recurso que consiste em *bits* de informação que podem ser reunidos, armazenados, processados e utilizados para alcançar objetivos específicos; ele não precisa assumir uma forma digital, e durante vários séculos não assumiu, mas as tecnologias digitais permitem acumular e utilizar o capital informacional de novas maneiras que aumentam muito seu valor. Capital informacional não é o mesmo que capital econômico (isto é, dinheiro e outros recursos financeiros), capital humano (funcionários treinados e talentosos), capital social (relacionamentos e ligações sociais ilustres) ou capital simbólico (acúmulo de prestígio, reconhecimento e respeito), e poder dos dados não é o mesmo que poder econômico, poder político ou poder simbólico. Mas o capital informacional pode ser convertido em capital econômico se for usado para vender produtos e serviços e se for negociado em mercados de comportamentos futuros, e a posse de capital informacional lhe dá um tipo especial de poder diante daqueles que não têm esse capital,

---

13 A frase geralmente remete a uma declaração do matemático Clive Humby, de Sheffield, tendo sido pinçada por *The Economist* em 2017 ("The World's Most Valuable Resource Is no Longer Oil, but Data", *The Economist*, 6 maio 2017, disponível em: <www.economist.com/leaders/2017/05/06/the-worlds-most-valuable-resource-is-no-longer-oil-but-data>) e utilizada por Jonathan Taplin em seu influente livro *Move Fast and Break Things*. É claro que o petróleo é um tipo de recurso muito diferente dos dados: em primeiro lugar, ao contrário do petróleo, os dados não se esgotam com o uso; em segundo lugar, os dados exigem muita manipulação antes de se transformarem num recurso valioso que pode ser negociado nos mercados de comportamentos futuros. Contudo, a ideia geral é que os dados são tão importantes para o capitalismo de vigilância como o petróleo para o capitalismo industrial.

14 Ver Capítulo 6, p.197.

mas que gostariam de ter acesso a ele, e diante da multidão de indivíduos cujos dados pessoais foram a matéria-prima do capital informacional que você possui agora.[15] Ao acumular grandes quantidades de capital informacional, as empresas de tecnologia podem comercializá-lo de diversas maneiras e, com isso, convertê-lo em capital econômico, fortalecendo sua posição financeira e aumentando seu valor como empresa. Isso ajuda a explicar por que a maioria das *start-ups* de tecnologia não dá muita bola para a sua lucratividade (ou para a falta dela): elas sabem – e seus financiadores de capital de risco lhes dizem isso de forma inequívoca – que o crescimento e a escala são os principais objetivos na economia da internet, porque, quanto mais usuários você tiver, mais dados dos usuários conseguirá gerar, o que fortalecerá sua posição nos mercados de comportamentos futuros. Além disso, em razão dos efeitos de rede, o valor de uma rede aumenta com cada usuário adicional; portanto, as redes maiores tendem a expulsar as menores, levando a uma economia em que o vencedor fica com a maior parte.

Embora o Google e o Facebook fossem pioneiros no desenvolvimento de corporações poderosas baseadas na extração de dados e acumulação de capital informacional, a Amazon tem agido de maneira semelhante. A coleta de dados dos clientes era parte integrante do plano de negócio original da Amazon – não como um fim em si, mas para vender de maneira mais eficaz para cada cliente, para monetizar os clientes e maximizar seu valor vitalício.[16] Ela criou até agora um grande estoque de dados proprietários de usuários sobre centenas de milhões de pessoas em todo o mundo que utilizam a empresa para adquirir produtos e serviços *on-line*,[17] sejam esses produtos fornecidos pela Amazon ou pelas centenas de milhares de vendedores terceirizados que são hospedados pelo Amazon Marketplace, a plataforma de comércio eletrônico pertencente e operada pela Amazon. Por ser uma varejista *on-line*, e também produtora de *hardware* e provedora de diversos

---

15 Aqui não é o lugar para detalhar minha descrição das diversas formas de poder e dos recursos em que elas se baseiam, mas os elementos básicos dessa descrição podem ser encontrados em Thompson, *The Media and Modernity*, p.12-8; e id., *Merchants of Culture*, p.3-10 (na ed. bras., *Mercadores de cultura*, p.9-16).

16 A ênfase da Amazon na coleta de dados estava presente desde o início. James Marcus, que trabalhou na Amazon nos primórdios da empresa, recorda como esse ponto foi ressaltado durante um retiro no Sleeping Lady Resort em 1997: "Ficou claro desde o início que a coleta de dados também era uma das atividades da Amazon. Deixaram claro para nós que todos os comportamentos do consumidor que circulavam no *site* eram registrados e rastreados, e que eles próprios eram uma mercadoria" (Marcus, "Amazon: What They Know About Us", *BBC Panorama*, transmitido em 17 fev. 2020, disponível em: <www.bbc.co.uk/programmes/m000fjdz>).

17 Sobre os números de usuários, ver Capítulo 6, nota 1.

serviços, tanto para empresas como para consumidores, a Amazon dispõe de um portfólio extremamente diversificado – ela não depende exclusivamente, de modo algum, da negociação de capital informacional em mercados de comportamentos futuros. Porém, a Amazon usa os dados pessoais que reúne para vender anúncios em seu *site*, concorrendo diretamente com o Google e o Facebook pela receita publicitária. Além disso, também usa esses dados para desenvolver ferramentas de marketing que aumentam as vendas de seus produtos e serviços e para fortalecer a sua posição de varejista *on-line* favorita de todas as coisas, de livros e música a tecnologia, brinquedos, roupas, produtos de beleza, eletrodomésticos, ferramentas de jardim, produtos para animais de estimação e gêneros alimentícios. Além disso, com o lançamento do sistema de caixa de som inteligente Echo, e a assistente virtual Alexa, a Amazon se somou ao Google e à Apple no desenvolvimento de um centro de automação doméstico que consegue armazenar dados pessoais das casas dos usuários. O que torna esses aparelhos domésticos controlados pela voz tão importantes é o fato de eles serem capazes de explorar novas fontes de dados da vida diária dos usuários, como informações sobre aquilo que ouvimos, sobre nossos movimentos e interações diários dentro de casa, além de dados extraídos dos aparelhos domésticos conectados – a chamada internet das coisas. Com esses sistemas de caixas de som inteligentes, as empresas de tecnologia não precisam mais competir por nossa atenção para reunir dados: podem simplesmente explorar a transmissão ao vivo da vida diária e extrair dela um fluxo contínuo de dados.[18] Não há mais limites: sem nos darmos conta (o que poderia ser mais inofensivo do que comprar um Echo?), nosso lar se transforma numa casa de vidro e os espaços mais íntimos da nossa vida se transformam em mais um terreno de coleta de dados. Isso acrescenta mais dados brutos aos bancos de dados da Amazon e das outras empresas de tecnologia que fornecem sistemas de caixas de som inteligentes, expandindo de novas maneiras o âmbito dos dados e aumentando ainda mais os estoques de capital informacional, já grandes, dessas empresas.

Portanto, embora a ascensão da Amazon seja uma parte importante da transformação do capitalismo na era digital e, como as outras gigantes da tecnologia, ela tenha construído grande parte do seu poder e riqueza a partir da acumulação de capital informacional, ao mesmo a Amazon também concorda com e enaltece a ênfase no indivíduo, que é um elemento essencial das sociedades modernas. O indivíduo como consumidor sempre esteve no centro da filosofia empresarial da Amazon – "Queremos ser a empresa

---

18 Ver Vaidhyanathan, *Anti-Social Media*, p.98-105.

mais centrada no cliente do mundo", disse Bezos. "Queremos que a nossa marca seja conhecida por essa ideia abstrata de começar com o consumidor e trabalhar do fim para o começo."[19] Graças à enorme variedade de produtos disponíveis, ao desbravamento constante de novos territórios de bens de consumo, a Amazon permite que os indivíduos encontrem o que querem, satisfaçam seus desejos e descubram um mundo de coisas novas que eles jamais imaginariam desejar.[20] Mas a ética da liberdade individual e da cultura do faça você mesmo também está presente em outros aspectos da Amazon. A empresa foi uma das primeiras participantes da explosão de autopublicação anunciada pela revolução digital, e os responsáveis, dentro da Amazon, pela expansão do KDP – a plataforma de autopublicação da Amazon – também estavam genuinamente comprometidos com a ideia de tratar os autores como clientes e de lhes fornecer as ferramentas para que contassem suas histórias sem ter de passar pelos guardiões convencionais da indústria editorial. Quando um funcionário da Amazon descreveu o KDP como "a democratização dos meios de produção", estava sendo sincero: era exatamente isso que ele tinha em mente. Essa ênfase na cultura do faça você mesmo de empoderamento e criatividade individual é parte integrante da Amazon, e esse é um dos motivos pelos quais tantos autores independentes defendem veementemente a Amazon e o KDP. Porém, como acontece com tantas organizações geradas pela revolução digital, essa ênfase vem acompanhada de um foco pragmático na busca pelo crescimento e pelo poder de mercado, usando os meios disponíveis – que incluem a acumulação e a exploração do capital informacional – para construir uma nova e gigantesca corporação com alcance global. É claro que essas duas ênfases complementares nem sempre convivem muito bem, mas, na realidade diária do desenvolvimento de um negócio com subsidiárias e linhas diferentes, a tensão potencial entre a ênfase no empoderamento individual e o foco pragmático no crescimento corporativo desaparece facilmente na cacofonia da cultura corporativa.[21]

Tendo em vista a posição dominante da Amazon como varejista de livros impressos e digitais e seu grande estoque de capital informacional,

---

19 Jeff Bezos, em Marcus, "Amazon: What They Know About Us", *BBC Panorama*, 17 fev. 2020.

20 Segundo Marcus, "A missão era fazer o cliente feliz, deixá-lo extasiado – esse era o estado de espírito que Jeff visava" (Marcus, "Amazon: What They Know About Us", *BBC Panorama*, 17 fev. 2020).

21 Esse aspecto foi enfatizado com frequência por uma das minhas fontes, que tinha sido alto executivo da Amazon durante vários anos: "Muita gente tem a impressão de que a Amazon é uma força estratégica admirável com um senso refinado de direção e de missão, mas não era nada disso. Experimentava-se muita merda antes que alguma desse certo".

um número cada vez maior de editoras se vê enredado num pacto faustiano com seu maior cliente. Por um lado, como a Amazon se tornou o mais importante canal de varejo para a maioria das editoras, representando, em alguns casos, 50% ou mais do total de vendas, elas não podem se dar ao luxo de não fazer negócio com a varejista: se a editora não fornece livros para a Amazon, suas vendas despencam e sua credibilidade aos olhos dos autores e dos leitores é seriamente abalada. Pois a Amazon não é apenas um canal de varejo: aos olhos de muitos autores e leitores, ela também se tornou, de fato, o registro público da disponibilidade de um livro, e, para muitos autores e leitores, se o livro não está registrado na Amazon, ele não existe. Por outro lado, cada venda feita através da Amazon só aumenta seu estoque de capital informacional e sua participação de mercado, e, consequentemente, aumenta ainda mais seu poder em um relacionamento que já é extremamente assimétrico. A Amazon é uma droga na qual as editoras se viciaram, e, uma vez viciadas, é muito difícil se libertar. Porém, quanto mais as vendas de uma editora passam pela Amazon, quanto mais capital informacional a Amazon acumula a respeito dos gostos, preferências, comportamentos de navegação e de compra dos leitores e dos outros clientes, mais ela consegue fortalecer sua posição no mercado através da utilização desse capital para divulgar e vender mais livros e outros produtos para os seus clientes e para vender publicidade às editoras e outras empresas. A participação de mercado da Amazon cresce e ela se torna cada vez mais indispensável às editoras cujos livros ela vende. Ao fornecer seus livros para a Amazon, as editoras também estão entregando seus clientes finais e os leitores dos seus livros a um misto de varejista e empresa de tecnologia que conhece muito mais a respeito desses leitores – e, a cada venda, conhece um pouquinho mais – do que as editoras jamais conhecerão. A relação de poder entre as editoras e a Amazon é profundamente distorcida em favor da Amazon, e a assimetria em termos de capital informacional é quase total.

O fato de o poder da Amazon estar baseado em parte em seu controle do capital informacional nos permite compreender por que esse poder é, ao mesmo tempo, diferente do poder dos grandes varejistas do passado e muito maior. Nos anos 1980 e 1990, as editoras se preocupavam muito com o poder das grandes redes de megalivrarias – Barnes & Noble e Borders nos Estados Unidos e Waterstones e Dillons no Reino Unido –, e se costuma dizer e supor que o predomínio da Amazon no varejo do livro não é diferente do predomínio da Barnes & Noble e da Borders num período anterior. Mas quem pensa assim não entende a natureza do poder da Amazon. Mesmo com a fusão da Waterstones e da Dillons no final dos anos 1990 e com a falência da Borders em 2011, que deixou a Barnes & Noble como a única rede de megalivrarias de qualquer escala que restou nos Estados Unidos, nenhuma das redes de megalivrarias jamais alcançou uma participação no mercado de livros impressos que seja comparável à participação de mercado que a Amazon desfruta atualmente, ou que chegue perto dela. E o único desses varejistas que tentou concorrer seriamente no mercado de aparelhos de leitura de livros digitais – a Barnes & Noble, com o Nook – não conseguiu desafiar de maneira consistente o predomínio da Amazon nesse mercado. Mas isso não é tudo. Em um nível mais fundamental, o que distingue a Amazon de todos os varejistas de livros anteriores, incluindo as redes de megalivrarias, é que ela reuniu capital informacional numa escala que nunca tinha sido possível antes. Como todos os varejistas de livros do passado, incluindo as redes de megalivrarias, eram principalmente lojas físicas que vendiam a clientes presenciais, elas nunca conseguiram acumular o tipo de capital informacional sobre o qual a Amazon, por ser um varejista baseado na internet, construiu seu negócio. Isso deu à Amazon uma enorme vantagem competitiva: ela não apenas sabia muito mais a respeito dos clientes e leitores que as editoras, também sabia muito mais que qualquer outro varejista, incluindo as redes de megalivrarias. Podia vender publicidade e marketing direcionado de forma muito mais eficaz que as redes de megalivrarias, que continuavam dependendo dos expositores tradicionais que ficavam dentro da livraria e que eram parcialmente financiados por meio de publicidade cooperativa. Mas esses expositores só funcionam se as pessoas vão até a loja. Se os leitores estão migrando para a compra *on-line* – em parte porque estão sendo identificados eficazmente através do marketing e da publicidade *on--line* –, então os expositores das lojas são cada vez mais ineficazes. No espaço competitivo do varejo do livro, a Amazon dispõe de um recurso fundamental, e de uma forma de acumular e utilizar esse recurso, que as livrarias físicas jamais conseguirão igualar. Elas podem competir com a Amazon de outras maneiras, mas a distribuição desigual de capital informacional sempre dará uma vantagem competitiva à Amazon.

Se existe uma assimetria de capital informacional na relação entre a Amazon e as editoras e na relação entre a Amazon e outros varejistas do livro, também existe uma assimetria na relação entre a Amazon e seus clientes – este é um pacto faustiano por si só. Todo comprador de livro sabe muito bem como é fascinante comprar livros na Amazon, assim como todo cliente sabe como é fascinante comprar outras coisas na loja que tem de tudo: variedade incomparável, preços atraentes que muitas vezes incluem descontos, atendimento excelente, entrega rápida e gratuita em sua casa –

como não gostar? No entanto, cada compra feita na Amazon significa mais receita e mais dados para a empresa, contribuindo de forma infinitamente pequena, mas cumulativamente significativa, para o crescimento da participação de mercado e o aumento do capital informacional do maior varejista do mundo e pondo mais um prego no caixão dos seus concorrentes. A transação é tão simples, a compra tão conveniente e banal que perdemos de vista o que entregamos nesse pequeno gesto da vida diária: os nossos dados. Informação sobre nós e nossos gostos, preferências e hábitos, informação que volta para nos acolher na forma de um e-mail agradável e sutilmente direcionado recomendando outros livros ou produtos que talvez gostaríamos de comprar, ou na forma de recomendações personalizadas que vemos na próxima visita ao *site* da Amazon. Nossas escolhas são sutilmente orientadas e moldadas por meio de processos e algoritmos que são permeados por nossos dados, mas cujo *modus operandi* é complemente indecifrável para nós. E, uma vez mais, a assimetria aqui é quase total: a Amazon conhece todos os nossos comportamentos de navegação e de compra em sua plataforma, e se usamos serviços da Amazon como Kindle Unlimited, Audible ou Prime Video, ela também conhece o nosso comportamento nesses serviços. Mas nós, os usuários, não sabemos nada a respeito da Amazon, e também não sabemos nada a respeito daquilo que a Amazon sabe sobre nós. Do ponto de vista do usuário, a Amazon é uma caixa preta, totalmente envolta em mistério. É claro que essa assimetria não é exclusiva da Amazon: é uma característica estrutural do capitalismo de vigilância e da condição existencial de toda organização que construiu seu poder com base na acumulação de capital informacional que é explorado para fins comerciais.[22]

Então, o que pode ser feito? O que deve ser feito? Essas perguntas evocam problemas complexos que estão muito além do escopo de um estudo preocupado com o impacto da revolução digital na indústria do livro. Elas exigem uma reflexão muito mais ampla sobre as novas formas de poder que surgiram na esteira da revolução digital. Está na hora de examinar novamente como a nossa vida social, econômica, política e cultural está sendo reestruturada por meio de uma transformação que é tão difusa e profunda que é praticamente invisível, e como essa transformação deu origem a um novo conjunto de atores cuja riqueza e poder sem precedentes estão baseados num novo tipo de recurso que é diferente dos que sustentavam as grandes corporações da era industrial – um recurso que é intangível e fácil de ignorar, mas que, no entanto, é extremamente valioso. Políticas regula-

---

22 Zuboff, *The Age of Surveillance Capitalism*, p.11.

tórias que foram elaboradas para uma era anterior do capitalismo precisam ser reconsideradas numa nova era em que a acumulação e o controle da informação passaram a compor uma base decisiva do poder corporativo, e na qual os efeitos de rede tendem a produzir uma economia dominada por poucos, em que os maiores concorrentes conseguem estabelecer monopólios virtuais que expulsam os concorrentes menores e tornam muito difícil, se não impossível, a entrada de novos concorrentes no mercado. Além disso, quando os maiores concorrentes atuam não apenas como compradores ou vendedores, mas como plataformas numa economia de rede, eles adquirem novas formas de poder decorrentes do seu papel fundamental e da sua capacidade de armazenar dados de todas as transações que ocorrem na plataforma. Plataformas dominantes se beneficiam dos efeitos de rede e podem usar seu acesso privilegiado aos dados do cliente para dificultar bastante a concorrência por parte das plataformas rivais. E quando plataformas dominantes se transformam praticamente em monopólios, podem se converter facilmente em monopsônios com um grande poder de mercado sobre os fornecedores de bens e serviços. Estes se veem numa situação de mercado em que só lhes resta a opção de negociar com um varejista que passou a controlar uma grande fatia do mercado e que, em razão disso, passou a ter todas ou a maioria das cartas. Quando um fornecedor específico depende muito mais de um varejista específico do que o varejista depende do fornecedor, então o poder de negociação, quando se trata de detalhar as condições do negócio, está firmemente nas mãos do varejista.

No campo da indústria do livro, essas reflexões gerais se traduzem em inúmeras medidas práticas. Primeiro, está na hora de examinar seriamente o poder de mercado da Amazon em relação à lei antitruste. Tendo em vista a grande mudança na política antitruste americana desde os anos 1970, que examinamos no Capítulo 5, não surpreende que, até o momento, a Amazon tenha escapado do escrutínio do Departamento de Justiça: se a principal preocupação é o bem-estar do consumidor e não a concentração e o poder das grandes corporações, então a Amazon não vai ocupar o topo da lista das preocupações de natureza regulatória. Mas existem outras maneiras por meio das quais grandes corporações com uma quantidade excessiva de poder podem distorcer procedimentos de mercado e reduzir a concorrência. Duas delas são o uso de uma posição monopolista de fato para expulsar varejistas concorrentes e a pressão excessiva nos fornecedores para alterar condições comerciais em seu favor. Além disso, é legítimo perguntar se devemos permitir que um único concorrente ocupe uma posição dominante em tantos setores diferentes do varejo de uma única indústria – nesse caso, livros impressos, livros digitais e audiolivros. A Amazon tem hoje uma participação de mercado excessivamente dominante em todos esses setores – nenhum outro concorrente chega perto da Amazon em termos de participação de mercado. Não é só que essa situação dá a um único concorrente uma quantidade descomunal de poder para controlar os canais que ligam as editoras aos leitores, por mais importante que isso seja; na era digital, isso também significa que esse concorrente pode reunir dados a partir das atividades dos consumidores em diversos setores-chave da indústria do livro, e, assim, aumentar seu capital informacional de uma forma que torna a sua posição inexpugnável. Desse ponto de vista, existem motivos suficientes para submeter as grandes empresas de tecnologia – Google, Facebook e Amazon, entre outras – à investigação antitruste. Um bom argumento seria exigir que essas empresas abrissem mão de algumas das empresas que adquiriram, para reduzir os desequilíbrios de poder, corrigir a distorção dos procedimentos de mercado e estimular a concorrência e a diversidade no mercado. Porém, além da desconcentração, existem inúmeras outras questões importantes referentes aos efeitos anticoncorrenciais do excessivo poder de mercado numa economia de rede – como precificação predatória, descontos direcionados e práticas excludentes que prejudicam concorrentes e fornecedores – que deveriam ser reconsideradas de uma perspectiva antitruste.[23]

No entanto, não se trata apenas de legislação antitruste: trata-se também das atitudes dos outros concorrentes que se encontram presos em pactos faustianos com a Amazon, e, de forma mais abrangente, das estruturas e implicações do novo regime de dados em que nos encontramos agora. Tendo em vista a importância da Amazon nos canais de varejo do comércio de livros e a sua participação de mercado dominante, é perfeitamente compreensível que a maioria das editoras, com pouquíssimas exceções, tenha considerado que não podia deixar de trabalhar com a Amazon. Mas é muito fácil que editoras nessa situação se tornem excessivamente dependentes desse canal de varejo específico, como um viciado que se tornou dependente de uma droga e desistiu da ideia de viver sem ela. Como organizações que são responsáveis por seu próprio destino, as editoras têm a obrigação de buscar e estimular canais de varejo alternativos, de diversificar suas fontes de receita e de não se tornar excessivamente dependentes de um único varejista, que, a cada aumento de participação de mercado, ganha mais poder sobre as editoras que dependem cada vez mais dele – na verdade, também inte-

---

23 Para um resumo valioso das questões antitruste levantadas pelas atividades de grandes empresas de tecnologia, ver Baker, *The Antitrust Paradigm*, especialmente os caps.7 a 9.

ressa à Amazon que as editoras façam isso, porque ela atingiu um ponto em que aumentos significativos na sua participação de mercado vão aumentar o risco de uma investigação antitruste. Embora existam outras coisas que as editoras podem fazer para obter mais controle sobre o seu destino (retomaremos esse ponto mais adiante), não há dúvida de que preservar ativamente canais de varejo alternativos e trabalhar com outros varejistas para criar um mercado mais diversificado são medidas importantes, sejam esses varejistas livrarias independentes, as grandes redes de livrarias ou outras iniciativas de varejo que estão surgindo, como a Bookshop.org.[24] Da mesma forma, embora seja perfeitamente compreensível que a Amazon tenha se tornado a livraria-padrão para muitos leitores e compradores de livros, em razão da sua variedade inigualável e do excelente atendimento ao cliente, comprar livros exclusivamente na Amazon serve apenas para fortalecer sua posição de mercado e enfraquecer seus concorrentes, contribuindo assim, ainda que minimamente, para a criação de um mercado cada vez mais dominado por um único gigante *on-line* e um comércio de rua progressivamente mais abandonado. E cada transação comercial no *site* da Amazon representa, ao mesmo tempo, uma pequena contribuição para a sua máquina de extração de dados pessoais e mais um apertão na corda que está estrangulando o comércio de rua. Portanto, toda vez que o consumidor decide comprar um livro de um varejista que não seja a Amazon, ele faz um gesto em prol da diversificação de mercado que é tão importante, ainda que em menor escala, como o esforço feito pelas editoras para estimular redes alternativas de varejo.

---

24 Bookshop.org é uma nova livraria *on-line* que foi lançada em janeiro de 2020 por Andy Hunter, em colaboração com a American Booksellers Association e a distribuidora Ingram. Andy Hunter é uma figura conhecida no mundo da publicação independente e digital; ele fundou a Electric Literature, foi cofundador da Catapult e sócio-fundador do Literary Hub. Como muitos integrantes da indústria editorial, ele tem ficado cada vez mais preocupado com o predomínio crescente da Amazon e a situação de muitas livrarias independentes. A Bookshop.org foi concebida como uma alternativa à Amazon que, ao mesmo tempo, apoiaria as livrarias independentes. O modelo é simples: qualquer um que queira promover livros pode se registrar na Bookshop.org como filiado – livrarias, editoras, autores, resenhistas, mídia crítica, clubes de livro etc. Os filiados recebem 10% de cada venda gerada por eles. Outros 10% vão para um fundo que é distribuído igualmente entre as livrarias independentes participantes. Para uma pequena *start-up* como essa tentar marcar presença num mercado dominado por um gigante da tecnologia como a Amazon pode parecer uma Missão Impossível. Porém, por uma cruel coincidência, a Bookshop.org foi beneficiada inesperadamente pelo *lockdown* imposto durante a pandemia do coronavírus: inaugurada em janeiro de 2020, ela atingiu o objetivo de vendas do primeiro ano em apenas oito semanas, e, em junho de 2020, anunciou ter arrecadado 4.438.970 dólares para as livrarias locais. Resta ver se vai conseguir manter esse embalo quando a pandemia acabar, mas é um começo estimulante.

No entanto, as assimetrias estruturais associadas à coleta e ao uso de dados pessoais e à sua conversão em capital informacional não podem ser tratadas unicamente por meio de decisões individuais de usuários e fornecedores: elas levantam questões fundamentais a respeito da posse e do uso de dados pessoais na era digital que só podem ser tratadas coletivamente e, em última análise, pela ação conjunta dos Estados. As empresas de tecnologia se tornaram grandes e poderosas demais, e extremamente enraizadas em nossa vida social e econômica, para que os indivíduos – ou mesmo as organizações independentes sozinhas – consigam alterar suas práticas de forma minimamente significativa. Perder um usuário, ou mesmo alguns milhares de usuários, não é nada para uma organização que possui centenas de milhões ou mesmo bilhões de usuários. Perder um fornecedor em um setor, mesmo um fornecedor importante daquele setor, não fará muita diferença para uma organização que trabalha com milhares de fornecedores em dezenas de setores. Em última análise, as questões que estão no cerne dessa nova economia baseada na extração, manipulação e exploração de dados pessoais têm de ser tratadas num nível social e político mais abrangente. Precisamos rever os marcos legais que permitem que organizações privadas e Estados coletem dados pessoais, os armazenem e os utilizem para os seus objetivos, com uma proteção muito pequena dos indivíduos e uma enorme assimetria, quanto a conhecimento, riqueza e poder, entre as organizações que possuem e controlam esses dados e os indivíduos que os fornecem. Tanto nos Estados Unidos como na Europa, as leis de privacidade e de segurança de dados têm ficado muito aquém das transformações provocadas pela revolução digital. O General Data Protection Regulation [GDPR – Regulamento Geral Sobre a Proteção de Dados], que entrou em vigor na União Europeia em maio de 2018, é uma medida na direção certa, e a ameaça de multas consideráveis – de até 20 milhões de euros ou 4% do faturamento global, o que for maior – certamente mirou a mentalidade corporativa, mas resta ver quanta diferença isso realmente vai fazer para a lógica econômica que sustenta as grandes empresas de tecnologia e para o seu domínio de mercado.[25] No entanto, o que está claro é que as grandes

---

25 Existem alguns indícios de que o GDPR foi financeiramente vantajoso para as duas maiores plataformas, Google e Facebook, pois ambas aumentaram significativamente sua receita com anúncios mostrados na Europa no ano seguinte à introdução do GDPR, e as suas receitas provenientes da Europa aumentaram mais que o mercado publicitário digital europeu como um todo (ver Kostov; Schechner, "GDPR Has Been a Boon for Google and Facebook", *The Wall Street Journal*, 17 jun. 2019, disponível em: <www.wsj. com/articles/gdpr-has-been-a-boon-for-google-and-facebook-11560789219>). No curto

empresas de tecnologia não vão mudar significativamente o modo como reúnem, processam e utilizam os dados pessoais dos usuários, a menos que os Estados as obriguem a fazê-lo. Elas simplesmente têm muito a ganhar continuando com as práticas que as transformaram em algumas das empresas mais valorizadas do mundo, e muito a perder abrindo mão do controle dos dados pessoais, que são a base da sua riqueza, para se comprometer, sozinhas, com uma reforma fundamental das suas práticas. Afinal de contas, esses assuntos devem ser decididos pelo conjunto dos cidadãos e pela ação conjunta dos Estados. Precisamos refletir coletivamente a respeito do preço que estamos pagando, tanto no que se refere a nossa privacidade e autonomia como indivíduos como da saúde da nossa democracia, pelos ganhos decorrentes de uma maior conectividade, e, quando for apropriado, precisamos utilizar os recursos democráticos disponíveis para estabelecer limites adequados às atividades dessas organizações, que construíram, e continuam construindo, o seu poder e a sua riqueza através dessa conectividade.

CRIAÇÃO DE CONTEÚDO E COLONIZAÇÃO DA CULTURA

Embora a tensão e o conflito que surgiram entre as editoras e as empresas de tecnologia tenham origem, em parte, do poder que coube à Amazon em razão da sua participação de mercado e do seu estoque de capital informacional, existe outra fonte de tensão que também está relacionada às diferentes lógicas econômicas que regem antigas indústrias de mídia como a editorial e as novas empresas de tecnologia baseadas na internet. Numa antiga indústria de mídia como a editorial, os principais elementos organizacionais (nesse caso, as editoras) estão preocupados essencialmente com a criação e a curadoria de conteúdo simbólico, e a sua principal fonte de receita tem origem na venda desse conteúdo, quer a venda venha na forma de transação, de licenciamento ou de negociação de direitos subsidiários (por exemplo, licenciamento de direitos de tradução, publicação de audiolivro, serialização etc.) – isto é, o negócio delas é criação de conteúdo. Naturalmente, as editoras não fazem só isso (retomaremos o assunto mais adiante) e não são as únicas preocupadas com a criação e a curadoria do

---

prazo, o GDPR parece estar levando algumas empresas a concentrar seus orçamentos de publicidade digital nos concorrentes mais importantes na expectativa de que é menos provável que eles se metam em dificuldades com a lei, embora seja preciso esperar para ver como isso vai terminar.

conteúdo dos livros (na verdade, a maior parte do conteúdo dos livros é criada pelos autores, e outros participantes, como os agentes, também estão envolvidos na criação de conteúdo). Porém, como para as editoras o conteúdo é importante, também é importante para elas garantir a existência de uma linha de fornecimento de conteúdo que seja sustentável no longo prazo. Pois, sem o fornecimento contínuo de conteúdo novo de um tipo e de uma qualidade que permitam às editoras produzir e publicar livros que podem ser vendidos diretamente (através de transações) e indiretamente (através de licenciamento e direitos subsidiários), as fontes de receita das editoras secam, o mesmo acontecendo com as fontes de receita daqueles que dependem de pagamentos das editoras, como os autores e os agentes. Em outras palavras, para os principais participantes da indústria do livro, uma cultura sustentável de criação de conteúdo é essencial.

Entretanto, a maioria das grandes empresas de tecnologia que se envolvem com a indústria editorial não estão, elas mesmas, no negócio de criação de conteúdo – ou, se estão, isso é apenas uma pequena parte do que fazem. Elas ganham dinheiro de outro jeito – p. ex., com publicidade, varejo, venda de *hardware*, fornecimento de serviços ou uma mistura disso tudo. Além disso, por atuarem na economia da internet, essas empresas de tecnologia precisam ser grandes, porque só tendo escala é que conseguem obter os efeitos de rede, e precisam crescer rapidamente, porque só afastando os concorrentes vão triunfar nos mercados em que o vencedor fica com a maior parte. Porém, para crescer rapidamente, precisam de conteúdo – e muito. Precisam que os usuários se mantenham ativos e envolvidos em suas plataformas, se mantenham ocupados com as buscas e os comentários, dando *likes*, navegando, comprando ou fazendo tudo aquilo que os usuários normalmente fazem naquela plataforma, pois só quando eles geram algo na plataforma é que a empresa consegue coletar mais dados e absorvê-los em sua máquina de processamento de dados, aumentando, assim, seu recurso mais valioso: o capital informacional. Portanto, para muitas das grandes empresas de tecnologia, o conteúdo não é um fim em si mesmo, ele é um meio para outro fim, que é construir sua base de usuários e seu estoque de dados proprietários do usuário – seu capital informacional. Consequentemente, a lógica econômica de muitas grandes empresas de tecnologia é forçar ao máximo a redução do preço do conteúdo para maximizar a atividade em sua plataforma. O conteúdo gerado pelo usuário é ideal porque é totalmente grátis: usuários geram o conteúdo, outros usuários o leem, assistem a ele, gostam dele e o compartilham, e ninguém recebe nada. Todo esse conteúdo gerado pelo usuário atrai mais usuários e os mantêm envolvidos na plataforma enquanto a própria plataforma coleta seus dados e os utiliza para gerar receita em mercados de comportamentos futuros. É o truque perfeito do mágico: a atenção de todos está concentrada no conteúdo, enquanto a plataforma ganha dinheiro em outro lugar, no lugar para o qual ninguém está olhando. Se você é uma empresa de motor de busca que procura se tornar o principal concorrente no campo dos motores de busca, então a capacidade de descarregar uma grande quantidade de conteúdo de livros de qualidade em seus servidores sem pagar a ninguém por isso e de usar esse material para aprimorar os resultados do seu motor de busca é também uma excelente estratégia: isso lhe confere rapidamente outra importante vantagem competitiva, enquanto tenta superar seus concorrentes na guerra dos motores de busca. E, depois de triunfar num mercado em que o vencedor fica com a maior parte, você pode cobrar um preço por seus serviços nos mercados de comportamentos futuros em que ganha dinheiro. Se você é um varejista, a coisa não é tão simples, porque, como seu trabalho é revender produtos de outras pessoas, o conteúdo não pode ser inteiramente grátis. Mas pode aplicar a mesma lógica, que, nesse caso, significa pressionar ao máximo os preços para baixo: quanto mais barato, melhor, porque seu interesse de varejista *on-line* é maximizar as vendas na sua plataforma, e preços mais baixos (acompanhados de um serviço mais eficiente) trazem mais clientes para a plataforma e geram mais atividade nela. É claro que, como varejista, além de preços baixos você precisa de margem; portanto, além de pressionar os preços para baixo, você também pressiona ao máximo os fornecedores para melhorar as condições comerciais: só é possível reduzir os preços para os consumidores e proteger ou melhorar sua margem de varejista obtendo maiores descontos e preços mais baixos dos fornecedores. E, nesse caso, a escala também importa: se você for o principal varejista e se passou a ser tão importante para os fornecedores que eles não podem se dar ao luxo de não negociar com você, então você estará a cavaleiro para negociar condições vantajosas com seus fornecedores.

As lógicas econômicas diferentes que sustentam as antigas indústrias de mídia, como a editorial, por um lado, e os novos atores da mídia, como as empresas de tecnologia baseadas na internet, do outro, ajudam a explicar por que as editoras e as empresas de tecnologia se envolveram em disputas longas e encarniçadas, como a disputa em torno do Google Library Project e o confronto com a Amazon em torno da precificação dos livros digitais, que chegou ao fim com o processo do Departamento de Justiça contra as editoras e a Apple por suposta conspiração para fixação de preços. Um elemento fundamental do que está por trás dessas disputas é a maneira muito diferente de encarar o valor do conteúdo. No caso do Google Library Project, a principal motivação do Google – independentemente dos ideais que os fundadores possam ter tido de criar uma biblioteca universal – era aperfeiçoar seu motor de busca, permitindo que pequenos trechos dos livros aparecessem nos resultados de busca. Se o conteúdo dos livros pudesse aparecer nos resultados de busca do Google junto com o conteúdo selecionado da internet – frequentemente de qualidade muito inferior ao conteúdo dos livros –, isso daria ao Google uma vantagem competitiva em relação ao Yahoo! e à Microsoft na guerra dos motores de busca. No entanto, do ponto de vista das editoras, que fazem parte da antiga indústria de mídia, o Google Library Project parecia um exemplo claro de violação de direito autoral: o Google estava digitalizando o conteúdo de milhões de livros cujos direitos autorais ainda estavam em vigor e utilizando-o para atender a seus próprios objetivos comerciais, sem pagar nada aos criadores do conteúdo – editoras ou autores –, e sem nem ao menos pedir a sua autorização. No final, o processo judicial acabou se concentrando na interpretação da doutrina do uso justo segundo a legislação americana de direito autoral, mas a questão mais abrangente que estava em jogo era a percepção muito diferente do valor do conteúdo. Para o Google, o conteúdo dos livros servia de alimento ao seu insaciável motor de busca: quanto mais conteúdo ele tivesse, melhor seria o seu motor de busca, e se o conteúdo fosse de qualidade, melhor ainda: ele o ajudaria a oferecer resultados melhores, ganhar mais usuários, aumentar a participação de mercado, recolher mais dados, gerar mais capital informacional e ganhar mais dinheiro nos mercados de comportamentos futuros – uma lógica impecável. Embora o conteúdo dos livros fosse útil para o Google, ele não era essencial – era muito conveniente dispor desse conteúdo, mas a sua falta não inviabilizava o negócio. Por outro lado, para as editoras da antiga indústria de mídia, o conteúdo dos livros era tudo: como elas estavam no negócio de criação de conteúdo, se este lhes fosse retirado (ou disponibilizado gratuitamente *on-line*), não sobrava nada (ou seu único ativo concreto estaria seriamente comprometido), porque o negócio delas era criar e vender conteúdo. Naturalmente, era discutível se o Google Library Project comprometia, de alguma forma, a capacidade das editoras de controlar e vender o conteúdo que elas criavam, uma vez que o Google propunha mostrar apenas pequenos trechos, não textos integrais, e o texto integral ainda teria valor mesmo se pequenos trechos dele estivessem disponíveis gratuitamente *on-line*. Porém, como parte do projeto, o Google se dispunha a oferecer às bibliotecas participantes cópias totalmente digitalizadas dos seus livros, e, como não existia nenhum limite para o que as

AS GUERRAS DO LIVRO

bibliotecas poderiam fazer com essas cópias digitalizadas, havia um risco real, aos olhos das editoras, de que os seus livros – livros integrais, não apenas trechos – pudessem ser disponibilizados gratuitamente *on-line*. Em última análise, foi essa divergência – o conteúdo dos livros era como os grãos no moinho do Google, mas, para as editoras, ele era algo indispensável – que sustentou a disputa em torno do Google Library Project.

Uma divergência parecida de pontos de vista acerca do valor do conteúdo sustentou a disputa entre as editoras e a Amazon em torno da precificação dos livros digitais. Quando a Amazon lançou o Kindle, em novembro de 2007, estava entrando no setor na condição de varejista e fabricante de *hardware*, e seu principal objetivo era definir o Kindle como o principal aparelho de leitura digital. E, tendo em vista que só a Amazon podia vender conteúdo de livro digital para o Kindle, o círculo se fechava: depois que o consumidor tivesse escolhido o Kindle como seu aparelho de leitura digital preferido, ele estaria fechado dentro da Amazon em relação a todos os conteúdos digitais. Como a Amazon não era, de modo algum, o primeiro fabricante de aparelhos de leitura digital e não seria o último, sabia que tinha de estabelecer rapidamente uma posição dominante para repelir as ameaças que inevitavelmente não tardariam a surgir – vindas, entre outros, da Apple, antiga rival de Jeff Bezos. Inspirando-se na história da Apple, a Amazon adotou a mesma estratégia na precificação dos livros digitais que a rival tinha adotado nas canções: precificá-los abaixo de um patamar crítico para deixá-los irresistivelmente baratos para os consumidores. No caso das canções, o patamar foi 99 centavos de dólar; para os livros digitais, 9,99 dólares. O fato de que a Amazon podia estar tendo prejuízo com muitos dos *best-sellers* do *New York Times* e dos lançamentos que vendia por esse preço não mudava nada: ela conseguia absorver essas pequenas perdas desde que atingisse seu objetivo mais importante, que era estabelecer o Kindle como o principal aparelho de leitura digital e a Amazon como o principal varejista de livros digitais, deixando a concorrência para trás e criando uma posição inatingível no longo prazo. Mas a estratégia só funcionaria se pudesse precificar o conteúdo a seu bel-prazer, mesmo se isso significasse vender alguns livros digitais com prejuízo. É por isso que a decisão tomada por algumas editoras de alterar as condições comerciais dos livros digitais, passando do modelo de atacado para o modelo de intermediação, era tão ameaçadora para a Amazon: no modelo de intermediação, era a editora que fixava o preço do livro digital, não o varejista; consequentemente, a Amazon não poderia mais vender livros digitais a 9,99 dólares se as editoras decidissem estabelecer um preço mais alto. Para a Amazon, o preço de 9,99 dólares era determinado pela decisão estratégica de destruir os concorrentes para estabelecer sua posição dominante no mercado do livro digital. Certamente havia muita gente dentro da Amazon (e em outros lugares) que pensava sinceramente (e ainda pensa) que as editoras estavam (e estão) precificando os livros digitais em um nível muito elevado, tendo em vista que o custo marginal de reprodução do conteúdo digital é próximo de zero, e que pensava sinceramente (e ainda pensa) que, ao precificar os livros num nível muito inferior, elas poderiam vender um número muito maior de cópias. Mas o principal fator que levou à decisão de estabelecer o preço de 9,99 dólares foi a perspectiva de que, ao precificar livros digitais muito procurados abaixo do patamar crítico de 10 dólares, a Amazon aumentaria suas chances de tornar o Kindle o aparelho dominante do setor e de torná-la a principal varejista de livros digitais. No entanto, do ponto de vista de muitas editoras, a Amazon estava usando o conteúdo das editoras em defesa de seus próprios objetivos estratégicos, e vendendo seu conteúdo por um preço que não refletia seu verdadeiro valor. Além disso, ao agir assim, ela desvalorizava aquele conteúdo aos olhos dos consumidores, dando a impressão de que o conteúdo valia apenas 9,99 dólares e prejudicando a venda das edições em capa dura, da qual as editoras dependiam para recuperar seus custos, especialmente os adiantamentos pagos aos autores. Ao fixar o preço dos livros digitais num nível artificialmente baixo a fim de vender aparelhos e ganhar participação de mercado, a Amazon desvalorizava o negócio de criação de conteúdo – em todo caso, era assim que as editoras enxergavam. A única forma que as editoras tinham de deter esse processo era reivindicando o controle da precificação dos livros digitais, e a única forma de fazer isso era trocando o modelo – daí a mudança para o modelo de intermediação. O fato de que cinco das grandes editoras de interesse geral, junto com a Apple, tenham ido parar no banco dos réus acusadas de conspirar para fixar os preços dos livros digitais sugere que as editoras não agiram da forma mais competente, mas não refuta a lógica da sua posição. Do ponto de vista das editoras, criar conteúdo de qualidade é uma atividade difícil e dispendiosa, e não fazia sentido permitir que um dublê de varejista e empresa de tecnologia, que tinha seus próprios interesses a perseguir e suas próprias batalhas a enfrentar, decidisse qual era o valor daquele conteúdo. Não surpreende, portanto, que, depois que os acordos temporários impostos pela sentença de pagamento seguiram o seu curso, todas as Cinco Grandes editoras de interesse geral tenham optado pelo modelo de intermediação. O mais importante para as editoras era proteger o valor do seu conteúdo para que tivessem um modelo sustentável de criação de conteúdo no longo prazo, em vez de permitir que o conteúdo se transformasse em bucha de canhão na batalha de um grande varejista pela participação de mercado.

É essa divergência fundamental quanto à forma de valorizar o conteúdo que está no cerne de diversos conflitos que caracterizaram as relações muitas vezes tensas entre antigas indústrias de mídia como a editorial e as novas empresas de tecnologia, e, na maioria das vezes, a riqueza e o poder crescentes das empresas de tecnologia têm se consolidado à custa das antigas indústrias de mídia que estavam concentradas na criação de conteúdo. A ascensão das gigantes de tecnologia ocorreu paralelamente à perda de valor das empresas de criação de conteúdo: como Jonathan Taplin observa corretamente, os dois processos estão inextricavelmente ligados, em parte porque as empresas de tecnologia derrubaram o valor do conteúdo como uma forma de elevar o valor de seus próprios negócios.[26] A indústria editorial do livro pode ter sofrido menos com essa gangorra de valor do que algumas outras indústrias criativas como a indústria da música e a do jornal (pelo menos até agora), mas a dinâmica está presente com a mesma força tanto na indústria editorial do livro como em outras antigas indústrias de mídia, algo que os conflitos com o Google e a Amazon demonstram.

Portanto, era perfeitamente compreensível que as editoras se posicionassem contra o Google Library Project e adotassem o modelo de precificação baseado na intermediação, mesmo tendo de enfrentar batalhas jurídicas onerosas. Era compreensível porque, a exemplo do que acontece com muitas outras mídias e indústrias criativas, a principal atividade da indústria editorial é a criação e a curadoria de conteúdo. É do interesse das editoras assegurar a existência de uma linha de suprimento de conteúdo de qualidade que seja sustentável no longo prazo, e a melhor maneira de conseguir isso é tentar assegurar que o fluxo de receita que ingressa na indústria não entre em colapso. Por serem atores fundamentais na linha de suprimento de conteúdo do livro, as editoras têm o interesse e a obrigação de estimular e apoiar o processo de criação de conteúdo, e criar conteúdo de qualidade não é barato: independentemente do custo de escrever o livro, que as editoras bancam (ainda que de forma inadequada) por meio dos direitos autorais e dos adiantamentos, existem os custos do trabalho editorial, da diagramação, da produção, do marketing e da distribuição, entre outras coisas – custos esses que devem ser pagos pelas editoras e que não desaparecem quando o conteúdo é distribuído digitalmente, mesmo se parte desses custos (como a armazenagem e a distribuição de exemplares físicos e o controle das devoluções) é reduzida

---

26 Taplin, *Move Fast and Break Things*, p.6-8.

ou eliminada pela distribuição digital. Mas, se o conteúdo é apropriado sem pagamento por um terceiro, visando a seus próprios objetivos, ou disponibilizado gratuitamente por indivíduos ou organizações que acreditam que "a informação tem de ser livre" sejam quais forem os custos envolvidos em sua criação, ou vendido por varejistas por preços que têm pouca ou nenhum relação com os custos de produção, então o processo de criação de conteúdo é ameaçado e a cultura é colonizada com outros objetivos. Para preservar uma cultura de criatividade sustentável que consiga produzir conteúdo de qualidade ao longo do tempo, proporcionar um ambiente estimulante para os autores e outros criadores de conteúdo e os recursos necessários para desenvolver, produzir e comercializar conteúdo de forma eficaz, é preciso haver um fluxo de receita contínuo e significativo, do mesmo modo que um jardim viçoso precisa de água. E se as fontes de receita secarem ou encolherem significativamente sem que sejam criadas formas compensatórias de receita, então todos – consumidores e criadores – sairão perdendo.

PUBLICAÇÃO NA ERA DIGITAL

Afirmei que o negócio das editoras é a criação e a curadoria de conteúdo (entre outras coisas). Contudo, numa era em que o conteúdo é abundante, por que as editoras devem continuar existindo? Quando é mais fácil do que nunca disponibilizar conteúdo gratuitamente *on-line*, seja ele um texto escrito, uma canção, um vídeo ou outra forma de conteúdo, quem precisa de editoras? O que elas trazem para o processo de criação de conteúdo que não pode ser feito sem elas? É essa pergunta que ronda com frequência os bastidores dos debates a respeito do impacto da revolução digital na indústria editorial e em outras indústrias de mídia – o que se costuma chamar de "desintermediação".

Para tratar dessa questão de maneira adequada, precisamos tomar distância das atividades práticas do dia a dia das editoras e filtrar as funções ou papéis-chave que elas normalmente desempenham. Embora existam diversas formas de conceituar essas funções ou papéis, eles se resumem basicamente a quatro[27] – Figura 12.4. Permitam que eu me ocupe brevemente de cada um deles.

---

27 Embora algumas dessas funções ou papéis pudessem ser divididos em dois ou mais papéis independentes e classificados de maneira diferente, o que produziria um esquema mais elaborado, optei pela simplicidade para poder me concentrar nos princípios básicos.

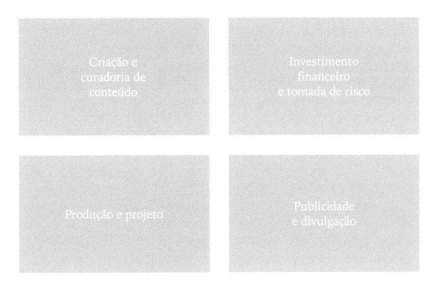

Figura 12.4 – Funções-chave da editora

Antes de tudo, as editoras estão preocupadas com a criação e a curadoria de conteúdo. Além de ser um mecanismo de criação e filtragem de conteúdo, também são um aparato administrativo de criação e desenvolvimento de conteúdo. De fato, elas selecionam e filtram: as editoras recebem normalmente uma quantidade muito maior de propostas e originais do que conseguem publicar, e utilizam diversos métodos para selecionar algumas propostas e rejeitar outras – nesse sentido, elas são guardiãs culturais, para usar o conceito frequentemente invocado para descrever esse tipo de intermediário cultural. Mas o termo "guardiãs" não faz justiça ao papel ativo que muitas editoras desempenham na criação e no desenvolvimento de conteúdo: em muitos casos, elas tomam a iniciativa de apresentar propostas de livros e ir atrás de autores para escrevê-los, ou veem o potencial de uma ideia e ajudam o autor a torná-la realidade. Embora seja o autor quem de fato escreve o livro, a criação de um livro é, muitas vezes, um processo muito mais colaborativo, que envolve editores, leitores e, em alguns casos, agentes. O processo colaborativo frequentemente melhora a qualidade da obra – há um desenvolvimento dos personagens, a linguagem e o estilo são apurados, o enredo ou argumento é burilado, e assim por diante. Além de criar conteúdo, as editoras fazem a sua curadoria – isto é, selecionam, organizam e põem o conteúdo numa determinada relação com outro conteúdo. A curadoria de um catálogo ou de uma coleção é uma forma de tornar as coisas inteligíveis por meio da sua organização, contextualizando-as e conectando-as a outras coisas, do mesmo modo que um curador monta uma exposição de obras de arte.[28]

Mas o que significa, exatamente, "conteúdo"? As editoras não estão preocupadas em produzir livros? Por que falar de "conteúdo" quando, na verdade, o conteúdo produzido é o livro? Neste caso, é útil falar de "conteúdo" porque isso leva a discussão para um nível mais elevado de abstração. O problema da palavra "livro" é que ela é ambígua. Por um lado, refere-se a um tipo particular de objeto material, o livro impresso em papel; por outro, refere-se a uma forma particular de conteúdo simbólico, uma forma particular de estruturar conteúdo simbólico como uma sequência de capítulos, com uma determinada extensão etc. Portanto, para sermos mais precisos, é necessário separar cinco elementos diferentes: conteúdo, forma, gênero, meio e formato. "Conteúdo" é conteúdo simbólico – isto é, conteúdo que expressa e transmite significado. Compreendido dessa maneira mais abrangente, o conteúdo pode assumir diversas formas: o significado pode ser expresso e transmitido por meio de palavras, imagens, sons etc. "Forma" é o modo pelo qual o conteúdo é organizado e disposto.[29] O livro é uma forma de organizar conteúdo textual, assim como o filme é uma forma de organizar conteúdo audiovisual e a canção é uma forma de organizar conteúdo musical – isto é, uma forma de estruturar conteúdo de acordo com determinadas convenções e normas culturais compartilhadas. Embora nesse sentido o livro seja uma forma, existem inúmeras subvariantes dessa forma que possuem suas próprias convenções específicas – o romance, o livro de suspense, a biografia, a monografia acadêmica etc. Essas subvariantes são o que poderíamos chamar de gêneros, e cada gênero tem suas próprias convenções. Os autores escrevem, as editoras publicam e os leitores leem sabendo quais são essas convenções: todos eles trabalham mais ou menos com o mesmo conjunto de convenções e pressupostos básicos a respeito do que é um livro e como ele é organizado, e eles sabem (ou pressentem) como essas convenções e esses pressupostos variam de um gênero para outro. A forma e as suas subvariantes, os gêneros, é que permitem que os criadores criem de maneiras que sejam prontamente compreendidas pelos outros. Como destinatários do conteúdo simbólico, sabemos o que

---

28 Ver Bhaskar, *Curation*.
29 Ver id., *The Content Machine*. Bhaskar apresenta um conceito prático de atividade editorial como sendo a filtragem, a disposição e a amplificação de conteúdo. Mas essa noção de disposição é abrangente demais para mim, e mistura elementos que são muito diferentes, elementos que separei ao fazer a distinção entre forma, gênero, meio e formato.

estamos recebendo: isto é um livro, isto é um filme, isto é uma canção. E também conhecemos as subvariantes: isto é um livro de suspense, isto é um romance, isto é uma biografia. Formas e gêneros são as estruturas nas quais o conteúdo simbólico se pendura.

Estruturado por formas e gêneros, o conteúdo simbólico ainda precisa ser armazenado e transmitido de A para B, e é aí que entra o meio: o meio é o modo de armazenamento e transporte, ou transmissão. Ele pode ser um objeto físico. Nesse sentido, o livro impresso em papel é um meio: ele é um recipiente físico da forma particular de conteúdo simbólico que chamamos livro. Mas o livro também pode ser transmitido por outros meios. Essa foi a primeira grande lição da revolução digital na indústria editorial: o livro impresso em papel é apenas um meio no qual o conteúdo simbólico do livro pode ser inserido e transmitido, mas ele também pode ser transmitido por outros meios. Se o conteúdo do livro for codificado digitalmente, como uma sequência de 0s e 1s, então ele pode ser transmitido como um arquivo digital em vez de um livro físico. É claro que o meio digital não se resume ao arquivo: o arquivo tem de ser transmitido, o que exige redes, e tem de ser decodificado e apresentado numa tela, o que exige *hardware* e *software*. O meio digital não é menos complicado que o meio impresso, e, em alguns aspectos, é mais complexo. Ele pressupõe e exige uma infraestrutura técnica e administrativa complexa que permita que os arquivos digitais sejam criados, armazenados, transmitidos, decodificados e apresentados numa forma adequada para o usuário final.

O formato está separado do meio, mas depende dele. A melhor maneira de compreender o formato é como um modo de embalar ou apresentar conteúdo. Tomemos, por exemplo, o meio impresso: o livro pode ser publicado e transmitido como livro impresso em papel em inúmeros formatos: capa dura, brochura, de bolso – são todos formatos diferentes de um livro publicado no meio impresso, isto é, diferentes maneiras de embalar ou apresentar o livro impresso. Em todos esses formatos, o conteúdo é basicamente o mesmo; o que muda é o modo de apresentar e embalar, e também o modo pelo qual o conteúdo é comercializado pela editora. O mesmo acontece no meio digital: o livro pode ser transmitido em diferentes formatos – como livro digital, livro digital aperfeiçoado, aplicativo etc. Além disso, ao utilizar diversos formatos de arquivo (PDF, ePub etc.), é possível conferir ao livro digital publicado no meio digital diferentes características (como páginas fixas ou páginas variáveis de acordo com o tipo e o corpo escolhidos para o texto) e precificá-lo de modo diferente.

A criação e a curadoria de conteúdo compõem o núcleo da indústria editorial, mas o conteúdo é moldado pela forma: os editores de livros, e os autores cujos livros eles publicam, criam e fazem a curadoria de um conteúdo que está em forma de livro, ou seja, que é moldado por determinados pressupostos e convenções do que é um livro, e do que é aquele tipo específico de livro – um romance, um livro de suspense, uma biografia, uma obra de história etc. Mas o conteúdo também é moldado pelo meio: um livro publicado como livro impresso em papel tem de se sujeitar a determinadas condições e restrições, embora essas condições sejam maleáveis e mudem com o tempo. A restrição mais óbvia é a extensão: como ela aumenta o custo no meio impresso, existe um forte incentivo para que os livros não ultrapassem a extensão ideal de trezentas páginas, o que funciona bem com os diversos formatos de livro impresso. Porém, é claro que essa extensão é flexível, e existem livros impressos em diferentes modelos e tamanhos. No meio digital, a extensão deixou de ser uma restrição – os livros podem ser muito mais curtos ou muito mais extensos. Podem ter milhares de páginas e milhões de palavras, e podem não ter nenhuma página. Na verdade, no meio digital, a própria forma do livro poderia ser alterada, radicalmente reinventada para a era digital, ao menos em princípio. Porém, como vimos no Capítulo 2, essa possibilidade, apesar das experiências muito engenhosas e criativas, não se concretizou – ou, pelo menos, ainda não se concretizou. Na terminologia utilizada por mim, o livro digital é mais bem compreendido como outro formato do livro, comparável ao livro em brochura ou ao livro de bolso no meio impresso. A publicação no meio digital ainda não alterou a forma do livro de maneira significativa.

Embora a criação e a curadoria de conteúdo sejam a função principal das editoras, elas não são a única. As editoras também investem e correm riscos: elas são o banqueiro que disponibiliza os recursos financeiros para a criação e a publicação do livro.[30] A dimensão econômica é essencial porque a criação, a produção e a difusão de conteúdo têm custo, e em algum momento alguém tem de pagar a conta. Naturalmente, no meio impresso, os custos normalmente são mais elevados porque é preciso pagar à gráfica e fabricar, armazenar e transportar os exemplares físicos. Mas, mesmo no meio digital, existem custos – os custos de criar o primeiro exemplar, que incluem o tempo e o trabalho criativo do autor, o custo do trabalho edito-

---

30 Para mim, essa função é minimizada na descrição – à parte isso, excelente – que Bhaskar faz da natureza da publicação. Ela não está ausente da sua descrição, mas aparece apenas na forma de "padrões" que moldam o processo de filtragem, concepção e amplificação, e não como uma função fundamental da publicação em si mesma.

rial e o custo do projeto, além dos custos de distribuição e marketing. No modelo tradicional de publicação, é a editora que investe e corre os riscos, disponibilizando os recursos para que esse processo aconteça. Se o livro vende bem, a editora colhe os frutos, mas, se o livro fracassa, então é a editora que perde dinheiro. Na cadeia de publicação do livro, a editora é o emprestador de última instância.

A terceira função fundamental da editora é a produção e o projeto. Isso muitas vezes é minimizado ou tratado como algo secundário, porque inúmeros aspectos da produção e do projeto do livro são terceirizados pelas editoras: a preparação e a composição do texto, a criação da capa e a impressão geralmente são terceirizadas para *freelancers* e gráficas. Porém, a administração e a coordenação disso tudo leva tempo e exige conhecimento especializado. Mesmo que esse trabalho seja terceirizado, os *freelancers* têm de ser orientados e as suas condições de trabalho têm de ser acertadas, e tudo isso exige tempo e experiência administrativa. Do mesmo modo, é preciso tomar decisões a respeito dos preços e das tiragens, que são decisivos para a viabilidade financeira da editora, e o estoque tem de ser administrado durante todo o ciclo de vida do livro. Mesmo que o livro exista apenas como um arquivo digital, esse arquivo tem de ser produzido de determinada maneira e inserido em canais de distribuição adequados em formatos adequados, o que, uma vez mais, exige um grau de conhecimento especializado e de competência. Embora alguns desses processos possam ser, até certo ponto, automatizados, a criação e manutenção dos sistemas que possibilitam esses processos exige tempo, recursos e experiência.

A quarta função fundamental é o que chamei vagamente de publicidade e divulgação. Nessa função estou reunindo uma série de atividades relacionadas ao sentido mais básico do verbo "publicar": publicar é tornar público, tornar conhecido de outras pessoas. Não basta criar conteúdo e fazer a sua curadoria, investir nele e produzir um livro: um livro não está publicado se apenas seu criador toma conhecimento dele. É possível escrever um livro sem publicá-lo: ele pode ficar na escrivaninha do autor ou no disco rígido do seu computador, um original inédito que nunca vê a luz do dia. Um livro também pode ser produzido sem ser publicado: se ele permanecer como um arquivo no disco rígido de uma editora ou empilhado num depósito, ele não está publicado. Ele só se torna publicado quando *se torna disponível* para o público – isto é, para uma coletividade mais ampla de pessoas – e *se torna conhecido* de outras pessoas. É por isso que a série de atividades relacionadas à publicidade, ao marketing, à divulgação e à venda não são apenas complementos que vêm se somar à atividade principal, e sim elementos essenciais do processo de publicação: a publicação não existe sem eles. Mas eles também estão entre as tarefas mais difíceis e desafiadoras que as editoras enfrentam na era da internet, em que diferenciações sutis, mas decisivas, entre "tornar disponível para o público" e "tornar conhecido do público" são mais importantes do que nunca. Publicar no sentido de tornar um livro disponível para o público é mais fácil hoje do que nunca: quando você disponibiliza um texto *on-line*, postando-o num *site* ou autopublicando-o como um livro digital, você o está publicando no sentido de que o está tornando *disponível para o público*. Mas publicar no sentido de tornar um livro *conhecido do público*, visível a ele e atraindo uma quantidade da sua atenção para estimulá-lo a comprar e, talvez, ler o livro, é uma questão totalmente diferente – é algo extremamente difícil de fazer, ainda mais hoje, quando o enorme volume de conteúdo disponível para os consumidores e leitores basta para abafar a campanha de marketing mais determinada e provida de recursos. Num mundo com escassez de atenção, não de conteúdo, uma boa editora é aquela que cria mercado.

Ao desempenhar essas diferentes funções, a editora é apenas um dos participantes, ainda que importante, de uma cadeia de suprimentos que a revolução digital tornou cada vez mais ramificada e complexa. Até os anos 1980, essa cadeia de suprimentos era relativamente simples porque havia somente um produto básico: o livro impresso em papel, ainda que em diversos formatos. Porém, com a revolução digital, o aumento do fluxo de trabalho digital e a libertação do conteúdo do meio impresso, hoje o livro impresso em papel é apenas um dentre os vários produtos em diferentes meios que surgem dos fluxos de trabalho digital da maioria das editoras de interesse geral. A Figura 12.5 oferece uma representação visual simples da cadeia de suprimentos do livro tal como existe hoje em muitas editoras de interesse geral convencionais. O autor cria o conteúdo e o fornece à editora; nas editoras de interesse geral, esse processo muitas vezes é intermediado pelo agente, que atua como um filtro que seleciona o material e o encaminha às editoras adequadas. A editora adquire um lote de direitos autorais do autor ou do agente e depois realiza uma série de funções – aprimoramento editorial, preparação do texto, projeto etc. – para gerar um conjunto de arquivos em formatos adequados, os quais podem ser guardados no estoque ou no arquivo de ativos digitais da editora. O arquivo de impressão é entregue então à gráfica, que imprime e encaderna os livros e os envia à distribuidora, que pode pertencer à editora ou a terceiros. As distribuidoras armazenam o estoque e atendem pedidos tanto de varejistas como de atacadistas, que, por sua vez, vendem livros para terceiros ou atendem pedidos deles – consumidores individuais, no caso dos varejistas, e varejistas e outras instituições (como bibliotecas), no caso dos atacadistas. Na cadeia de suprimentos do livro tradicional, os clientes das editoras não são os consumidores ou os leitores individuais, e sim as instituições intermediárias que existem na cadeia de suprimentos – a saber, os atacadistas e os varejistas. São os varejistas (ou bibliotecas) que lidam diretamente com os leitores, e essas organizações são, para a maioria dos leitores, seu único ponto de contato com a cadeia de suprimentos do livro. Paralelamente a esse processo, e geralmente de forma simultânea a ele, a editora fornece arquivos de livros digitais em formatos digitais adequados para as distribuidoras e os varejistas de livros digitais. Elas também podem produzir sua própria edição de audiolivro, ou licenciar os direitos de áudio para uma editora de audiolivros, e fornecer audiolivros para os consumidores e ouvintes através de uma cadeia de suprimentos de audiolivro independente.

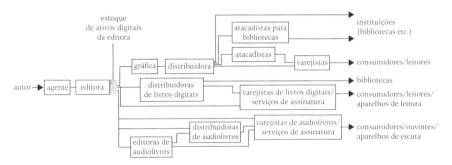

Figura 12.5 – Cadeia de suprimentos do livro das editoras convencionais

Embora esta continue sendo a cadeia de suprimentos do livro predominante, e possa ser reconhecida pelas editoras de interesse geral convencionais como uma representação precisa do seu universo, a revolução digital gerou muitos acontecimentos que deram origem a novas cadeias de suprimentos que se diferenciam desta de forma significativa. A cadeia de suprimentos do livro autopublicado é muito diferente desta última porque, no modelo de autopublicação, os autores não negociam mais com as editoras tradicionais (ou agentes), mas autopublicam seus livros subindo-os diretamente para uma plataforma de autopublicação – Figura 12.6. O papel de guardiã da editora tradicional é, em grande medida, evitado: as plataformas de autopublicação são muito menos seletivas que as editoras tradicionais, e a maioria adota uma política de portas abertas, embora também existam limites a respeito do que é permitido nelas. Ainda que continue vigorando certo grau de seletividade, ela é muito menos restritiva que a seletividade típica das editoras tradicionais. Nesse modelo, muitas das outras funções da editora, como edição, projeto e publicidade/marketing, não desapareceram, mas foram realocadas: agora cabe ao autor desempenhar essas funções, e, como vimos, surgiu uma economia de serviços oculta para atender à demanda crescente, serviços esses que agora são pagos pelo autor e não pela editora. O autor pode desempenhar algumas dessas funções, ou todas, ou pode contratar *freelancers* para desempenhá-las. Nesse caso, ele pode contratá-los diretamente ou utilizar um intermediário de serviços editoriais (ISE) para facilitar o processo. A alternativa para o autor é realocar essas atividades, ou parte dessas funções, à plataforma de autopublicação pagando uma taxa. No modelo de autopublicação, o papel do investimento financeiro e da tomada de risco não desapareceu, mas foi assumido pelo autor, que ganha em troca um controle muito maior sobre o processo de publicação – começando com a decisão de publicar, o que é crucial – e pode ganhar uma parte muito maior da receita das vendas. No entanto, ao contrário das editoras de livros sob encomenda, não se espera que o autor pague à plataforma de autopublicação pelo privilégio de ser publicado: embora em algumas plataformas ele possa escolher adquirir serviços pontuais, isso é opcional, não uma condição de acesso à plataforma. No modelo de autopublicação, a editora tradicional deixa de fazer a intermediação, mas as funções desempenhadas pelas editoras não desaparecem: elas são terceirizadas, em sua maioria, para *freelancers*, serviços sob medida ou plataformas de autopublicação (ou, em alguns casos, se prescinde delas).

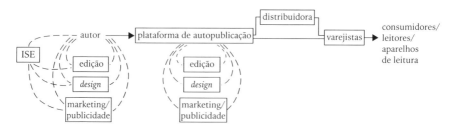

Figura 12.6 – Cadeia de suprimentos do livro autopublicado

No caso da publicação feita com financiamento coletivo, a cadeia de suprimentos também é diferente, e de forma significativa. A verdadeira inovação da publicação com financiamento coletivo é que os consumidores/leitores desempenham um papel decisivo no processo de seleção, além de fornecerem o dinheiro para financiar a produção do livro – que está representada pelo circuito de retroalimentação da Figura 12.7. Nesse modelo, a função de seleção da editora se baseia diretamente nas preferências expressas dos consumidores e leitores, que decidem se vão apoiar um projeto se comprometendo financeiramente com nele, e só quando o projeto atinge um patamar crítico de financiamento é que o livro segue em frente. O modo como o livro é produzido depende da versão de financiamento coletivo que está sendo utilizada. Se for a versão Kickstarter ou Indiegogo, então o autor terá de encontrar uma editora que esteja disposta a publicar o livro com o financiamento coletivo e o público leitor fornecidos pela campanha de financiamento coletivo, ou usar os recursos para autopublicar o livro através de uma plataforma de autopublicação. Contudo, se o autor estiver usando uma organização de financiamento coletivo dedicada à publicação de livros, como a Inkshare ou a Unbound, então o projeto do livro, depois de atingir o patamar de financiamento, simplesmente é transferido da operação de financiamento coletivo para o departamento de publicação da mesma organização. Mas a inovação decisiva desse modelo é que os consumidores ou leitores se envolvem ativamente no processo de seleção e financiamento: é a sua disposição – ou não – de apoiar o projeto por meio de compromissos firmes de dinheiro que determina se o projeto segue em frente e o livro é produzido. O compromisso financeiro é um gesto criativo por si só: sem ele, o livro não existiria. Nesse aspecto, as pessoas que se comprometem financeiramente são mais que influenciadoras: são coprodutoras cujos gestos de compromisso ajudam a criar o livro. Isso não significa que a plataforma de financiamento coletivo e a editora não tenham nenhum papel no processo de seleção. As plataformas de financiamento coletivo têm suas próprias regras e diretrizes em relação aos tipos de projeto que permitem em seus *sites*, e podem buscar ativamente determinados tipos de projeto, e trabalhar com os autores para ajudá-los a moldar seu projeto e planejar e executar sua campanha de arrecadação de fundos. Uma plataforma como a Unbound desempenha um papel de curadoria particularmente marcante, selecionando ativamente os projetos que podem passar ao estágio de financiamento coletivo e trabalhando ao lado dos autores para aumentar as possibilidades de sucesso. Além disso, se um autor que arrecadou fundos na Kickstarter ou na Indiegogo quiser publicar o livro numa editora convencional, terá de se submeter ao processo de seleção da editora – embora nesse caso a probabilidade de aceitação seja mais alta, uma vez que o autor está trazendo recursos do financiamento coletivo. Com os recursos fornecidos pelo financiamento coletivo, o risco da editora é muito menor do que seria se esses recursos não existissem, já que se pode contar com um determinado número de leitores, que também são compradores certos.

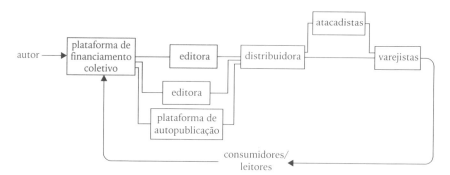

Figura 12.7 – Cadeia de suprimentos do livro publicado com financiamento coletivo

Existe um circuito de retroalimentação semelhante que é parte essencial da cadeia de suprimentos desenvolvida pela Wattpad. Nesse caso, uma operação editorial teve origem numa plataforma de mídia social concebida para a escrita e a leitura de histórias – não temos aqui apenas um circuito de retroalimentação, mas dois (Figura 12.8). De um lado, autores e leitores se relacionam diretamente em razão das características da plataforma Wattpad: os leitores seguem os autores, leem suas histórias e fazem comentários sobre elas enquanto estão sendo escritas; e os autores podem levar em conta esses comentários enquanto preparam o capítulo seguinte (circuito de retroalimentação 1). Do outro, a popularidade das histórias na plataforma Wattpad serve de orientação para decidir quais histórias poderiam ser transformadas em livros – ou, na verdade, em outros produtos culturais, como filmes e programas de TV. Além disso, as formas como os leitores reagem às histórias na plataforma Wattpad – de que aspectos eles gostam e não gostam, os comentários que fazem etc. – são inseridas no processo de desenvolvimento do conteúdo, de modo que os aspectos criativos e editoriais da produção do livro (ou da produção do filme/programa de TV) são moldados pelas informações vindas dos leitores. Tal como acontece no modelo de financiamento coletivo, isso reduz o risco da editora (ou do estúdio de cinema/TV), porque ela dispõe de sinais concretos de que o conteúdo é avaliado positivamente por um grande número de leitores/consumidores que seriam um mercado potencial para o livro (ou filme/programa de TV). Diferente do modelo de financiamento coletivo, a editora ainda precisa disponibilizar recursos financeiros e investir na produção, mas o risco de insucesso é significativamente reduzido, e o fato de já existir um grande número de seguidores no Wattpad dá à editora uma vantagem importante no que diz respeito à criação de mercado. Alguns dos livros que nascem na plataforma Wattpad são publicados pela própria divisão editorial da Wattpad, a Wattpad Books, enquanto outros são encaminhados para editoras convencionais, como Simon & Schuster, em alguns casos por meio de um contrato de licenciamento direto e em outros por meio de uma coedição. Os leitores originais das histórias na plataforma Wattpad asseguram um considerável mercado preexistente para os livros que surgem desse processo de desenvolvimento (circuito de retroalimentação 2), embora os livros também sejam comercializados e vendidos para um público leitor muito mais amplo.

Figura 12.8 – Cadeia de suprimentos da Wattpad Books

Com as novas oportunidades trazidas pela revolução digital, assistimos a uma proliferação de cadeias de suprimentos do livro – ou "circuitos de comunicação", para usar a expressão precisa de Robert Darnton.[31] O ecossistema de publicação do livro está mais complexo do que nunca, e nenhum modelo de fluxos de comunicação conseguiria captar de maneira adequada a multiplicidade de sistemas atualmente existente – e aqui só destaquei alguns. Porém, uma coisa que os novos modelos revelam muito claramente é que a revolução digital tornou possível algo que nunca fez parte realmente da cadeia de suprimentos do livro tradicional – a saber, um relacionamento mais próximo e mais direto entre autores e editoras, de um lado, e entre leitores e consumidores, do outro.[32] Pois a revolução digital

---

[31] Darnton, "What Is the History of Books?", *Daedalus*, verão 1982, reimpresso em seu livro *The Case for Books*, p.175-206.

[32] No modelo original de Darnton da cadeia de suprimentos do livro tradicional, existe um circuito de retroalimentação indefinido entre leitores e autores, indicado por uma linha pontilhada na figura original (*The Case for Books*, p.182), com a alegação de que o leitor "influencia o autor tanto antes como depois do ato de escrever", e "Autores são, eles mesmos, leitores. Por meio da leitura e da associação com outros leitores, eles criam conceitos de gênero e de estilo e um sentido geral do empreendimento literário, os quais influenciam seus textos" (p.180). Mas este é um circuito de retroalimentação muito frágil e difuso, mais bem compreendido em termos dos conceitos de forma e gênero que

não criou simplesmente novas iniciativas em campos específicos, como o editorial: ela modificou a própria natureza do ambiente informacional dentro do qual a indústria editorial existe, juntamente com todas as outras mídias e indústrias criativas. Isso não só apresenta às editoras tradicionais uma infinidade de novos desafios e concorrentes, como também lhes apresenta novas oportunidades.

LEVAR OS LEITORES A SÉRIO

Ao longo dos quinhentos anos de história da publicação de livros, a maioria das editoras considerou que os intermediários, como os varejistas, eram seus principais clientes: os editores vendiam seus livros aos varejistas ou atacadistas, e deixavam àqueles a tarefa de vender os livros aos leitores. Eles dependiam dos livreiros para expor seus livros ao consumidor final, o leitor, e para estimular a demanda. Consequentemente, os editores tinham pouco ou nenhum contato direto com os leitores: as empresas que eles dirigiam eram principalmente empresas B2B em vez de B2C,* para usar o jargão dos cursos de Administração. Isso também significava que eles conheciam muito pouco os leitores e seus hábitos de compra e de leitura: o que sabiam era obtido indiretamente, casualmente ou de segunda mão, conversando com compradores que trabalhavam para os varejistas, monitorando os resultados das suas vendas, conversando com leitores que encontravam por acaso e extrapolando da sua própria experiência de leitores – tudo muito indireto e acidental. Não que os varejistas tivessem tanta informação assim: claro, tinham mais oportunidades de se encontrar com compradores de livros e leitores no horário de trabalho, quando os clientes entravam na livraria, mas, na maioria das vezes, isso era muito aleatório e dependia das perguntas dos clientes. Naturalmente, cabia ao livreiro tentar prever quais livros despertariam o interesse dos seus clientes e, portanto, adquiri-los. Ademais, tinham condição de ver – literalmente – quais livros estavam vendendo e quais estavam juntando pó nas mesas e estantes. Havia varejistas

---

desenvolvi anteriormente – ou seja, o conjunto de convenções e pressupostos de fundo que é compartilhado por autores e leitores em contextos sociais e históricos específicos, aliado ao fato de que alguns autores podem ter uma ideia do público para o qual estão escrevendo, embora, mesmo quando isso acontece, geralmente é uma ideia muito difusa e genérica, e ela pode ter pouca relação com as preferências e hábitos dos leitores reais.

* B2B (Business to Business) é quando uma empresa vende para outra empresa. B2C (Business to Consumer) é quando uma empresa vende para o consumidor. (N. T.)

que também vendiam a prazo para alguns clientes, e dispunham de algumas informações sobre eles – endereço, talvez os dados do cartão de crédito etc. Alguns reuniam listas de títulos e outras formas de marketing e as enviavam diretamente aos clientes. Portanto, os varejistas estavam em condição de saber mais a respeito dos leitores e dos seus hábitos de compra do que as editoras, e alguns deles realmente reuniam e conservavam informações sobre alguns clientes e vendiam diretamente para eles. Na verdade, porém, nenhum dos participantes da cadeia de suprimentos do livro tradicional sabia tanto assim a respeito dos leitores e dos seus hábitos de pesquisa, de compra e de leitura. No mundo pré-digital, não era fácil saber esse tipo de coisa, não era fácil reunir essas informações de maneira sistemática, e não era fácil se comunicar com os clientes. Tudo isso iria mudar com a revolução digital.

Quando os clientes começaram a navegar e comprar livros e outros produtos *on-line*, suas atividades deixaram pegadas digitais que podiam ser reunidas de forma sistemática, fornecendo potencialmente ao varejista um registro abrangente das atividades de navegação e de compra dos clientes. Cada clique na plataforma do varejista, fosse ele uma compra real ou simplesmente uma consulta à página, podia ser rastreada, gravada e preservada, oferecendo ao varejista um quadro abrangente, que se estendia no tempo, do comportamento *on-line* de cada consumidor. Além disso, como o varejista também dispunha dos dados pessoais de todos os seus clientes – como nome, endereço eletrônico e postal e número de cartão de crédito –, tinha um bocado de informações sobre eles e conseguia contatá-los diretamente e sem dificuldade. E esse contato podia ser personalizado. Não havia mais a necessidade de enviar pelo correio um catálogo-padrão de títulos para todos os clientes: cada e-mail podia ser personalizado para se adaptar ao histórico de cada consumidor individual. Utilizando algoritmos e aprendizagem automática, era possível automatizar isso tudo para que cada cliente pudesse receber recomendações personalizadas baseadas em sua atividade prévia de navegação e de compra e que procuravam refletir a previsão do varejista quanto àquilo que o cliente poderia estar interessado em comprar. O varejista também pode personalizar a página inicial do cliente para que, quando ele entrar no *site*, veja uma apresentação personalizada dos livros e de outros produtos que refletem a previsão do varejista quanto aos seus (do cliente) interesses. E o varejista também pode usar o mesmo conhecimento e os mesmos mecanismos para vender publicidade para editoras, entre outros fornecedores. É assim que funcionam os mercados de comportamentos futuros do livro. Contudo, no final dos anos 1990 e início dos anos 2000, um único varejista, a Amazon, passou a monopolizar o mercado. Graças à revolução digital, havia de fato um varejista que sabia mais – muito mais – a respeito do comportamento de navegação e de compra dos leitores do que qualquer editora sabia ou jamais saberia. O jogo editorial tinha mudado, e a maioria das cartas estava agora nas mãos de um único varejista, que, graças ao seu virtual monopólio do capital informacional relacionado aos leitores, ocupava uma posição dominante no setor.

Quando os anos 2000 deram lugar aos anos 2010, ficou cada vez mais claro para muitas editoras que o setor estava evoluindo de uma forma que poderia tornar a vida delas crescentemente difícil. A falência da Borders em 2011 deixou bastante visível a posição precária das livrarias físicas: as editoras estavam ficando cada vez mais dependentes da Amazon, um varejista *on-line* que estava aumentando rapidamente sua participação de mercado, e que sabia muito mais a respeito dos leitores dos seus livros do que as editoras jamais conseguiriam saber. Os leitores, cujo conhecimento podia ser transformado em capital informacional, eram as fichas do novo jogo editorial, e elas estavam se acumulando de forma esmagadora do lado da Amazon. Mas será que tinha de ser assim? Foi essa pergunta que começou a preocupar alguns altos dirigentes das editoras convencionais a partir de 2010 mais ou menos. Talvez tivesse chegado a hora de as editoras pararem de se enxergar como empresas B2B e descobrirem se poderiam fazer algo que jamais tinham feito: construir canais diretos de comunicação com os leitores.

Graças à revolução digital, isso agora era possível de uma forma inteiramente nova. A revolução digital não tinha apenas digitalizado o conteúdo das editoras e seu fluxo de trabalho, e criado novos canais digitais de distribuição de conteúdo: ela também estava transformando o ambiente informacional mais geral dentro do qual a indústria editorial, a exemplo de outras mídias e indústrias criativas, atuava. Um número cada vez maior de pessoas estava migrando para o ambiente *on-line*, provocando o surgimento de novas oportunidades de interação e comunicação que não exigiam a presença física das partes numa livraria. E, se a Amazon conseguia explorar essas novas formas de interação e de comunicação, por que as editoras também não conseguiriam? Elas poderiam abrir novos canais de comunicação diretamente com as pessoas que liam seus livros e que estavam interessadas neles, construir seus próprios bancos de dados com informações a respeito delas, conhecer quais eram seus interesses e contatá-las diretamente para informá-las a respeito dos lançamentos. As editoras não precisavam deixar essa tarefa por conta da Amazon, muitas vezes pagando pelo privilégio na forma de taxas de publicidade: podiam se comunicar diretamente com seus leitores. Não precisavam vender livros para os seus leitores; poderiam direcioná-los para um canal de varejo existente (Amazon, Barnes & Nobles, Waterstones ou alguma livraria independente), e deixar que o varejista finalizasse a venda – embora, se pudessem vender direto, eliminariam o desconto do varejista, ficariam menos dependentes de outros intermediários e, possivelmente, também melhorariam sua margem (desde que cumprissem os acordos). A questão principal era que agora as editoras podiam se comunicar diretamente com os leitores dos seus livros de uma forma e numa escala que antes não eram possíveis.

No passado, quando as editoras olhavam para além das suas fronteiras, tendiam a concentrar sua atenção nos autores e nos varejistas, nos criadores e nos clientes. As editoras eram provedoras de serviços que conectavam os criadores de conteúdo (os autores) aos consumidores de conteúdo (os leitores) através dos intermediários da cadeia de suprimentos do livro (varejistas e atacadistas). Elas se concentravam nos autores (e nos agentes) porque precisavam descobrir e estimular o talento criativo e se agarrar a este, pois ele era a fonte de conteúdo de que elas precisavam para se manter de pé. E se concentravam nos varejistas (e atacadistas) porque eles eram seus clientes imediatos, aos quais terceirizavam a tarefa de disponibilizar os livros ao público e vendê-los aos consumidores individuais. Os leitores, que eram os clientes finais, estavam mais para o fim da cadeia de suprimentos do livro e fora do alcance das editoras (e, na maioria das vezes, fora também da sua área de interesse). Esse modelo funcionava bem, desde que houvesse uma grande quantidade de varejistas e um grande número de livrarias que oferecessem um leque diversificado de espaços físicos para que os livros pudessem ser expostos e descobertos. Porém, com o declínio do espaço de varejo físico e a migração de um volume cada vez maior de vendas para a plataforma do único varejista *on-line* que está reunindo dados dos consumidores numa escala sem precedentes, o antigo modelo que predominou no mundo da publicação durante tanto tempo está cada vez mais fora de sintonia com o novo mundo em que vivemos hoje. É claro que as editoras ainda precisam se concentrar nos autores e ainda precisam manter um bom relacionamento com seus clientes da cadeia de suprimentos do livro – os varejistas e os atacadistas –, mas agora precisam ir além dos varejistas e criar relacionamento direto com os consumidores finais dos seus livros, os leitores. Uma organização voltada para dois lados (autores e varejistas), agora também precisa se voltar para um terceiro lado – os leitores. Resumindo: as editoras precisam levar os leitores a sério. E, graças à revolução digital, elas agora podem fazer isso de uma forma que antes era simplesmente inviável. As editoras agora podem se concentrar no leitor, não apenas no autor e na livraria – entrar em contato com os leitores, conhecê-los e também vender para eles, e fazer isso em grande escala. Aos olhos de alguns editores, esse foi o verdadeiro significado da revolução digital. Nas palavras do CEO de uma das maiores editoras de interesse geral:

> A essência da revolução digital é que precisamos nos tornar muito mais centrados no leitor. Enquanto editoras, temos de nos concentrar muito mais no consumidor, porque sempre fomos muito voltadas para o modelo B2B, sempre atendemos aos nossos livreiros e tentamos expor nossos livros com o maior destaque possível nas livrarias, deixando ao livreiro o papel de estimular a demanda. Então, bem no início da transformação digital, perdemos oitocentas lojas de um dia para o outro quando a Borders faliu, e naquele momento todos sabíamos que tínhamos de nos voltar mais para o leitor, que era preciso haver uma mudança de mentalidade nas editoras, deixando de ser principalmente B2B, voltadas para o livreiro, e se tornando mais B2C, centradas no leitor – essa é a essência da transformação digital.

Esta era uma mudança de foco radical, exigida e possibilitada pela revolução digital, e ela poderia ser levada a cabo de diversas maneiras.

No nível mais básico, as editoras podiam tentar construir um banco de dados com os endereços eletrônicos de clientes e possíveis leitores, junto com informações a respeito de seus interesses, gostos e preferências. A grande vantagem de fazer isso agora é que, graças ao e-mail e à internet, as editoras podem desenvolver uma forma econômica de entrar em contato direto com os leitores que podem estar interessados nos livros que elas publicam. Não precisam ficar na dependência de anúncios genéricos, caros e mal direcionados em mídias tradicionais, como jornais e revistas; não precisam ficar na dependência de que a Amazon decida recomendar seus livros aos clientes dela; e não precisam ficar na dependência de publicidade na internet comprada da Amazon, do Google, do Facebook e de outras plataformas. É claro que podem fazer tudo isso ou parte disso, mas também podem assumir um controle maior do seu marketing digital abrindo um canal de comunicação direto com os leitores. Podem fazer em seu proveito o que a Amazon fez de forma tão eficaz antes delas: reunir dados sobre seus consumidores finais, os leitores, e utilizar esses dados para vender diretamente para eles, sem precisar depender de um intermediário poderoso cujos interesses e objetivos podem não se alinhar plenamente com os delas. Em outras palavras, podem reunir um pequeno capital informacional próprio. Porém, ao contrário das empresas de tecnologia, o negócio das editoras não é – nem deve ser –

negociar esses dados em mercados de comportamentos futuros: elas não estão construindo bancos de dados com informações sobre os consumidores com o objetivo de vender publicidade para terceiros, estão construindo bancos de dados com informações sobre seus leitores para poder interagir com eles, aprender mais a respeito deles e informá-los a respeito dos lançamentos que possam interessá-los. Esse pode ser um marketing altamente segmentado, porque pode se basear naquilo que a editora sabe a respeito de um conjunto de leitores que demonstraram interesse pelos tipos de livro que elas publicam. Os leitores demonstraram interesse e se mostraram receptivos às informações enviadas pela editora em virtude do fato de terem assinado a *newsletter* da editora ou fornecido seu endereço eletrônico, e eles têm a liberdade de cancelar a qualquer momento a assinatura.

Embora a construção de um banco de dados de e-mails possa ser uma ferramenta de marketing eficaz para as editoras, ela não é uma tarefa fácil. É preciso induzir os leitores a assinar uma *newsletter* ou a fornecer seu endereço eletrônico, além de outros detalhes, a uma editora para que ela possa se comunicar diretamente com eles. Como as editoras não têm a grande vantagem que a Amazon tem, que é o fato de os leitores e outros consumidores serem estimulados a fornecer dados pessoais à Amazon para comprar livros e outros produtos que compõem a imensa variedade de bens disponíveis em sua plataforma, elas têm de recorrer a outros meios para tentar convencer os leitores a fazer parte de seus cadastros. Uma maneira de estimular o registro de leitores é oferecendo diversos tipos de incentivo – por exemplo, inscrevendo-os num sorteio, ou oferecendo livros grátis ou com um desconto significativo no pedido seguinte, se a editora estiver estruturada para vender direto. Porém, mesmo com incentivos, é um processo longo e difícil, especialmente em regiões (como a UE) em que as empresas têm de cumprir condições legais rígidas referentes aos dados pessoais que elas mantêm em seus bancos de dados. Dificilmente vale a pena se a editora acabar com apenas alguns milhares de endereços eletrônicos. Mas e se a editora conseguir reunir 100 mil endereços eletrônicos de indivíduos interessados nos tipos de livro que ela publica e dispostos a receber notícias sobre eles? E se ela reunir 1 milhão, ou até mesmo 10 milhões de contatos, e conseguir se comunicar diretamente com eles a respeito dos lançamentos atuais e futuros, assim como dos seus títulos de fundo de catálogo importantes? Então ela disporá de um meio possivelmente muito poderoso para atingir de maneira extremamente segmentada – e praticamente sem custos – um grande número de indivíduos que são leitores assíduos de livros e cujos gostos, interesses e preferências a editora conhece.

Embora a construção de um banco de dados de leitores seja uma etapa importante, ela é apenas uma das maneiras de transferir o foco para os leitores. O verdadeiro desafio das editoras é imaginar se o fato de ela se tornar mais centrada no leitor pode significar algo além da construção de um banco de dados com endereços eletrônicos dos clientes e do aperfeiçoamento do marketing direto – e, em caso afirmativo, o que isso significa. Poderia significar, por exemplo, a incorporação mais direta dos interesses e preferências dos leitores nos próprios processos de contratação e publicação da editora. Ao desenvolver novas formas de levar em conta o *feedback* dos leitores, algumas das *start-ups* periféricas do setor editorial têm se mostrado particularmente criativas e avançadas. Os modelos de financiamento coletivo incorporam sistematicamente as reações dos leitores ao processo decisório, já que a decisão de seguir em frente com um livro depende de quanto os indivíduos estão dispostos a apoiar o projeto por meio de compromissos firmes de suporte financeiro. Isso vira o modelo editorial tradicional de ponta-cabeça: já não é mais "publique o livro e depois tente encontrar um mercado para ele", e sim "tente encontrar um mercado para o livro e depois decida se vai publicá-lo ou não". É um modelo extraordinário, que leva em conta as preferências dos leitores e diminui consideravelmente o risco das editoras, embora exija tempo e seja administrativamente complexo, além da dificuldade de implantá-lo numa grande operação editorial que lance milhares de títulos novos por ano. O modelo de mídia social do Wattpad incorpora de outras formas o *feedback* dos leitores: permitindo que os autores levem em conta os comentários dos leitores enquanto estão escrevendo a história e utilizando dados sobre o número de leitores e a natureza dos seus comentários para moldar as decisões a respeito das histórias que devem ser transformadas em livro e/ou filmes e orientar o processo de criação. Considerando que o Wattpad já está operando em grande escala, por ser uma plataforma de mídia social com mais de 80 milhões de usuários em todo o mundo e mais de 565 milhões de *uploads* de histórias, o potencial para aumentar a escala da sua operação editorial é considerável. A questão aqui é saber se esse modelo seria aplicável além dos gêneros específicos – sobretudo ficção adolescente – nos quais o Wattpad desenvolveu um grupo de seguidores particularmente numeroso. Esse modelo de *feedback* pressupõe a preexistência de uma comunidade de usuários que decidiu se juntar à plataforma de mídia social do Wattpad e cujas ações nessa plataforma – as histórias que eles seguem, os comentários que fazem – se convertem nos dados brutos dos processos de *feedback*. Os tipos de história que mais se destacam no Wattpad – ficção adolescente, romance adolescente, *fanfiction* etc. – são os tipos de história que atraíram um grande número de seguidores internacionais jovens, especialmente meninas adolescentes, e não está claro se outros tipos de ficção, para não falar em não ficção, atrairiam um número de seguidores suficiente para gerar o tipo de dados de usuário que o Wattpad armazena em sua plataforma.

Embora seja difícil, para as editoras convencionais, reproduzir diretamente os tipos de processos de *feedback* desenvolvido pelos modelos de financiamento coletivo e pela plataforma de mídia social do Wattpad, elas podem tomar outras iniciativas que abram canais de comunicação com os leitores. Se a editoras começarem a construir um banco de dados de endereços eletrônicos, podem usá-lo não apenas para informar os leitores a respeito dos lançamentos que possam lhes interessar, mas também para iniciar uma conversa com eles que os trate não apenas como consumidores de livros, mas como parceiros de diálogo. Porque a comunicação *on-line* é uma comunicação potencialmente interativa, de mão dupla, multidirecional: os leitores são participantes potenciais de uma interação dialógica, não apenas receptores potenciais de uma mensagem comercial segmentada. Para tratar os leitores como participantes potenciais de uma interação, as editoras precisam aprender a ouvi-los, solicitar ativamente suas opiniões e desenvolver novas formas de responder a elas. As editoras precisam se perguntar não apenas como podem vender de maneira mais eficaz para os leitores, mas também como podem escutá-los, conhecer mais o que os leitores gostariam de ver da parte das editoras e do que lhes interessaria. E precisam refletir sobre as formas pelas quais podem usar os novos canais de comunicação abertos pelas tecnologias digitais – e-mail, mídias sociais e muito mais – para facilitar a interação entre os autores que elas publicam e os leitores que querem ler a obra desses autores. Pois as editoras nunca passaram de intermediárias num processo de intercâmbio cultural, criando atalhos entre escritores e leitores que permitiram que os livros se tornassem parte de um diálogo cultural mais amplo. Os leitores estão interessados no que os autores têm a dizer – em suas histórias de mundos reais e imaginados, em seus relatos de como as coisas surgiram e como poderiam ser diferentes, e assim por diante. Eles não estão interessados nas editoras *per se* (nem nos varejistas). Portanto, a questão principal que as editoras enfrentam hoje é: como podem facilitar, e participar de, um diálogo cultural que está ocorrendo em diversos lugares – tanto *on-line* como *off-line*, mas cada vez mais *on-line* –, e como podem assegurar que os livros continuem a ocupar um lugar no ambiente informacional cambiante do século XXI?

OS LIVROS NA ERA DIGITAL

Alguns podem sentir que esta é uma causa perdida. Podem sentir que o livro enquanto forma cultural está basicamente fora de sintonia com a nossa cultura digital cada vez mais *on-line* e baseada na tela e com o mundo brilhante, barulhento e em constante transformação da internet, um mundo que tende a arrancar as pessoas das profundezas da leitura envolvente e jogá-las nos rasos da distração, para usar a frase sugestiva de Nicolas Carr.[33] Talvez estejamos nos tornando cada vez mais incapazes do tipo de atenção contínua que a leitura de textos longos exige e menos atraídos por elas – será que é isso?

É possível. É verdade que muita gente hoje gasta muito mais tempo consumindo conteúdo audiovisual em diversos tipos de tela – da TV às telas de computador, passando pelos aparelhos móveis – que lendo livros. Uma pesquisa recente feita nos Estados Unidos revelou que os americanos gastam em média 2,8 horas por dia assistindo à TV e 47 minutos por dia jogando no computador e usando o computador como lazer, comparado a apenas 26 minutos por dia lendo – em outras palavras, o tempo médio gasto assistindo à TV e usando o computador é oito vezes maior que o tempo gasto com a leitura.[34] Por outro lado, a proporção de americanos que dizem ter lido pelo menos um livro no último ano tem se mantido inalterada nos anos recentes, e os livros impressos continuam sendo muito mais populares que os livros digitais e os audiolivros.[35] Os livros, especialmente os livros impressos, parecem ter uma presença mais arraigada em nosso mundo digital cada vez mais baseado na tela do que muita gente pensava, mesmo que a média de tempo gasta com a leitura de livros seja muito inferior ao tempo gasto assistindo à TV e se envolvendo em outras atividades baseadas na tela. Como podemos explicar a persistência obstinada do livro?

Não há dúvida de que existem muitas respostas a essa pergunta, já que as pessoas leem e valorizam os livros por motivos diferentes. Mas será que os livros, especialmente os livros impressos, são valorizados hoje por muita gente em parte justamente por serem diferentes de uma cultura digital baseada na tela? Quanto mais a vida das pessoas está envolta numa cultura baseada na tela, mais valor elas podem atribuir às formas de atividade que

---

33 Carr, *The Shallows*.
34 Ver Bureau of Labor Statistics, "American Time Use Survey – 2018 Results", 19 jun. 2019, disponível em: <https://www.bls.gov/news.release/archives/atus_06192019.pdf>.
35 Perrin, "Book Reading 2016", *Pew Research Center*, 1º set. 2016, disponível em: <www.pewinternet.org/2016/09/01/book-reading-2016>.

não estão completamente absorvidas dentro dela. Uma pesquisa recente realizada na Alemanha revelou que um dos principais motivos pelos quais as pessoas gostam de ler livros era que elas se sentiam oprimidas pelas pressões contínuas da vida diária e pela exigência constante de realizar várias tarefas com aparelhos digitais: ler livros lhes dá a oportunidade de se afastar dessas pressões e exigências e de mergulhar em outro mundo durante algum tempo. "Sinto que o mundo está ficando cada vez mais agitado", disse um leitor, "e a gente só precisa de uma ilha em que possa relaxar."[36] Para alguns, a leitura dos livros lhes dá a oportunidade de se afastar da vida na tela e se libertar temporariamente de um mundo que passou a absorver uma parte cada vez maior da sua vida diária, um mundo em que a sua atenção é arrastada constantemente em várias direções, com o apito incessante dos e-mails e das mensagens, todos reclamando uma resposta rápida. A leitura permite que as pessoas se afastem dos rasos e mergulhem em outro mundo mais profundo.

Isso pode ir além do desejo de desconectar e fazer uma pausa das pressões do dia a dia: pode ter a ver também com a tentativa de reafirmar um certo controle sobre o tempo. A sensação de que estamos vivendo num mundo que está constantemente acelerando, uma "sociedade da aceleração",[37] como Hartmut Rosa a denominou, é um sentimento generalizado nas sociedades ocidentais contemporâneas: mais do que nunca, muitas pessoas se sentem apressadas, estressadas e pressionadas pelo tempo.[38] Isso não se deve unicamente ao desenvolvimento de novas tecnologias: existem outros fatores importantes – como a transformação dos modelos de trabalho –, e as novas tecnologias, por si só, não levam necessariamente à aceleração da vida diária. Mas, quando a implantação de novas tecnologias é acompanhada por um aumento considerável das expectativas (em termos de bens produzidos, atividades concluídas, mensagens enviadas etc.), então a tendência é que os indivíduos sintam uma aceleração do ritmo de vida e uma escassez crescente de tempo.[39] Em vez de liberar tempo para o lazer e para outras atividades (a grande promessa não cumprida da inovação tecnológica), a implantação de novas tecnologias pode levar a uma intensificação do trabalho e a níveis mais elevados de estresse, à medida que os indivíduos tentam fazer mais

---

36 "Buchkäufer – quo vadis?", *Börsenverein des Deutschen Buchhandels*, jun. 2018, p.66.
37 Ver Rosa, *Social Acceleration*.
38 Ver Wajcman, *Pressed for Time*. Segundo uma pesquisa, a proporção de americanos que declaram se sentir apressados passou de 25% em 1965 para 35% quarenta anos mais tarde, e quase metade deles declaram hoje que quase nunca têm o controle do tempo (p.64).
39 Rosa, *Social Acceleration*, p.65-70.

coisas no mesmo tempo – ou em menos tempo. Tecnologias que economizam tempo se transformam em tecnologias que consomem tempo, absorvendo mais tempo, não menos, e deixando as pessoas com a sensação de que têm cada vez menos tempo para si mesmas. Isso faz parte daquilo que está estimulando o crescimento dos apelos e dos movimentos em defesa de uma desaceleração da vida, da *slow food* à *slow fashion*, passando pela *slow travel* e a *slow media*.* [40]

Vistos nesse contexto, os livros e a atividade de leitura podem ganhar um novo significado. Num mundo em que muitas pessoas sentem que as suas vidas estão acelerando, que elas têm cada vez menos tempo para si, a leitura de livros pode se tornar uma forma de romper o ciclo de aceleração e reafirmar um certo controle sobre o tempo. Para a maioria das pessoas, ler um livro não é uma atividade rápida. É preciso reservar um tempo para mergulhar no texto durante várias horas – muito provavelmente, vários dias. Escolher ler um livro é assumir um importante compromisso com o tempo; é decidir investir uma quantidade significativa de tempo numa atividade específica que vai exigir concentração e atenção contínuas. É escolher se envolver numa atividade que, por sua própria natureza, gasta muito tempo e não pode ser acelerada de maneira significativa. A leitura de livros tem um ritmo diferente de muitas das atividades que absorvem o tempo e a atenção das pessoas em sua vida diária, e, em vez de ser uma desvantagem, isso pode ser parte do seu apelo: é uma forma de recuperar algum tempo para si mesmo, num mundo em que o tempo parece cada vez mais escasso, um interruptor comum num mundo acelerado. Ler livros não é tanto uma questão de redução da velocidade, e sim de reajuste, da descoberta de um tipo diferente de equilíbrio no fluxo da vida diária – um equilíbrio que seja menos apressado, menos atormentado, menos comprometido com as

---

* *Slow food*: movimento que promove uma maior apreciação da comida, a melhora da qualidade das refeições e uma produção que valorize o produto, o produtor e o meio ambiente. *Slow fashion*: movimento que defende a fabricação de peças de roupa com vida mais longa, a valorização da cadeia de produção, o respeito ao meio ambiente e à cultura local. *Slow travel*: movimento que defende viagens mais lentas e mais aprofundadas em um local; turismo sustentável; turismo de experiência, com mais atividades que tenham significado e tragam ensinamentos; poucos deslocamentos e, quando necessário, priorizando transportes que não o avião; contato com a natureza e turismo rural; uma relação menos intensa com a tecnologia. *Slow media*: movimento que defende um jornalismo reflexivo, profundo e investigativo, e formas alternativas de criar e usar mídias mais intencionais, mais agradáveis, mais duradouras, mais bem pesquisadas/escritas/projetadas, mais éticas e de maior qualidade em geral. (N. T.)

40 Ver Petrini, *Slow Food Nation*; Honoré, *In Praise of Slow*; Perkins; Craig, *Slow Living*; Rauch, *Slow Media*.

exigências de um mundo que parece estar em constante aceleração. Não se trata de fugir ou escapar do mundo para um "oásis de desaceleração" em que o tempo para, e sim de estabelecer uma forma diferente de estar no mundo, de recalibrar o relacionamento com o mundo para que ele pareça menos estressante e hostil – o tipo de relacionamento que talvez pudesse ser caracterizado por aquilo que Rosa chama de "ressonância": uma forma de estar no mundo na qual o indivíduo se sinta em sintonia com o mundo em vez de se sentir atormentado, pressionado ou esmagado por ele.[41] É claro que a leitura de livros não é a única maneira por meio da qual os indivíduos procuram e encontram uma forma mais satisfatória de estar no mundo – existem muitas outras formas, de ouvir música ou caminhar no campo a simplesmente relaxar em casa com a família e os amigos. Porém, ao permitir que os indivíduos recalibrem seu modo de estar no mundo, a leitura de livros pode acabar tendo um lugar na mescla cultural das sociedades contemporâneas que seja mais duradouro do que supunham aqueles que previram (ou temeram) que a cultura da tela iria varrer tudo que visse pela frente.

Isso não quer dizer que estamos entrando numa "era pós-digital", na qual a cultura digital será ofuscada pelo retorno do analógico – longe disso. A nossa era é uma era absoluta e irreversivelmente digital, e não existe nenhum setor da mídia e das indústrias criativas, incluindo o editorial, que não tenha sido e que não será profundamente transformado pela revolução digital. Mas isso não quer dizer que todos os bens culturais serão transformados em produtos digitais, nem que os indivíduos escolherão consumir todos os bens culturais na forma de artefatos digitais ou participar apenas de atividades culturais que sejam baseadas na tela – essa probabilidade jamais existiu, e só uma mente limitada enfeitiçada pelo digital teria previsto esse cenário improvável para nós. As tecnologias não substituem necessariamente umas às outras, mas às vezes coexistem entre si, do mesmo modo que o rádio continua ocupando um lugar na vida de muita gente, apesar da maior riqueza audiovisual da TV. Portanto, os livros impressos em papel também podem muito bem continuar coexistindo com os livros digitais, com os audiolivros e com qualquer novo meio que venha a servir de suporte ao livro no futuro – não apesar do fato de vivermos numa era cada vez mais digital, mas por causa disso.

---

41 Rosa, *Resonance*.

– CONCLUSÃO –
MUNDOS INSTÁVEIS

As duas primeiras décadas do século XXI foram um período extremamente desafiador para todas as mídias e indústrias criativas, incluindo a indústria editorial. Esses setores foram expostos de forma excepcional ao impacto transformador da revolução digital justamente porque lidavam com um tipo específico de conteúdo – o conteúdo simbólico – que podia ser digitalizado, transformado em sequências de 0s e 1s, com todas as amplas possibilidades que essa digitalização de conteúdo abria. No começo do século XXI, não faltaram visionários que viram nessa mudança tecnológica o início do fim das mídias e indústrias criativas que tinham construído suas empresas com base na produção e na distribuição de coisas, os artefatos materiais nos quais o conteúdo simbólico tinha sido inserido, fossem eles LPs de vinil, jornais de papel ou livros impressos em papel: nascia uma nova era, uma era em que o conteúdo simbólico seria criado, difundido e consumido eletronicamente, através da internet, sem as dificuldades e os custos da produção, do armazenamento e do transporte de objetos físicos. Os bens culturais com os quais as antigas gerações estavam tão familiarizadas se tornariam artefatos de uma época passada, itens de colecionadores que interessavam basicamente aos antiquários, e as novas gerações se lembrariam, com um misto de curiosidade e espanto, de um mundo que parecia cada vez mais distante do seu próprio mundo, um mundo em que grandes quantidades de conteúdo estavam facilmente disponíveis, de maneira rápida e barata, bastando, muitas vezes, tocar numa tela ou clicar em um mouse, e, muitas vezes, de graça. Adeus, Gutenberg – foi bom enquanto durou, mas seu tempo acabou.

Como tantas histórias que se baseiam na ideia de que as tecnologias têm um poder transformador próprio, essa visão do impacto da revolução digital nas mídias e nas indústrias criativas era uma simplificação exagerada e grosseira do que viria a ser um processo extremamente complexo e multifacetado. Além de variar enormemente de um setor da mídia e da indústria criativa para o outro, esse processo também acabaria sendo muito mais complicado dentro de cada setor específico, incluindo a indústria editorial do livro. Isso acontece, em parte, porque as tecnologias nunca atuam sozinhas: sempre são desenvolvidas, utilizadas, adotadas ou ignoradas em contextos sociais e históricos específicos em que existem instituições e práticas que moldam a forma como elas são criadas e utilizadas e seres humanos concretos com seus interesses, objetivos, desejos e predileções que decidem utilizá-las ou não. As tecnologias não são um *deus ex machina* que tem o poder de transformar o mundo em si e por si: são recursos desenvolvidos e utilizados por agentes que buscam seus interesses e objetivos em contextos sociais específicos, agentes que usam as tecnologias e aproveitam as oportunidades trazidas por elas para buscar ou desenvolver algo que eles valorizam ou consideram vantajoso. Nem todas essas linhas de ação são bem-sucedidas – muitas fracassam (na verdade, a maioria). Algumas linhas de ação também põem os agentes em conflito com outras pessoas quando, na busca de oportunidades, entram em choque com os interesses dos outros ou são considerados uma ameaça. Em qualquer setor – e especialmente num setor antigo da mídia como o editorial –, a realidade social da mudança tecnológica está indissoluvelmente ligada ao poder e ao conflito, já que a busca de oportunidades por alguns muitas vezes se dá à custa de alguém.

Embora a explosão espetacular dos livros digitais nos primeiros anos após o lançamento do Kindle em 2007 parecesse a muitos, na época, a inovação tecnológica que anteciparia a era pós-Gutenberg – tal como o MP3 e o iPod mudaram o curso da indústria da música –, isso também se mostrou uma simplificação exagerada de uma realidade complexa e, mais importante, uma interpretação equivocada do significado da revolução digital. É bem verdade que a ascensão do livro digital naqueles primeiros anos foi o fato mais impressionante que a indústria editorial tinha visto em sua longa história de quinhentos anos: para quem estava passando pelo processo ou observando-o bem de perto, tudo indicava que ele poderia representar um divisor de águas. Só que não foi. Pois, com a mesma rapidez com que os livros digitais decolaram, sua ascensão vertiginosa chegou subitamente ao fim, e as páginas e mais páginas que foram escritas a respeito da morte do livro tal como o conhecemos se revelaram a simplificação exagerada e grosseira que sempre foram. Porém, debaixo das cifras principais, uma realidade mais complexa estava ganhando forma. O livro digital estava se mostrando um formato bem adaptado a determinados tipos de livro, especialmente determinados tipos de ficção de gênero como romance, literatura erótica, ficção científica, fantasia e suspense. Contudo, em muitas outras categorias de livro, entre as quais muitos tipos de não ficção, o livro impresso estava se mostrando incrivelmente resiliente – os livros digitais também vendiam nessas categorias, mas em quantidades muito menores. Resumindo: havia uma grande variação quanto à dimensão da migração do formato impresso para o formato digital. Para as editoras que publicavam ficção de gênero, a mudança pronunciada para o digital, junto com a explosão da autopublicação, foram acontecimentos importantes que tiveram um impacto significativo nessas áreas editoriais específicas. Mas, para as editoras que se dedicavam a outras áreas, especialmente áreas especializadas, como livros infantis, mas também áreas convencionais, como ficção literária e não ficção, a ascensão do livro digital estava se mostrando muito menos relevante. Em suma: o livro digital não era o disruptor radical que muitos imaginavam ou temiam, nem era um meio no qual a própria forma do livro seria reinventada, como alguns observadores e empresários tinham imaginado. Na prática, o livro digital estava se mostrando apenas mais um formato no qual as editoras podiam embalar os livros e distribuí-los aos consumidores, parecido com o que aconteceu com o livro em brochura, que se tornou mais um formato disponível para as editoras a partir dos anos 1930.

Mas o impacto da revolução digital na indústria editorial nunca teve a ver unicamente com o livro digital – essa era apenas uma parte da história, e quem pensava que os livros digitais seriam um divisor de águas estava enganado. Havia algo muito mais fundamental acontecendo: a revolução digital estava transformando de maneira rápida e irrevogável o ambiente geral da informação e da comunicação em nossas sociedades, mudando a maneira pela qual a informação fluía através do mundo social e político e a maneira pela qual os indivíduos se comunicavam entre si e consumiam conteúdo simbólico. E a indústria editorial – como todas as mídias e indústrias criativas – não teria alternativa senão se adaptar a esse ambiente em mutação. A exemplo de todas as revoluções tecnológicas importantes, a revolução digital teve muito mais a ver com o modo de transformação dos relacionamentos sociais do que com as tecnologias *per se*. As editoras se viram navegando na direção de um admirável mundo novo sem bússola nem mapa, sem saber o que iriam encontrar e sem poder dar meia-volta e retornar para o mundo familiar do passado: tinham de encontrar seu caminho, fazer experiências onde fosse possível, aprender com outros setores que tinham sido obrigados a se lançar antes delas, abrindo-se às novas oportunidades que surgiam, enquanto, ao mesmo tempo, se mantinham alertas em relação a elas, lembrando que a qualquer momento as coisas poderiam correr muito mal e tudo que tinham construído ao longo de décadas, ou mesmo séculos, poderia ir por água abaixo num piscar de olhos. Pois, por maior que fosse a editora no mundo da indústria editorial, ela logo descobriu que no admirável mundo novo para o qual inapelavelmente se dirigia, ela era um concorrente muito pequeno. Esse era um mundo em que os manda-chuvas eram grandes empresas de tecnologia, sediadas principalmente na Costa Oeste americana e capitalizadas numa escala que fazia que até a maior das grandes editoras parecesse minúscula. Quando algumas dessas empresas de tecnologia começaram a se interessar seriamente por aquilo que as editoras produziam, ou a marcar presença no campo em que as editoras tinham vivido relativamente à vontade durante séculos, a possibilidade de conflito sempre esteve presente. Não que o conflito fosse o resultado pretendido – na maioria das vezes não era. As intenções frequentemente eram boas, até mesmo respeitáveis, e as editoras se beneficiavam de diversas maneiras das novas formas de processamento de informação e de comércio eletrônico desenvolvidas pelas empresas de tecnologia. A Amazon tinha expandido bastante o mercado de livros, disponibilizando-os aos leitores que não tinham acesso fácil às livrarias e tornando a cadeia de suprimentos muito mais eficiente que no passado. Além disso, o Kindle era uma dádiva que criava um ambiente seguro no qual os livros eletrônicos podiam ser comprados e vendidos legalmente e consumidos num aparelho que facilitava a leitura. Mas os interesses das editoras e os interesses das empresas de tecnologia nem sempre estiveram alinhados entre si, e nessas ocasiões em que esses interesses divergiram é que estouraram as guerras do livro.

O que estava em jogo nesses conflitos eram os modos diferentes de encarar o conteúdo e os modos diferentes de gerar poder. Para as antigas indústrias de mídia como a editorial, o conteúdo era tudo: o negócio das editoras era criar conteúdo, elas precisavam de um fornecimento contínuo de conteúdo novo, e a sua viabilidade empresarial dependia da sua capacidade de comercializar e explorar esse conteúdo de forma sustentável. Para as empresas de tecnologia, ao contrário, o conteúdo era o meio para outro fim. O negócio delas não era (ou não era principalmente) a criação de conteúdo. Seu negócio principal era outro – motores de busca, varejo ou outro negócio qualquer, e, para elas, o conteúdo era uma forma de impulsionar, amplificar ou aperfeiçoar esses outros negócios, não um fim em si mesmo. Além disso, as empresas de tecnologia tinham descoberto um traço importante da economia de rede que podiam usar em proveito próprio: os dados proprietários dos usuários podiam ser transformados num tipo específico de recurso, o capital informacional, o qual, em condições ideais, era extremamente valioso e podia ser vendido aos anunciantes nos mercados de comportamentos futuros. Quanto mais usuários você tivesse, mais dados conseguiria gerar, e mais sólida seria a sua posição na disputa pela receita de publicidade que circulava num volume cada vez maior na internet. As empresas de tecnologia queriam conteúdo porque, quanto mais conteúdo tivessem, mais usuários poderiam atrair e mais dados poderiam gerar. Mas o preço do conteúdo não era importante para elas, já que não estavam comercializando conteúdo, estavam comercializando dados dos usuários. Não tinham interesse em manter elevado o preço do conteúdo. Para as empresas de tecnologia, quanto mais barato o conteúdo, melhor, porque o conteúdo era uma forma de atrair usuários, e o verdadeiro ativo das empresas de tecnologia – seu ativo mais valioso e a fonte principal do seu poder – eram os dados dos usuários. Foram essas lógicas econômicas diferentes, subjacentes às antigas indústrias de mídia, como a indústria editorial, e às novas empresas de tecnologia, como Google e Amazon, que vieram à tona nas disputas intermináveis em torno do Google Library Project e do confronto com a Amazon por causa da precificação dos livros digitais: o que estava em jogo nessas disputas eram modos diferentes de encarar o preço do conteúdo, e modos diferentes de gerar os recursos financeiros em que se baseava o poder dessas empresas.

À primeira vista, as editoras aparentemente perderam as batalhas contra os gigantes da tecnologia. No caso do Google Library Project, os tribunais americanos decidiram favoravelmente ao Google, afirmando que o uso de obras sujeitas a direito autoral pelo Google era considerado justo de acordo com as leis americanas de direito autoral. Mas, quando essa decisão judicial foi anunciada, o interesse do Google no conteúdo dos livros tinha desaparecido: no início dos anos 2000, parecera ao Google que era uma boa ideia acrescentar conteúdo de livros aos seus servidores para aperfeiçoar os resultados de busca e fortalecer sua posição nas guerras dos motores de busca. Porém, quando os tribunais decidiram a seu favor, as guerras dos motores de busca tinham acabado e o Google tinha saído vitorioso sem a ajuda dos livros. Além disso, as editoras tinham chegado a um acordo privado com o Google que estabelecia limites ao que o Google e as bibliotecas podiam fazer com o material sujeito a direito autoral, e tinham demonstrado que estavam dispostas a tomar medidas legais contra as partes que, segundo elas, estavam violando os direitos de autor: em vista do imbróglio legal em que o Google Library Project se metera, parecia improvável que qualquer outro litigante decidisse se aventurar pelo mesmo caminho num futuro próximo. No caso da polêmica em torno da precificação do livro digital, o Departamento de Justiça chegara à conclusão de que a Apple e as cinco editoras de interesse geral tinham conspirado para aumentar o preço dos livros digitais e limitar a concorrência, violando a legislação antitruste americana. Por isso, em vez de enfrentar a perspectiva de processos longos e dispendiosos – que poderiam ser desastrosos caso elas perdessem –, as editoras optaram por fazer um acordo com o DJ e aceitar as sanções do acordo, enquanto a Amazon, que tinha mais a perder com a decisão das editoras de adotar o controle de preços e que tinha instado o DJ a investigar os acordos das editoras com a Apple, saiu ilesa desse episódio e numa posição mais forte do que nunca. Porém, quando os acordos temporários impostos pelo decreto do DJ expiraram, todas as Cinco Grandes editoras de interesse geral adotaram acordos de intermediação, reafirmando, assim, seu controle sobre a precificação dos livros digitais, que fora o objeto, desde o início, da polêmica sobre a precificação dos livros digitais. No final, elas conseguiram o que queriam, mesmo que a investigação antitruste a que se sujeitaram – e que poderiam e deveriam ter evitado – lhes tenha custado caro.

Embora o Google Library Project e a polêmica sobre a precificação do livro digital fossem os confrontos mais visíveis e agudos nas guerras do livro, eles eram apenas dois dos inúmeros pontos críticos do complicado mundo novo para o qual as editoras se dirigiam, um mundo no qual muitas das antigas regras não vigoravam mais e no qual a direção da viagem, no longo prazo, era difícil discernir. Onde havia perigos e riscos novos, também havia novas oportunidades, e o desafio das editoras era agarrar as novas oportunidades onde pudessem, enquanto faziam o máximo para minimizar os riscos. Mas as editoras não estavam sozinhas nesse processo, pois a revolução digital estava eliminando as fronteiras de um setor que estivera relativamente fechado ao exterior, e que se desenvolvera basicamente de acordo com a sua própria lógica interna. Ela estava reduzindo as barreiras de acesso e criando as condições nas quais novos concorrentes podiam entrar no setor e desafiar os antigos. Igualmente importante, ela estava borrando as fronteiras do próprio campo, permitindo que novas esferas de atividade surgissem nas franjas do campo e se transformassem em novos ecossistemas com seus próprios participantes, práticas e economias paralelas, sobrepondo-se, em alguns casos, ao antigo campo, e, em outros, se desenvolvendo com grande independência dele.

O novo participante que viria a ter, de longe, o maior impacto na indústria editorial foi, é claro, a Amazon. É difícil superestimar a importância desse rebento da revolução digital: partindo de um começo humilde numa garagem de Seattle em 1995, a Amazon iria revolucionar o setor do varejo de livros de uma forma muito mais abrangente e profunda do que a revolução do varejo realizada pelas redes de megalivrarias nos anos 1980 e 1990. Não se trata apenas do fato de que a Amazon ganharia uma participação de mercado nas vendas de livros físicos que excederia em muito a participação de mercado que a maior rede de megalivrarias conseguira alcançar em seu apogeu. Nem se trata apenas do fato de que a Amazon iria desenvolver o aparelho de leitura de livros digitais mais bem-sucedido e estabelecer uma posição dominante no mercado do livro digital. Trata-se também do fato de que a Amazona perceberia, logo no início, a importância dos dados dos usuários e iria desenvolver métodos para reunir e utilizar esses dados na indústria editorial de uma forma e numa escala que jamais tinha sido tentada, nem sequer imaginada. A Amazon era a líder do capital informacional no mundo do livro, e era ele que estava na origem do poder sem precedentes que acabaria sendo arremessado contra a indústria editorial. Sua participação de mercado dominante, tanto no varejo de livros físicos como no varejo de livros digitais, junto com seu grande estoque de dados proprietários de usuários a partir dos clientes de livros – seu capital informacional – a deixavam numa posição de comando no campo do livro e lhe proporcionavam uma grande vantagem no momento de negociar as condições comerciais com os fornecedores: nenhuma editora queria despertar a ira de um varejista que controlava a metade das suas vendas, ou até mais. A predominância da Amazon no campo do livro não se devia apenas ao seu papel de varejista: ela também estava disposta a desenvolver suas próprias operações editoriais e a adquirir *start-ups* inovadoras que lhe assegurassem posições dominantes em setores emergentes na periferia do campo – incluindo autopublicação, serviços de assinatura e audiolivros. A Amazon era muito mais que uma varejista de livros: ela era (entre muitas outras coisas) um ecossistema completo de produção, difusão e consumo de livros em diversos formatos, do livro impresso ao livro digital e ao audiolivro, um ecossistema que podia conviver em harmonia com as editoras, mas que também podia prejudicá-las. As editoras agora tinham de contar com o fato de que a revolução digital dera origem a um mastodonte em seu meio – a um novo tipo de organização de varejo que tinha muitíssimo mais poder, e um tipo diferente de poder, do que qualquer coisa jamais vista.

Mas a revolução digital também estava borrando as fronteiras do campo e dando origem a novas esferas de atividade que ganhariam vida própria. O mundo da autopublicação em rápida expansão é, certamente, a mais significativa delas – nada menos que um universo paralelo que evoluiu na periferia do campo editorial, um universo por si só extremamente complexo que oferecia aos aspirantes a autor uma grande variedade de atalhos para a publicação que evitam os tradicionais guardiões do mundo editorial. Mas também existem muitas novas esferas de atividade: as novas empresas editoriais de financiamento coletivo, como Unbound e Inkshares; os novos serviços de assinatura de livros digitais, como Scribd; as novas plataformas de mídia social de escrita e leitura, como Wattpad; e o mundo em expansão do audiolivro, que quase se transformou num setor independente, com suas instituições, práticas e convenções especializadas e seu próprio sistema de honrarias e prêmios. Graças à revolução digital, o mundo do livro tinha se tornado um lugar muito mais complexo, com um número muito maior de concorrentes e *start-ups*, algumas das quais se tornariam empresas viáveis com uma presença contínua no campo, enquanto outras ficariam pelo caminho, incapazes de criar uma trajetória sustentável para o futuro.

Embora a revolução digital estivesse diminuindo as barreiras de acesso e borrando as fronteiras do campo, ela também estava transformando o contexto mais amplo da informação e da comunicação dentro do qual a indústria editorial existia, criando assim tanto a necessidade como a oportunidade para que as editoras se transformassem e se adaptassem a um novo mundo de fluxos de informação e de comunicação. Durante séculos, as editoras tinham vivido dentro de uma cadeia de suprimentos que era ocupada por organizações intermediárias. Embora as editoras tivessem o papel de criar livros e conectar criadores de conteúdo (autores) a consumidores de conteúdo (leitores), elas dependiam de diversos intermediários, entre os quais livreiros e atacadistas, para levar os livros até o usuário final, numa cadeia de suprimentos do livro que permanecera basicamente inalterada durante séculos. Cabia aos livreiros mostrar os livros aos consumidores e providenciar os espaços físicos em que estes podiam examinar e descobrir novos títulos. Esse era um modelo unilinear de comunicação no qual as editoras atuavam como guardiãs, usando seus critérios editoriais para decidir quais livros seriam publicados e, depois, lançados no mercado através dos intermediários da cadeia de publicação. Seus verdadeiros clientes não eram os leitores, e sim os intermediários, os livreiros e os atacadistas com quem elas mantinham relações comerciais estreitas e de quem dependiam para disponibilizar seus livros para os leitores. As editoras nunca deram muita atenção aos seus consumidores finais – os leitores –, contanto que vendessem um número de exemplares suficiente para tocar um negócio viável. Mas esse modelo, que tinha estruturado durante séculos a indústria editorial, estava sendo radicalmente desorganizado pela revolução digital.

Estava sendo desorganizado porque os intermediários na cadeia de suprimentos do livro estavam sendo cada vez mais substituídos por uma nova e poderosa empresa de tecnologia que funciona de um modo muito diferente das antigas livrarias físicas. Quando as livrarias começaram a fechar e as redes de megalivrarias começaram a diminuir de tamanho ou a afundar, as editoras começaram a perceber, cada vez mais, que não podiam mais contar com as livrarias físicas para fazer o que os intermediários na tradicional cadeia de suprimentos do livro sempre tinham feito: tornar os livros visíveis e disponíveis para os leitores. Ficou cada vez mais claro que os leitores estavam descobrindo os livros de maneiras novas e diferentes – menos por meio da ida às livrarias para olhar as mesas da frente da loja, e mais por meio da navegação *on-line*, de um e-mail recebido com uma lista de títulos recomendados ou de outra maneira. Porém, como as editoras nunca tinham dado atenção aos leitores dos seus livros e sabiam muito pouco a respeito deles, dificilmente estavam em condição de influenciar as maneiras pelas quais eles poderiam descobrir – ou deixar de descobrir – seus livros no novo contexto de informação e comunicação que nascia através da revolução digital. Pior, elas agora estavam à mercê do único concorrente que tinha percebido a importância disso desde o início, e que tinha reunido ativamente para si um grande volume de dados a respeito do comportamento de navegação e de compra dos leitores.

Com graus variados de compreensão e comprometimento, as editoras perceberam que a melhor chance que elas têm de garantir seu futuro neste admirável mundo novo é abandonar o antigo modelo de editora como uma empresa voltada para a livraria e repensar seu papel como uma prestadora de serviço cuja missão é conectar criadores de conteúdo (autores) com consumidores de conteúdo (leitores) através da forma específica do livro. Isso exigirá que se mantenham neutras a respeito do meio no qual os leitores podem preferir ler. Na verdade, ser proativas e disponibilizar conteúdo em novas mídias que podem atrair os leitores é apenas a primeira, e mais óbvia, etapa – algo que as editoras reconheceram há muito tempo. Muito mais desafiador para as editoras é reorientar seu negócio de tal maneira que os leitores sejam o foco principal, não um detalhe, das suas preocupações – transformar-se em organizações que giram em torno do autor e do leitor e incutir em seu DNA a ideia de que só vão prosperar enquanto organização na medida em que prestarem um excelente serviço a ambos. Isso não quer dizer que as livrarias não sejam mais importantes para as editoras – elas são. De fato, são mais importantes do que nunca, justamente porque inúmeros lugares em que os livros estavam expostos no passado (as páginas de resenhas dos jornais, os programas de TV dedicados a eles etc.) diminuíram ou desapareceram. Mas o foco nas livrarias serviu, por um tempo demasiado longo, como um substituto do relacionamento que, em última análise, é muito mais importante e que as editoras há muito desprezam: o relacionamento com os leitores.

Felizmente, assim como a revolução digital obrigou as editoras a reconhecer a importância do relacionamento com os leitores, também lhes deu os instrumentos para desenvolver esse relacionamento em larga escala. Com empenho e criatividade, as editoras poderiam aproveitar as novas formas de fluxo de comunicação e de informação trazidas pela revolução digital e estabelecer um relacionamento direto com os leitores, não apenas para vender diretamente para eles, mas, mais importante, para interagir com eles e ouvi-los, para saber o que lhes interessa e para usar os recursos à sua disposição para facilitar o diálogo entre escritores e leitores. Enquanto o modelo tradicional de publicação se baseava em um modelo unilinear de comunicação, hoje as editoras têm a oportunidade de reestruturar seu negócio de um modo mais compatível com as novas formas dialógicas do fluxo de informação e comunicação criadas pela revolução digital, redefinindo-se como prestadoras de serviços que são capazes de usar suas habilidades, seus recursos e sua *expertise* acumulados para ajudar a produzir livros e a conectar escritores e leitores que desejam se comunicar através e em torno da forma do livro.

Apesar do potencial disruptivo da revolução digital e da turbulência que tem caracterizado a indústria editorial desde o começo do terceiro milênio, ela tem se saído muito bem – e muito melhor que diversos setores da mídia e das indústrias criativas. As vendas de livros não despencaram, os livros impressos não desapareceram e até mesmo as livraria físicas ensaiaram um tímido retorno: ao contrário das previsões de muitos profetas da desgraça, o apocalipse da indústria editorial não aconteceu (ou, pelo menos, ainda não). Os livros, incluindo os antiquados livros impressos em papel, parecem ocupar um lugar único em nossas vidas, sendo pouco passíveis de substituição, mesmo por uma revolução tecnológica tão radical e abrangente como a revolução digital. Mas não há por que comemorar. A revolução digital deu origem a uma organização que hoje dispõe de um poder sem precedentes no campo editorial, enquanto inúmeras organizações vivem de receitas tão pequenas e margens tão estreitas que uma pequena desaceleração da economia, para não falar de um *lockdown* ou de uma recessão prolongada, pode levá-las à insolvência. As vendas de livros digitais podem ter se estabilizado, mas os livros digitais nunca foram o núcleo da revolução digital na indústria editorial: eles eram apenas um sintoma de uma transformação muito mais profunda e muito mais intensa que estava ocorrendo em nossas sociedades. Graças à revolução digital, as estruturas de informação e de comunicação do nosso mundo estão se transformando. As pessoas estão se comunicando e gastando seu tempo de maneira diferente, velhas práticas que anteriormente funcionavam bem podem não ser mais tão eficazes neste novo mundo de fluxos digitalizados de informação e de comunicação. Ao contrário daqueles que temem que a cultura da tela esteja destruindo nossa capacidade de concentração, eu desconfio que a leitura de textos longos continuará a desempenhar um papel essencial em nossa vida social, política e cultural nos próximos anos e décadas: não vamos abrir mão facilmente da rica exploração dos mundos imaginários e da análise contínua do mundos reais que a leitura de textos longos estimula e possibilita. Mas, se as editoras continuarão participando ou não da cadeia de comunicação através da qual a leitura de textos longos ocorre, que tipo de editoras elas serão e que papel irão desempenhar, tudo isso vai depender, em última análise, do nível de eficiência e criatividade com que elas conseguirão se adaptar ao novo contexto de informação e de comunicação que está sendo criado pela principal revolução tecnológica da nossa época.

— ANEXO 1 —
DADOS DE VENDAS DE UMA GRANDE
EDITORA AMERICANA DE INTERESSE GERAL

"Olympic" é o pseudônimo de uma grande editora americana de interesse geral que, generosamente, me forneceu dados proprietários sobre a venda de livros digitais de 2006 a 2016. O analista de dados da Olympic conseguiu decompor os dados tanto em categorias gerais (Ficção Adulta, Não Ficção Adulta, Juvenil) como em categorias temáticas, utilizando um número selecionado de tópicos padronizados do Book Industry Standards and Communications (Bisac). Os dados não foram representados em vendas reais em unidades e dólares, mas em percentuais: isto é, os percentuais de vendas dos livros digitais em relação ao total de vendas nessas categorias, por unidades líquidas e por receita líquida. Os títulos que eventualmente tiveram um desempenho excepcional foram excluídos dos dados para minimizar a distorção decorrente dos valores anômalos. Os dados referentes às categorias gerais foram apresentados no Capítulo 1. Os dados referentes às categorias temáticas são apresentados nas tabelas A.1 e A.2 a seguir. As figuras 1.8 e 1.9 do Capítulo 1 são baseadas nessas tabelas.

Tabela A.1 – Percentual de vendas dos livros digitais em relação ao total de vendas por assunto na Olympic, dólares líquidos

Ano	Biografia & Autobiografia	Economia & Negócios	Culinária	Família & Relacionamentos	Ficção Geral	Saúde & Boa Forma	História	Ficção Juvenil	Não Ficção Juvenil	Mistério	Religião	Romance	Ficção Científica e Fantasia	Autoajuda	Viagem
2006	0	0,1	0	0	0,1	0	0	0	0	0,1	0	0,3	0,5	0,1	0
2007	0,1	0,1	0	0,1	0,1	0,1	0,1	0	0	0,2	0,1	0,5	0,5	0,1	0
2008	0,6	0,6	0	0,2	0,6	0,5	0,9	0,1	0	1,1	0,3	1,6	1,7	0,3	0,1
2009	2,9	3,2	0,2	1,3	3,9	1,7	2,9	0,4	0	4,9	1,4	6,7	5,8	2	0,5
2010	7,7	8,9	0,5	4,7	12,2	4,9	7,4	1,4	0,2	16,6	4,1	15,5	16	5,3	1,8
2011	25,8	13,9	2,7	12,4	24,9	17,1	17,3	5,5	0,7	33,5	10	44,2	30,8	11,3	4,7
2012	25,6	19,3	3,5	19,2	32,9	20,1	20,8	9	1,2	42,6	12,9	39,7	40,3	13,3	6,6
2013	24,7	18,9	4,8	19,4	33	17,2	21,7	9,7	1,5	40,7	16,7	55,7	39,7	16,6	6,8
2014	20,4	20,4	4,8	18,6	38,7	21,7	25,7	12,7	1,8	44,9	16,9	55,9	43,1	16,2	8,1
2015	27,2	15,7	5,1	15,3	35,1	24,3	27,7	7,6	2	38,1	16,3	45,4	29,6	16	11,2
2016	20,8	16,6	4	14,8	28,6	17,5	19,4	6	2,6	37,8	11,8	52,8	34,6	16,7	22,4

Tabela A.2 – Percentual de vendas dos livros digitais em relação ao total de vendas por assunto na Olympic, unidades líquidas

	2006	2007	2008	2009	2010	2011	2012	2013	2014	2015	2016
Viagem	0	0	0,1	0,5	1,9	5,5	7,6	8,1	9,4	12,6	24,6
Autoajuda	0,1	0,1	0,2	1,7	4,5	10,1	11,8	14,7	14,2	15,9	18
Ficção Científica e Fantasia	0,6	0,7	1,7	5,2	15,8	27,7	33,8	36,6	38,6	27,8	36,7
Romance	0,3	0,4	1,4	5,6	14,8	40,6	40,1	55,7	57,1	51,2	56,2
Religião	0	0,1	0,3	0,9	2,9	7,4	10,2	13,3	14	12,2	12,7
Mistério	0,1	0,2	0,9	3,8	13,6	31,1	39,5	41,1	40,7	42,9	42,1
Não Ficção Juvenil	0	0	0	0	0,1	0,5	1	1,8	2,1	2,3	1,8
Ficção Juvenil	0	0	0,1	0,3	1	4	5,9	6,7	8,3	4,1	3,5
História	0,1	0,2	0,9	2,5	7,3	19,1	23	23,6	26,8	30,6	21,9
Saúde & Boa Forma	0	0,1	0,4	1,4	4,5	15	20,3	18,2	21,9	27,7	23,3
Ficção Geral	0,1	0,1	0,6	3,2	10,4	24	31,1	31,3	36,8	36,6	31,8
Família & Relacionamentos	0	0,1	0,2	1,1	3,8	10,9	16,7	17,7	16,4	13,6	14,2
Culinária	0	0	0	0,3	0,7	2,9	4,7	5,7	6,7	7,8	10,5
Economia & Negócios	0,1	0,1	0,6	2,5	7,2	13,1	19	19,3	18,9	16,1	18,9
Biografia & Autobiografia	0	0,1	0,6	2,5	7,2	24,7	27,5	25	22,4	31,7	26,4

– ANEXO 2 –
NOTA SOBRE OS MÉTODOS DA PESQUISA

Este livro se baseia em pesquisas realizadas nos Estados Unidos e no Reino Unido durante um período de seis anos, entre 2013 e 2019. Um auxílio generoso da Fundação Andrew W. Mellon permitiu que eu passasse longos períodos em Nova York e São Francisco e viajasse para outras regiões dos Estados Unidos em que estavam sediadas algumas das empresas que eu pretendia analisar. Tendo examinado anteriormente a evolução da indústria editorial de interesse geral anglo-americana dos anos 1960 ao início dos anos 2000, eu queria concentrar esta nova pesquisa numa pergunta específica: qual foi o impacto da revolução digital na indústria editorial de interesse geral anglo-americana? Isso exigia que eu não apenas examinasse cuidadosamente o que estava acontecendo no interior de editoras consagradas e no campo dos livros de interesse geral de maneira mais ampla, mas que também examinasse o que estava acontecendo fora desse campo e que estava tendo, ou podia ter, um impacto na indústria editorial. Precisei ampliar meu raio de ação e levar em conta os inúmeros participantes, grandes e pequenos, que estavam utilizando ou testando tecnologias digitais de uma maneira que poderia influenciar a criação, a produção, a distribuição e o consumo de livros e a leitura de textos longos. Era importante conhecer a experiência de editoras tradicionais – muitos observadores da indústria editorial não se preocuparam em descobrir o que estava realmente acontecendo dentro das editoras, e eu estava decidido a evitar esse erro. Mas também sabia que não poderia limitar minha atenção às editoras tradicionais, porque alguns dos novos avanços que poderiam ser realmente importantes para os livros e a leitura de textos longos provavelmente estavam acontecendo em outros lugares.

Embora a maior parte das pesquisas para este livro tenha sido feita entre 2013 e 2019, também me vali de pesquisas que tinha feito anteriormente sobre a indústria editorial – pesquisas que remontam ao ano 2000. Portanto, pude me valer de trabalhos de campo de primeira mão sobre a indústria editorial que se estenderam ao longo de duas décadas – e, o que é crucial, duas décadas nas quais a questão da transição digital na indústria editorial era uma das prioridades de muitos funcionários do setor. Esse período extenso foi importante porque me permitiu situar acontecimentos recentes em um contexto mais amplo e examiná-los com a ajuda de um entendimento mais profundo do modo como as organizações mudam – ou não – ao longo do tempo. Em qualquer obra que trate de novas tecnologias, a visão de curto prazo sempre é um risco. Temos a tendência de nos concentrar no curto prazo e considerar novos aparelhos vistosos como os arautos de uma nova era, quando, na verdade, eles podem ser apenas episódios menores na longa história dos aparelhos que aparecem e desaparecem. Eu queria ir além da preocupação com os aparelhos e me concentrar, em vez disso, nos agentes e nas organizações – nos atores sociais que estavam aproveitando as oportunidades abertas pela mudança tecnológica, apresentando novas ideias e procurando desenvolver novos produtos, novas práticas, novas formas de criar, manipular, difundir e consumir conteúdo, e tentando descobrir como transformar essas novas formas de fazer coisas em atividades que fossem sustentáveis ao longo do tempo. Queria ter a capacidade de compreender como essas atividades inovadoras se realizaram, quais funcionaram e quais não, e, nos casos em que a inovação não funcionou, queria saber se isso podia nos dizer algo a respeito das condições necessárias para que uma inovação fosse bem-sucedida nesse setor específico da mídia e das indústrias criativas. Queria examinar esse processo do ponto de vista dos inovadores, que, frequentemente, procediam por tentativa e erro, sem saber ao certo se as ideias que lhes pareciam adequadas funcionariam na prática e se seus esforços seriam coroados de êxito ou não dariam em nada. E quem quiser examinar esse processo do ponto de vista dos inovadores tem de contar com a possibilidade de fracasso – qualquer um envolvido com inovação tecnológica sabe que o sucesso não é garantido. Para minimizar os riscos da visão de curto prazo, eu precisava de tempo – e quanto mais tempo, melhor. Pois só o tempo diria quais inovações iriam ganhar o tipo de impulso no mercado que permitiria que elas se tornassem atributos sustentáveis do nosso mundo e quais ficariam pelo caminho, tornando-se mais um verbete no grande catálogo das ideias magníficas que fracassam.

O principal método de pesquisa que utilizei foi a entrevista detalhada semiestruturada. A grande vantagem desse método para o tipo de pesquisa que eu estava fazendo é que permite penetrar nas organizações e ter uma ideia de como elas funcionam, além de permitir ver o mundo do ponto de vista dos indivíduos que atuam nele – sejam eles os CEOs ou os executivos de alto escalão das editoras tradicionais, os empresários que lançaram *start-*

-*ups* e que estão tentando conduzi-las ao sucesso ou o grande número de indivíduos que se situam em algum lugar do campo editorial e que buscam seus próprios interesses e objetivos. Sempre assegurei aos meus entrevistados que eles e as suas organizações permaneceriam no anonimato, a não ser que combinássemos algo diferente, e que tudo que dissessem que era confidencial permaneceria assim. Eu queria que os entrevistados se sentissem à vontade para discutir abertamente os assuntos, sem ter de se preocupar se as opiniões expressas por eles durante a entrevista lhes seriam posteriormente atribuídas no livro. No entanto, também lhes disse que, se eu quisesse identificá-los pelo nome e atribuir-lhes citações no texto, então os consultaria numa etapa posterior e lhes mostraria o texto. Eu sabia que precisava manter essa opção em aberto porque, como em alguns casos estava analisando organizações que eram inconfundíveis, simplesmente não era possível mantê-las no anonimato e, ainda assim, fazer uma descrição rica e fundamentada do que estavam fazendo. Em todos os casos em que precisei consultar os entrevistados e lhes mostrar o texto relacionado à sua organização, eles concordaram que eu usasse o texto (em alguns casos, com correções e alterações mínimas). Como observei no Prefácio, ao escrever o livro, usei as seguintes convenções para diferenciar os indivíduos e organizações que permanecem anônimos daqueles cujos nomes verdadeiros são utilizados: quando uso um pseudônimo para um indivíduo, atribuo-lhe apenas o primeiro nome – Tom, Sarah etc. Quando uso o nome verdadeiro de um indivíduo, o nome completo – prenome e sobrenome – aparece na primeira vez em que a pessoa é citada (depois, apenas o prenome). Quando uso um pseudônimo para uma organização, ponho o pseudônimo entre aspas na primeira vez; e quando uso o nome real de uma organização, o nome aparece sem as aspas tanto na primeira como nas outras vezes em que é citada. Essas convenções permitem que eu mantenha o anonimato quando ele é importante, e, ao mesmo tempo, que descreva com precisão e de maneira detalhada as trajetórias de determinadas organizações, fazendo justiça a suas características específicas.

Na maioria das vezes, não foi difícil ter acesso às organizações e marcar entrevistas com pessoas importantes. Isso se deveu, em parte, ao fato de eu já ter realizado pesquisas no campo da indústria editorial de interesse geral, e de já dispor de muitos contatos nas editoras que ficaram contentes em me ver novamente ou me encaminharam para outras pessoas. Mas trabalhar com *start-ups* de tecnologia era algo novo para mim, e eu tinha muito poucos contatos nesse universo. Para começar, simplesmente tive de fazer um levantamento detalhado do setor, ou subsetor, tentando identificar seus participantes e tentando imaginar o que faziam e quem estava por trás deles. Por sorte, uma das pessoas que eu tinha entrevistado para a minha pesquisa anterior era muito bem relacionada no mundo das *start-ups* de tecnologia ligadas ao setor editorial americano – ele parecia conhecer todo mundo, e se havia alguém numa *start-up* específica que não conhecia, então era extremamente provável que conhecesse alguém que conhecia aquela pessoa. Ele se tornou uma fonte-chave. Sempre que eu precisava entrar em contato com algum dirigente de uma *start-up*, falava com ele, que normalmente conseguia me ajudar. Nenhum problema era grande demais. Graças ao seu auxílio generoso e às suas afetuosas apresentações pessoais, sempre encontrei as portas abertas.

Embora o acesso às *start-ups* de tecnologia ligadas ao setor editorial tenha sido relativamente fácil, o acesso às gigantes de tecnologia não foi – todos sabem como é difícil fazer pesquisas sobre as grandes empresas de tecnologia, e a minha experiência não foi diferente. O paradoxo é, ao mesmo tempo, irônico e desconcertante: estamos falando de organizações que têm uma grande quantidade de informações a nosso respeito, e, no entanto, não sabemos praticamente nada sobre elas. São caixas pretas cheias de dados sobre nós. Para essas organizações, a privacidade não é muito importante, desde que não se trate da privacidade delas. São organizações muito reservadas, espaços isolados que estão fechados ao mundo exterior, e métodos elaborados são implantados para impedir que estranhos descubram muita coisa sobre elas. Em certos aspectos, isso é perfeitamente compreensível: o mundo da alta tecnologia é extremamente competitivo, e o compartilhamento de informações com estranhos poderia enfraquecer – ou, de qualquer forma, não fortaleceria – a posição da organização nesse campo altamente disputado. Além disso, tendo em vista a escala dessas organizações e a sua posição dominante, quando não monopolista, nas esferas em que atuam, o risco de um processo judicial ou de uma investigação antitruste nunca deixa de lhes causar preocupação. O controle das mensagens transmitidas aos estranhos se torna um mecanismo institucionalizado de autodefesa. Mas pode haver algo mais profundo. Essas organizações construíram o seu negócio baseando-se na coleta sistemática de grandes volumes de dados pessoais, e esses dados são a fonte principal do seu poder – sem eles, e sem o controle exclusivo sobre eles, elas não seriam capazes de fazer o que fazem. Sua atividade se baseia no capital informacional, na posse e no controle privados de dados pessoais – para elas, dados significam poder, e as barreiras são erguidas para garantir que não haja vazamento desse recurso vital.

As duas gigantes de tecnologia mais importantes para a minha pesquisa eram o Google e a Amazon. No caso do Google, tive sorte: conhecia um alto executivo do Google desde o início dos anos 2000, e ele era muito bem informado e sempre disposto a conversar. Nós nos encontramos regularmente na enorme sede do Google em Nova York – o antigo edifício da Autoridade Portuária na Oitava Avenida – e conversamos exaustivamente a respeito de cada um dos aspectos do longo e turbulento envolvimento do Google com a indústria editorial, muitas vezes enquanto almoçávamos no restaurante bem abastecido da empresa, que ficou conhecido por ser gratuito. A Amazon foi mais difícil. Embora eu soubesse quem eram as pessoas-chave na Amazon, minhas tentativas de entrar em contato com elas esbarraram numa gerente de relações públicas cuja missão era organizar todas as interações com os indivíduos com quem eu queria conversar. Permitiram as entrevistas, mas em condições rigidamente controladas: só por telefone, rigidamente limitadas a uma hora, sem visita ao local, e a gerente de RP monitorou a entrevista, ouvindo e às vezes interrompendo para afastar a discussão de algum tópico que ela considerava sensível. Embora os entrevistados estivessem dispostos a conversar comigo e fossem razoavelmente acessíveis, havia um limite ao que eu podia conhecer sobre a Amazon com base nesse tipo de interação cuidadosamente administrada. Felizmente, as entrevistas com os funcionários da empresa não eram minha única fonte. Eu fora apresentado a alguém que tinha trabalhado na Amazon – graças, novamente, à minha fonte-chave – e que se dispôs a se encontrar comigo informalmente, em geral num bar no fim da tarde, e conversar longamente a respeito da realidade concreta da vida corporativa numa grande empresa de tecnologia. Embora houvesse limites no que ele dizia ou podia dizer (estatísticas financeiras eram rigorosamente proibidas, e qualquer pergunta relacionada ao poder da Amazon e às suas relações conturbadas com as editoras o deixava visivelmente nervoso), essa foi uma fonte valiosa que me ajudou bastante a enxergar o mundo do ponto de vista da Amazon.

Ao todo, fiz cerca de 180 entrevistas para este livro. A maioria foi feita durante o período de 2013 a 2018, embora eu tenha voltado ao campo em 2019 para atualizar parte da minha pesquisa anterior e para levar em conta alguns acontecimentos mais recentes, como a importância crescente dos audiolivros. Essas entrevistas se somaram às 280 entrevistas que eu tinha feito para o livro anterior, e das quais me vali aqui quando me foi útil. A maior parte das 180 novas entrevistas teve lugar em Nova York e no Vale do Silício, embora algumas tenham sido feitas em Londres, Boston, Filadélfia, Toronto e outras cidades do Reino Unido e dos Estados Unidos – ao contrário da tradicional indústria editorial anglo-americana, fortemente concentrada em Nova York e Londres, as *start-ups* de tecnologia ligadas à indústria editorial estão espalhadas geograficamente. Algumas entrevistas foram realizadas por telefone ou Skype, especialmente quando eram entrevistas complementares, embora, quando possível, eu sempre tenha preferido entrevistar pessoalmente, tanto porque isso me permitia ter uma ideia da organização e das suas instalações físicas, como porque é mais fácil construir uma relação de confiança com alguém que você encontra pessoalmente. Em algumas empresas, também pude participar de reuniões, e, quando isso ocorreu, liguei o gravador e gravei as conversas ao redor da mesa. Fiz anotações de campo que preencheram meia dúzia de cadernos espirais, onde registrei o contexto das entrevistas e fiz comentários sobre coisas que não tinham sido captadas nas gravações de áudio. A maioria das entrevistas durou entre uma hora e uma hora e meia, embora algumas fossem mais curtas e muitas fossem mais longas, geralmente duas horas ou mais – as pessoas foram extremamente generosas com o seu tempo. Depois de transcrever as entrevistas, eu as li, anotei os temas comuns, arquivei-as e as retomei posteriormente, quando comecei a elaborar o texto. Ao fazer citações das entrevistas, me mantive bastante fiel à linguagem usada, embora tenha tomado a liberdade de acertar a gramática e remover algumas das idiossincrasias da oralidade quando senti que elas atrapalhavam o leitor, em vez de ajudá-lo.

Quando trabalhei com organizações importantes ao tema, procurei voltar várias vezes e entrevistar as pessoas-chave mais de uma vez. Isso permitiu que eu fizesse uma análise muito mais profunda, pegando aspectos que tinham sido abordados numa entrevista anterior e explorando-os de maneira mais detalhada. Isso também permitiu que eu acompanhasse o crescimento da organização ao longo do tempo, percebesse se as projeções feitas anteriormente – relacionadas, p. ex., ao aumento das vendas ou ao número de assinantes – tinham se realizado ou tinham se mostrado ilusórias. Em alguns casos, isso também me permitiu acompanhar os caminhos que levaram ao sucesso e ao fracasso, e, nos casos em que a inovação terminou em fracasso, investigar os motivos com aqueles que outrora tinham acreditado cegamente em seu produto ou serviço e que agora viam tudo ir por água abaixo. Nem sempre era uma bela história, mas era um lembrete útil de que, no campo da inovação tecnológica, o fracasso é muito mais comum que o sucesso.

Entrevistar bem é uma arte subvalorizada. Aparentemente, parece fácil: qual a dificuldade de fazer perguntas e deixar as pessoas falarem? Mas muita coisa depende da qualidade e da precisão das perguntas, da rapidez com que você reage ao que está sendo dito e se acrescenta perguntas oportunas, e ao tipo de relação que estabelece com o entrevistado. Além de estar bem preparado, é preciso ser flexível e estar alerta, sempre pronto a se desviar do esquema planejado caso surjam coisas inesperadas. Algumas das melhores entrevistas que fiz, aquelas que foram mais valiosas para me ajudar a compreender o funcionamento de uma organização ou o que estava em jogo naquele setor, não seguiram nenhum roteiro: logo no início da conversa, meu entrevistado disse algo que atraiu a minha atenção, e quando lhe pedi para ser mais específico, um mundo novo se abriu, um mundo que eu jamais teria imaginado, apesar de ter me preparado cuidadosamente. Isso é o melhor das entrevistas: quando bem conduzidas, num contexto de confiança mútua, você pode acabar descobrindo que o interlocutor lhe abriu as portas do seu mundo.

Embora as entrevistas fossem minha principal fonte de dados, também reuni estatísticas e dados de vendas onde foi possível. Parte desse material estava em domínio público, como os dados produzidos pela Association of American Publishers (AAP), pelo Book Industry Study Group (BISG), pela Publishers Association (PA) e pela Audio Publishers Association (APA). Todas essas organizações me ajudaram muito, fornecendo material suplementar e esclarecendo as minhas dúvidas quando os dados (ou os métodos utilizados para obtê-los) não estavam claros: num setor tão vasto como a indústria editorial do livro, obter dados confiáveis e compreender exatamente o que eles significam é algo menos elementar do que pode parecer, especialmente quando grande parte da atividade nessa área é controlada pelos organismos profissionais do setor. Também tive muita sorte por terem me dado acesso aos dados proprietários de uma das maiores editoras americanas, e de ter podido trabalhar com seus estatísticos para analisar esses dados. Isso me permitiu documentar as vendas de livros digitais e impressos durante o período decisivo de dez anos que vai de 2006 a 2016. Pude, assim, mostrar de maneira precisa o que aconteceu com as vendas de livros digitais ao longo dessa década na experiência de uma grande editora americana de interesse geral.

Reunir dados é uma coisa, fazer que tenham sentido é outra bem diferente. Quanto mais eu trabalhava no assunto, mais ficava impressionado com a grande diversidade de atividades e episódios que estavam relacionados, de uma forma ou de outra, à indústria editorial do livro, todos eles desencadeados (ou revigorados e redirecionados) pela revolução digital. Aquilo não parecia um concerto agradavelmente orquestrado, parecia mais uma cacofonia selvagem e barulhenta, com um monte de músicos tocando cada um num tom e do seu próprio jeito numa grande variedade de instrumentos novos e bizarros. Tentar perceber alguma ordem nessa diversidade, alguma melodia em meio ao ruído, não foi algo fácil nem elementar, mas guiei meu raciocínio por uma ideia geral – a saber, que a inovação e a mudança tecnológica estão sempre profundamente ligadas a um contexto. Elas sempre acontecem em contextos sociais e históricos específicos que estão estruturados de determinadas maneiras e dentro dos quais atores específicos procuram alcançar certas coisas, usando os recursos à sua disposição para perseguir e alcançar determinados objetivos.[1] Nesta obra, e na minha obra anterior sobre a indústria editorial, conceituei os contextos sociais em termos do conceito de campo, um conceito que tomo emprestado do sociólogo francês Pierre Bourdieu.[2] Esse conceito nos permite separar os componentes dos contextos sociais e analisar seus traços constitutivos – os diversos tipos de recurso, ou formas de capital, que os indivíduos e as organizações acumulam e deslocam na busca de seus interesses e objetivos; a distribuição assimétrica dos recursos e das relações de poder que constituem o campo; o modo como os agentes estão posicionados (e se posicionam) em relação a outros participantes do campo; as formas de cooperação, concorrência e conflito a que as atividades desses agentes localizados dão origem; e assim por diante. Quando analisamos a inovação tecnológica dessa perspectiva, nós a consideramos pelo que ela é: um conjunto de atividades realizadas por indivíduos e organizações situados em campos específicos que utilizam os materiais, as formas de conhecimento e os recursos à sua disposição (econômicos, técnicos e sociais) para buscar determinados fins – em outras palavras, consideramos que as tecnologias estão inescapavelmente envolvidas com as realidades da motivação humana e das relações sociais, com interesses, recursos e poder. A inovação tecnológica nunca acontece no vácuo: ela sempre faz parte da realidade caótica da vida social.

Embora eu sempre tenha considerado a teoria dos campos uma abordagem útil para refletir acerca dos modos como os contextos sociais são estruturados (especialmente os contextos em que os bens culturais são produzidos, que têm sido minha área específica de interesse), também estava consciente do fato de que precisava ir além dessa teoria, tal como

---

1 Pesquisas científicas e tecnológicas têm enfatizado há muito tempo que as tecnologias são moldadas por fatores sociais, não apenas em sua aplicação, mas também em sua concepção e produção (ver, por exemplo, MacKenzie; Wajcman (orgs.), *The Social Shaping of Technology*. Compartilho dessa orientação geral; onde discordo de parte dessa obra é na maneira pela qual conceitualizo o social.

2 Ver Bourdieu, *The Field of Cultural Production*; id., "Some Properties of Fields", em *Sociology in Question*, p.72-7; e id., *The Rules of Art*. Para uma explicação de como uso a teoria dos campos de Bourdieu para analisar o mundo editorial, ver Thompson, *Merchants of Culture*, p.3-14 (na ed. bras., *Mercadores de cultura*, p.9-20).

Bourdieu a desenvolveu, para abordar os assuntos que me preocupavam. Para começo de conversa, a tecnologia nunca teve um papel de destaque na obra de Bourdieu. Embora ele tenha escrito com perspicácia sobre literatura, jornalismo e televisão, nunca deu muita atenção às mídias específicas em que essas formas culturais foram articuladas e transmitidas. Precisei introduzir a questão da tecnologia dentro da teoria dos campos e examinar detalhadamente a que a inovação tecnológica corresponde na prática – como ela possibilita formas diferentes de prática dentro de campos específicos, como ela se insere nas práticas tanto dos agentes existentes como dos novos participantes e como ela modifica a própria natureza e as fronteiras do campo, reduzindo, em alguns casos, as barreiras de acesso e permitindo que os recém-chegados penetrem num campo que estivera, em grande medida, fechado ao exterior. Também precisei manter aberta a possibilidade de que a inovação tecnológica poderia facilitar o surgimento de novos campos ou subcampos, que desenvolveriam seus próprios códigos e convenções e suas próprias economias culturais – sobrepondo-se, em alguns casos, a campos há muito consolidados e, em outros casos, originando-se deles para criar seu próprio espaço semiautônomo.

Mas não foram apenas as tecnologias que precisaram ser incorporadas à teoria dos campos: também quis devolver as organizações ao centro daquela teoria e analisar a sua trajetória ao longo do tempo – isto é, desenvolver uma análise longitudinal das organizações e da mudança organizacional baseada na tecnologia, para poder pintar um retrato dinâmico de um campo em movimento, um campo no qual as organizações evoluíam continuamente para tentar lidar com a disrupção e a incerteza causadas pela inovação tecnológica. Isso era decisivo, porque a inovação tecnológica nunca acontece num único instante: ela geralmente é um processo longo e demorado, um processo de experimentação, de tentativa e erro, enquanto os indivíduos, na maioria dos casos trabalhando em equipe ou em colaboração com outras pessoas, tentam imaginar o que vai e o que não vai "funcionar". Podem ter uma grande ideia, mas fazê-la funcionar na prática depende geralmente da criação de uma organização, como uma empresa, que possa levá-la adiante – que possa arrecadar dinheiro, contratar funcionários e fazer as coisas. E, assim como as tecnologias evoluem, o mesmo acontece com as organizações que as põem em prática. E até que ponto essas tecnologias vão se tornar elementos estáveis e permanentes da nossa vida é algo que depende da sobrevivência e da prosperidade dessas organizações. Portanto, para compreender o destino da inovação tecnológica temos de compreender a trajetória das organizações que a sustentam.

Finalmente, quis assegurar que a descrição que eu apresentasse não fosse centrada apenas em campos, tecnologias e organizações, mas que também estivesse recheada de seres humanos reais, de carne e osso – isto é, precisava trazer de volta as pessoas, ou melhor, garantir que as pessoas e as suas ideias estivessem presentes desde o começo e fossem uma parte fundamental da história. Algumas obras acadêmicas sobre tecnologia têm a tendência de se concentrar em processos e artefatos, como se eles sozinhos fossem capazes de provocar a inovação e a mudança. Contudo, a inovação tecnológica está intrinsecamente ligada às pessoas e a suas ideias, motivações, ambições e desejos: eles não podem ser retirados da história nem inseridos posteriormente como se fossem auxiliares secundários. Seus objetivos e suas ambições precisavam estar presentes desde o início. É claro que os indivíduos não agem no vazio: sempre estão situados em determinados contextos nos quais algumas coisas são possíveis e outras não, suas percepções e ambições são moldadas por suas trajetórias específicas através do espaço social, e mesmo os indivíduos mais determinados fracassam se todas as cartas lhes forem desfavoráveis. Porém, como toda história, a história da inovação tecnológica é feita por pessoas e por processos, por indivíduos e por organizações, tecnologias e contextos nos quais eles estão inseridos, e deixar as pessoas de fora da história seria algo tão incompleto e parcial como escrever a história política de uma nação sem mencionar as pessoas – tanto líderes como cidadãos – que a fizeram.

Ao relatar o que acontece quando uma antiga e consolidada indústria de mídia entra em conflito com a principal revolução tecnológica da nossa época, procurei juntar campos, tecnologias, organizações e indivíduos, atribuindo a cada um o que lhe é devido e sem privilegiar ninguém. Cabe agora ao leitor decidir se fui bem-sucedido em meu propósito.

– REFERÊNCIAS BIBLIOGRÁFICAS –

ANDERSON, Chris. *The Long Tail*: Why the Future of Business is Selling Less of More. Nova York: Hyperion, 2006. [Ed. bras.: *A cauda longa*: a nova dinâmica de marketing e vendas. Como lucrar com a fragmentação dos mercados. Rio de Janeiro: Elsevier, 2006.]

ANDERSON, Porter. Bowker Now Cites at Least 625.327 US Indie Books Published in 2015. *Publishing Perspectives*, 4 out. 2016. Disponível em: <http://publishing-perspectives.com/2016/10/bowker-indie-titles-2015-isbn#.WGaOf_krKUk>.

AUFREITER, Nora Julien Boudet; WENG, Vivian. Why Marketers Should Keep Sending You e-mails. *McKinsey & Company*, jan. 2014. Disponível em: <mckinsey.com/business-functions/marketing-and-sales/our-insights/why-marketers-should-keep-sending-you-emails>.

BAKER, Jonathan B. *The Antitrust Paradigm*: Restoring a Competitive Economy. Cambridge, Mass.: Harvard University Press, 2019.

BAND, Jonathan. What Does the HathiTrust Decision Mean for Libraries? *Library Copyright Aliance*, 7 jul. 2014. Disponível em: <https://lca.x0x8kvd0-liquidwebsites.com/wp-content/uploads/2018/04/article-hathitrust-analysis-7jul2014.pdf>.

_____. Google Books Litigation Family Tree. *Library Copyright Alliance*, 11 out. 2012. Disponível em: <https://lca.x0x8kvd0-liquidwebsites.com/wp-content/uploads/2018/04/googlebookslitigation-familytree.pdf>.

_____. A Guide for the Perplexed Part IV: The Rejection of the Google Books Settlement. *LLRX*, 11 abr. 2011. Disponível em: <https://www.llrx.com/2011/04/a-guide-for-the-perplexed-part-iv-the-rejection-of-the-google-books-settlement/>.

_____. The Long and Winding Road to the Google Books Settlement. *The John Marshall Review of Intellectual Property Law*, v.9, n.2, p.227-329, 2009. Disponível em: <https://repository.jmls.edu/ripl/vol9/iss2/2>.

_____. A Guide for the Perplexed Part III: The Amended Settlement Agreement. *Association of Research Libraries*, 13 nov. 2009. Disponível em: <https://www.arl.org/wp-content/uploads/2009/11/guide-for-perplexed-part3-nov09.pdf>.

_____. A Guide for the Perplexed Part II: The Amended Google-Michigan Agreement. *Association of Research Libraries*, 12 jun. 2009. Disponível em: <https://www.arl.org/resources/a-guide-for-the-perplexed-part-ii-the-amended-google-michigan-agreement/>.

_____. A Guide for the Perplexed: Libraries and the Google Library Project Settlement. *Association of Research Libraries*, 13 nov. 2008. Disponível em: <https://

www.arl.org/resources/a-guide-for-the-perplexed-libraries-and-the-google-library-project-settlement/>.

BAND, Jonathan. *The Google Library Project*: Both Sides of the Story. Ann Arbor: University of Michigan Library, 2006. Disponível em: <https://quod.lib.umich.edu/p/plag/5240451.0001.002/--goggle-library-project-both-sides-of-the-story?rgn=main;view=fulltext>.

_____. The Google Library Project: The Copyright Debate. *American Library Association*, jan. 2006. Disponível em: <https://alair.ala.org/bitstream/handle/11213/9239/googlepaprfnl.pdf?sequence=1&isAllowed=y>.

BARRACLOUGH, Leo. Sequel to Independent Movie Hit "after" Launches in Cannes. *Variety*, 20 maio 2019. Disponível em: <https://variety.com/2019/film/news/sequel-after-cannes-1203220820>.

BARTHEL, Michael. Despite Subscription Surges for Largest U. S. Newspapers, Circulation and Revenue Fall for Industry Overall. *Pew Research Center*, 1º jun. 2017. Disponível em: <https://www.pewresearch.org/fact-tank/2017/06/01/circulation-and-revenue-fall-for-newspaper-industry/>.

BAUMAN, Zygmunt. *Liquid Modernity*. Cambridge: Polity, 2000. [Ed. bras.: *Modernidade líquida*. Rio de Janeiro: Zahar, 2001.]

BECK, Ulrich. *Risk Society*: Towards a New Modernity. Trad. Mark Ritter. Londres: Sage, 1992. [Ed. bras.: *Sociedade de risco*: rumo a uma outra modernidade. Trad. Sebastião Nascimento. 2.ed. São Paulo: Editora 34, 2011.]

_____; BECK-GERNSHEIM, Elisabeth. *Individualization*: Institutionalized Individualism and its Social and Political Consequences. Londres: Sage, 2002.

BERCOVICI, Jeff. Apple Conspired on E-Book Pricing, Judge Rules. But Did It? *Forbes*, 10 jul. 2013. Disponível em: <www.forbes.com/sites/jeffbercovici/2013/07/10/apple-conspired-on-e-book-pricing-judge-rules-but-did-it/#351a56433f88>.

BERGEN, Mark; KAFKA, Peter. Oyster, a Netflix for Books, Is Shutting Down. But Most of Its Team Is Heading to Google. *Recode*, 21 set. 2015. Disponível em: <www.recode.net/2015/9/21/11618788/oyster-books-shuts-down-team-heads-to-google>.

BERTONI, Steven. Oyster Launches Netflix for Books. *Forbes*, 5 set. 2013. Disponível em: <https://www.forbes.com/sites/stevenbertoni/2013/09/05/oyster-launches-netflix-for-books/?sh=6f406d1b4ce1>.

BHASKAR, Michael. *Curation*: The Power of Selection in a World of Excess. Londres: Piatkus, 2016. [Ed. bras.: *Curadoria*: o poder da seleção no mundo do excesso. Trad. Érico Assis. São Paulo: Edições Sesc-SP, 2020.]

_____. *The Content Machine*: Towards a Theory of Publishing from the Printing Press to the Digital Network. Londres: Anthem Press, 2013.

BLAIR, Roger D.; HARRISON, Jeffrey L. *Monopsony in Law and Economics*. Nova York: Cambridge University Press, 2010.

BLAKE, Virgil L. P. Something New Has Been Added: Aural Literacy and Libraries. In: *Information Literacies for the Twenty-First Century*. Boston: G. K. Hall & Co., 1990. Disponível em: <https://archive.org/details/SomethingNewHasBeenAdded>.

BOLT, Chandler. How to Make an Audiobook: What every Author Should Know. *Self-Publishing School*, 5 ago. 2021. Disponível em: <https://self-publishingschool.com/creating-audiobook-every-author-know>.

BORK, Robert. *The Antitrust Paradox*. Nova York: Free Press, 1978.

BOSKER, Bianca. The One Direction Fan-Fiction Novel that Became a Literary Sensation. *The Atlantic*, dez. 2018. Disponível em: <www.theatlantic.com/magazine/archive/2018/12/crowdsourcing-the-novel/573907>.

BOURDIEU, Pierre. *The Rules of Art*: Genesis and Structure of the Literary Field. Trad. Susan Emanuel. Cambridge: Polity, 1996. [Ed. bras.: *As regras da arte*: gênese e estrutura do campo literário. São Paulo: Companhia das Letras, 1996.]

_____. *The Field of Cultural Production*: Essays on Art and Literature. Org. Randal Johnson. Cambridge: Polity, 1993.

_____. Some Properties of Fields. In: *Sociology in Question*. Trad. Richard Nice. Londres: Sage, 1993.

BRADLEY, Jana Bruce Fulton; HELM, Marlene; PITTNER, Katherine A. Non-Traditional Book Publishing. *First Monday*, v.16, n.8, 1º ago. 2011. Disponível em: <http://firstmonday.org/ojs/index.php/fm/article/view/3353/3030>.

BUREAU OF LABOR STATISTICS U. S. *American Time Use Survey – 2018 Results*. 19 jun. 2019. Disponível em: <https://www.bls.gov/news.release/archives/atus_06192019.pdf>.

CADER, Michael. Hurry Up, Wait, and What the ...!? Life Under Agency Lite. *PublishersLunch*, 7 set. 2012. Disponível em: <http://lunch.publishersmarketplace.com/2012/09/hurry-up-wait-and-what-the-life-under-agency-lite>.

CARR, Nicholas. *The Shallows*: How the Internet Is Changing the Way We think, Read and Remember. Nova York: W. W. Norton, 2010. [Ed. bras.: *A geração superficial*: o que a internet está fazendo com os nossos cérebros. Trad. Mônica Gagliotti Fortunato Friaça. Rio de Janeiro: Agir, 2011.]

CASTRATARO, Daniela. A Social History of Crowdfunding. *Social Media Week*, 12 dez. 2011. Disponível em: <https://socialmediaweek.org/blog/2011/12/a-social-history-of-crowdfunding>.

CAVALLO, Guglielmo; CHARTIER, Roger (orgs.). *A History of Reading in the West*. Cambridge: Polity, 1999. [Ed. bras.: *História da leitura no mundo ocidental*. São Paulo: Ática, 1998.]

CHEEVER, Ben. Audio's Original Voices. *Publishers Weekly*, v.252, n.42, 21 out. 2005. Disponível em: <www.publishersweekly.com/pw/print/20051024/33210-audios-original-voices.html>.

CHRISTENSEN, Clayton M. *The Innovator's Dilemma*: When New Technologies Cause Great Firms to Fail. Boston, Mass.: Harvard Business Review Press, 1997. [Ed. bras.: *O dilema da inovação*: quando as novas tecnologias levam empresas ao fracasso. São Paulo: M. Books do Brasil Editora, 2012.]

COBB, Michele. Creating an Audiobook as a Self-Published Author. *BookBaby*, 1º jun. 2018. Disponível em: <https://blog.bookbaby.com/2018/06/creating-an-audiobook-as-a-self-published-author>.

COKER, Mark. New Smashwords Survey Helps Authors Sell More eBooks. *Smashwords*, 8 maio 2013. Disponível em: <https://blog.smashwords.com/2013/05/new-smashwords-survey-helps-authors.html>.

_____. Amazon Shows Predatory Spots with KDP Select. *Smashwords*, 8 dez. 2011. Disponível em: <http://blog.smashwords.com/2011/12/amazon-shows-predatory-spots-with-kdp.html>.

COOK, Tony. Lulu Founder Bob Young Talks to ABCtales. *ABCtales*, 14 mar. 2007. Disponível em: <www.abctales.com/blog/tcook/lulu-founder-bob-young-talks-abctales>.

CORNFORD, Dave; LEWIS, Steven. *Not a Gold Rush*: The Taleist Self-Publishing Survey. Sydney: Taleist, 2012.

COSER, Lewis A.; KADUSHIN, Charles; POWELL, Walter W. *Books*: The Culture and Commerce of Publishing. Nova York: Basic Books, 1982.

DARNTON, Robert. *The Case for Books*: Past, Present, and Future. Nova York: Public Affairs, 2009. [Ed. bras.: *A questão dos livros*. São Paulo: Companhia das Letras.]

_____. The New Age of the Book. *New York Review of Books*, 18 mar. 1999. Disponível em: <https://www.nybooks.com/articles/1999/03/18/the-new-age-of-the-book/>.

_____. A Historian of Books, Lost and Found in Cyberspace. *Chronicle of Higher Education*, 12 mar. 1999. Disponível em: <https://www.chronicle.com/article/a-historian-of-books-lost-and-found-in-cyberspace/>.

_____. What Is the History of Books? *Daedalus*, verão de 1982. (Reimpr. em: *The Case for Books*: Past, Present, and Future. Nova York: PublicAffairs, 2009.)

DILEVKO, Juris; DALI, Keren. The Self-Publishing Phenomenon and Libraries. *Library and Information Science Research*, v.28, p.208-34, 2006.

ELLIS-PETERSEN, Hannah. Taylor Swift Takes a Stand over Spotify Music Royalties. *The Guardian*, 5 nov. 2014. Disponível em: <www.theguardian.com/music/2014/nov/04/taylor-swift-spotify-streaming-album-sales-snub>.

EVANS, Benedict. In Praise of Failure. *blog*, 10 ago. 2016. Disponível em: <www.ben-evans.com/benedictevans/2016/4/28/winning-and-losing>.

FLOOD, Alison. Philip Pullman Calls for Authors to Get Fairer Share of Publisher Profits. *The Guardian*, 5 mar. 2018. Disponível em: <www.theguardian.com/books/2018/mar/05/philip-pullman-calls-for-authors-to-get-fairer-share-of-publisher-profits>.

FREEMAN, David M.; NUTTING, Matthew R. A Brief History of Crowdfunding. *PDF4PRO*, 5 nov. 2015. Disponível em: <https://pdf4pro.com/view/a-brief-history-of-crowdfunding-david-m-freedman-219ec7.html>.

FRIEDLANDER, Joshua P. *News and Notes on 2017 RIAA Revenue Statistics*. Disponível em: <www.riaa.com/wp-content/uploads/2018/03/RIAA-Year-End-2017-News-and-Notes.pdf>.

GAGE, Deborah. The Venture Capital Secret: 3 de 4 Star-Ups Fail. *The Wall Street Journal*, 20 set. 2012. Disponível em: <https://www.wsj.com/articles/SB10000872396390443720204578004980476429190>.

GIBSON, James J. The Theory of Affordances. In: *The Ecological Approach to Visual Perception*. Boston: Houghton Mifflin, 1979.

GIDDENS, Anthony. *Modernity and Self-Identity*: Self and Society in the Late Modern Age. Cambridge: Polity, 1991. [Ed. bras.: *Modernidade e identidade*. Rio de Janeiro: Zahar, 2002.]

GLAZER, Sarah. How to Be your Own Publisher. *New York Times Book Review*, 24 abr. 2005, p.10-1.

GOLDMAN, David. Music's Lost Decade: Sales Cut in Half. *CNNMoney*, 3 fev. 2010. Disponível em: <https://money.cnn.com/2010/02/02/news/companies/napster_music_industry/>.

GOMOLIN, Adam. Restructuring Royalties. *Medium*, 31 jul. 2016. Disponível em: <https://medium.com/@adamgomolin/restructuring-royalties-38e7c566aa02>.

HAMMOND, Adam. How Faber's App Rescues Eliot's Masterpiece from the Waste Land of Print. *The Toronto Review of Books*, 17 abr. 2012. Disponível em: <www.torontoreviewofbooks.com/2012/04/how-faber-and-fabers-ipad-app-rescues-t-s-eliots-masterpiece-from-the-waste-land-of-print>.

HARRISON, Glinda. Scribd Adds New Content Limits. *eBook Evangelist*, 16 fev. 2016. Disponível em: <https://ebookevangelist.com/2016/02/16/scribd-adds-new-content-limits>.

HART, Michael. The History and Philosophy of Project Gutenberg. *Project Gutenberg*, ago. 1992. Disponível em: <https://www.gutenberg.org/about/background/history_and_philosophy.html>.

HIRTLE, Peter B. Copyright Term and the Public Domain in the United States. *Cornell University*, 1º jan. 2015. Disponível em: <https://copyright.cornell.edu/resources/publicdomain.cfm>.

HONORÉ, Carl. *In Praise of Slow*: How a Worldwide Movement is Challenging the Cult of Speed. Nova York: Harper Books, 2005.

KAYE, Jessica. *The Guide to Publishing Audiobooks*: How to Produce and Sell an Audiobook. Cincinnati, Ohio: Writer's Digest Books, 2019.

KEATING, Gina. *Netflixed*: The Epic Battle for America's Eyeballs. Nova York: Penguin, 2013.

KIRKWOOD, John B. Collusion to Control a Powerful Customer: Amazon, E-Books, and Antitrust Policy. *University of Miami Law Review*, v.69, n.1, p.1-63, 2014.

KIRKWOOD, John B. Powerful Buyers and Merger Enforcement. *Boston University Law Review*, v.92, p.1485-559, 2012.

KIRSCHENBAUM, Matthew G. *Track Changes*: A Literary History of Word Processing. Cambridge, Mass.: Harvard University Press, 2016.

KLEBANOFF, Arthur. *The Agent*: Personalities, Politics, and Publishing. Nova York: Texere, 2001.

KOSTOV, Nick; SCHECHNER, Sam. GDPR Has Been a Boon for Google and Facebook. *The Wall Street Journal*, 17 jun. 2019. Disponível em: <www.wsj.com/articles/gdpr-has-been-a-boon-for-google-and-facebook-11560789219>.

KRUGMAN, Paul. Amazon's Monopsony Is Not O. K. *The New York Times*, 19 out. 2014. Disponível em: <www.nytimes.com/2014/10/20/opinion/paul-krugman-amazons-monopsony-is-not-ok.html?_r=0>.

LACY, Sarah. How Daniel Became Goliath: Interview with Daniel Ek. *startups.com*, 10 nov. 2020. Disponível em: <https://www.startups.co/articles/how-daniel-became-goliath>.

LAQUINTANO, Timothy. *Mass Authorship and the Rise of Self-Publishing*. Iowa: University of Iowa Press, 2016.

LEBERT, Marie. *A Short History of eBooks*. *Project Gutenberg*, 2009. Disponível em: <https://www.gutenberg.org/ebooks/29801>.

LEVAL, Pierre N. Toward a Fair Use Standard. *Harvard Law Review*, v.103, p.1105-36, mar. 1990. Disponível em: <https://www.law.berkeley.edu/files/Leval_-_Fair_Use.pdf>.

LEWIS, Jeremy. *Penguin Special*: The Life and Times of Allen Lane. Londres: Penguin, 2005.

LINDEN, Greg; SMITH, Brent; YORK, Jeremy. Amazon.com Recommendations: Item-to-Item Collaborative Filtering. *IEEE Internet Computing*, jan.-fev. 2003.

MACLEOD, Elizabeth. The Kissing Booth Tops Netflix's Most Re-Watched Films of 2018. *The Telegraph*, 12 dez. 2018. Disponível em: <www.telegraph.co.uk/on-demand/2018/12/12/kissing-booth-tops-netflixs-re-watched-films-2018>.

MACKENZIE, Donald; WAJCMAN, Judy (orgs.). *The Social Shaping of Technology*. 2.ed. Maidenhead: Open University Press, 1999.

MANGUEL, Alberto. *A History of Reading*. Londres: HarperCollins, 1996. [Ed. bras.: *Uma história da leitura*. São Paulo: Companhia das Letras, 1997.]

MARCUM, Deanna; SCHONFELD, Roger C. *Along Came Google*: The Brief, Eventful History of Library Digitization. Princeton: Princeton University Press, 2021.

MARCUS, James. Amazon: What They Know About Us. *BBC Panorama*, 17 fev. 2020. Disponível em: <www.bbc.co.uk/programmes/m000fjdz>.

MARSHALL, L. K. R. "Let's Keep Music Special. F--- Spotify": On-Demand Streaming and the Controversy over Artist Royalties. *Creative Industries Journal*, v.8, p.177-89, 2015.

MAUGHAN, Shannon. Audible's DIY Audiobook Platform Turns Three. *Publishers Weekly*, 11 abr. 2014. Disponível em: <www.publishersweekly.com/pw/by-topic/industry-new/audio-books/article/61830-audible-s-diy-audiobook-platform-turns-three.html>.

_____. A Golden Audio Anniversary. *Publishers Weekly*, v.249, n.9, 4 mar. 2002. Disponível em: <www.publishersweekly.com/pw/print/20020304/38379-a-golden-audio-anniversary.html>.

MCLUHAN, Marshall. *The Gutenberg Galaxy*: The Making of Typographic Man. Toronto: University of Toronto Press, 1962.

MILLARD, Andre. *America on Record*: A History of Recorded Sound. 2.ed. Cambridge: Cambridge University Press, 2005.

MILLER, Laura J. Whither the Professional Book Publisher in an Era of Distribution on Demand? In: VALDIVIA, Angharad N.; MAYER, Vicki (orgs.). *The International Encyclopedia of Media Studies*. v.II. Chichester, Reino Unido: Wiley-Blackwell, 2013.

_____. *Reluctant Capitalists*: Bookselling and the Culture of Consumption. Chicago: University of Chicago Press, 2006.

MILLIOT, Jim. BEA 2014: Can Anyone Compete with Amazon? *Publishers Weekly*, 28 maio 2014. Disponível em: <www.publishersweekly.com/pw/by-topic/industry-news/bea/article/62520-bea-2014-can-anyone-compete-with-amazon.html>.

MOLLICK, Ethan. The Dynamics of Crowdfunding: An Exploratory Study. *Journal of Business Venturing*, v.29, n.1, p.1-16, 2014.

NELSON, Phillip. Information and Consumer Behavior. *Journal of Political Economy*, v.78, n.2, p.311-29, 1970.

NEUMAYR, Tom; JAMES, Roth. iTunes Store Top Music Retailer in the US. *Apple Newsroom*, 3 abr. 2008. Disponível em: <www.apple.com/newsroom/2008/04/03iTunes-Store-Top-Music-Retailer-in-the-US>.

ODA, Stephanie; SANISLO, Glenn. *The Subtext Perspective on Book Publishing 2007-2008*: Numbers, Issues & Trends. Darien, Conn.: Open Book Publishing, 2007.

ODA, Stephanie; SANISLO, Glenn. *The Subtext 2002-2003 Perspective on Book Publishing*: Numbers, Issues and Trends. Darien, Conn.: Open Book Publishing, 2003.

ONG, Walter J. *Orality and Literacy*: The Technologizing of the Word. Londres: Routledge, 1982.

_____. *Interfaces of the Word*. Ithaca: Cornell University Press, 1977.

_____. *Rhetoric, Romance, and Technology*. Ithaca: Cornell University Press, 1971.

OWEN, Laura Hazard. Why 2012 Was the Year of the E-single. *Gigaom*, 24 dez. 2014. Disponível em: <https://gigaom.com/2012/12/24/why-2012-was-the-year-of-the-e-single>.

PERKINS, Wendy; CRAIG, Geoffrey. *Slow Living*. Oxford: Berg, 2006.

PERITZ, Rudolph J. R. *Competition Policy in America, 1988-1992*: History, Rhetoric, Law. Nova York: Oxford University Press, 1996.

PERRIN, Andrew. Book Reading 2016. *Pew Research Center*, 1º set. 2016. Disponível em: <www.pewinternet.org/2016/09/01/book-reading-2016>.

PETERS, Lucia. What Is Creepypasta, Anyway? *Bustle*, 25 dez. 2015. Disponível em: <www.bustle.com/articles/130057-what-is-creepypasta-heres-everything-you-need-to-know-about-the-internets-spookiest-stories>.

PETRINI, Carlo. *Slow Food Nation*: Why Our Food Should Be Good, Clean, Fair. Nova York: Rizzoli, 2007.

PHILLIPS, Angus. *Turning the Page*: The Evolution of the Book. Abingdon: Routledge, 2014.

POYNTER, Dan. *The Self-Publishing Manual*: How to Write, Print and Sell your Own Book. Santa Barbara, Ca: Para Publishing, 1979.

PRESTON, Jack. How Marillion Pioneered Crowdfunding in Music. *Virgin*, 20 out. 2014. Disponível em: <www.virgin.com/music/how-marillion-pioneered-crowdfunding-music>.

PRICE, Dan. 5 Reasons Why a Kindle Unlimited Subscription Isn't Worth It. *makeuseof.com*, atual. 19 maio 2021. Disponível em: <www.makeuseof.com/tag/kindle-unlimited-worth-money-why>. Acesso em: 11 ago. 2021.

PUBLISHERS ASSOCIATION. *PA Statistics Yearbokk 2018*. Londres: The Publishers Association, 2019.

_____. *PA Statistics Yearbook 2017*. Londres: The Publishers Association, 2018.

_____. *PA Statistics Yearbook 2015*. Londres: The Publishers Association, 2016.

RAUCH, Jennifer. *Slow Media*: Why "Slow" Is Satisfying, Sustainable, and Smart. Nova York: Oxford University Press, 2018.

REACH, Kirsten. You don't Get Paid Unless People Actually Read your Book: The New Kindle Unlimited Royalties. *MobyLives*, 16 jun. 2015. Disponível em: <www.mhpbooks.com/you-dont-get-paid-unless-people-actually-read-your-book-the-new-kindle-unlimited-royalties>.

REID, Robert H. *Architects of the Web*: 1,000 Days that Built the Future of Business. Nova York: John Wiley & Sons, 1997.

RICH, Motoko. Random House Cedes Some Digital Rights to Styron Heirs. *The New York Times*, 25 abr. 2010. Disponível em: <www.nytimes.com/2010/04/26/books/26random.html?_r=0>.

RICOEUR, Paul. The Hermeneutical Function of Distanciation. In: *Hermeneutics and the Human Sciences*. Trad. John B. Thompson. Cambridge: Cambridge University Press, 1981.

ROCHESTER, Sophie. Wattpad: Building the World's Biggest Reader and Writer Community. *The Literary Platform*, out. 2012. Disponível em: <http://thelitera ryplatform.com/magazine/2012/10/wattpad-building-the-worlds-biggest-reader-and-writer-community>.

ROSA, Hartmut. *Resonance*: A Sociology of Our Relationship to the World. Trad. James C. Wagner. Cambridge: Polity, 2019.

_____. *Social Acceleration*: A New Theory of Modernity. Trad. Jonathan Trejo-Mathys. Nova York: Columbia University Press, 2013.

RUBERY, Matthew. *The Untold Story of the Talking Book*. Cambridge, Mass.: Harvard University Press, 2016.

SAENGER, Paul. *Space between Words*: The Origins of Silent Reading. Palo Alto, Ca: Stanford University Press, 1997.

SAGERS, Chris. *United States* vs. *Apple*: Competition in America. Cambridge, Mass.: Harvard University Press, 2019.

SAMUELSON, Pamela. The Google Book Settlement as Copyright Reform. *Wisconsin Law Review*, v.479, p.479-562, 2011.

SCHNITTMAN, Evan. Conferência Digital da Feira do Livro de Londres. Disponível em: <www.youtube.com/watch?v=fiUapEUGRhY>.

SMITH, Taylor. The Spoken Word with Audible Founder & CEO Donald Katz. *Urban Agenda Magazine*, fev. 2017. Disponível em: <www.urbanagendamagazine. com/audible-founder-ceo-donald-katz>.

SOLOMON, Nicola. The Profits from Publishing: Authors' Perspective. *The Bookseller*, 2 mar. 2018. Disponível em: <www.thebookseller.com/blogs/profits-publishing-authors-perspective-743226>.

SOMMER, Thomas. App Store Stats Bonanza. *Applift*, 7 ago. 2014. Disponível em: <www.applift.com/blog/app-store-stats-bonanza.html>.

SPECTOR, Robert. *Amazon.com*: Get Big Fast. Londres: Random House, 2000.

SPORKIN, Andi; SHIELS, Maggie. Publishers and Google Reach Agreement. *News from Google*, 2012. Disponível em: <http://googlepress.blogspot. co.uk/2012/10/publishers-and-google-reach-agreement.html>.

STONE, Brad. *The Everything Store*: Jeff Bezos and the Age of Amazon. Nova York: Little, Brown, 2014.

STREITFIELD, David. Writers Feel an Amazon-Hachette Spat. *The New York Times*, 9 maio 2014. Disponível em: <www.nytimes.com/2014/05/10/technology/ writers-feel-an-amazon-hachette-spat.html>.

_____; EDDY, Melissa. As Publishers Fight Amazon, Books Vanish. *The New York Times*, 23 maio 2014. Disponível em: <http://bits.blogs.nytimes. com/2014/05/23/amazon-escalates-its-battle-against-hachette>.

TAPLIN, Jonathan. *Move Fast and Break Things*: How Facebook, Google and Amazon Have Cornered Culture and What It Means for All of Us. Nova York: Little, Brown, 2017.

THOMPSON, John B. *Merchants of Culture*: The Publishing Business in the Twenty-First Century. 2.ed. Cambridge; Nova York: Polity; Penguin, 2012. [Ed. bras.: *Mercadores de cultura*: o mercado editorial no século XXI. São Paulo: Editora Unesp, 2013.]

_____. The New Visibility. *Theory, Culture and Society*, v.22, n.6, p.31-51, dez. 2005.

THOMPSON, John B. *Books in the Digital Age*: The Transformation of Academic and Higher Education Publishing in Britain and the United States. Cambridge: Polity, 2005.

_____. *The Media and Modernity*: A Social Theory of the Media. Cambridge: Polity, 1995. [Ed. bras.: *A mídia e a modernidade*: uma teoria social da mídia. Petrópolis: Vozes, 2009.]

TIBKEN, Shara. Macmillan Reaches e-book Pricing Settlement with DOJ. *Cnet*, 8 fev. 2013. Disponível em: <www.cnet.com/news/macmillan-reaches-e-book-pricing-settlement-with-doj>.

TURNER, Fred. *From Counterculture to Cyberculture*. Chicago: University of Chicago Press, 2008.

TYLER, Nathan. Google Checks Out Library Books. *News from Google*, 14 dez. 2004. Disponível em: <http://googlepress.blogspot.co.uk/2004/12/google-checks-out-library-books.html>.

U. S. AUDIOBOOK Participation and Market Unit Share, May 2019. Nova York: Codex Group, 2019.

VAIDHYANATHAN, Siva. *Anti-Social Media*: How Facebook Disconnects Us and Undermines Democracy. Nova York: Oxford University Press, 2018.

VISE, David A.; MALSEED, Mark. *The Google Story*. Nova York: Bantam Dell, 2005. [Ed. bras.: *Google*: a história do negócio de mídia e tecnologia de maior sucesso dos nossos tempos. Rio de Janeiro: Rocco, 2007.]

WAJCMAN, Judy. *Pressed for Time*: The Acceleration of Life in Digital Capitalism. Chicago: University of Chicago Press, 2015.

WASSERMAN, Steve. Goodbye to All That. *Columbia Journalism Review*, set.-out. 2007.

WHITE, David Manning. The Gatekeeper: A Case Study in the Selection of News. *Journalism Quarterly*, v.27, n.4, p.283-9, 1950.

WISCHENBART, Rüdiger et al. *Global eBook 2017*: A Report on Market Trends and Developments. Viena: Rüdiger Wischenbart Content and Consulting, 2017. Disponível em: <www.global-ebook.com>.

_____ et al. *Global eBook 2016*: A Report on Market Trends and Developments. Viena: Rüdiger Wischenbart Content and Consulting, 2016. Disponível em: <www.global-ebook.com>.

_____ et al. *Global eBook 2015*: A Report on Market Trends and Developments. Viena: Rüdiger Wischenbart Content and Consulting, 2015. Disponível em: <www.global-ebook.com>.

WOLMAN, Ricci. How to Publish an Audiobook: Your Guide to Audiobook Production and Distribution. *Written Word Media*, 24 abr. 2020. Disponível em: <www.writtenwordmedia.com/self-publish-audiobook-production-and-distribution>.

YANKELOVICH, Nicole; MEYROWITZ, Norman; VAN DAM, Andries. Reading and Writing the Electronic Book. *Computer*, v.18, n.10, p.15-30, out. 1985.

ZUBOFF, Shoshana. *The Age of Surveillance Capitalism*: The Fight for a Human Future at the New Frontier of Power. Nova York: Public Affairs, 2019. [Ed. bras.: *A era do capitalismo de vigilância*: a luta por um futuro humano na nova fronteira do poder. Rio de Janeiro: Intrínseca, 2021.]

– ÍNDICE REMISSIVO –

Os números em itálico se referem a imagens.

A

Aarsen, Zoe: "Light as a Feather, Stiff as a Board", 450
adiantamentos, 14, 86, 353, 398, 471, 474
  vs "taxa de cessão", 89
  vs financiamento coletivo, 269-70, 315-39
  vs parceria, 121
Adler, Trip, 357-65
administração de direitos digitais, 354
Adobe In-Design, 265
agentes literários *ver* agentes
agentes, 16-17
  autores e espólios: direitos dos livros digitais, 34, 122-29, 131, 135, 137
  detentores de direitos de áudio, 400-1
  publicação via financiamento coletivo e convencional, 349-50
Alexa, 480
algoritmos de recomendação, 198, 211-2, 215-6, 364-6, 367-9, 372
Algoritmos, 210-21
  classificação da Amazon, 298-99
  Google PageRank, 144-45
  Kickstarter, 323, 325
  recomendação, 173, 211-2, 215-6, 364-6, 367-9, 372
Allen Lane, 64-5
Amazon, 526-7
  Apple *ver* Apple, ação judicial sobre a precificação do livro digital
  audiolivros Audible, 400
  autopublicação, 272-8
  Blurb, 265, 272
  coleta de dados e capital informacional, 197-8, 235-6, 479-84, 487-8
  curtas-metragens / singles digitais, limites de preços de, 89-90
  leitor de livros digitais / livros digitais *ver* disputa Kindle/Hachette, 181-3, 183-4
  livrarias, 217-21
  modelo de operação, 173, 191-6
  origem e ascensão da, 16, 165-73

papel dos leitores, 510-11
personalização de website e algoritmo de recomendação, 210-7
poder de mercado, 161, 171, 183-91
posição na lista de mais vendidos e vendas aproximadas, 298-310
promoções Ofertas do Dia, 134, 137, 236
publicação por meio de financiamento coletivo, 338
Smashwords, 257
transformação do setor de varejo, 163-5, 474-6, 481-2
Amazon Prime, 220-1, 372
  Prime Reading, 376-7, 383-4
Amazon Publishing, 81
Amazon Whispernet, 170
AmazonCrossing, 181
AmazonEncore, 181
American Society of Media Photographers (ASMP), 156
Amphio, 118
Anderson, Chris, 25
Andreesen, Marc, 166
aplicativos
  Amazon, 220
  Atavist, 97, 100
  livros digitais como, 100-4
  Touch Press 87-100, 101
aplicativos de música, Touch Press, 109-11
aplicativos grátis, 114, 116
App Store, 100-1, 111, 113-4
Apple
  ação judicial sobre a precificação do livro digital, 173-81, 184-91, 485-7, 491-94, 525-6
  canais de distribuição de música, 26-27
  e audiolivros Audible, 400
  i-Books, 179
  i-Bookstores, 171-3, 257, 274-5
  iPhone, lançamento do, 372, 436
  iPod, 391, 399, 459
  ver também iPad

aprendizagem automática, 450, 453, 454-5
arquivos digitais, 22-3
arquivos MP3
   audiolivros, 390, 400
   Napster, 26, 269
ArtistShare, 320
Association of American University
   Presses, 148
Association of American Publishers (AAP),
   73, 148, 150, 152-3, 460-1
Atavist Books, 93-100
atividade empresarial, 473-5
atores profissionais como narradores de
   audiolivros, 417, 420-9
Atwell, Margot: Derby Life, 328-9
Audible Creation Exchange (ACX), 401,
   409-11, 422
Audible Mobile Player, 398-9
Audible, 398-401, 404-5, 408, 411, 414-6,
   422, 424
Audio Publishers Association (APA), 421
audiolivros
   ascensão dos, 398-401
   cadeia de suprimentos, 405-16
   características dos, 386-9
   como hábito, 401-5
   composto audiovisual e futuro dos, 429-31
   desenvolvimento dos, 388-98
   downloads, 404, 408
   narradores 409, 411, 417-29
   produção de, 416-20
   serviço de assinatura Scribd, 361-2
audiolivros de negócios e de economia, 61-2
Author Solutions, 279-81, 292
Author's Republic [República do Escritor],
   411-3
AuthorHouse, 248-9
Authors Guild (AG), 149, 150, 152, 154-5,
   159-60
   Biblioteca Digital HathiTrust, 154-6
autonomia editorial: fundo de catálogo e
   livros digitais, 138
autônomos
   jornalista e especialista em mídia on-line,
      208-9
   narrador de audiolivro, 420-9
   serviços editoriais de autopublicação, 281-8
autopublicação, 25, 527-8
   Amazon ver Amazon; Kindle Direct
      Publishing/Digital Text Platform
      (KDP/DTP); Kindle Unlimited (KU)
   audiolivros, 401, 408-11
   cadeia de suprimentos, 503-4
   continente misterioso dos livros
      impressos e dos livros digitais, 288-96
   crescimento da, 310-3
   cultura do faça você mesmo, 474
   e financiamento coletivo, 317
   espectro dos serviços de publicação, 278-9

livros digitais, 73-4, 252-61
   origens e desenvolvimento, 246-52
   seleção, 258-61
autores
   agentes e espólios: direitos de fundos de
      catálogo e livros digitais, 123-5, 126-30,
      136
   aplicativo, 108
   autopublicação ("autores
      independentes"), 246, 249-50
   KDP da Amazon, 273-5
      motivação e renda, 255-7, 261, 296,
         310-3
      papel na cadeia de suprimentos, 503-4
      serviços de publicação, 280-1
      taxas, 247-8
   contrato de publicação, 34, 122, 406
   curta-metragens/singles eletrônicos
      digitais, 87
   disputa Hachette-Amazon, 182
   e narradores de audiolivros, 426-7
   fidelidade / ligação emocional do leitor,
      200, 225, 236
   financiamento coletivo, 334-8, 347-52
   originais, 21-3
   vídeo (Open Road), 132-3
   ver também direitos autorais; mídias
      sociais; Wattpad
autores híbridos, 313
autores independentes ver autores,
   autopublicação; autopublicação
avaliação ver controle/seleção

B
Baer, Jr., Harold (juiz), 155-6
Bafta das crianças, 113
bancos de dados clientes/emails, 223-31,
   235-6, 512-4
bancos de dados de emails/clientes, 223-31,
   235-6, 512-4
Barnes & Noble, 15, 72, 214, 215n
   audiolivros, 414-6
   e Amazon, 164, 167, 221-2, 482-3
   leitor de livros digitais ver Nook
   livros digitais
      autopublicados, 257
      fundo de catálogo e direitos de livros
         digitais, 123-4
Beck, U., 470
Beisch, Leigh, 267-9
Bezos, Jeff, 165-69, 210-1, 400, 475, 480
BiblioBazaar, 245
Biblioteca Bodleiana, Oxford, 143, 148
Biblioteca Digital HathiTrust, 154-6
Biblioteca Pública de Nova York, 147
bibliotecários: Google Library Project, 147
bibliotecas e varejo: audiolivros, 403-4
bibliotecas universitárias ver Google Library
   Project

AS GUERRAS DO LIVRO 559

Big Happy Family, 413
Birch Tree, 100-1
Black, Craig e Michelle, 407
Blackstone Publishing, 407-8
Blurb, 261-72, 279, 290-2
BookBub, 136-7, 236-41, 414
Bookify, 263-4
Bookish, 216-7, 233
Bookmatch, 211
Books on Tape, 390, 406, 407
Bookshop.org, 487
BookSmart, 263-4
BookSurge, 272
BookWright, 265
Borders, 15, 72, 164, 167, 214
Bork, Robert, 187-90
Bowker, 200n, 257, 288-92
Brennan, Summer: *The Parisian Sphinx*, 326-7
Brilliance Audio, 408
Brin, Sergey, 144-5, 147, 162
Buchwald, Naomi Reice (juíza), 130-1
Byliner, 87-94, 98-9
cadeias de suprimento, 528-9
    audiolivros, 405-16
    autopublicação, 503-4
    "circuitos de comunicação", 507-8
    editoras tradicionais, 19, 502-3
    publicação com financiamento coletivo, 504-6

C
Caedmon Records, 389, 405, 407
Camelio, Brian, 320
capital de risco, 144, 166, 271-2, 342
    fracasso de start-ups 473n
    publicação de livros digitais, 89-93, 126, 129
capital informacional, 197-8, 235-6, 478-9, 487-9
capitalismo
    "capitalismo de vigilância", 477, 484
    globalização e "individualização", 470-1
capitalismo de vigilância, 477, 484
Carr, Nicholas, 516
cassetes, audiolivros, 389-90, 395-6, 407
categorias BISAC de gênero, 49-54, 59-61
CDs, 467-8
    audiolivros, 390, 395-6, 408
cegueira e audiolivros, 388-9
Chase, Sky: *Saving Everest*, 453-4
Chin, Denny (juiz), 152-8, 160
China: vendas e aparelhos de leitura de livros digitais, 80-1
Christensen, Clayton:The Innovator's Dilemna, 168
Ciarelli, Nicholas, 237
cinema/televisão
    livros financiados coletivamente, 344-7
    serviços de streaming, 353-6

Wattpad, 446-51
"circuitos de comunicação", 507-8
cláusula do preço igual (NMF), 171-5
Coady, Francis, 93-6, 97-8
Cobb, Matthew, 283
Coker, Mark, 251-61, 275-6, 277-80, 292, 295
Comissão Federal do Comércio, 175, 185
Comitê de Cooperação Institucional, Estados Unidos, 155
compartilhamento de arquivos (P2P), 26
compartilhamento ilegal de arquivo, 464-5
composição tipográfica, 22-3, 25
compra dentro do aplicativo, 114
compradores: monopsônio, 183, 185-7
conectividade 3G sem fio, 36-7
Conferência Digital da Feira do Livro de Londres, 104
conspiração do "sistema centralizado de distribuição", 173
conteúdo
    criação e curadoria de, 496-7, 499-500
    definição, 497-8
    desvinculação, 466-7
    diretrizes, 441
    e cultura, 488-96
    simbólico, 20-1, 191-6, 457, 459, 497-9
conteúdo gerado pelo usuário, 489
conteúdo grátis gerado pelo usuário, 489
conteúdo simbólico, 20-1, 457, 459, 497-9
    e embalagem *ver* formas e formatos
contratos de publicação, 33-4, 122-3, 406
controladores do capital, 315-7
controle/seleção
    audiolivros, 402, 416
    controladores do capital, 315-7
    livros digitais autopublicados, 258-61
    organizações de financiamento coletivo, 322-3, 334, 504-6
    publicação tradicional e não tradicional, 243-6
    Wattpad, 441, 453
convencionais *ver* editoras tradicionais/publicação tradicional
Cooperativa / publicidade cooperativa, 183, 201-2, 213
Cote, Denise (juíza), 175, 177, 190-1
Covey, Stephen: *Os sete hábitos das pessoas altamente eficazes* e *Liderança baseada em princípios*, 125
CreateSpace, 273-4, 267, 290-2
Criação e curadoria de conteúdo, 496-7, 499-500
Crombie, John, 107
cultura do faça você mesmo, 474
cultura híbrida, 470
curadoria
    e criação de conteúdo, 496-7, 499-500
    leitor, 334, 339-47, 514
    ver também controle/seleção

curadoria do leitor: modelo de financiamento coletivo, 334, 339-47, 507, 514

curtas-metragens digitais / singles digitais, 84, 86-93, 98, 139

custo por aquisição (CPA) e valor vitalício do cliente (VVC), 370-2

CustomFix Labs *ver* CreateSpace

dados
  aprendizagem automática, 448-50, 453, 346-7
  e conteúdo simbólico, 20-1, 191-6
  ver também algoritmos

D

dados pessoais, 477-80

Darnton, Robert, 62-3, 507-8

deficiência visual e audiolivros, 388-9

Departamento de Justiça, Estados Unidos
  Google Library Project, objeções ao acordo, 151-2
  modelo de precificação "Intermediação Light" 48n, 73-4, 173-5, 183, 307-8

desconto
  BookBub, 236-41
  Kindle Daily Deal, 134, 137, 236
  modelo "Intermediação Light", 48n, 73-4, 173-5, 183, 307-8

"desintermediação", 496

desvinculação de conteúdo, 466-7

Deyan Audio, 411

Deyan, Bob e Debra, 411

Digital Book Awards, 113

Diller, Barry, 93-4

Dillons, 164

direitos / detentores de direitos de audiolivros 401-3, 406-8

direitos autorais
  audiolivros, 401
  livros digitais, 125, 127, 138, 179
  publicação por meio de financiamento coletivo, 344

direitos autorais de filmes, 13-4, 447

discurso "distanciado", 387

disputa Hachette-Amazon, 181-4

distribuição/distribuidores
  audiolivros, 411, 412-3
  autopublicação, 257-8, 265, 411-2
  canais de música, 26-7
  financiamento coletivo, 335, 343

divulgação
  e o papel de divulgadoras das editoras tradicionais, 501
  ver também marketing e publicidade

Dorrance Publishing, 247

doutrina do uso justo, 153-60

Durand, Vincent, 283

E

Echo, 480

economia/negócios baseados na internet *ver* empresas de tecnologia

edição, 23
  e instrumentos de impressão: Lulu, 250-1
  serviços de autopublicação, 281-8
  Wattpad, 453

Edison, Thomas, 388

editoração eletrônica, 25

editoras de conteúdo sem direitos autorais, 245

editoras independentes: fusões e aquisições, 17-8

editoras pagas, 247, 262-3

editoras tradicionais/publicação tradicional
  audiolivros, 406-8
  contratos, 33-4, 122-3, 406
  e a indústria da música, 464-8
  e autores da Wattpad, 444-6
  e autores das mídias sociais, 433-4, 444-6, 452
  e empresas de tecnologia *ver* empresas de tecnologia
  e estratégia de precificação do livro digital da Amazon, 168-9
  e financiamento coletivo, 327-32
  e modelo da Wattpad Books, 454-5
  e modelo de assinatura, 358-62, 365-70, 381-3
  e o modelo de autopublicação, 246-7
  funções principais, 496-502
  fusões e aquisições, 17-8
  impacto da revolução digital, 15-30, 523-31
  Literary Hub, 231-6
  marketing, 206-8, 501
  papel de controlador, 243-4
  papel dos leitores, 511-5, 529-30
  ver também fundo de catálogo; Google Library Project; editoras específicas

editores de audiolivros, 406-8

efeitos de rede / economia de rede, 191, 479, 484-7, 488-9, 524-5

elemento forma: experiência do leitor de livros digitais, 55-6

Eliot, T. S., 389
  A terra devastada, 108-11

empresas de tecnologia, 21, 483, 524-5
  capital informacional, 197-8, 235-6, 478-9, 487-9
  conteúdo e cultura, 488-96
  efeitos de rede, 190, 479, 484-7, 370-2, 524-5
  poder dos dados, 470-88
  ver também empresas específicas

Entrekin, Morgan, 231-5

Estúdios de Animação Disney / Disney Animado, 111-4, 116

estúdios pequenos: produção de audiolivros, 411-2, 424

AS GUERRAS DO LIVRO

Europa (incluindo Reino Unido): vendas/receitas de livros digitais, 74-80
Evans, Charles 64
Everest, 401-3, 404, 431

F
expositores de frente de loja, 201-4
Faber and Touch Press, 108-11
Facebook 488n
 e Twitter, 209, 224-9, 324, 329, 477
fanfiction ver Wattpad
Fayet, Ricardo, 283-4
Feira do Livro de Frankfurt, 146
Filipinas: Wattpad, 446-7
financiamento coletivo, 315-9
 cadeia de suprimentos, 504-6
 curadoria pelo leitor, 334, 339-47, 514
 desenvolvimento, plataformas, modelos e campanhas, 319-31
 e a publicação convencional, 347-52
 e autopublicação, 317, 328-9
 e Wattpad, 455
 Literary Hub, 232-3
 publicação direta para o consumidor, 331-9
financiamento *ver* financiamento coletivo; capital de risco
Findaway Voices, 409-11, 413
formas e formatos, 63-5, 498-500
 janelas, sistema de, 65, 67-71
 livros digitais, 62-74
formas e gêneros, 498-9
fotografias: Blurb, 261-72, 279, 290-2
fotógrafos e artistas gráficos: processo coletivo contra o Google, 156
Frauenfelder, Mark, 208-9
Friedman, Jane, 126-34, 137, 139
Friedman, Jared, 357-9, 378
Fundavlog, 320
fundo de catálogo, 23-25, 57
fundo de catálogo e direitos de livros digitais, 121-3
 limites do, 134-41
 Open Road Integrated Media, 126-38, 139-40
 RosettaBooks, 123-5, 134-7, 138-40
fusões e aquisições, 17-8
futuros mercados do comportamento, 477-80, 489

G
General Data Protection Regulation (RPGD) da UE, 488
gêneros
 audiolivros, 396-7
 formas e, 498-9
 vendas de livros digitais, 44-54, 59-61

George, Jean Craighead: *Julie and the Wolves*, 130
Gittins, Eileen, 261-72
Gomoli, Adams, 339-42, 344, 346
GoodFood.com, 228-9
Goodreads, 219-20
Google
 aquisição do YouTube, 436
 dados, poder e prosperidade, 477, 488n
 e Oyster, 370-2
Google Books, 146-7, 160-2
Google Library Project, 143-4, 147-50, 490, 495, 525-6
 conflitos em torno do motor de pesquisa, 144-50
 e Programa de Parceria, 146-7
 negociações e acordos, 150-8, 157
 o problema dos pequenos excertos, 148-50, 158-60
Google PageRank, 144-45
Google Play, 161, 177, 179
Google Playstore, 414
Google Print, 146, 148
Grahame-Smith, Seth: *Pride and Prejudice and Zombies*, 450-1
grandes conglomerados editoriais *ver* editoras tradicionais/publicação tradicional
grandes empresas de tecnologia *ver* empresas de tecnologia
Graphic Artists Guild (GAG), 156
Gray, Theo, 105, 108, 116-8
Grove Atlantic, 231-3
Gutpunch Press, 329

H
Hachette, Simon & Schuster e Penguin, 216-7
HarperCollins
 audiolivros, 406
 e Open Road: violação de direitos autorais, 130-1
 e serviços de assinatura de livros digitais, 361, 369
 site Epic Reads, 231
Hart, Michael, 32-3, 143-4, 436
Hecht, Duvall, 390
Holdridge, Barabara, 389
Horizon, 416-20
Howey, Hugh, 297
Hulu, 451
Hunter, Andy, 487n

I
IAC/InterActiveCorp, 93-4, 98
iBooks, 179
iBookstores, 171-3, 257, 274-5

impressão sob demanda (PoD), 24-5, 247-9, 251, 265
impressão, 23-5
imunidade de Estado soberano, 159
Indiegogo, 320-2, 326, 331, 506
"individualização", 470-1
indústria da música, 26-8, 459-60
  e publicação tradicional, 464-8
informação
  e ambiente de comunicação, 21, 528, 530-1
  ver também dados
Ingram, 266
Inkshares, 317, 331, 339-47, 455, 506
intermediários
  autopublicação, 250-1
  publicação tradicional, 16, 25-6, 200
Internet Archive, 144
internet, 25-6
  e Amazon, 165-6
  indústria da música, 26-8
  ver também financiamento coletivo; sites específicos
internet das coisas, 480
iPad, 37, 56, 75, 88, 171-3
  aplicativo Disney Animado, 112-3
  comissão do aplicativo, 101-2, 108
  ver também Touch Press
iPhone, 390, 436
iPod, 390, 399-400, 436, 459
ISBNs, 199-200, 257, 288-92
iTunes, 353-400, 411, 416, 464

J

Jacobs, Dennis (juiz), 176-7
James, E. L.: Cinquenta tons de cinza, 433-40
John Marshall Media, 411
jornais, 459
  resenhas de livros, 205, 209

K

Kahle, Brewster, 143-4
Karkauer, Jon: Three Cups of Deceit, 88-9
Katz, Don, 398-400
Kaye, Jessica, 413
Keller, Michael, 147
Kessinger Publishing, 245
Kickstarter, 269, 321-3, 325-6, 329, 331, 332, 506
Kieran, Dan, 331, 335-6, 338
Kilgore, C. E., 373
Kindle, 164
  concorrentes, 36-7
  e o ecossistema da Amazon, 191
  lançamento no Reino Unido, 75-88
  lançamento nos Estados Unidos, 36,125
  origens, desenvolvimento e sucesso, 167-71
  Perdido em Marte (Weir), 12, 14

preço do livro digital, 168-9, 491-4
texto linear vs texto não linear, 55-6
vendas de livros digitais, 38-9, 43, 125, 459-60
Kindle Direct Publishing/Digital Text Platform (KDP/DTP), 179, 273-4, 279-80
  ASIN (Amazon Standard Identification Number), 289
  KDP Select, 274-7
Kindle Owners' Lending Library , 274-5, 372
Kindle Store, 36, 170, 179, 273-4
Kindle Unlimited (KU)
  livros autopublicados, 74, 191, 276-7, 299-300, 305-6, 383
  modelo de assinatura, 179, 276-7, 372-7, 377-9
King, Stephen: Riding the Bullet, 30
Kirshbaum, Larry, 181
Klebanoff, Arthur, 123-5, 138
Krugman, Paul, 183-4
Kunzru, Jari: Twice Upon a Time, 96-7

L

Lau, Allen, 435-7, 441-4, 446-53, 455
Legendary, 345-6
legislação antitruste, 173-81, 184-91, 485-7, 491-4, 525-6
Lei Antitruste Sherman, 173, 177, 184-5
Lei Jumpstart Our Business Startups (JOBS), Estados Unidos, 340
Leis de direitos Autorais, Estados Unidos, 153-4
leitores de livros digitais, 34-6
  ver também iPad; Kindle; celulares; Nook; telefones inteligentes
Lekic, Natasa, 281-3
Leval, Pierre, 153-4
Levitsky, Larry, 340
Librié 1000-EP, Sony, 36
Lightning Source, 24, 251
limites e definição dos, 31-2
ListenUp Audiobooks, 411
Literary Hub, 231-6
LitHub Daily, 233
LitHub Radio, 233
Liukas, Linda: Hello Ruby, 327-8
Livingstone, Debra Ann (juíza), 176-7
Livrarias B. Dalton, 15, 164, 214
livrarias independentes, 16
livrarias, 15-6, 72, 164-5, 482-3
  Amazon, 217-21
  conflitos de visibilidade, 201-4, 210, 212-6, 221-2
livros de ficção para adolescentes ver Wattpad
livros digitais aprimorados, 84, 93-100, 266
livros digitais como aplicativos, 100-4
livros digitais, 522-3

AS GUERRAS DO LIVRO

aperfeiçoados, 84, 93-100, 266
como aplicativos, 99-104
curtas-metragens digitais / singles
digitais, 84, 86-93, 98, 139
downloads, 30
formas experimentais, 83-6, 119-20
origens e primeiros modelos, 37-9
vs formato, 62-74
ver também fundo de catálogo e direitos
autorais de livros digitais; preço;
vendas/receitas; autopublicação;
serviços/modelos de assinatura; e
empresas específicas
"livro digital básico", 83
livros em brochura, 64-5, 67-71
livros gravados, 388-9
livros impressos
Blurb, 261-72, 279, 290-2
e alcance da mídia digital, 490-500
experiência de leitura, 467-8, 516-9
e livros digitais, 31-2, 83, 464
aplicativo, 101-4
Atavist Books, 94-8
dados de vendas, 52, 67-71
ver também fundo de catálogo
experiência de leitura, 467-8, 516-9
persistência dos, 516-9
valor de posse, 56-7, 468
vendas da Amazon, 166-7
ver também editoras tradicionais/
publicação tradicional; formas e
formatos; Google Library Project
"livros novos", 199-200
loja da iTunes, 274, 400, 464-6
LPs de vinil, 389, 460, 467-8
Lulu, 250-2, 290-2

M
MacMillan, 173, 175, 361
Tor.com, 231
Mansion House, 86-7, 99-101
Mantell, Marianne, 389
marketing e publicidade
cooperativa / publicidade cooperativa,
183, 201-2, 213
editoras tradicionais, 206-8, 501
vs financiamento coletivo, 350
fundos de catálogo e livros digitais, 127-9,
131-3, 136-7, 139-40
Google Books, 146-7
serviços de assinatura, 372
utilizações dos dados, 480, 483
Wattpad, 442-4, 450-1, 453
ver também visibilidade
marketing por email, 237-40
Markey, Tay: *The QB Bad Boy and Me*, 453-4
Marshall Cheary, John, 411
material transformador protegido por

direitos autorais *ver* doutrina do uso juto
Mathematica, 105-6
McKinsey: pesquisa de marketing por email,
224-5
McLuhan, Marshall, 385
"meios de comunicação de massa",
visibilidade dos, 204-6
Microsoft (MSN), 144-6, 158
mídia e indústrias criativas, 458-70, 521-2
mídia híbrida e visibilidade, 207-9
mídias sociais
autores e Random House, 13-4, 433, 445
contação de história, 433-5
Goodreads, 219-20
promoção/marketing do livro, 205-9, 226-7
ver também Facebook; Twitter; Wattpad
miniaturização dos aparelhos, 21
Mitchinson, John, 331-4, 337
modelo aprimorado de livro digital, 57-62
modelo business-to-business (B2B), 508-9,
510, 512
modelo de "colaboração coletiva por meio
de convite", 232
modelo de assinatura com direitos autorais
partilhados, 359-60, 373-4, 278, 381
serviços de streaming, 356
modelo de direitos autorais fixos-
assinaturas coletivas *ver* modelo de
direitos autorais-assinatura coletiva
modelo de intermediação, 172-5, 179-82,
191-2, 194-6, 466, 493-4
Apple: ação judicial sobre a precificação
do livro digital, 173-83, 189-92, 485-6,
493-4, 525-6
modelo de limite/pague pelo uso, 360-2,
365-7, 373, 381-3
e modelo de uso limitado, 362-4
modelo de retorno, 514-5
modelo justo de financiamento coletivo, 340-2
modelo piramidal dos livros acadêmicos, 62-3
modelos de publicação de cima para baixo e
de baixo para cima, 346-7
monopólio, 152-3, 169, 176-7, 183, 485
monopsônio, 183, 185-7
Moondog (Louis Hardfin), 96-7
Mortenson, Greg: Three Cups of Tea, 88
motores de busca
empresa, 489-91
marketing (SEM), 226-7
robôs/*spiders*, 145, 297-9
ver também algoritmos; Google Library
Project
multimídia *ver* livros digitais aprimorados;
mídia híbrida e visibilidade; publicação
híbrida
música/músicos
financiamento coletivo, 320
Moondog (Louis Hardin), 96-7
serviços de streaming, 353-4, 356

N
nação mais favorecida (NMF)
  cláusula da correspondência de preço, 171-5
Napster, 26, 464
narração de audiolivros por atores, 418, 420-429
narradores, audiolivros, 409, 411, 417-29
Nataf, Emmanuel, 283
negócios e tecnologias disruptivas, 168
Netflix, 353-6, 372, 447, 455
New York Book Editors, 281-3, 286
New York Times, 96, 129-31, 182, 205, 235, 241
  mais vendidos, 14, 36, 168, 170, 208, 446, 465, 491
Nielsen, 75
Nook
  audiolivros, 414
  autopublicadores, 274
  e livraria on-line, 36-7, 171, 177, 179

O
obras órfãs, 151-2
Ong, Walter, 385-6
Open Road Integrated Media, 126-40
Oprah's Book Club, 205-6
OR Books, 222
"oralidade secundária", 385-6
Orchestra, The, 109-11
originais, 21-3
Os elementos, 105-6, 114
Owen, Laura, 89
Oyster, 365-72, 378

P
Pacific, 349-51
padrão curva em S da aceitação da tecnologia, 42-5, 49-52
pagamento por clique (PPC), Amazon, 213
Page, Larry, 144-8, 162
PageRank, 144-5
pague pelo uso *ver* modelo de limite/pague pelo uso
Palphreyman, Lauren: *Cupid's Match*, 452-4
papel das editoras tradicionais na produção e no projeto, 500-1
papel das editoras tradicionais no projeto e na produção, 500-1
papel de assumir os riscos das editoras tradicionais, 500
papel do investimento financeiro das editoras tradicionais, 500
papel do leitor, 508-15, 529-30
Penguin, 64-5, 175, 216-7
  Random House (PRH), 231, 335
pequenos fragmentos: o problema dos direitos autorais, 148-50, 158-60
Perdido em Marte (Weir), 11-5, 208-9, 313, 433

Periodic Table (The Elements), 105-6, 114
Phantom, 101-2
Phillips, Angus, 83
poder dos dados, 478
  e empresas de tecnologia, 470-88
Pollard, Justin
Posner, Richard, 187
Poybter, Dan: The Self-Publishing Manual, 252-4
preço
  empresas de tecnologia e publicação tradicional 473-9
  indústria musical e publicação tradicional, 489-96
  livros digitais, 168-9
    curtas-metragens / singles digitais, 89-90
    legislação antitruste, 173-81, 184-91, 485-7, 491-4, 525-6
    modelo "Intermediação Light", 48n, 73-4, 173-5, 183, 307-8
  modelo de operação, 191-6
  perspectiva histórica, 64-6
  ver também desconto
Prêmio de Aplicativo do Ano, 112-3
Preston, David, 182
pré-venda, 316, 331, 342-4
PricewaterhouseCoopers, 30
processo de produção, 22-3
  livros digitais, 57
produtores / empresas produtoras de audiolivros, 411-2
Professional Photographers of America (PPA), 156
Projeto Gutenberg, 143-4, 436
  origens do, 32-3
promessa de dinheiro, 335-7, 506
promoções de ofertas do dia, Amazon, 134, 137, 236
prossumidores, 267
publicação acadêmica e profissional, 25
publicação direta para o consumidor, 311-39
publicação geral, 245
publicação híbrida, 103
"publicação não tradicional" *ver* autopublicação
publicidade dentro do aplicativo, 114
publicidade nativa, 442-4
publicidade *ver* marketing e publicidade
Publishers Association (PA) Reino Unido, 75-9
Pulitzer, Joseph, 319-20

R
Rádio Pública Nacional (RPN), 208-9
rádio, 385-6
  LitHub Radio, 233
  Rádio Pública Nacional (NPR), 208-9
Random House
  audiolivros, 390, 406

AS GUERRAS DO LIVRO

autores da mídias sociais, 13-4, 433, 445
contrato de publicação, 34
e RosettaBooks: violação de direitos
    autorais, 124-5
Penguin (PRH), 231, 335
RBMedia, 407, 414
Recorded Books, 407
Recording Industry Association of America
    (RIAA), 26
Red Hat, 250-1
Reedsy, 283-6
Reekles, Beth: "The Kissing Booth", 445,
    447, 451
Registro de Direitos de Livros (RGAL), 151
Regulação da Proteção Geral de Dados
    (RPGD) da EU, 488
Relatório Global Sobre Livros Digitais, 79-81
reorientação do negócio, 117
Restless Books, 99n
"ressonância", 518-9
retorno editorial: financiado coletivamente
    vs publicação convencional, 350
Richard & Judy Book Club, 206
Ricoeur, Paul, 387
Riggio, Steve, 123
Ringelmann, Danae, 320-1
robôs/*spiders*, 145, 297-9
Rosa, Hartmut, 517-9
RosettaBooks, 123-5, 134-7, 138-40
Rubin, Slava, 320-1
Rudin, Scott, 93-4
Russell, Karen: *Sleep Donation*, 96-7

S
Salonen, Esa-Pekka, 110
Sargent, John, 173, 175
Schanker, Josh, 236-9
Schell, Eric, 320-1
Scribd Store, 354
Scribd, 357-65, 372, 378-9
seleção *ver* controle/seleção
serviço de assinatura de revistas, 364
serviços de streaming, 353-7, 468
serviços/modelos de assinatura
    audiolivros, 399-400, 376, 413-4
    ecossistema dos livros, 377-84
    Kindle Unlimited (KU), 372-7
    livros digitais
        curtas-metragens / singles digitais, 90
        descontos, 237-8
        Kindle Unlimited, 179
        títulos de fundo de catálogo, 136
    Oyster, 365-72, 378
    Scribd, 357-65
    serviço premium da Wattpad, 444
    serviços de streaming de filmes e
        músicas, 353-7, 379-80

setor do varejo
    audiolivros, 413-4
    físico *ver* livrarias
    importância dos leitores, 508-15
    ver também Amazon
Shatz, Matt, 366-7
Shaw, Fiona, 109
Similarities, 211
Simon & Schuster, 125, 216-7, 446, 451
    Hachette e Penguin, 216-7
    total de vendas, 461-3
singles digitais *ver* curta-metragens digitais
    / singles digitais
sistema de janelas, 65, 67-71
sistemas de caixas de som inteligentes, 480
Smashwords
    audiolivros, 411
    livros digitais, 254-61, 274-6, 279-80, 290-2,
        369
Snodgrass, Michael, 408
"sociedade da aceleração", 517-8
Sombasas Media, 237
Sony Pictures: *Pride and Prejudice and
    Zombies*, 450-1
Sony Reader, 36, 38, 75
Sony, 36, 257
spiders/robôs, 145, 297-9
Spotify, 354, 356, 372
Stein, Sidney (juiz), 124
Stromberg, Eric, 365-70
Styron, William: *A escolha de Sofia* e outros
    títulos, 129-30
Sullivan, Michael, 320
Swed, Mark, 110

T
"taxa de cessão" *vs* adiantamento, 89
taxa inicial de licenciamento, 387-8
Tayman, John, 87-90, 92
tecnologia de tela, 36
    vs livros impressos, 467-8, 516-9
tecnologia e-ink, 36-7, 169-70
tecno-otimismo e tecno-pessimismo, 473
tela sensível ao toque de cristal líquido
    (LCD), 37
tela sensível ao toque, LCD, 37
telefones celulares, 435-7
    ver também telefones inteligentes
telefones inteligentes
    audiolivros, 390, 397-8, 402-3, 431
    iPod, 390, 399-400, 436, 459
    ver também telefones celulares
televisão
    oralidade secundária, 385-6
    resenhas de livros, 205-6
    ver também cinema/televisão
terceirização
    projeto e produção, 500-1

ver também autônomos
texto de narrativa linear vs textos não lineares, 55-6, 58-61
"texto em ASCII básico", 33
textos lineares vs textos não lineares, 55-6, 58-61
textos não lineares, texto linear vs, 55-6, 58-61
Thomas, Dylan, 389
Thomas, Jeremy, 342-3
Titan, 223-31
Todd, Anna: série "After", 445-51
Touch Press, 104-19
Trentman, Henry, 407
Twitter, 348, 351
   ver também Facebook; Twitter

U
Unbound, 319, 331-9, 348-51, 506
Unesco: definição de livro, 31-2
Universidade de Harvard, 143, 147
Universidade de Illinois: Laboratório de Pesquisa de Materiais, 32-3
Universidade de Michigan, 143, 147, 155, 159
Universidade de Oxford: Biblioteca Bodleiana, 143, 147
Universidade Stanford, 143, 147

V
Vale do Silício
   Amazon, 166, 168
   autopublicação, 252, 254, 261, 271
   financiamento coletivo, 339, 342
   leitores de livros digitais e livros digitais, 37, 90, 93
valor de posse, 56-7, 468
valor vitalício e custo por aquisição (CPA) de clientes, 370-2
van Dam, Andries, 32
Vantage Press, 247
vendas/receitas
   Amazon, 166-7, 177-9, 296-310, 375-6
   audiolivros, 390-7, 400
   Estados Unidos, 460-3
   livros digitais
      além dos Estados Unidos, 74-82
      e o futuro dos livros impressos, 459-61, 470
      Estados Unidos, 37-62, 67-71
      previsão inicial dos, 28-30
vídeo
   autor, 132-3
   ver também serviços de streaming

Violação de direitos autorais *ver* fundo de catálogo e direitos de audiolivros; Google Library Project
visibilidade espacial padronizada, 210, 213-4, 221
visibilidade midiatizada, 204-9
visibilidade virtual personalizada, 210-1, 214, 221
visibilidade, 197-200, 241-2
   algoritmos, 210-21
   contato com os leitores, 221-31
   desconto, 236-41
   Literary Hub, 231-6
   mediada, 204-9
   ver também marketing e publicidade

W
Waldenbooks, 15, 164, 214
Waterstones, 16, 72, 164
Wattpad, 435-41
   cadeia de suprimentos, 506-7
   modelo de negócio, 441-6
   modelo de retorno, 514-5
   origens e usuários, 435-41
   publicação de livros, 451-5
   televisão e cinema, 446-51
Wattpad Paid Stories, 444
Wattpad Premium Service, 444
Wattpad Presents, 446-7
Wattpad Studios, 448-51
Weir, Andrew: *O marciano*, 11-5, 208-9, 313, 433
WH Smith, 16, 206
Whitby, Max, 104-5, 108, 113-8
Wischenbart, R., et al., 79-81
Woodham, Thad, 339-42, 345-6
Word, 264

X
Xlibris, 248-9

Y
Yahoo!, 144, 146, 158
Yang, Jerry, 437
Yarrow, Alder: *The Essence of Wine*, 267-9, 328
Young, Bob, 250-2
Yuen, Ivan, 435-6, 441, 455

Z
Zuboff, Shoshana, 477